Gramática para la composición

Gramática para la composición

2ª edición

M. Stanley Whitley
Luis González

Georgetown University Press, Washington, D.C.

Georgetown University Press, Washington, D.C. www.press.georgetown.edu

Library of Congress Cataloging-in-Publication Data

Whitley, Melvin Stanley, 1948–
Gramática para la composición / M. Stanley Whitley Luis González. — 2 edición.
p. cm.
Includes bibliographical references.
ISBN 978-1-58901-171-7 (alk. paper)
1. Spanish language—Grammar. 2. Spanish language—Composition and exercises. I. González, Luis, 1957– II. Title.
PC4112.W45 2007
468.2′4—dc22
2007007011

∞ This book is printed on acid-free paper meeting the requirements of the American National Standard for Permanence in Paper for Printed Library Materials.

14 13 12 11 9 8 7 6 5 4

Printed in the United States of America

A nuestros estudiantes
por las lecciones que nos han enseñado a nosotros.

Contenido

Introduction: To the Student

Gramática para la composición is a textbook for improving written communication in Spanish. Designed for undergraduate courses in advanced grammar and composition, it surveys the tools needed for carrying out the tasks most relevant to students at the Intermediate High and Advanced levels of proficiency.

The book has six chapters (*Capítulos*) focusing on the following kinds of writing:

Cap. I: description and location.
Cap. II: reporting in the present: synopses and instructions.
Cap. III: simple narration of a personal incident in the past.
Cap. IV: complex narration, with more manipulation of time, pace, setting, and point of view.
Cap. V: exposition: explaining an idea through techniques of definition, analysis, and comparison.
Cap. VI: argumentation: presenting a thesis and supporting it with effective arguments of cause and effect.

Each chapter has six lessons. The first five develop grammatical skills in preparation for the sixth, which explains the featured composition. Preceding these 36 lessons is a *Lección preliminar*; following them are additional optional lessons.

Additional resources include self-checking exercises that can be found at www.gramaticaparalacomposicion.com, and an *Instructor's Manual* available on request from the publisher, for further notes and materials for teaching Spanish grammar and composition.

Features of this book. This textbook is in Spanish because advanced courses are typically conducted in the language, and this increases your familiarity with expository Spanish. Terminology for grammar and composition may be new to you, but most of it is similar to English (*verbo* 'verb', etc.). Special terms are introduced in SMALL CAPITALS and defined in context; they are also listed in the **Glosario e índice** at the end (Appendix D), which gives English equivalents, examples, and references to explanations.

Note the following special conventions used in this book:

1. Cross-references such as "v. L. 3" or "v. §3.1.2" mean 'see (*véase*) *Lección* 3' or '*sección* (§) 3.1.2' for more information on a related point. The section numbering also lets your instructor refer you to specific explanations when your writing suggests a need for review.
2. This is not a phonetics course, but sometimes we have to refer to pronunciation. This is done with symbols between diagonals, e.g., /**yélo**/, as distinct from the spelling or orthography, in this case *hielo*. (The word begins with a /y/-sound, and that needs to be kept in mind for certain rules of grammar.)
3. An equals sign in examples connects equivalent ways of saying something, while an unequals sign (≠) alerts you to distinctions: *empezar = comenzar, acuerdan hacerlo ≠ se acuerdan de hacerlo*. In addition, sometimes it is useful to point out not only how something is said in Spanish but also how it is **not** said. An asterisk preceding an example (e.g., **el mujer*) means that it is **ungrammatical** (*agramatical*), just not possible, at least for the intended meaning. This feature, along with notes marked with "¡OJO!" ('watch out!'), can help you avoid common pitfalls of learning Spanish.

Preparing for class. For maximum benefit in using *Gramática para la composición*, you study the explanations (*Presentación*) in each *Lección* before class so that class time can be used for putting that material to work in your oral and written communication. Each lesson begins with proverbs illustrating key points. In a few lessons, relatively advanced aspects are placed at the end as "Un paso más," which you should include unless your instructor says otherwise.

As you prepare, keep in mind that your class is a varied group of individuals from different backgrounds and experiences; no two of you are the same in what you have learned and retained from previous study and contact with Spanish. Some points in this book will be new to most students while others will be new for some but review material for others. Each lesson also serves dual purposes, presenting the major points to be applied in classwork but also providing details to check later when revising and correcting your writing.

For example, L(ección) 13 covers past tense forms, which should mostly be review for everyone at this level. In preparation, you consolidate your control over regular patterns and major irregular verbs you are likely to use in class. A detail like irregular *caber* is not as important on this first pass, but it is there when needed later for reference. The real point of this lesson in the chapter on narration is not memorizing verb forms for their own sake, but equipping yourself to talk more readily and accurately about the past, first in guided work of the type described below, and later in a free composition on an interesting experience you have had.

The exercises. The exercises at the end of each lesson incorporate a variety of methods for language practice. Those marked below with a pencil ✎, are normally included along with your before-class preparation of each lesson's *Presentación*, while others will be selected by your instructor and assigned later for classwork, homework, or review.

1. ✎ **Prácticas electrónicas:** These exercises are found at http://www.gramaticaparalacomposicion.com. They focus on individual practice and skill development with forms and rules, and are self-correcting because their answers are predictable. You do them yourself as part of your preparation for class, typing in your responses and getting immediate confirmation or cue for correction. They are also useful later for review. Your instructor will not usually go over the *Prácticas* unless questions arise.
2. **Actividades:** These are oral activities for pairs or small groups that apply key points in the lesson.
3. **Ejercicios:** These exercises require attention to meaning and give you options for personal, original expression (e.g., sentence completion or adaptation), and they may be conducted orally or in writing.
4. **Ejercicios textuales:** These are like the previous *Ejercicios*, but form a contextualized, coherent discourse, i.e. a sequenced "story" or "text" in a given situation. Always remember that these sentences are not separate, but related to each other so that topic, person, and other information are carried over from one to the next.
5. **Adaptaciones de textos:** In these, you manipulate a whole passage and adapt it for a different effect.
6. **Ensayos and Composiciones:** The essays at the end of some lessons are more limited in scope than the full-length compositions at the end of each chapter. The guided essays may be a paragraph or two, while the more open-ended compositions are normally two double-spaced pages, unless your instructor specifies otherwise. Also, unlike other written work, you revise and rework each *composición* for a final version. Always remember that a major purpose of these essays and compositions is to apply what you have studied in the preceding lessons. If you don't try to apply new structures and usages to your own communication, they will not become part of your active command of Spanish.
7. ✎ **Ejercicios de composición:** The composition lessons include special prewriting activities that get you ready for creating and editing your composition. The native *Modelo* and the sample student essay for *Revisión* at the end of the composition lessons should always be covered as part of your class preparation, so that you will be ready to discuss them in class.
8. ✎ **Ejercicios sobre Distinciones:** Appendix A explains Spanish distinctions such as *saber/conocer* for 'know' that commonly give trouble to English speakers, and Appendix B then gives corresponding fill-in exercises. You should prepare any assigned exercises on *Distinciones* to check them in class, and can refer to them at any point in your writing.

The purpose of all these exercise types is to progress from mechanical practice with forms and rules to guided writing or editing and then open-ended expression. In the end, it is not your performance on drills or grammatical analysis that shows real learning, but your increasing ability to use the language effectively to communicate your own ideas. For that reason, use every opportunity to incorporate what you are *studying* into how you *think and express yourself*. For example, Lesson 28 presents a rule called "Oración hendida" (cleft sentence) that is a common way to draw attention to information you want to emphasize: *Quiero una ensalada* → *Lo que quiero es una ensalada* ('what I want is a salad'). But a few minutes of practice in class with this structure are never enough to master it; so, outside of class, *talk* or *think* to yourself using it: "Lo que quiero es una Coca-Cola", "Lo que me importa más es la amistad", "Lo que voy a hacer primero es levantar pesas", etc. That way, when it comes time to write in Spanish, *oraciones hendidas* will naturally occur to you as part of your own expressive repertoire in the language.

Other resources you will need. Textbooks for lower-level courses provide basic vocabulary lists and end-glossaries. But now you have advanced beyond that basic core of everyday words and are ready to write about your own experiences, interests, and ideas. While this book presents common expressions used in Spanish for narrating, summarizing, arguing, etc., no attempt has been made to anticipate the special vocabulary that students need for all the different topics they write about at this level. Thus, to customize your development, it is strongly recommended that you keep a **vocabulary notebook**. When you encounter a word in the exercises that is new to you, learn it; and when you look up new words to express your ideas in a composition, add them to your list because they (and any related forms) are necessary for expressing the kinds of things you generally say. And to locate those words, you of course need a reliable Spanish dictionary.

There have been debates in foreign language teaching about the kind of dictionaries to recommend. Some teachers favor a monolingual dictionary (Spanish-Spanish) to promote processing meaning *within* the foreign language. This is certainly a worthwhile goal for some activities. Especially convenient is the online dictionary and usage guide of the foremost authority of the language, the *Real Academia Española*, which at this writing has the following URL: http://buscon.rae.es/diccionario/drae.htm

A monolingual dictionary is especially valuable as a source of synonyms. As long as you are careful (words are almost never exact synonyms), these will help you vary your expression. For example, *bueno* is a rather drab, ordinary word that you want to improve upon at this level, and a monolingual dictionary will often relate it to *generoso, bondadoso, virtuoso, amable, amigable, benévolo, ejemplar, abnegado*, etc., adjectives that will make your description of a person clearer and much more vivid to your reader.

The problem, though, is that native definitions may not always 'ring a bell' for the nonnative. Some examples (from *Lexipedia, Encyclopedia Britannica de México*, S.A., México 1989):

> ***helecho*** (Del lat. *filictum*, de *filix*) m. Planta que pertenece a las pteridofitas de la clase de las filicales, especialmente las terrestres...

The English speaker (and the average Spanish speaker too) is unlikely to recognize this as simply 'fern.' Then too, monolingual dictionaries can be notoriously circular:

> ***destellar*** (De *des-*, intens., y el lat. *stellare*, brillar): tr. Despedir destellos o emitir rayos.
> ***destello***: m. Acción de destellar.

Even if you broke out of this circle (*destellar = despedir destellos* and *destello = acción de destellar*) and took the exit 'emitir rayos', *destellar* does not really mean 'emit rays', but specifically 'sparkle'.

Another limitation of the monolingual dictionary is that it is designed for the user who encounters a new word and wants its meaning, as when reading. It is far less useful for someone with the opposite need, one who has a meaning in mind and needs a word for it, and this is the usual problem when English-speaking students write in Spanish. The most direct way of finding out how Spanish expresses *fern* or *sparkle* is in the bilingual dictionary.

But the bilingual dictionary has drawbacks too. The main one is that the area covered by one English word is usually divided up among two or more Spanish words, and vice versa. Even for a close match like *kid = niño*, there are differences of cultural connotation, stylistic level, referents (the things it is applied to), dialect, and collocation (special expressions it occurs in). Therefore, a bad sign in the dictionary you're considering is a bare-bones entry such as this one, wrongly suggesting that the Spanish equivalents are synonyms:

grade: el grado; la pendiente; la nota; la calidad, categoría; a nivel.

This failure to clarify and distinguish meanings will **definitely** cause miscommunication, as when one student wrote "Mi maestra me dio la pendiente de A", referring to the *grade* of an incline instead of a *grade* for academic work. Appendix A addresses common problems of this type, but you should still find a dictionary that distinguishes senses:

grade: (school level) el grado; (slope, incline) la pendiente; (academic marking on work) la nota; (rank in quality) la calidad, categoría; (type of railroad crossing) a nivel.

or one with examples that let you infer this information (and grammatical construction too) for yourself:

grade: 1. el grado: El alumno está en el segundo grado. 2. la pendiente: La cuesta tiene una pendiente de 10°. 3. la nota: Saqué la nota de "sobresaliente" en mi composición.

The more ample your dictionary is, the more it will help you. For example, assume you wish to say "The woman drove off" in a story. (We're not encouraging translation, but many wording problems do come from English interference.) One thing to note is that *drive off* is a "two-word verb" with its own meanings. A brief dictionary just gives you word-for-word equivalents for 'drive' and 'off', yielding *La mujer condujo apagado*, which makes absolutely no sense in Spanish. A larger one may recognize *drive off* as a unit but with just one equivalent, leading to *La mujer ahuyentó*; but this is wrong too since *ahuyentar* is 'drive something off, scare it away'. It takes a fuller unabridged dictionary, and a user who has thought out what he/she means and is sensitive to how it sounds in Spanish, to state *La mujer se fue en coche* or, when 'coche' is already implied in the context, just *La mujer se fue*. (Lessons 5–6 will offer further advice on using a bilingual dictionary.)

All dictionaries share another problem: in a fast-moving world, by the time they appear in print, they are already out of date. They often ignore as "barbarismos" slang and foreign words that are entering general circulation, and simply miss new terms that arise after compilation. This is no problem for your course in nineteenth century Spanish literature, but it can handicap you in courses like this one in which you wish to convey your own contemporary thoughts. No general dictionary will have everything you want, but if the dictionary you're considering lacks entries for *jeans, marketing, AIDS, email,* and *click on* (something on a computer screen), then you will probably run into many other gaps as well.

Composition as a process. This book is based on the view that composition is not a finished thing you just write up and turn in once, but a process of expressing ideas and improving that expression. The initial step of the process is always PREWRITING: brainstorming for ideas, jotting down notes, planning, and perhaps outlining what you want to tell your reader. Then you proceed through three stages:

1. composition (*composición, redacción*): composing your thoughts and putting them down as a story or essay.
2. editing (*revisión*): rereading your draft and reworking its content, organization, and wording.
3. correction (*corrección*): checking and correcting errors.

The lessons on composition always remind you to postpone correction until the end: do not let it interfere with your creative writing in stage 1, but postpone it until the editing (substitutions, additions, deletions...) of stage 2 has been carried out. During stage 1 you may have some "Spanglish" if your ideas come faster than your vocabulary can handle them, but consulting a dictionary can be disruptive at this point, and you will eliminate Anglicisms and other problems later during the editing and correction stages. But you should always *try to think in Spanish* throughout the writing process, even if it is simpler structures (in stage 1) than you might use in your English; and above all *do not write in English* first and then translate, because that short-circuits your efforts to learn to express yourself in a second language, and produces a very distorted "Spanish" that may not even make sense to native readers.

After completing all three stages, you submit your cleaned-up draft to your instructor for feedback. Ideally, this would be repeated several times until both of you were satisfied. In the real world, though, time pressures preclude a series of drafts, and just as editors may expect a final copy after one critical reading, your instructor may require a final version after returning the first draft to you with his/her suggestions.

Each lesson on composition explains a certain kind of writing—its purpose, organization, techniques, and special language—and offers pointers for getting started and checklists for revision. You study this material at home and then come to class ready to discuss the samples. The student samples (*Revisión*) promote better editing and proofreading through peer correction (students evaluating the work of other students), and you should always focus on four aspects in this order: (1) content, (2) organization, (3) expression of ideas, and (4) grammar and orthography. You and your instructor should also agree on a set of **proofreading symbols** for discussing the samples and for marking your work. An example of one is offered at the end of this Introduction.

Errors–bad and good. Part of proofreading is finding and correcting mistakes. When you *speak*, listeners tend to ignore errors that do not disrupt their overall comprehension. Writing is different: readers know that the writer could plan the message, go back over it (something impossible in spontaneous speech), and rework it and "debug" it for better delivery, so they expect more accuracy. Some mistakes obscure or miscommunicate, but even minor ones such as misagreement or misspelling can annoy the reader and get in the way of comprehension as they accumulate, like static in a broadcast. And when your reader is your instructor, having to wade through constant errors means less time for offering suggestions on the *content* of your story or essay. So, for several reasons, you should **always proofread all written work** intended for others to read and try to correct it—readers *assume* you have done that.

On the other hand, do not be afraid to try new structures or ashamed of residual problems after you have done your best to apply the material and check your work. Errors are a normal part of learning, reflecting the need to adapt general rules to the specific meanings you want to convey. Excluding the "I knew better than that" goofs, errors show *hypothesis-testing*, trying out a principle to see if it works, and if not, why not. Your instructor encourages those attempts—"quien no se aventura no pasa la mar", as the proverb goes—and you should see his/her feedback as constructive input. Keep in mind, too, that it is self-defeating to avoid a new usage for fear of making mistakes with it: you have to try it out in order to gain control over it. Learn from your "hypothesis-testing," take pride in your successes, and list in your notebook the problems that appeared so that you can monitor them better in the future. Review pertinent sections of this book, and if problems continue, consult with your instructor to resolve them. And be patient with the learning process: one lesson on, say the past subjunctive, will not yield full mastery, but this book continues to reenter the old with the new. It is this kind of incremental recycling of material for new tasks with the language that is ultimately more effective than pausing to practice any one thing until tedium sets in.

Símbolos para la Corrección

Ⓑ (bemol 'flat'): expresión aburrida o repetida; busque palabras más variadas, más precisas o expresivas.

Ⓓ SEGUNDA PERSONA: uso inapropiado de *tú* o *usted*, o confusión de sus formas.

Ⓐ ANGLICISMO: "Spanglish" o una manera inglesa de expresarse, difícil para lectores hispánicos.

Ⓒ COMPOSICIÓN: preste más atención a las estrategias retóricas que se han explicado para este tipo de escritura.

Ⓓ DETALLES: se necesitan más detalles descriptivos específicos, por ejemplo adjetivos y/o adverbios, o medidas precisas.

Ⓔ EXPRESIÓN: estilo torpe ('awkward') o poco idiomático; busque una expresión más precisa.

Ⓕ FORMA errónea de la palabra: un problema de persona, conjugación, concordancia, reflexividad...

Ⓖ GÉNERO: error de género (masculino/femenino) con este sustantivo y sus modificadores.

Ⓘ INVENTO, forma **inventada**; errores como "minoridad, canadiano, pintador, tipa" en vez de *minoría, canadiense, pintor, tipo*. Consulte su diccionario.

Ⓛ LÓGICA: hay un problema con el argumento o la conclusión, o con la secuencia de la información.

Ⓜ MODO ('mood'): modo incorrecto, error con la distinción de indicativo, subjuntivo, imperativo, infinitivo...

Ⓞ ORTOGRAFÍA: ortografía incorrecta; consulte el diccionario. La falta de la tilde se indica con un circulito encima de la vocal,

Ⓟ PUNTUACIÓN: puntuación inusual o incorrecta.

Ⓟⓞ PARTE DE LA ORACIÓN ('part of speech'): confusión de sustantivo y adjetivo, de adverbio y preposición, etc.

Ⓡ REDUNDANTE: información innecesaria, repetitiva; un pronombre enfático ("**yo** vivo") cuando no hay énfasis.

Ⓢ SINTAXIS: un problema con el orden de las palabras o con la construcción de la frase.

Ⓣ TIEMPO VERBAL: tiempo erróneo, problema con presente/pasado, pretérito/imperfecto, tiempo progresivo/simple, etc.

Ⓥ VOCABLO: problema de vocabulario; palabra equivocada o sentido inapropiado; consulte el diccionario.

Ⓥⓒ VOCABULARIO DE COMPOSICIÓN: un uso especial que se explicó en la lección de composición.

Ⓥⓓ VOCABULARIO-- DISTINCIONES: una confusión de palabras que se han explicado en el Apéndice A, *Distinciones*.

& ENLACE ('linking') de las ideas: enlace erróneo ('run-on sentence') o ideas fragmentadas en oraciones cortas. Hay que unirlas (con conjunciones y otros conectores) para que fluyan mejor.

⊕ MÁS: un punto de interés que se debe desarrollar con más exposición, más detalles, más apoyo.

⊖ MENOS: expresión verbosa o repetitiva, tangente que no parece relevante; condense más.

⊜ ERROR REPETIDO: Un error que ya se ha indicado dos o más veces.

¶ PÁRRAFO ('paragraph'): problema de organización de las ideas; un párrafo demasiado largo o desorganizado.

∧ OMISIÓN; piénselo bien. Falta artículo, preposición u otra palabra requerida por la gramática.

⌒∧ TRANSICIÓN ABRUPTA: hace falta aquí alguna expresión de transición o relación lógica (palabras como 'therefore, for example, however, later...').

ℊ TACHE ('drop, delete, scratch') esta palabra o desinencia, suprímala; debe omitirse.

★ Un toque especialmente BUENO (acertado, eficaz, inspirado) en la expresión de ideas.

⌣ UNA ('join') los dos, formando una palabra o una frase.

⊐ Se debe SANGRAR ('indent', literalmente 'bleed') el párrafo.

§ Véase SECCIÓN__del libro.

¿ ? es difícil comprender lo que quiere decir aquí.

□ otra oportunidad aquí para usar la estructura indicada en las instrucciones.

X un PROBLEMA GENERAL con la aplicación de la materia.

Lección preliminar (Lección 0): Ortografía y puntuación

PRESENTACIÓN

0.1. **El alfabeto español.** En una clase de gramática y composición, a veces es necesario referirse oralmente a los problemas ortográficos. Repasamos a continuación los nombres de las letras del abecedario (alfabeto) español.

a	a	**h**	hache	**ñ**	eñe	**u**	u
b	be, be de burro	**i**	i	**o**	o	**v**	uve, ve de vaca, ve chica
c	ce	**j**	jota	**p**	pe	**w**	doble ve, doble uve, ve doble
d	de	**k**	ka	**q**	cu	**x**	equis
e	e	**l**	ele	**r**	ere	**y**	i griega, ye
f	efe	**m**	eme	**s**	ese	**z**	zeta, zeda
g	ge	**n**	ene	**t**	te		

é	e con acento, e con tilde	**e**	e minúscula
ü	u con diéresis	**E**	e mayúscula

Para hablar de la ortografía o del DELETREO ('spelling'), se usan expresiones como las siguientes:

1. —¿Cómo se escribe (se deletrea) *Cádiz*?
   —Se escribe ce mayúscula, a con tilde, de, i, zeta.
2. —Te has equivocado; *ola* no se escribe con hache si no es saludo.
   —Gracias. La ortografía me cuesta mucho, sobre todo la hache.

Se ve que los nombres de las letras son femeninos (*la hache, la ce mayúscula*).

Tradicionalmente, ***ch*** "che", ***ll*** "elle" y ***rr*** "erre" se consideraban letras independientes del alfabeto español. Por eso, en las listas alfabéticas (guías de teléfono, índices, diccionarios, enciclopedias, etc.), *achacar* (*ach-*) se encontraba después de *acústico* (*ac-*) y *Chávez* no se mencionaba bajo "C" antes de *Cisneros* sino después, en la sección "Ch". Desde 1994, esto ha cambiado: ***ch*** y ***ll*** se alfabetizan como en otras lenguas. (La ***ñ*** continúa como letra distinta.) Pero tenemos en cuenta la norma anterior cuando usamos obras publicadas antes.

0.2. **Las mayúsculas.** El uso español de las mayúsculas (**A B C**) y las minúsculas (**a b c**) es parecido al inglés. Pero las palabras siguientes se escriben con minúsculas (si no comienzan la oración):

1. idiomas, nacionalidades (*Cuba* pero *cubano, España* pero *español*), religiones y otras afiliaciones:

   el inglés — los cubanos — la cultura mexicana — algunos cristianos
   el francés — los africanos — los hispanos — un musulmán
   la lengua rusa — el arte chino — los estadounidenses — los judíos

2. el pronombre *yo* y los títulos *señor(a, -ita), profesor, presidente*, etc. Pero las abreviaturas de *usted(es), señor*, etc. sí comienzan con mayúscula:

   Creo que Ud. debe hablar con el Sr. Ayala. (Creo que usted debe hablar con el señor Ayala.)
3. los meses y los días de la semana:
   Durante los meses de enero y febrero nos reuniremos los sábados.
4. los títulos de libros o artículos (menos la primera palabra y los nombres propios):
   ¿Quién escribió *La trágica vida del poeta José Martí*?
   Compárese en inglés: Who wrote *The Tragic Life of the Poet José Martí*?

0.3. **Los cambios ortográficos.** En muchos idiomas la ortografía cambia de modo regular. Por ejemplo, en inglés se sustituye una *-y* final por *-ie-* al añadir *-s* o *-d*. Este cambio es automático y general: *try, tries, tried; carry, carries, carried; quality, qualities*. El español también tiene cambios ortográficos para representar ciertos sonidos, conforme a la tabla de la Figura 0.a.

	delante de *e, i*	**delante de otras letras**
el sonido /θ/	**c**: ce, ci (*ciego, cita, cerrar*)	**z**: za, zo, zu (*zapato, pozo, zumo, paz*)
el sonido /k/	**qu**: que, qui (*queso, quiso, quien*)	**c**: ca, co, cu (*caso, coso, cubo, cacto*)
el sonido /g/	**gu**: gue, gui (*guerra, alguien*)	**g**: ga, go, gu (*gas, gota, agudo, digno*)
el sonido /gw/	**gü**: güe, güi (*desagüe, pingüino*)	**gu**: gua, guo (*Guatemala, agua, fraguo*)
el sonido /x/	**j** o **g**: je/ge, ji/gi (*tejer, proteger, cojín, página*)	**j**: ja, jo, ju (*jaca, baja, bajo, jurar*)

(Las vírgulas, / /, significan que hablamos de sonidos en vez de letras. El /Θ/ es el sonido inglés de ***th*** en ***think***, que se usa en España, pero que se pronuncia como /s/ en Hispanoamérica. El sonido /x/ no es el /ks/ de *taxi*, sino el de *México*, o el de la jota en *jamón*, como la *ch* alemana del nombre *Bach*).

Figura 0.a. Sonidos que muestran cambios ortográficos

Así, la ortografía cambia regularmente cuando la VOCAL ('vowel') siguiente cambia. Recuerde que estos cambios son sistemáticos en español; nunca son "irregulares".

/θ/: *z* → *c*: pez, peces; lápiz, lápices, lapicito; empezar, empecé, empiece; diez, dieciséis
y al revés, *c* → *z*: convencer, convencí, convenzo, convenza
/k/: *c* → *qu*: chico, chiquito; marcar, marqué; Puerto Rico, puertorriqueño
y al revés, *qu* → *c*: delinquir, delinco
/g/: *g* → *gu*: pagar, pago, pagué; lago, laguito; ciego, ceguera
y al revés: *gu* → *g*: seguir, sigue, sigo, siga, siguiente; distinguir, distingo, distinga
/gw/: *gu* → *gü*: agua, agüero; averiguar, averiguo, averigüé; Nicaragua, nicaragüense
/x/: *g* → *j*: proteger, protejo; escoger, escojo, escoja

En estos cambios ortográficos, las únicas excepciones son unas pocas palabras de origen extranjero, como *zigzag, enzima, kiosko* (pero también *quiosco*).

0.4. Uso del acento ortográfico: la "tilde". La sílaba (o su vocal) que se pronuncia con más fuerza o intensidad se llama TÓNICA o ACENTUADA ('stressed'); las demás sílabas de la palabra se llaman ÁTONAS o INACENTUADAS ('unstressed'):

banana: la penúltima sílaba es tónica, las otras son átonas: /ba-**NA**-na/
capital: la última sílaba es tónica, las otras son átonas: /ka-pi-**TAL**/ (pero en inglés, /**KA**-pi-tal/)

En español, la posición de la sílaba tónica se determina por las tres reglas siguientes:

a. Si la palabra termina en vocal, *-n* o *-s*, se acentúa su **penúltima** sílaba: *cal-**cu**-lo, cal-**cu**-lan, cal-**cu**-le, cal-cu-**la**-mos, cal-cu-**lan**-do, cal-cu-la-**re**-mos, cal-cu-la-**do**-ra*.
b. Si la palabra termina en otra consonante, se acentúa su **última** sílaba: *cal-cu-**lar**, cal-cu-**lad**.*
c. Cualquier excepción lleva un acento ortográfico (escrito), la TILDE (´) en la sílaba acentuada: *cal-cu-**lé**, cal-cu-**ló**, **cál**-cu-lo, cal-cu-la-**rán**, cal-cu-**lá**-ba-mos.*

Como otros cambios ortográficos (v. §0.3), esta tilde se pone o se quita según la forma de la palabra:

avión /a-BYON/: acento final que es irregular para *-n*, así que requiere la tilde.
aviones /a-BYO-nes/: acento regular en la penúltima sílaba, así que la tilde desaparece.

Junto a otra vocal, una **i** o **u** lleva la tilde si se pronuncia como una vocal acentuada distinta en vez de semivocal (miembro de diptongo). Compare los ejemplos siguientes, pronunciándolos en voz alta y notando la posición del acento de intensidad (en **negrilla**):

i, u = vocales acentuadas: *continúo* /kon-ti-**NU**-o/, *María* /ma-**RI**-a/, *reúne* /rre-**U**-ne/.
i, u = semivocales (/y, w/): *continuo* /kon-**TI**-nwo/, *Mario* /**MA**-ryo/, *reunión* /rrew-**NYON**/.

Hay que aprender bien la posición del acento, el contraste *tónico/átono* y el uso de la tilde porque determinan numerosos cambios (*pie̲n-so* vs. *pe̲n-sa-mos*) y porque afectan el sentido de la palabra: *céle-bre* 'famous', *celebre* 'celebrate!', *celebré* 'I celebrated'. Otros ejemplos contrastivos:

ingles 'groins', inglés 'English'	Papa 'Pope', papá 'Dad'
estas 'these', estás 'you are'	sabana 'savannah, plain', sábana 'bedsheet'
hable 'speak!, hablé 'I spoke'	hablo 'I speak', habló 'she/he spoke'

La tilde también sirve para distinguir ciertos homónimos: *tú* 'you', *tu* 'your'. Pero este uso se basa en una verdadera distinción de pronunciación. La palabra que lleva la tilde tiene más fuerza en su pronunciación y la que no tiene acento escrito suele ser átona. Compare los homónimos siguientes y pronuncie los ejemplos en voz alta, siempre dándole más fuerza o énfasis a la palabra acentuada:

1. ***él***, pronombre (sujeto o con preposición); ***el***, artículo definido:
   Estoy seguro que **él** sabe *el* número de **él**.
2. ***tú***, pronombre (sujeto); ***tu***, adjetivo posesivo (con sustantivo):
   Tú lo haces como *tu* amiga.
3. ***mí***, pronombre (objeto de preposición); ***mi***, adjetivo posesivo (con sustantivo):
   Mi amigo se sienta detrás de ***mí***.
4. ***té***, sustantivo (una bebida); ***te***, pronombre de objeto de un verbo:
   Entonces *te* sirvo el ***té***.
5. ***sólo***, adverbio que significa 'solamente'; ***solo***, adjetivo que significa 'sin otros':
   Sólo te faltan dos preguntas. No estás *sola*.
6. ***sí***, adverbio de afirmación ('yes'); ***si***, conjunción condicional ('if'):
   —**Sí**, yo **sí** estudio, pero no comprendo. —*Si* no comprendes, estudia más.
7. ***dé***, mandato o subjuntivo del verbo *dar*; ***de***, preposición:
   No le **dé** una llave *de* casa.
8. ***sé***, forma de los verbos *saber* o *ser*; ***se***, pronombre reflexivo o impersonal:
   No **sé** cómo *se* dice "hola" en ruso.
9. ***aún***, adverbio de tiempo, sinónimo de *todavía* ('still'); ***aun***, sinónimo de 'hasta, incluso' ('even'):
   ¿No han terminado **aún** el proyecto? *Aun* los proyectos complicados no requieren tanto tiempo.
10. ***cómo, cuál, qué, dónde, por qué, cuándo, quién***, palabras interrogativas, siempre pronunciadas con intensidad; ***como, cual, que, donde, porque, cuando, quien***, conjunciones o relativos, fonéticamente más débiles (átonas):

—¿Con **qué** chico vas al cine? —Con el chico *que* te presenté ayer
—¿**Dónde** lo conociste? —Lo conocí *donde* trabajo ahora.
—¿**Por qué** no salimos todos juntos? —*Porque* tenemos planes especiales.
—¿**Cuándo** vamos al zoo? —*Cuando* deje de llover.

■**¡OJO!** Estas tildes también importan para el significado. Estudie estos contrastes:

No sabe que estudio ('She doesn't know that I study'). *No sabe qué estudio* ('She doesn't know what I study')
Pregunto porque se va ('I ask because she's leaving'). *Pregunto por qué se va* ('I ask why she's leaving').

En cambio, ya no es importante la tilde que se ha usado para distinguir demostrativos pronominales (*éste, ése, aquél*) y demostrativos adjetivales (*este, ese, aquel*), y en este libro nos conformamos con las nuevas normas ortográficas que prescinden de ella (v. §28.1.3).

0.5. La puntuación. Siguen los nombres de los signos de puntuación.

.	el punto	¡ !	los signos de admiración (de principio/fin de admiración)
,	la coma	¿ ?	los signos de interrogación (de principio/fin de interrogación)
:	los dos puntos	" "	las comillas (también: « »)
;	el punto y coma	( )	los paréntesis
'	el apóstrofo	[ ] { }	los corchetes
-	el guión	/	la vírgula
—	la raya	→	la flecha
__	el subrayado	*	el asterisco
@	la arroba	+ – =	signos de más, de menos, de igual

Estos signos se usan más o menos como en inglés y a veces tienen aun más importancia. Compárense:

No hable. 'Don't speak' ≠ No, hable. 'No, *speak*'
No comprendo. 'I don't understand' ≠No, comprendo. 'No, I understand'
Lo sabe Clara. 'Clara knows it' ≠ ¿Lo sabe Clara? 'Does Clara know it?'

Hay cinco diferencias principales en la puntuación de los dos idiomas:

1. El uso del punto y de la coma en los números es contrario al del inglés; en español, el punto separa miles y millones, y la coma distingue los décimos, centésimos etc. (v. L.27). Es igual en la representación de los precios.

inglés:	1,028,345.5	.33 yards	$10,120.25
español:	1.028.345,5	0,33 metros	$10.120,25

2. A menos que sean parte del material citado, la coma y el punto se colocan *fuera de* las comillas:

   inglés: Theresa calls it a "thingamajig." español: Teresa lo llama un "chisme".

3. En una enumeración o serie, la coma se omite delante de la conjunción final:

   inglés: Colombia, Venezuela, and Perú español: Colombia, Venezuela y Perú

Pero por lo general se prefiere una coma delante de *pero*:

No es el mejor, pero me lo llevo.

4. Siempre hay que poner ¡ o ¿ al principio de una oración exclamativa o interrogativa.
5. Las comillas « » o " " sirven para citar el discurso directo dentro del texto:

   Como dice el refrán: "De músico, poeta y loco, todos tenemos un poco".
   Teresa le gritó "¡Idiota!" a su hermano, ¿verdad?

Pero para señalar los cambios de hablante en un *diálogo*, se prefieren rayas (sin comillas):

Teresa gritó: —¡Idiota! Su hermano le replicó: —¡So cretina!
—Pues, eres tú el cretino.
—Y tú, una imbécil.
—Mentecato. Bestia.
—¡Mamá! Teresita me está insultando.

Tanto en español como en inglés, <u>subrayamos</u> o escribimos *en cursiva* una palabra o frase cuando hablamos de ella. Su significado se identifica entre comillas simples, ' ':

La palabra *psicología* viene de las raíces griegas *psyche* 'mente' y *logos* 'palabra, estudio'.

Además, en ambas lenguas usamos subrayados o cursiva, no comillas, para los títulos:

Andrés Bello escribió *Gramática de la lengua castellana*.

0.6. **Un paso más: clasificación de las palabras según su acentuación.** La lingüística española tradicional clasifica las palabras según la sílaba acentuada, y es posible que se encuentren los términos siguientes en los comentarios de la acentuación.

- las palabras AGUDAS se acentúan en la última sílaba:
  trabajar, trabajé, trabajó, Perú, animal, millón, allí, José, violín, sofá, interés, error, español.
- las palabras LLANAS tienen su acento en la penúltima sílaba:
  trabajan, trabajas, trabajamos, trabajaremos, abdomen, atlas, producto, radio, suéter, posible.
- las palabras ESDRÚJULAS lo tienen en la antepenúltima sílaba:
  trabajábamos, teléfono, hidrógeno, kilómetro, satélite, háganlo, práctica, catálogo.

0.7. **Resumen.** Al corregir el trabajo escrito tenemos que referirnos a veces a la ortografía y la puntuación, que difieren en varios respectos entre las dos lenguas. Además, uno no tiene tantos problemas posteriores con cambios de ortografía (*lápiz, lápices*) o contrastes de acentuación (*hablo* ≠ *habló*) si los anticipa desde el comienzo.

APLICACIÓN

Recuerde (v. la introducción *To the Student*) que hay **Prácticas electrónicas** en el sitio de Internet que se hacen y se verifican fuera de clase como preparación para cada sesión.

Actividad

A. En grupos pequeños, comenten las oraciones siguientes, señalando los errores y corrigiéndolos *oralmente*. Variante: un concurso entre equipos: ¿qué grupo será el primero en identificar todos los errores?

1. Ciudado! Ese cafe todavia esta caliente.
2. "A que hora comiensa el partido?" "No se."
3. La sra Gonsález no trabaja los Miercoles, se queda en casa
4. Recojan Uds todos esos lapizes y ponganlas en la caja.
5. El libro "La Historia de la Poesía Medieval" fué traducido al Ingles por un Mexicano.

Ejercicios

B. En las palabras siguientes, el acento va en la vocal <u>subrayada</u>. Decida si requiere un acento ortográfico o no y escríbalo. Es recomendable pronunciar la palabra en voz alta.

Venus	taxi	comite	dieciseis	proton
album	fosil	analisis	diecisiete	cicatriz
atlas	gramatica	Peru	piramides	radioisotopo
atmosfera	gramatical	natural	autobus	refunfuñon
orden	imposible	Jupiter	veintiuno	telegrama
kilometro	imposibilidad	anterior	veintiun	estadistica

C. Las mismas instrucciones, pero aquí enfocamos vocales contiguas. ¿Pertenecen o no a la misma sílaba?

barrio	fotografia	especie	amplio	pais
astronomia	farmacia	aristocracia	amplio	compañia
revolucionario	barbarie	meteorologia	amplio	antiguo
anestesia	actuan	telescopio	simultaneo	obvio
ordinario	Eusebio	graduan	oido	envian

D. Las diferentes palabras de cada grupo se deletrean igual, pero algunas requieren tilde y otras no. Decida cuáles son las que sí necesitan acento ortográfico.

1. termino, termino, termino
2. anden, anden
3. sabana, sabana
4. limite, limite, limite
5. papa, papa
6. trabaje, trabaje
7. estimulo, estimulo, estimulo
8. amaran, amaran
9. perdida, perdida

E. Copie las oraciones siguientes de manera correcta. ¡OJO! Algunas son un diálogo entre dos personas; preste atención al significado en el contexto.

1. a uds pensamos enviarles un cargamento de 23425 (*dos mil trescientos cuarenta y dos y cinco décimos*) kg de harina el martes que viene
2. cuantos paises has visitado Raul tres españa mexico y costa rica
3. la señora perez grito dios me salve al ver el titulo del libro que leia su hijo el sexo para principiantes
4. en argentina la mayor parte de la poblacion es cristiana y de origen europeo pero tambien hay judios y musulmanes casi todos hablan español
5. hay muchas diferencias dialectales por ejemplo en lugar de computadora los españoles dicen ordenador
6. cuando comienza el semestre el miercoles veintinueve de agosto y cuando termina creo que a mediados de diciembre despues de los examenes finales
7. el sr lujan ha volado a la capital de venezuela verdad si a caracas supongo que piensa visitar otras ciudades venezolanas también si si tiene tiempo
8. voy a comprar una coca-cola quieres algo no acabo de tomar una no quiero nada mas

Capítulo I

La descripción

En este primer capítulo, nos preparamos para escribir ensayos de descripción y ubicación ('location'). Por eso, repasamos las formas y estructuras fundamentales para presentar la información que responde a preguntas como: "¿Qué es? ¿Cómo es? (pero, ¿cómo está?) ¿Qué hace? ¿Dónde está?".

Lección 1: el presente del indicativo, el tiempo de mayor frecuencia, junto con las "perífrasis" de verbo + verbo que permiten más flexibilidad de expresión.
Lección 2: los sustantivos y adjetivos que nombran las cosas y especifican sus características.
Lección 3: los verbos copulativos como *ser, estar, haber, parecer* y que sirven para identificar, describir y localizar los sustantivos.
Lección 4: cuatro estrategias comunicativas: las conjunciones para unir las ideas, los negativos para negarlas, las palabras locativas para indicar la ubicación y las preguntas.
Lección 5: el uso del diccionario para buscar palabras más informativas.
Lección 6: las composiciones de descripción y ubicación.

LECCIÓN I El presente del indicativo y el infinitivo

Como dice el refrán:

- Las paredes oyen.
- Perro que ladra no muerde.

PRESENTACIÓN

1.1. La formación regular del presente del indicativo. El INFINITIVO se refiere a la forma de los verbos que terminan en *-ar, -er* o *-ir*. A estas tres terminaciones se les llama CONJUGACIONES: **primera, segunda** y **tercera**. Cuando quitamos el sufijo infinitivo, queda la RAÍZ ('root, stem'), y a esta parte le añadimos DESINENCIAS ('endings') para indicar el tiempo, el modo, la persona y el número.

la raíz	**la desinencia**
trabaj	-ar
estudi	-o
regañ	-amos

1.1.1. El presente: formas y acentuación. En el presente, la desinencia suele consistir en una vocal (con frecuencia la del infinitivo) más los sufijos personales ***-o, -s, -mos, -is*** *y* ***-n***, como se ve en el siguiente repaso de las formas. Observe que las **sílabas en negrilla** son las que se pronuncian con fuerza (acento de intensidad); con excepción del infinitivo y la forma de *vosotros*, la sílaba tónica es la penúltima, no la final. Si usted no comprende por qué o si acentúa erróneamente las desinencias, repase las reglas de acentuación, v. §0.4.

infinitivo	traba**jar**	apren**der**	deci**dir**
Conjugación en presente			
yo	tra**ba**jo	a**pren**do	de**ci**do
tú	tra**ba**jas	a**pren**des	de**ci**des
usted, él, ella	tra**ba**ja	a**pren**de	de**ci**de
nosotros (tú y yo, ella y yo)	traba**ja**mos	apren**de**mos	deci**di**mos
vosotros (tú y él)	traba**jáis**	apren**déis**	deci**dís**
ustedes, ellas, ellos	tra**ba**jan	a**pren**den	de**ci**den

■¡OJO! Un error de conjugación ***-ar, -er, -ir*** cambia el sentido: *trabajan* 'they're working' ≠ *trabajen* 'work!' (mandato, v. L.10)— o confunde verbos distintos: *sentarse* 'sit down' vs. *sentirse* 'feel', *vendar* 'bandage' vs. *vender* 'sell', *crear* 'create' vs. *creer* 'believe', *parar* 'stop' vs. *parir* 'give birth', *podar* 'prune' vs. *poder* 'can', etc.

1.1.2. La concordancia del verbo con el sujeto. El verbo CONCUERDA ('agrees') con su SUJETO ('subject') en persona y número: *yo trabajo, ustedes trabajan, la niña y su mamá trabajan,* etc. Puesto que un sujeto pronominal se omite con frecuencia (v. §8.2.1), la desinencia del verbo español resulta la única señal del sujeto y así tiene más importancia que en inglés:

—¿Trabajas hoy? —No, trabajo mañana. (Se entienden los sujetos "tú" y "yo").
—Osvaldo es perezoso. —Sí, trabaja muy poco. (Se entiende el sujeto "él" = "Osvaldo").
—Todos vamos. —No, los novatos no vais. (Se entienden "todos nosotros" y "vosotros los novatos").

Los sujetos colectivos en singular (sing.), p.ej. *la gente, la familia, la policía, el resto,* tienen una concordancia estrictamente gramatical en español:

La gente trabaja (sing.) media jornada. ('The people are working halftime')

De la misma manera, *los Estados Unidos* se trata como singular por ser el nombre de un solo país:

Los Estados Unidos **depende** cada vez más del comercio internacional.

1.2. Los cambios radicales.

1.2. Los cambios radicales. Al conjugarse, muchos verbos cambian de raíz (cambios RADICALES) o de desinencia. Algunos gramáticos los consideran *irregulares*, pero la mayor parte de estos cambios no son peculiares. Al contrario, se conforman con reglas generales y, si tienen una REGLA (del latín *regula*), ¿cómo pueden ser *irregulares*?

Los cambios se clasifican en tres tipos: los que dependen de la acentuación, los que dependen de la siguiente vocal y los idiosincrásicos. Sigue un repaso (v. §1.6 **Para referencia** para una lista de verbos de cada tipo).

■¡OJO! Los verbos derivados tienden a conservar los cambios del verbo original; p. ej.: *deshacer, deshelar, desaparecer y desvestir* se conjugan como *hacer, helar, aparecer y vestir,* respectivamente.

1.2.1. Los cambios que dependen del lugar del acento. Estos cambios (Tipos 1, 2, 3) se aplican o no, según el lugar del acento: en la raíz o en la desinencia.

Tipo 1: reunir: re**ú**no, re**ú**nes, re**ú**ne, reunimos, reunís, re**ú**nen
enviar: env**í**o, env**í**as, env**í**a, enviamos, enviáis, env**í**an
(cf.: estudiar: estudio, estudias, estudia, estudiamos, estudiáis, estudian).
continuar: contin**ú**o, contin**ú**as, contin**ú**a, continuamos, continuáis, contin**ú**an
(cf.: averiguar: averiguo, averiguas, averigua, averiguamos, averiguáis, averiguan).

Regla: Cuando la raíz de estos verbos se acentúa (v. §1.1), su ***i*** o ***u*** recibe el acento y hay que poner la tilde para que sea vocal y no se forme diptongo. Así, estos verbos se distinguen de *reinar, estudiar, averiguar* y otros verbos en que la ***i*** y la ***u*** siempre representan semivocales (los sonidos /y/, /w/), y nunca se acentúan. Compárese la pronunciación de *envío* /em-BI-o/ (raíz = /embi-/) vs. *estudio* /es-TU-dyo/ (raíz = /estudy-/).

Puesto que la *h* de *prohibir* y *rehusar* no se pronuncia, muchos tratan estos verbos de la misma manera y les ponen una tilde como en *reunir, reúno: prohíbo, rehúso.*

Tipo 2: pensar: **pie**nso, **pie**nsas, **pie**nsa, pensamos, pensáis, **pie**nsan
errar: **ye**rro, **ye**rras, **ye**rra, erramos, erráis, **ye**rran
contar: **cue**nto, **cue**ntas, **cue**nta, contamos, contáis, **cue**ntan
oler: **hue**lo, **hue**les, **hue**le, olemos, oléis, **hue**len

Regla: Cuando reciben el acento de intensidad, las vocales ***e*** y ***o*** de estos verbos se convierten en diptongos. Estos diptongos se pronuncian /ye/, / we/ y se escriben según las normas regulares del idioma: *ie ue* tras consonante (*pienso*), *ye hue* al principio de palabra (*yerro*). Hay un número enorme de estos verbos en las tres conjugaciones: *-ar, -er, -ir*. También se dan los cambios *i* → *ie, u*→ *ue* en los verbos *adquirir* y *jugar* (que eran *adquerir* y *jogar* en el español antiguo).

■¡OJO! El infinitivo no nos deja ver si la **e** o la **o** se diptonga o no porque en esta forma la raíz queda átona. Por ejemplo, *ofender* no cambia (*ofendo, ofendes...*), pero *defender* sí cambia (*defiendo, defiendes...*); igualmente, *profesar* (*profeso, profesas...*), pero *confesar* (*confieso, confiesas...*).Y entre los dos verbos con el infinitivo *apostar*,'to post' se conjuga *aposto, apostas...* mientras 'to bet' se conjuga *apuesto, apuestas.*

Las alternancias ***e-ie*** y ***o-ue*** *no* se limitan a los verbos; también se encuentran en muchísimos adjetivos y sustantivos, generalmente según las mismas condiciones: ***ie/ue*** si la vocal es tónica, pero ***e/o*** si es átona. Estudie bien los siguientes pares de ejemplos, notando el efecto del cambio de acentuación:

*nue*ve~*no*vecientos, *sie*te~*se*tecientos, *bue*no~*bo*ndad, Vene*zue*la~vene*zo*lano, *cue*llo~*co*llar, ver*güen*za~ ver*go*nzoso, *mue*rte~*mo*rtal, *die*nte~*de*ntista, *die*stro~*de*streza, *fie*sta~*fe*stivo, *nue*vo~*no*vedad, *vie*nto~*ve*ntoso.*

Tipo 3: pedir: p**i**do, p**i**des, p**i**de, pedimos, pedís, p**i**den
reír: r**í**o, r**í**es, r**í**e, reímos, reís, r**í**en

Regla: El cambio ***e*** → ***i*** también tiene lugar cuando la raíz recibe el acento. Una generalización útil: casi todos los verbos en *-e...ir* tienen ***e*** → ***i*** o ***e*** → ***ie***. En efecto, el verbo *erguir* admite ambas posibilidades: *irgo* (Tipo 3) o *yergo* (Tipo 2). *Reír* (*sonreír*) y *freír* son como *pedir*, pero llevan la tilde para impedir un diptongo con la desinencia: *ríen, fríen.*

1.2.2. Cambios que dependen de la vocal siguiente. Los cambios de los Tipos 4, 5 y 6 se dan delante de ciertas vocales, pero no de otras.

Tipo 4: vencer: venzo, vences...; seguir (i): sigo, sigues...; recoger: recojo, recoges

Regla: Estos son cambios ortográficos regulares (repase §0.3) que no afectan la pronunciación.

Tipo 5: construir: construyo, construyes, construye, construimos, construís, construyen
argüir: arguyo, arguyes, arguye, argüimos, argüís, arguyen

Regla: A la raíz de este tipo de verbo le añadimos una ***y*** cuando *no* le sigue una ***i:*** es decir, la ***y*** se inserta delante de las vocales *o, e, a*. Este cambio es automático para todos los verbos en *-uir* si su ***u*** se pronuncia como /u, w/. Se exceptúan los verbos como *seguir,* donde la ***u*** es parte de la grafía ***gu*** para el sonido /g/: *sigo, sigues.*

Tipo 6: conocer: cono**zc**o, conoces, conoce, conocemos, conocéis, conocen
salir: sal**g**o, sales, sale, salimos, salís, salen; poner: pon**g**o, pones, pone
caer: ca**ig**o, caes, cae, caemos, caéis, caen; traer: tra**ig**o, traes, trae
oír: o**ig**o, oyes, oye, oímos, oís, oyen
tener: ten**g**o, tienes, tiene, tenemos, tenéis, tienen
venir: ven**g**o, vienes, viene, venimos, venís, vienen
hacer: ha**g**o, haces, hace, hacemos, hacéis, hacen
decir (i): di**g**o, dices, dice, decimos, decís, dicen

Regla: Estos cambios se limitan a la forma de *yo*. Pero *c* → *zc* es casi automático para los infinitivos que acaban en -vocal + *cer/cir: conocer, merecer, producir, nacer...,* pero no *vencer, esparcir,* que acaban en consonante + *cer*. Excepciones: *cocer* (ue) *cuezo, mecer, mezo* y, claro está, *hacer, hago* y *decir, digo.*

1.2.3. Cambios idiosincrásicos. Estos cambios, que se ven principalmente en la forma *yo*, son verdaderamente irregulares.

Tipo 7: saber: **sé**, sabes, sabe, sabemos, sabéis, saben
caber: **quepo**, cabes, cabe, cabemos, cabéis, caben
ver: veo, ves, ve, vemos, veis, ven
dar: doy, das, da, damos, dais, dan
ir: voy, vas, va, vamos, vais, van
estar: estoy, estás, está, estamos, estáis, están
haber ('there is/are'): hay
ser: soy, eres, es, somos, sois, son

Regla parcial: La *-y* sólo se añade a formas cortísimas (*doy, voy, soy, estoy*). *Ir* se conjuga como si fuera *"var"*. *Estar* siempre se acentúa en su desinencia, con tilde salvo en *estamos*. En su forma de *yo*, *ver* conserva una raíz antigua (*veer*); su derivado *prever* sigue acentuándose en *-ver*, con tilde: *preveo, prevés, prevé, prevemos, prevéis, prevén*.

1.3. El significado del presente: su referencia temporal. En inglés, el presente simple expresa una acción habitual "ʘʘʘʘ", que ocurre de vez en cuando pero no necesariamente en este momento:

'What *does* she do on weekends? She *works* as a lifeguard.'

Para expresar una acción *actual*, que ocurre en este momento (el sujeto está en medio de la acción, ····+····), el inglés cambia al progresivo:

'What's she *doing* now? She's *working* in the office.'

El progresivo inglés puede expresar un tercer aspecto, una acción venidera en un futuro inmediato "--+⃗--":

'What's she *doing* tomorrow? She's *working* at home'

En español, es importante notar que el presente simple cubre **todas** estas caracterizaciones o aspectos:

1. habitual ʘʘʘʘ: —¿Qué **hace** los fines de semana? —**Trabaja** de salvavidas.
2. actual ····+····: —¿Qué **hace** ahora? —**Trabaja** en la oficina.
3. venidero--+⃗--: —¿Qué **hace** mañana? —**Trabaja** en casa.

Hay un progresivo *está trabajando* que podría usarse en el segundo caso, pero esta forma aporta un matiz especial en español (v. §22.4.1), y los anglohablantes tienden a usarlo en exceso como equivalente del inglés. Por ahora, más vale acostumbrarse a usar el presente simple, *trabaja*, para la expresión ordinaria de todos estos tres aspectos.

1.4. Usos del infinitivo. El infinitivo es un tipo de SUSTANTIVO ('noun'), y por eso se usa (1) como sujeto u objeto:

Memorizar no sirve y detesto *hacerlo*.
= sujeto de *no sirve* = objeto de *detesto*

o (2) tras preposición:

Estoy cansado ***de*** *memorizar* fechas. 'I'm tired of memorizing dates'
Después de *memorizar* fechas, uno las olvida. 'After memorizing dates, one forgets them'
Leen la lección ***para*** *memorizar* fechas. 'They read the lesson to memorize dates'
Insiste ***en*** *memorizar* fechas. 'She insists on memorizing dates'

■¡OJO! El inglés usa su infinitivo y también su gerundio (*-ing*) para estas funciones: 'Memorizing (= to memorize) is worthless and I hate doing (= to do) it; I'm tired of memorizing dates.' En español, sólo el infinitivo (nunca la forma terminada en ***-ndo***) se usa como sustantivo.

1.4.1. Verbo + verbo: la conjugación perifrástica. El infinitivo también se emplea después de otro verbo AUXILIAR ('auxiliary, helping verb'); así, podemos variar la expresión sin cambiar de tiempo. Resulta una estructura de VERBO + VERBO que se llama una PERÍFRASIS o "conjugación perifrástica". Algunas perífrasis requieren preposiciones especiales, otras no:

estudian → *van **a*** estudiar, *acaban **de*** estudiar, *deben* estudiar...

El verbo auxiliar se conjuga en todos los tiempos:

comienzan a estudiar: *comenzarán* a estudiar, *comenzaron* a..., *comenzaban* a...

Pero al igual que en inglés *(they start to study, he starts to study, started to study)*, el segundo verbo de la perífrasis **no se conjuga**, sino que se queda en el infinitivo o, en unos pocos casos, se expresa como un gerundio. También como en inglés, los verbos auxiliares se combinan con frecuencia:

Voy a *dejar de intentar aprender* a esquiar. 'I'm going to stop trying to learn to ski'
Debo poder negarme a hacerlo, si lo quiero. 'I ought to be able to refuse to do it, if I want to'

Sigue una lista de los auxiliares principales. Puesto que son bastante frecuentes, es importante aprenderlos.

PRIMER GRUPO: VERBO + INFINITIVO

Estos verbos auxiliares toman un infinitivo, a veces con una preposición especial (*a, de, en,* etc.). Esta preposición es difícil de explicar: por lo general, los auxiliares de comienzo (*comenzar*) o de movimiento (*ir*) toman *a* y los de terminación (*terminar*) toman *de*. Pero en casos como *trato* ***de*** *entender* vs. *intento entender* (que significan lo mismo), uno tiene que memorizar el conector como parte de la construcción.

acabar de (have just *verb*ed; finish doing): Carlos **acaba de graduarse**.
acordar (agree to do something; ≠ *acordarse de* 'remember'): **Acuerdan darnos** una entrevista.
alcanzar a (manage to, succeed in): Con mucho esfuerzo, **alcanzo a comprender** el cálculo.
aprender a (learn to do something): Elena **aprende a tocar** el violín.
ayudar a (help): Juan me **ayuda a sacar** la basura.
comenzar a = ***empezar a*** (begin, start): Ajá, **comienzo (empiezo) a comprender**.
deber (should, ought to): **Debemos seguir** las instrucciones.
dejar de (stop doing something): ¡**Deje de reírse**!
enseñar a (teach...to): En ese curso **nos enseñan a hacer** experimentos.
haber de (be to do something, be supposed to): **Hemos de escribir** en la computadora.
haber que (it's necessary, you gotta) *siempre impersonal*: **Hay que esperar** pacientemente.
ir a (be going to do something): Mañana **voy a jugar** al tenis.
llegar a: (finally attain a state or manage to do something): Por fin **llego a entender** esa tragedia.
negarse (ie) a (refuse to do something) ≠ *negar* (deny): ¡Me **niego a comerme** esta porquería!
ofrecerse a (offer to do something): Rubén se **ofreció a darnos** un paseo en su coche.
parar de (stop doing something): ¡**Pare de reírse**!
pensar (intend to): ¿**Piensas alquilar** una bicicleta?
poder (can, may, be able to): —¿**Puedes levantarte**? —No, no puedo; me lastimé.
saber (know how to): No sé **calcular** esto.
soler = ***acostumbrar*** (usually do something): **Suelen (Acostumbran) publicar** los resultados.
tender a (tend to): Paco **tiende a llegar** temprano.
tener que (have to, have got to, must): **Tenemos que terminar** este proyecto cuanto antes.
terminar de (finish *verb*-ing): Cuando **terminan de cenar** salen a jugar.
tratar de (try doing something, try to do): **Trato de levantarme** temprano.
volver a (redo, do something again/all over): **Vuelva a escribir** esa composición.

SEGUNDO GRUPO: VERBO + INFINITIVO O CLÁUSULA

Estos verbos se combinan también con el infinitivo, pero si los dos verbos tienen sujetos distintos (L.11, 35) el infinitivo cambia a una cláusula con *que* (y generalmente el subjuntivo):

Quiero ***llegar*** a tiempo. (I want to arrive on time); el mismo sujeto, *yo*, para ambos verbos.
Quiero *que ustedes* ***lleguen*** (subjuntivo) a tiempo. (I want you to arrive on time); sujetos distintos.

aparentar = ***fingir*** (pretend): Ese hombre no es abogado, sólo **aparenta serlo**.
decidir (decide): Maripili **decide salir** de vacaciones.
esperar (hope): Todos **esperan conseguir** un aumento de sueldo.
evitar (avoid *verb* ing): La muchachita **evita asistir** a la escuela.
intentar = ***procurar*** (try, try to get): Enrique **intenta/procura llegar** temprano a casa.

lograr = *conseguir* (manage to, get to, succeed in): **Lograron/consiguieron participar** en el desfile.
necesitar (need): **Necesito hablar** con el Sr. Méndez.
preferir (prefer): ¿Tú **prefieres beber** algo frío?
prometer (promise): El gerente **promete cumplir** con los requisitos.
querer = *desear* (want, desire): Su hijo **quiere pasarle** las herramientas.

1.4.2. Comentarios sobre ciertos auxiliares. En algunos casos, los significados de los auxiliares son un poco diferentes de sus equivalentes en inglés.

- ***Saber/poder***: ambos pueden significar 'can', pero *saber* pone énfasis en la capacitación o 'know-how', mientras que *poder* puede referirse a posibilidad, oportunidad, permiso, etc.

  Jaime no *sabe* tocar el piano. (No tiene los conocimientos requeridos).
  Jaime no *puede* tocar el piano. (Se quebró la mano, o no tiene permiso, tiempo u oportunidad).

- ***Haber:*** en la perífrasis *haber de* 'be supposed to', se conjuga como el auxiliar del perfecto (v.§19.3):

  He (has, ha, hemos, habéis, han) de llegar más tarde.

  Pero *haber que* (presente *hay que*) expresa una necesidad general, o en el negativo, una prohibición:

  Hay que entrar por aquí. = Es necesario entrar por aquí.
  No hay que entrar por aquí. = No se debe entrar por aquí.

- ***Hacer* + infinitivo:** forma la CONSTRUCCIÓN CAUSATIVA: el sujeto no hace la acción, sino que hace que *otro* la haga. (El verbo *causar* **no** se usa así con infinitivo.):

  El municipio *hace construir* un campo de juegos. ('The town council is having a playground built')
  La niña *hace rodar* el balón. (The girl makes the ball roll = 'rolls the ball')
  Nos *hace llorar*. (It causes us to cry ='makes us cry')

- ***Dejar*** tiene varios sentidos: Con *de* + infinitivo, es sinónimo de *parar de* stop doing something'; y con el negativo, significa 'not to fail to (do something)'. Pero sin preposición, equivale a 'let' o 'leave (something)':

  Deja de venir. (Para de venir) 'She stops coming'
  Nunca deja de venir. 'She never fails to come'
  Ella deja entrar a Roberto, si él *deja* afuera el perro. 'She lets Robert come in if he leaves his dog outside'

- Note los contrastes entre ***acostumbrar*** y ***acostumbrarse a***, ***pensar*** y ***pensar en***:

  Acostumbro (*Suelo*) dormir 8 horas. 'I usually sleep 8 hours'
  ≠ Pero ***me** acostumbro a* dormir menos. 'But I'm getting used to sleeping less'
  Pienso comprarlo. 'I intend to buy it' ≠ *Pienso en* comprarlo. 'I'm thinking about buying it'

1.5. Resumen. En esta lección hemos repasado el presente de indicativo, enfocando los cambios que se aplican en la raíz y las desinencias. En estas formas también se basan las de otros tiempos, así que es importante dominarlas bien. Este es el tiempo verbal más frecuente, y corresponde tanto al presente simple del inglés como a su presente progresivo: *corre* 'she runs' y 'she's running'. Además, sin abandonar el presente son posibles muchas otras representaciones de la acción por medio de las "perífrasis" de VERBO + VERBO: *corre* → *debe* (*suele, sabe, puede, tiene que, quiere, comienza a...*) *correr*.

1.6. Para referencia: verbos con cambios radicales en el presente. Sigue una lista de verbos que cambian según las reglas en §1.2.1-1.2.3. Recuerde que un derivado casi siempre se conjuga como el verbo original; por ejemplo, *detener, mantener, retener, contener, sostener y entretener* se conjugan como *tener*.

Cambios que dependen del lugar del acento

1. **Tipo *í/ú***

   acentuar, actuar, ampliar, aunar, aislar, confiar, continuar, contrariar, criar, desviar, efectuar, enfriar, enviar, espiar, esquiar, evacuar, evaluar, exceptuar, fiar, fluctuar, fotografiar, graduar, guiar, habituar, liar, porfiar, prohibir, puntuar, rehusar, resfriar, reunir, rociar, situar, vaciar, variar, etc.

2. **Tipos *e* →*ie*, *i* →*ie*, *o* →*ue*, *u* →*ue***
acertar, acordar, acostar, adherir, adquirir, advertir, alentar, almorzar, apostar (bet), apretar, aprobar, arrendar, arrepentirse, ascender, asentar, aserrar, atestar, atravesar, avergonzar, calentar, cegar, cerrar, cocer, colar, colgar, comenzar, comprobar, concernir, concertar, concordar, conferir, confesar, consolar, contar, convertir, costar, defender, descender, despertar, diferir, digerir, discernir, doler, disolver, divertir, dormir, empezar, encender, encerrar, encontrar, enmendar, enterrar, entender, errar (ye-), escarmentar, escocer, esforzar, extender, forzar, fregar, gobernar, heder, helar, herir, hervir, holgar, inferir, interferir, invertir, jugar, llover, manifestar, mentir, moler, morder, morir, mostrar, mover, negar, nevar, oler (hue-), perder, pensar, plegar, preferir, poder, probar, quebrar, querer, recordar, referir, reforzar, regar, remendar, requerir, resolver, reventar, rodar, rogar, segar, sembrar, sentar, sentir, serrar, soler, soltar, sonar, soñar, sosegar, sugerir, temblar, tender, tentar, torcer, tostar, transferir, trocar, tronar, tropezar, verter, volar, volcar, volver, etc.
3. **Tipo *e*→ *i***
ceñir, competir, concebir, constreñir, corregir, derretir, despedir, elegir, erguir (irgo o yergo), freír (í), gemir, henchir, impedir, medir, pedir, regir, reír (í), rendir, reñir, repetir, seguir, servir, sonreír, teñir, vestir, etc.

Cambios que dependen de la vocal siguiente

4. **Tipo con cambios ortográficos *gu* → *g*, *g* → *j*, *c* → *z***
coger, corregir (i), convergir, delinquir, dirigir, divergir, esparcir, fruncir, regir (i), seguir (i), vencer, etc.
5. **Tipo *u* → *uy***
argüir, atribuir, concluir, construir, contribuir, destruir, diluir, disminuir, distribuir, excluir, fluir, huir, incluir, influir, instruir, intuir, obstruir, rehuir, sustituir, etc.
6. **Tipos con inserción especial en la primera persona singular**
c → *zc*: aborrecer, adormecer, agradecer, anochecer, aparecer, apetecer, carecer, compadecer, complacer, conocer, crecer, desvanecer, -ducir (con-, pro-, re-, tra-, etc.), empobrecer, enfurecer, enloquecer, entristecer, establecer, estremecer, fallecer, favorecer, florecer, fortalecer, humedecer, lucir, merecer, nacer, obedecer, ofrecer, oscurecer, pacer, padecer, parecer, perecer, permanecer, pertenecer, etc.
ig: caer *caigo*, roer *roigo*, traer *traigo*
ig, *y*: oír *oigo, oyes, oye, oímos, oís, oyen*
g: asir *asgo*, poner *pongo*, salir *salgo*, valer *valgo*, yacer *yazgo*
g, *e*→*ie*: tener *tengo, tienes...*, venir *vengo, vienes, etc.*
c→*g*: decir (i) *digo, dices, dice, decimos, decís, dicen*, hacer *hago, haces...*, satisfacer *satisfago, satisfaces, etc.*
7. **Cambios idiosincrásicos**
en la primera persona singular: dar *doy*, estar *estoy*, caber *quepo*, saber *sé*, ver *veo*
en todas las personas: haber *he, has, ha, hemos, habéis, han* (pero *hay* 'there is/are'), ir *voy vas, va, vamos, vais, van*, ser *soy, eres, es, somos, sois, son*.

APLICACIÓN

Recuerde (v. la introducción *To the Student*) que hay **Prácticas electrónicas** para cada lección en el sitio de Internet que se hacen y se verifican fuera de clase como preparación para la sesión.

Actividad

A. Los padres: semejanzas. Pónganse en grupos de dos. Luego, cada uno le describe a su compañero al menos 6 actividades que hacen (y 3 que *no* hacen) su padre y su madre en un día típico, usando verbos específicos en tiempo presente. Comparen sus resultados: ¿hasta qué punto son parecidos sus padres? ¿Hasta qué punto son *diferentes* las actividades de ustedes?

Ejercicios

B. En cada oración, sustituya el verbo principal por su sinónimo de la lista. ¡Cuidado con los cambios radicales!

Lista: *alentar, conducir, convenir en, convertir, criar, descender, destruir, disminuir(se), elegir, encender, encontrar, obtener, requerir, seguir, situarse, sustituir*

1. La entonación típica baja al final.
2. Yo manejo un camión nuevo.
3. Si no lo buscas, no lo hallas.
4. Los espectadores animan a los jugadores.
5. Los votantes seleccionan a su representante.
6. Cada año se merman los bosques.
7. El pueblecito está en un valle.
8. Mañana, consigues tu carnet de conducir.
9. Al entrar, la abuela prende el televisor.
10. Transforman el terreno en un mercado.
11. Los soldados destrozan la fortaleza.
12. Los miembros acuerdan aplazar la sesión.
13. Para ser maestra se necesita dedicación.
14. La propaganda reemplaza la información.

C. Símiles: Complete cada analogía o símil con un sujeto, un verbo de acción (no *ser, estar, tener, parecer*) en tiempo presente y otras palabras apropiadas.

Modelo: ...como una santa. → *Mi abuela aguanta sus dificultades* como una santa.

1. ...como el viento.
2. ...como la luz del sol.
3. ...como un senador.
4. ...como el *clic* de un interruptor.
5. ...como un general del ejército.
6. ...como un niño en una juguetería.
7. ...como un mosquito.
8. ...como un payaso.
9. ...como un pato.
10. ...como una bomba.

D. Definiciones con verbos.

1. Explique el significado de cada sustantivo con el verbo asociado.

Modelo: su *comprensión* significa que comprende algo.

su corrección	su retención	su pensamiento	su mentira
su aprobación	su demostración	su entendimiento	su pedido (o petición)
su movimiento	su disminución	su preferencia	su predicción

2. Los siguientes sustantivos indican "la persona que..."; defínalos así con el verbo.

Modelo: *lector*: es el que lee.

jugador	director	oyente	seguidor
compositor	defensor	contador	apostador
constructor	inversionista	gobernador	prestamista

3. Estos adjetivos indican una tendencia. Defínalos así.

Modelo: *mandón*: significa que manda mucho.

dormilón	tembloroso	llorón	risueño
criticón	pedigüeño	inclusivo	hablador

Ejercicios textuales

E. Hagámoslo juntos: Usted organiza una reunión de representantes y ha preparado una lista de apuntes. Sin embargo, prevé algunos problemas e invita a un amigo a ayudarle. Ahora, le lee sus apuntes, adaptando "yo" a "nosotros".

Modelo: Llego temprano; abro el edificio → "Llegamos temprano y abrimos el edificio".

1. ✓ Antes de la sesión: reúno la junta ejecutiva; explico mi estrategia.
2. ✓ Traigo la cafetera a la sala; la prendo; pongo tazas, azúcar, etc.
3. ✓ Salgo a la sala; espero a los representantes; los saludo; los invito a tomar un café.
4. ✓ 9:30: declaro abierta la sesión; hago leer el acta de la sesión anterior.
5. ✓ Trato los asuntos pendientes y los nuevos; recuerdo el pago de la cuota.
6. ✓ Reparto los folios, pongo el proyector.
7. ✓ Comienzo la discusión de ventas y fondos; señalo las bajas recientes.
8. ✓ Concluyo la discusión; presento la primera moción; sé que la van a rechazar.
9. ✓ Luego, la sustituyo por la moción que quiero; la someto a votación.
10. ✓ Propongo la clausura de la sesión.
11. ✓ Sirvo más café, ofrezco donuts, resuelvo conflictos personales.

12. ✓ En la puerta, detengo a los que no pagaron la cuota.
13. ✓ Recojo la basura, barro el piso, limpio las mesas, guardo las sillas.

F. Planeando una fiesta. Resuma cada frase *en cursiva* con una perífrasis (*verbo* + *verbo*) equivalente.

Modelo: *Para Margarita, es buena idea* hacer una lista de los invitados. → Margarita ***debe*** hacer una lista.

1. Beatriz *tiene los conocimientos* para organizar la fiesta, pero *le es imposible* porque se siente enferma.
2. Tampoco sirve Pablo, porque *tiene la costumbre de* aplazar todo hasta el último momento y si no *hace un esfuerzo por* planear bien, todo le sale mal.
3. *A Ana no le gusta* aceptar la responsabilidad, pero consiente. *Da los pasos iniciales para* organizar la fiesta.
4. Elizabeth *tiene la intención de* preparar el ponche.
5. Esteban *tiene éxito en* planear la comida.
6. José *tiene la obligación de* traer los discos.
7. Jorge *llegó recientemente* y dice que *le gusta más* considerar otro plan.
8. A Margarita se le derramó la Coca-Cola en la agenda, y *escribe de nuevo* su lista de invitados.
9. Mateo y Alfonso se detestan pero *ya no riñen*, y *dan la apariencia de* cooperar.
10. Ana *toma la decisión de* asignarles tareas distintas.
11. A eso de las 9, todos *les ponen fin a los preparativos* de la fiesta.

G. ¿Qué hacen estas personas? Escriba tres actividades típicas que hace cada tipo de persona.

Modelo: Una actriz famosa... → ... gana mucho dinero, firma autógrafos, actúa en películas.

1. las personas que se preocupan por su peso
2. un niño frustrado en una juguetería
3. una pareja jubilada
4. las jugadoras profesionales de tenis
5. una cantante de MTV
6. el presidente (rector) de esta universidad

Adaptación de textos

H. Reportaje: Reporte estas descripciones autobiográficas cambiando su perspectiva de la primera persona (yo, nosotros) a la tercera (él, ella, ellos, ellas).

1. Mi hermano y yo vivimos en Miami. Hablamos inglés y español y tenemos amigos angloamericanos e hispanos aquí. Asistimos a una escuela intermedia y pronto continuamos al colegio. Después de las clases, comenzamos la tarea y luego tenemos tiempo libre. Vemos la tele, le ayudamos a mamá, construimos algo con papá, jugamos al basquetbol y charlamos con los amigos. A veces reñimos, por supuesto, pero normalmente nos llevamos bien. Cuando oímos a mamá, entramos a la casa y cenamos juntos. Somos una familia unida y todavía hacemos la tradicional sobremesa. A diferencia de nuestros amigos, no les mentimos a papá ni a mamá, sino que les decimos todo y nos expresamos abiertamente. Sabemos que nos quieren mucho y confiamos en ellos.

2. Yo soy músico. Toco instrumentos de metal en una orquesta regional y dirijo un conjunto de jazz. Ambos son puestos de medio tiempo, así que también tengo que buscar otros trabajos. Por ejemplo, compongo algunas piezas, produzco zarzuelas, doy lecciones, enseño trompeta, y de vez en cuando logro tocar en una boda. En esta profesión creo que es difícil avanzar: aprovecho cada oportunidad, pero encuentro mucha competencia y a veces me pregunto si de veras quepo. De todos modos, me gano la vida, mantengo a mi familia y generalmente disfruto lo que hago. Y preveo más posibilidades en el futuro.

Caber

LECCIÓN 2 La flexión de sustantivos, artículos y adjetivos

Como dice el refrán:

- Por si yerra la cura, que venga el cura.
- Marzo ventoso y abril lluvioso sacan a mayo, florido y hermoso.

PRESENTACIÓN

2.1. Sustantivos y adjetivos. Los ADJETIVOS modifican a los SUSTANTIVOS ('nouns'), añadiendo información descriptiva. Algunos pueden emplearse como sustantivos ('sust.') también:

vecino: Tengo *vecinos* (sust. 'neighbors') raros. Las casas *vecinas* (adj. 'neighboring') son rosadas.
científico: Admiro a los *científicos* (sust. 'scientists') y la investigación *científica* (adj. 'scientific').
médico: Los *médicos* (sust. 'doctors') son una sola parte del sistema *médico* (adj. 'medical').
joven: Los *jóvenes* (sust. 'youth, young people') quieren un presidente más *joven* (adj. 'young').

Además, los adjetivos pueden usarse sin el sustantivo donde el inglés usa 'one(s)' (v.§28.1):

—¿Qué coches prefieres? —Prefiero *los costosos*. ('I prefer the expensive ones' = *coches*)

Pero el español generalmente distingue adjetivo de sustantivo donde el inglés permite que un sustantivo modifique a otro (v. L. 41): la *universidad* (sust.), 'the university' vs. los empleados *universitarios* (adj.) 'the university employees', o los empleados ***de la universidad***. Así erró el estudiante que escribió lo siguiente, confundiendo las opciones que vio en su diccionario: "*Nuestro *universitario* tiene varios edificios". (Recuerde que el asterisco significa AGRAMATICAL, ungrammatical.)

2.1.1. Sintaxis: el orden de palabras en la frase sustantiva. El sustantivo y sus modificadores adyacentes forman un grupo, LA FRASE SUSTANTIVA ('noun phrase'). El orden más frecuente es como sigue:

artículo	**sustantivo**	**adjetivo(s) descriptivo(s)**
el	hijo	mayor
unas	naranjas	dulces y jugosas
las	cuestiones	científicas más interesantes
un	edificio	universitario viejo y ruinoso

Pero los adjetivos de orden o cantidad suelen preceder al sustantivo: *el* ***primer*** *coche deportivo*, ***muchas*** *montañas hermosas*, ***algunos*** *árboles altos*. Muchos adjetivos descriptivos como *bueno* también preceden para un efecto especial, como veremos en otra lección (L. 25).

2.1.2. Función en la descripción. Al hacer una descripción, los sustantivos y adjetivos son los elementos que suelen llevar el mayor peso informativo. Por eso, hay que buscar palabras precisas e interesantes que presenten una imagen más viva. Por ejemplo, las oraciones siguientes parecen ordinarias, poco interesantes y muy vagas:

Mi hermana mayor es una persona *buena*.
Mi profesor favorito es un hombre *fantástico*.

Mejoramos el efecto descriptivo cuando las sustituimos por adjetivos más precisos e informativos:

Mi hermana mayor es una persona *bondadosa, fiable y comprensiva*.
Mi profesor favorito es un hombre *sabio y bien informado*.

También describimos mejor si buscamos sustantivos más específicos:

En la montaña crecen *árboles* altos. →...*pinos y robles* altos.
Papá quiere manejar su *carro* por un *camino* nuevo. → ...su *camioneta* por una *carretera* nueva.

Los sustitutos pueden buscarse en un diccionario bilingüe: si ("pines and oaks") es más expresivo en inglés, también lo será en español. Por lo general, **cuanto más concreta y específica la palabra, más información le comunica al lector**. Pero al sustituir una palabra mejor, hay que adaptar los modificadores que CONCUERDAN ('agree') con ella: *un camino nuevo → una carretera nueva*. El resto de esta lección se dedica a un repaso de las formas relevantes, o sea la FLEXIÓN ('inflection').

2.2. El género del sustantivo. A diferencia del inglés, cada sustantivo español se caracteriza por su GÉNERO ('gender') gramatical: masculino o femenino. El género tiene que tomarse en serio: hay homónimos que así se distinguen y numerosos pares en *-o* vs. *-a* con significados distintos, como vemos en los ejemplos siguientes.

Homónimos distinguidos por el género.

el capital ('capital, money')	la capital ('capital, city')
el cólera ('cholera')	la cólera ('anger')
el coma ('coma')	la coma ('comma')
el cometa ('comet')	la cometa ('kite')
el corte ('a cut')	la corte ('(king/queen's) court')
el cura ('priest')	la cura ('cure')
el frente ('front')	la frente ('forehead')
el orden ('order = arrangement')	la orden ('order = command')
el Papa ('Pope'), el papá ('dad')	la papa = la patata ('potato')
el parte ('bulletin, communiqué')	la parte ('part')
el pez ('(live) fish')	la pez ('pitch (black stuff), tar')
el policía ('policeman')	la policía ('police, police force')
el radio ('radius; radium')	la radio ('radio')

Algunos pares en *-o* y *-a*:

el barco ('boat, ship')	la barca ('small boat')
el cargo ('job, responsibility')	la carga ('cargo, load, charge')
el cuadro ('picture, painting')	la cuadra ('(city) block')
el cuchillo ('knife')	la cuchilla ('razor blade')
el cuento ('story')	la cuenta ('account, bill; bead')
el mango ('handle; mango')	la manga ('sleeve; hose pipe')
el marco ('frame(work)')	la marca ('mark, brand')
el modo ('manner, way')	la moda: ('fashion')
el palo ('stick')	la pala ('shovel')
el peso ('weight; unit of money')	la pesa ('a weight (in weightlifting)')
el puerto ('port')	la puerta ('door, gate')
el tormento ('torment')	la tormenta ('storm')

2.2.1. Tendencias generales. En muchos casos, el género corresponde a la forma de los sustantivos. Tienden a ser **masculinos** los que terminan en ***-l, -o, -n, -r*** o ***-s***:

-l: el animal, el barril, el hospital, el metal, el papel, etc.
-o: el lago, el anillo, el hombro, el año, el número, el dato, el kilómetro, etc.
-n: el balcón, el boletín, el botón, el desdén, el colchón, el carbón, el jabón, el riñón, etc.
-r: el carácter, el amor, el color, el favor, el error, el vapor, el pulgar, etc.
-s: el análisis, el autobús, el interés, el país, el mes, etc.

Y tienden a ser **femeninos** los que acaban en ***-a, -d, -ión, -itis;*** en efecto, siempre son femeninos los que acaban en ***-ción, -sión, -dad:***

-a: la espalda, la letra, la antropología, la luna, la pérdida, la lágrima, la pregunta, la farmacia, etc.
-d: la salud, la pared, la bondad, la mitad, la virtud, la ciudad, etc.
-ión: la opinión, la estación, la organización, la región, la confusión, etc.
-itis: la apendicitis, la artritis, etc.

Pero hay excepciones que deben memorizarse:

- femeninos en *-l, -r*: la cárcel, la piel, la sal, la col, la señal, la vocal, la labor, etc.
- femeninos en *-o*: la mano, la foto, la moto, la libido, etc.
- femeninos en *-n*: la armazón, la imagen, la sartén, etc.
- femeninos en *-s*: la res, la sintaxis, la tesis, la tos, la diabetes, etc.
- masculinos en *-a*: el día, el clima, el drama, el mapa, el tema, el planeta, el poema, el problema, el programa, el síntoma, el sistema, etc.
- masculinos en *-d*: el césped, el ataúd, el ardid, etc.

Además, los sustantivos en *-e* no muestran ninguna tendencia en particular:

-e: el valle, el cine, el títere, el desaire, el desfile, el baile, el paquete, el banquete, etc.
la calle, la carne, la costumbre, la fuente, la leche, la llave, la muerte, la noche, la nube, etc.

Por eso, tradicionalmente se recomienda la memorización del artículo **el/la** con el sustantivo.

■¡OJO! Algunos sustantivos han cambiado de género y todavía varían en los dialectos: *la/el sartén* 'frying pan', *el/la calambre* 'cramp', *el/la fin* 'end', *el/la mar*, etc. (Damos primero el género preferido.) A consecuencia de esta variación, *arte* es masculino en el singular (*el arte moderno*) pero femenino en el plural (*las bellas artes*).

2.2.2. Género y sexo: la gente y los animales. Los sustantivos humanos tienden a conformar su género con el sexo. La forma femenina suele tener *-a*:

el niño, la niña	el doctor, la doctora	el rey, la reina
el abogado, la abogada	el monje, la monja	el jefe, la jefa
el viudo, la viuda	el dueño, la dueña	el presidente, la presidenta
el abuelo, la abuela	el escritor, la escritora	el profesor, la profesora

Otros sustantivos tienen la misma forma para los dos sexos:

el/la estudiante	el/la reo	el/la cónyuge
el/la modelo	el/la piloto	el/la cantante
el/la testigo	el/la burócrata	el/la hincha
el/la turista	el/la monarca	el/la atleta
el/la protagonista	el/la psiquiatra	el/la guía

En varios casos es tradicional usar *-a* para la profesión y *-o* para la persona:

la física, el físico; la música, el músico; la gramática, el gramático; las matemáticas, el matemático

Para la referencia COMÚN (o sea, a ambos sexos juntos), se usa el masculino: *el padre + la madre =* ***los padres****, un abogado + una abogada =* ***unos abogados****, el turista + la turista =* ***los turistas***.

■¡OJO! Cualquiera que sea el sexo de los individuos, siempre son femeninos los sustantivos *la gente, la criatura, la persona, la víctima*.

El género de los animales varía. Los animales domésticos y/o de evolución relativamente alta tienen nombres sexualmente diferenciados:

el gato, la gata	el perro, la perra	el caballo, la yegua
el cerdo, la cerda	el gallo, la gallina	el pato, la pata
el toro, la vaca	el león, la leona	el carnero, la oveja

mientras que los silvestres o menos avanzados se asignan a un solo género arbitrario: *el chimpancé, el canguro, el elefante, el gusano*, pero *la jirafa, la ardilla, la ballena, la abeja, la rana, la culebra*, etc. Para estos nombres de animales que no distinguen el género, se puede diferenciar el sexo usando ***macho*** (♂) vs. ***hembra*** (♀). Aun así, el género gramatical no cambia: ***una*** *ardilla macho*, ***el*** *canguro hembra*. De la misma manera distinguimos los sustantivos humanos como *el bebé*, pero con *varón* en vez de *macho*:

No sé si *el bebé* de los Ramírez es *varón o hembra*.

2.3. El número.

2.3. El número. El término gramatical NÚMERO se refiere a un cambio de forma para representar la cantidad, SINGULAR (uno) versus PLURAL (más de uno): *un bolígrafo rojo, dos (tres, muchos) bolígrafos rojos*.

2.3.1. Plurales regulares. El sustantivo se hace plural con *-s* si acaba en vocal, y con *-es* si acaba en consonante (incluyendo *-y*), y se dan los usuales cambios ortográficos (v. §0.3):

dedo, dedos reloj, relojes ley, leyes lápiz, lápices

En la pluralización, el acento de intensidad tiende a quedarse en la misma sílaba. Pero en la ortografía, puede ser necesario añadir o suprimir la tilde según el efecto de la sílaba *-es* en el patrón acentual (v. §0.4):

opinión, opiniones (pérdida de la tilde porque el sufijo plural regulariza el acento)
joven, jóvenes; origen, orígenes (añadidura de la tilde: el sufijo plural lo hace irregular)
césped, céspedes (la tilde se necesita en ambos casos)

Pero en tres plurales el acento se desplaza a la derecha:

carácter, caracteres; espécimen, especímenes; régimen, regímenes

2.3.2. Dificultades de pluralización. Hay seis grupos de excepciones a las reglas normales de pluralización.

1. En el idioma moderno, no pluralizamos los apellidos: *los Portillo* ('the Portillos'), *los Gómez*, etc.
2. El sufijo plural se suprime (se omite) cuando el sustantivo ya acaba en **vocal átona** + *s*:

el tocadiscos, los tocadiscos	el análisis, los análisis	un paraguas, dos paraguas
el lunes, los lunes	el atlas, los atlas	una dosis, muchas dosis
el miércoles, los miércoles	el campus, los campus	una caries, dos caries

   Pero cf. *país* y *autobús*, que acaban en **vocal tónica** + *s*: *los países, los autobuses*.
   Son iguales los sustantivos latinos que acaban en **vocal átona + otras consonantes**:

   el déficit, los déficit   el memorándum, los memorándum
3. Con los sustantivos extranjeros, algunos hablantes prefieren el plural extranjero: *el club, los clubes* o *clubs*. La consonante final de sustantivos franceses se omite: *el carnet* (o *carné*), *los carnés*.
4. Los sustantivos que acaban en *-á, -ó, -í, -ú*, varían entre *-s* y *-es* (también *-ses* en algunos dialectos):

   el sofá, los sofás/sofaes (sofases)   el tabú, los tabús/tabúes
5. Los sustantivos que se pluralizan se llaman CONTABLES ('count nouns') porque los podemos contar: *un día, dos días, tres días*... Pero los de masa ('mass nouns') son abstracciones o sustancias imposibles de contar, y de ordinario no se pluralizan: *aire, petróleo, oro*... (imposible: *dos oros). Para contarlos, les damos una medida:

   two cubic meters of air   dos metros cúbicos de aire

   El problema está en que muchos sustantivos ingleses de masa resultan **contables** en español:
   an item of news, two items of news (*two news): una noticia, dos noticias
   a piece of furniture, two pieces of furniture (*two furnitures): un mueble, dos muebles
   a bit of advice, two bits of advice (*two advices): un consejo, dos consejos
   a stick of gum, two sticks of gum (*two gums): un chicle, dos chicles

   Igualmente *chalk* vs. *tiza(s), clothing* vs. *ropa(s), junk* vs. *porquería(s), business* vs. *negocio(s)*, etc. Por eso, si decimos "un pedazo de mueble" ('a piece of furniture'), ¡estamos hablando de un mueble destruido!
6. Por último, ambos idiomas tienen ciertos sustantivos "inherentemente" plurales:

los alicates ('pliers')	las tijeras ('scissors')	las tenazas ('tongs')
los pantalones ('pants')	los vaqueros ('bluejeans')	las gafas ('(eye)glasses')

   Aun así, algunos dicen *el pantalón*. Pero siempre son plurales en español *las vacaciones* ('vacation(s)'), *los víveres* ('provision(s)'), *los enseres* ('equipment, gear') y *los celos* ('jealousy').

2.4. Los artículos y los demostrativos. Antes del sustantivo podemos poner un ARTÍCULO —definido o DETERMINADO ('the'), indefinido o INDETERMINADO ('a, some')— o un DEMOSTRATIVO ('this, that, these, those'). Estas palabras se flexionan como se ve en la tabla siguiente (donde *m./f.* significan masculino/femenino y *sg./pl.* significan singular/plural).

Gramática visual: demostrativos

		m. sg.	f. sg.	m. pl.	f. pl.
artículo determinado	('the')	**el**	**la (el)**	**los**	**las**
artículo indeterminado	('a, an, some')	**un**	**una**	**unos**	**unas**
demostrativos	('this, these')	**este**	**esta**	**estos**	**estas**
	('that, those... nearby')	**ese**	**esa**	**esos**	**esas**
	('that, those...far away')	**aquel**	**aquella**	**aquellos**	**aquellas**

Los demostrativos se usan como en inglés, pero el español distingue entre *ese* y *aquel* según la distancia relativa del objeto (v. §25.4): *aquel* es más distante que *ese*. Hay formas neutras: *esto, eso y aquello,* que usamos cuando no pensamos en un sustantivo específico (v. §28.2): *Eso es difícil* = esa cuestión, ese tipo de cosa, pero *Ese es difícil* = ese hombre o cosa masculina que acabamos de mencionar.

El artículo indeterminado *uno* ('a, an') es igual que el número '1' y pierde su **-o** delante de un sustantivo masculino (v. §2.5.3): *Hay uno, Hay sólo* **un** *espacio.* Sus plurales *unos, unas* significan '>1' o sea, 'some, a few': *un problema, unos problemas, una canción, unas canciones.* A diferencia de *another* en inglés, *un(a)* nunca se usa con *otro*: ***otro** lugar,* 'another place'. Las formas del artículo determinado *el* se emplean más o menos como 'the' en inglés (las excepciones se estudiarán en §25.3.1). Estas formas pueden ir precedidas por el adjetivo *todo* ('all, every'), pero sin *de*: ***todos los** pasajeros* ('all (of) the passengers'). En el habla coloquial se oyen contracciones de artículos con preposición, pero el idioma escrito reconoce sólo los casos obligatorios de *a el* → *al* y *de el* → *del.* Sin embargo, el artículo que es parte de un nombre no se contrae (*Hablan* ***de El*** *Salvador*), ni tampoco el pronombre *él* ('he/him') (*Hablan* ***de él***).

El artículo *la* cambia a *el* delante de un sustantivo femenino que comienza con /a/ tónica:

el agua (aula, arma, alma, hambre, haba, asma, acta, habla, álgebra, ala, ave, águila, ama, asa...)

Por eso, decimos ***el** agua* /el A-gwa/, pero ***la** aguanieve* /la a-gwa-NYE-be/ ('sleet, frozen rain') porque *aguanieve* comienza con /a/ átona; igualmente, *la atmósfera, la acera, la habilidad, la atención...* Muchos también prefieren los cambios paralelos *una* → *un, alguna* (*ninguna*) → *algún* (*ningún*): *un(a) águila, un(a) arma.* A pesar de su "disfraz" con *el,* estos sustantivos se quedan femeninos, como vemos en la concordancia:

El agua salad**a** no es buen**a** y los animales no **la** beben.

No cambiamos *la* a *el* cuando el sustantivo femenino se pluraliza (***el** arma,* ***las** armas*), ni cuando interviene otra palabra (***la** otra arma,* ***la** dulce agua*). La razón es que en realidad la forma *el* de *el agua* (*el haba,* etc.) nunca ha sido masculina; es un resto del artículo femenino original, ***ela***, que luego sufrió contracción: *ela señora* → *'la señora,* pero *ela agua* → *el' agua.*

2.5. **Los adjetivos.** Como los artículos, la flexión de los adjetivos (incluyendo los posesivos *mi, su, nuestro,* etc. v. §8.5) generalmente distingue el género (masculino/femenino) y el número (singular/plural).

2.5.1. **Formas de los adjetivos.** Los adjetivos se pluralizan como los sustantivos (v. §2.3) según las reglas siguientes:

1. Si acaban en **vocal**, se añade *-s*: *triste tristes, alto altos* (como *clase clases, libro libros*).
2. Si acaban en **consonante**, se añade *-es*: *cortés corteses, mejor mejores, anual anuales* (como *país países, color colores, señal señales*).
3. Si acaban en **vocal tónica**, se añade *-(e)s*: *israelí israelíes* (como *rubí rubíes*).

4. Si acaban en **vocal átona** + *s*, no se añade nada: *gratis gratis, isósceles isósceles* (como *el análisis, los análisis*).

Los adjetivos también muestran los mismos cambios ortográficos que los sustantivos:

feliz, feli**ces** (*como* lápiz, lápi**ces**)

En cuanto a su flexión de género, hay dos tipos principales:

1. Los que terminan en *-o* tienen cuatro formas: *-o, -a, -os, -as*.
2. Los que terminan **de cualquier otra manera** (en consonante o en las demás vocales, menos -**o**) tienen sólo dos formas, singular y plural, siendo iguales los dos géneros.

Estudie las formas de las siguientes frases:

un hombre alt**o**, una mujer alt**a**, unos hombres alt**os**, unas mujeres alt**as**
un hombre feliz, una mujer feliz, unos hombres feli**ces**, unas mujeres feli**ces**
nuestr**o** hijo menor, nuestr**a** hija menor, nuestr**os** hijos menor**es**, nuestr**as** hijas menor**es**
un hábito cursi, una costumbre cursi, unos hábitos cursi**s**, unas costumbres cursi**s**
su hijo optimista, su hija optimista, su**s** hijos optimista**s**, su**s** hijas optimista**s**

Note en particular los adjetivos en *-a* que no aceptan *-o* (como *turista*, §2.2.2): *optimista* (y otros en *-ista*), *hipócrita, agrícola, indígena, maya, extra*...

Sin embargo, hay dos grupos de adjetivos que acaban en consonante pero sí tienen cuatro formas:

(a) los de nacionalidad o religión toman *-a, -as* para el femenino:

español, español**a**, españoles, español**as**
musulmán, musulman**a**, musulmanes, musulman**as**

Por eso, *francés* no es como *cortés*: *una mujer francesa cortés*. Pero las nacionalidades que acaban en **vocal** tienen las formas usuales: cuatro para *cubano* (*-a, -os*, *-as*) pero sólo dos para *canadiense* (*-s*) o *hindú* (*-es*).

(b) los derivados en *-dor, -án, -ón* también tienen formas femeninas:

preguntón ('inquisitive'): preguntona, preguntones, preguntonas
hablador ('talkative'): habladora, habladores, habladoras
holgazán ('lazy'): holgazana, holgazanes, holgazanas

En cambio, hay modificadores INVARIABLES que no se flexionan ni para género ni para número:

1. adjetivos modificados por *otros* adjetivos: *hojas verdes*, pero *hojas **verde oscuro***.
2. ciertos adjetivos extranjeros y formaciones compuestas ('compound'):

   paredes *beige*, las personas *sexy*, careta *antigás* ('gas mask')
3. sustantivos que funcionan como adjetivos (especialmente de color) pero todavía no *son* adjetivos:

   unas corbatas *café (violeta, naranja, rosa...)*, las casas *modelo* ('model houses')
4. los números, con excepción de *un(o)/una* y *-cientos/-as*: *cuatro hombres, doscient**as** cinco mujeres*.

■ ¡OJO! El GERUNDIO, la forma verbal terminada en ***-ndo*** (v. §22.1), es un tipo de adverbio que a veces corresponde a *-ing* en inglés, pero **no se usa como adjetivo** y no tiene formas en *-a, -os*, etc. Por eso, para expresar un significado como 'astonishing beauty', es imposible decir *"belleza asombrando" (peor aún, *"belleza asombranda"); igualmente, para 'a fascinating smell', es imposible *"un olor fascinando". El español sí tiene adjetivos para muchos de sus verbos (en estos casos, *belleza **asombrosa**, un olor **fascinante***), y estos se pueden encontrar en el diccionario.

2.5.2. La concordancia. Los adjetivos y artículos concuerdan con su sustantivo en género y número:

Los hombres optimista**s** están content**os**. **Las** mujeres optimista**s** también están content**as**.

Pero en algunos casos la concordancia parece arbitraria. Considere los casos siguientes:

- Los sustantivos COLECTIVOS se refieren a grupos: *la gente, la familia, la muchedumbre*. En español su concordancia es *estrictamente gramatical*: si son singulares, también son singulares sus verbos y modificadores.

  La gente (sg.) *está* (sg.) *enojada* (sg.) En inglés: People **are** (pl.) mad.

- El adjetivo que modifica a dos sustantivos singulares unidos por conjunción suele estar en el singular cuando los sustantivos se consideran una unidad, o en el plural cuando se consideran cosas distintas:

  la *lengua y la literatura* **española** (una unidad) vs. la *lengua* y la *literatura* **españolas** (dos cosas)
  las lenguas **española y portuguesa** vs. las lenguas **occidentales**

  Para sustantivos de género distinto, es normal un adjetivo masculino (como en otros casos de género común, v. §2.2.2):

  las ciudades y los pueblos **españoles**

  Pero también puede concordar con el género del sustantivo más cercano:

  nuevas estrategias y trucos.

2.5.3. La apócope. Muchos modificadores pueden preceder al sustantivo. En esta posición, algunos sufren el proceso de APÓCOPE: se acortan (se APOCOPAN), perdiendo su último sonido o sílaba en la forma singular.

forma completa	*→ apocopada*	*¿delante de masc. sg.?*	*¿delante de fem. sg.?*
uno, alguno, ninguno	un, algún, ningún	✓	✗
primero, tercero	primer, tercer	✓	✗
bueno, malo	buen, mal	✓	✗
grande	gran	✓	✓
cualquiera	cualquier	✓	✓

Así, se dice: Es una *buena* ilustración, es una ilustración *buena*, es *buena*, es un ejemplo *bueno*, es *bueno*, son *buenos* ejemplos, etc.; pero con apócope: es **un buen** ejemplo.

2.6. Resumen. Nombramos una cosa o un concepto con un sustantivo y le atribuimos características notables con adjetivos. Junto con los artículos y los demostrativos, estos elementos forman frases sustantivas. Es igual en muchos otros idiomas, pero el estudiante de habla inglesa encara dos problemas especiales:

1. El sustantivo tiene género (además de número), y los artículos y adjetivos cambian de forma para concordar con él: *la pierna izquierda, los días calurosos, una mujer cortés y simpática.*
2. Los sustantivos y adjetivos más comunes son también los menos expresivos, así que para una descripción viva e interesante puede ser necesario ampliar el vocabulario. Se ve, por ejemplo, que en *una casa pequeña rodeada de flores bonitas* y *un **chalet diminuto** rodeado de **brillantes geranios rojos***, la primera frase invoca una imagen ordinaria, mientras la segunda puede tener más impacto.

APLICACIÓN

Actividades

A. En grupos pequeños, hagan una discusión para la generación de ideas ('brainstorming') de sustantivos para cada categoría, usando el artículo como se ve en el modelo.

Modelo: los muebles: *las sillas, las mesas, los sofás, las camas, las estanterías, los escritorios...*

1. los órganos del cuerpo
2. las telas
3. los materiales de construcción
4. los edificios
5. los utensilios de la cocina
6. las enfermedades

B. Generación de ideas: Describa con varios adjetivos expresivos cada cosa.

1. una sartén
2. un aeropuerto
3. un lago
4. una maleta
5. una personalidad atractiva
6. una personalidad mala
7. una tormenta
8. el amigo ideal
9. un coche (carro) viejo

Ejercicios

C. Sustituya cada frase con *de* o *con* por el adjetivo equivalente. **Modelo**: un coche de lujo → un coche *lujoso*.

1. una señora con paciencia
2. los niños de la vecindad
3. una época de grandeza
4. los problemas de Cuba
5. un mapa de Colombia
6. el águila de México
7. el clima de Chile
8. los atletas de Rusia

D. De cada sustantivo haga una frase sustantiva que consista en artículo + sustantivo + **dos adjetivos o participios unidos por conjunción**. Trate de variar su vocabulario, usando modificadores interesantes e informativos.

Modelo: país → *un país aislado pero próspero* (o *un país grande y poderoso*)

1. calle
2. informe
3. viuda
4. día
5. muerte
6. análisis
7. cara
8. costumbre
9. programa
10. pared
11. crisis
12. lago

E. ¿Cómo es? Usando el presente de *ser* y dos o tres adjetivos, describa **cómo es cada cosa en general**. Use el artículo definido con cada sustantivo.

Modelo: roble → *El roble es alto y recio.*

1. agua
2. bebés
3. limones
4. vidrio
5. flores
6. pez (fish)
7. miel
8. hollín
9. álgebra
10. inyecciones
11. estiércol
12. león

F. Los símiles. Un símil compara una cosa con otra. Escriba uno para cada adjetivo con el patrón "...es tan ... como + sustantivo (o frase sustantiva)".

Modelo: alto → *Este basquetbolista es tan alto como un rascacielos de Nueva York.*

1. rojo
2. suave
3. duro
4. complicado
5. llano
6. rápido
7. mentiroso
8. manso

G. Asociaciones. Describa el típico contenido de cada cosa con una lista de tres o cuatro frases sustantivas.

1. En los bolsillos los hombres llevan...
2. En la bolsa, las mujeres llevan...
3. En su escritorio la maestra tiene...
4. En mi refrigerador siempre hay...
5. En su sermón, el cura destaca las virtudes: ...
6. En su oficina la mujer de negocios debe tener...

H. El profesor quiere que los estudiantes varíen su vocabulario y en sus composiciones escribe posibles sustitutos. Siguen algunas de las oraciones con sus sugerencias; llévelas a cabo, con los cambios de forma que sean necesarios de acuerdo con el contexto.

1. Su *mujer* tiene una *cara* risueña, amable y encantadora. (esposa, rostro)
2. Las *personas* científicas realizan *estudios buenos*. (gente, análisis, útil)
3. Esas *naciones* imperialistas tienen muchos *modos* de controlar sus vecinos *débiles*. (país, manera, indefenso)
4. El autor ofrece algunos *factores* para explicar la *conducta* agresiva de los *reyes* rusos. (razón, comportamiento, monarca)
5. En aquella *sala* hay *sillas* cómodas y *proyectores* computarizados. (aula, asiento, proyección)
6. El *grupo* marcha por el *camino* central en un *desfile* bullicioso. (muchedumbre, calle, procesión)
7. Este *filme* pinta un *retrato* de una *persona mala* y egoísta. (película, imagen, personaje, malévolo)

8. El rugby es un curioso *tipo* de fútbol inglés que requiere *jugadores hábiles*. (especie, atleta, diestro)
9. Es una *muchacha* pelirroja, de *piel* pecosa y *cuerpo* esbelto. (joven, cutis, talle)
10. Esta *composición* trata de varias *materias*, incluyendo los *hábitos* indígenas. (informe, tema, costumbre)

I. Sustantivos más expresivos. Muchos estudiantes usan sustantivos abstractos o generales en vez de palabras más específicas e interesantes que llevan más información. Las frases siguientes vienen de composiciones de descripción; sustituya los sustantivos *en cursiva* por **dos** más específicos y añada un **adjetivo** descriptivo interesante. (Use su diccionario para ampliar su vocabulario si es necesario).

Modelo: Cerca del río crecen muchos *árboles*. Cerca del río crecen muchos *robles y sauces elegantes.*

1. En la cómoda tengo un florero lleno de *flores*.
2. A lo largo de la calle se ven varias *casas*.
3. En esta bahía hay muchos *barcos*.
4. En el piso de mi armario hay montones de *zapatos*.
5. El centro comercial siempre está lleno de *personas*.
6. Cuando hace sol, vemos en el campus varios *animales*.

J. Siguen algunos homónimos o sustantivos parecidos de género distinto. Después de averiguar su significado en un diccionario, escriba dos oraciones que los distinga (con artículos y adjetivos).

Modelo: pez: (a) *Nuestro acuario tiene unos peces tropicales amarillos.* (b) *La pez es negra y pegajosa.*

1. cometa	3. cura	5. vela, velo	7. pimienta, pimiento
2. frente	4. capital	6. acera, acero	8. gimnasia, gimnasio

Ensayo

K. Describa en un párrafo el paisaje que ve desde la ventana de su dormitorio. Trate de destacar detalles interesantes con sustantivos y adjetivos informativos y variados.

LECCIÓN 3 Los verbos copulativos

Como dice el refrán:

- Más vale ser que parecer.
- El hierro hay que machacarlo cuando está caliente.

PRESENTACIÓN

3.1. La oración atributiva. Las ORACIONES ATRIBUTIVAS ('attributive sentences') son fundamentales en la descripción y ubicación ('location'): *Mi hermana es amable y generosa, La granja está a 5 km. de aquí.* Se forman con los verbos COPULATIVOS ('linking') como *ser* y *estar*, que introducen un ATRIBUTO. El atributo es un sustantivo, adjetivo, participio o frase adverbial que identifica, describe o clasifica al sujeto.

3.1.1. Sintaxis. Siguen ejemplos de la típica estructura de un verbo copulativo y un atributo que se refiere al sujeto y lo describe, como se ve en la Figura 3.a.

El grupo COPULATIVO + ATRIBUTO es una frase verbal que funciona como unidad, por ejemplo, en las preguntas; no se separa como en inglés:

Los obreros *están cansados*. → ¿*Están cansados* los obreros?
(cf. inglés: *Are* the workers *tired*?)

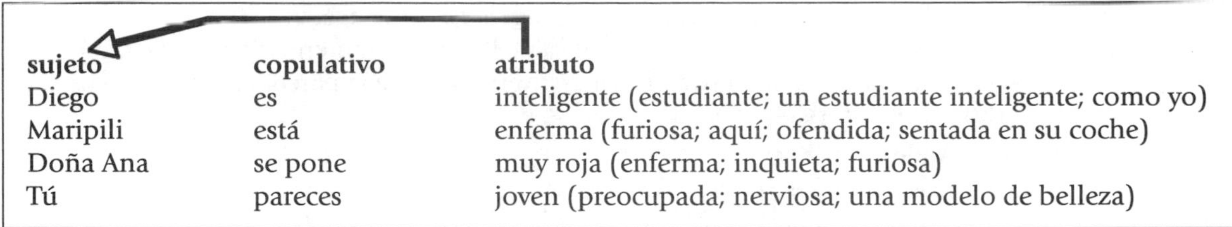

sujeto	copulativo	atributo
Diego	es	inteligente (estudiante; un estudiante inteligente; como yo)
Maripili	está	enferma (furiosa; aquí; ofendida; sentada en su coche)
Doña Ana	se pone	muy roja (enferma; inquieta; furiosa)
Tú	pareces	joven (preocupada; nerviosa; una modelo de belleza)

Figura 3.a Verbos copulativos con atributo referido al sujeto

Con separación, el adjetivo deja de asociarse con *estar* y se interpreta como parte del sujeto. Por tanto, "¿Están los obreros cansados?" significa 'Are the tired workers present?'

El atributo también puede acompañar a ciertos verbos de acción para describir el sujeto:

Jorge siempre llega (viene, se va, regresa) *cansado y de mal humor*.
Lola y Ricardo trabajan (estudian, salen) *juntos*.

Y con ciertos verbos transitivos, el atributo se refiere al OBJETO ('object'), no al sujeto, como vemos en la Figura 3.b.

Compare este orden español, ATRIBUTO + OBJETO DIRECTO, con el contrario en inglés: *The stockholders make **Ms. Rivera** manager, The family considers **Grampa** very wise.*

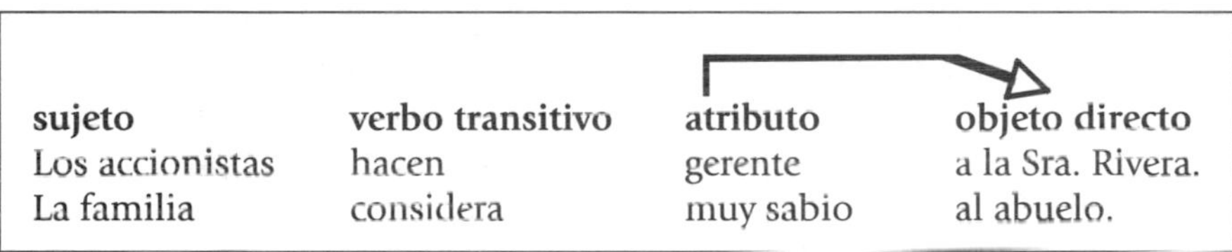

sujeto	verbo transitivo	atributo	objeto directo
Los accionistas	hacen	gerente	a la Sra. Rivera.
La familia	considera	muy sabio	al abuelo.

Figura 3.b Verbos con atributo referido al objeto directo

3.1.2. Concordancia y pronominalización. El verbo copulativo, como los demás verbos, concuerda con su sujeto. Pero cuando el atributo es sustantivo o pronombre y parece más importante que el sujeto, la concordancia del copulativo varía:

Lo que importa en este caso **es/son** los criterios objetivos.

Y al omitirse el sujeto, el verbo concuerda con el único elemento que queda, es decir el atributo:

—¿Quién es el mejor estudiante? —¡**Soy** yo! (¡**Eres** tú!, etc.) (cf. el inglés: It's me/you)

Podemos referirnos a una característica ya mencionada con el pronombre neutro (invariable) ***lo***:

—Estoy tan cansada. —Pero no **lo** pareces. (lo = *cansada*)
—Los exámenes del profesor Robles son muy difíciles. —Sí, **lo** son. (lo = *muy difíciles*)
—Está húmedo hoy. —Sí, siempre **lo** está cuando no hay brisa. (lo = *húmedo*)

■ ¡OJO! Este *lo* se refiere al atributo, **nunca al sujeto.** *It* como sujeto no se expresa en español (v. §8.2):

***It's** over there.* = Está allí.
***It's** round and rather heavy.* = Es redondo y bastante pesado.

3.2. ***Ser* vs. *estar*.** El español tiene varios verbos copulativos, pero los dos principales son *ser* y *estar*. Al estudiarlos distinguimos dos situaciones: los contextos donde usamos *uno* de ellos (pero no el otro) de manera fija, y los contextos que permiten *ambos*, con distinción semántica (o sea, de sentidos diferentes).

3.2.1. El uso fijo. *Estar* se usa para expresar ubicación (localización) de un sujeto definido, determinado:

La señora Gómez está allí (en la oficina, a la mesa, afuera, etc.).
—¿Dónde está el profe? —Está allí (cerca de la pizarra, enfrente de la clase, etc.).
Mi cama está en el rincón (detrás del escritorio, junto a la pared, etc.).
—¿Está el director? —No, señora, hoy no está.

Ser se usa cuando el atributo es:

a. una palabra o frase de tiempo:

—¿Cuándo es el concierto? —Es tarde, es a las nueve y media.
—¿Qué hora es?— Son las dos menos cuarto. —¿Qué día es hoy? —Es lunes.

b. un sustantivo (frase sustantiva) o pronombre en la relación "X = Y" o "X se clasifica como Y".

—¿Quién es ese señor? —Es mi hermano. Es Ricardo Domínguez. Es un tipo que conocí ayer.
—¿Qué es esa señora? —Es ingeniera. *Es la jefa de la compañía.*

c. un adjetivo o frase de origen, composición, posesión o propósito:

—¿De dónde son los Gómez? — Son de Bogotá. Son colombianos.
Esta taza es para ti. Es tuya. Es de plástico. Es para el café.

3.2.2. La distinción: *ser/estar* + adjetivo. Ambos verbos se emplean con los adjetivos y con sus equivalentes pronominales (*lo, así*) e interrogativo (*cómo*):

—¿Cómo **son** tus profesores? —Son geniales. — Los míos también lo son.
—¿Cómo **están** tus profesores? —Están furiosos. — Los míos también lo están.

Con adjetivos, lo que determina la selección de *ser* vs. *estar* no es la gramática, sino nuestra percepción del atributo: como **norma** (*ser*) o como **cambio de estado** o desviación de la norma (*estar*).

Ser define **la norma**: representa una imagen de cómo vemos algo normalmente: concepciones generales, atributos característicos, cualidades típicas, etc. Responde a preguntas como *¿Cómo es? 'what's he/she/it like'?*

El vidrio es transparente y duro, pero frágil.
—¿Cómo eres? —Soy alto, rubio e inteligente, y tengo los ojos verdes.
—¿Cómo es tu cama? —Es larga, blanda y cómoda.

Estar indica un **cambio de estado**. Expresa el resultado de un cambio que ocurrió:

Estos platos están sucios (limpios, rotos, etc.).

o condiciones variables que pueden cambiar, por ejemplo los estados de salud o del ánimo.

La puerta está abierta. El semáforo está en rojo.
—¿Cómo estás? —Estoy bien pero también estoy un poco preocupada.

Algunos adjetivos sólo se usan con *estar* porque siempre expresan el resultado de un cambio de estado: *estar + contento (satisfecho), lleno/vacío, descalzo, harto, perplejo, presente/ausente*, etc.

El carro está vacío. Los clientes están frustrados.
La puerta está abierta. El semáforo está en rojo.

La mejor manera de comprender esta distinción es estudiar ejemplos del contraste.

la norma	***un cambio de estado***
Esta mesera *es* muy atenta (hace su trabajo bien).	...*está* muy atenta (no lo es normalmente).
Julia *es* bonita (comparada con otras mujeres).	...*está* bonita (se puso un vestido elegante).
La casa *es* azul (color original y característico).	...*está* azul (¡no era azul, alguien la pintó!).
Luisa *es* pálida (de un cutis blanquísimo).	...*está* pálida (porque algo la asustó).
Esta manzana *es* agria (es del tipo "Granny Smith").	...*está* agria (cambiando, todavía no está dulce).
Miriam *es* rubia (su color natural).	...*está* rubia (se tiñó el pelo anoche).
La gasolina *es* cara (un costo típico relativamente alto)	...*está* cara (el costo acaba de subir).
Tus hijos *son* altos (son personas altas).	...*están* altos (veo que han crecido recientemente).
Eres francés (identificación de nacionalidad).	...*estás* muy francés (actúas como un francés).
Mi tío *es* simpático (por lo general)	...*está* simpático (hoy actúa de modo distinto).
Este jamón *es* rico (sabor general).	...*está* rico (mi impresión de esta porción que probé).

A veces, la distinción podría traducirse de maneras diferentes al inglés, pero el contraste sigue igual en español:

Gramática visual: *ser/estar* con adjetivos: norma vs. cambio

Es vivo ('he's lively', su tipo de personalidad).
Eres desconfiado ('you're distrustful', en general).
Eres aburrido ('you're boring'; característica personal).
Es enfermo (enfermizo, 'he's sickly, a sick person').

Está vivo ('he's alive '; que puede cambiar).
Estás desconfiado ('you're acting distrustful').
Estás aburrido ('you're bored'; un resultado).
Está enfermo ('he's sick'; se ha puesto enfermo).

Puesto que *estar* + adjetivo implica un cambio o un estado excepcional fuera de lo común, en muchos contextos sería natural preguntar "¿Por qué? ¿Qué causó esta condición?":

—Pedro *está* feliz. —¿Por qué? ¿Qué le pasó? —Acaba de recibir una beca.
—Don Alberto *está* orgulloso. —¿Por qué? —Su hijo recibió notas sobresalientes en la escuela.

Con *ser* + adjetivo, podemos continuar con una elaboración pero aceptamos que *así es* la persona o cosa:

Pedro *es* feliz: tiene una personalidad optimista y siempre se sonríe.
Don Alberto *es* orgulloso (tipo de persona) y nunca acepta ayuda de los otros.

■ ¡OJO! **Es falsa** la doctrina de *ser* = 'permanente o inherente' y "*estar* = 'temporal'. Muchas normas sí son permanentes y muchos cambios son temporales, pero no son necesariamente así:

Carmen es joven. (Pero la juventud no perdura, no es permanente).
El criminal *está* muerto. (El cambio es permanente, pero siempre será un cambio de estado).
Ellos *son* luteranos. (Pero la clasificación religiosa no es inherente).

Decimos "La nieve **es** blanca" para definir un color normal pero *no* permanente: en la ciudad, "La nieve pronto *está* gris"; pero también podríamos referirnos a una nevada especialmente brillante con "¡Qué blanca *está* la nieve!"

3.2.3. Otros contextos donde *ser* y *estar* se distinguen. Las cosas o personas **están** ubicadas en un lugar, pero los EVENTOS **tienen lugar** ('take place') con *ser:*

(*un evento* = un concierto)	El concierto **es** (tiene lugar) en City Hall.
(*una cosa* = los instrumentos)	Los instrumentos ya **están** en el teatro.
(*un evento* = meal)	La comida **es** (tiene lugar) en el salón número 8.
(*una cosa* = food)	La comida **está** ahí en la mesa.

Estar también se encuentra en ciertos MODISMOS ('idioms') con PREPOSICIÓN + SUSTANTIVO, pero si los miramos bien, vemos que siguen expresando un cambio de estado, como *estar*+ADJETIVO:

estar sin empleo: 'be without work'	estar de acuerdo: 'agree, be in agreement'
estar en huelga: 'be on strike'	estar de prisa: 'be in a hurry'
estar de guardia: 'be on call/duty'	estar de pie: 'be standing'
estar de moda: 'be in fashion, be in'	estar de viaje/vacaciones: 'be traveling/on vacation'
estar de luto: 'be in mourning'	estar de buen/mal humor: 'be in a good/bad mood'

Este patrón general de *estar de* 'estar en cierto estado' produce otro contraste con *ser* 'pertenecer a una clasificación':

Mi hermano **es** abogado (*'He's a lawyer'*, se clasifica como abogado).
Mi hermano **está de** conductor (*'He's a driver, doing the driving'*; no es su profesión normal).

3.3. ***Tener* + sustantivo en la descripción.** En las dos lenguas, muchos atributos descriptivos también se expresan con *tener* 'have (got)' + SUSTANTIVO:

María es muy paciente = tiene mucha paciencia. *'Mary is very patient = has a lot of patience.'*

Pero hay varios casos en los que preferimos *tener* en español (*'have* a condition, feeling, measurement, characteristic') donde se prefiere *be* + adjetivo en inglés. Estas locuciones *no* son modismos; para el hispanohablante, tienen un significado absolutamente transparente y sistemático.

tener cuidado: 'be careful'	tener calor/frío: 'be (feel) hot/cold'
tener razón: 'be right'	tener pena: 'feel bad, embarrassed'
tener celos: 'be jealous'	tener la culpa (por...): 'be to blame (for), be guilty'
tener miedo: 'be scared, afraid'	tener hambre/sed: 'be hungry/thirsty'
tener suerte: 'be lucky'	tener vergüenza: 'be ashamed, embarrassed'
tener rabia: 'be raging mad'	tener X horas de retraso: 'be X hrs. late'
tener prisa: 'be rushed, in a hurry'	tener X años (de edad): 'be X years old'
tener gracia: 'be funny/witty'	tener X cm. (de largo/ancho): 'be X cm. long/wide'
tener sueño: 'be sleepy'	tener la forma de___ : 'be ___-shaped'

Fíjese en particular en los puntos siguientes:

1. La diferencia entre las dos lenguas aquí es de *preferencia*. No hay reglas que expliquen por qué preferimos "María tiene mucha hambre" en vez de "María está muy hambrienta" o "I'm afraid" en vez de "I have fear".
2. *Tengo 20 años (de edad)* es un ejemplo de una estructura más general para indicar medidas en español: *Tiene 20 cm.* (de largo), 'it's 20 centimeters long'. (En español, se usa el sistema métrico).
3. Muchas de estas expresiones con *tener* tienen equivalentes con *dar* para indicar la *acción* de causar la condición:

   Tengo hambre/miedo/vergüenza. — Me **da** hambre/miedo/vergüenza. ('It *makes* me hungry/afraid/ashamed')
4. En inglés, *you're hot* suele significar que la persona *tiene una sensación* de calor (su temperatura interna sigue siendo 37°C o sea 98,6°F), y por eso se dice "*tienes* calor" en español. Cuando describimos a alguien con *ser/estar + caliente/frío*, el significado puede ser literal o figurado: una descripción de (a) su personalidad/comportamiento o de (b) sensaciones que cambian. *Estás caliente* puede indicar una fiebre (un cambio de la temperatura normal), pero en muchos contextos, ¡se refiere a la disposición sexual!

Otro patrón descriptivo con *tener* significa que el sujeto tiene algo (sustantivo) en cierta condición. En inglés es más típico usar el posesivo con *be* o, a veces, *has got*:

Sara tiene los ojos azules.	*Sarah's eyes are blue.*
Sara tiene el informe listo/escrito.	*Sarah's got her report ready/written.*
Sara tiene la nariz chata/magullada.	*Sarah's nose is flat/bruised.*
Sara tiene la puerta abierta.	*Sarah's door's open, Sarah has (has got) her door open.*

Es posible invertir la frase sustantiva y el adjetivo: *Sara tiene* ***abierta*** *la puerta*. También se puede decir que la persona (el sujeto) *mantiene* así la cosa (*mantener*, 'hold, keep'):

Sara mantiene abierta la puerta.	*Sarah holds the door open.*
Sara mantiene limpio su escritorio.	*Sarah keeps her desk clean.*

3.4. **Los verbos unipersonales.** Algunos verbos o locuciones (expresiones) verbales se conjugan en una sola persona, la tercera de singular, y por eso se llaman UNIPERSONALES. Muchos corresponden al verbo inglés *be* en los casos siguientes.

Gramática visual: *haber* (existencia) vs. *estar* (ubicación)

3.4.1. Locuciones de posibilidad y evaluación. Estos verbos introducen infinitivos impersonales:

Es posible (necesario, urgente) **salvar** las especies en peligro. ('It's possible/necessary/urgent...')
Conviene **repasar** los adjetivos. ('It's advisable/appropriate, it's a good idea...')

o cláusulas con sujeto personal (v. L. 11)

Puede / *Es* posible **que cancelemos** los exámenes. ('We may cancel exams, it's possible we'll cancel...')

3.4.2. *Haber* para existencia. Usamos el verbo unipersonal *haber*, presente *hay*, '(there) is/are' en vez de *estar* o *ser* para presentar una cosa **indefinida** (indeterminada) en cierto lugar. Lo que más importa no es su ubicación sino su *existencia*.

Hay *una mosca* en mi sopa. ('A fly is in my soup, there's a fly in my soup')
—¿Dónde hay *apartamentos desocupados*? ('Where're some vacant apartments?') —**Hay** *dos* aquí.

Compare el uso de *estar* con referencia **definida** (*el, la, este, su,* etc.) y de *ser* para identificación:

La mosca **está** en la sopa. *Los* apartamentos desocupados **están** en el segundo piso.
Hay un problema. ('There's a problem.') *Es* un problema. ('It's a problem.')

La distinción se mantiene en el infinitivo:

Va a/Debe *haber* más tiendas. (no **ser, *estar*) 'There are going to be/ought to be more stores.'

■ ¡OJO! Como verbo unipersonal de existencia, *haber* **no concuerda** con el sustantivo que introduce porque este no es su sujeto sino su objeto directo, como vemos en la pronominalización:

—¿Hay harina? —Sí, la hay.
—¿Había músicos en la fiesta? —Sí, los había.

3.4.3. Los verbos meteorológicos. Varios verbos unipersonales se emplean para describir condiciones meteorológicas:

hacer + SUSTANTIVO: hace frío/fresco, 'it's cold/cool'; hace calor, 'it's hot' (literalmente 'makes heat'); hace sol, 'it's sunny'; hace buen/mal tiempo, 'it's nice/bad weather'
estar + ADJETIVO: está nublado, 'it's cloudy'; está despejado, 'it's clear'; está soleado, 'it's sunny'
haber + SUSTANTIVO: hay tormenta, 'storm'; chubascos; 'squalls'; una helada, 'freeze, frost'; rocío, 'dew'; niebla, 'fog'; neblina, 'mist'; bochorno, 'hot sultry spell'

VERBOS ESPECIALES:

llover (ue), 'rain'	anochecer, 'for night to fall'	granizar, 'hail'
lloviznar, 'drizzle'	amanecer, 'dawn'	tronar (ue), 'thunder'
nevar (ie), 'snow'	relampaguear, 'be lightning'	

Gramática visual: *hacer, tener, ser, estar*

■ ¡OJO! Tenga cuidado con la PARTE DE LA ORACIÓN ('part of speech') para usar la construcción apropiada:

SUSTANTIVOS: *la lluvia*, la nieve, el relámpago: Hay ***mucha*** (adj.) *lluvia* en la primavera.
VERBOS: *llover*, nevar, relampaguear: *Llueve* ***mucho*** (adverbio) en Galicia.
SUSTANTIVOS: sol, *calor*, frío, viento: Hace ***mucho*** (adj.) *calor*. ('It makes a lot of heat')
ADJETIVOS: soleado, *caliente*, frío, ventoso: Está ***muy*** (adverbio) *caliente*. ('It's very hot')

3.5. Un paso más: otros verbos copulativos. Hay muchos otros verbos copulativos que prestan variedad expresiva a la descripción o la ubicación. Estos incluyen también los equivalentes de 'becoming': *hacerse, ponerse, volverse, convertirse,* etc. (v. 'become, get' en *Distinciones*, Apéndice A).

- ***quedar(se)***: El sentido central es 'remain', pero sustituye con frecuencia a *estar* para expresar un estado o resultado que continúa. Puesto que este verbo es muy frecuente, hay que familiarizarse bien con cada uno de sus contextos principales.

1. ***Quedar* + sustantivo** (sujeto) = 'be left, be remaining'

   Quedan dos problemas más. ('Two more problems remain/are left')
   ¿Cuántos boletos le quedan? ('How many tickets remain to her = does she have left?')

   No hay que confundir este uso de *quedar* con *dejar,* 'leave behind' (v. 'leave' en *Distinciones*), como en *Siempre dejo mis boletos en el bolsillo.*
2. ***Quedar* + lugar** = 'be located' (con referencia a cosas o lugares)

   ¿Dónde queda (está) la estación de autobuses? ('Where is the bus station, where is it located?')
3. ***Quedar* + adjetivo/adverbio** = 'end up, result' o 'fit, suit'

   Pedro quedó ciego (loco) tras el accidente. ('Peter ended up blind (crazy) after the accident')
   El cuarto queda muy mal (feo) con esa pintura. ('The room's turning out awful (ugly) with that paint')
   Ese vestido nuevo te queda bien. ('That new dress suits/fits you well, looks good on you')
4. ***Quedarse* (reflexivo)** = 'stay, remain'

   Piensan quedarse (permanecer) en el hotel por dos días. ('They intend to stay in the hotel for two days')
   Pedro va a quedarse soltero. ('Peter is going to stay single')
   Me quedo con este álbum. ('I'm keeping (retaining, staying with) this album')

- ***salir, resultar***: Con estos verbos enfatizamos el atributo como un resultado (como en inglés con 'turn out, come out'):

  Este examen resulta difícil. El dibujo me sale bien (muy lindo, feo).

- ***parecer***: Este verbo frecuentemente significa 'seem, look, appear', pero obsérvese la variante especial *parecerse* a 'resemble, look like' (v. 'appear' en *Distinciones*, Apéndice A, para la diferencia entre *parecer* y *aparecer*).

  Julia parece muy contenta. Parece que ha tenido éxito. (Julia **se** parece **a** su mamá).

- ***verse, sentirse, hallarse, encontrarse***: Estos verbos reflexivos equivalen a *estar* en varios contextos. *Verse*, 'look, seem', expresa una impresión visual:

  Huy, ¡qué mono te ves (pareces, estás) hoy! 'Hey, how cute you look today'

  Sentir significa 'feel' y su forma reflexiva *sentirse* introduce adjetivos o los adverbios *mal, bien*:

  El paciente se siente cansado y mareado. Se siente mal.

  Hallarse y *encontrarse* (literalmente 'find oneself') sirven para indicar alguna circunstancia (condición) sorprendente o inesperada, pero también pueden expresar la ubicación:

  El viajero se halló (se encontró) empobrecido/sin dinero/fatigado/en un viejo hotel de lujo.

- ***situarse, ubicarse, localizarse***: Estos verbos, también reflexivos, tienen un énfasis locativo, como en inglés 'is situated, is located':

  El pueblecito se sitúa (se ubica, está) en un hermoso valle de tierra fértil.

3.6. Resumen. Hemos enfocado maneras de presentar algo (*hay un círculo*), ubicarlo (*hay un círculo en la esquina, el círculo está en la esquina*) o atribuirle una característica, condición o identidad (*es redondo, es un círculo*). Muchas de estas estructuras se basan en los copulativos *ser* y *estar*, que con adjetivos distinguen sentidos como **norma** (*es triste*) vs. **cambio** (*está triste*). Pero también hay otros verbos atributivos: *se pone triste, queda muy triste, se encuentra triste, se ve triste, tiene tristeza*, etc. Para describir el clima pasamos a otro grupo de verbos, adjetivos y locuciones especiales. Tienen razón, pues, los observadores que han concluido que el español es una lengua muy rica en su expresión de varios modos de 'being' y 'becoming'.

APLICACIÓN

Actividades

A. ¿Cómo eres? Pónganse en parejas. Usando lo que ve y las preguntas apropiadas, marque en el esquema siguiente las características de su compañero(a). (Ejemplos de preguntas: *¿Cómo tienes el pelo? ¿De qué color es/son...? ¿Cómo eres? Descríbeme tu personalidad. ¿Cuáles son tus pasatiempos y aficiones?*)

Esquema para marcar:

pelo: moreno, pelirrojo, rubio, castaño, calvo, rizado, ondulado, lacio, con/sin raya
ojos: morenos (castaños), negros, verdes, azules, grises
nariz: larga, corta, chata, aguileña
cara: redonda, ovalada, rectangular
señas: lunar, bigote, barba, patillas, arrugas, pecas, anteojos (gafas)
cuerpo: alto, bajo, de talla mediana, delgado, rechoncho

personalidad:	trabajador/perezoso	optimista/pesimista
	introvertido/extrovertido	paciente/impaciente
	tímido/osado	astuto/ingenuo
	seguro/inseguro	serio/gracioso, burlón
	tranquilo/nervioso	apacible/agresivo
	pensativo/impulsivo	activo/pasivo
	económico/extravagante	inteligente/bruto/de inteligencia normal

intereses, aficiones, pasatiempos: ______________________

B. Entreviste a su compañero(a) de clase y hágale preguntas (¿Cómo es...?, etc.) sobre cualquiera de las siguientes personas para hacer una descripción más o menos completa:

1. su papá o mamá
2. su actor/actriz favorito(a)
3. su compañero(a) de cuarto

C. Hemos viajado por el tiempo al siglo XXV. Las cosas siguientes ya no existen (al menos en su forma actual); descríbaselas a la gente del futuro.

1. el helado
2. la pizza
3. un lápiz
4. los tigres
5. el petróleo
6. el automóvil
7. la corbata
8. el CD-ROM

D. Contraste los dos aspectos "¿Cómo es...?" y "¿Cómo está...?" en una descripción de:

1. el/la profesor(a) de esta clase
2. el típico cuarto estudiantil

Ejercicios

E. Discriminación y contraste: termine cada oración de modo original. Si se trata de un **rasgo de la personalidad**, elabórelo un poco. Si se trata de algún **cambio**, explíquelo con una razón ("... porque...").

Modelo: Pablo está alegre: *porque acaba de oír que no tiene que tomar un examen final.*
Joselín es alegre: *siempre se ríe y tiene una actitud de optimismo y fe.*

1. Carmen es simpática:
2. Carmen está de mal humor:
3. Alberto es triste:
4. José está triste:
5. Los estudiantes de esta clase son honrados:
6. Los estudiantes de esta clase están cansados:
7. Rebeca está inquieta:
8. Mis padres son pacientes:

F. Haga expansiones de cada observación con más detalles descriptivos usando oraciones atributivas (con verbos copulativos):

1. Hace mal tiempo hoy:
2. La jefa tiene rabia:
3. Los niños tienen frío:
4. Jorge está enfermo:
5. Esta aula (no) me gusta:
6. Mi actor favorito es guapo:
7. No hay unicornios:
8. El aeropuerto está lejos de aquí:

G. La norma vs. los cambios: Su compañero(a), al conocer a los familiares y amigos de usted, expresa su sorpresa porque estas personas no parecen conformarse con su descripción. Conteste según el modelo.

Modelo: —¿No es delgada Julia? —Sí, pero está un poco gorda porque comió muchas galletas durante la Navidad.

1. —¿No es alegre Jorge?
2. —¿No es amigable Cristina?
3. —¿No es fuerte y enérgico Víctor?
4. —¿No es bonita tu hermana Melisa?

H. Sustituya los copulativos ordinarios (*ser, estar, haber*) por otros de la lista siguiente.

verse	*clasificarse como*	*situarse*	*resultar*	*existir*
quedar(se)	*encontrarse*	*venir de*	*tener lugar*	*pertenecer a*

1. David está cansado.
2. Hay una tendencia religiosa en el país.
3. ¿Dónde está la catedral?
4. ¿Dónde es la boda?
5. ¿Dónde hay una lavandería?
6. El tomate es biológicamente una fruta.
7. La ciudad está en una meseta.
8. Mónica y Joselín son hondureñas.
9. La situación está más grave de lo que se piensa.
10. Esta mochila es de tu compañero de cuarto.

Ensayos

I. Describa en un párrafo, con muchos detalles informativos:

1. su cama
2. dos protagonistas (hombre y mujer) de alguna telenovela o programa cómico de la tele
3. un estudiante que acaba de trasnochar preparándose para un examen final
4. la imagen de una obra de arte (en colores) que usted ha sacado del Internet

J. Suponga que su amiga Sofía, que es de un país tropical, le pregunta a usted sobre el cambio de estaciones que vivimos en las zonas templadas de América del Norte. Descríbaselas en una carta, incluyendo suficientes detalles meteorológicos (p. ej., las tormentas de verano y de invierno). Recuerde que el enfoque es *descripción*; después de leer la carta, su lector debe poder imaginarse una típica escena para cada estación. (OJO: una carta personal comienza con "Querido/a..." y termina con algo como "Abrazos, (*nombre*)".

LECCIÓN 4 La conjunción, la negación, la ubicación y las preguntas

Como dice el refrán:

- Dime con quién andas y te diré quién eres.

PRESENTACIÓN

4.1. **Cuatro estrategias fundamentales.** En esta lección, repasamos cuatro estrategias de la comunicación:

- Cómo unir ('join') ideas: Mi amiga es callada *y* sensible, *pero* no es tímida.
- Cómo negar ('negate, deny'): Mi amiga *nunca* come más de lo recomendado.
- Cómo ubicar ('locate') cosas: Su apartamento está *cerca, en* un patio *interior.*
- Cómo formar preguntas: ¿Cómo es tu amiga? ¿Dónde vive?

4.2. **Las conjunciones.** Una serie de oraciones brevísimas produce un estilo fragmentado; la conjunción es una manera de combinar las ideas y relacionarlas mejor. Las conjunciones COORDINANTES incluyen ***y*** (***e***) *'and'*, ***o*** (***u***) *'or'*, ***pero*** *'but'*, y sirven para unir frases o palabras del mismo tipo: oración con oración, adjetivo con adjetivo, sustantivo con sustantivo, etc.:

Mi papá es calvo y mi mamá tiene el pelo largo y rizado.

Las conjunciones ***y*** y ***o*** cambian a veces para mantener su audibilidad. ***Y*** se pronuncia /i/ y cambia a ***e*** delante de otra palabra que comienza con el sonido /i/ (ortográficamente *i-*, *hi-*):

España e Italia padres e hijos Organiza la fiesta e invita a ocho amigos.

Pero se dice *agua y hielo*, *cobre y hierro* porque estas palabras no comienzan con la vocal /i/, sino con la consonante /y/. Igualmente, ***o*** cambia a ***u*** delante del sonido /o/ (= *o-*, *ho-*):

moteles **u** hoteles siete **u** ocho La mezcla o se quema **u** ocasiona explosiones.

Entre cifras, esta ***o*** lleva una tilde para no confundirse con el cero: *4 ó 5 habitaciones*. Se usa la variante *o sea* ('or, that is, in other words') para otra manera de decir lo mismo:

El español, **o sea** el castellano, tiene más de 400 millones de hablantes.
Mi mamá participa en la PTA, **o sea** la Asociación de Padres y Maestros.

La palabra inglesa *but* corresponde a varios equivalentes en español:

- *Pero* y su sinónimo literario *mas* (sin tilde, ≠ *más*, 'more') significan 'but on the other hand': añaden otro factor importante sin cancelar lo que precede.

  No es inteligente, pero sí comprende lo que quiere el público.
  No vamos a los partidos, pero los vemos en la tele.

- *Sino* significa 'but instead': cancelamos lo que precede con un negativo y lo sustituimos por la verdad, algo que vemos como lo *contrario*. Cambia a *sino que* delante de un verbo conjugado:

  No es inteligente, sino bastante tonto.
  No vamos a los partidos, *sino que* los vemos en la tele.

- *Menos* y su sinónimo *salvo* le restan ("-") una excepción a la generalización del grupo:

  Todos menos Daniel tienen 18 años y miden más de 160 cm. de altura.

Hay otros dos tipos. Las conjunciones SUBORDINANTES (l. 21) destacan relaciones de tiempo o de lógica:

porque 'because'	*cuando* 'when'	*si* 'if'
así que 'so (as a result), and so'	*mientras* 'while'	*aunque* 'although'

Las CORRELATIVAS tienen dos partes, colocándose cada una al principio de uno de los elementos:

tanto...como...: 'both...and... ': *Tanto* Manuel *como* su hermana son atletas.
o...o...: 'either...or...': Mi hermana sale *o* con Manuel *o* con José.
ni... ni...: 'neither... nor...': No lo saben *ni* Manuel *ni* su hermana.
ya..., ya...: 'sometimes... other times...; now... now..': Dices *ya* una cosa, *ya* otra.
no sólo..., sino también...: 'not only...but also...': *No sólo* sabe español, *sino también* francés.
cuanto más..., más...: 'the more... the more...'. *Cuanto más* me esfuerzo, *más* aprendo.

4.3. La negación. La oración negativa requiere una palabra negativa delante del verbo. La más común es *no*:

Mi hermana es introvertida → Mi hermana **no** es muy extrovertida.

No equivale tanto a 'no' como a 'not', así que algunas respuestas comienzan con dos *no*es separados por coma:

—¿Sabes la hora? —**No, no** la sé. ("Do you know the time? *No*, I *don't* know it.")

La negación inglesa inserta una forma de *do* cuando falta otro verbo auxiliar; el español nunca usa *hacer* de esta manera.

4.3.1. La negación de las palabras indefinidas. En las oraciones negativas, ciertas palabras "indefinidas" cambian a sus equivalentes negativos:

algo → nada ('something → nothing, not...anything')
alguien → nadie ('someone/body → no one, nobody, not...anyone')
siempre → nunca, jamás ('always → never')
alguno/cualquiera → ninguno ('some/any → no, none, not...any')
en alguna parte (todas partes) → en ninguna parte ('somewhere/everywhere → nowhere')
y, o → ni ('and, or → nor')
o...o.., tanto...como... → ni...ni... ('either...or...', 'both...and...' → 'neither...nor... ')
hasta, incluso, aun → ni (siquiera) ('even' → 'not even')
todavía → ya no ('still' → 'no longer')
ya → todavía no ('already' → 'not yet, still not')
también → tampoco ('also, too' → 'neither, not...either')

Delante del verbo, la oración negativa tiene una de estas palabras negativas si no la palabra ***no***. Luego, el efecto negativo se extiende al resto de la frase:

Algo le molesta. = Le molesta algo. → *Nada* le molesta. = *No* le molesta *nada*. ('Nothing bothers him')
Siempre ves la tele. → *Nunca* ves la tele. = *No* ves la tele *nunca*. ('You never watch TV')
Voy a invitar a alguien. → *No* voy a invitar a *nadie*. ('I'm not inviting anyone')
Tengo dólares y euros. → *No* tengo dólares *ni* euros. ('I don't have dollars or euros')

Quiero tanto la plata como el oro. → *No* quiero *ni* la plata *ni* el oro. ('I don't want either silver or gold')
Hasta Roberto lo hace. → *Ni siquiera* Roberto lo hace. ('Not even Robert does it')
Todavía practico el piano. → *Ya no* practico el piano. ('I no longer practice piano')
Ya me siento mejor. → *Todavía no* me siento mejor. ('I don't feel better yet, still don't feel any better')
—Me interesan las telenovelas. —A mí también. → —*No* me interesan las telenovelas. —A mí *tampoco*. ('Soap operas don't interest me.' 'Me neither. ')

Por eso, muchas oraciones tienen NEGACIÓN DOBLE o hasta NEGACIÓN MÚLTIPLE:

Yo *no* le digo *nunca nada* a *nadie*. ('I don't ever say anything to anybody')

Algunos estudiantes de habla inglesa creen que la negación múltiple no es "lógica", pero la requiere la gramática del español y la de muchos otros idiomas, así que es inútil buscar equivalentes a *any* o *either* cuando estos sirven para evitar "negación doble":

I don't see *anything either* (=nothing neither). Yo no veo **nada tampoco**.

También se usan formas negativas cuando hay negación implícita: por ejemplo, con *sin* o en las comparaciones:

Lo hace sin ayuda de nadie. ('She does it without *anyone's* help')
Tú practicas más que nadie/nunca. ('You practice more than *anybody/ever*')

4.3.2. Cambios y sustitutos especiales en las oraciones negativas. *Jamás* es un sinónimo de *nunca*, y para más fuerza los dos se combinan: *nunca jamás*, 'never ever'. La expresión *en mi vida* también puede significar *nunca* al principio de la oración:

En mi vida he visto semejante cosa. = Nunca he visto semejante cosa.

Alguno (que de ordinario cambia a *ninguno*) puede usarse tras el sustantivo para mayor énfasis: "¡No hay excusa *alguna*! (=...ninguna excusa)".

Alguno y *ninguno* son derivados de *uno*, así que se apocopan (v. §2.5.3) delante de un sustantivo masculino singular: cambian a *algún*, *ningún* y reciben la tilde para mantener el acento en *-un*, como en *veintiuno* → *veintiún*:

—¿Hay alguna solución? —No, no hay ninguna solución. (= No, no hay ninguna).
—¿Hay **algún** problema? —No, no hay **ningún** problema. (= No, no hay ninguno).

Ninguno (= *ni* + *uno*, ni siquiera uno) siempre es singular:

—¿Tienes **algunos sellos**? —No, no tengo **ningún sello**. (No tengo **ninguno**).

La excepción son los sustantivos que siempre van en plural, p. ej. tijeras, *'scissors'* (§2.3.2):

Ningun**as** tijeras pueden cortar este cartón. ('No scissors can cut this cardboard')

4.4. La afirmación enfática con *sí*. A veces, uno niega algo y luego otro le corrige afirmando enfáticamente lo contrario. En inglés, se cambia el auxiliar negativo *don't, can't, isn't*, etc. a su equivalente afirmativo *do, can, is*, pronunciándolo con énfasis o acento. En español, cambiamos la palabra negativa ***no*** a su equivalente afirmativo, ***sí***, también con acento (también se puede usar *sí que* delante de la oración entera):

—María no puede hacerlo. ('Mary can't do it')
—***Sí*** puede hacerlo, pero no quiere. ('She ***can*** do it, but she doesn't want to')
—Ustedes no saben la verdad. ('You don't know the truth')
—***Sí*** que la sabemos. ('Oh, but we ***do*** know it')
—El campamento no tiene agua corriente. ('The campsite doesn't have running water')
—Pero ***sí*** la tiene; hay grifos en todas partes. ('But it ***does:*** there're faucets everywhere')
—Yo levanto pesas y tú no. ('***I*** lift weights, and you ***don't***')
—Pero yo no tengo ampollas y tú ***sí***. ('But ***I*** don't have blisters, and you ***do***')

4.5. Las palabras locativas. Para ubicar, o sea señalar "dónde", se distinguen tres tipos de palabras: adverbios, preposiciones y adjetivos. En inglés, a veces se usa la misma forma:

Gramática visual: *a/en:* 'at', 'in', 'on'

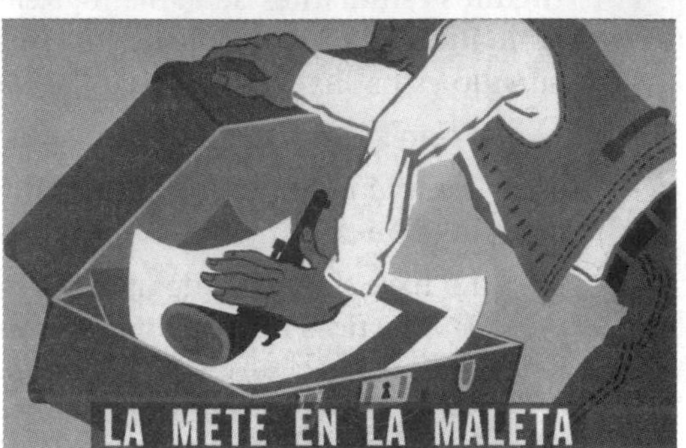

ADVERBIO: se usa a solas:	Está *afuera.*	It's *outside.*
PREPOSICIÓN: introduce un sustantivo:	Está *fuera del* cuarto.	It's *outside* the room.
ADJETIVO: modifica a un sustantivo:	una pared *exterior*	an *outside* wall

Los adverbios ***aquí, ahí, allí*** (o ***allá***) señalan un lugar del contexto físico y se asocian con los demostrativos *este, ese, aquel* (v. §2.4).

Tu libro está aquí (ahí, allí, etc.) *Your book's here (there-near you, over there)*

Otros adverbios son **direccionales** y comienzan con ***a-*** o ***hacia***, 'towards':

Siga usted (hacia) arriba/abajo/adelante/atrás. *Keep going up/down/forward/back*

Estos aceptan *más* en sentido comparativo, y pueden combinarse:

más arriba 'higher up' más adelante 'further on' ahí adentro 'inside there'

Algunos adverbios direccionales también se combinan con sustantivos:

cuesta arriba/abajo: 'up/downhill'; boca arriba/abajo: 'face up/down'
tierra adentro, mar adentro: 'inland, out to sea'

Las preposiciones locativas se resumen en la Figura 4.a, junto con adverbios y adjetivos relacionados. Muchas derivan de adverbios según la fórmula ADVERBIO + **DE** = PREPOSICIÓN:

ADVERBIOS: Hay un gran roble *detrás/al lado/enfrente.*
preposiciones: Hay un gran roble *detrás/al lado/enfrente* ***de*** *la casa.*

mientras los ADJETIVOS tienen una formación variada: *el asiento de atrás = el asiento* ***trasero,*** 'the back seat'; *la superficie de afuera = la superficie* ***exterior,*** 'the outside surface'.

Con conjunción, las preposiciones simples tienden a repetirse:

Han viajado *a* Europa y *a* Sudamérica. ('They've traveled to Europe and South America.')

Fíjese en que ***a*** y ***en*** expresan ubicación o movimiento (dirección), según el verbo:

Están **a** la puerta. (ubicación: 'at')	Vienen **a** la puerta. (movimiento: 'to')
Está **en** la mesa. (ubicación: 'on' o 'in')	Salta **en** la mesa. (movimiento: 'onto')

A representa adyacencia, un punto locativo ('at') o, con movimiento, una dirección ('to'); *en* implica una ubicación *dentro de* un área—en un espacio ('in') o en una superficie ('on'):

Preposiciones simples

a: 'to, at'
con: 'with'
contra: 'against'
de: 'from, of, off'
desde: 'since, from'
en: 'in, on, at'
entre: 'between, among'
hacia: 'toward(s)'
hasta: 'up to, until, up to the point of'
por: 'for, by, through'
sin: 'without'
sobre: 'on, over'

Preposiciones relacionadas con adverbios y adjetivos

adverbio	preposición	adjetivo relacionado
encima 'on top'	encima de 'on, on top of'	*la esquina* superior
arriba 'above, upstairs'	arriba de 'above'	
en lo alto 'at/on the top'	en lo alto de 'on the very top of'	
cerca 'nearby, close'	cerca de 'near, close to'	*un hotel* cercano
lejos 'far, far away'	lejos de 'far from, away from'	*un lugar* lejano
enfrente 'in front, facing'	enfrente de 'in front of = facing'	*el asiento* delantero
delante 'ahead, in front'	delante de 'in front of = ahead of'	
detrás 'behind, in back'	detrás de 'behind, in back of'	*el asiento* trasero
debajo, abajo 'underneath, below, downstairs'	debajo de 'under, below'	*la esquina* inferior
al principio/final 'at the beginning/end'	al principio/final de 'at the beginning/ end of'	*el momento* inicial/final
a la derecha/izquierda 'to/ on the right/left'	a la derecha/izquierda de 'to the right/ left of'	*el pie* derecho/izquierdo
al norte/sur... 'to the north/ south...'	al norte/sur...de 'to the north/south... of'	
al lado 'beside, to the side'	al lado de 'beside', junto a 'next to'	*la casa* adyacente/vecina
(a)fuera 'outside'	fuera de 'outside (of)'	*una pared* exterior
(a)dentro 'inside'	dentro de 'inside (of)'	*una pared* interior
alrededor, en derredor 'round about, all around'	alrededor de 'around'	
más allá, al otro lado 'on the other side'	más allá de, al otro lado de 'beyond, on the other side of'	

Figura 4.a Palabras locativas

a la puerta, a la mesa, a la derecha, al norte, a México
en la puerta, en la mesa, en la ciudad, en México, en la pared

Por eso, cuando *at* en inglés significa un sitio contenido *dentro de* un lugar, equivale a *en*:

Lo pasamos bien **en** la universidad/la playa. ('*at* the university, the beach')
Carmen está **en** la casa/la oficina/el teatro.

A también sirve para introducir distancias donde *at* puede omitirse en inglés:

Está **a** 50 metros de la librería. ('It's 50 meters from the bookstore.')

4.6. Las preguntas. Las preguntas se puntúan con **¿?** y son de cuatro tipos. En las PREGUNTAS GENERALES, preguntamos si la oración en general es cierta o falsa, y se contesta con "sí" o con "no". En inglés es normal la inversión de sujeto y verbo auxiliar; si no hay auxiliar, se inserta *do*, como en la negación (§4.3).

Alice helps you. → *Does* Alice help you?

En español, el sujeto puede invertirse o no, según su importancia informativa:

Alicia te ayuda. → ¿Alicia te ayuda? = ¿Te ayuda Alicia?

Pero no se inserta un equivalente de *do*; de hecho, *hacer* produce un verbo causativo (v. §1.4.2):

¿Alicia te *hace* ayudar? 'Does Alice *make/have* you help (her, someone)?'

Las PREGUNTAS DISYUNTIVAS ofrecen opciones:

—¿Te ayuda Alicia, o Margarita? —(Me ayuda) Alicia.

En cambio, las PREGUNTAS DUBITATIVAS expresan duda y piden confirmación. En inglés, se añade un *tag* o *cola* que consiste en verbo auxiliar negativo + pronombre. En español, usamos *verdad*, aunque en las oraciones afirmativas también se puede usar *no*. Los signos de interrogación **¿ ?** se colocan antes y después de la 'cola':

Alicia te ayuda. → Alicia te ayuda, *¿verdad/no?* 'Alice helps you, *doesn't she?*'
Alicia **no** te ayuda, *¿verdad?* 'Alice doesn't help you, *does she*?'

El último tipo, la PREGUNTA PARCIAL, es el más útil porque obtiene información nueva en vez de pedir confirmación. Al hablante le falta una parte de la información, así que adopta una estrategia de "llenar el espacio". La información desconocida se señala con un INTERROGATIVO:

(Bueno, sé que te ayuda alguien →	¿______ te ayuda? →	**¿Quién** te ayuda?
pero desconozco su identidad.)	SUJETO DESCONOCIDO	INTERROGATIVO APROPIADO

Y se responde poniendo la información nueva al final:

—¿Quién te ayuda? —Me ayuda *Alicia*.

Si el interrogativo está en otra parte de la oración, de ordinario se mueve al comienzo y el sujeto se invierte, como en la Figura 4.b.

4.6.1. Los interrogativos. Los interrogativos ***—qué, quién, cómo, dónde,*** etc.— llevan una tilde porque se pronuncian con acento (fuerza) (v. §0.4). Los relativos (*que, quien*) y conjunciones (*como, cuando, donde,* etc.) correspondientes no llevan esta tilde. Este contraste es importante:

No sabe **qué** celebran. *She doesn't know what they're celebrating*
≠ No sabe **que** celebran. *She doesn't know that they're celebrating*
Pregunta **por qué** no lo sabe. *She asks why he/she doesn't know it*
≠ Pregunta **porque** no lo sabe. *She asks because he/she doesn't know it*

Escogemos los interrogativos según su tipo de información:

- **Sujeto:** ***quién*** para una persona (***quiénes*** para un grupo), ***qué*** para las cosas.

  Lo hace *Manuel*. → ¿*Quién* lo hace?
  Lo hacen *Manuel y Olga*. → ¿*Quiénes* lo hacen?
  La leche tiene vitamina D. → ¿*Qué* tiene vitamina D? (o: ¿*Qué bebida?*)

- **Objeto del verbo:** ***a quién(es)*** para personas, con la ***a*** personal (v. §7.3), y ***qué*** para cosas.

  Sonia ve *a su tía*. → ¿*A quién* ve Sonia?
  Sonia ve *su bicicleta*. → ¿*Qué* ve Sonia?

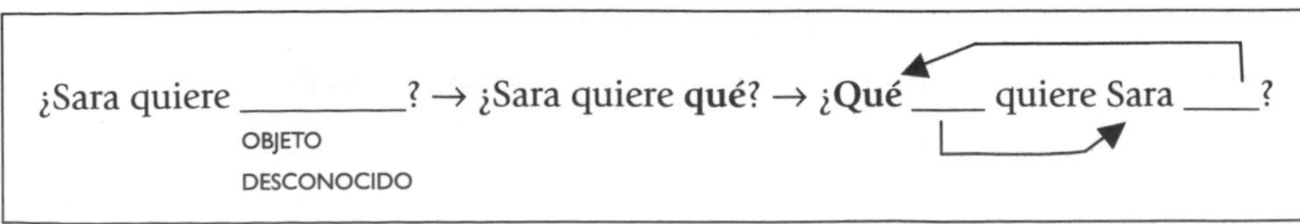

Figura 4.b Movimientos en una "pregunta parcial"

Obsérvese el contraste entre objeto (con ***a***) y sujeto:

¿*A quién* invita? ('Who's he inviting'?') ≠ ¿*Quién* invita? ('Who does the inviting?')

Si *quién(es)* o *qué* tiene preposición, los dos se mueven juntos, a diferencia del inglés.

Juan habla *de Miguel*. → ¿*De quién* habla Juan? ('*Who* is John talking *about*?')
Juan se refiere *a la economía*. → ¿*A qué* se refiere Juan? ('*What* is John referring *to*?')
Juan escribe *con un bolígrafo*. → ¿*Con qué* escribe Juan? ('*What* does John write *with*?')

- **Lugar, tiempo, manera, frecuencia, grado, causa**: *dónde, cuándo*, etc.:

Camino en el parque, allí. → ¿**Dónde** caminas?
Camino por la tarde, a las tres. → ¿**Cuándo/a qué hora** caminas?
Camino lentamente, con calma. → ¿**Cómo/De qué manera** caminas?
Camino cada día, los jueves. → ¿**Cada cuánto/con qué frecuencia** caminas?
Camino porque no tengo coche. → ¿**Por qué** caminas?

Observe la distinción entre *dónde* (ubicación), *adónde* (dirección) y *de dónde* (origen):

¿*Dónde* está? ¿*Adónde* va? ¿*De dónde* es?

- **Atributo** (v. §3.1.1): ***qué*** 'what' y ***cuál*** 'which (one)' (plural ***cuáles***) para un sustantivo, ***cómo*** para un adjetivo (o para los colores, ***de qué color***):

Juan es *mexicano*. → ¿*Qué* es Juan?
Juan es *el hombre que ves ahí*. → ¿*Cuál* es Juan?
Esos hombres son/están *borrachos*. → ¿*Cómo* son/están esos hombres?
Esa luz es/está *roja*. → ¿*De qué color* es/está esa luz?

- **Modificadores** de sustantivos: ***qué*** o un interrogativo específico, *qué tipo (color, tamaño, etc.) de*:

Prefiero los vinos *chilenos*. → ¿*Qué* vinos prefieres?
Compran un carro *azul*. → ¿*Qué color de* carro compran?
Compran un carro *de 6 cilindros*. → ¿*Qué tipo de* carro compran?
Quiero pantalones *de talla mediana*. → ¿*Qué talla de* pantalones quiere usted?

- **Cantidad**: ***cuánto***, un adjetivo que concuerda (*-a, -os, -as*) con su sustantivo.

Cada mañana corro *tres* kilómetros. → ¿*Cuántos* kilómetros corres cada mañana?

- **Posesivos: *de quién*(*es*)**, en una estructura que permita la frase preposicional, p. ej. *ser*:

Tu mamá me lo dice. (La mamá *de Rosa* me lo dice). → ¿*De quién es la mamá que* te lo dice? ¿*La mamá de quién* te lo dice?

- **Verbos**: *qué + hacer* para acciones, *qué + pasarle a__* para eventos más pasivos.

Inés *programa computadoras*. → ¿*Qué hace* Inés?
Inés *se pone enferma*. → ¿*Qué le pasa* a Inés?

4.6.2. Distinciones: *'what' y 'how'*. Con un copulativo como *ser*, *qué* pide una definición o clasificación, mientras *cuál(es)* implica una selección de un conjunto de opciones:

Mi dirección es *el lugar donde vivo*. → ¿*Qué* es su dirección? (*definición*)
Mi dirección es *Avenida Plana, núm. 9*. → ¿*Cuál* es su dirección? (*selección*)
Las ventajas son *el costo y la calidad*. → ¿*Cuáles* son las ventajas? (*selección*)

Así que es probable que "¿**Qué** es su especialización?" (para '*What's your major?*') se entienda como "Déme una definición de *especialización*"; para pedir una selección (De todas las opciones, ¿cuál es la especialización de usted?), uno pregunta "¿**Cuál** es su especialización?"

Pero ***cuál(es)*** cambia a ***qué*** delante de un sustantivo, especialmente en España:

¿Cuál es su nombre? (*selección*) ≠ ¿Qué es su nombre? (*definición*)
Pero: ¿**Qué** nombre prefiere? (*Hispanoamérica:* ¿Cuál nombre prefiere?)

De ordinario, *how* corresponde a ***cómo***, o a ***qué tal*** para pedir una evaluación:

¿Cómo/Qué tal te parece nuestra alfombra nueva?

Pero *how* + adjetivo/adverbio pregunta por el grado de modificación: *how far, how tall, how fast, how important*, etc. En este caso, en Hispanoamérica se usa ***qué tan*** + adjetivo/adverbio:

Ella es *muy* alta, *de 185 cm.* → *¿Qué tan alta* es ella?
Estos datos son *muy* importantes. → *¿Qué tan importantes* son estos datos?
La capital está *bastante lejos.* → *¿Qué tan lejos* está la capital?

Esta fórmula no se usa mucho en España, pero hay alternativas:

- ***Cuánto*** + verbos como *medir,* 'measure'; *importar,* 'matter'; *distar,* 'be distant':

  Estos datos son *muy* importantes. → *¿Cuánto importan* estos datos?
  Ella es *muy* alta. → *¿Cuánto mide* ella (de altura)?

- Una construcción con sustantivos:

  Ella es *muy alta.* → *¿Qué altura tiene?* o *¿Cuál es su altura?*
  Estos datos son *muy importantes.* → *¿Qué/Cuánta importancia tienen* estos datos?
  Este carro anda *muy rápido, a 160 km/h.* → *¿A qué velocidad* anda este carro?
  La capital está *muy lejos, a 200 km. de aquí.* → *¿A qué distancia* está la capital?

- ***Hasta qué punto,*** 'up to what point'; ***hasta qué hora*** 'how long, until what time':

  Estos datos son *muy importantes.* → *¿Hasta qué punto son importantes* estos datos?
  ¿Hasta qué hora estuviste en la fiesta? ('How late/long were you at the party?')

4.7. **Resumen.** Como en otras lecciones, hay varias estructuras que los estudiantes avanzados ya conocen, aparte de ciertos detalles. Las CONJUNCIONES cambian de forma (*y* →*e*) o se distinguen de manera especial (*pero* ≠ *sino* ≠ *menos*). La NEGACIÓN se expresa delante del verbo y se extiende a otras palabras indefinidas (*hay algo* → *no hay nada*). Las PALABRAS LOCATIVAS difieren a veces del sistema inglés, por ejemplo *a* vs. *en,* y adverbio (*abajo*) vs. preposición (*debajo de*) vs. adjetivo (*una posición inferior*). Por último, hay varios tipos de PREGUNTAS:

- general: ¿Es bonito?
- disyuntiva: ¿Es bonito, o feo? ¿Es bonito, o no?
- dubitativa: Es bonito, ¿no?
- parcial: ¿Cómo es? ¿Cuál es más bonito? ¿Qué tan bonito es?

las cuales también muestran diferencias con respecto al inglés.

APLICACIÓN

Actividades

A. En parejas o en grupos pequeños, fíjense en algún objeto muy ordinario del salón de clase y descríbanlo tratando de mejorar sus habilidades de observación, incluyan:

- cinco maneras precisas de identificar su posición y ubicación
- cinco características que quizás no hayan observado antes

B. La señora Ponce es la coordinadora de un programa que reparte regalos de Navidad a los niños pobres. Ustedes se han ofrecido para conseguir regalos para dos niños de la lista de la señora Ponce; háganle una serie de preguntas para recibir la información para comprar regalos apropiados.

C. En parejas: estudien los siguientes ejemplos de titulares de periódicos, y luego señalen con preguntas parciales los puntos de información que ustedes buscarían si pudieran leer cada artículo.

1. Polémica entre los obispos españoles
2. Manifestación contra el Gobierno
3. Continúan las restricciones de agua
4. Lanzado otro satélite
5. El Madrid tiene un partido fácil
6. Ramírez se presenta como candidato

D. En parejas: Ustedes son compañeros de cuarto que se instalan en su nuevo dormitorio. Estudiando el plano del dormitorio y la lista de cosas en la Figura 4.c, pónganse de acuerdo en un sitio específico para guardar cada cosa de la lista; también decidan si deben mover los muebles y adónde. Recuerden que queda poco espacio en los armarios, en las cómodas ('chests of drawers') y en las estanterías ('bookcases') porque ya están casi llenos de ropa y libros.

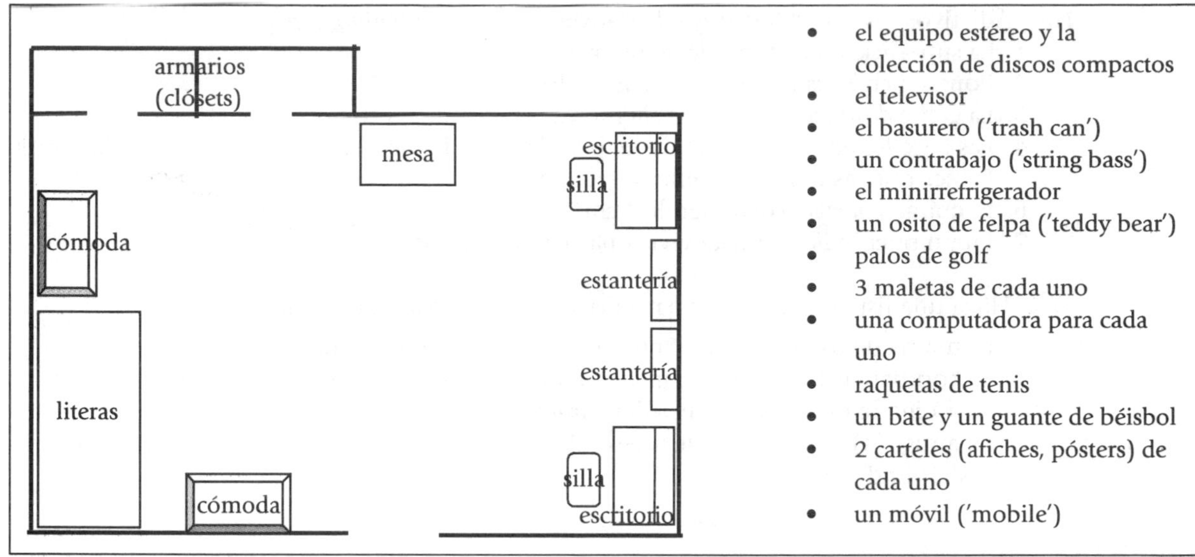

Figura 4.c Plan de un dormitorio y una lista de objetos que guardar

Ejercicios

E. La geografía. Mejore la expresión de las siguientes oraciones con conjunciones apropiadas.

1. Bolivia no tiene puerto marítimo. Paraguay no tiene puerto marítimo.
2. Quito se sitúa en la zona tropical. Está en los Andes. Tiene un clima fresco.
3. (Casi) todas las repúblicas centroamericanas son hispanohablantes. Belice no lo es.
4. El estado mexicano de Querétaro está al norte de la capital. El estado de Hidalgo está al norte también.
5. Puerto Rico no es una nación independiente. No es un estado de EE.UU. Es un "estado libre asociado".
6. —¿Qué país controla las islas situadas entre Jamaica y el continente? ¿Nicaragua? ¿Honduras?
7. Todos los países latinoamericanos son repúblicas. Pueden ser democracias o dictaduras.
8. Uruguay no es un país grande. Tiene un nombre largo: "República Oriental del Uruguay".

F. Afirmar y negar. Usted habla con un amigo que dice cosas con las que no está de acuerdo. Responda *negando* la afirmación de su amigo. (Puede comenzar con "¡al contrario!", "¡qué va!!", "no estoy de acuerdo", "¡de ninguna manera!", "¡qué tontería!" o algo por el estilo).

1. —Nos escucha alguien. —____________________
2. —Siempre te preocupas por algo. —____________________
3. —Hay colesterol en algunas legumbres. —____________________
4. —Hasta la farmacia vende eso. —____________________
5. —Tus pantalones parecen algo raros. —____________________
6. —Los policías ya están en huelga. —____________________
7. —Hay mugre en todas partes del baño. —____________________
8. — Algunos exámenes son fáciles. —____________________
9. —Ese estado apoya la educación, y el nuestro también. —____________________
10. —Todavía te metes en los asuntos de otros. —____________________

G. Negar y afirmar. Ahora, responda *afirmando* (con *sí*) la proposición negada por su amigo.

1. —Nunca te acuerdas de las fechas importantes. —____________________
2. —Ni el presidente ni el congreso quiere reducir impuestos. —____________________
3. —Los profesores ya no ven ninguna solución. —____________________
4. —No hay ningún requisito. —____________________
5. —Tú no sabes controlarte, y tu hermano tampoco. —____________________
6. —Nuestro equipo nunca va a ganar. —____________________

H. Adjetivos locativos. Sustituya *de* + adverbio por un adjetivo apropiado:

1. La superficie *de atrás* no debe mojarse.
2. Póngalo en la esquina derecha *de arriba*.
3. La gente *de al lado* no nos habla nunca.
4. Las paredes *de adentro* están bien, pero las paredes *de afuera* tienen desteñida la pintura.
5. Parece que las llantas *de enfrente* están pinchadas.
6. El margen *de abajo* debe ser de 3 cm.
7. En un pueblo *de muy lejos* vivía una costurera pobre.

I. Haga una lista de preguntas parciales apropiadas para cada situación.

1. La mamá de usted le escribe que acaba de comprarle un nuevo abrigo.
2. Su compañero(a) de cuarto menciona que va a traer una estantería grande al cuarto.
3. Su amigo le propone que ustedes caminen a un parque.
4. Su amigo(a) le implora que usted salga con un(a) amigo(a) de su novio(a) como "cita a ciegas" (blind date).

Ejercicios textuales

J. Entrevista: Sigue una entrevista con Felipe LaBamba, un músico de rock. Basándose en cada una de sus respuestas (su información nueva está **en negrilla**), indique la pregunta parcial del reportero.

Modelo: Reportero: *¿De dónde eres?*

LaBamba: Soy **de Nuevo México**.

Como se ve en el ejemplo, es típico usar *tú*, no *usted*, en las entrevistas de este tipo.

1. Reportero: Comencemos con unas preguntas personales, Felipe. ____________________
   LaBamba: Ahora vivo **en Hollywood**.
2. Reportero: ____________________
   LaBamba: Vivo allí **porque es una ciudad interesante**.
3. Reportero: Así se dice. Sigamos a tus composiciones. ____________________
   LaBamba: ¿Con la composición de mi música? Me ayuda **mi esposa, Gloria**.
4. Reportero: ____________________
   LaBamba: Es **artista y poeta.**
5. Reportero: ____________________
   LaBamba: Tenemos **un** hijito, un bebé.
6. Reportero: ____________________
   LaBamba: Se llama **Guillermo**, pero lo llamamos Guille.
7. Reportero: Sin duda le gustará la música, como a ti. Bueno, ____________________
   LaBamba: Mi modelo es **Mick Jagger**. Lo admiro mucho.
8. Reportero: ____________________
   LaBamba: A mi parecer, su influencia consiste en **su capacidad de seguir creando y adaptándose a nuevos gustos musicales**.
9. Reportero: Creo que tienes razón. Pero hablemos de ti. ____________________
   LaBamba: Mi música es **moderna, bailable, una síntesis de tradiciones hispanas.**
10. Reportero: ____________________
    LaBamba: Usamos **guitarras eléctricas y tambores** y a veces **trompetas**.
11. Reportero: ____________________
    LaBamba: Hay **dos** mujeres en nuestra banda, Celia y Mariluz.
12. Reportero: ____________________
    LaBamba: Ah, ¡son **muy** importantes! Sin ellas, la música no tendría la misma tonalidad.

13. Reportero: ____________________
    LaBamba: Cantan **bien, con mucho talento**.
14. Reportero: ____________________
    LaBamba: Usamos ropa **extravagante, de colores brillantes**. Es normal, ¿no?
15. Reportero: Sí. ____________________
    LaBamba: Después de los conciertos, **volvemos al hotel y vemos la tele.**
16. Reportero: ¿Verdad? ____________________
    LaBamba: Prefiero ver **a Madonna**. Es innovadora y atrevida.
17. Reportero: ____________________
    LaBamba: Pues gano **mucho**, pero sólo mi agente sabe la cantidad precisa.
18. Reportero: Tus aficionados hablan de ese amuleto que llevas en tu collar. ____________.
    LaBamba: Es **mío**. Me lo dio Gloria para desearme buena suerte.
19. Reportero: Parece que surtió efecto. Charlemos de tu concierto. ____________________
    LaBamba: Acabamos de llegar **hoy**.
20. Reportero: ____________________
    LaBamba: Pensamos estar aquí **dos** días.
21. Reportero: ____________________
    LaBamba: Después, vamos **a Atlanta**.
22. Reportero: ____________________
    LaBamba: Nuestro concierto es **a las 8 de la noche.**
23. Reportero: ____________________
    LaBamba: Ehh, bueno, estoy **un poco nervioso**, pero eso es natural, ¿no?
    Reportero: Sí. Bueno, Felipe, muchas gracias por la entrevista. Eres muy amable.

Ensayos

K. Describa el *campus* y sus características, incluyendo la ubicación de los edificios principales, para que el lector reciba una impresión del plan general y también del ambiente. No escriba una mera lista de sitios, sino un ensayo **descriptivo** coherente. Busque escenas típicas y detalles interesantes distintivos, incluyendo sonidos, colores y olores.

L. Busque en el Internet la imagen de una obra de arte, péguela en un documento y luego descríbala en un párrafo. Trate de observar detalles concretos interesantes y de destacarlos con suficientes modificadores, expresiones locativas y verbos copulativos.

M. Usted va a escribir un ensayo sobre el Perú. Ya hizo una investigación preliminar en la biblioteca sobre datos y hechos generales, pero quiere información cultural. Se acuerda de un amigo que tiene un compañero peruano. Escríbale un mensaje que incluya (al menos) ocho preguntas parciales para que se las haga a su compañero. (OJO: se comienza una carta personal con "Querido(-a) + *nombre*" y se concluye con "Abrazos + *nombre del escritor*").

LECCIÓN 5 El uso del diccionario

■ ¡OJO! Para los ejercicios de esta lección, hay que llevar un diccionario a clase.

Como dice el refrán:

- Quien busca, halla.

PRESENTACIÓN

5.1. **La importancia del diccionario.** Para cualquier tipo de composición se necesita un vocabulario amplio y variado, pero especialmente en la descripción. Por ejemplo, piense usted en uno de sus mejores amigos; ¿cómo lo describe? Haga una lista de palabras que lo describan, primero en inglés y luego en español:

your friend (English): ____

su amigo (español): ____

Tal vez se le ocurran más palabras en su lengua nativa. Para remediar la diferencia, usamos un diccionario.

Esta lección es una orientación general al uso del diccionario para hallar palabras apropiadas. La introducción "To the Student" ofrece otros consejos y la Lección 6 explica cómo usarlo para variar el vocabulario.

5.2. **Información gramatical: morfología y sintaxis.** Los diccionarios presentan palabras y sus significados, pero suponen que el usuario reconoce los dos sistemas de la gramática:

- La MORFOLOGÍA o la forma de la palabra: su FLEXIÓN ('inflection') (*bueno, -a, -os, -as; pongo, pones, ponen,* etc.) y la DERIVACIÓN de palabras relacionadas (*bueno → bondad; poner → suponer, presuponer, posición,* etc.). Los diccionarios también indican problemas de flexión: "*extender (ie)*" significa que este verbo se conjuga *extiendo, extiendes,* etc. (v. § 1.2.1).
- La SINTAXIS o la estructura de las oraciones ('sentences') y el orden de las palabras. Los diccionarios también señalan aspectos de la sintaxis: "*leave*: *salir **de***" significa que este verbo requiere en español la preposición *de*.

Con la morfología y la sintaxis clasificamos las palabras. Las que llamamos "adjetivos" aceptan sufijos como ***-s*** e ***-ísimo*** pero no se flexionan como verbos; y respecto a su sintaxis, modifican a los sustantivos y se colocan en ciertas posiciones de la oración. Por tanto, el adjetivo es una CATEGORÍA SINTÁCTICA, o sea una PARTE DE LA ORACIÓN ('part of speech'), que debe distinguirse de otras categorías como verbos y adverbios.

5.2.1. **Las partes de la oración.** La categoría sintáctica de una palabra se identifica en un diccionario con abreviaturas como las siguientes:

- ***v***: *verbo*. El verbo (L. 1) expresa una acción o relación y sirve de núcleo para el resto de la cláusula u oración. Su flexión indica (en español) el tiempo, el modo, la persona y el número del sujeto.
- ***pron***: pronombre. Un pronombre personal (v. §8.1.1) se refiere a la primera (*yo, nosotros*), la segunda (*tú, vosotros, usted*) o la tercera persona (*él, ella, ellos*). Otros tipos incluyen los indefinidos (*algo, alguien,* etc. v. §4.3.1), los interrogativos (*quién, qué,* etc. v. §4.6.2) y los relativos (*que, el que,* etc. v. §26.2).
- ***s***: sustantivo (o ***n***: nombre): Un sustantivo (L. 2) es el nombre de una cosa (*cuchillo, filosofía,* etc.) o persona (*médico, filósofo,* etc.). Sirve de núcleo de la frase sustantiva (v.§2.1.1), puede ser sujeto u objeto de verbo y acepta la flexión de número (singular/plural, v. §2.3). Los sustantivos españoles se clasifican como ***m*** = masculinos o ***f*** = femeninos: la abreviatura ***mf*** significa "género común", una forma que se usa para ambos sexos (*el/la artista*).
- ***adj***: adjetivo (L. 2). Hay varios tipos, pero todos son palabras que modifican al sustantivo sin preposición (*un hotel **lujoso*** = adjetivo, *un hotel **de lujo*** = sustantivo) y se flexionan para concordar con él en género y número: *lujoso, -a, -os, -as* (*un hotel lujoso, unos hoteles lujosos, una casa lujosa, unas casas lujosas*).
- ***adv***: adverbio: El adverbio (*bien, felizmente, allí, entonces...,* v. L. 16) es una palabra que modifica al verbo y a algunas otras palabras. Como las preposiciones, conjunciones e interjecciones, nunca se flexiona.
- ***prep***: preposición: La preposición (§4.5) *se prepone a* (se coloca antes de, '***pre-***') una frase sustantiva, un pronombre o infinitivo para definir su relación con el resto de la oración: *con, de, después de, por,* etc.

- *conj*: conjunción: La conjunción (§4.2) une elementos iguales, p. ej. sustantivo con sustantivo, verbo con verbo, cláusula con cláusula: *y, pero, porque, si, en cuanto, aunque, etc.*
- *interj*: interjección: Una exclamación (*¡caramba!*) u otro sonido (*eh, mmm, chis, ja, ¡pum!*) que no se deja clasificar en las demás categorías porque no hace un papel sintáctico en la oración.

Usamos mal los diccionarios si no le prestamos atención a la categoría cuando una palabra inglesa corresponde a dos o más en español. Por ejemplo, los diccionarios bilingües ofrecen dos equivalentes para *student*:

student: *s.* estudiante *mf.* ; *adj.* estudiantil.

Estas dos palabras no son iguales: *estudiante* sirve de sustantivo y *estudiantil* de adjetivo, y por eso se asignan a contextos distintos:

es un ______, los problemas de los ________ = SUSTANTIVO, → *estudiante, -s*
los derechos ______, el gobierno _________ = ADJETIVO, → *estudiantil, -es*

Otro ejemplo: el inglés emplea adverbiales de muchas maneras, mientras que el español tiende a distinguir adverbio, preposición y conjunción (v. §16.4.1), como se ve en la siguiente entrada de diccionario:

before: *adv.* antes; *prep.* antes de; *conj.* antes (de) que.

Estas tres versiones caben respectivamente en los contextos siguientes y no hay que confundirlas.

Vamos al cine; pero _____, vamos a cenar. = ADVERBIO, → *antes*
_______ la primera película, vamos a cenar. = PREPOSICIÓN → *antes de*
_______ pases por nosotros, vamos a cenar. =CONJUNCIÓN, → *antes de que*

5.2.2. Problemas de análisis falso. Aun prestando atención a estas categorías, es posible errar usando una palabra de manera imposible en español. Uno de los errores más comunes es tratar una expresión española como en inglés. Por ejemplo, después de aprender *Me llamo Miguel* (literalmente 'I call myself Mike'), algunos estudiantes lo analizan así:

Me llamo Miguel. = My + name's + Miguel.
myself I-call Miguel.

y luego usan el reflexivo *me* como posesivo ('my') y el verbo *llamo* como sustantivo, ('name'): "*Me llamo es Miguel", que no tiene sentido en español. Este **análisis falso** sugiere que el escritor utiliza el español como inglés en vez de pensar en el significado español.

Otro análisis falso resulta de las numerosas combinaciones inglesas de sustantivo + sustantivo: *metal basket, gold watch, love story, flannel shirt, brick building*. El primer sustantivo parece adjetivo, así que algunos estudiantes tratan de producir "*cesto metal, *reloj oro, *cuento amor, *camisa franela, *edificio ladrillo". Pero *metal, oro, amor, franela, ladrillo* se señalan en el diccionario como sustantivos, no adjetivos, y el español no suele usar sustantivo + sustantivo (v. §25.2), sino que los conecta con ***de***: *cesto de metal, reloj de oro, cuento de amor, camisa de franela, edificio de ladrillos*. En estas frases con *de*, el sustantivo principal es el primero y es el que determina el género y el que puede ponerse en plural: *los cestos de metal*, exactamente como *los fines de semana* (no * *fin de semanas*). Como alternativa, se pueden usar adjetivos que se encuentran en el diccionario, como ya vimos en el caso de *los derechos estudiantiles* (adjetivo) = *los derechos de los estudiantes* (sustantivo).

5.3. Distinciones semánticas. Al buscar una palabra en el diccionario, hay que recordar que una palabra representa varios conceptos que no corresponden directamente a los de otra lengua. Incluso para una equivalencia tan obvia como *bull* = *toro* hay diferencias SEMÁNTICAS, o sea de significado en su connotación cultural, su nivel estilístico y su aplicación a contextos específicos. Por ejemplo, *shoot the bull* no es *disparar el toro* sino *charlar*, y *a bull market* en los negocios no es *un mercado de toro* sino *un mercado en alza*. Por eso, es importante prestar atención a las diferencias SEMÁNTICAS, o sea, de significado.

5.3.1. La selección de equivalentes. En el Apéndice A presentamos los problemas semánticos más comunes: *know* = *saber* vs. *conocer*, *hurt* = *doler* vs. *lastimar*, *leave* = *salir* vs. *dejar* vs. *irse*, los múltiples equivalentes de *get, meet*, etc. Pero es imposible anticipar todas las posibles confusiones y uno necesita un diccionario que las explique bien. Por eso, es absolutamente inútil un diccionario bilingüe que da para una palabra como *flat* una simple lista de equivalentes sin distinguirlos:

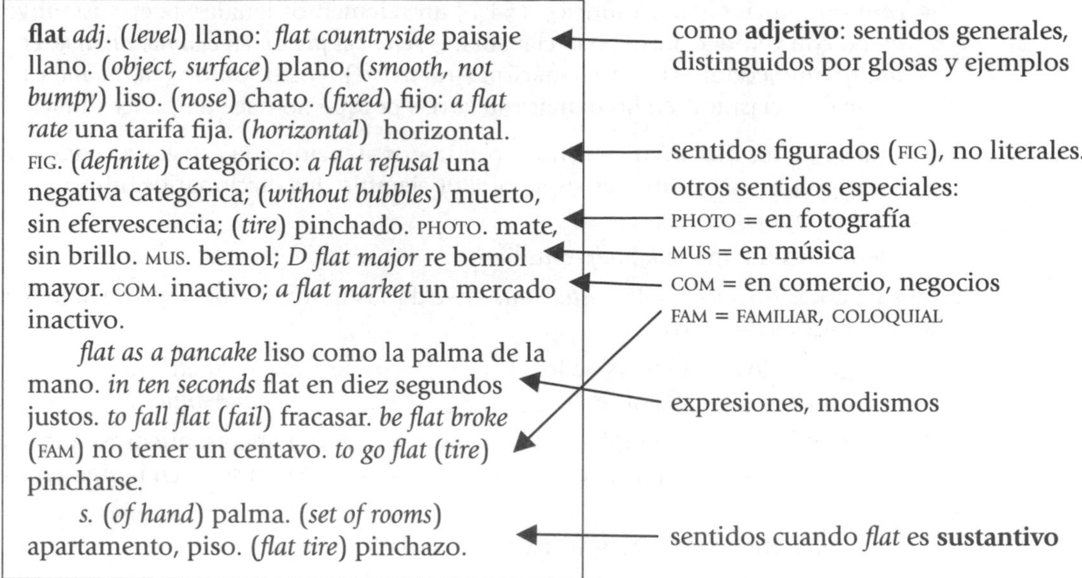

Figura 5.a Un ejemplo de múltiples equivalentes

flat: *adj*. llano, plano, liso, chato.

Estos *no significan lo mismo* en español, y si elegimos la palabra incorrecta expresamos un concepto diferente—y quizás chistoso dentro del contexto. En un diccionario más amplio y más útil, vemos GLOSAS (sinónimos específicos) y ejemplos para distinguir sentidos como en la Figura 5.a.

Fíjese en que los equivalentes se distinguen en primer lugar según la parte de la oración: *flat* como adjetivo (*flat land*) vs. sustantivo (*I've got a flat*). Pero aun como adjetivo, *flat* cubre varios conceptos que se comunican de manera diferente en español: *flat land ≠ flat nose ≠ a flat rate ≠ a flat tire ≠ flat beer*. Los mejores diccionarios también mencionan aplicaciones especiales: otros equivalentes para *flat* (*a flat finish*) en fotografía, *flat (D flat)* en música, etc.

Después de identificar el equivalente español más probable para el significado y el contexto, siempre es una buena idea verificarlo en un diccionario monolingüe o en la sección "español-inglés" del diccionario bilingüe. De esta manera, aprendemos que *pinchado* es el mejor equivalente de *flat* para las llantas de un automóvil porque es una forma del verbo *pinchar*, cuyo significado central es 'puncture, prick'.

5.3.2. Los modismos y sentidos figurados. El ejemplo de *flat* en la Figura 5.a muestra MODISMOS, o sea expresiones IDIOMÁTICAS que tienen un significado especial diferente del de sus partes. Una frase como *My idea fell flat* es idiomática porque no expresa ninguno de los conceptos ordinarios de *flatness*, y es probable que "Mi idea cayó llano" suene muy extraño en español. Por eso, el diccionario señala *fracasar* ('fail') como el equivalente que se comprende mejor: *Mi idea fracasó*. De la misma manera, *flat* 'without bubbles' se identifica como "FIG(URADO)" ('figurative'), una extensión metafórica del sentido básico: una bebida sin burbujas, como tierra que no tiene montañas; pero esta comparación inglesa no funciona en español, donde el mismo efecto se comunica como *muerto* o *sin efervescencia*.

Por consiguiente, siempre es una buena idea anticipar grupos en inglés que tienen un sentido especial y que producirán una expresión sin sentido en otra lengua si se traducen directamente. Siguen cuatro ejemplos de modismos mal traducidos procedentes de composiciones:

- *lightning bug*, traducido como "chinche de rayo", que significa 'bedbug of lightning bolt'. Uno debe reconocer que este insecto no tiene nada que ver con *lightning*; un diccionario adecuado dará su nombre correcto en español: *la luciérnaga*.

- *rat race*, traducido como "raza del ratón", que significa '(ethnic) race of the mouse'. La intención fue ***carrera de ratones***, pero el español no usa esta imagen sino que dice *ajetreo* o *competitividad*.
- *have a good time*, traducido como "tener un buen tiempo". Esto significa 'have good weather' en español, que expresa la diversión con los verbos *divertirse* o *pasarlo bien* (v. *Distinciones*, Apéndice A).
- *in order to pay it*, traducido como "en orden de pagarlo", que significa 'in order (=sequence) of paying'. En español se dice simplemente ***para** pagarlo*.

Para modismos más complejos, supongamos que queremos expresar estas características en un ensayo descriptivo:

She never flies off the handle. She's always pulling my leg. Everyone looks up to her.

Puesto que estas expresiones son idiomáticas en inglés (no significan lo que dicen literalmente), es probable que "Nunca vuela del mango, Siempre tira de mi pierna, Todos miran arriba a ella" produzcan imágenes incomprensibles o cómicas en español. Una solución es aprender a buscar el concepto usando un sinónimo más sencillo: *fly off the handle* = ***get angry***; *pull one's leg* = ***tease***; *look up to* = ***respect***; y entonces encontramos fácilmente los equivalentes *enojarse, bromear, respetar*. Y en un diccionario más amplio encontraremos modismos igualmente expresivos en español bajo la palabra principal de la expresión inglesa: *fly off the handle* (→ **handle**) → *perder los estribos* (literalmente 'lose the stirrups').

5.3.3. El vocabulario y la cultura. A veces se encuentra un "vacío" en el diccionario: una lengua nombra con una palabra un concepto que falta en otra lengua o que se expresa de modo menos directo. La razón puede ser cultural (un producto o una costumbre de una cultura que no ha existido en la otra), o simplemente un accidente de la historia. Por lo general el uso de ANGLICISMOS, o sea, palabras o expresiones inglesas, no es aceptable en otra lengua, pero a veces no hay otro remedio si no existe un equivalente. Aun así, siempre debemos añadir una definición o explicación para que el lector hispano comprenda. Ejemplos.

- "Para este postre se necesitan *marshmallows*, **o sea, un dulce blanco hecho de azúcar y gelatina**".
- "La meta del juego es llevar el balón al *end zone*, **o sea, el área al final del campo**".

Muchos diccionarios ofrecen como equivalente una frase descriptiva:

dormitory: *s.* residencia estudiantil
sorority: *s.* club femenino de estudiantes

Pero no son equivalentes exactos y las frases no deben emplearse como palabras individuales. Al describir un campus, basta introducir *residencia estudiantil* una vez y luego continuar con la palabra principal, *residencia*:

Las *residencias estudiantiles* están al otro lado del cuadrángulo. La *residencia* más grande se llama Taylor: está hecha de ladrillos y allí viven los estudiantes de primer año. Al norte hay otras dos *residencias* más pequeñas que se llaman...

En cambio (un MODISMO español que significa 'on the other hand', no 'in change'), los diccionarios no nos enseñan la sensibilidad que debemos tener con las perspectivas de otras culturas. Siguen dos ejemplos del problema que ya suelen aparecer en los primeros ensayos del curso.

- "El clima *americano* es muy variado..." En español, *americano* suele referirse a las Américas, *todo* el hemisferio occidental. Los mexicanos, los centroamericanos y los sudamericanos también se consideran americanos. El adjetivo apropiado es *norteamericano* o *estadounidense*.
- "Mi hermana tiene 6′ 2″ de altura". Las medidas *feet, inches, yards, pounds, degrees Fahrenheit*, etc. se limitan a los EE.UU.; el resto del mundo emplea el Sistema Internacional, o sea "métrico" (v. §27.6). Aunque el diccionario dé equivalentes como *yarda, milla, libra...*, generalmente no se comprenden y siempre es mejor usar las medidas internacionales en español.

5.4. El caso especial del verbo. Es importante estudiar con más atención la información que los diccionarios dan sobre el verbo porque es la palabra clave para formar la oración.

5.4.1. Transitivo/intransitivo: el régimen del verbo. Los verbos se clasifican en dos tipos principales:

- Un verbo TRANSITIVO (*tr.*) acepta un objeto directo ('direct object', v. §7.2): *comer + una pizza, hacer + la cama, perder + el equipaje.*
- Un verbo INTRANSITIVO (*intr.*) no lleva un objeto directo: *caminar, aparecer, volar.*

Otros tipos son el verbo COPULATIVO (*ser, estar,* etc.), que se usa con atributo (v. §3.1.1) y el verbo AUXILIAR (*poder, haber*), que introduce otro verbo en la construcción "verbo + verbo" (v. §1.4.1-2). Pero estos dos también pueden considerarse verbos intransitivos porque no tienen objeto directo.

Con las abreviaturas *tr., intr.,* los diccionarios identifican el RÉGIMEN del verbo, o sea la manera de formar una oración con base en él. A veces el mismo verbo sirve para ambas funciones:

begin: *tr., intr.* comenzar, empezar.

Así que podemos decir "Juan comienza la sesión" (transitivo) o "La sesión comienza" (intransitivo), como en inglés. Pero es más frecuente encontrar verbos diferentes en español:

return: *tr.* devolver; *intr.* volver, regresar.

Así señala el diccionario la diferencia entre *return* = 'take (something) back, give back' y *return* = 'go back':

Voy a ___________ los libros. (*libros* = objeto directo; verbo transitivo) → *devolver*
Voy a ___________ a casa mañana. (No hay objeto directo; verbo intransitivo) → *volver, regresar*

Otras veces, encontramos dos versiones del mismo verbo, una con el "*se* intransitivo" (v. §7.5.3). En muchos diccionarios, esta versión reflexiva se indica con la abreviatura "*pron*" o sea "verbo pronominal" (v. §7.4):

extend: *tr.* extender (ie); *intr.* & *pron.* extenderse (ie).

Por eso, los siguientes contextos requieren versiones diferentes:

El general _______ su poder. (objeto directo: transitivo) → *extender* → *extiende*
Las Montañas Rocosas _______ por el oeste del país. (intransitivo) → *extenderse* → *se extienden*

En otra situación típica, el inglés ha convertido un intransitivo en transitivo mientras que el español requiere el *hacer* causativo (v. §1.4.2) para contextos transitivos. Entonces, si vemos esta entrada en el diccionario,

bounce: *intr.* rebotar; *tr.* hacer rebotar.

tenemos que decir '*make* bounce' para el sentido transitivo:

La pelota _______contra la pared. (intransitivo) → *rebotar* → *rebota*
Yo ______ la pelota contra la pared. (transitivo) → *hacer rebotar* → *hago rebotar.*

Si bien no llevan un objeto directo, muchos intransitivos sí aceptan objetos indirectos y oblicuos (v. §31.5, 31.7), y las preposiciones que requieren también se notan en el diccionario:

acabar: *tr.* finish; *intr.* & *pron.* end, run out, be over; *acabar con* do away with; *acabar de* (+ inf.) have just.

5.4.2. Verbos complejos. Más allá de la transitividad de sus estructuras, los verbos se combinan con ciertos modificadores y objetos para formar grupos que podemos llamar VERBOS COMPLEJOS: locuciones (expresiones fijas) y modismos. El verbo inglés *take,* por ejemplo, forma numerosos grupos especiales con otras palabras; en la Figura 5.b se da una muestra de la información que nos proporciona un diccionario bilingüe adecuado.

Este tipo de entrada en el diccionario puede parecer complicado, pero cuanto más precisas y completas las distinciones, más útiles le resultan al usuario para expresarse de manera comprensible. El problema aquí no es el español, sino una tendencia inglesa a combinar un verbo con preposición o adverbio (*on, off, over, up, down, for,* etc.) para crear verbos complejos con sentidos idiomáticos: *take on ≠ take over ≠ take off ≠ take away,* etc. Estas formaciones son típicas de las lenguas germánicas (el inglés, el alemán, el holandés, etc.), y hay que tratarlas como *unidades* para encontrar equivalentes en las lenguas románicas (el español, el francés, el italiano, etc.), que prefieren verbos distintos.

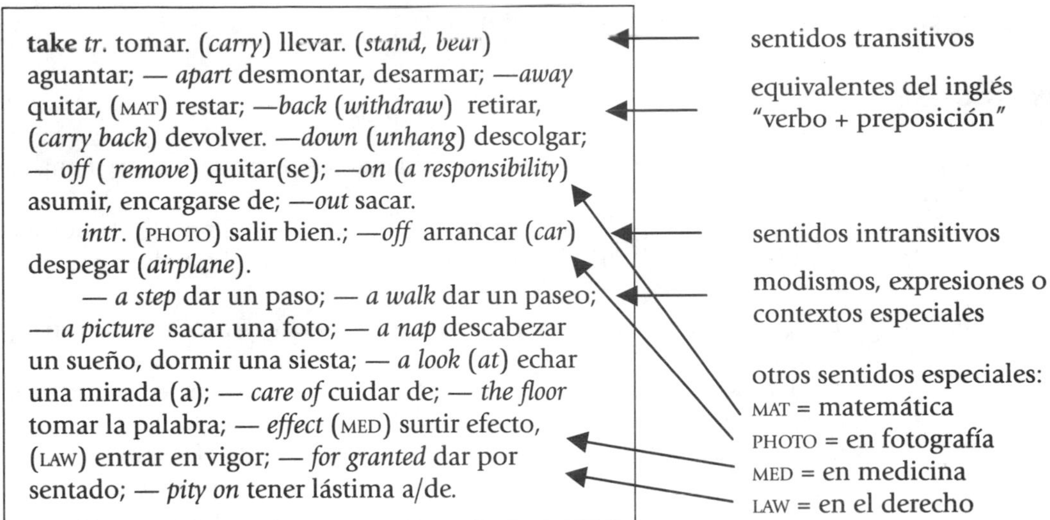

take *tr.* tomar. (*carry*) llevar. (*stand, bear*) aguantar; — *apart* desmontar, desarmar; —*away* quitar, (MAT) restar; —*back* (*withdraw*) retirar, (*carry back*) devolver. —*down* (*unhang*) descolgar; — *off* (*remove*) quitar(se); —*on* (*a responsibility*) asumir, encargarse de; —*out* sacar.

intr. (PHOTO) salir bien.; —*off* arrancar (*car*) despegar (*airplane*).

— *a step* dar un paso; — *a walk* dar un paseo; — *a picture* sacar una foto; — *a nap* descabezar un sueño, dormir una siesta; — *a look* (*at*) echar una mirada (a); — *care of* cuidar de; — *the floor* tomar la palabra; — *effect* (MED) surtir efecto, (LAW) entrar en vigor; — *for granted* dar por sentado; — *pity on* tener lástima a/de.

Figura 5.b Ejemplo de los verbos complejos con *take*

5.5. Un paso más: expresiones de movimiento. Otra tendencia general de los verbos complejos se ve en la expresión del movimiento (v. §22.1.2). El inglés, como otras lenguas germánicas, suele **usar** VERBO DE MANERA + MODIFICADOR DE DIRECCIÓN: *run + away*. El español, como otras lenguas románicas, **prefiere** VERBO DE DIRECCIÓN + MODIFICADOR DE MANERA (adverbio, gerundio): *irse + corriendo*, o sea *'go away'+ 'running'*. Puesto que esta diferencia no se identifica en muchos diccionarios, vale la pena anticiparla:

inglés		español	
verbo de manera + dirección		**verbo de dirección + manera**	
She sneaks	in.	Entra	a hurtadillas.
They kick it	out.	Lo echan	a patadas.
We push our way	through.	Nos abrimos paso	a empujones.
He crawls	up the slope.	Sube la pendiente	a gatas.
The ball rolls	into the sewer.	La pelota entra	rodando en la cloaca.
I rush	down.	Bajo	de prisa.
They swim	across the lake.	Cruzan el lago	nadando.
Everyone drives	away.	Todos se van	en coche.

Son iguales muchas expresiones de RESULTADO:

verbo de manera + resultado		**verbo de resultado + manera**	
They shoot it	dead.	Lo matan	a tiros.
She slams the door	shut.	Cierra la puerta	de un golpe.
I cut the boat	loose.	Suelto el bote	cortando la soga.

Por consiguiente, para encontrar equivalentes apropiados para un verbo complejo como *sneak in*, más vale aprender a pensar *'go in, enter* (entrar)' + *'sneakily* (a hurtadillas)' como en español.

5.6. Resumen. No hay ningún diccionario perfecto; parece que todos omiten ciertas palabras que necesitamos. Sin embargo, sí que proporcionan la información esencial. Muchos problemas de las composiciones se originan en búsquedas rápidas que no hacen caso de las maneras de indicar la información. Al consultar un diccionario siempre debemos pensar bien en el sentido que buscamos y decidir **cuál es la categoría y el equivalente apropiado** para el contexto.

APLICACIÓN

Actividades

A. Ampliación del vocabulario. En grupos y usando sus diccionarios, haga una lista de adjetivos precisos y variados para describir:

1. el campus ideal
2. el dependiente ideal
3. la madre ideal
4. el sitio de trabajo ideal
5. el novio o la novia ideal
6. el estudiante ideal

B. En grupos, piensen en estrategias para comunicar las siguientes acciones en español de manera idiomática:

1. He drank himself dead.
2. They shoved the door down.
3. Everyone ran out of the room.
4. She tore the envelope open.
5. We drove here.
6. I crawled back to the door.

C. Los verbos siguientes son intransitivos en español (v. §5.4.1); piensen en maneras de expresar las versiones *transitivas* del inglés.

1. (El joven trabaja duro). → *They work the boy hard.*
2. (La máquina funciona). → *They work (run) the machine.*
3. (Venimos a las 8:00). → *They summon us at 8:00.*
4. (La agente entra). → *They bring the agent in.*
5. (El caballo trota). → *They trot the horse.*
6. (El títere baila). → *They dance the puppet.*

Ejercicios

D. Confusiones de partes de la oración. Sigue un grupo de oraciones procedentes de composiciones de estudiantes de habla inglesa. El asterisco señala que son erróneas (agramaticales), a veces de manera absoluta y otras veces en el sentido que el estudiante evidentemente quería comunicar. Identifique cada error y corríjalo.

Modelo: *Mi abuela es silencia. → *Silencio* es sustantivo. El adjetivo es *silencioso*: "Mi abuela es silenciosa".

1. *La gente tiene buenos morales.
2. *Despecho su edad, su piel brilla.
3. *Lo que necesitan son compensaciones ferias.
4. *Le gusta hacer una caminata despacia.
5. *Porque de mi maestra, me entusiasmé en el español.
6. *Hace mucho llueve.
7. * Su apariencia es muy importa
8. *La ciudad tiene buenas relaciones con los pueblos cerca
9. *Mi papá es un policía bien.
10. *De repente recibí un llama por teléfono.

E. Usando el diccionario, exprese los siguientes modismos en español usando las dos estrategias sugeridas en esta lección: primero, sustituya la expresión por otra palabra inglesa más directa y sencilla; segundo, trate de encontrar otro equivalente igualmente idiomático en español.

Modelo: *swear a blue streak* → (1) *curse* = maldecir. (2) = echar sapos y culebras

1. kick the bucket
2. toot one's own horn
3. blow it (social occasion)
4. says what's on her mind
5. come hell or high water
6. give (someone) a hand

F. Busque equivalentes de estos verbos complejos:

1. put up with (a situation)
2. catch up with (news, work)
3. throw up (food)
6. make up for (a lack)
7. feel sorry for (someone)
8. get mad at (someone)

4. take care of (someone/something)
5. get behind in (one's work)
9. come up against (a problem)
10. run out of (exhaust a supply)

G. Distinciones. Con ayuda del diccionario, averigüe la diferencia entre los siguientes equivalentes de palabras inglesas.

1. *child*: hijo, niño
2. *free*: gratis, libre
3. *hole*: agujero, hoyo, bache
4. *handle*: mango, asa, tocar, tratar
5. *point*: punto, punta, apuntar
6. *short*: bajo, corto
7. *character*: carácter, personaje
8. *wave*: ola, onda

H. Palabras inapropiadas. Los ejemplos siguientes proceden de composiciones de estudiantes. ¿Qué significado erróneo ha comunicado el escritor? ¿Qué palabra (en español) quería decir?

Modelo: Mi familia se ha *movido* muchas veces y ahora tenemos una casa nueva. → "Con *moverse*, estas personas tienen mucho movimiento físico. Para un cambio de casa, quería decir *mudarse*: Mi familia se ha *mudado*".

1. No quería ver esa película porque no me gustan los *cartones*.
2. Luego, añada un poco de crema *gruesa*.
3. Mi padre tiene mucho *suceso* en el negocio.
4. Mi trabajo puede *envolver* a muchas personas.
5. A mi hermana le gusta *tener un buen tiempo*.
6. Una vez mi madre recibió un *boleto* de la policía por manejar rápido.
7. Ella no habla mucho: se queda *quieta* mientras me escucha.
8. La ciudad tiene un parque y un lago con *botas*.
9. Muchos tienen miedo del *muerto*.
10. Ana *perece* muy joven.
11. Un "quarterback" puede ganar millones de *dolores*.
12. Los jugadores del equipo *se sientan* nerviosos porque el partido está *atado*.
13. El primer paso es *brindar* dos rebanadas de pan.
14. Esta película trata de un joven que *brinca* escuela.

I. Palabras relacionadas. Busque en su diccionario las versiones indicadas de otras categorías. (Se encuentran cerca de la palabra básica en el diccionario.) Para los sustantivos, *incluya el artículo* para identificar el género.

Modelo: mentir: *v.*, *s.* la mentira, *adj.* mentiroso

1. peor: ***adj.***, ***v.*** ______, ***s.*** ______
2. inquieto: ***adj.*** ***s.*** ______, ***v.*** ______
3. interesar: ***v.***, ***adj.*** ______, ***s.*** ______
4. relación: ***s.***, ***v.*** ______, ***adj.*** ______
5. lejos: ***adv.***, ***prep.*** ______, ***adj.*** ______
6. pensar: ***v.***, ***s.*** ______, ***adj.*** ______
7. cortar: ***v.***, ***adj.*** ______, ***s.*** ______
8. beneficio: ***s.***, ***v.*** ______, ***adj.*** ______

J. Los siguientes pares de verbos tienen un régimen (una construcción) diferente, a veces con preposiciones distintas. Utilice la información de un diccionario para completar las versiones españolas.

1. *blame/culpar*: They **blame me for** what happened. Me__________________lo que pasó.
2. *look/mirar, listen/escuchar*: He **looks at** the motor and **listens to** the noise. ______________ el motor y ___________ el ruido.
3. *trust/confiar, depend/depender*: They **trust** God because their work **depends on** donations. ____________ Dios porque su trabajo _____________ las donaciones.
4. *attend/asistir*: She **attends** her classes every day. ______________ sus clases cada día.
5. *ask/pedir, pull/tirar*: To **ask for** help, you can **pull** this chain. Para _________ayuda, puedes _________ esta cadena.

Ejercicio textual

K. Las siguientes oraciones describen a la reina de España, Doña Sofía. Para cada palabra o frase *en cursiva*, busque en un diccionario uno o dos sinónimos, quizás más expresivos, siempre en forma correcta para el contexto.

Modelo: La reina Sofía *tiene raíces griegas.* → *es de origen griego,* o *nació en Grecia...*

1. Es *rubia* y tiene los ojos *azules.*
2. Con respecto a su personalidad, es *simpática, trabajadora* e *inteligente.*
3. *Sabe varias lenguas* por sus estudios *en otros países,* en los que *fue especialista* en puericultura, arqueología y música.
4. Le *gustan mucho* los deportes y *de hecho* participó en los Juegos Olímpicos de 1960.
5. *No come carne* y *trata de* evitar ingredientes *artificiales.*
6. Con su *esposo,* Su Alteza Real Don Juan Carlos, tiene tres hijos y *varios* nietos.
7. Es miembro de varios institutos de artes porque es *aficionada a* la música.
8. Se considera *conservadora* en los valores *de la familia,* pero activista en las causas *benéficas* y sociales.
9. Por eso, *ha presidido* movimientos a favor de los discapacitados, las mujeres *rurales,* y en contra de la drogadicción.

Ensayo

L. Situación: Usted quiere invitar a un amigo universitario a casa para pasar las próximas vacaciones con usted y con su familia. Escríbales a los padres de usted una carta para pedirles permiso y para describir al amigo. Debe presentarlo de manera positiva para que sus padres lo aprueben. Para comunicar la información más precisa, use el diccionario e incluya al menos 6 adjetivos y 6 verbos (y subráyelos) que sean nuevos para usted en su descripción del amigo.

■¡OJO! Una carta personal comienza con *Querido (-a, -os, -as)* + *nombre* (y *nombre* aquí = *mamá, papá* o *mamá y papá*). Concluye con *Abrazos,* + *nombre del escritor.*

LECCIÓN 6 Composición: La descripción

Con mucho esfuerzo y práctica se llega a escribir mejor, pues como dice el refrán:

- La práctica hace al maestro.

PRESENTACIÓN

Cuando describimos algo lo representamos de manera que el oyente o el lector llegue a visualizarlo y reciba una impresión como la nuestra. Pero no es posible representar el objeto completo. Seleccionamos los detalles más importantes y los organizamos en una secuencia eficaz. Por lo tanto, no es una buena idea comenzar a escribir inmediatamente; el escritor debe detenerse a reflexionar sobre el objeto, seleccionando los datos que va a usar para presentar la imagen que quiere comunicar.

6.1. **El propósito.** ¿Cómo se decide la relevancia de un dato? ¿Cómo sabemos si debemos mencionar (o no) la estatura de una persona, el olor de una habitación, los sonidos de la escena? La respuesta depende del PROPÓSITO ('purpose'): ¿Para qué describimos el objeto, y para quién? El describir en sí mismo *no* es un propósito (un fin), sino un *procedimiento;* su propósito es la meta, el efecto que queremos lograr en el lector por medio del acto descriptivo. Siguen ejemplos de la descripción como *medio* destinado a un *fin:* piense usted en los diferentes datos que deberían incluirse o excluirse conforme a cada propósito y contexto (situación).

objeto	propósitos	contexto o circunstancias
1. una computadora: describirla	a. para venderla...	en un anuncio clasificado.
	b. para identificarla...	a un policía
	c. para entretener...	en un artículo humorístico.
2. una universidad: describirla	a. para analizar problemas...	en un informe oficial.

		b. para orientar...	a los nuevos estudiantes.
		c. para atraer...	a un nuevo profesor.
3. una persona:	describirla	a. para evaluarla...	en una recomendación.
		b. para justificarla ...	en una campaña política.
		c. para informar...	en un crimen.
4. un paisaje:	describirlo	a. para una imagen estética...	en un poema.
		b. para explicar el contexto...	en una narración.
		c. para impresionar y atraer...	a un industrial o arquitecto.

Por eso, el propósito depende de la concepción del autor. Lo importante es que el autor tenga en mente una meta particular y el preciso impacto que desee crear: "¿Cómo debe ver mi lector este objeto? ¿Por qué? ¿Qué aspectos debo enfocar?"

6.2. **El tono.** El propósito no sólo determina la selección de información para la descripción, sino también su tono: positivo, negativo o neutral; serio o gracioso; alegre o trágico; etc. En el arte, un pintor comunica el tono con su selección de colores: la tranquilidad del azul, la fuerza del rojo, la melancolía del gris, etc. De la misma manera, el escritor expresa el tono con sus palabras descriptivas, sobre todo las que tienen cierta connotación. Sirve de ejemplo una descripción de un hombre que no gasta mucho dinero: si queremos que le guste al lector, adoptamos un tono positivo y lo elogiamos con palabras como "económico, prudente, inteligente en sus gastos" y demostramos los buenos resultados de sus ahorros. Pero si queremos criticarlo, creamos un tono severo con "tacaño, mezquino, avariento". El tono, como el propósito, lo elige y lo moldea el escritor, y los dos deben ser compatibles.

6.3. **La organización.** Para cualquier composición, hay que seleccionar un tema tratable dentro de los límites indicados. En la descripción, es importante enfocar un solo objeto o escena que podamos "pintar" de modo más o menos completo; si es demasiado grande, sólo podremos comentar unos aspectos generales, sin detalles. Por eso, si tenemos una sola página para describir un lugar, ciertas opciones serán inapropiadas:

imposible	**mejor**	**mucho mejor**
una ciudad entera	un barrio	una escena: una calle o un parque
una casa: cada cuarto	los cuartos principales	un solo cuarto

Después de limitar el objeto y decidir el propósito, hacemos una GENERACIÓN DE IDEAS ('brainstorming'), anotando un inventario de puntos que mencionar y efectos que expresar. Luego, es necesario organizar estos apuntes y así bosquejar ('outline') la estructura general del ensayo. Hay varias maneras de organizar una descripción y a continuación resumimos dos planes convencionales.

Un plan espacial

Al describir un lugar, comenzamos con una vista general —cómo se ve desde lejos o desde arriba— y luego nos acercamos para enfocar sus partes en una orientación espacial (su ubicación). Así, pasamos de una parte a otra, situándola con respecto a (a) la parte anterior, (b) un punto de orientación central o (c) la forma general. Cada parte se describe según los RASGOS ('features') distintivos. Por ejemplo, al describir un campus, el escritor podría organizar sus ideas con el siguiente bosquejo:

edificio	**ubicación**	**función**	**aspecto, arquitectura, tamaño**	**detalles distintivos**
A	______	______	____________________	________________
B	______	______	____________________	________________
C	______	______	____________________	________________

Este plan *no* debe limitarse a observaciones como "al este de la rectoría está el gimnasio" o "la biblioteca está hecha de ladrillos". En efecto, es aburrida una descripción *estática* de este tipo: sin movimiento, sin indicación de los seres vivos que ocupan el lugar y le dan actividad e interés. Uno debe imaginarse artista: en su paisaje, no sólo pinta edificios y plantas sino también personas, animales, vehículos y otros elementos que pasan por la escena. También incluye sonidos, olores, colores, todas las sensaciones que producen un ambiente memorable.

Mientras desarrolla la escena, el escritor incluye suficiente información locativa y descriptiva para que un lector que no la haya visto logre imaginarla. Al final, puede regresar a la perspectiva general y ofrecer una evaluación del lugar en su totalidad: su ambiente especial y las emociones que suscita.

Un plan de clasificación de rasgos

Con este plan, pintamos un retrato con pinceladas sucesivas, rasgos que desarrollan la concepción deseada. Como en el plan espacial, comenzamos con una impresión general del objeto, como si lo viéramos desde lejos, y luego nos acercamos a él para enfocar detalles. Estos se organizan de modo que el lector perciba varias dimensiones complementarias del objeto. Por ejemplo, al describir a una persona solemos organizar los rasgos en dos grupos (al menos): su *aspecto físico* y su *aspecto psicológico,* que corresponden también a dos secciones del ensayo.

El aspecto físico puede clasificarse según los cinco sentidos:

- rasgos visuales: la apariencia del objeto, su tamaño, colores, movimientos típicos
- rasgos auditivos: su sonido, su voz
- rasgos táctiles: la impresión que se recibe al tocarlo, su textura
- rasgos olfativos: su olor
- rasgos gustativos: su sabor

Algunos rasgos serán más relevantes que otros según la naturaleza del objeto. Para una persona, dominan los rasgos visuales: la cara, el pelo, el talle, las señas; pero también puede interesar un olor típico o el sonido de su voz. Lo importante es captar lo esencial, las características que permitan reconocer a este individuo y distinguirlo.

Después de representar los rasgos físicos, seguimos al aspecto psicológico, que incluye varios elementos:

- la personalidad, el carácter, el temperamento
- el comportamiento, los gestos, acciones y reacciones típicas
- relaciones e interacciones con otras personas
- motivación, creencias, filosofía personal
- ejemplos concretos para explicar este comportamiento y motivación
- cosas que le gustan y que no le gustan
- intereses, aficiones, gustos y disgustos

Otra vez, la selección, el orden y la presentación de estos rasgos dependen del escritor y su propósito. Por eso, después de organizar una lista de rasgos, conviene volver a pensar en el propósito, puesto que algunos detalles importan más que otros y merecen más desarrollo en el ensayo.

Al comenzar la composición, pensamos en un posible título, una breve introducción y una conclusión. El título debe ser interesante y, junto con la introducción, debe invitar al lector a continuar leyendo para conocer a una persona (cosa, lugar...) especial. De ordinario, la intención no se declara directamente, sino que se **implica** en el acto de describir. Por eso, suena infantil comenzar una descripción de la manera siguiente:

Voy a describir a mi compañero de cuarto.

Es mejor comenzar con una ORACIÓN TEMÁTICA ('topic sentence') que afirma lo especial del objeto:

Tengo un compañero de cuarto único.

Y en cuanto a la conclusión, es natural volver a la perspectiva global y resumir lo esencial. Pero la conclusión *no repite* lo escrito con las mismas palabras, sino que lo interpreta para dejar una impresión final. Por eso, no es eficaz comenzar con "Tengo un compañero único" y luego, tras varios párrafos de descripción, concluir con lo mismo, "Así, creo que tengo un compañero único". Es mejor terminar con una evaluación: "Se ve, entonces, que Pepe es un individualista cuya idiosincrasia no molesta, sino que les encanta a todos".

Pero *no* es necesario escribir el título, la introducción y la conclusión en ese orden. Cuando uno escribe con computadora, podrá añadir estos elementos en el último paso. De hecho, muchos prefieren escribir así, comenzando con el cuerpo de la composición para comprender mejor lo que han de titular, introducir y concluir.

6.4. Estrategias expresivas. A veces el estudiante que domina bien las opciones descriptivas del inglés se aferra en español a unas pocas estrategias limitadas, produciendo así el efecto repetitivo de una lista de características. No se le ocurre que el español tiene las mismas opciones que su inglés nativo. Por eso, cabe repasar algunas estrategias básicas en un orden que refleja cada vez más relieve o énfasis en un rasgo.

1. **Expresar el atributo con adjetivos u otros modificadores:**

   Mi hermano es *alto y delgado.*

Efecto: un resumen breve que menciona los rasgos como los pincelazos rápidos de un artista.

2. **Cuantificarlo con medidas.**

   Mi hermano *tiene (mide) 190 cm. de alto y pesa tan sólo 70 kg.*

Efecto: mayor precisión que puede llamar la atención, pero a veces con un tono científico.

3. **Ampliarlo con comparaciones y lenguaje figurado: símiles, metáforas, hipérbole (exageración), etc.**

   Mi hermano es *tan delgado como un espantapájaros.*
   Mi hermano es el verdadero *rascacielos de la familia.*
   En mi familia mi hermano *se destaca como un roble entre arbustos.*

Efecto: una concepción más viva del rasgo. Pero las figuras dejan una impresión o connotación: "espantapájaros" da un efecto cómico y "roble" sugiere fortaleza. Por eso, estas connotaciones deben conformarse con el tono deseado.

4. **Nombrarlo con sustantivos:**

   Lo que más se le nota a mi hermano es *su altura y delgadez.*

Efecto: un atributo especial que puede servir de tema para más elaboración.

5. **Explicarlo con ejemplos de consecuencias.**

   Mi hermano es muy alto. Cuando asistimos a los partidos y festivales y los demás no vemos nada por la muchedumbre, Miguel no tiene ninguna dificultad. Y se puede imaginar los esfuerzos del entrenador de basquetbol por reclutarlo para el equipo.

Efecto: el rasgo recibe más importancia porque lo ejemplificamos y demostramos sus consecuencias.

Buscamos un equilibrio entre las características que podemos mencionar brevemente y las que merecen más atención, siempre pensando en el impacto para el lector. Por lo general, los problemas descriptivos del estudiante de español resultan *contrarios* a los que tiene en sus composiciones en inglés. Por ejemplo, su profesor de inglés le dice que pone *demasiados* detalles, *demasiados* adjetivos, *demasiados* símiles y metáforas. Estos excesos sí pueden ser vicios. Pero en un segundo idioma, es más típico el otro extremo: una falta de detalles, un lenguaje ordinario y poco expresivo. El remedio, pues, consiste en presentar una variedad de información con un lenguaje interesante, sin perder de vista la imagen total.

6.5. Enfoque en el lenguaje. En cada lección de composición, la sección "Enfoque en el lenguaje" resume algunos aspectos lingüísticos relevantes para escribir. Aquí repasamos dos que pueden afectar la calidad de las descripciones.

6.5.1. Cómo variar la estructura: opciones sintácticas. Las lecciones anteriores presentaron los recursos gramaticales que figuran más en la descripción y la ubicación, como son los adjetivos y los copulativos. Pero un buen escritor sabe que la gramática le ofrece opciones: no necesita contentarse con una serie de oraciones del mismo patrón, sino que trata de variar la expresión. Si escribe repetidas veces "Es adjetivo. Es muy adjetivo. También, es adjetivo, adjetivo y adjetivo...", el impacto no es de paralelismo, sino de monotonía.

Siguen ejemplos de opciones más o menos equivalentes que pueden variar la sintaxis.

1. Sustantivo + adjetivo = sustantivo + de + sustantivo:

   Es una mujer muy paciente. = Es una mujer de gran paciencia.

2. Copulativo + adjetivo = tener + sustantivo:

   Es paciente conmigo. = Tiene mucha paciencia conmigo.
   Es pelirroja. = Tiene el pelo rojo.
   Su cuarto siempre está aseado. = (Ella) siempre tiene su cuarto aseado.

3. Identificación con *ser* = ubicación con *estar:*

   Es un estudiante de tercer año. = Está en el tercer año de estudios.

4. Composición ('makeup') con *ser de* = composición con *estar hecho* (resultado de *hacer*) *de*:

   La tapa es de plástico. = La tapa está hecha de plástico.

5. Variedad de verbos copulativos y palabras locativas:

   El pueblo está en un valle verde. = El pueblo se sitúa (se encuentra) en un valle verde.
   A veces mi madre parece cansada. = A veces mi madre se ve (se siente) cansada.
   Alrededor de la casa hay una cerca pintoresca. = La casa está rodeada de una cerca pintoresca.

6. Sustitución de copulativos y preposiciones estáticos por verbos de movimiento:

   *Al otro lado de*l cuadrángulo *hay* una capilla. = *Cruzando* el cuadrángulo, uno *encuentra* una capilla.

6.5.2. Cómo variar el vocabulario: las obras de referencia. También hace falta un vocabulario rico y variado, el recurso más importante para una descripción interesante. Sin embargo, muchos estudiantes disponen de un vocabulario español restringido, así que tienden a contar con palabras débiles: COMODINES ('all-purpose words') o MULETILLAS ('little crutches') como *cosa, persona, bueno, grande, malo,* etc. Estos comodines no tienen nada de malo en los pasos preliminares, pero al refinar la composición buscamos sustitutos más precisos y expresivos (v. L. 5).

Tomemos, por ejemplo, la siguiente oración de un estudiante que describe a su profesor:

Cuando enseña, siempre es fantástico, pero escribe de una manera muy mala.

Esta oración tiene dos palabras (*siempre, muy*) que ocupan espacio, como globos de gas, y que podrían omitirse sin perder el impacto. En una composición limitada donde **cada palabra cuenta**, esta eliminación nos dará más espacio para detalles descriptivos. Esta oración también usa *fantástico* y *mala,* comodines que no dan ninguna información concreta. ¿Cómo se busca otras palabras más descriptivas para *"una manera muy mala"*? Al pensar bien lo que realmente quieren comunicar, muchos estudiantes podrían:

- Sustituir sinónimos más precisos de su propio vocabulario, p. ej., "...de una manera *difícil, ilegible"*
- Parafrasear, usar una frase para especificar el sentido exacto, p. ej.: "... de una manera *que no se comprende y que nos frustra"*.

Pero queda otra alternativa:

- Consultar un TESAURO O DICCIONARIO DE SINÓNIMOS: "...escribe de una manera *mala"* → ineficaz, ininteligible, confusa, inapropiada, fastidiosa, dificultosa, ilógica, inútil, dañina, etc.

Si no tenemos un tesauro en español, podemos hacer lo mismo indirectamente con una obra en inglés. Así, primero localizamos sinónimos ingleses y luego buscamos equivalentes en un diccionario bilingüe. Por ejemplo, un tesauro inglés ofrece para *bad* los sinónimos *horrible, unsatisfactory, awful, damaging, improper, wrong, ineffective, imperfect, useless,* etc. Buscando equivalentes en un diccionario inglés-español, encontramos *horrible, insatisfactorio, dañino, equivocado, ineficaz, imperfecto, inútil,* etc. Pero hay un riesgo: a veces algunos de los "sinónimos" no son apropiados para el contexto, así que el usuario debe escoger con cuidado los que mejor expresan el sentido que quiere. *Malo* también tiene un sentido moral, y al consultar una lista de sinónimos el lector tiene que reconocer que para describir una "mala" manera de escribir *no* convienen los adjetivos *antipático, malvado, maligno, malicioso, vil, bellaco, depravado, corrupto,* etc.

6.6. **Para escribir una composión de descripción.** Después de escoger un objeto para describir, el escritor debe pensar en su propósito y tono: "¿Para qué hago esta descripción? ¿Qué impresión general quiero comunicar?" Así comienza su generación de ideas, tomando apuntes sobre la información que resulta. Las siguientes son tres estrategias para estimular el pensamiento:

a. **La asociación libre:**

Sonia:

- *de talla mediana, bonita, siempre aseada y arreglada*
- *ojos azules penetrantes; señas*
- *simpática, alegre; pero cuando se pone furiosa...*
- *gestos que heredó de papá*
- *talentos y aficiones musicales; su voz*
- *trabajadora, muy ducha en asuntos prácticos. (Eso sorprende porque...)*
- *su fe, su motivación...*

Para la asociación libre puede ser útil una lista de rasgos como la que vimos en la L. 3, Actividad B.

b. **una lista de preguntas que contestar:**

- ¿Cómo es? Y cuando las condiciones cambian, ¿cómo *está*?
- ¿Cuál es mi propia impresión de este objeto? ¿Por qué lo quiero/admiro/detesto?
- ¿Cómo se siente uno con esta persona/en este lugar? ¿Y después de conocerla mejor?
- ¿Qué información necesita el lector para identificarlo? ¿Y para recibir la misma impresión que yo?
- Si tuviera que resumirlo en una palabra o frase, ¿cuál sería?

c. **una lista de categorías de rasgos:**

El campus universitario:

- Forma y aspecto general: cuadrángulo principal, más extensiones laterales
- Aspectos atractivos: jardines, arquitectura, ambiente tranquilo, etc.
- Aspectos negativos, inconvenientes: aparcamiento, aceras que se inundan cuando llueve, etc.
- Punto de referencia: la rectoría. Ubicación de los otros edificios: biblioteca, gimnasio, librería, etc.
- Residencias estudiantiles: ruidosas, atestadas, etc.

Cuando el escritor piensa así en su objeto y toma apuntes, es muy probable que ya se le ocurran algunas frases e imágenes atinadas y debe escribirlas para no olvidarlas.

Después de su generación de ideas, uno organiza sus apuntes (estrategias, v. §6.3), tal vez con un bosquejo general o de cada párrafo, y luego comienza a escribir conforme a la Figura 6.a. El proceso de escribir (redactar) se divide en tres pasos (v. *To the Student*):

Primer paso: creación, redacción

El escritor escribe libremente, sin preocuparse por errores, para crear un BORRADOR PRELIMINAR ('rough draft'). A veces, vuelve a leer lo escrito y a consultar los apuntes para recordar la concepción general, pero cuando las ideas se agolpan para salir de la cabeza y expresarse en papel, más vale no detener la creación espontánea. Si una parte no sale bien (se atasca, hay un obstáculo), pasa a otra. Continúa así hasta llegar a un punto final.

Segundo paso: revisión

El escritor lee su borrador, verificando el efecto general para mejorar su organización, tono y contenido. Intenta imaginar las necesidades del lector para visualizar el objeto; luego, atiende a los rasgos que deben reorganizarse o elaborarse más. Puede ser útil probar otras maneras de organizar la información para lograr una imagen más clara. Hay que examinar también la expresión de las ideas y la variedad del vocabulario, eliminando comodines y sustituyéndolos por palabras y figuras más interesantes.

Tercer paso: corrección

Ahora, conviene dejar la composición a un lado y descansar un ratito. Luego, se vuelve a leer el borrador, esta vez con una perspectiva crítica. Se enfocan los asuntos "mecánicos" o sea de gramática y ortografía. Se corrigen los errores, consultando cuando sea necesario la materia de este libro (*ser/estar*, el género y la concordancia, la conjugación verbal, etc.) u otras obras de referencia (p. ej., el diccionario). Se corrigen *todos* los errores posibles para no frustrar al lector ni distraerle del contenido. Además es importante repasar las lecciones del capítulo y tratar de **aplicar bien todas las estructuras relevantes**.

Después, en una clase como esta, se le entrega el BORRADOR EN BLANCO ('clean, corrected draft') al profesor para que lo lea y sugiera maneras de mejorarlo. Se llevan a cabo los cambios para la versión final.

Esta secuencia se recomienda para todas las composiciones. Las computadoras y sus procesadores de texto hacen más fácil esta secuencia, ya que permiten revisar y corregir sin volver a copiar el manuscrito entero.

Añadimos una lista de verificación ("checklist") que se debe aplicar al borrador *antes* de entregarlo.

Contenido

- ☐ ¿Hay suficiente información para describir el objeto y comunicar la imagen que deseo? ¿Puedo completar los rasgos con más adjetivos?
- ☐ ¿El tono se conforma con el objeto y con mi propósito?

Organización

- ☐ ¿Se ve un plan general?
- ☐ ¿Las ideas fluyen bien?
- ☐ ¿Hay párrafos que deban dividirse?, ¿combinarse?, ¿reorganizarse?, ¿puntos que deban elaborarse?
- ☐ ¿Son interesantes la introducción y la conclusión?

Expresión de las ideas

- ☐ ¿El lenguaje es apropiado?, ¿expresivo?, ¿variado?
- ☐ ¿He eliminado repeticiones y comodines (clisés)? ¿He buscado palabras más informativas?
- ☐ ¿He combinado mejor (con conjunciones) oraciones breves o fragmentadas?
- ☐ ¿Quedan anglicismos o palabras de sentido impropio?
- ☐ ¿Dónde hay frases verbosas que puedan condensarse para dar más información?

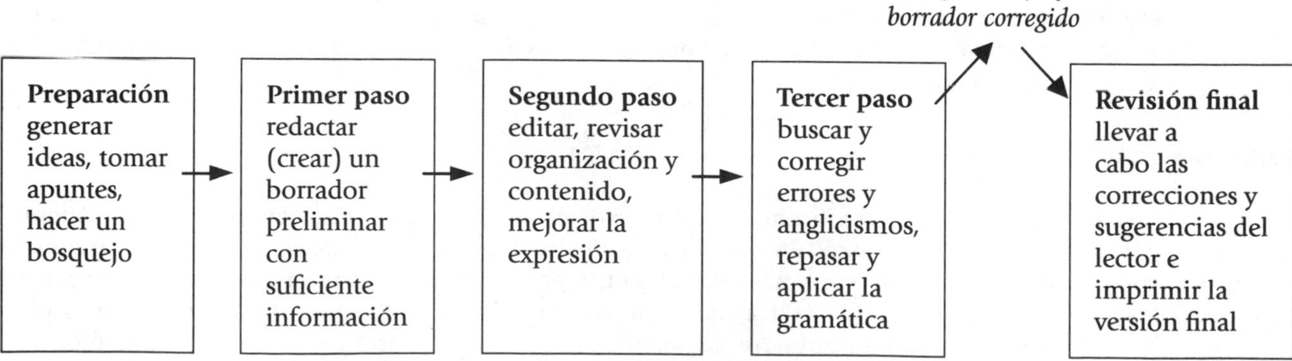

Figura 6.a El proceso de composición

Gramática

☐ ¿He distinguido bien los copulativos como *ser, estar, haber* o *tener*?
☐ ¿He tratado de usar bien todas las estructuras relevantes de las lecciones 1–5?
☐ ¿He revisado la ortografía y puntuación?
☐ ¿Hay errores de género y concordancia en los sustantivos, adjetivos y artículos?

APLICACIÓN

Ejercicios de preparación

A. Apuntes personales: Después de leer esta lección, piense en lo que aprendió y en su propia experiencia en escribir y leer ensayos descriptivos. Escriba algunas ideas o consejos generales que le parezcan valiosos. Luego, para su propia composición, piense en alguna persona que describir y haga una generación de ideas (v. §6.6).

B. Enriquecimiento del vocabulario: las siguientes oraciones proceden de composiciones. Busque (al menos) dos maneras equivalentes de expresar la palabra en cursiva.

1. Mi compañero no es *estúpido*, pero no siempre usa la cabeza.
2. En ese monumento hay ventanas *pequeñas* para ver el paisaje.
3. Es una persona muy *buena*.
4. El pueblo tiene un sitio *bueno*.
5. Su casa tiene un pórtico *grande*.
6. Esta ciudad *está* en el sudeste del estado de Virginia.

C. Actividad: Formen tres grupos pequeños: A, B, C. Cada grupo completará la carta que le corresponda, describiendo a una simpática joven que se llama Elena Gómez. Luego, se le lee cada carta a la clase completa y los miembros de la clase hacen una comparación de la diferencia de detalles seleccionados para cada situación.

Grupo A: situación: presentar a Elena en una carta a los padres de usted: "Queridos mamá y papá:"
Grupo B: situación: presentar a Elena a una vieja amiga de usted, Lucía: "Querida Lucía:"
Grupo C: situación: presentar a Elena a un empleador potencial: "Estimado Sr. Medina:"
(Versión abreviada de esta actividad: en vez de escribir la carta, hagan una lista de los rasgos que mencionarían y de otros que no parecen relevantes).

Modelo y análisis

D. Lea la siguiente descripción y analice su contenido y sus estrategias por medio de las preguntas. [Manuel Délano, "Patricio Aylwin", en El País, edición internacional, 11/9/1989, Revista pág. 12]. NB: este periodista no enfoca el aspecto físico de su sujeto porque su artículo iba acompañado de una foto.

Patricio Aylwin

Cuando junta sus manos, entrelazando los dedos, y sonríe con cierto sarcasmo benevolente, mostrando su dentadura, Patricio Aylwin Azocar parece un obispo dictando un sermón. Un ingenioso cronista político chileno, Eugenio Lira Massi, muerto en el exilio, lo describió "pulcro, sano, limpio. Hablar con Aylwin es como hablar con una manzana". Aylwin carece de carisma y de la abundante fogosidad oratoria de los políticos. Habla pausado, medita término. [...]

Católico de misa dominical, anticomunista fervoroso, lector ávido, culto, jurista famoso, es de carácter conciliador, pero terco. Nunca ha fumado, bebe moderadamente, duerme siesta y vigila su salud. Casado con Leonor Oyarzun, tiene cinco hijos y 11 nietos. Nacido en Viña del Mar en 1918, se ha definido como "un chileno de clase media, amante de mi familia y mi patria". Este hombre, un abogado de 70 años, democristiano durante casi medio siglo y siete veces presidente de este partido, representa la esperanza de los chilenos para poner fin a los 16 años de tiranía del general Augusto Pinochet. Aylwin, el candidato presidencial opositor, encabeza una coalición de 17 partidos de derecha, centro e izquierda y ha logrado que tras él cierren filas comunistas y socialistas.

Las encuestas coinciden en que Aylwin será el próximo presidente chileno. Los sondeos le asignan una ventaja del 21% sobre el ex ministro de Hacienda del régimen militar Hernán Buchi. [...]. Dice que será el presidente de todos los chilenos y busca interpretar y reconciliar a izquierdistas y democristianos y demostrar que no sólo es candidato de su partido. Sabe escuchar los dramas acumulados y expectativas, a veces, poco realistas. En una ocasión interrumpió una reunión para oír a una muchacha que le pidió hacer una universidad para los pobres. O se atrasó para llegar a un mitin, aconsejando a un hombre que quería instalar una empresa. No necesita atacar a Buchi. Es suficiente con decir que es el candidato del régimen. En una comparación con Buchi, es notorio uno de los déficit de Aylwin: poco manejo de los temas económicos. El otro es la juventud de su principal rival, de 40 años. Ambos no han debatido aún cara a cara por televisión. Los políticos creen que, pese a estas desventajas, Aylwin, polemista con experiencia parlamentaria, no tendría un escollo insalvable con su tímido contrincante. [...]

1. ¿Qué aspecto general de Aylwin enfoca este escritor? ¿Por qué? ¿Cuál parece ser su propósito?
2. ¿Cuál es el tono? ¿Qué actitud tiene el escritor para con Aylwin?
3. ¿Qué características se expresan simplemente con adjetivos? ¿Con verbos activos? ¿Con un símil?

Revisión

E. Para fomentar el proceso de revisión y corrección, cada lección de composición incluye composiciones escritas por estudiantes universitarios del español. Los miembros de la clase deben leerlas con anticipación para poder comentarlas en clase, usando la lista de verificación (§6.6).

Primera composición

Judy

Tengo una amiga muy buena, una amiga quien es siempre disponible para escuchar a mis problemas y mis esperanzas. Se llama Judy. Judy es una estudiante muy buena. Y, como mi, se gusta trabajar por la noche en sus tareas. Casi nunca va a su cama antes las dos en la mañana, y muchos veces son las tres antes se acosta. Se gusta café mucho. En las vísperas tomamos café juntos. En la fin de semana se gusta quedar despierto, también. Va a las fiestas a las once de la noche. Regresa a su cama a las tres o cuatro. Levantas muy tarde en la mañana o temprano en la tarde. Después se gusta tomar el sol y empezar su tarea.

Ella es una poco tímida, pero hace amigos facilmente porque ella es muy amable. A las fiestas conoce muchos hombres porque ella es guapa. Es muy alta, con piernas largas. Tiene pelo larga y moreno, ojos azules, y piel pura y blanca. Su apariencia habla de su origenes irlandés y alemanes. Como dije, Judy hace amigos facilmente porque ella es muy amable. Ella es atento a los sientos de otros. Escucha a otros con simpatía. Creo que eso es porque tiene muchas problemas con su familia y es buena en albardilla con crisises personal. Como su timidez intima, ella es una novelesco. Pero no vive en un mundo imaginerio, o un mundo de sueños. Tiene una mente para negocios y un ojo para detalles. Una manifestación de este lado de su carácter es su cuarto. Cada cosa tiene su propia lugar y nada es afuera de su lugar.

Ella tiene una buen humor. Rei y sonrei mucho. Sobre todo, es una buena amiga, una persona con quien otros tienen divertidos, y en quien todos tienen fe.

Segunda composición

Mi lugar favorito

Hay un lugar hermoso en el campo que es cerca de veinticinco minutos lejos de aquí. Soy buenos amigos con la familia que viven allí y siempre es un buen lugar a visitar o pasar un día. Primero, su camino de entrada es largo y curvado. Hay árboles enormes de cada lado y es casi cuatrocientos metros.

Después de este camino, hay un campo grande con un bosquecillo en el medio y a la derecha. Esta en la forma de un rectángulo. Tipicamente, hay animales pequeños como los ciervos, conejos y pajaros que andan en el campo. A la vuelta de la esquina es su casa maravillosa. Es muy vieja pero está en buena estado. Tiene dos pisos y porque tiene muchas ventanas se parece tener muchos cuartos. hay un porche grande en la frente de la casa. Es blanca con contraventanas gris. Detrás de lo es un lago pequeño. Unos patos viven allí y también muchos tortugas y serpientes de agua. A la derecha es una colina y al fondo de esta colina hay cuadras. La familia tiene tres caballos hermosos. Dos son negros con lunares blancas y el otro es blanca. Es posible montar a caballo en el campo o en un de los muchos senderos allí. Detras de la cuadra esta un bosque de pino y roble. Este lugar siempre es tranquilo y la abundancia de la naturaleza es increíble.

Tarea: una composición de descripción

F. Escriba dos composiciones (de una página cada una):

- una descripción de una persona
- una descripción de un lugar

Recuerde que al escribir dentro de límites, **cada palabra cuenta**. Recuerde también que el propósito es **describir**: al escribir sobre una persona, por ejemplo, lo importante es contestar preguntas como: *¿Cómo es?, ¿cómo se reconoce?, ¿cómo parece?, ¿cómo está a veces?*, no *¿qué hizo?*, ni *¿qué le ha ocurrido?* Su pasado podría ser interesante para apoyar una observación, pero **no trate de narrar** aquí; la narración será nuestro enfoque en otras composiciones (L.18, 24) después de un repaso de la gramática que se necesita para hablar del pasado.

captar = apprehend (attention)
capturar = apprehend (un criminal)

Capítulo II

El reportaje

Este segundo capítulo se dedica al proceso de **reportar**, o sea de contar en un resumen informativo lo que pasa. Ponemos énfasis especial en la representación de interacciones personales y en concreto, en la conversación (el discurso). Mantenemos una perspectiva *presente*, la de aquí y ahora, que de ordinario adoptamos para resumir la acción de los dramas, las películas y los cuentos cortos.

Lección 7: la expresión de las acciones e interacciones por medio de la estructura *sujeto + verbo + objeto directo*, con la distinción entre acciones reflexivas y no reflexivas.
Lección 8: referencia enfática y no enfática a los participantes en la comunicación interpersonal: pronombres y posesivos de primera (*yo*), segunda (*tú, usted*) y tercera (*él, ella*) persona.
Lección 9: el objeto indirecto, que tiene gran frecuencia en español para señalar a la persona afectada o "involucrada" en lo que pasa.
Lección 10: el presente del subjuntivo y las maneras de dar mandatos directos e influir en la conducta de otra persona.
Lección 11: la cláusula sustantiva, el patrón que permite el reportaje de las afirmaciones, preguntas y mandatos por medio de un contraste de los modos indicativo y subjuntivo.
Lección 12: la composición de reportaje.

LECCIÓN 7 El sujeto, el objeto directo y los reflexivos

Como dice el refrán:

- Quien con perros se acuesta, con pulgas se levanta.

PRESENTACIÓN

7.1. La sintaxis. Un suceso (evento) se reporta en una ORACIÓN ('sentence') con un verbo más sujeto, objeto, adverbiales, etc.:

sujeto	**verbo**	**(objeto)**	**(adverbiales)**
Los padres	*quieren* esquiar		en las montañas.
Los hijos	*buscan*	videojuegos	todo el tiempo.
Planear vacaciones	*ocasiona*	conflictos	en esta familia.

En inglés es parecido, pero el español permite más movilidad y flexibilidad en la expresión de sujetos y objetos.

7.2. El sujeto y el objeto directo. El verbo conjugado concuerda en persona y número con su SUJETO, el agente que hace la acción:

Mercedes (el caballo, el carro, etc.) anda rápido y de repente para.

Pero el sujeto de algunos verbos no "hace" nada en realidad:

Mercedes recibe mucha atención (tuvo una operación, padece artritis, etc.).

A diferencia del inglés, el sujeto español puede INVERTIRSE, o sea moverse al otro lado del verbo. El resultado no es una pregunta, sino más énfasis en la identidad del sujeto (v. §32.3-4). En cambio, si su identidad es obvia, se suprime (se omite, = ∅) por completo, como se ve en la Figura 7.a.

El OBJETO DIRECTO se define tradicionalmente como el elemento que "recibe" la acción,

Mercedes golpea *la puerta* (repara *la puerta*, pinta *la puerta*, destruye *la puerta*).

pero con ciertos verbos no "recibe" nada en realidad:

Mercedes observa *el líquido* (estudia *el líquido*, describe *el líquido*).

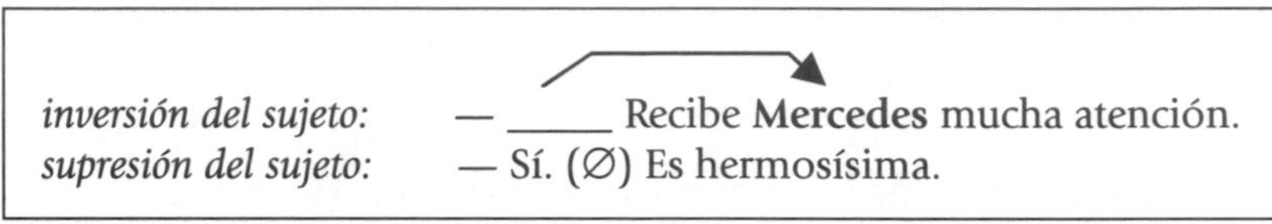

Figura 7.a Inversión y supresión del sujeto

Aunque no todo sujeto "hace", sí es más frecuentemente el VERBADOR o sea 'the verber'; y aunque no todo objeto directo "recibe" la acción, sí es más frecuentemente el VERBADO, o sea 'the verbed'. Así, en *Mercedes observa el líquido*, el sujeto *Mercedes* es la "observadora" y el objeto directo *el líquido* es "el observado". Desde otro punto de vista, el objeto es el elemento que **completa** gramaticalmente el verbo; por eso también se conoce como su COMPLEMENTO: *Mercedes observa... ¿qué? Observa* ***el líquido***. Lo aceptan los verbos TRANSITIVOS: *observar* es transitivo porque se puede decir "Observo *el líquido (las estrellas, la conducta del juez,* etc.*)*". En cambio, *venir* no permite objeto (*"Vengo el líquido" es imposible) y por eso es INTRANSITIVO.

Tanto en inglés como en español, tendemos a PRONOMINALIZAR (convertir en pronombre) un sustantivo que ya fue mencionado. En español, un objeto directo de tercera persona se pronominaliza con *lo(s)* y *la(s)* ('him, her, it, them'), según su número y género (v. §8.3). Este pronombre precede al verbo conjugado o sigue al infinitivo.

—¿Mercedes ve los meteoros? —No, no *los* ve. ('No, she doesn't see *them*')
—No, no *los* puede ver = No puede ver*los*. ('No, she can't see *them*')

Fíjese en que los pronombres *lo, los, la, las* se refieren a un objeto directo; a pesar de su posición delante del verbo, **nunca se refieren a un sujeto**. *Lo ve* no significa 'it sees', sino '(he/she) sees it'.

■¡OJO! La transitividad del verbo es importantísima en español porque determina la construcción. Ciertos verbos son intransitivos en inglés y por eso requieren una preposición con un objeto, mientras que sus equivalentes españoles son transitivos y toman objetos directos sin preposición (excepto la ***a*** personal, v. §7.3):

buscar 'look *for*': Busco las llaves. Las busco.
escuchar 'listen *to*': Escucho la radio. La escucho.
mirar 'look *at*': Miramos el océano. Lo miramos.
pedir 'ask *for*': Pido permiso. Lo pido.
esperar 'wait *for*': Esperan el taxi. Lo esperan.
solicitar 'apply *for*': Solicito la beca. La solicito.
visitar 'visit (*with*)': Visito a mi tía. La visito.

En cambio, ciertos verbos españoles son intransitivos y por eso requieren preposiciones:

entrar **en** (o **a**) 'enter': Entro en el cuarto.
salir **de** 'leave, go out of': Salen de clase.
casarse **con** 'marry': Alfredo va a casarse con Elena.
asistir **a** 'attend': Asisto a una universidad pequeña.

7.3. La "a personal". En la oración *Patricia ve a su hija*, se dice que la ***a*** marca un objeto directo humano mientras que falta en *Patricia ve la puerta* porque el objeto directo no es humano. Esta "***a*** personal" desaparece cuando pronominalizamos el objeto directo:

Patricia ve la puerta. → Patricia **la** ve = **La** ve Patricia ('Patricia sees it')
Patricia ve **a** su hija. → Patricia **la** ve = **La** ve Patricia ('Patricia sees her')
Patricia ve **al** Doctor Méndez. → Patricia **lo** ve = **Lo** ve Patricia ('Patricia sees him')

Pero el uso de esta ***a*** es un poco más complicado. Fíjese en el continuum o escala de actividad relativa que se representa en la Figura 7.b.

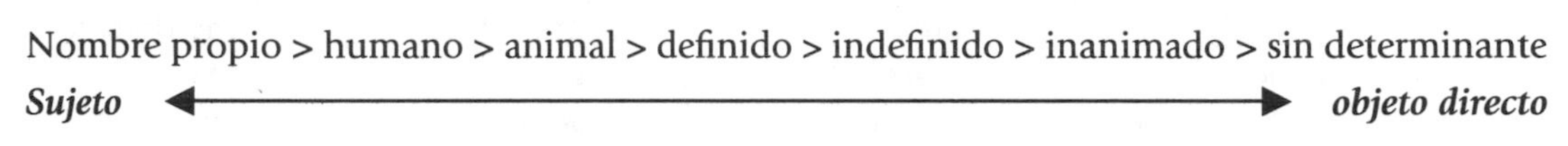

Figura 7.b Continuum de actividad relativa

Cuanto más a la izquierda de este continuum está el participante en una acción, mayor es la probabilidad de que se interprete como el sujeto. Cuanto más a la derecha está el participante, mayor la probabilidad de entenderse como un objeto directo. Cuando este alineamiento ('alignment') no se observa —o sea, cuando hay dos participantes más o menos en la misma posición en el continuum— el español requiere una ***a*** para distinguir el objeto directo. Esta regla incluye los sustantivos y ciertos pronombres como *quién, alguien, nadie*:

Patricia ve la puerta.	Patricia ve **a** alguien.
Patricia ve **a** sus amigos.	Patricia no ve **a** nadie.
Patricia ve **al** Dr. Méndez.	¿**A** quién ve Patricia?

Esta ***a*** recibió el nombre de "personal" porque aparece especialmente con los objetos directos **humanos**. Es importante comprender que no es redundante, porque un idioma de sintaxis flexible necesita alguna señal para distinguir entre un sujeto que puede moverse o suprimirse y un objeto de igual probabilidad en el continuum de la Figura 7.b.

Visita Patricia **a** Andrés. = Visita **a** Andrés Patricia. 'Patricia is visiting Andy'
Visita **a** Patricia Andrés. = Visita Andrés **a** Patricia. 'Andy is visiting Patricia'
¿Quién critica **al** presidente? 'Who is criticizing the president?'
¿**A** quién critica el presidente? 'Who is the president criticizing?'
Invitan los padres. 'The parents (*subject*) invite, do the inviting'
Invitan **a** los padres. 'They're inviting the parents (*dir. object*)'
La jefa llama = Llama la jefa. 'The boss is calling'
Llama **a** la jefa. 'She's calling the boss'

Pero conforme al continuum, la "***a*** personal" generalmente no se usa con personas **indefinidas**. Estudie los siguientes contrastes:

indefinido: Tengo un hermano varón y dos hermanas.
definido: A mi lado, tengo **a** la Profesora Gutiérrez, quien recibió el premio.
indefinido: Buscan una secretaria bilingüe y quieren otro gerente regional.
definido: Buscan **a** la secretaria que acaba de salir a almorzar. Se llama Lola.
indefinido: Vimos monjas en el hospital.
definido: Vimos **a** esas monjas en el hospital.

Además, la "***a*** personal" se usa con objetos directos *no* humanos cuando hay posible confusión con el sujeto según el continuum. En el primer ejemplo que sigue, no hay confusión: *el huracán* es definido y más activo que *algunas casas* (y ¡las casas no destruyen huracanes!); pero en los otros ejemplos, el perrito también puede ver al chico, el gato puede perseguir al perro, el Sol puede admirar a la Luna, y la guerra puede seguir a la paz; entonces el uso de ***a*** elimina la posibilidad de confusión:

El huracán destruyó algunas casas.
El chico ve **a** su perrito y corre a abrazarlo.
El perro persigue **al** gato.
La Luna admira **al** Sol.
La paz siguió **a** la guerra. Siguió la paz **a** la guerra.

Por eso, la "*a* personal" es común con verbos de posición o relación como *seguir* (*preceder, acompañar, unir, separar, reemplazar, sustituir*), pues el sujeto y el objeto suelen estar en el mismo punto del continuum:

La *x* precede/acompaña/reemplaza **a** la *y*.

7.4. Los verbos reflexivos o "pronominales". Los verbos reflexivos se conjugan con un pronombre reflexivo, y por eso también se llaman VERBOS PRONOMINALES. Repasemos la "conjugación pronominal" para tres verbos típicos.

	bañarse 'take a bath'	*verse* 'see oneself'	*divertirse* 'have fun'
yo	**me** baño	**me** veo	**me** divierto
tú	**te** bañas	**te** ves	**te** diviertes
él, ella, usted	**se** baña	**se** ve	**se** divierte
nosotros, -as	**nos** bañamos	**nos** vemos	**nos** divertimos
vosotros, -as	**os** bañáis	**os** veis	**os** divertís
ellos, -as; ustedes	**se** bañan	**se** ven	**se** divierten

En la construcción de "verbo + verbo" (v. § 1.4.1), el reflexivo puede preceder a la combinación o seguirla como parte del infinitivo:

me quiero bañar = quiero bañar**me**   **se** va a bañar = va a bañar**se**

Si el infinitivo es independiente pero se refiere a una persona determinada, *-se* concuerda con la persona:

Después de bañar**me**, friego la bañera. ('After taking a bath, I scrub the tub')

Pero al usarse de manera abstracta o impersonal (sin sujeto específico), el infinitivo pronominal es invariable:

Bañar**se** en agua fría es un horror.   *Bañarse* es un verbo reflexivo.

Como otros sujetos, el del verbo pronominal puede moverse o suprimirse (Ø), según su grado de énfasis:

Yo me baño.   Me baño yo.   (Ø) Me baño.

7.4.1. Contraste: reflexivo vs. no reflexivo. Casi todos los verbos transitivos pueden usarse reflexivamente o no, según la acción del sujeto:

- REFLEXIVO: el sujeto hace y recibe la acción; el objeto directo = el sujeto; son la misma persona.
  ver(se): Mateo se ve en el espejo. ('Matt sees himself in the mirror')
- NO REFLEXIVO: el sujeto dirige la acción hacia otra entidad; el objeto directo ≠ el sujeto; son distintos.
  ver(se): Mateo ve a su novia. Mateo la ve. ('Matt sees his girlfriend, sees her')

Gramática visual: reflexivo

Otros ejemplos de este contraste:

	reflexivo	**no reflexivo**
bañar(se):	Mateo se baña.	Mateo baña su perro. Mateo lo baña.
vestir(se):	Mateo se viste rápido.	Mateo viste a su hija. Mateo la viste.
divertir(se)	Mateo se divierte.	Mateo divierte a sus amigos. Los divierte.

El pronombre reflexivo también puede representar el objeto *indirecto*:

poner(se): Mateo **se** pone los zapatos. Mateo **le** pone los zapatos a su hijo.
('Matt puts his shoes on (himself)')('Matt puts the shoes on his son')

Por eso, la mayoría de los llamados "verbos reflexivos" también tienen equivalentes no reflexivos. Según la lógica general del español, si el sujeto no dirige la acción transitiva hacia otra persona o cosa, la dirige hacia sí mismo. El inglés no es constante, puesto que omite a veces su pronombre reflexivo (*-self, -selves*):

Carmen **se** lava.	'Carmen washes herself = *washes up*'
Me voy a afeitar.	'I'm going to shave (myself) = to *shave*'
Se prepara para el chequeo.	'She's preparing = *getting ready* for the checkup'

A veces el inglés recurre a otra manera de expresar la relación:

Guille **se** viste rápido.	'Bill dresses himself = *gets* dressed fast'
María **se** baña por la noche.	'Mary bathes herself = *takes a bath* at night'
Mateo **se** divierte.	'Matt amuses himself = *has fun, has a good time*'

Si omitimos la indicación del objeto directo (reflexivo o no reflexivo) con un verbo transitivo y decimos "Voy a afeitar" (como 'I'm going to shave'), el resultado en español es confuso: "*¿A quién* vas a afeitar?" ('Who are you going to shave?') Igualmente, la oración *(yo) afeito* —sin objeto— describe la profesión de un barbero y no la situación que corresponde normalmente al inglés "I shave".

7.4.2. Contraste: reflexivo vs. recíproco. El pronombre reflexivo también expresa una relación RECÍPROCA: la persona X le hace algo a la persona Y, Y se lo hace también a X, mutuamente (recíprocamente). En inglés, esta relación se expresa con *each other*:

Se dan la mano y *se* felicitan. ('They shake each other's hands and congratulate each other')
Usted y yo no *nos* entendemos. ('You and I don't understand each other')

Pero a veces el inglés omite la indicación de reciprocidad, como la de reflexividad:

Todos *se* encuentran en la calle. ('Everyone meets (*each other*) on the street')

De ordinario, dependemos del contexto para aclarar si un verbo como *se miran* es reflexivo ('they look at themselves') o recíproco ('they look at each other'). Si es necesario enfatizar la distinción, se añade ***a sí mismo*** al reflexivo y ***(el) uno a(l) otro*** o ***entre ellos*** al recíproco.

	expresión neutral	**expresión enfática**
(...*themselves*)	Los dos novios **se** miran.	Los dos novios **se** miran **a sí mismos**.
(...*each other*)	Los dos novios **se** miran.	Los dos novios **se** miran **uno a otro**.

A sí mismo varía según la persona, el género y el número: *Yo (♂) me visto a mí mismo, Tú (♀) te vistes a ti misma, Ella se viste a sí misma, Nosotros nos vestimos a nosotros mismos, Ustedes se visten a sí mismos...* De la misma manera, *uno al otro* puede indicar el sexo: *Manuel e Inés se besan (el) uno a* ***la otra.*** La "***a*** personal" se sustituye por otra preposición si el verbo la requiere: (*alejarse* ***de*** 'move away from') *Los invitados se alejan uno* ***del*** *otro.*

■¡OJO! Recuerde que para un objeto reflexivo o recíproco, *se* es obligatorio y *a sí mismo* (o *uno a otro*) es opcional. Es imposible decir **Los novios miran a sí mismos* o **Los novios miran uno al otro*, sin el *se*. En cambio, cuando 'each other' no representa el objeto del verbo, no usamos el *se*:

They study with each other.	Estudian el uno con el otro (o Estudian juntos).
We know what each other thinks.	Sabemos lo que piensa el otro.

Gramática visual: reflexivo y recíproco

7.5. **Los reflexivos falsos.** Los "reflexivos falsos" se conjugan como reflexivos, pero en realidad **su sujeto no se hace nada a sí mismo** y nunca aceptan la frase *a sí mismo*. Este grupo de verbos incluye REFLEXIVOS OBLIGATORIOS, IDIOMÁTICOS e INTRANSITIVOS.

7.5.1. **Reflexivos obligatorios.** Estos verbos **requieren** la "conjugación pronominal"; su pronombre reflexivo es automático:

quejarse de 'complain, gripe'
(*com*)*portarse* 'behave'
jactarse de 'brag'
suicidarse 'commit suicide'
resentirse de 'resent'
rebelarse 'rebel'
atreverse a 'dare (to do)'
atenerse a 'stick to, abide by'
percatarse de 'perceive'
arrepentirse de 'repent of'

7.5.2. **Reflexivos idiomáticos.** Otros verbos expresan un sentido especial cuando son "pronominales" y se pueden considerar idiomáticos:

ir 'go'; *irse* 'go away, leave'
dormir 'sleep'; *dormirse* 'go to sleep'
parecer 'seem'; *parecerse a* 'resemble'
fijar 'fix, set'; *fijarse* 'notice, look at'
sonar 'sound'; *sonarse* 'blow one's nose'
meter 'put/stick in'; *meterse* 'meddle'
referir 'tell'; *referirse a* 'refer to'
encontrar 'find'; *encontrarse* 'be (§3.5)'
salir 'go out, leave'; *salirse* 'leak, overflow'
negar 'deny'; *negarse (a...)* 'refuse (to...)'
dar cuenta de 'account for'; *darse cuenta de* 'realize'
llevar 'carry'; *llevarse* 'carry off; get along'
saltar 'jump'; *saltarse* 'skip (over), omit'
acordar 'agree'; *acordarse de* 'remember'
burlar 'deceive'; *burlarse de* 'make fun of'
despedir 'fire, give off'; *despedirse de* 'take leave'

Para la diferencia entre *quedar* and *quedarse*, v. §3.5; para la de ***sentir*** + *sustantivo* y ***sentirse*** + *adjetivo*, v. 'feel' en *Distinciones*, Apéndice A. Otras diferencias son más sutiles, como *caer* 'fall', *caerse* 'fall down'. *Morirse* es una muerte más o menos natural: *Mi papá se murió a los 80 años* ('passed away'); mientras que *morir* suele indicar una muerte más accidental: *Murieron dos personas en la explosión* ('perished'). Con verbos como *comer* y *beber*, el reflexivo "idiomático" implica una actividad más completa hasta terminar el "verbado": *Come arroz* 'he eats rice' significa el consumo de una cantidad indefinida de arroz, pero ***Se*** *come el arroz* ('he eats (up) his rice' significa que termina toda su porción. Por último, con unos pocos verbos "opcionalmente reflexivos", la diferencia de significado es negligible o ninguna: *reír(se)* 'laugh', *desayunar(se)* "eat breakfast', *imaginar(se)* 'imagine'.

7.5.3. **Reflexivos intransitivos.** El uso más frecuente de los pronombres reflexivos en español no es para la reflexividad (*María se baña*), sino para INTRANSITIVIZAR un verbo, hacerlo intransitivo. El objeto directo pasa a sujeto y el pronombre reflexivo indica que este nuevo sujeto ya no es el "verbador" o agente sino el "verbado", **sin agente externo**, como se ve en la Figura 7.c.

Gramática visual: el se intransitivizante

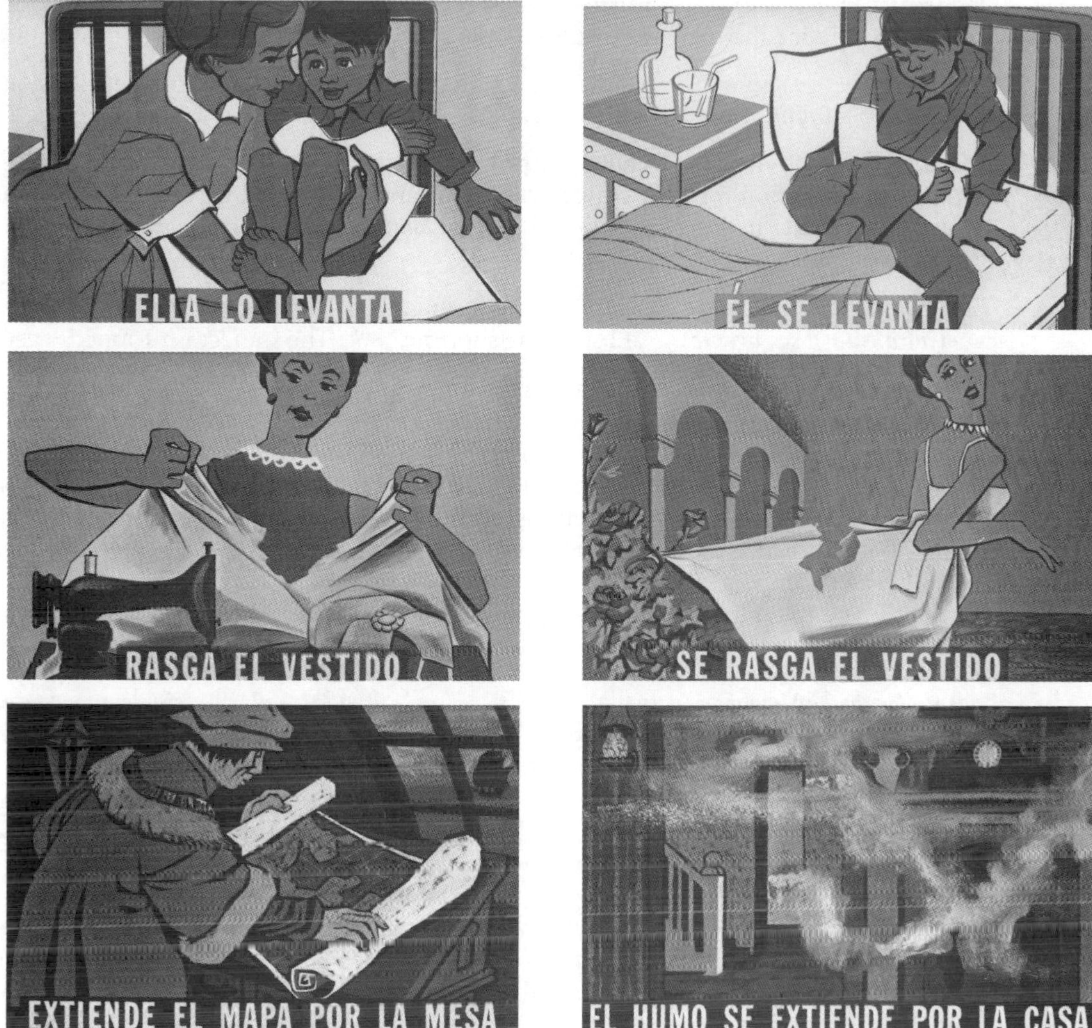

Estudie el efecto de esta intransitivización con los siguientes verbos representativos:

	Transitivo:	**Intransitivo:**
	agente (verbador) + objeto (verbado)	*verbado + se, sin agente externo*
llamar	Lo llamo Paco. 'I call him Paco'	Se llama Paco. 'He's called Paco'
abrir	Abro la puerta. 'I'm opening the door'	La puerta se abre. 'The door's opening'
quemar	Eva quema hojas. 'Eve burns leaves'	Se queman. 'They're burning'
mover	Mueven el coche. 'They move the car'	El coche se mueve. 'The car's moving'
romper	Rompe vasos. 'She breaks glasses'	Los vasos se rompen. 'The glasses break/get broken'
apagar	Apago las luces. 'I turn off the lights'	Las luces se apagan. 'The lights go out'
enojar	Me enojan. 'They make me mad'	Me enojo. 'I get/become mad (angry)'

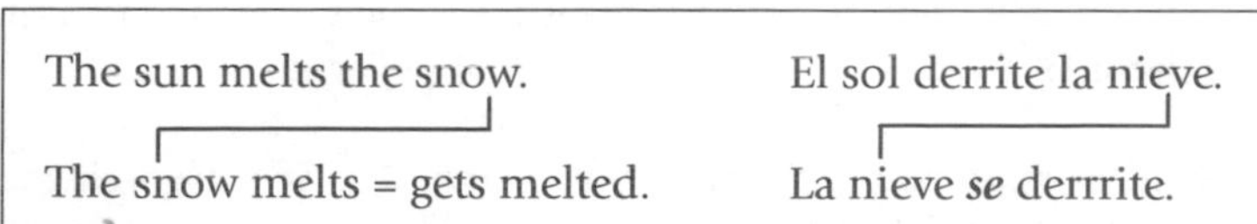

Figura 7.c Se para intransitivización (verbado → sujeto)

En esta conversión (transitivo→ *se* + intransitivo), **no hay reflexividad verdadera** porque en realidad la nieve no se derrite a sí misma, las hojas no se queman a sí mismas y los vasos no se rompen a sí mismos. De la misma manera, en la siguiente intransitivización, no hay reflexividad verdadera:

(*transitivo: con agente*)	Mamá levanta a Juan (lo levanta).	'Mom gets John up (him up)'
(*reflexivo→intransitivo*)	Juan **se** levanta.	'John gets up'

En *Juan se levanta,* indicamos que Juan se pone de pie sin la intervención de otra persona (sin agente externo). Es una acción transitiva que se vuelve intransitiva, y añadir "...a sí mismo" sería muy extraño. El típico equivalente inglés es el verbo sin objeto: *John gets up.* En otros casos usamos una pasiva (v. L. 33) para expresarlo:

(*transitivo: con agente*)	Suprimimos el sujeto.	'We delete the subject'
(*intransitivo: sin agente*)	El sujeto se suprime.	'The subject is dropped = gets dropped'

Algunos verbos permiten dos interpretaciones (intransitiva y reflexiva) según el contexto, p. ej. *curar*: *El médico cura al paciente* → intransitivo, *El paciente **se** cura* 'gets cured, recovers, heals', o un verdadero reflexivo, *El paciente **se** cura (a sí mismo)* = 'cures himself'. Pero fíjese en el efecto del *se* intransitivizante con *casar(se)*: con agente (verbador), *El **cura** nos casa* ('the priest is marrying us'); sin mencionar al agente, *Nos casamos* 'we're getting married' o *Me caso con Julia* 'I'm marrying (getting married to) Julia'. Por la misma razón usamos la forma reflexiva en *titularse* 'get a degree', *graduarse* 'graduate' o *jubilarse* 'retire (from work)'.

Estudie también los siguientes ejemplos de intransitivización para comprender su efecto.

Transitivo:	**Intransitivo:**
agente (verbador) + objeto (verbado)	*verbado + reflexivo, sin agente externo*
Llena el barril. 'He's filling the barrel'	El barril **se** llena. 'The barrel's filling up'
Reúno a mis amigos. 'I get my friends together'	**Se** reúnen. 'They meet, get together'
¡No me des prisa! 'Don't rush me'	Date prisa. 'Hurry!'
Entregan la llave. 'They turn in the key'	Ellos **se** entregan. 'They're surrendering'
Ofenden a Lorenzo. 'They offend Larry'	Lorenzo **se** ofende. 'Larry takes offense'
Nos divierten. 'They amuse us'	**Nos** divertimos. 'We have fun'
Derrumba el muro. 'He tears down the wall'	El muro **se** derrumba. 'The wall collapses'
Desato la soga. 'I'm untying the rope'	La soga **se** desata. 'The rope's coming untied'
Lo adapto a otro uso. 'I adapt it to another use'	**Me** adapto al lugar. 'I'm adapting to the place'
Raúl pierde sus llaves. 'Ray loses his keys'	Las llaves **se** pierden. 'Keys get lost'
Beneficia a todos. 'It benefits everyone'	Todos **se** benefician. 'Everyone benefits'
Comunico el recado. 'I relay the message'	**Me** comunico con él. 'I communicate with him'
Disculpa a David. 'She excuses David'	David **se** disculpa. 'David apologizes'

Son notables en particular los siguientes tipos de verbos por su intransitivización con *se*:

Verbos de cambio físico: cerrar(se), encender(se), apagar(se), mojar(se), secar(se), sanar(se), llenar(se), lastimar(se), cansar(se), romper(se), estropear(se), perder(se), calentar(se), desarrollar(se), congelar(se), etc.

Verbos de postura/posición: sentar(se), levantar(se), arrodillar(se), agachar(se), incorporar(se), estirar(se), enderezar(se), inclinar(se), flexionar(se), doblar(se), acostar(se), echar(se)/tumbar(se), etc.

Verbos de reacción emocional: aburrir(se), alegrar(se), avergonzar(se), confundir(se), divertir(se), enojar(se), horrorizar(se), interesar(se), molestar(se), ofender(se), preocupar(se), sorprender(se), tranquilizar(se), etc.

Verbos de devenir ('becoming'): hacer(se), poner(se), convertir(se) (v. 'become' en Apéndice A).

Verbos de movimiento: mover(se), acercar(se), alejar(se), adelantar(se), detener(se), hundir(se), atascar(se), etc.

■¡OJO! *Bajar, subir, volver* pueden ser transitivos, y entonces aceptan reflexivos para equivalentes intransitivos:

Sube las maletas. 'He brings up the suitcases'	Se sube en la mesa. 'He gets up on the table'
Las baja. 'He takes them down'	Se baja. 'He gets down (from/off)'
Vuelve la página. 'He turns the page'	Se vuelve. 'He turns (himself) around'

Pero estos también se usan de manera intransitiva (sin el reflexivo) como **verbos de movimiento:**

Sube/baja por la calle y luego vuelve. 'He goes up/down the street and then comes back'

7.6. **Resumen.** Para reportar y narrar, es necesario señalar bien "quién le hace qué a quién". El elemento clave es el verbo, y hay varios tipos según su construcción con sujeto y objeto:

1. El verbo unipersonal (v. §3.4), que **no tiene sujeto** lógico: *Llueve* ('It's raining').
2. El verbo con sujeto, que puede precederlo o (con inversión) seguirlo: *Los atletas corren* = *Corren los atletas* ('Athletes run'). Pero este sujeto no se expresa si ya es conocido y se deja implícito en el contexto:

   —¿Qué hacen los atletas para mantenerse en forma? —Corren. ('They run')
3. El verbo transitivo con sujeto y objeto directo. El objeto puede ser sustantivo, *Los padres lavan la ropa;* pero si es persona (y a veces cosa), solemos indicarlo con *a*, *Lavan **a** los hijos* ('they wash the children'), que lo distingue de un sujeto invertido como en *Lavan los hijos* ('the children wash = do the washing'). Un objeto ya mencionado tiende a "pronominalizarse", o sea cambiar a un pronombre:

   —¿No lavan a los hijos? —Sí, *los* lavan. ('Yes, they wash *them*')
4. El verbo transitivo con sujeto = objeto. Este caso **reflexivo o recíproco** requiere la "conjugación pronominal", *Los hijos **se** lavan* ('the children wash themselves' o 'wash each other').
5. El verbo transitivo sin agente externo. En este caso usamos la conjugación pronominal y tratamos al objeto como el sujeto de verbo intransitivo: *Los platos se lavan fácilmente* ('Dishes wash = get washed easily').

En fin, la transitividad es la base de la oración española, y en ella tienen un papel muy especial la *a* personal y los pronombres *lo(s), la(s), se*. Si estos elementos se confunden o faltan cuando *deben* expresarse, o si se ponen donde *no* deben estar presentes, es probable que el lector hispano no comprenda "quién le hace qué a quién".

APLICACIÓN

Ejercicios

A. Discriminación: Traduzca cada par de oraciones al inglés.

1. (a) Este ejercicio no confunde a nadie. (b) Nadie se confunde.
2. (a) Acerco la silla a la mesa. (b) Me acerco a la mesa.
3. (a) La acuesta tarde y la despierta temprano. (b) Se acuesta tarde y se despierta temprano.
4. (a) Encienden las luces. (b) Se encienden las luces.
5. (a) Divertimos a nuestros invitados con charadas. (b) Nos divertimos con charadas.
6. (a) Rompe la tiza. (b) La tiza se rompe.
7. (a) La hago ejecutiva de ventas. (b) Se hace ejecutiva de ventas.
8. (a) Sienta al niño a la mesa. (b) El niño se sienta a la mesa.

B. Ahora, haga usted el mismo contraste, dando *dos oraciones* originales con cada verbo, una oración en la que el verbo sea reflexivo y otra en la que *no* sea reflexivo. Cuidado con la ***a*** personal.

1. cerrar / las puertas
2. lastimar / el atleta
3. detener en la escalera
4. mover / el coche
5. apagar / las luces
6. aflojar / el tornillo
7. reunir / los miembros
8. preparar / para la entrevista
9. ahogar / el nadador
10. secar / la ropa
11. casar en una capilla antigua
12. estropear / la computadora
13. convertir / el caso / en una crisis
14. enojar / el policía

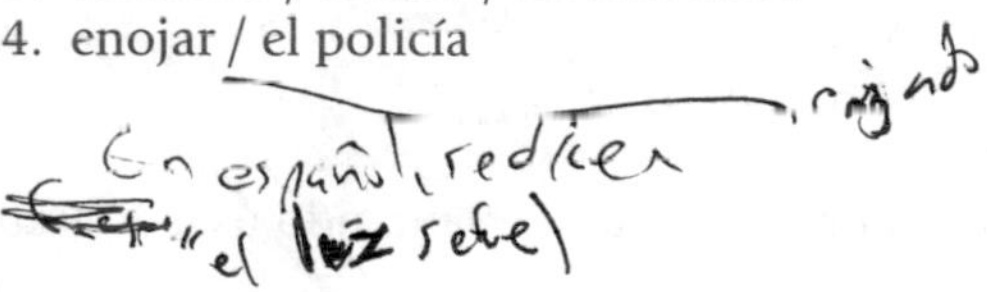

C. Las mismas indicaciones; pero aquí se trata de reflexivos *idiomáticos.*

1. beber 2. salir 3. ir 4. dormir 5. saltar 6. quedar

D. Frases telegráficas: escriba oraciones con las formas apropiadas de las palabras siguientes (en el tiempo presente), añadiendo otras palabras (como *a*), cuando sea necesario.

1. (yo) recordar bien / mi profesor / piano.
2. Mamá / no poder cuidar más / bebé / y despertar / papá.
3. Elena / apoyar / candidata feminista.
4. Si (tú) no querer / ofender / señora Gómez, / más valer / no criticar / sus gustos.
5. Conocer / Paco / la mayoría de sus profesores.
6. ¿Quiénes / ir (tú) a invitar / a la fiesta?
7. (Ellos) mirar / la montaña / y vislumbrar en lo alto / un atrevido alpinista.
8. El guardia /parar / el caballo / y desafiar / el dueño.
9. Miguel / no oír / los vecinos / cuando / salir/ el edificio / porque / escuchar / radio.

E. Describa las acciones de cada situación con tres verbos apropiados de **acción o cambio** (no use aquí verbos inactivos como *ser, estar, tener*). Como se ve en el ejemplo, puede que algunos verbos sean reflexivos y otros no, según su transitividad.

Modelo: un estudiante cansado y listo para dormir: *Bosteza, se estira y luego se tumba.*

1. un perro que tiene pulgas.
2. el hielo en una acera caliente
3. un niño después de jugar en el lodo
4. un hombre después de despertarse
5. una joven que acaba de meter la pata en una fiesta
6. una mujer que comienza a hacer calistenia
7. una señora al oír que su esposo tuvo un accidente.
8. dos novios que se encuentran en el aeropuerto

Ejercicio textual

F. Usted preside un comité encargado de enterrar una cápsula con un mensaje para los estudiantes del año 2100. Rechace los materiales siguientes para la construcción de la cápsula y explique su razón, usando un verbo reflexivo de cambio físico para cada uno. (Trate de variarlos). Al final, defienda la necesidad de gastar más dinero en una cápsula de acero inoxidable.

Modelo: "No sirve...porque..." (variantes: "Tampoco sirve...", "Además no queremos usar...porque puede...")

1. la madera
2. el plástico
3. el hierro
4. el cartón
5. el vidrio
6. el hormigón

Adaptaciones de texto

G. Sigue un pasaje que describe la rutina típica de una pareja. Cámbielo de la tercera persona (él, ella, ellos) a la primera (yo, nosotros), con el punto de vista de (a) *ella* (la esposa) y luego (b) ***él*** (el esposo).

Los dos se despiertan a las 6:30 al sonar el despertador. Él vuelve a dormirse mientras ella se levanta en seguida, se estira y procede a bañarse. Luego, mientras se seca y se peina, lo llama a él. Él se despierta por fin, se da cuenta de la hora y se apresura a afeitarse. Se ducha mientras ella sigue arreglándose. Los dos se visten, pero no hablan porque apenas se miran hasta tomar el café. Ella corre a la cocina y prepara el café mientras él deja salir al gato. Comen cereal o pan tostado en silencio, leyendo el periódico. Después, se cepillan los dientes, se ponen el abrigo, agarran su maletín y se dirigen a la puerta. Allí se abrazan, se besan y se despiden. Acuerdan reunirse en un restaurante para cenar y luego se van en sus coches. Van a seguir así hasta jubilarse algún día. Son dos personas que se quieren, se llevan bien, se entienden perfectamente y se han adaptado [illegible] al otro.

Ensayo

H. Describa su rutina diaria, intentando usar al menos diez verbos reflexivos.

LECCIÓN 8 Los pronombres personales

Como dice el refrán:

- Cuatro palabras traen revuelto al mundo: yo y tú, y mío y tuyo.

PRESENTACIÓN

8.1. Funciones y formas. En la expresión de las acciones e interacciones, los pronombres tienen tres funciones principales:

1. Evitan la repetición de un sustantivo que ya es claro en el contexto y mantienen en él el enfoque:

   —¿Quieres visitar *el museo*? —Ah, sí, **lo** quiero ver. He oído mucho de **él**.
2. Señalan la referencia a la primera persona (el hablante) y a la segunda (el oyente).

   —Pasamos por **ti** a las siete si quieres ir con **nosotros**. —Vale, **os** veo entonces.
3. Expresan énfasis, contraste y cambio de referencia.

   —En este ejercicio, te voy a hacer preguntas. —No, no. ¡**Yo** te las hago **a ti**!
   —¿Quién es usted? —¿Me habla **a mí**?

8.1.1. El sistema general. La Figura 8.a presenta un cuadro de los PRONOMBRES PERSONALES, los cuales muestran la PERSONA —primera (1), segunda (2) o tercera (3)— y el NÚMERO, singular (sg.) o plural (pl.). Esta tabla no incluye los reflexivos (v. §7.4) y ciertos cambios especiales que se explicarán más tarde. Se ve que cada pronombre tiene varias formas y que para los objetos (como en sus formas verbales) *usted* siempre tiene las mismas formas que *él/ella*.

Los CASOS son distinciones que reflejan la función sintáctica: el "caso nominativo" representa al sujeto y el "caso acusativo" al objeto directo (v. L.7). El OBJETO INDIRECTO, o "CASO DATIVO", se explica en la Lección 9; por ahora lo podemos considerar la persona a quien el sujeto le da o le hace algo:

Para Navidad, **yo** (*sujeto*) **te** (le, etc.) (*obj. indirecto*) voy a dar **un reloj** (*obj. directo*).

8.1.2. El tratamiento: los pronombres de segunda persona. Tratamos de *usted* a la gente con la que tenemos relaciones formales, respetuosas o profesionales. "Tuteamos" (tratamos de "tú" en las relaciones donde hay vínculos de solidaridad o cariño; el tuteo también puede señalar inferioridad. Por lo general, el tratamiento de *usted* (que se abrevia como "Ud." o "Vd.") corresponde más o menos

	FORMAS TÓNICAS		FORMAS ÁTONAS: "CLÍTICOS"	
	SUJETO: caso nominativo	CON PREPOSICIÓN: caso preposicional	OBJETO INDIRECTO: caso dativo	OBJETO DIRECTO: caso acusativo
1. singular	yo	mí	me	me
2. singular	tú usted	ti usted	te le	te lo, la
3. singular	él, ella	él, ella	le	lo, la
1. plural	nosotros, -as	nosotros, -as	nos	nos
2. plural	(vosotros, -as) ustedes	(vosotros, -as) ustedes	(os) les	(os) los, las
3. plural	ellos, -as	ellos, -as	les	los, las

Figura 8.a Formas de los pronombres personales

España	singular	plural
"familiar"	**tú**	**vosotros, -as**
"formal"	**usted**	**ustedes**

Hispanoamérica	singular	plural
"familiar"	**tú**	**ustedes**
"formal"	**usted**	

Figura 8.b La segunda persona

al uso de un título (Sr., Sra., Srta., Prof., Dr., etc.); y el tuteo corresponde al uso del nombre o apodo (Francisco, Paco) o de un término de parentesco (p. ej. *mamá*). Por eso, es normal que los estudiantes se traten de *tú* y que se dirijan a su profesor con *usted*. El profesor, en cambio, trata a sus estudiantes de "tú" o de "usted", según la costumbre. Sin embargo, estas normas siempre hay que adaptarlas a la situación local. Los españoles, por ejemplo, generalmente tutean más que los costarricenses. Pero *tú* y *usted* se distinguen en todas partes del mundo hispánico, *nunca* tienen las mismas formas gramaticales y confundirlos puede producir un error social.

Para la segunda persona plural 'you (all), you guys', España distingue *vosotros* (plural de *tú*) de *ustedes*. Pero las Américas emplean *ustedes* para ambas situaciones; *vosotros* se ve solamente en la Biblia y en la literatura de España, como se ve en la Figura 8.b.

■¡OJO! *You* en inglés también se usa de manera IMPERSONAL ('one, people, a person'). *Tú* se usa así también en la conversación íntima, pero generalmente se prefiere *uno* o *se* (§33.2.2).

You (one, people) chat with email.	**Se** charla por correo electrónico. (**Uno** charla...)
You (a person) can't stop reading it.	No **se** puede parar de leerlo. (**Uno** no puede...)

Decir "(Usted) no puede parar de leer este cuento" no es impersonal, sino una referencia *personal* al lector.

8.2. Los pronombres tónicos. Los pronombres personales del español se dividen en dos grupos:

(a) tónicos (acentuados): yo, mí, tú, ti, él, ella, usted(es), ellos, ellas, nosotros, vosotros, sí
(b) átonos o clíticos: **me, te, lo, la, le, los, las, les, nos, os, se**

Esta distinción es **fundamental** para comprender y usar la gramática del español: los pronombres átonos no tienen acento propio y **siempre se usan junto al verbo**, mientras los tónicos se emplean como palabras independientes para un sujeto enfático o término (objeto) de preposición.

8.2.1. Como sujeto. El español no tiene equivalente general del inglés *it* como sujeto. Se debe recordar que ***lo* y *la* siempre se refieren a un objeto directo, nunca al sujeto**.

Truena, llueve y luego graniza. ('It (*subj.*) thunders, it rains, then it hails')

—¿Dónde está mi llave? —Está allí. ¿No **la** ves? ('It (*subj.*) is there; don't you see it (*dir. obj.*)?')
—¿Qué te parece el cálculo? —Es difícil y **lo** detesto ('It (*subj.*) is hard, and I despise it (*dir.obj.*)').

Es agramatical *"Lo es difícil" porque *lo* se refiere a un objeto directo, y aquí no hay ninguno. Es igual 'they' cuando representa cosas:

—¿Dónde están mis guantes? —Están allí; ¿**los** ves? ('They (*subj.*) are there; do you see them (*dir. obj.*)?')

La oración "*Ellos* están allí" se refiere a personas, no a guantes.

Aun para personas, los pronombres de sujeto son fuertes en español y suelen omitirse cuando la identidad del sujeto es clara en la forma verbal o el contexto; entonces, es la desinencia verbal lo que señala el sujeto. *Yo, tú, ella, nosotros,* etc., sirven principalmente para **indicar énfasis, contraste y cambios de sujeto** en el discurso.

expresión neutral: *Lo tiene.* ('He has it, he's got it')
expresión enfática: *Él lo tiene.* (+ *inversión* →) *Lo tiene **él**.* ('*HE* has it, *HE'S* the one who has it').

Por eso, suena muy extraño (y hasta egoísta) decir continuamente "Yo me llamo John, yo soy norteamericano, yo estudio español..." Por lo general, sólo expresamos un pronombre de sujeto en español cuando se **enfatizaría** en inglés.

—¿Tienes mi bolígrafo? —No, no lo tengo. (neutral: no hay énfasis)
—**Ella** no lo tiene; ¿lo tienes **tú**? —No, **yo** no lo tengo tampoco. ('*SHE* doesn't...; do *YOU*? No, *I* don't...')

8.2.2. Con preposición. Las mismas formas nominativas (*él, ella, ustedes, nosotros,* etc.) se emplean también con preposición,

—¿Este cheque es para Rita? —No, no es para **ella**. Es para **usted** (ellos/nosotros/él).

con excepción de los cambios especiales *yo* → ***mí*** (con tilde) y *tú* → ***ti***:

Este cheque es para **mí/ti**.

En este caso, con preposición, "it" y "them" referidos a cosas sí se expresan:

—¿Dejas tu bicicleta *en el garaje*? —No, la dejo **detrás de él** ('behind it').
—¿Tus hijos no usan *calcetines*? —No, es que en casa les gusta andar **sin ellos** ('without them').

Con la preposición *con*, ***mí*** y ***ti*** cambian a *-**migo*** y *-**tigo***:

Hablan sin **mí/ti**. *vs.* Hablan con**migo**/con**tigo**.

La tercera persona reflexiva tiene la forma similar *consigo*, aunque mucha gente prefiere *con él (ella, usted,* etc.*)*

Rosa siempre lleva **consigo** una foto de su mamá.

■¡OJO! Las preposiciones *excepto, según, entre* y *como* (en una comparación de sujetos) requieren las formas de sujeto: *excepto yo, según tú, entre tú y yo, como yo y ella.*

8.2.3. *Mismo.* El adjetivo *mismo* sigue a *mí, ti, sí* para enfatizar la reflexividad (v. 7.4.2):

Me veo. ('I see myself') Me veo *a mí mismo*. ('I see *myself*, not someone else')

Pero *mismo* puede seguir a un sujeto también para contrastarlo; en este caso, **no es reflexivo**:

Eso no me sorprende; *yo mismo* lo hago. ('That doesn't surprise me; *I myself* do it = I do it *myself*')
La intérprete *misma* no lo comprende. ('The interpreter *herself* doesn't understand it')

Delante de sustantivo, *el mismo* (*la misma, los mismos,* etc.) significa 'the same':

La misma intérprete traduce francés. ('The same interpreter translates French')

8.3. Como objeto: los clíticos (pronombres átonos). A diferencia de los pronombre tónicos (*yo, ella,* etc.), los átonos (*me, la, le, se,* etc.) no se pronuncian con acento. Siempre expresan los objetos del verbo y se pronuncian (y a veces se escriben) con él.

No *me escuchan*. Van a *escucharme*. ¡*Escúchenme* o *me voy*!

Son CLÍTICOS, un tipo de palabra que nunca es independiente y que nunca ocurre aparte del verbo.

8.3.1. Expresión neutral y enfática. Los clíticos *me, te, lo, se,* etc. se pronuncian como parte del verbo, como prefijos o sufijos. Bastan para la expresión ordinaria del objeto, pero para énfasis o contraste añadimos ***a*** + PRONOMBRE PREPOSICIONAL. Esta frase enfática con ***a*** se coloca al principio o al final de la oración, pero siempre como elemento adicional, como se ve en la Figura 8.c.

Siguen ejemplos de interacciones con objetos neutrales y enfáticos:

1. —Supongo que la maestra los trata bien. ('I guess the teacher treats you (ustedes) well')
   —Pues, me trata bien **a mí**, pero no a mi amiga. ('Well, she treats *ME* well, but not my friend')
2. —Usted entrena a los chicos, pero no a las chicas, ¿verdad? ('You train boys, but not girls, right?')
   —No, también las entreno **a ellas**. ('No, I also train *THEM*'.)
3. —¿Nos oye? ('Do you (usted) hear us?')
   —*Lo* oigo bien **a usted**, sí, pero no **a ellos**.('I hear *YOU* okay, but not *THEM*')

	expresión neutral: con clítico	expresión enfática: clítico + frase con a
objeto directo	No lo conozco. ('I don't know him') Juan la visita. ('John's visiting her')	**A él** no lo conozco. No lo conozco **a él.** ('I don't know *HIM*.') Juan la visita **a ella.** ('John's visiting HER')
objeto indirecto	No le doy nada. ('I don't give him any-thing') Me dan consejos. ('They give me advice')	No le doy nada **a él.** ('I don't give *HIM* anything') Me dan consejos **a mí.** ('They give *ME* advice')

Figura 8.c Expresión neutral y enfática

La frase enfática (*a* +...) se usa a solas en las respuestas breves (elípticas) que no tienen verbo:

—¿A quién prefieres? —**A ti** (versión elíptica de "Te prefiero *a ti*").

Por eso, resultan *imposibles* en español las respuestas siguientes:

—¿A quién prefieres? —*Te (*Te* es clítico, siempre con verbo. → "A ti").
—¿A quién espera? —*Espero a usted. (*A usted* requiere un clítico con el verbo; →"**Lo** espero a usted").

Para referirse a un concepto o pensamiento entero que no tiene género, o a un adjetivo con copulativo (*ser, estar, parecer*: v. §3.1.2) se usa el clítico NEUTRO, ***lo***, con forma preposicional ***ello***:

—¿Sabes que Miriam se ha casado? —Sí, *lo* sé pero todavía me sorprendo *de ello*.
—Luisa es ambiciosa, ¿verdad? —Sí, *lo* es (*lo* parece).

8.3.2. Clíticos reflexivos. Ya estudiamos (v. §7.4.1-2) la expresión de los objetos directos reflexivos y recíprocos:

reflexivo: *neutral*: *Me* veo en el espejo. 'I see myself in the mirror' (*enfático: Me* veo **a mí mismo** en el espejo).
recíproco: *neutral:* Juan y Guille *se* detestan. 'John and Bill despise each other' (*enfático:* Juan y Guille *se* detestan **el uno al otro**).

El objeto indirecto también puede ser reflexivo o recíproco y se expresa de la misma manera:

reflexivo: *Me* hago un cafecito. 'I'm making myself a cup of coffee —cup of coffee for myself'
no reflexivo: *Le* hago un cafecito (a ella). 'I'm making her a cup of coffee'
reflexivo: Olga *se* pone el sombrero. 'Olga's putting a hat on —her own head'
no reflexivo: Olga *le* pone el sombrero (a ella). 'Olga's putting her hat on her —some other female'
recíproco: Juan y Guille se dan la mano (el uno al otro). 'John and Bill shake (each other's) hands'
no recíproco: Juan *le* da la mano a Guille. 'John shakes Bill's hand'

8.4. La posición de los clíticos. Cuando el verbo tiene dos (o más) clíticos, siempre se colocan en la secuencia indicada en la Figura 8.d.
Por eso, *No te lo doy.* 'I'm not giving it to you'; *Se me presenta.* 'he introduces himself to me'; *Nos la pagan.* 'they pay it (*la cuenta*) to us', etc. "L-" es cualquier clítico que comience con *l*-: *le(s), lo(s), la(s)*. Cuando hay dos, no caben ambos en la misma posición —"*l-l-*" (**le lo*, **les la*, etc.) es imposible en grupos de clíticos— y *le(s)* pasa a la caja de *se*:

Le doy el dinero. ('I give the money to him') (**Le lo* doy →) ***Se lo*** doy ('I give it to him')
Les doy agua. ('I give water to them') (**Les la* doy →) ***Se la*** doy ('I give it to them')

■¡OJO! Este cambio de *le(s)* → *se* ocurre **solamente con otro clítico en *l*-**; de lo contrario, usamos *le(s)*, no *se*. Es importante no generalizar este *se* a *todos* los objetos indirectos porque produce una construcción **reflexiva.** *Juan* ***se*** *da el reloj* no es 'John gives her the watch' (*Juan* ***le*** *da el reloj*), sino 'John gives *himself* a watch'.

(no)	se	te	me	L –	VERBO
		os	nos	lo(s), la(s), le(s)	

Figura 8.d El orden de los clíticos con respecto al verbo

	¿clíticos delante?	*¿clíticos después?*
VERBO CONJUGADO:	Sí: **Me lo** pongo.	*No*
VERBO + VERBO:	Sí: **Me lo** voy a poner. =	Sí: Voy a ponér**melo.**
MANDATO AFIRMATIVO:	*No*	Sí: Pón**telo** (tú). Pónga**selo** (Ud.).
MANDATO NEGATIVO:	Sí: No **te lo** pongas.	*No*
PREPOSICIÓN + INFINITIVO	*No*	Sí: Antes de ponér**melo.**

Figura 8.e El orden de los clíticos con respecto al verbo

Los clíticos suelen ponerse delante de un verbo conjugado, pero *después* del infinitivo, gerundio o mandato afirmativo, como se ve en la Figura 8.e. Pero delante o después, los clíticos que pertenecen al mismo verbo se agrupan y **nunca se separan**:

No *me lo* quiero poner = No quiero ponér*melo*. (Agramatical: *No lo quiero ponerme)

La tabla en la Figura 8.e refleja el uso moderno. En el español antiguo, la posición de los clíticos variaba más, así que en la literatura de aquella época vemos formas como "Póngo***melo***" ('I put it on') "Aconteció***le*** algo" ('something happened to him'), "Dígolo así", etc. Hay autores modernos que han imitado este estilo, pero se considera arcaico.

8.5. **Los posesivos.** Los POSESIVOS expresan posesión. Corresponden a los pronombres (*yo*: ***mi*** *casa*, *ella*: ***su*** *casa*) pero son adjetivos y concuerdan con su sustantivo. Como se ve en la Figura 8.f, el español dispone de dos grupos de posesivos: los CORTOS (o neutrales), clíticos que preceden al sustantivo y son átonos, y los LARGOS (tónicos o enfáticos), que se pronuncian con más fuerza.

Su(s) y *suyo(s)* pueden ser ambiguos porque se refieren a *usted, ustedes, él, ellos, ella* o *ellas*. Si el sujeto es de la tercera persona, *su(s)* y *suyo(s)* es generalmente la misma persona:

(Usted) no tiene *sus* llaves. = 'You don't have your keys' (*no* 'his/her/their keys')

Pero si la referencia de *su(s)* o *suyo(s)* no resulta clara en el contexto, se sustituye *de + pronombre*:

forma corta	**forma larga**	**forma distintiva**
su abuelo	el abuelo suyo	=el abuelo **de él/ella/ellos/ellas/usted/ustedes**

■¡OJO! No se debe interpretar *su* como 'his, her' y *sus* como 'their'. *Su llave* es 'his/her/their/your (*usted, ustedes*) key' y *sus llaves* es 'his/her/their/your keys': la **-s** de *sus* (como la de *mis, tus*) representa concordancia con un sustantivo plural (*llaves*), *no* la pluralidad de poseedores.

Las formas largas (*mío, tuyo, suyo*) reemplazan a las cortas o neutrales (*mi, tu, su*) en tres situaciones:

(1) para poner énfasis en el poseedor como información nueva o contrastada:
—Pedro me pide un préstamo. —Claro, nunca gasta el dinero **suyo.** ('he never spends *HIS* money')

	FORMA CORTA: delante del sustantivo	FORMA LARGA: después del sustantivo
(yo)	**mi** abuelo, **mis** tías	el abuelo **mío,** las tías **mías**
(tú)	**tu** abuelo, **tus** tías	el abuelo **tuyo,** las tías **tuyas**
(nosotros, -as)	**nuestro** abuelo, **nuestras** tías	el abuelo **nuestro,** las tías **nuestras**
(vosotros, -as)	**vuestro** abuelo, **vuestras** tías	el abuelo **vuestro,** las tías **vuestras**
(ella, él, ellos, ellas, Ud., Uds.)	**su** abuelo, **sus** tías	el abuelo **suyo,** las tías **suyas** (el abuelo *de él*, las tías *de Uds.*)

Figura 8.f Adjetivos posesivos – formas cortas y largas

Gramática visual: *su(s)*

(2) cuando un artículo o demostrativo precede al sustantivo:
un abuelo **mío**, *esa* tía **suya/de usted** ('a grandfather of mine, that aunt of yours')
(3) cuando el posesivo no está con sustantivo, por ejemplo tras el verbo *ser*:
Estas llaves son **mías** (tuyas, suyas, de él, etc.) ('...are mine/yours/his...')

Además, en algunos dialectos la ***de*** de preposiciones compuestas se interpreta como *posesivo*, con las formas largas: *detrás mío* (en vez de *detrás de mí*), *alrededor nuestro* (en vez de *alrededor de nosotros*).

Se puede reforzar el posesivo con el adjetivo *propio* 'one's own' (contrario: *ajeno* 'someone else's'):

No sigas criticando los hábitos míos; fíjate en *tus propios* defectos.
Más vale tener libro *propio* que uno *ajeno*, porque así podrás anotarlo como quieras.

Pero los posesivos se usan menos que en inglés porque se prefiere un artículo definido si la posesión ya es obvia:

Laura pone **las** manos en el agua y comienza a lavarse **la** cara. (en vez de *sus manos, su cara*)

8.6. Un paso más: variación pronominal. Aunque la gramática es bastante uniforme en todos los dialectos del español, hay variación en los pronombres. Ya vimos la condición de *vosotros*, que se usa en España pero no en Hispanoamérica. A continuación comentamos otras dos variantes importantes.

8.6.1. El leísmo. Los clíticos *me, te, nos, os, se* sirven igualmente para el objeto directo (*Julia* ***me*** *conoce bien*) e indirecto (*Julia* ***me*** *da la llave*). Pero en la tercera persona los dos tipos de objeto se distinguen.

	formas tónicas: sujeto	**clíticos: objeto directo**	**clíticos: objeto indirecto**
singular	él, ella, usted	lo (*masc.*), la (*fem.*)	le (*sin distinción de género*)
plural	ellos, ellas, ustedes	los (*masc.*), las (*fem.*)	les (*sin distinción de género*)

Este sistema general predomina en Hispanoamérica y también en muchas regiones de España. Pero en el centro de España prefieren el LEÍSMO, con *le* para el objeto directo si es persona masculina, y reservan *lo* para *una cosa* masculina.

		español general	**leísmo**
(*persona masculina*)	—Hay un hombre allí.	—Sí, **lo** veo.	—Sí, **le** veo.
(*cosa masculina*)	—Hay un avión allí.	—Sí, lo veo.	—Sí, lo veo.
(*persona femenina*)	—Hay una mujer allí.	—Sí, la veo.	—Sí, la veo.
(*cosa femenina*)	—Hay una bicicleta allí.	—Sí, la veo.	—Sí, la veo.

Ambos se aceptan, pero hay que ser consistente. Aquí recomendamos el uso "general" porque es el de la mayoría de los hispanohablantes y evita confusión entre los objetos directo (***Lo*** *veo* 'I see him') e indirecto (***Le*** *doy la llave* 'I give him the key, the key to him', v. L.9). Pero esta variación ha originado debates. Algunos dicen "le ayudo" y "lo ayudo" sin discriminación; otros ven una diferencia en el grado de actividad del sujeto (más actividad directa en "lo ayudo"). El problema se limita a los verbos transitivos como *ayudar* que tienen un solo objeto.

Sin embargo, hay un caso en el que el leísmo es general en el mundo hispano: cuando el sujeto es inanimado (una cosa) y el objeto directo es humano, hay una tendencia a usar *le/les* en lugar de *lo/la/los/las*, o sea, tratarlo como objeto **indirecto**:

—¿La respuesta sorprendió a la maestra? —¡Sí que **le** sorprendió!
—¿La salud de los abuelos preocupa a mis padres? —¡Sí que **les** preocupa!

Esta tendencia también se extiende a los casos cuando tanto el sujeto como el objeto directo son humanos (o ambos no humanos):

—¿El abuelo preocupa a la abuela? —¡Sí que **le** preocupa!
—¿El papá sorprendió a sus hijas? —¡Sí que **les** sorprendió!
—¿La *x* precede a la *y*? —Sí, a la *y* **le** precede la *x*.

8.6.2. El voseo. El pronombre de segunda persona ***vos*** tiene gran extensión en Centroamérica y Sudamérica, especialmente Argentina. *Vos* no es *vosotros*; es singular y significa lo mismo que *tú*. Sigue una sinopsis de sus formas:

Forma nominativa/preposicional: ***vos*** Objeto clítico: ***te*** Posesivo: ***tu, tuyo***.

Las formas verbales varían. En algunos países son las de *vosotros* y en otros, las de *tú*. En Argentina las formas predominantes son las de *tú*, pero con la desinencia acentuada en el presente de indicativo/subjuntivo; los mandatos afirmativos tienen *-á, -é, -í*. *Ser* tiene la forma especial *sos*:

vos pens**ás**, pod**és**, entend**és**, dorm**ís**, **sos**
¿Por qué no com**és** **tu** sopa? ¡Com**é**, termin**á**!
Te digo que **vos tenés** razón.
Sentate y **divertite** con nosotros.

8.7. Resumen. El sistema pronominal del español es muy diferente del inglés. Concluimos con seis diferencias que causan la mayor parte de los problemas.

1. *Usted* siempre es diferente de *tú* (§8.1.2), y sus formas verbales, pronominales y posesivas son las de *él* y *ella*.
2. Por lo general, el español **no expresa "it" como sujeto** (§8.2.1).
3. Los objetos directos e indirectos se distinguen con *lo(s), la(s)* vs. *le(s)*. *Le(s)* cambia a *se* con otro pronombre en *L-*, pero **solamente entonces** (§8.4); de lo contrario, ***se*** **es reflexivo**. Hay otras formas distintas para posesivos y término de preposición. Sigue un pasaje que muestra estas distinciones:

   Mi abuela es una persona especial y soy **su** (*posesivo*) nieta favorita. Pienso mucho en **ella** (*forma preposicional*). Cuando **la** (*objeto directo*) visito, **le** (*objeto indirecto*) llevo algún regalito. Y cuando **se** (*se en lugar de* **le**) lo doy, ella siempre **se** (*reflexivo*) alegra.
4. A diferencia del inglés, que emplea palabras distintas en *you + give + it + to + me*, en español oímos algo como una sola palabra, /melodás/: un verbo, *dar*, más información sobre el tiempo (el presente), la identidad de su sujeto en el sufijo *-s* y la identidad de sus objetos en los clíticos, que suenan como un prefijo *melo-*.
5. Hay dos maneras de expresar los pronombres, **neutral** y **enfática**:

neutral	**énfasis en el sujeto**	**énfasis en el objeto**	**énfasis en ambos**
Los visita.	*Ella* los visita.	Los visita *a ellos*.	*Ella* los visita *a ellos*.

6. Los clíticos tienen un orden fijo; los pronombres enfáticos, en cambio, pueden "flotar" en su posición:

   Los visita *ella*. *A ellos* los visita. *A ellos* los visita *ella*.

Si uno interpreta estas oraciones conforme al inglés sin prestar atención a las formas del verbo y sus clíticos, es probable que no las comprenda: *A ellos los visita ella* no significa "They visit her", sino "*She* visits *them* (con énfasis)". Otro ejemplo se ve en esta oración de un estudiante: "El problema con los matones es que **los destruye una escuela**", pensando en la sintaxis inglesa, 'The problem with bullies is that *they destroy a school*', pero lo que comunicó en *español* fue 'The problem with bullies is that a school (*sujeto invertido*) destroys them (*objeto directo*)', ¡lo contrario de su intención! En español, **lo que define la relación de "quién le hace qué a quién" no es el orden de palabras** sino las formas del verbo y de sus pronombres y señales como la "*a* personal", y este principio es fundamental para poder comunicarse.

8.8. **Para referencia: formas neutrales vs. enfáticas.** Siguen más ejemplos de tipos de relaciones pronominales. Estúdielos bien para comprender cómo y cuándo se usan las formas.

Sujetos y objetos	***neutral***	***énfasis en el sujeto***	***énfasis en el objeto***	***énfasis en ambos***
'You (all) see me'	Me ven.	*Ustedes* me ven.	Me ven *a mí.*	*Ustedes* me ven *a mí.*
'I see you (Sir)'	Lo veo.	*Yo* lo veo.	Lo veo *a usted.*	*Yo* lo veo *a usted.*
'She sees them'	Los ve.	*Ella* los ve.	Los ve *a ellos.*	*Ella* los ve *a ellos.*
'You (fam.) see him'	Lo ves.	*Tú* lo ves.	Lo ves *a él.*	*Tú* lo ves *a él.*
'They see us'	Nos ven.	*Ellos* nos ven.	Nos ven *a nosotros.*	*Ellos* nos ven *a nosotros.*
'They see themselves'	Se ven.	*Ellos* se ven.	Se ven *a sí mismos.*	*Ellos* se ven *a sí mismos.*
'They see each other'	Se ven	*Ellos* se ven.	Se ven *uno al otro.*	*Ellos* se ven *uno al otro.*

Posesivos	**neutral**	**enfático**	**más distintivo**	**identificación: 'It's..., They're...'**
'my house'	mi casa	la casa *mía*	—	Es *mía.*
'my houses'	mis casas	las casas *mías*	—	Son *mías.*
'his/her/your (usted) their house'	su casa	la casa *suya*	la casa *de él (ella, usted, ustedes)*	Es *suya.* Es *de él (ella)* Es de *ellos (usted, ustedes)*

APLICACIÓN

Actividades

A. Énfasis en el sujeto: Fórmense parejas. Un amigo lo acusa a usted de varias cosas. No acepte la culpa; échesela a otra persona. Algunas acusaciones tienen objetos que pronominalizar.

Modelo: ¡Tienes mi bolígrafo! —No, no lo tengo **yo**. Lo tiene **ella** (lo tiene él, lo tienes tú, etc.)

1. ¿Usas mi cepillo?
2. ¡Ensucias la bañera!
3. ¿Abres la ventana por la noche?
4. Enciendes las luces cada mañana.
5. ¡Conduces el coche muy mal!
6. ¡Roncas cada noche!
7. Escoges pizzas asquerosas.
8. Siempre te enojas.
9. Me despiertas con tus gárgaras.
10. Dejas botellas vacías en el piso.

B. Énfasis del objeto directo: Las acciones resultan mutuas. Añada énfasis contrastivo según el modelo.

Modelo: No te entiendo → Yo no te entiendo a ti, y tú no me entiendes a mí.

1. Esteban nos saluda.
2. Mariluz te intenta imitar.
3. Pablo, te voy a dejar un recado.
4. Señora, usted me recuerda.
5. Amigos, me ayudan bastante.
6. Carmen y Anita nos insultan.

Ejercicios

C. Comprensión: Identifique el REFERENTE (a quién/a qué se refiere) de cada pronombre en cursiva.

1. *Le* doy la cajita a Alicia; *ella la* abre, ve el anillo y *se lo* pone.
2. Guillermo *le* ofrece un anillo a su novia y *se lo* pone.
3. Lidia piensa dejar el postre en el refrigerador; *lo* puede terminar más tarde.
4. Los zapateros *les* arreglan los zapatos a los clientes y *se los* entregan.
5. El espía *le* pasa la microficha a su cómplice, quien abre su bolsa y *la* mete en *ella*.

D. Corrección: Siguen errores de estudiantes que todavía tienen problemas con los pronombres. Corríjalos.

1. *Las jóvenes ven sus amigos y ellas saludan él.
2. *Nos buscamos para el coche, pero lo no está.

3. *El niño necesita dinero, pero su padres no le dan.
4. *La tía de mí trata me bien cuando visito a ella.
5. *Te doy el paquete, pero usted tiene que aceptar la factura con lo.

E. Revisión: En cada oración o par de oraciones hay redundancia. Cambie la segunda mención del sustantivo, usando (a) pronombre, (b) nada (omisión) o (c) un adverbio como *allí* (referido a un lugar), según convenga. (Estas oraciones se basan en ejemplos reales sacados de composiciones de estudiantes).

1. Mis amigos son muy importantes. Mis amigos me ayudan y cuento con mis amigos cuando tengo problemas.
2. Raquel estudia alemán, y el alemán le gusta tanto que ella piensa especializarse en alemán.
3. Yo nací en Atlanta en 1973, pero yo ya no vivo en Atlanta.
4. Marisa promete ayudarnos con el proyecto, pero tenemos que completar el proyecto sin Marisa.
5. Mi hermana juega bien al básquetbol; creo que el basquetbol es la única afición de mi hermana.

F. Más revisión: Siguen sinopsis de la acción de telenovelas. Mejórelas eliminando la redundancia (como en Ej. E), pero también combínelas con conjunciones apropiadas (*y, o, pero, sino, aunque,* etc.)

1. Alejandro sabe que Mónica está casada. Alejandro se enamora locamente de Mónica.
2. La doctora le dice a Hernán que Hernán está enfermo. Hernán sólo tiene dos meses de vida.
3. Victoria se enfada con Osvaldo. Indignada, Victoria abofetea a Osvaldo.
4. Andrea y Jacinto se encuentran en el hospital. Andrea lo besa a él y Jacinto la besa a ella, mutuamente.
5. Los señores Ortega oyen de la muerte de Benjamín. Después, ellos nunca se refieren a la muerte.
6. Isabel le revela a Rogelio que Isabel está embarazada. Rogelio se niega a casarse con Isabel.
7. Rubén abandona a Laura. Luego, Rubén vuelve a interesarse en Laura. Él promete amar a Laura para siempre.
8. Doña Lucrecia anuncia que ella no es la tía de Rosalía y Elena. Doña Lucrecia es la mamá de ellas.

G. Algunos verbos requieren preposiciones especiales para sus objetos. Siguen ejemplos de sustituciones que ha recomendado un profesor. Llévelas a cabo, teniendo cuidado con las formas pronominales con preposiciones y sin ellas.

Modelo: Esta señora sufre de varias enfermedades pero nunca las menciona. (referirse a)

→ Esta señora sufre de varias enfermedades pero nunca *se refiere a ellas.*

1. Los alumnos estudian un montón de fechas pero no las recuerdan. (acordarse de)
2. Los precios varían mucho y el cliente astuto siempre los mira. (fijarse en)
3. La artritis es una enfermedad dolorosa y muchos ancianos sufren de ella. (padecer)
4. A mí me interesan las arañas y no comprendo por qué tantas personas tienen miedo de ellas. (temer)
5. Los abuelos son sabios y sus consejos nos afectan mucho. (influir en)
6. No me gusta analizar la música; es más divertida cuando la escucho sin pensar en ella. (estudiar)
7. Mi hermana sale con un futbolista y cree que lo quiere. (enamorarse de)
8. El ladrón visita una tienda para examinar las mercancías; más tarde vuelve para llevárselas. (hacerse con)
9. Cuando vuelvo a casa, mi amigo camina conmigo. (acompañar)

H. Reportaje: Una fiesta sin éxito: Usted y Benjamín, su compañero de cuarto, planean una fiesta para esta noche, pero nadie quiere ir. Repórtele a Benjamín la excusa de cada persona, cambiándola a la tercera persona y teniendo cuidado con los pronombres y las formas verbales.

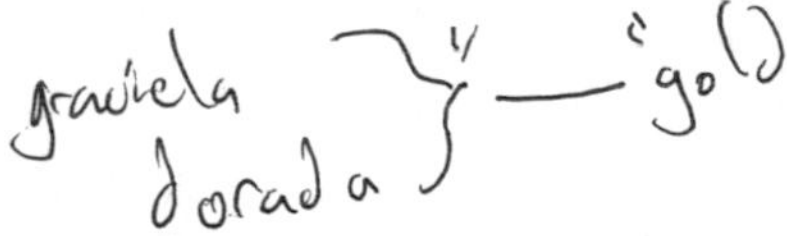

Modelo: Tina: "Tengo que planchar mi ropa". → *Tina tiene que planchar su ropa.*

1. Adriana: "Tengo que acostarme temprano".
2. Daniel: "Lo siento, estoy cansado".
3. Pilar: "Tengo que cuidar a mi hermanita, que me visita esta tarde".
4. Laura: "Gracias, pero necesito lavarme el pelo".
5. Pedro: "Tengo gripe (*tos*) y no quiero contagiarlos a ustedes".
6. Simón: "No quiero ir a ninguna fiesta sin Alicia, pero ella todavía está enojada conmigo".
7. Victoria: "Debo prepararme para mi examen".
8. Andrea: "Tengo que quedarme en casa porque me van a llamar mis padres a las 9:00".
9. Arturo: "Quiero verte a ti, pero no aguanto a Benjamín".
10. Geraldo: "Todavía recuerdo la última fiesta de ustedes y no quiero aburrirme otra vez".

Ejercicio textual

I. Repase §8.7, estudiando el ejemplo de pronombres que comienza con "Mi abuela...". Haga la misma identificación de las palabras **en negrilla** en la siguiente sinopsis de una película, pero también indique con "∅" los lugares donde el sujeto está omitido. Luego, escriba usted una breve sinopsis del mismo tipo, con los mismos tipos de pronombres personales y adjetivos posesivos.

Mi actor favorito es Pedro Martínez, especialmente en **su** película más reciente. En esta película, él es un agente del FBI, que **se** involucra en un lío tras otro. Los otros agentes **lo** detestan y **se** burlan de **él**, hasta un día cuando **le** asignan el caso más peligroso de **su** vida. Pero **él** sabe librar**se** de **sus** enemigos, **los** vence en una pelea estupenda, y al final el presidente **lo** nombra nuevo director de la agencia.

Adaptación de textos

J. El cartero: El siguiente pasaje describe una mañana típica de un cartero, Guillermo ("Guille") Ruiz. Vuelva a escribirlo con la perspectiva del señor Ruiz (es decir, en la primera persona).

Primero, pasa por la oficina de correos para recibir sus instrucciones. Allí recoge su bolsa de cartas y se entretiene un ratito charlando con su jefa. A las 9, sale a repartir su carga. Sabe las direcciones de memoria y todos los vecinos del barrio lo conocen bien. Se acerca a la señora Martínez, quien lo saluda y le ofrece galletas. Él le entrega varios catálogos y cartas y sigue caminando por la acera. Se encuentra con Tomás Bermúdez, quien le pregunta, como de costumbre, si no le lleva más que cuentas. Guille le sonríe y se las da; a su vez, Tomás le da una carta que echar. Luego, Guille oye un grito detrás de él y reconoce la voz de un viejo amigo suyo, Alfonso. Los dos se abrazan y Alfonso camina con él durante unos minutos. Mientras caminan, hablan de sus familias y discuten sobre sus equipos predilectos. Su amigo se despide de él. Guille continúa y a eso de las dos se detiene en un café y almuerza.

K. Amor y disciplina: Vuelva a relatar el siguiente pasaje de *dos* maneras:

1. en la tercera persona: perspectiva = la hermana del padre que habla sobre sus hijos.
2. en la primera persona plural: perspectiva = los hijitos (hablando de ambos padres)

Tengo dos hijitos, un niño y una niña, y los adoro. De ordinario me respetan, y sé que me necesitan y confían en mí. Me ayudan con los quehaceres y luego juego con ellos. Por lo general nos llevamos bien y me siento muy contento con ellos.

Pero me vuelven absolutamente loco cuando no me obedecen. Más bien, me desoyen: les digo algo y ellos me ven y me oyen pero no me escuchan, no me prestan atención. Me enfurezco, los regaño y acabo por gritarles. Y entonces me miran como a una fiera. Les digo que si no se apuran, les espera una nalgada que nunca van a olvidar. Se asustan y corren a obedecerme. Luego me calmo y trato de acordarme de mi propia niñez, pues yo también fui niño. Me miro a mí mismo en el espejo: soy adulto ahora, pero amenazo con los mismos castigos que mis padres. Busco a los chiquitos, me disculpo por mi enojo y nos abrazamos.

Ensayo

L. El coreógrafo: Usted es asesor ('consultant') para una empresa que produce vídeos musicales. Después de oír la nueva canción *¡Cuánto te quiero!* de una joven cantante que se llama Andrea Vozdulce, usted recomienda maneras de ejecutar la canción. Escriba en un párrafo una sinopsis de la acción (gestos, movimientos) y escenas que usted sugiere. Por ejemplo, "Andrea agarra el micrófono, lo acerca a la boca y con los ojos medio cerrados comienza la primera estrofa...". Use el tiempo presente y tenga cuidado con los verbos y los pronombres.

LECCIÓN 9 El objeto indirecto

Como dice el refrán:

- Dale un huevo al codicioso y te pedirá la gallina.

PRESENTACIÓN

■¡OJO! Para esta lección usted debe sentirse seguro de sus conocimientos sobre el sujeto, los objetos y las formas pronominales. Antes de continuar, estudie las siguientes situaciones, y si no comprende bien la razón para el uso de cada forma, repase las lecciones anteriores (L.7–8):

(1) Juan tiene una novia, María.	(2) María tiene un novio, Juan.
La quiere mucho y decide dar**le** un collar.	**Lo** quiere mucho y decide dar**le** un reloj.
Se lo da en Navidad. (=**le lo*)	**Se lo** da en Navidad. (=**le lo*)
Ella **se** alegra mucho con **su** regalo.	Él **se** alegra mucho con **su** regalo.

9.1. **Introducción al objeto indirecto.** Se dice que en una oración como *Juan le da un collar a María* ('John's giving a necklace to Mary'), *un collar* "completa" directamente el significado del verbo ("¿da?, ¿da *qué*?"), y que *a María* lo completa de manera indirecta o menos directa ("da el collar; ahora bien, ¿*a quién*?"). De ahí vienen los términos COMPLEMENTO DIRECTO y COMPLEMENTO INDIRECTO, que también se conocen como OBJETO DIRECTO y OBJETO INDIRECTO.

9.1.1. **Sintaxis.** En inglés, usamos el objeto indirecto en la construcción siguiente para indicar 'to whom, for whom'.

sujeto	+	**verbo**	+	**objeto directo**	+	**objeto indirecto**
John		is giving		a necklace		to Mary/to her.
John		is making		a necklace		for Mary/for her.

Alternativamente, los dos objetos cambian de posición con la omisión de *to* o *for*:

sujeto	+	**verbo**	+	**objeto indirecto**	+	**objeto directo**
John		is giving		her/Mary		a necklace.

El español prefiere la secuencia siguiente (no es posible *"Juan da María un collar"):

sujeto	+	**obj. indir.**	+	**verbo(s)**	+	**objeto directo**	**(+ frase con *a*)**
Juan		le		da (va a dar)		un collar	(a María, a ella)
Juan		le		hace		un collar	(a María, a ella)

El clítico *le* tiene una posición fija junto al verbo (v. §8.4), pero la frase con *a* puede estar en posición inicial:

Le da un collar *a María* (*a ella*) = *A María* (*A ella*) *le da* un collar.

Ambas versiones significan 'He gives Mary a necklace': con la *a*, *a María* es el objeto indirecto, ¡no el sujeto!

9.1.2. El clítico "duplicante". Los clíticos *me, te, nos, os, le, les* bastan para indicar un objeto indirecto pronominal, pero añadimos ***a*** + *pronombre* para enfatizarlo o aclararlo (v. §8.3.1):

neutral: Juan *me* da un collar. Juan *te* da un collar.
enfático: Juan *me* da un collar ***a mí,*** pero no *te* da nada ***a ti***.
neutral: Juan *le* da un collar. Juan *les* da un collar. Juan *nos* da un collar.
enfático: Juan *le* da un collar ***a ella*** (él, usted), pero no *nos* da nada ***a nosotros***.

Por eso, no se dice **Juan escribe una carta a* ***ella*** en español; el verbo requiere el clítico, y *a ella* es para énfasis.

Pero también usamos el clítico *le(s)* cuando el objeto indirecto se expresa con sustantivo. Este CLÍTICO DUPLICANTE indica que la frase ***a*** + SUSTANTIVO es el objeto indirecto, no el directo.

obj. indirecto (con clítico duplicante): Juan ***le*** da un collar ***a su novia,*** pero no ***les*** da nada ***a sus hermanas***.
obj. directo (sin clítico duplicante): Juan ama **a su novia**, pero no ama **a sus hermanas**.

o con el cambio de ***le(s)*** → ***se*** con otro clítico que comienza con *L-* (v. §8.4):

Juan (***le*** *lo*→) **se** lo da *a su novia*. ('John gives it to his girlfriend')

En la lengua moderna, "Juan da un collar a su novia" (sin la duplicación del clítico *le*) es inusual o agramatical. El clítico también acompaña a los interrogativos *a quién, a cuál* cuando se refieren al objeto indirecto:

¿*A quién* ***le*** da Juan un collar? ('To whom is John giving a necklace? = Who's he giving a necklace to?')

Pero puede omitirse con cosas o instituciones:

Es necesario dar más agua *a estas plantas*.
Voy a enviar mi expediente *a una compañía extranjera*.

9.2. Con los verbos transitivos: el tipo *dar*.

El objeto indirecto se usa más en español porque expresa más relaciones y puede acompañar casi todos los verbos. Comenzamos con los transitivos como *dar*, que aceptan ambos tipos de objeto: directo e indirecto.

9.2.1. Función: la entidad "involucrada". Si el sujeto y el objeto directo son el verbador y el verbado ('verber and verbed'), el objeto indirecto es el VERBATARIO ('verbee'). No se limita en español a 'to whom'/"for whom', sino que incluye otras relaciones también: 'of whom', 'on whom', 'from whom', etc. Representa una ENTIDAD INVOLUCRADA ('involved entity'), alguien o algo afectado por lo que pasa entre el sujeto y el objeto directo. Este efecto puede ser de beneficio, de daño o neutral, según el contexto. Por eso, **muchos verbos toman un objeto indirecto en español** donde el inglés requiere otra

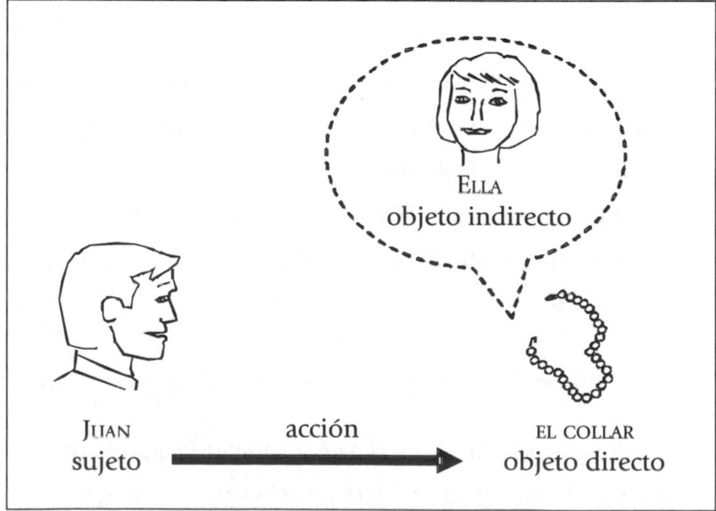

Figura 9.a El objeto indirecto como entidad involucrada en la acción

construcción. Estudie los ejemplos siguientes, fijándose en el efecto de *le (...a ella)*:

Juan le da el collar.	('gives the necklace *to her*')
Juan le quita el collar.	('takes away/off the necklace *from her*')
Juan le abrocha el collar.	('fastens her necklace *for her*')
Juan le repara el collar.	('fixes her necklace, fixes it for her')
Juan le pone el collar.	('puts the necklace *on her*')
Juan le reprocha/critica el collar.	('fusses *at her*/criticizes *her for her* necklace')
Juan le arroja el collar	('throws the necklace *at/to/on her*')
Juan le agradece el collar	('thanks *her*/is grateful *to her* for the necklace')

Por tanto, el sentido exacto del objeto indirecto, o sea el tipo de involucramiento, depende del verbo:

- 'GIVING TO': dar, ofrecer, regalar, vender, servir, mandar, traer, prestar, devolver, proporcionar, entregar, etc.
- 'TAKING FROM': quitar, robar, comprar, arrebatar, ganar, restar, reclamar, confiscar, etc.
- 'COMMUNICATING TO': decir, explicar, hablar, preguntar, escribir, advertir, informar, etc.
- 'SHOWING TO/HIDING FROM': mostrar (ue), presentar, enseñar, señalar, esconder/ocultar, etc.
- 'DOING TO/FOR': hacer, arreglar, revisar, leer, preparar, comprar, echar, tirar, etc.
- 'LETTING/PERMITTING/PREVENTING/FORGIVING': permitir, prohibir, impedir, negar, perdonar, etc.

La misma construcción se usa con *pedir* y *pedir prestado* también, a diferencia de *ask* y *borrow* en inglés:

Juan le pide el collar (a María).	'John asks her for the necklace = requests the necklace from her'
Juan le pide prestado el collar.	'John borrows the necklace from her = borrows her necklace'

■¡OJO! Si uno trata de usar las construcciones inglesas (*take* **from**, *steal* **from**, *ask* **for**...) en vez del objeto indirecto español, el resultado puede ser extraño, diferente o hasta agramatical. Por ejemplo, *robar el collar* **de** *María* no significa 'steal the necklace from Mary', sino 'steal Mary's necklace' (puede que ella esté ausente y *no* involucrada en esta acción). Observe también la diferencia entre un objeto indirecto y *para* ('for'), que expresa el propósito:

¿Qué te parece esta muñeca? *Te* la compré **para** Anita. ('What do you think of this doll? I bought it *for you* (indir. obj.) *for Anita* (purpose, to give to Anita)).

Gramática visual: el objeto indirecto

9.2.2. Algunos casos especiales. Es típico en español representar el **poseedor** del objeto directo como el indirecto; así, bastará el artículo definido con el objeto directo en lugar del posesivo (v. §8.5). Según la lógica española, la persona está involucrada en la acción por su posesión del objeto directo, y este no necesita el posesivo del inglés.

> **Le** admiro *los* ojos (la sinceridad, etc.) **a María.** 'I admire *Mary's* eyes (sincerity, etc.)'
> Pueden suspender**te** *la* licencia. 'They can suspend *your* license'
> El médico **les** va a vendar *las* heridas (**a ustedes**). 'The doctor's going to bandage *your* wounds'
> La peluquera **me** lava el pelo. 'The hairdresser washes my hair (for me)'

El objeto indirecto también es la tercera entidad en las expresiones que **ya tienen objeto directo,** como *tener miedo* y *llamar la atención:*

> Gloria *le* tiene miedo *a Jorge*. 'Gloria's afraid *of George* (has fear of him)'
> Gloria *les* llama la atención *a sus amigos*. 'Gloria attracts *her friends'* attention'

Siguen ejemplos de otros verbos que, ya teniendo objeto directo, expresan otro objeto como *indirecto* (*a algo, a alguien*):

echarle la culpa (a alguien): 'blame'
echarle un vistazo (a algo): 'take a look at'
no hacerle caso (a alguien): 'ignore'
hacerle daño (a algo/alguien): 'harm'
hacerle frente (a algo/alguien): 'face up to'
tenerle lástima (a alguien): 'feel sorry for'
hacerle una mueca (a alguien): 'make a face at'
darle una vuelta (a algo): 'turn (something)'
tomarle el pelo (a alguien): 'kid, pull one's leg'
sacarle la lengua (a alguien): 'stick out one's tongue at'
darle/estrecharle la mano (a alguien): 'shake one's hand'
llevarle ventaja (a alguien): 'have an advantage over'

A veces implicamos un objeto directo sin mencionarlo, así que el único objeto que sí expresamos es el *indirecto* (verbatario), no *directo* (verbado), a pesar de la apariencia de la construcción inglesa:

> Juan *le* sirve. ('John's serving *her*', pero lo que sirve es *la comida o bebida* y se la sirve *a ella*).
> Juan *le* pregunta/contesta/escribe. ('John asks/answers/writes *her*'; su *mensaje* es el objeto directo).
> Juan *le* paga ('John pays *her*', pero le paga *el dinero*)

Y a diferencia del inglés, los objetos de los siguientes verbos tienden a ser **indirectos** y no **directos**:

obedecer(le, a alguien): 'obey someone'
pegar(le, a alguien): 'hit/slug someone'
entender(le, a alguien): 'understand someone'
disparar(le, a alguien): 'shoot someone'

■¡OJO! Algunos verbos reflexivos tienen una construcción con ***a*** que *no* es objeto indirecto: *agarrarse a, referirse a, parecerse a, dedicarse a, acostumbrarse a, oponerse a, resistirse a,* etc.

> Me refiero **a él.** (imposible: **me le refiero*) 'I'm referring to him'

9.3. Con los verbos intransitivos.

Los verbos INTRANSITIVOS—*ir, acontecer, salir, gustar,* etc.—no aceptan objeto *directo* pero sí permiten uno *indirecto* para una entidad que está involucrada en lo que pasa.

9.3.1. Verbos del tipo *pasar, ir, ser,* etc. Los verbos de acontecimiento ('happening') se usan mucho con objetos indirectos:

> *pasar, acontecer, suceder*: 'happen'. No *les* pasa nada. 'Nothing happens to them'
> *ir*: 'go, proceed': Todo *le* va bien *a Raquel*. 'Everything's going fine for Rachel'
> *salir* 'come out': Este mapa no *me* sale bien (me resulta difícil). 'My map's not coming out right'
> *ocurrirse*: 'occur (realization)': Se *le* ocurre una idea. 'An idea occurs to him'

Entre estos verbos se incluyen los que llevan el *se* idiomático o intransitivo (v. §7.5.2-3). En los ejemplos siguientes, observe que añadimos un objeto indirecto para indicar que el suceso le ocurre a alguien y lo afecta:

un suceso intransitivo	**este suceso le ocurre *a alguien*.**
Se van los hijos. 'The kids leave'	Se **le** van los hijos. 'His kids are leaving him (going away on him)'
Las llaves se pierden. 'Keys get lost'	Las llaves se **me** pierden. 'I lose my keys, my keys get lost'
Se rompen las gafas. 'Glasses break'	**A Jorge** se **le** rompen las gafas. 'George's glasses break, get broken'

Con COPULATIVO + ADJETIVO (v. §3.1.1), el objeto indirecto indica la persona que experimenta la situación. El equivalente inglés generalmente es *to* o *for*:

A Gloria le es imposible (necesario, importante, molesto) aceptar el collar.
Todo eso **le** suena/parece absurdo (increíble, ridículo) **a Ricardo**.

9.3.2. ***Gustar.*** Se dice que *gustar* tiene una construcción o RÉGIMEN (selección de sujeto y objeto) que es contraria al inglés: *I like pizzas* vs. *Las pizzas me gustan*. Pero sólo parece "contraria" si uno piensa que significa 'like'. En realidad, *gustar* es un verbo intransitivo ordinario que significa 'give pleasure':

Las pizzas *gustan* en todas partes. 'Pizzas give pleasure (are popular) everywhere'

Por tanto, acepta un objeto *indirecto, pero no directo*:

Las pizzas **me** gustan mucho **a mí**, pero no **le** gustan **a mi hermana**.

(El artículo, ***las** pizzas,* señala referencia a las pizzas en general, v. §25.3.1.) Fíjese en que la cosa que causa el placer es el sujeto; la persona afectada (involucrada) se expresa como objeto indirecto.

Las pizzas	**me/le**	gusta***n***	(a mí, a ella, a Sara)
sujeto del verbo	*obj. indir.*	*verbo*	*(énfasis opcional)*

En inglés también tenemos verbos de régimen "contrario": decimos "She *hates* anchovies" o "Anchovies *disgust* her" El español también tiene el verbo *disgustar*: "Las anchoas le *disgustan*". El prefijo ***dis-*** significa 'no', así que el contrario de *disgustar* es *gustar*: "No tienes razón. Las anchoas no le ***disgustan***, sino que le *gustan*".

El sujeto puede invertirse: SUJETO + VERBO → VERBO + SUJETO (v. §7.2). En español, el sujeto sigue al verbo si es la información más importante. Y así es en nuestros típicos comentarios sobre las preferencias:

Las ciencias me gustan. → Me gustan *las ciencias*. 'I like sciences, what I like is science(s)'

Pero no hay inversión si lo más importante es la reacción expresada por el verbo. (En inglés, uno lo acentúa.)

—Tú detestas la física, ¿no? ('You despise physics, don't you?')
—¡Qué va! Las ciencias me ***gustan***. ('No way! I ***like*** science')

Resultan, entonces, varias opciones de construcción:

	+ inversión:	
1. La física le gusta a Sara.	A Sara le gusta la física.	'Sarah likes physics (physics is pleasant to Sarah)'
2. La física le gusta a ella.	A ella le gusta la física.	'*She* (emphatic) likes physics'
3. La física le gusta.	Le gusta la física.	'She (neutral) likes physics'
4. Le gusta a Sara.	A Sara le gusta.	'Sarah likes it, it's pleasing to her'
5. Le gusta a ella.	A ella le gusta.	'*She* (emphatic) likes it'
6. Le gusta.		'She likes it'

■¡OJO! Si el sujeto se invierte (*le gustan las ciencias*) o se omite (*le gustan*), *gustar* sigue concordando con él. Recuerde que la frase con *a* **nunca** es el sujeto, sino el objeto indirecto: *A Sara le gusta* o *Le gusta a Sara* no significa 'he likes Sarah (*Sara le gusta*)' sino la situación contraria: 'he/it is pleasing to Sarah, Sarah likes it/him'. Por último, recuerde que los sujetos *'it'* y *'they'* (cuando significan cosas) no se expresan (v. §8.2): *le gusta* (*'it's* pleasing to her' = 'she likes it)'

Gustar se usa en cualquier persona, generalmente para indicar satisfacción, no amor (=los verbos transitivos *querer* y *amar*):

(Tú) me gustas. 'I like you (you are pleasing to me)'

(Yo) les gusto a mis aficionados. 'My fans like me (I'm pleasing to them)'
(Nosotros) les gust**amos.** 'They like us (we're pleasing to them)'

Y claro que *gustar* se conjuga en cualquier tiempo verbal y con los verbos auxiliares (v. §1.4.1): *Les gusta, les gustó, les gustará, les va a gustar, les puede gustar* ('they like it, they liked it, they 'll like it, they're going to like it, they may like it').

9.3.3. Otros verbos del tipo *gustar*. Hay muchos verbos de "régimen contrario". Se usan intransitivamente y pueden ocurrir sin objeto:

El dinero siempre *gusta/importa/basta*. 'Money always pleases/matters/suffices'

Pero como *gustar*, aceptan un objeto indirecto para una persona afectada por la situación, y su sujeto siempre representa la *causa* de esta situación:

El dinero ***me*** *gusta/****nos*** *importa/****te*** *basta.*

Sigue una lista de los principales verbos como *gustar*. Los mostramos con inversión del sujeto y con la frase enfática ***a ella***, pero también son posibles los demás patrones de §9.3.2 (*Los postres le gustan, Le gustan los postres, A ella le gustan los postres, Le gustan*).

1. verbos de reacción o impresión

gustar	A ella le gustan los postres.	'She likes desserts, desserts please her'
disgustar	A ella le disgusta el ruido.	'She dislikes noise, noise irks/annoys her'
aburrir	A ella le aburre el arte.	'Art bores her, she's bored with art'
extrañar	A ella le extraña esto.	'This is odd to her, she finds this strange'
encantar	A ella le encantan las fiestas.	'She loves parties, parties delight her'
importar	A ella le importan los niños.	'Kids matter to her, she cares about kids'
interesar	A ella le interesan los niños.	'She's interested in kids, kids interest her'
venir bien/mal	A ella le viene bien el plan.	'The plan suits her, she approves of it'
caer bien/mal	A ella le caes bien (tú).	'She likes you, she thinks you're a nice person'
antojarse	A ella se le antoja una pizza.	'She's in the mood for having a pizza'

Para preguntar por estas reacciones o impresiones, se usa el verbo *parecer*:

—¿**Qué le parecen** las películas? ('What does she think of the movies? How do they seem to her?')

—Le parecen interesantes/bien. Le interesan/gustan/encantan/extrañan/aburren, etc.

Otros verbos de reacción o impresión: *agradar* 'please', *apetecer* 'appeal to', *sorprender* 'surprise', *molestar* 'bother', *fascinar* 'fascinate', *irritar* 'irritate', *hacer gracia* 'strike as funny', *inquietar* 'upset', *conmover* 'move, thrill', etc. En la misma categoría hay numerosos modismos de *dar* + sustantivo:

Le da rabia. 'It makes her mad'	Le da lástima. 'She feels sorry for it (gives her pity)'
Le da lata. 'It bugs her'	No le da la gana ir. 'She doesn't feel like going'
Le da asco. 'It disgusts her'	Le da igual/lo mismo. 'She doesn't care one way or the other'
Le da miedo. 'It scares her'	Le da por plantar flores. 'She's taken to planting flowers'

Muchas de estas expresiones con *dar + sustantivo* (*dar miedo*) son equivalentes de *tener* + sustantivo (*tener miedo*, v. §3.3) para expresar la *acción* de causar la condición (o sea, de *dar* la condición):

Esto me **da** rabia/hambre/miedo/vergüenza. 'This *makes* me mad/hungry/afraid/ashamed'

—Tengo calor. —Sí, ese saco te **da** calor. '—I'm hot.—Yes, that jacket *makes* you hot (gives you heat)'

2. verbos de sensación fisiológica involuntaria

arder	A ella le arden los ojos.	'Her eyes are burning'
doler (ue)	A ella le duelen los pies.	'Her feet hurt, She's got sore feet'
temblar (ie)	A ella le tiemblan las manos.	'Her hands are shaking/trembling'
hacerse agua	A ella se le hace agua la boca.	'Her mouth is watering'

Otros verbos parecidos: *ponerse la carne de gallina* 'get goosepimples', *picar* 'itch', *sangrar* 'bleed'. La pregunta correspondiente es "¿Qué le (te, les...) pasa?" 'What's the matter with...?':

—¿Qué le pasa a José? —Le duelen (arden/pican) los ojos.

3. verbos de suficiencia

faltar	A ella le falta un botón.	'She's missing a button, She lacks a button'
quedar	A ella le quedan $45.	'She has $45 left, $45 remain to her'

Otros verbos parecidos: *hacer falta* 'need', *bastar* 'have enough', *sobrar* 'have more than enough', *alcanzar* 'have enough money for' (literally 'reach').

4. otros verbos del mismo régimen:

sentar (ie) *bien/mal, quedar bien/mal:* 'fit': Le sientan/quedan mal esos zapatos. 'Those shoes don't fit her'

convenir (ie): 'be convenient/appropriate for': Esa hora no me conviene. 'That time isn't right for me'

tocar; 'be one's turn, be up to, concern': Ahora, le toca pagar. 'Now it's up to her (it's her turn) to pay'

costar (ue): 'cost, be hard for': Creo que Hernán va a dominar el cálculo, pero le cuesta mucho.

9.4. El objeto indirecto y el reflexivo. El objeto indirecto puede ser reflexivo:

Paco necesita lavar**se** las manos (...lavár**selas**). 'Frank needs to wash his hands' ('...wash them')
Yo **me** rompí (ella **se** rompió) la pierna (**Me** la rompí). 'I broke my leg (she broke her leg)' ('I broke it')

Por eso, hay un contraste como en el objeto directo (cf. *Yo la veo* vs. *Ella se ve,* §7.4.1)

no reflexivo (a otra persona)	*reflexivo/recíproco (a sí mismo, uno a otro)*
Victoria **les** compra algo (a sus amigos).	Victoria **se** compra algo. 'buys it for herself'
Le pongo/quito el suéter (a mi hija).	**Se** pone/quita el suéter. 'she puts it on (herself)'
Felipe **le** pregunta **a Javier** qué pasa.	Felipe **se** pregunta qué pasa. 'asks himself, wonders'
Le doy la mano a Isabel.	**Nos** damos la mano. 'we shake (each other's) hands'

La distinción se mantiene si el objeto directo es sustantivo en vez de pronombre:

Mamá **le** abrocha el cinturón de seguridad. 'Mom fastens his seat belt for him (for her son)'
Mamá **se** abrocha el cinturón de seguridad. 'Mom fastens her (own) seat belt'

Si es pronombre *lo(s), la(s),* el *le(s),* cambia a *se* (v.§8.4); pero la distinción todavía se entiende:

Mamá **se lo** abrocha. = se lo abrocha a él. 'Mom fastens it for him' (*se* significa *le*)
Mamá **se lo** abrocha. = se lo abrocha a sí misma. 'Mom fastens it on (herself)'

Observe el contraste especial en el complemento indirecto del verbo intransitivo *quedar* (v. §3.5):

NO REFLEXIVO: **A Sara le** quedan dos. 'Two remain to Sarah = Sarah's got two left'
REFLEXIVO: Sara **se queda** aquí. 'Sarah's staying here'
Sara **se queda con** el dinero 'Sarah keeps the money'

Gramática visual: objeto indirecto vs. reflexivo

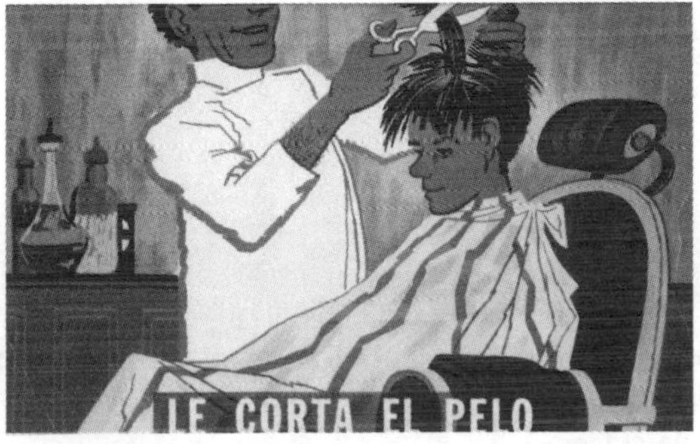

	OBJETO DIRECTO	OBJETO INDIRECTO
es *sustantivo* (+ **clítico duplicante** para el objeto indirecto)	Robo **al** niño. 'I steal the kid' Llevo **al** niño a la juguetería. 'I take the kid to the toy store'	**Le** robo (algo) **al** niño. 'I rob the kid, steal something *from* him' **Le** llevo un juguete **al** niño. 'I take a toy to the kid'
es *pronombre*: neutral	**Lo** robo. 'I steal him' **Lo** llevo a la juguetería. 'I'm taking him to the toy store'	**Le** robo (algo). 'I rob him, steal something *from* him' **Le** llevo un juguete. 'I'm taking him a toy (taking a toy *to* him)'
es *pronombre con énfasis*:	**Lo** robo **a él.** 'I steal *HIM (not her)*' **Lo** llevo **a él.** 'I'm taking *HIM*'	**Le** robo (algo) **a él.** 'I'm robbing *HIM (not her)*" **Le** llevo el juguete **a él.** 'I'm taking the toy to *HIM*'

Figura 9.b La expresión de objetos directos e indirectos

9.5. **Resumen.** El objeto indirecto tiene un uso mucho más amplio en español que en inglés en el reportaje de interacciones e impresiones personales. Algunas de sus formas (p. ej. *me, te*) y estructuras (*a* + ____) se parecen a las del objeto directo, pero la distinción de los dos tipos de objetos se mantiene en la tercera persona. Estudie los contrastes que se dan en la Figura 9.b.

Otros contrastes producen sentidos muy diferentes:

Ahora **la** toca a usted, señora. = obj. directo ('now he/it's touching you, ma'am')
Ahora **le** toca a usted, señora. = obj. indirecto ('now it's incumbent on you, it's your turn, ma'am')

Los verbos del tipo *gustar* se usan con objetos indirectos en una construcción contraria a la del inglés: *le gusta* equivale a 'she likes it', pero es más parecida a 'it pleases her' en su construcción. Con este tipo de verbo, el español tiende a representar lo que causa la reacción o condición como el SUJETO, y el que recibe o siente el efecto como el OBJETO INDIRECTO. Sin embargo, a veces la lengua ofrece dos maneras de expresar algo, y estas no deben confundirse:

construcción directa	(Él) necesita dinero.	Detesta el tofu.	Teme el resultado.
construcción contraria	Le hace falta dinero.	Le disgusta el tofu.	Le da miedo el resultado.

Por eso, es importante prestar atención al consultar un diccionario (v. §5.4.1). Dos ejemplos:

lack *tr.*: faltar(le a alguien) *intr.*, carecer (de algo) *intr.*
provide *tr.*: suministrar(le algo a alguien) *tr.*, proporcionar(le algo a alguien) *tr.*, proveer (de algo) *tr.*

Aquí vemos que a diferencia del verbo transitivo *lack* en inglés, *faltar* acepta un objeto indirecto pero no directo (es decir, se usa como *gustar*), mientras que *carecer* es directo pero requiere *de* para la cosa que falta, y *suministrar* y *proporcionar* se usan con la misma construcción que *dar*, pero *proveer* requiere *de* para la cosa que se da:

A los pobres les falta comida. Los pobres carecen de comida.
El gobierno les suministra comida a los pobres. El gobierno provee a los pobres de comida.

APLICACIÓN

Actividad

A. Es Navidad: sigue un diagrama (Figura 9.c) que representa lo que su profesor piensa darles a varias personas. Conteste sus preguntas. Recuerde que "yo" = el profesor (que habla con usted) y que "ustedes" = usted y los otros estudiantes de la clase.

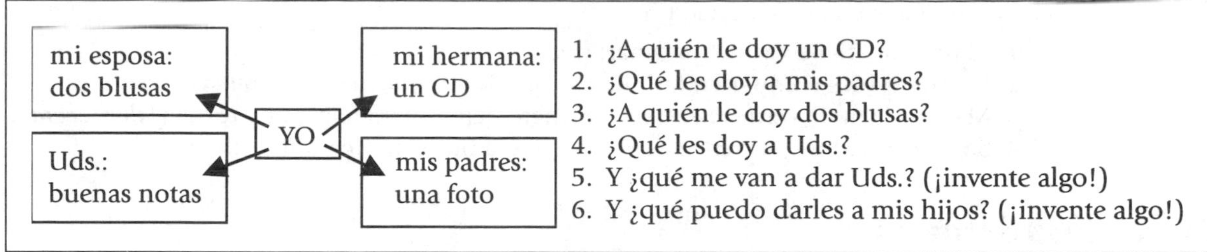

Figura 9.c Preguntas sobre regalos

Ejercicios

B. Siguen unas oraciones de estudiantes sobre algunos problemas sociales. Identifique los errores y corríjalos.

1. *Muchos jóvenes quieren ser ricos y parecen a ellos que la educación no es bastante.
2. *El sistema no puede pagar sus maestros dinero suficiente aunque todo depende de los.
3. *Los profesores no tienen bastante tiempo para dar cada estudiante la atención que necesita.
4. *El estudiante tiene pocos modelos para darles motivación, especialmente cuando los padres no les dan.
5. *Este profesor debía enseñar química pero dijo a nosotros que no se la gustaba.
6. *Los estudiantes faltan interés en su educación.
7. *Estos jóvenes roban sus familias de dinero.
8. *Su novio no gustan los hijos.

C. Haga más idiomáticas las oraciones siguientes sustituyendo el posesivo por una "entidad involucrada".

1. El zapatero dice que puede reparar mis sandalias.
2. Papá siempre critica la ropa de Hernando y hace difícil su vida.
3. Las manos de la anciana tiemblan y sus articulaciones duelen.
4. La cara del niño lastimado sangra y dos de sus dientes faltan.

D. Situaciones diarias: Complete de manera original con VERBO + OBJETO INDIRECTO (y si se necesita, un objeto directo también); use pronombres en vez de repetir sustantivos. Si quiere, añada información explicativa con *porque, aunque, si,* etc.

Modelo: Cuando oigo algo malo sobre un amigo mío, *no se lo digo porque es ofensivo.*

1. Cuando veo a otra persona que quiere pasar algo pesado por una puerta cerrada,...
2. Cuando un mendigo me pide una moneda,...
3. (a) Cuando quiero usar algo que pertenece a mi compañero/a de cuarto,... (b) Y cuando termino de usarlo,... (c) Cuando él/ella necesita usar algo mío,...
4. Cuando mi abuela me manda un regalo especial,...
5. Cuando veo a un niño jugando con un cuchillo,...
6. Cuando un policía me detiene y me pide identificación,...
7. Cuando un comentario del profesor me confunde,...
8. Cuando es el cumpleaños de mi mamá,...
9. Cuando estoy con dos amigos y viene un tercero que no los conoce,...
10. Cuando tengo las manos sucias y es hora de comer,...

E. Haga una expansión original de cada situación con al menos 4 verbos relevantes, incluyendo los dos indicados, según el modelo. Tenga cuidado con el régimen (transitivo, intransitivo, reflexivo, "reverso").

Modelo: Paco lleva ropa ridícula (*sentar/quedar mal, estar grande*): → Paco lleva ropa ridícula: los pantalones le sientan mal, la camisa le queda grande, la chaqueta de poliéster está pasada de moda y los calcetines no hacen juego con nada.

1. El paciente tiene varios síntomas: (*arder, doler*)
2. Patricia e Inés comparten las mismas opiniones: (*interesar, dar rabia*)
3. Mamá acaba de verificar si tiene los ingredientes para hacer una torta: (*faltar, sobrar*)
4. Soy aficionado(a) a ciertos deportes, pero a otros no: (*encantar, aburrir*)

Ejercicios textuales

F. El teatro de aficionados. Usted es el director de un drama que va a presentar, y sus actores voluntarios se quejan de problemas. Reporte en la tercera persona cada problema, usando *dice que* como en el modelo. Tenga cuidado con la distinción de pronombres (reflexivos, de objeto directo y de objeto indirecto).

Modelo: Ricardo: "¡No tengo mi guión!" → *Ricardo dice que no tiene su guión.*

1. Maruja: "A mí también me falta el guión".
2. Rubén: "Nos duelen los pies y queremos sentarnos".
3. Mariluz: "Es verdad: nunca nos permites un descanso entre los actos".
4. Martín: "Susana no me mira cuando me habla y no me presta atención".
5. Susana: "Es que Martín me hace muecas y no puedo concentrarme".
6. Eugenio: "Me parece bien insertar un par de chistes míos".
7. Juana: "Esos chistes me aburren, pero a todos les gusta una canción y yo canto muy bien".
8. Miguel: "Si me quedo al fondo, nadie me va a ver. Y me molesta morirme en la primera escena".
9. Osvaldo: "En esta parte le sirvo una bebida a Olga, pero es mejor si ella me la sirve a mí".
10. Olga: "Siempre prometes que me vas a dar el papel de la protagonista y nunca me lo das".
11. Ricardo: "¡Renuncio! Me niego a actuar con esta manga de idiotas".

G. Una riña: vuelva a escribir las siguientes oraciones telegráficas con formas apropiadas de las palabras indicadas más otras que se necesiten, y en forma de un cuento en tiempo presente.

1. Los padres / regalar / un lindo osito de felpa / su hija Lola
2. Lola / encantar / y / mostrar / su amiga Teresa
3. Teresa también / gustar / osito / y / pedir / Lola
4. Lola / prestar / y / Teresa / acariciar
5. Tras un ratito, Teresa / no devolver / sino/ comenzar a / irse con
6. Lola, indignada / tratar / quitar / osito / su amiga
7. Teresa / agarrar / y así / romper / oreja / osito
8. Lola / pegar / y / las dos / llorar
9. Mamá / acudir a calmar / su hija / y / prometer / arreglar
10. Lola / agradecer

H. Las idiosincrasias de mis amigos: las mismas instrucciones que en el ejercicio anterior.

1. Clara / fascinar / "chistes verdes" / y gustar / escandalizar / nosotros / con...
2. Pedro / dar rabia / cuando equivocarse / y / echar la culpa / otras personas
3. Jorge / siempre / pedir / sus amigos / dinero / y / gastar todo / en seguida
4. Cuando / no llevar gafas, / Mariluz / doler / los ojos / pero / negarse / poner
5. Concepción / ser fácil / las clases / pero siempre / preocupar...
6. Carlos / importar / el medio ambiente / y dar por / coleccionar / asquerosos especímenes / fauna
7. yo / parecer extraños / estos amigos / pero/ caer bien / y querer / mucho

I. Opiniones sobre la tarea: Exprese cada frase *en cursiva* con un verbo de "régimen contrario" como *gustar*.

1. *Jorge detesta* todas las tareas escritas.
2. *Para Miguel,* los ejercicios mecánicos *son muy aburridos*.

3. En cambio, *José necesita* este tipo de práctica.
4. Y *para Leonor,* todo trabajo *tiene gran importancia.*
5. *Sergio cree que es suficiente* una sola tarea.
6. Puesto que Carmen anda atrasada en sus tareas, todavía *tiene dos* que hacer.
7. Pero *no tiene* papel en blanco, mientras *Elena tiene papel extra,* así que le pide unas hojas a Elena.
8. *Cristina y Rosa tienen muchas dificultades para* redactar sus composiciones.
9. Y ahora, después de terminarlas, *las dos tienen dolor de* cabeza.

J. Las reacciones: Usted, yo y algunos amigos nuestros acabamos de ir a un museo de arte. Exprese la reacción de cada persona con el verbo que corresponde al sustantivo. ¡OJO! usted = ¡**usted** personalmente!

1. (yo, un amigo que habla) Bosch: molestia
2. (usted) Monet y van Gogh: gusto, placer
3. (Ramón) los pintores holandeses: encanto
4. (todos) los pintores medievales: aburrimiento
5. (Carlos y Luisa) Velázquez: fascinación
6. (nosotros, pero no usted): Picasso: interés
7. (usted y yo) el cubismo: indiferencia
8. (Marta) Warhol: humor

Adaptación de texto

K. En la aduana. Cambie la siguiente narración a la tercera persona. Tenga cuidado: hay que distinguir bien entre los objetos directos e indirectos, reflexivos y no reflexivos.

Soy una mujer de negocios y a veces me toca visitar otros países. Pues, me gusta viajar pero siempre me preocupo al llegar a la aduana. Esta experiencia me es muy desagradable. No sé por qué siempre les llamo la atención a los aduaneros, pero me miran fijamente y me doy cuenta que me consideran sospechosa. Me piden el pasaporte, me comparan con la foto y dicen que no soy la misma persona. Les contesto que sí lo soy, pero los retratos nunca me salen bien. Luego, les abro la maleta y ellos me la revisan. Se fijan en algún regalito y me lo quitan para pasarlo por el aparato de rayos X. Me lo devuelven y continúan. Me preguntan si tengo algo que declarar y contesto que no, pero todavía desconfían de mí y se dedican a examinar cada cosa en todo el equipaje que llevo conmigo. Me tratan como narcotraficante y van en busca de mi "contrabando", revuelven la ropa que tengo doblada y me atormentan alzando mi ropa para que todos la vean. Me quejo cortésmente, pero no me hacen caso.

Al final, me siento humillada y los muy sádicos se atreven a sonreírme y a decirme burlonamente: "Gracias, señora, pase usted y perdone la molestia". Me quedan sólo unos minutos ahora para llegar a mi destino, pero me tranquilizo, me quedo allí un ratito cerrando las maletas con calma y para vengarme les replico: "No fue molestia ninguna, señores".

L. Sigue un pasaje de la comedia *Juego de niños,* por Víctor Ruiz Iriarte, 1952. (Díaz Plaja, Fernando (ed.), *Teatro español de hoy: antología 1939-1966,* 2a edición, Madrid: Talleres Gráficos Escelicer, 1977, pág. 339.) Para mostrar su comprensión, *traduzca al inglés cada oración con* ***gustar***.

[Situación: Para vengarse de su esposo Ricardo, que anda con otras mujeres, Cándida busca su propio novio, y la ayudan sus hijos Tony y Manolín y su sobrina Maité proponiéndole a un profesor, Marcelo.]

MAITÉ: (Mostrándole con un ademán, orgullosamente, a Marcelo.) —¿Eh? ¿Qué te parece?
MANOLÍN: (Muy decidido) —¿Vale éste o buscamos otro?
TONY: (Con ojo de experto) —No tiene mala facha. Es agradable...
MARCELO: (Asombradísimo) —¿Se refieren ustedes a mí?
MAITÉ: —¡Claro! ¿A quién va a ser? [...] Me parece que este es el hombre que le conviene... ¿Le gusta?
TONY: —Di, mamá, ¿te gusta?
MARCELO: —Dígalo, señora, que no puedo más. ¿Le gusto?
CÁNDIDA: (Sin atreverse a mirarle. Muy bajito) —Pues... sí.
LOS TRES MUCHACHOS: (Aplaudiendo) —¡Bravo! ¡Bravo!
MAITÉ: —¡Le gusta! [...]
MARCELO: —¿De veras le gusto? Es emocionante.

([...] Tony y Manolín pasan al lado de Marcelo y le estrechan la mano efusivamente, con gran entusiasmo.)
TONY: —¡Enhorabuena, monsieur Duval! Le gusta usted.
MARCELO: —Gracias.

LECCIÓN 10 El presente de subjuntivo y el imperativo

Como dice el refrán:

- Haz bien y no mires a quién.

PRESENTACIÓN

10.1. **El presente de subjuntivo.** El INDICATIVO y el SUBJUNTIVO son dos MODOS o maneras de reportar, y se expresan con sistemas paralelos de formas verbales. El subjuntivo puede considerarse una inversión de la realidad expresada con el indicativo (v. L.11), y esto se refleja en su formación, en la que el verbo toma las **vocales contrarias** a las del indicativo.

10.1.1. **Formación regular.** El presente de subjuntivo se indica con **un cambio de vocal:** los verbos en *-er*/*-ir* toman la *-a* de la primera conjugación (*-ar*) y los verbos en *-ar* toman la *-e* de la segunda:

TOMAR: ***-a*** → ***-e***: tome, tomes, tome, tomemos, toméis, tomen
COMER: ***-e*** → ***-a***: coma, comas, coma, comamos, comáis, coman
VIVIR: ***-i/e*** → ***-a***: viva, vivas, viva, vivamos, viváis, vivan

Así que la forma *sienta* representa tanto el indicativo de *sentar* como el subjuntivo de *sentir.*

10.1.2. **Cambios radicales.** El presente de indicativo y el de subjuntivo tienen el mismo patrón acentual y los cambios que dependen de la acentuación (v. §1.2.1-2) se dan en los mismos sitios:

í *variar* (í): varíe, varíes, varíe, variemos, variéis, varíen
ú *continuar* (ú): continúe, continúes, continúe, continuemos, continuéis, continúen
e → **ie** *sentarse* (ie): me **sie**nte, te **sie**ntes, se **sie**nte, nos sentemos, os sentéis, se **sie**nten
o → **ue** *poder* (ue): **pue**da, **pue**das, **pue**da, podamos, podáis, **pue**dan

Además, los verbos en *-ir* de cualquier tipo —**(ue)**, **(ie)** o **(i)**— tienen otro cambio especial en el subjuntivo cuando la raíz queda átona (es decir, en las formas de *nosotros* y *vosotros*): ***o*** → ***u***, ***e*** → ***i***:

dormir (ue): duerma, duermas, duerma, d**u**rmamos, d**u**rmáis, duerman
sentir (ie): sienta, sientas, sienta, s**i**ntamos, s**i**ntáis, sientan
pedir (i): pida, pidas, pida, p**i**damos, p**i**dáis, pidan
reír (í): ría, rías, ría, r**i**amos, r**i**áis, rían

Se acatan los usuales cambios ortográficos para los sonidos /k/, /s/, /θ/, /g/, /gw/, /x/ (v. §0.3):

pagar: pague, pagues, pague, paguemos, paguéis, paguen
tocar: toque, toques, toque, toquemos, toquéis, toquen
lanzar: lance, lances, lance, lancemos, lancéis, lancen
jugar (ue): juegue, juegues, juegue, juguemos, juguéis, jueguen
averiguar: averigüe, averigües, averigüe, averigüemos, averigüéis, averigüen
torcer (ue): tuerza, tuerzas, tuerza, torzamos, torzáis, tuerzan
regir (i): rija, rijas, rija, rijamos, rijáis, rijan
seguir (i): siga, sigas, siga, sigamos, sigáis, sigan

Además, los verbos en *-er* o *-ir* que toman una raíz especial con la *-o* del presente de indicativo (v. §1.2.2) la conservan delante de ***-a***, o sea, en *todas* las formas del presente de subjuntivo; por ejemplo:

incluir, *incluyo* y otros del tipo **(uy)**: incluya, incluyas, incluya, incluyamos, etc.
traducir, *traduzco* y otros del tipo **(zc)**: traduzca, traduzcas, traduzca, traduzcamos, etc.
caer, *caigo* y otros del tipo **(ig)**: caiga, caigas, caiga, caigamos, etc.

venir, vengo y otros del tipo (**g**): venga, vengas, venga, vengamos, etc.
decir, digo: diga, digas, diga, digamos, etc.
hacer, hago: haga, hagas, haga, hagamos, etc.
ver, veo: vea, veas, vea, veamos, etc.
caber, quepo: quepa, quepas, quepa, quepamos, etc.

Estar es como otros verbos en *-ar* en el subjuntivo pero la desinencia sigue acentuada: *esté, estés, esté, estemos, estéis, estén*. *Dar* también es regular, pero ***dé*** lleva una tilde para distinguirse de la preposición *de*: ***dé***, *des*, ***dé***, *demos*. Unos pocos verbos tienen raíces especiales en el presente de subjuntivo:

ser: sea, seas, sea, seamos, seáis, sean
ir: vaya, vayas, vaya, vayamos, vayáis, vayan
saber: sepa, sepas, sepa, sepamos, sepáis, sepan
haber: haya, hayas, haya, hayamos, hayáis, hayan

10.1.3. El uso del subjuntivo. En muchos cursos, se presenta el subjuntivo como una lista de "usos". Por ejemplo, se usa con *ojalá* (variante: *ojalá que*) para expresar un deseo del hablante, una situación que todavía es irreal, como 'I sure hope...' o 'if only...' en inglés:

Ojalá (que) nuestro equipo *gane* otros dos puntos.
Ojalá (que) no *llueva* mañana.

En este libro, enfocamos dos aplicaciones generales del subjuntivo: (1) la expresión de **una situación irreal** (como *ojalá*) y (2) la expresión de **una situación que evaluamos**. Estos sentidos se explican en la L.11, comenzando con el uso del subjuntivo para reportar mandatos. En efecto, la mayoría de los mandatos son subjuntivos, como vemos a continuación.

10.2. Los mandatos directos. El IMPERATIVO se considera un tercer modo, aunque la mayoría de sus formas son subjuntivas. Se usa para hacer mandatos directos, o sea los que van dirigidos directamente al oyente (o al lector).

10.2.1. Formación. Hay formas imperativas especiales sólo para los mandatos *afirmativos* de *tú* y *vosotros*. La de *tú* deriva del presente indicativo, *menos su -s*, conservando así sus cambios radicales:

piensa(s) → **Piensa.**	continúa(s) → **Continúa.**
vuelve(s) → **Vuelve.**	repite(s) → **Repite.**

Excepciones: los siguientes verbos tienen formas monosilábicas especiales para *tú*:

decir: **di**	ir: **ve**	salir: **sal**	tener: **ten**
hacer: **haz**	poner: **pon**	ser: **sé**	venir: **ven**

Y el imperativo *tú* de *estar* tiende a ser reflexivo: ***Estate*** *quieto* 'be still'.

Las formas imperativas de *vosotros* derivan del infinitivo sustituyendo su *-r* por *-d*, sin excepción:

continua(r) → **Continuad.**	i(r) → **Id.**
volve(r) → **Volved.**	se(r) → **Sed** buenos.

Pero **todos los demás mandatos son subjuntivos**, incluyendo los mandatos negativos de *tú* y *vosotros*:

	Afirmativo	**Negativo**
(usted)	Hable. Coma. Salga.	No hable. No coma. No salga.
(ustedes)	Hablen. Coman. Salgan.	No hablen. No coman. No salgan
(nosotros)	Hablemos. Comamos. Salgamos.	No hablemos. No comamos. No salgamos.
(tú)	*Habla. Come. Sal.*	No hables. No comas. No salgas.
(vosotros)	*Hablad. Comed. Salid.*	No habléis. No comáis.

Observe en particular la diferencia entre las formas afirmativas y negativas de *tú* y *vosotros*:

—*Habla (hablad)* en inglés. —No, *no hables (habléis)* en inglés. Es importante practicar español.

Un pronombre de sujeto (*tú, usted, nosotros*, etc.) puede usarse para énfasis o mayor atención personal, pero se pone después del mandato:

—Siga **usted** dos cuadras y luego doble a la izquierda.
—Escribe esta carta. —No, ¡escríbela **tú**! ('Write this letter. No, *YOU* write it!')

El mandato de *nosotros* equivale a 'let's...' en inglés: *Comamos* 'let's eat', *No comamos* 'let's not eat'. Para *ir*, este mandato no es *vayamos*, sino la forma más corta *vamos* para el afirmativo. *Vamos a*... puede sustituir a los mandatos afirmativos de *nosotros*, pero no los mandatos negativos. Compárense:

Afirmativo ('let's...')	**Negativo ('let's not...')**
hablemos (vamos a hablar)	no hablemos
pongamos la tele (vamos a poner la tele)	no pongamos la tele
vamos al cine	no vayamos al cine

A diferencia del inglés, *ir a*, auxiliar del futuro (*voy a hacerlo mañana*, (v. §1.4.1)) también puede formar sus propios mandatos referidos al futuro: *¡No vayas a meterte en ese lío!* (algo como 'I hope you're not going to get involved in that mess').

10.2.2. La posición de los clíticos en los mandatos. La posición de los clíticos (*me, te, le, lo, se*, etc.) **depende del tipo de mandato**. Siempre *siguen* a los mandatos afirmativos, pero *preceden* (en su posición normal) a los mandatos negativos, como se ve en la Figura 10.a.
Ejemplos:

—Juanito, sién**tate** y có**melo**. —No, hijo, no **te** sientes y no **lo** comas. Tienes las manos sucias.
—Apúren**se**, señores. —No, no **se** apuren. Todavía hay mucho tiempo.
—Dá**melo**, papá. —No, papá, no **se lo** des a Marta. Dá**melo** a mí.

La raíz del verbo sigue acentuada, y si el clítico hace irregular su acentuación (una sílaba tónica, tres sílabas o más desde el final), se le pone una tilde (v. §0.4).

Pon el sombrero allí. Ponte el sombrero. **Póntelo.**
Ponga el sombrero allí. **Póngase** el sombrero. **Póngaselo**.

Los mandatos reflexivos de *nosotros* y *vosotros* tienen cambios especiales: se pierde la *-s* y la *-d*. La excepción es *irse* en la forma de *vosotros*, que mantiene su *d*:

(Sentémos-nos) → Sentémonos. ('let's sit down') (Sentad-os) → Sentaos. ('sit down')
(Vámos-nos) → Vámonos. ('let's go away') *Pero*: I**d**os. ('go away')

Y la combinación *-mos + se* sufre una simplificación ortográfica, puesto que *ss* no se escribe en español (cf. inglés: *a necessary class*, español: *una clase necesaria*):

(Digámos-selo) ('le-lo', §8.4) → Digámoselo.

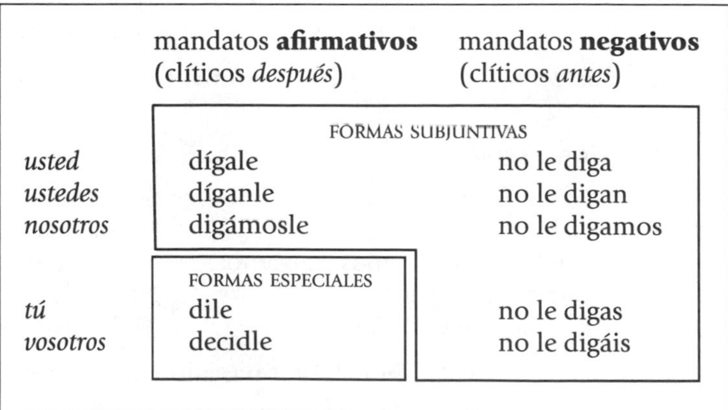

Figura 10.a El sistema de mandatos con clíticos

Gramática visual: mandato afirmativo/negativo

10.3. Estrategias: las ofertas. Nos ofrecemos a hacer algo, invitando así un mandato, por medio de una pregunta en *tiempo presente* de indicativo (a diferencia del inglés, que usa "*Shall* I/we...?"):

—¿*Lavo* esa toalla? —Sí, lávela y trate de quitarle esas manchas.
—¿*Me siento*? —Sí, siéntate.
—¿*Nos sentamos*? —Sí, sentémonos (o: —Sí, siéntense ustedes)
—¿*Te ayudamos*? —Sí, por favor, ayúdenme (ayudadme). No sé qué hacer.
—¿*Qué hago* ahora? —Ve a casa y dile a papá que necesito la camioneta.

También son posibles (pero menos típicos para esta función) los verbos auxiliares *deber* (obligación) y *poder* (permiso)

—¿Debo lavarlo? —Claro que sí. Lávalo, está sucísimo.
—¿Puedo (Podría, Pudiera) sentarme? —Cómo no, siéntate.

10.4. Los deseos con *Que*... Un deseo con *que* es menos fuerte que un mandato directo y puede dirigirse a una tercera persona (*él, ella, ellos*). El inglés tiende a expresarlo con "let..." o "have...". El español usa *que* + SUBJUNTIVO, con inversión del sujeto. Esta construcción se entiende como una forma corta de una oración más completa con *quiero, espero, sugiero que...*:

—¿Vas a finalizar el contrato? —No, *que lo finalice* Juana. (*Quiero* que lo finalice Juana) 'No, have/let Jane finalize it'

Algunos deseos con *que* se han convertido en expresiones convencionales con la fuerza de "ojalá" (v. §10.1.3):

Que en paz descanse. 'R.I.P. (may he/she rest in peace)'
Que Dios te bendiga. '(May) God bless you'
¡Que te diviertas! 'I hope you have a good time'

En el habla coloquial, *que* también introduce tipos de oraciones no imperativas, con la implicación de un verbo como "dice(s)" o "quiere(s) decir":

¿Que no lo recuerdas? ('*You mean that* you don't remember it?')
—¿Qué dices? —Que estás equivocado, que todo eso sale mal.

10.5. Un paso más: otras estrategias. Los mandatos tienen gran frecuencia en la interacción, pero a veces es más cortés expresarlos de manera "mitigada" ('softened'). Estas son las opciones más comunes:

1. estilo coloquial
   - una pregunta, en el presente de indicativo: *¿Me lo das?* (en vez de *dámelo*), *¿Quieres sentarte?* (en vez de *siéntate*)
   - **mejor** + indicativo: Mejor te quedas aquí. (en vez de *quédate aquí*)
   - **nada de** + infinitivo: *¡Nada de mentirme a mí!* (en vez de *no me mientas a mí*)
2. general
   - **deber**: *Señor Gómez, usted debe (debiera, debería) ponerse a dieta.* (en vez de *póngase a dieta)*

- un mandato con la fórmula ***(hacerme el) favor de*** + infinitivo: *Hazme (Hágame) el favor de llevarla a la tintorería. Favor de llevarla a la tintorería.*
- verbo de deseo + *que* + subjuntivo: *Necesito* (*Sugiero, es una buena idea*) *que lo escribas ahora.* (en vez *descríbelo ahora.*)

3. los estilos más formales, impersonales, comerciales
   - **se ruega** + o **tenga la bondad de** + infinitivo. *Tenga la bondad de remitirnos $50 en pago.*
   - el infinitivo: una alternativa impersonal que se encuentra en letreros públicos o avisos clasificados: *No pisar el césped. No fumar. Mandar el currículum a la siguiente dirección.*

10.6. **Resumen.** La formación de los mandatos, que se resume en la Figura 10.b, es un poco complicada, pero hay que dominarla bien porque los mandatos abundan en la interacción y es fácil imaginarse situaciones de urgencia que requieren mandatos claros e **inmediatos**, sin vacilación. Casi todas las formas imperativas son *subjuntivas*, y como veremos en la L.11, esta relación tiene sentido: el subjuntivo es el modo que usamos para reportar los mandatos, deseos y otras situaciones que no se han realizado.

	afirmativo: 'DO IT' *clíticos: sufijos del mandato*		**negativo: 'DON'T DO IT'** *clíticos: posición normal, delante del verbo*
usted	Invite a Ana. Invítela. Siéntese. Haga la tarea. Hágala. Sea paciente. Vaya al cine. Díagame el número. Dígamelo.	**s**	No invite a Ana. No la invite. No se siente. No haga la tarea. No la haga. No sea paciente. No vaya al cine. No me diga el número. No me lo diga.
ustedes	Inviten a Ana. Invítenla. Siéntense. Hagan la tarea. Háganla. Sean pacientes. Vayan al cine. Díaganme el número. Díganmelo.	**u b j**	No inviten a Ana. No la inviten. No se sienten. No hagan la tarea. No la hagan. No sean pacientes. No vayan al cine. No me digan el número. No me lo digan.
nosotros	Invitemos a Ana. Invitémosla. Sentémonos. Hagamos la tarea. Hagámosla. Seamos pacientes. Vamos al cine. Digamos el número. Digámoslo.	**u n t**	No invitemos a Ana. No la invitemos. No nos sentemos. No hagamos la tarea. No la hagamos. No seamos pacientes. No vayamos al cine. No digamos el número. No lo digamos.
tú	Invita a Ana. Invítala. Siéntate. Haz la tarea. Hazla. Sé paciente. Ve al cine. Dime el número. Dímelo.	**i v o**	No invites a Ana. No la invites. No te sientes. No hagas la tarea. No la hagas. No seas paciente. No vayas al cine No me digas el número. No me lo digas.
vosotros	Invitad a Ana. Invitadla. Sentaos. Haced la tarea. Hacedla. Sed pacientes. Id al cine. Decidme el número. Decídmelo.	**s**	No invitéis a Ana. No la invitéis. No os sentéis. No hagáis la tarea. No la hagáis. No seáis pacientes. No vayáis al cine. No me digáis el número. No me lo digáis.

Figura 10.b Resumen de los mandatos (formas imperativas)

APLICACIÓN

Actividades

A. La respuesta física: Repase este vocabulario para prepararse para estas actividades:

levantarse	agacharse	cruzar los brazos	reírse
dar(le/se) la mano	ir/venir a...	saltar, brincar	sonreír
bajar/levantar la cabeza	respirar hondo	sacar la lengua	gatear
abrir/cerrar la boca/los ojos	salir pero no irse	hacer tijeras	inclinarse
tocar(se) el pecho/la espalda...	correr en parada	mirar a.../ no mirar...	dejar de...
poner (la mano) en (la cabeza)	detenerse, parar	volverse, darse una vuelta	sentarse

Luego, se dan mandatos en la clase de los siguientes tipos:

1. el/la profesor(a) les da mandatos a ustedes para una sesión de calistenia;
2. ustedes le dan mandatos a él/ella;
3. en parejas, ustedes se los dan uno al otro (usando "tú").

Variante: un tipo de "Simón dice" en el que el mandato ***no*** debe llevarse a cabo cuando no es mandato verdadero.

B. Mandatos afirmativos y negativos: Formen parejas. Una persona da la orden apropiada de las frases indicadas (debe tener cuidado con *tú* vs. *usted*). La otra le *contradice* con el mandato negativo correspondiente (usando pronombres en vez de repetir sustantivos ya mencionados) y añade una explicación, según el modelo.

Modelo: (Julia: comer este pan) → —Julia, come este pan. —No, no lo comas. No está fresco.

1. (Juanito: sacar la basura)
2. (Señora: dejar ahí el paraguas)
3. (Señor: traernos otra botella de vino)
4. (Sara y Eduardo: salir a jugar)
5. (Bernardo: ponerse las botas)
6. (Silvia: ir a practicar el piano)
7. (Profesor: darnos más tarea)
8. (Tomás: decirle algo en ruso al señor Vargas)
9. (el taxista: doblar a la izquierda)
10. (Señora: mandarle este mensaje al gerente)

C. Usted y su amigo o esposo(a) examinan el desván de su casa. ¡Qué porquería! Hay que limpiarlo. Los dos se hacen preguntas ("¿Qué hago con...?") sobre cosas de la lista (a). Las preguntas se contestan con un mandato (con *tú* o *nosotros*) usando un verbo apropiado de la lista (b), con pronombres en vez de repetir los sustantivos.

Modelo: —¿Qué hago con esa vieja lámpara? —Bótala (o Botémosla)

(a) cosas que se ven		**(b) verbos que usar**	
este baúl	esta colección de monedas	leer	poner en el armario
este paraguas roto	las cajas de cartón	reparar	botar = tirar
aquellas botellas	esas revistas	abrir	dejar ahí
el viejo tocadiscos	estas raquetas de tenis	guardar	reciclar
este paquete de cartas	esa lata de pintura	vender	quemar en la chimenea
los juguetes infantiles	esos utensilios oxidados	donar	destruir

Ejercicios

D. Ofertas y mandatos. Conteste con un mandato apropiado, según la situación indicada entre paréntesis:

1. (su compañero de cuarto le dice a usted) —¿Cierro esa ventana?
2. (su hermano le pregunta): —Oye, ¿te traigo un refresco?
3. (su médico le dice): —¿Le doy pastillas, o le pongo una inyección?
4. (los invitados, al entrar): —¿Dónde dejamos nuestros paraguas?
5. (su mejor amigo le pregunta): —¿Me voy ahora?

6. (sus padres, por teléfono): —¿Te mandamos el abrigo? ¿Y la trompeta?
7. (su profesora les pregunta a ustedes): —¿Los ayudo con el subjuntivo? ¿Se lo explico otra vez?
8. (un amigo aburrido): —Oye, tengo otro chiste "knock-knock". ¿Te lo cuento?

E. Señales de tránsito: Mire el grupo de señales de tránsito internacionales que se dan en la Figura 10.c. Usando el vocabulario siguiente, explique (con mandatos de "usted") el significado de cada una.

tener cuidado con...	seguir a la derecha	(no) girar/doblar a la derecha/izquierda
ceder el paso	(no) sonar el claxon	(no) torcer a la derecha/izquierda
(no) dar la vuelta	(no) parar	(no) estacionar/aparcar
(no) rebasar/adelantar	(no) entrar	mantener una velocidad máxima de...

Figura 10.c Señales de tránsito

F. Deseos: Con *ojalá (que)*, exprese una reacción apropiada para cada situación.

Modelo: Carmen no está presente. → *Ojalá que no esté enferma.*

1. El Club de Español tiene una fiesta el sábado que viene.
2. El presidente del país va a hablar en la tele esta noche.
3. Va a venir a nuestra clase un estudiante mexicano.
4. Mis padres piensan venir a visitarme el próximo fin de semana.
5. Mi compañero(a) de cuarto tiene una cita con una persona que no conoce.

G. Otros deseos: Usted está en un comité cuya presidenta, Susana, siempre piensa en usted cuando necesita algo. Usando deseos con *que* (§10.4), dirija cada mandato a una tercera persona y explique por qué.

Modelo: Haz el acta ('minutes') de la reunión. → No, que la haga Ramiro, porque escribe más rápido que yo.

1. Haz una lista de los miembros.
2. Tráenos donuts la próxima vez.
3. Analiza los datos del informe.
4. Contesta el teléfono.
5. Llama al presidente de la universidad.
6. Dame esas carpetas ('file folders').

Ejercicios textuales

H. Usted está instalándose en la residencia estudiantil y su nuevo compañero de cuarto quiere ayudarle. Conteste sus ofertas o preguntas con mandatos apropiados, cambiando los objetos consabidos a pronombres.

Modelo: —¿Te ayudo con esas cajas? —Sí, ayúdame (con ellas) (por favor).
—¿Qué hago con estas maletas? —Ponlas en la cama y ábrelas.

1. ¿Qué hago con estos libros?
2. ¿Dónde pongo tu raqueta?
3. ¡Tanta ropa! ¿Te presto unas perchas?
4. ¿Qué hago con estos suéteres?
5. Ah, ¡tienes acuario! ¿Dónde lo coloco?
6. ¿Qué hacemos con tu cartel turístico?
7. Y ahora, ¿qué hacemos con las cajas vacías?
8. Tengo sed. ¿Te traigo una Coca-Cola?

I. Una "serie de acciones" da cada paso de un suceso. La siguiente rutina resume el acto de prepararse para acostarse. Usándola, déle mandatos a su hermanita Pepa para dirigirla. OJO: algunos verbos serán reflexivos en esta situación.

1. desvestir
2. abrir la llave
3. probar el agua, pero no quemar
4. entrar en la ducha
5. enjabonar el paño
6. frotar bien
7. enjuagar
8. cerrar la llave y salir
9. tomar la toalla y secar bien
10. colgarla, no dejarla ahí
11. poner el pijama
12. peinar
13. ir a los papás
14. y decirles "buenas noches"

J. Invente otra serie de acciones para dirigir a un niño en una actividad cotidiana.

K. Situaciones: escriba (o diga) mandatos apropiados para cada situación.

1. Usted es madre o padre y sus hijos...
   (a) le dicen "¡No tenemos nada que hacer!"; (b) riñen y pelean, hacen tanto ruido que usted se molesta; (c) tienen desordenada su habitación
2. Usted es profesor(a) y sus estudiantes...
   (a) nunca están preparados; (b) no corrigen su tarea antes de entregarla; (c) no hablan bien porque tienen chicle en la boca.
3. Usted está en una peluquería (barbería) y...
   (a) quiere la raya al otro lado; (b) quiere el pelo más corto; (c) quiere salir con el pelo seco, y no quiere una permanente
4. Usted espera impacientemente a un amigo suyo, quien...
   (a) tarda mucho en arreglarse; (b) todavía no se ha puesto los zapatos; (c) tropieza con un paraguas mojado y lo tira en la cama de usted.
5. Todos (incluso usted) están cansados después de una reunión que ha durado 3 horas, y usted opina que...
   (a) todos deben aplazar las últimas preguntas; (b) todos deben volver a reunirse el miércoles que viene (c) todos deben irse y acostarse.

L. Otras recomendaciones y consejos. Dé *dos* mandatos apropiados, uno afirmativo y otro negativo.

1. Maruja sigue sacando notas malas porque pasa todo su tiempo divirtiéndose.
2. Vicente quiere impresionar a Linda pero no sabe cómo conseguir una cita con ella.
3. Rosalía se lleva mal con su compañera de cuarto, quien siempre regresa a la madrugada.
4. El señor Ramírez tiene muy buen apetito y sigue engordando.
5. Francisco y Eduardo son muy criticones y no entienden por qué los demás jóvenes no los aguantan.
6. El presidente de este país quiere saber cómo puede ser reelegido.

Adaptación de texto

M. Sigue un diálogo de *Ida y vuelta* por el dramaturgo Mario Benedetti, 1955. (Solórzano, Carlos (ed.), *El teatro hispanoamericano contemporáneo: antología*. México: Fondo de Cultura Económica, 1964:104-106). Los dos personajes se tratan formalmente para mantener la distancia. Redefina usted su relación como más íntima, usando *tú*.

CARLOS: —¿Por qué no se olvida un poquito de Juan?
MARÍA: —No puedo y no quiero.
CARLOS: —No quiere, eso sí. [...] Dígame, María, usted me cree un cretino, ¿verdad?
MARÍA: —Un cretino, propiamente dicho, no. Pero creo que es un poco desleal para Juan.
CARLOS: —¿Por qué? ¿Porque usted me gusta?
MARÍA: —No. Porque "dice" que le gusto.
CARLOS: —¿Y no es cierto?
MARÍA: —Puede ser. Pero yo sólo le gusto porque soy de Juan, [...] y así resulta cómodo hacerme la corte.

CARLOS: —Mire, francamente no veo la comodidad. ¿Le parece muy agradable estar siempre a su lado, escuchando los diversos modos que tiene usted de extrañar a Juan, de recordar a Juan, de querer a Juan?
MARÍA: —Nadie lo obliga.
CARLOS: —Yo me obligo. [...] No se asuste. Pero yo la quiero para siempre, ¿sabe?
MARÍA: —¿Por qué dice tantas barbaridades juntas? Ni usted mismo cree en ellas.

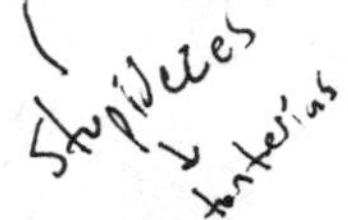

Ensayos

N. Usted le da consejos a su hermano(a) menor, quien piensa venir a esta universidad. Escríbale una carta que incluya 10 mandatos, mezclando afirmativos con negativos y dando razones. Use *ojalá (que)* al menos dos veces.

Ñ. Dé una serie de instrucciones precisas (para un lector desconocido) para completar alguna actividad cotidiana, p. ej. "cómo arreglarse para salir con un chico (una chica)". (Incluya mandatos negativos también sobre lo que *no* se debe hacer).

LECCIÓN 11 El discurso indirecto, las cláusulas sustantivas y el modo

Como dice el refrán:

- Lo que no quieras que lo sepan muchos, no se lo digas a nadie.

PRESENTACIÓN

11.1. El discurso directo e indirecto. Uno de nuestros objetivos es aprender a narrar, ahora en el presente (Cap. II) y luego en el pasado (Cap. III-IV). En esta lección estudiamos uno de los componentes fundamentales de la narración: el reportaje de las interacciones y reacciones humanas —lo que la gente *dice, quiere, piensa* y *cree*— por medio del discurso indirecto.

El diálogo es DISCURSO DIRECTO, o sea "habla directa", puesto que cita las palabras originales del hablante. Pero al reportarlo, es normal convertirlo en DISCURSO INDIRECTO o "habla indirecta":

discurso directo Andrés: —Me voy a mudar. (Andy: "I'm going to move")
discurso indirecto Andrés **dice que** se va a mudar. ('Andy says that he's going to move')

Estudiando este ejemplo, fíjese en los siguientes cambios:

1. La oración original, "me voy a mudar", se convierte en la CLÁUSULA SUBORDINADA ('subordinate clause') *que se va a mudar*, insertada en otra oración que la reporta, "Andrés dice ___" Este tipo de cláusula subordinada se llama una CLÁUSULA *SUSTANTIVA* ('noun clause') porque funciona como sustantivo, el objeto directo del verbo *decir*, como vemos en la comparación con *Andrés dice una cosa extraña* en la Figura 11.a.
2. La señal de subordinación es la CONJUNCIÓN COMPLEMENTANTE ***que*** 'that'. Es obligatoria en español y nunca se omite como en inglés: *Andrés dice **que** se va a mudar,* 'Andy says (that) he's going to

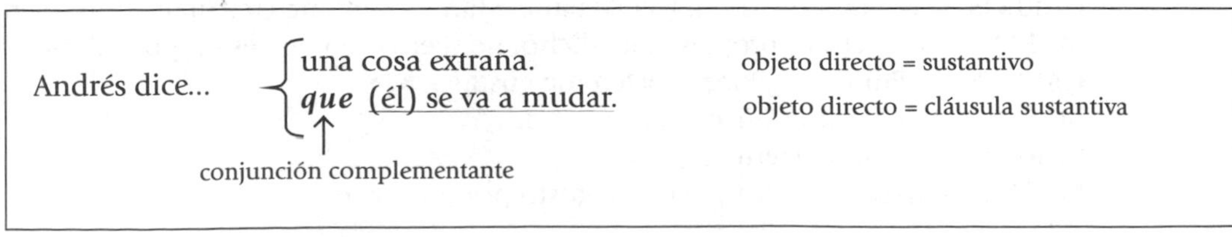

Figura 11.a Estructura de una cláusula sustantiva

Gramática visual: discurso indirecto

move'. De ordinario, *que* se repite para cláusulas unidas por conjunción: *Andrés dice **que** se va a mudar y **que** va a tener un empleo mejor.*

3. La primera persona (*me voy*) se reporta en la tercera (*se va*), a menos que sea el narrador mismo:

discurso directo	Yo: —Me voy a mudar.
discurso indirecto	Digo que me voy a mudar.

En cambio, **un mandato se reporta con el *subjuntivo*:**

discurso directo	Mamá: —Juanito, *quítate* los zapatos y *ponlos* en el armario.
discurso indirecto	Mamá le **dice** a Juanito **que** se *quite* los zapatos y **que** los *ponga* en el armario.

Vemos en este ejemplo que los clíticos del mandato siempre vuelven a su posición normal delante del verbo cuando lo reportamos como discurso indirecto en la cláusula sustantiva (*que se quite... y que **los** ponga...*).

De esta manera contrastan los dos modos, *indicativo* vs. *subjuntivo*, según la naturaleza de la información que reportamos, un hecho ("Ustedes estudian mucho") vs. un mandato ("Estudien ustedes mucho"):

un hecho:	*discurso directo*	Pilar: —Ustedes estudian mucho.
	→ *discurso indirecto*	Pilar les dice que **estudian** (*indic.*) mucho.
un mandato:	*discurso directo*	Pilar: —Estudien ustedes mucho.
	→ *discurso indirecto*	Pilar les dice que **estudien** (*subjun.*) mucho.

Esta distinción de modos —*estudian/estudien*— tiene muchísima importancia comunicativa en español. Para expresar el mismo contraste (un hecho vs. un mandato), el inglés cambia a una estructura *infinitiva*:

un hecho:	*discurso directo*	Pilar: You study a lot.
	→ *discurso indirecto*	Pilar says (that) they study a lot. (...tells them that...)
un mandato:	*discurso directo*	Pilar: Study a lot.
	→ *discurso indirecto*	Pilar says **for them to study** a lot. (tells them to...)

¡OJO! Este uso inglés del infinitivo para reportar mandatos es *imposible* (en este caso) en español: *"Les dice estudiar mucho" **no expresa el sentido inglés.**

Una pregunta se reporta de manera semejante: en una cláusula sustantiva del verbo *preguntar* 'ask', siempre con el modo *indicativo*. Esta pregunta indirecta omite los signos de interrogación y comienza con la conjunción complementante ***si*** 'if, whether'.

discurso directo: pregunta	Pilar: —¿Ustedes estudian mucho?
pregunta indirecta	Pilar **pregunta si** sus amigos estudian mucho.

Pero *si* se omite de una pregunta indirecta que comienza con una palabra interrogativa (*qué, quién, cuánto, dónde,* etc.; v. §4.6.1):

discurso directo Pilar: —¿Cuánto estudian ustedes?
pregunta indirecta: Pilar **pregunta** cuánto estudian sus amigos.

Usamos las mismas estructuras de discurso indirecto para reportar la COMUNICACIÓN INTERNA, o sea lo que *uno piensa o siente,* aunque no lo diga:

Pilar piensa/cree *que estudian mucho.* 'Pilar thinks/believes that they study a lot'
Pilar se pregunta *si estudian mucho.* 'Pilar wonders if/whether they study a lot'
A Pilar se le ocurre *que estudian mucho.* 'It occurs to Pilar that they study a lot'

Pero la reportamos con el subjuntivo cuando el pensamiento es *un mandato implícito* (lo que se quiere):

Pilar quiere *que estudien mucho.* 'Pilar wants them to study a lot'
Pilar espera *que estudien mucho.* 'Pilar hopes that they (will) study a lot'

El mismo contraste se ve con expresiones "impersonales" que no identifican *quién* lo dice o piensa:

Es evidente *que estudian mucho.* (hecho) 'It's evident that they study a lot'
Es necesario *que estudien mucho.* (mandato) 'It's necessary for them to study a lot'

En resumen, el discurso indirecto sirve para reportar una variedad de situaciones, como se ve en la Figura 11.b.

	LO QUE UNO DICE	LO QUE UNO PIENSA	EXPRESIÓN IMPERSONAL
pregunta	Ana pregunta si **vienen.** *indicativo*	Ana se pregunta si **vienen.** *indicativo*	(X)
afirmación	Ana dice que **vienen.** *indicativo*	Ana cree que **vienen.** *indicativo*	Es evidente que **vienen.** *indicativo*
mandato	Ana dice que **vengan.** *subjuntivo*	Ana quiere que **vengan.** *subjuntivo*	Es necesario que **vengan.** *subjuntivo*

Figura 11.b El discurso indirecto (y la comunicación interna)

11.2. Análisis del significado del subjuntivo: lo irreal. Por lo general, el subjuntivo está limitado a las cláusulas subordinadas (*que*...), pero el indicativo también se encuentra en ellas. Para dominar este contraste, no basta memorizar verbos que "tomen" el subjuntivo, porque muchísimos verbos son como *decir* y aceptan ambos modos, según el tipo de comunicación. Más bien, se debe aprender que el indicativo y el subjuntivo significan actitudes diferentes y que el hispanohablante escoge el modo que mejor refleje su intención. Según el análisis que seguimos aquí, el significado del subjuntivo se basa en dos conceptos: (1) lo IRREAL, y (2) una EVALUACIÓN.

11.2.1. Con verbos de comunicación: *decir,* etc. Hemos visto que un mandato se reporta con el subjuntivo después de un verbo de comunicación:

mandato: Papá: —¡Pórtate bien, hijo!
discurso indirecto: Papá me dice *que me porte bien.*

Ahora bien: papá no sabe si yo voy a hacer lo que me manda o no. Es posible que le obedezca y que su deseo se convierta en realidad. Pero en el momento cuando dice su mandato ('Behave well, son'), lo que quiere todavía no es real: no ha ocurrido. Por eso, la cláusula *que me porte bien* no representa un hecho, sino algo *irreal*. En contraste, el ejemplo siguiente expresa una *realidad*, un *hecho* que papá ya ha observado:

afirmación:	Papá: —¡Te portas muy bien, hijo! Estoy orgulloso de ti.
discurso indirecto:	Papá me dice *que me porto bien y que está orgulloso de mí*.

Otros verbos de comunicación (*gritar* 'shout', *insistir* 'insist', *sugerir* 'suggest', *escribir* 'write', *convencer de* 'convince', *advertir* 'warn', etc.) son iguales: reportan un acto comunicativo que puede ser (1) un mandato o deseo (→ subjuntivo):

Papá insiste (sugiere, grita, etc.) que **me porte** bien.

o (2) un hecho real que ya ocurre (→ indicativo):

Papá insiste (sugiere, grita, etc.) que **me porto** bien.

Así vemos que el subjuntivo español distingue las situaciones irreales que el hablante *quiere* de otras situaciones reales que *observa*.

11.2.2. Con verbos de voluntad u obligación: *querer, mandar*, etc. Los verbos de voluntad (*querer, desear, preferir, necesitar*, etc.) u obligación (*mandar, pedir, exigir, rogar, recomendar, aconsejar, permitir, ser necesario, convenir*, etc.) no reportan una realidad ya existente, sino el deseo, y quizás un mandato explícito, de que el suceso de la cláusula sustantiva se haga:

Papá quiere (pide, manda, necesita) que me porte bien. 'Dad wants (asks, orders, needs) me to behave'

Conviene que me porte bien. 'It's appropriate/a good idea for me to behave'

Es necesario (importante) que me porte bien. 'It's necessary (important) for me to behave'

Prohibir reporta un mandato negativo:

Papá: —No uses tarjetas de crédito. → Papá me prohíbe que use tarjetas de crédito.

Por tanto, estos verbos no son "neutrales" como *decir*: siempre introducen algo irreal en la cláusula sustantiva.

11.2.3. Con verbos de creencia, duda y probabilidad. Los verbos de creencia y opinión (*creer, afirmar, opinar, pensar, suponer, estar seguro/convencido, ser cierto*, etc.) presentan algo que, para el sujeto, parece real según la evidencia que tiene. Por eso, se asocian con el indicativo:

Papá cree (afirma, supone, está convencido de, está seguro de) que me *porto* bien.

Es evidente (cierto, verdad, obvio) que me *porto* bien.

Parece que ustedes *tienen* razón (según lo que he visto).

En cambio, los verbos de duda (*dudar, negar, ser dudoso/imposible*, etc.) presentan algo que uno considera irreal o de realidad dudosa; por eso, se usan con el subjuntivo:

Gramática visual: creencia vs. duda

Mamá niega que me *porte* bien. ('Mom denies that I behave well', no es verdad para ella.)

Pero cuando hacemos *negativos* los verbos de creencia, los convertimos en expresiones de *duda*: *no creo* = *dudo*. De la misma manera, los verbos de duda negados pueden convertirse en expresiones de *creencia*:

Mamá *no cree* que sus hijos se *porten* bien. (Ella lo *duda*).
Pero Papá *no duda* que me *porto* bien. (Él *sí* lo cree; para él, es verdad).

Son diferentes los verbos de entendimiento (*comprender, saber, darse cuenta de,* etc.) y percepción (*ver, oír, notar, olvidar,* etc.): cuando estos se hacen negativos, indican que el sujeto es simplemente *ignorante* de la verdad; no toma ninguna postura sobre ella, ni de creencia ni de duda, y por eso siguen introduciendo el indicativo:

Papá sabe/no sabe que me *porto* bien. Papá ve/no ve que me *porto* bien.

Con las EXPRESIONES DE PROBABILIDAD, hay suficiente duda para usar el subjuntivo:

Es (im)posible que te *portes* bien. ('It's (im)possible for you to behave')
Es (im)probable que el gobierno le *ponga* fin a la inflación. ('It's (un)likely that...')
Puede (ser) que *tengan* razón. ('It may be that they're right')

En resumen, en casi *todos* los tipos de cláusulas subordinadas, el concepto fundamental del contraste de modos es *la realidad*: el indicativo "indica" algo real (ya ocurrido, ya observado), mientras que el subjuntivo expresa un suceso todavía irreal o dudoso. Pero hay un caso especial: como vemos en la sección siguiente, hasta para una situación real usamos el subjuntivo para *evaluarla.*

11.3. El significado del subjuntivo: evaluación o reacción. El segundo concepto del subjuntivo es que identifica una proposición para una **reacción o evaluación**. El motivo se comprende bien en las oraciones que usan una evaluación para implicar un mandato indirecto (*Es una buena idea que...* = *Quiero que, Aconsejo que...*):

Es una buena idea que **lleguen** a tiempo (**sepan** nadar, **trabajen** juntos...)
(Espero que..., Recomiendo que...)

Pero esta aplicación del subjuntivo para evaluar también se extiende a la evaluación de eventos *reales*. Estudie las reacciones que se expresan en la situación siguiente:

—Los invitados siempre **llegan** tarde. (un hecho, un suceso *real, cierto, ya ocurre*)
—Sí. Lamento/Me alegro de/Me gusta/Estoy contenta que **lleguen** tarde.

(Me molesta/sorprende/da pena que..., Es extraño/ridículo/una lástima que...)

En este tipo de oración, lo importante **no es la afirmación del hecho sino su** EVALUACIÓN SUBJETIVA.

Pero es importante reconocer que varios verbos pueden expresar una evaluación o no, y con ellos el modo distingue matices diferentes:

Gramática visual: percepción vs. reacción (evaluación)

- ***sentir:*** 'sense' (observación) vs. 'regret' (reacción, evaluación, emoción)
  Siento que *se van*. 'I sense that they're going away'
  Siento que *se vayan*. 'I'm sorry (that) they're going away'
- ***temer:*** 'fear' (una observación mitigada vs. una reacción de verdadero miedo)
  Temo que *te equivocas*. 'I fear you're mistaken' ('you're wrong, I'm just being polite')
  Temo que *te equivoques*. 'I'm afraid for you to be wrong, fear that outcome'
- ***comprender:*** 'understand' (comprensión lógica vs. compasión)
  Comprendo que estás enfadado. 'I understand (have heard, learned) you're upset'
  Comprendo que estés enfadado. 'I understand (sympathize with) your being upset'

11.4. Un paso más: otros contrastes de modo. Si uno domina bien el uso del subjuntivo para la expresión de 'irrealidad' y 'evaluación' en las cláusulas sustantivas, estará preparado para sus usos más frecuentes. Pero el modo es más flexible de lo que generalmente se piensa, y a veces hay variación. Por ejemplo, en la expresión de duda, muchos hablantes ven dos opciones para perspectivas diferentes:

Mi amigo duda (no cree) que me *den* una audición. (Él lo duda, y quizás tiene razón).
Mi amigo duda (no cree) que me *dan* una audición. (Es su opinión, pero yo sí tengo la audición).

También ven sutiles diferencias para las preguntas de creencia:

¿Crees que el gobierno *puede* resolver la crisis? (indicativo: una pregunta neutral)
¿Cómo se puede creer que el gobierno *pueda* resolver la crisis? (subjuntivo: improbable)

Con los adverbios de posibilidad *quizá(s), tal vez, acaso* ('maybe, perhaps'), los dos modos también pueden contrastar en la cláusula principal. Por lo general, cuanta más duda o incertidumbre, más se prefiere el subjuntivo:

Quizás *tienen* razón. (Estoy más o menos convencido).
Quizás *tengan* razón. (Es posible, no sé).

Y en cuanto al segundo concepto del subjuntivo, la reacción (evaluación), hay algunos que distinguen "real vs. irreal" en este caso también: escogen el indicativo si el suceso es real, el subjuntivo de lo contrario:

Es bueno que *sabes* nadar. (Sí sabes nadar, lo veo, y eso es bueno).
Es bueno que *sepas* nadar. (No sabes nadar, y recomiendo que aprendas a hacerlo).

Sin embargo, uno podrá seguir las reglas que hemos presentado como *normas generales* hasta desarrollar un sentido más intuitivo y seguro de las opciones de modo en español.

11.5. Resumen: el reportaje de la conversación. Los dos modos contrastan en cláusulas sustantivas. Por lo general, el indicativo significa que el sujeto afirma lo que sigue como real en su experiencia, mientras que el subjuntivo significa que esta situación (1) no es real (o al menos, no puede afirmarla como real) o (2) provoca una reacción o evaluación. Este contraste se aprovecha para reportar la conversación y los pensamientos como habla indirecta, donde usamos la siguiente estructura:

(sujeto) + verbo + **que** (o **si**) + CLÁUSULA SUSTANTIVA
con distinción de modo:
indicativo vs. subjuntivo

En la Figura 11.c ofrecemos fórmulas y ejemplos específicos para referencia. Recuerde que es importante evitar la sintaxis inglesa (*tell someone to..., want someone to..., it's necessary for someone to...*) porque el español prefiere una cláusula sustantiva (*decirle que..., querer que..., ser necesario que...*), y en esta cláusula lo que determina la selección de modos no es el verbo, sino el *significado*.

1. para reportar un hecho, una afirmación	***decir* + *que* + INDICATIVO** (también: *gritar, contestar, insistir, confesar*...)	Lucía (a su amiga): —Me acuesto. → Lucía le dice a su amiga que se acuesta. (...tells her friend that she's going to bed.) Lucía le insiste a su amiga que se acuesta.
2. para reportar una pregunta	***preguntar* + *si* + INDICATIVO** ***preguntar* + INTERROGATIVO + INDICATIVO**	Lucía (a su amiga): —¿Tienes boletos? → Lucía le pregunta a su amiga si tiene boletos. (...asks her friend if/whether she has tickets) Lucía: —¿Cuánto cuestan? → Lucía le pregunta a su amiga cuánto cuestan. (...asks her how much they cost)
3. para reportar un mandato o un deseo	***decir* + *que* + SUBJUNTIVO** (también: *gritar, insistir; querer, preferir, mandar, recomendar,*...)	Lucía (a su amiga): —Acuéstate, no estudies más. → Lucía le dice a su amiga que se acueste y que no estudie más. (...tells her friend to go to bed and not to study any more)
4. para reportar la oferta que provoca un mandato (v.§10.3):	***preguntar* + *si* + *querer* + *que* + SUBJUNTIVO** o con *ofrecerse a*	Lucía (a su amiga): —¿Te ayudo? → Lucía le pregunta a su amiga si quiere que le ayude. (...asks her friend if/whether she wants her to help her). (O: Lucía se ofrece a ayudar.)
5. para reportar lo que uno sabe o piensa	**VERBO DE CREENCIA/DUDA + *que* + INDICATIVO/SUBJUNTIVO**	Lucía (a sí misma): ¡No puedo hacerlo! → Lucía cree (sabe, piensa) que no puede hacerlo. o: Lucía ***duda*** que ***pueda*** hacerlo. (...believes/thinks/doubts that she can do it)
6. para reportar una evaluación	**FRASE DE REACCIÓN, EVALUACIÓN, EMOCIÓN + *que* + SUBJUNTIVO**	Lucía (a su amiga, con sorpresa):—¡Tienes una A! → Lucía se sorprende de que su amiga tenga una A. (...is surprised that her friend has an A)

Figura 11.c Maneras de reportar el discurso

APLICACIÓN

Actividad

A. Sigue una lista de pares de noticias. Exprese su evaluación personal de cada par con cláusulas sustantivas.

Modelo: (a) Hay progreso ecológico. (b) Ciertas especies todavía encaran la extinción. → *Nos alegramos* de que haya progreso ecológico, pero *nos preocupa* que ciertas especies todavía encaren la extinción.

Trate de variar sus reacciones entre opciones como las siguientes.

verbos copulativos	transitivos	reflexivos	como *gustar*
ser extraño, raro, curioso...	extrañar	sorprenderse	gustar
ser bueno, fantástico, milagroso...	celebrar	alegrarse	molestar
ser una lástima, triste, desilusionante	lamentar	enojarse	preocupar
ser malo, terrible, absurdo, ridículo	sentir	sentirse contento	dar pena

Noticias:

1. (a) El gobierno ratifica más legislación social. (b) Estos programas van a requerir más impuestos.

2. (a) Muchas naciones mejoran su industria y agricultura. (b) Su población crece más rápido que su economía.
3. (a) La ciencia logra prolongar la vida. (b) Más ancianos sufren de enfermedades de la vejez como Alzheimer.
4. (a) Vemos más conflictos internos entre grupos étnicos. (b) Hay más cooperación entre las naciones.
5. (a) La televisión ofrece más canales. (b) La cantidad no implica más calidad de programación.
6. (a) Se emplean más robots para hacer los trabajos mecánicos. (b) Esto elimina muchos empleos.
7. (a) Uno puede viajar a cualquier parte del mundo. (b) La seguridad en los aeropuertos es una pesadilla.
8. (a) Más estudiantes asisten a las universidades. (b) Algunos no se gradúan.

Ejercicios

B. Revisión y corrección. Las siguientes oraciones proceden de composiciones de estudiantes. Corríjalas.

1. *El paciente no quiere su familia a verle en esta condición.
2. *A punto de morir, su amigo le pregunta se encargar de su hermana.
3. *Es importante que todos empiezan a reciclar.
4. *Durante la Nochebuena, los niños esperan Papá Noel traer los regalos.
5. *Es injusto por la Administración eliminar las vacaciones.
6. *No me gusto trabajar sola en la tienda porque es posible para alguien entra en [illegible] y robe [illegible].

C. Un mundo de consejos. La vida estudiantil puede ser difícil porque uno recibe mandatos y consejos desde todas partes. Complete usted estas oraciones de modo que reflejen sus propias experiencias.

1. Los padres mandan...
2. Los curas y pastores sugieren...
3. Los amigos recomiendan...
4. Los consejeros quieren...
5. Las universidades prohíben...
6. Los burócratas universitarios piden...
7. La policía universitaria exige...
8. Los profesores desean...

D. Vivir con los demás. Termine cada oración de manera original con un verbo de comunicación, de voluntad o de creencia/duda, más cláusula sustantiva.

Modelo: Cuando un amigo maneja el carro demasiado rápido, yo... → Cuando un amigo maneja el carro demasiado rápido, *le sugiero que modere la velocidad* (o: ...temo que tengamos una colisión).

1. Cuando dejo la ropa en el piso, mi mamá...
2. Cuando se siente molesto conmigo, mi hermano (hermana)...
3. Cuando mis zapatos comienzan a apestar, mi compañero(-a) de cuarto...
4. Y cuando él/ella pasa demasiado tiempo en el teléfono, yo...
5. Cuando mis amigos y yo nos cansamos en la clase de educación física, el entrenador...
6. Cuando otra persona se jacta de sus conquistas amorosas, yo...
7. Cuando mis amigos beben demasiado y están a punto de vomitar, yo...

Ejercicio textual

E. Reportar lo dicho. Situación: Víctor no oye bien. Cuando no comprende, le pregunta a usted lo que el profesor está diciendo. Contéstele con el discurso indirecto. (Usted ya recibió permiso del profesor para ayudarle así).

Modelo: Profesor: —Cállense y presten atención.
Víctor: —¿Qué dice?
Usted: Dice que *nos callemos y que prestemos atención*.

1. Profesor: —Es natural que tengan problemas con el subjuntivo, pero tienen que dominarlo.
Víctor: —¿Qué dice?

2. Profesor: —Cierren los libros, guárdenlos y saquen papel. Voy a escribir la prueba en la pizarra.
   Víctor: —¿Qué dice?
3. Profesor: —¿Quieren un ratito para repasar? Levanten la mano si necesitan más tiempo.
   Víctor: —¿Qué dice?
4. Profesor: —Termínenla y entréguenmela.
   Víctor: —¿Qué dice?
5. Profesor: —¿Tienen preguntas? ¿Me comprenden?
   Víctor: —¿Qué dice?
6. Profesor: —Abran el libro en la pág. 33 y entrevístense según las indicaciones.
   Víctor: —¿Qué dice?
7. Profesor: —Elena, diga su respuesta al número 3, página 34.
   Víctor: —¿Qué dice?
8. Profesor: —Bueno, es hora de salir. Para el viernes, estudien el capítulo 13 y corrijan sus ensayos.
   Víctor: —¿Qué dice?

Adaptación de texto

F. Convierta los siguientes diálogos en discurso indirecto en presente. Preste atención para distinguir los mandatos y reportarlos con "verbo de comunicación + *que* + subjuntivo". (Puede ser útil hacer uno de los dos diálogos en clase como ensayo en grupo). El resultado será un tipo de cuento en presente, con párrafos organizados.

1. Situación: una madre le enseña a su hija a hacer una tortilla española.
   Madre: —Primero, ve a la alacena y tráeme la sartén.
   Hija: —Aquí está. Bueno, dime cómo he de comenzar.
   Madre: —Mezcla los huevos en el cuenco con un poco de leche y bátelos rápidamente.
   Hija: —Uf, es difícil. ¿No debemos calentar la sartén?
   Madre: —Pues, sí, ponla a fuego lento y échale un poco de mantequilla. Bueno, sigue batiendo.
   Hija: —¿Cuánto tiempo más? Me canso y me duele la mano.
   Madre: —No te quejes. Bien, deja de batir. Echa estas patatas que tengo cortadas aquí y revuélvelas con los huevos. Ponle un poco de sal y pimienta.
   Hija: —Parece que la sartén está lista.
   Madre: —Bien, vierte la mezcla en la sartén con cuidado. ¡No, no la revuelvas!
   Hija: —Lo siento. ¿Está estropeada la tortilla?
   Madre: —Pues, está convertida en huevos revueltos, pero comámoslos así como están.
2. Situación: un niño arma un juguete nuevo con su padre.
   Hijo: —Papá, no sé qué hacer. Ayúdame.
   Padre: —Cómo no, dame las indicaciones. Ajá, comencemos con el eje. Colócalo en el agujero del soporte.
   Hijo: —¿Así?
   Padre: —Sí, así está bien. Sujétalo con un tornillo. No, no uses alicates sino el destornillador "Philips". Luego, haz pasar el extremo superior del eje por el agujero de la ruedita y encájalo firmemente. No, tuércelo ligeramente pero no lo fuerces. Ten paciencia.
   Hijo: —Y ahora, ¿qué hago?
   Padre: —Fíjate en esos avioncitos; ¿ves los ganchos? Cuélgalos de la rueda. Ahora, pruébalo, pulsa el botón.
   Hijo: —¡No anda!
   Padre: —¿Nos equivocamos? Ah, no, vuélvete y recoge esas pilas de la caja. Abre la tapa, ese rectángulo negro, y colócalas bien. Sí. Bueno, préndelo, veamos si funciona ahora.
   Hijo: —¡Sí! Gracias, papá.

LECCIÓN 12 Composición: El reportaje y las instrucciones

En las composiciones que le informan al lector, escribimos con cuidado, porque como dice el refrán:

- Lo que de prisa se escribe, despacio se lee.

PRESENTACIÓN

En los capítulos I-II hemos enfocado la representación de situaciones, acciones y transacciones con base en una perspectiva actual, el *presente*. Esta perspectiva es la que solemos adoptar en dos tipos de composición que representan lo que se dice y se hace: el REPORTAJE y las INSTRUCCIONES.

12.1. El reportaje. En esta lección usamos "reportaje" para el proceso de relatar en tercera persona lo dicho y lo hecho en una historieta, chiste o anécdota. Otro ejemplo típico son los artículos periodísticos sobre la actualidad, o sea las noticias corrientes. Pero el tipo que vamos a enfocar aquí es el resumen de una obra: la SINOPSIS y su variante, la RESEÑA.

12.1.1. La sinopsis. Una sinopsis es un breve informe que resume lo que pasa en alguna obra: un drama, una novela, un cuento corto, una película, etc. Al igual que el reportero de un periódico, el escritor de una sinopsis se propone resumir la información que responde a las preguntas siguientes: ¿Quiénes están implicados?, ¿qué pasa?, ¿cuándo pasa?, ¿dónde pasa?, ¿cómo?, ¿por qué?, ¿con qué resultado?

Con respecto a su estructura, la sinopsis incluye los mismos elementos que la narración:

1. el TRASFONDO ('background'): la situación ('setting') y los personajes principales;
2. la TRAMA o el ARGUMENTO: los sucesos más importantes;
3. la COMPLICACIÓN: el momento cuando la situación alcanza el punto más crítico, quizás un clímax;
4. el DESENLACE: la resolución de la crisis, el resultado de la trama.

Pero a diferencia de una narración completa, en una sinopsis estos elementos tienen que condensarse. Hay que ceñirse a los sucesos esenciales y a los personajes principales, omitiendo tangentes o detalles irrelevantes.

La sinopsis también se distingue de la narración y del artículo de periódico en su *perspectiva presente*. Cuando reportamos sucesos *pasados*, por ejemplo lo que nos pasó cuando éramos niños, narramos en el pasado porque los acontecimientos están fijados en momentos ya transcurridos. Pero para reportar la acción de una obra, sobre todo una de ficción como *Tom Sawyer* o *Macbeth*, predomina una perspectiva presente, y de hecho *atemporal*, sin referencia a un tiempo específico, y es usual el tiempo presente.

12.1.2. La reseña. Una RESEÑA ('review') consiste en una sinopsis más otro elemento: una evaluación o crítica. El escritor interpreta y juzga la obra, comentando sus puntos fuertes y débiles y fijándose en su contribución y valor según su naturaleza: como obra estética, como forma de entretenimiento o como fuente de información. Intenta determinar si la obra es apropiada para el auditorio ('audience'). También suele comentar los precedentes y compararla con otras obras semejantes. Es posible que el crítico no cubra la obra entera sino algún aspecto seleccionado: la caracterización de los personajes, el impacto de la obra, el estilo, el simbolismo, etc. Ejemplos:

- una reseña en la cual un crítico resume una película y la compara con otras del mismo director. Si su objeto es una película reciente, es probable que omita el desenlace para no arruinar el interés del público.
- una reseña en la cual un crítico evalúa una novela nueva para una revista profesional, resumiendo el argumento principal y juzgando su calidad literaria.

Al leer una reseña, el lector quiere más que una sinopsis: espera una recomendación, alguna respuesta a la pregunta "¿hasta qué punto debo leer o ver esta obra?" La recomendación puede ser explícita:

"Esta novela es de primera y les fascinará a todos".

"Esta película es un lío de trivialidades neuróticas y no es posible recomendársela al público".

o bien *implícita* en el elogio o la condena del escritor. Pero *no basta* un simple "me gusta", "es muy buena", "es muy interesante", un modo de evaluación que se asocia con los "book reports" de niños. El autor debe decir, explícita o implícitamente, por qué la obra es buena o interesante o por qué no tiene valor.

12.1.3. La selección de un tema. Para una sinopsis o reseña, se suele escoger un tema de interés personal (una obra de literatura, de teatro, o de cine) y esto es precisamente el primer requisito: el objeto debe interesarle al escritor para que él pueda comunicarle su interés al lector. Es indispensable también que el escritor conozca bien su tema, puesto que va a perder toda su credibilidad si su lector descubre que no comprendió (y quizás no leyó) la obra completa.

Hay un requisito práctico para los principiantes: si el escritor tiene poca experiencia con las sinopsis, debe escoger una obra sin grandes complicaciones porque cuanto más complicados sean el argumento y el lenguaje, más experiencia se necesita para resumirlos y evaluarlos bien. Además, una obra complicada puede tener distintas interpretaciones y requiere mayor experiencia para prever las opiniones contrarias.

12.1.4. El propósito y el tono. El propósito del resumen es informarle al lector del contenido esencial, pero su tono varía según la actitud del escritor. En una sinopsis sencilla reportamos con un tono neutral y meramente descriptivo: pensamos en el lector, quien no busca más que un informe del contenido y del argumento, una respuesta a sus preguntas "¿De qué se trata?" y "¿Qué pasa en esta obra?" En cambio, en una reseña tenemos que contestar otras preguntas también: "¿Cómo es?, ¿vale la pena leer (ver, comprar, consultar) esta obra?" En este caso, adoptamos un tono más evaluativo, que puede ser favorable o crítico o una mezcla de los dos. El punto de vista también se conforma con el propósito: en general, en un mero reportaje se escribe en la tercera persona; pero en las reseñas, puede que el escritor se refiera a sí mismo ("yo") al ofrecer sus propias observaciones.

12.1.5. La organización. El crítico puede organizar el contenido según criterios generales (calidad, valor informativo, originalidad, el "mensaje", etc.), o según los componentes de la obra (representación de los personajes, el desarrollo del argumento, el tratamiento del desenlace, etc.). Para una película, también es probable que comente aspectos como la actuación, la dirección, la fotografía, el escenario, la música, los efectos especiales, etc. Para la sección que se dedica a la sinopsis, se suele seguir la cronología de la obra original. Naturalmente, un resumen no puede reproducir todos los acontecimientos de la trama: la mayoría de los capítulos o escenas tiene que reducirse a un par de frases o excluirse por completo. Con su perspectiva general y su comprensión de la totalidad de la obra, el escritor decide lo que debe incluir, lo que puede mencionar brevemente y lo que ha de omitir. Siempre atiende a las necesidades de su lector, quien no quiere perderse en un enredo de detalles secundarios, pero tampoco le interesa una confusa serie de observaciones fragmentarias. En fin, aunque el resumen condensa y abrevia la obra original de modo muy drástico, todavía debe tener sentido y coherencia en sí mismo como un informe independiente.

El resumen necesita un título, una introducción y una conclusión. El título no tiene que ser muy original; generalmente basta algo como "Una reseña de___". La introducción incluye el título de la obra y, si el autor tiene esta información, el nombre del autor, la casa editorial y fecha de publicación para un libro, o del director y la compañía para una película. En la reseña, también hay una oración temática que anuncia la tesis central del escritor. La conclusión es mínima en una sinopsis y más extendida en una reseña.

12.1.6. Opciones para representar las acciones de la obra. Una trama consiste en *acciones* e *interacciones*. Las acciones son lo que los personajes hacen y lo que les pasa. Las interacciones implican a dos o más personas y a menudo se realizan por medio del discurso (conversaciones, monólogos, etc.). Puesto que un resumen resume y no reproduce todo lo que se hace y se dice en la obra original, el escritor tiene que seleccionar y simplificar. En esto tiene varias opciones.

En concreto, supongamos que en un determinado drama o película hay una escena donde el protagonista, Arturo, pelea con su esposa, Adela. En la Figura 12.a ilustramos seis maneras de referirse a este incidente.

En (a), el escritor omite el incidente porque le parece marginal, pero a partir de (b), le da cada vez más importancia. Al mismo tiempo, cada aumento de la atención que se le da a la escena "cuesta" más: el crítico que tiene sólo una o dos páginas o minutos para cubrir la obra completa no puede dedicar tanto espacio a la mayoría de los sucesos. Es necesario buscar un equilibrio y escoger las interacciones más críticas y quizás un par de ejemplos para ilustrar el tono de la obra, las técnicas del autor, etc. Y en cuanto a la opción más "costosa", una cita ('quote') como (f), el discurso directo casi nunca se usa en las sinopsis porque no hay suficiente espacio.

Estrategias	Ejemplo
(a) no mencionar la escena	—
(b) abreviarla como mero **sustantivo:**	A causa de sus conflictos domésticos...
(c) resumirla como **acción** del protagonista	Arturo llega borracho a casa y se enoja.
(d) representarla como **interacción** con otra persona	Arturo se enfada con su esposa Adela y los dos se ponen a reñir.
(e) representarla con **discurso indirecto**	Arturo le grita a Adela que no la aguanta más y ella le responde que él es un bestia.
(f) representarla con **discurso directo**	Arturo le dice a Adela: —¡Basta! Mujer, no te aguanto más. Si no puedes hacer más que reprocharme, vete al cuerno y déjame en paz. Entre lágrimas, Adela contesta: —Por Dios, ¿te atreves a hablarme así? ¡Eso es el colmo! Ya no eres el hombre con quien me casé, sino un bestia borracho.

Figura 12.a Opciones para referirse a un incidente en la sinopsis

12.2. Las instrucciones. El segundo tipo de resumen es una COMPOSICIÓN DE PROCESO (O PROCEDIMIENTO), que consiste en las instrucciones para hacer algo. Todos tenemos mucha experiencia con este tipo: las recetas culinarias ("Cómo hacer arroz con pollo") las indicaciones que acompañan un nuevo estéreo, bicicleta o computadora ("Montaje y uso de este modelo"), los procedimientos que seguir para llenar documentos, para matricularse, para cambiar llantas, etc. El escritor contesta la pregunta "¿Cómo se hace esto?" Al igual que las sinopsis, las instrucciones deben reportar y resumir, siempre limitándose a lo más esencial, sin tangentes que confundan y compliquen en vez de informar.

12.2.1. La selección de un tema. La composición de proceso tiene los mismos requisitos que la sinopsis: el escritor debe tener interés en el tema y conocerlo bien, y el objeto debe ser suficientemente sencillo para evitar complicaciones innecesarias.

Pero hay otro requisito práctico para escribir instrucciones en un segundo idioma: el tema debe ser tratable en el lenguaje del escritor. Muchos estudiantes yerran al escoger algo que requiere un enorme vocabulario especializado: cómo reparar un televisor, cómo hacer una manta tradicional, cómo manejar un velero en una tempestad, etc.; y cada consulta del diccionario aumenta el riesgo de equivalentes inexactos. Siempre es una buena idea ampliar el vocabulario para poder comentar temas de interés personal, pero al comenzar la composición ya es tarde para adquirir de golpe cien palabras técnicas.

12.2.2. El propósito y el tono. De ordinario, el tono de una composición de proceso es serio, objetivo y bastante impersonal, porque las instrucciones se dirigen a un lector desconocido. En efecto, las indicaciones que recibimos con una computadora o un reloj digital representan un verdadero extremo de lenguaje seco y poco emotivo. Su escritor no tuvo que despertar el *interés* del lector: la claridad es su responsabilidad principal.

La seriedad y sequedad características de la composición de proceso ha producido un tipo derivado de dicha composición: algunos escritores, periodistas y estudiantes usan el humor para parodiar composiciones de proceso cuyo objetivo principal es entretener, pero que también pueden enseñar. Todos hemos leído artículos como "Cómo quemar el pan tostado", "Cómo matar plantas ornamentales" o "Cómo humillarse frente a la computadora".

12.2.3. Organización. Una composición de proceso adopta un orden cronológico: procedemos de manera *lineal* desde el comienzo hasta el final, paso a paso. Para asegurarnos de que las instrucciones estén bien ordenadas y sin omisiones podemos usar un bosquejo de pasos numerados con (1), (2), (3), etc. Esos números *no* tienen que aparecer en la versión final, pero quedan implícitos en el orden de presentación.

Como en la sinopsis, en la composición de proceso hay que decidir lo que debe incluirse y excluirse para las necesidades del lector. Si hay demasiada información, el procedimiento parecerá muy complicado para el principiante; pero si no se incluye suficiente información, será imposible seguir las instrucciones. El efecto es igual: un lector confundido y frustrado. Siguen algunos consejos para superar este tipo de problema:

- Averigüe si todos los pasos están relacionados con el objetivo; si no, elimine los que sobran;
- Anticipe las preguntas de un usuario sin experiencia alguna;
- Piense en los típicos problemas y errores que surgen y cómo se resuelven;
- Sea concreto y dé ejemplos de los pasos más difíciles;
- Distinga del procedimiento básico las opciones que deben reservarse para un nivel más avanzado.

El cuerpo de instrucciones va precedido de un título sencillo ("*Cómo* + infinitivo", p. ej. "Cómo matricularse con éxito"), una breve introducción, y una sección especial: una lista de preparativos. En una receta, esta lista da los ingredientes que se deben tener listos antes de comenzar; en las indicaciones para armar una bicicleta o hacer ejercicios aeróbicos, describe los preliminares y el equipo (herramientas, pertrechos, instalaciones, etc.) que se necesitan para continuar. La conclusión no tiene que ser más que unas palabras prometedoras que dejen al lector con un sentido de satisfacción al completar el procedimiento.

12.3. Enfoque en el lenguaje. En todos los tipos de composición que tratan de acciones e interacciones, el requisito más básico es **representar con precisión la relación "quién le hace qué a quién"**. Lo más importante en esta relación son las formas verbales y los sustantivos y pronombres de sujeto y objeto. Si estos se confunden, el escritor no comete "accidentes" gramaticales, sino que desorienta a su lector, quien pronto pierde el hilo de lo que pasa a medida que las confusiones van acumulándose. En concreto, imagínese el efecto de múltiples errores como los siguientes en una representación de la trama de una obra:

la representación que deseamos	el error	el sentido que se comunica
1. Le gustan. ('She likes them')	*Ella les gusta.	= 'They like her, she pleases them'
	*Ella se gusta.	= 'She's pleased with herself'
2. Va a pasar. ('It's going to happen')	*Lo va a pasar.	= 'He's going to pass it'
3. Se casa con él. ('She marries him')	*Ella lo casa.	= 'She (clergy) marries him off'
4. Se lo pide. ('He asks her for it')	*La pide por él.	= 'He asks for her because of him'
5. Le cuentan... ('They tell her...')	*Se cuentan...	= 'They tell each other...'
6. Los llaman. ('They call them')	*Llaman ellos.	= 'They call, make a call'
7. Se siente mal. ('He feels bad')	*Se sienta mal.	= 'He sits down wrong'

12.3.1. El lenguaje de las sinopsis y las reseñas. Otro aspecto del reportaje es su **lenguaje especializado**. Como otros tipos de exposición, las sinopsis y reseñas se caracterizan por muchos términos y fórmulas especiales. Siguen ejemplos de este vocabulario típico; estúdielos y trate de usarlos en su propia composición:

• Este cuento (esta película) trata de...	'This story/movie is about/deals with...'
• Los protagonistas/personajes principales...	'The protagonists/main characters...'
• X hace el papel de... y actúa bien.	'X plays the role of... and acts well'
• La acción/trama se resume a continuación.	'The action/plot is summarized below'
• Tiene un guión/reparto/escenario estupendo.	'It has a stupendous script/cast/setting'
• Se estrenó en 2005, bajo la dirección de...	'It debuted in 2005 under the direction of...'
• El cineasta se dirige al auditorio.	'The filmmaker directs himself to the audience'
• Uno de los rasgos más notables se ve en...	'One of the most notable features is seen in...'
• A modo de ilustración se analiza una escena.	'By way of example, one scene is analyzed'
• Su postura (el propósito, tema) es...	'His/her/its position (purpose, subject) is...'
• El autor (dramaturgo) hace hincapié en...	'The author (playwright) emphasizes...'
• Aportan otra perspectiva en su montaje.	'They contribute another view in their editing'
• El valor de esta obra reside (se basa, estriba, consiste) en...	'The value of this work rests in/on (is based on, consists in)...'
• En resumen (en fin, en resumidas cuentas), esta obra se caracteriza por...	'In summary (in short, in the end) this work is characterized by...'

12.3.2. El lenguaje de las instrucciones. Los procedimientos se expresan de varias maneras:

(a) con el *se* impersonal (v. §8.1.2, 33.2.2):	Primero, **se corta** un cuadrado de 10 cm. por 15 cm. Luego, este **se dobla** longitudinalmente...
(b) con mandatos directos (v. L. 10):	Primero, **corte** un cuadrado de 10 cm. por 15 cm. Luego, **dóblelo** longitudinalmente...
(c) la primera persona (estrategia personal):	Primero, **corto** un cuadrado de 10 cm. por 15 cm. Luego, lo **doblo** longitudinalmente...

Pero la opción más típica en las instrucciones escritas para un público general es la segunda, **los mandatos**, generalmente de "usted" puesto que el escritor no conoce personalmente a sus lectores.

También son frecuentes los mandatos de los verbos siguientes (+ infinitivo), más otros de la construcción perifrástica de "verbo + verbo" (*tratar de, empezar a*, etc., v. §1.4.1):

asegurarse de ('make sure'): Asegúrese de atar bien el nudo antes de continuar.
cuidarse de ("be careful not to'): Cuídese de hervir la leche.
no dejar de ('not fail to'): No deje de desenchufar el aparato primero.

12.3.3. Expresiones de secuencia. Por último, todos los tipos de composición con base en la cronología emplean transiciones de orden y secuencia. Siguen algunos ejemplos; otros se presentarán en una lección posterior (L. 16).

luego, entonces 'then, next'	antes 'beforehand'	por fin 'at last'
primero, segundo, tercero...	antes de (+ inf.) 'before (verb)ing'	en fin 'in conclusion'
al principio 'at first'	después 'afterwards'	al final 'at/in the end'
así 'so, thus, that way'	después de (+ inf.) 'after (verb)ing'	por último 'lastly'

12.4. Para escribir una composición de resumen (reseñas y procedimientos). Es recomendable comenzar haciendo una lista de las acciones e interacciones más importantes para que el lector comprenda la esencia de la obra o el procedimiento fundamental. Esta lista puede tener la forma de apuntes informales o de un bosquejo más organizado. Luego, es probable que tenga que condensar el resumen aun más, y debe preguntarse cuáles son los sucesos que puedan omitirse o simplificarse como hicimos en §12.1.6. Si su ensayo es una reseña, también debe reservar suficiente espacio para su evaluación y asegurarse de que su resumen tenga suficientes ejemplos concretos para apoyar sus comentarios.

Después de una generación de ideas preliminar, las composiciones de resumen (sinopsis, reseña, instrucciones) se escriben en los tres pasos que explicamos ya en la lección 6 (v. §6.6):

1. CREAR: escribir (redactar) el contenido fundamental en una expresión libre de ideas, sin pensar (por ahora) en las dificultades de gramática y vocabulario.

2. REVISAR: llevar a cabo las modificaciones de organización, expresión y estructura (insertar, tachar, sustituir) que parezcan necesarias para mejorar el efecto total.
3. CORREGIR: buscar y corregir los errores de gramática y ortografía.

A fin de facilitar la revisión del borrador antes de entregarlo, ofrecemos aquí otra lista de verificación:

contenido

☐ ¿El tono es apropiado?
☐ ¿Hay suficiente información? ¿Demasiada?
☐ ¿Trato de incluir no sólo las *acciones* sino también las *interacciones* (con discurso indirecto)?

organización

☐ ¿Está clara la secuencia de acciones? ¿Las ideas fluyen bien?
☐ ¿Hay tangentes que interrumpan o confundan?
☐ ¿Son suficientes e interesantes la introducción y la conclusión?

expresión de las ideas

☐ ¿Siempre está clara y correcta la representación de "quién le hace qué a quién"?
☐ ¿Hay pasos, ideas o transiciones borrosas?
☐ ¿Hay casos de ideas breves o fragmentadas que podrían unirse mejor?
☐ ¿He usado el lenguaje (vocabulario) típico de este tipo de composición?

gramática

☐ ¿Mantengo una perspectiva actual, presente?
☐ ¿Hay confusión de objetos directos e indirectos, de verbos reflexivos y no reflexivos?
☐ ¿He usado bien todas las estructuras relevantes del capítulo II (L. 6-12)?
☐ ¿He revisado la ortografía, la puntuación y la concordancia?
☐ ¿Las cláusulas sustantivas de discurso indirecto están bien formadas?

APLICACIÓN

Ejercicios de preparación

A. Apuntes personales: Después de leer esta lección, piense en lo que ha aprendido y también en su propia experiencia con la escritura y lectura de reseñas. Escriba algunas ideas o consejos generales que le parezcan especialmente valiosos. Luego, para su propia composición, piense en alguna obra que reseñar y haga una generación de ideas.

B. El enriquecimiento del vocabulario: después de leer cada oración para comprender el contexto, busque al menos dos maneras equivalentes de expresar la palabra o frase en cursiva. (Estas oraciones fueron sacadas de composiciones de estudiantes).

Modelo: Luego, el protagonista tiene *problemas* sociales → *conflictos, confrontaciones, desajustes*.

1. Su lema personal es *ser bueno con* otras personas →
2. Este amigo suyo es un monstruo cuando *se enoja* →
3. Los poemas tradicionales *normalmente* usan rima →
4. La conclusión es muy *interesante* →
5. Al protagonista *no le gusta* su esposa →

C. Actividad: generación de ideas. Formen grupos. Decidan si prefieren discutir (1) una película que todos hayan visto o (2) un procedimiento que todos conozcan. Luego, sigan las instrucciones siguientes.

1. **una película:** (*Título:*____________________)
   ¿Cuáles son las principales acciones que se deben mencionar en una sinopsis?
   ¿Cuáles son otros aspectos de la película que ustedes quisieran incluir en una reseña?
   ¿Qué aspectos *aprueban* ustedes? ¿Qué aspectos podrían *criticar*?
2. **un procedimiento:** (*Cómo*________________)
   ¿Cuáles son los preparativos que mencionar al principio?
   ¿Cuáles son los pasos principales que se deben enfocar? (Exprésenlos como mandatos).
   ¿Qué problemas o complicaciones deben anticipar para los lectores que no tengan experiencia?

En ambas actividades, ¿qué lecciones han aprendido que puedan ser relevantes en sus propias composiciones?

Modelos y análisis

D. Lea la siguiente reseña y analice su contenido contestando las preguntas. [Francisco M. Benavent, en *Reseña* (Madrid, España) XXVIII, Núm. 219 (pág. 2), 1991].

El señor de las moscas: Fidelidad excesiva

William Golding publicó en 1954 *The Lord of the Flies*, la obra más sobresaliente de una carrera que culminaría dos décadas después con la concesión del premio Nobel. Lewis M. Allen, prestigioso productor de films como *Farenheit 451*, aceptó el reto de convertir en imágenes las acibaradas hojas del libro, adaptación que en 1963 se encargó de filmar Peter Brook. Un cuarto de siglo después, Allen también ha vuelto a impulsar esta nueva versión, para la que ha contado con Harry Hook, realizador inglés criado en Kenia y no entrado en la treintena.

Su traslación a la pantalla, realizada con esmero, es fiel al espíritu del libro y a su núcleo central, pero esa misma fidelidad acaba por traicionar a una película que, a medida que avanza, se hace cansina y plana, sin la suficiente emoción y vertebración dramáticas.

Su comienzo, sin embargo, es dinámico, con sugerentes elipsis —Hook se responsabiliza también del montaje— que encubren la falta de presupuesto. Unos cadetes de una academia militar estadounidense ganan las playas de una isla desierta tras naufragar. Bajo la disciplina marcial de Ralph, el más sensato de todos, se las ingenian para sobrevivir. Casi como una diversión, aprenden a hacer fuego, a cazar y pescar, a recoger frutos silvestres. Pero los reglados consejos que celebran muestran que la convivencia se hace cada vez más tensa. Un cabecilla levantisco llamado Jack abandona el campamento en compañía de sus seguidores. Sin más que un taparrabos, con las caras pintarrajeadas y armados de afiladas lanzas, se dedican a llevar una vida tribal y primitiva. En una progresiva involución, cada uno de los muchachos del campamento "civilizado" abandonará al líder sensato para engrosar las filas de este grupo "salvaje", en el que surgen las supersticiones (la cabeza llena de moscas colocada a la entrada de la cueva), los saqueos, la violencia irrefrenable (la muerte de los dos niños nos indica que no estamos ante ningún cuento infantil), la ley del más fuerte, en definitiva.

Lejos de la civilización y de una disciplina que no han hecho más que enmascararlos, los instintos primarios del hombre afloran violentamente, arrojando Golding el guante al pensamiento de un Rousseau cuya cita no es casual, como no lo es que los personajes en la película sean cadetes —y soldados al final—, como ejemplo de una innata agresividad canalizada institucionalmente.

Salvo los helicópteros y las breves referencias a Rambo y Alf, la historia narrada por Hook es intemporal, conteniendo una pesimista indagación antropológica en la que no se hallan los estudiados rictus instintivos que Kubrick moldea en las caras de McDowell, Nicholson o Modine, o la preocupada mirada con que Peckinpah observa los vandálicos niños de sus films, pero que se arriesga a apartarse de las estúpidas comedietas para adolescentes actuales.

1. ¿Qué tiempo verbal predomina aquí?
2. Caracterice brevemente (a) el propósito y tono, y (b) la organización de este resumen.
3. ¿Es una sinopsis o una reseña? ¿Por qué?

4. ¿Cuánta atención se presta a un verdadero resumen de la acción de la película? ¿Cuáles son *otros* aspectos que este escritor prefiere enfocar?
5. ¿Cómo logra el escritor condensar de modo drástico la acción?

E. Lea el siguiente ejemplo de una composición de procedimiento y conteste las preguntas: (PowerPoint, MS Office y Word son marcas registradas de Microsoft).

Instrucciones para hacer una diapositiva en PowerPoint

1. Mueva el cursor hasta el ícono de *Powerpoint* y pulse.
2. Muévalo hasta ARCHIVO, luego hasta DOCUMENTO NUEVO y pulse.
3. En la página de configuraciones posibles que ve en la pantalla, seleccione la que tiene un rectángulo y dos cuadrados en blanco.
4. Sitúe el cursor dentro del rectángulo, pulse y escriba el título "Mi primera diapositiva en Powerpoint".
5. Sitúe el cursor en el cuadrado que tiene una figura y pulse dos veces.
6. Seleccione una de las gráficas de "CLIPART" que ve en la pantalla pulsando dos veces en ella.
7. La gráfica va a aparecer en uno de los cuadrados de su documento.
8. Ahora pulse una vez en el otro cuadrado y escriba "Este programa es maravilloso".
9. Pulse ENTER y escriba "Ahora necesito aprender a escribir la tilde en PowerPoint".
10. Pulse ENTER y escriba "MS Office, PowerPoint y Word son marcas registradas de Microsoft".
11. Ahora puede editar con PowerPoint el texto, tarea muy similar a editar un documento en *Word*.
12. Guarde el documento de la misma manera que guarda un documento de *Word*.

¡Felicitaciones! Acaba de hacer y guardar su primera diapositiva en PowerPoint.

1. ¿Qué forma del verbo predomina en este tipo de escritura?
2. ¿Qué opciones eligió este autor para presentar? ¿Hay otras opciones que a usted le parezcan relevantes?
3. ¿En qué pasos puede confundirse el lector? ¿Hay más información que necesite?

Revisión

F. Siguen ejemplos de reportajes escritos por estudiantes. Léalos antes de clase y prepárese para comentarlos usando la lista de verificación de esta lección, más los símbolos de redacción de su clase (o los de la *Introducción al estudiante*).

En clase: hablando en grupos pequeños, haga dos columnas de apuntes para cada ensayo: aspectos *positivos* y aspectos *negativos*.

Primer ensayo:

Una reseña de la película *Sommersby*

La pelicula "Sommersby" es una buena drama con los actores Richard Gere y Jodie Foster. Este ocurre despues la guerra civil cuando Jack Sommersby (Richard Gere) revuelve seis anos despues delempiezo. Cuando el revuelve, su esposa (Jode Foster) tiene un otro hombre, pero no son casados. Tambien no es sabido por la audiencia si el hombre (Richard Gere) es en realidad Jack Sommersby, el esposo de Jodie Foster.

Este hombre dice que creame, y dice que es su esposo, y por un mientras ella piensa que es la verdad. Pero luego a causa de algunas diferencias en la personalidad de este hombre y sus caracteristicas ella piensa que no es en realidad su esposo. Cuando este hombre está en el norte, durante la guerra, el conocio a un hombre que parece exactamente como el. Este hombre es un maestro de chiquitos, también no es un buen hombre. El caracter de Jodie Foster piensa que este hombre, que es en su casa y en su cama es el maestro y no su esposo real. Pero, una otra problema es que ella tiene un bebe de este hombre que es su esposo o no. Al final de la pelicula este hombre continua a llamarse Jack Sommersby, aunque Jack Sommersby es querido para asesinar. En el fin, este hombre continua a llamarse Jack Somersby, a causa de su orgullo y el fue matado for la razon de su convencimiento de asesinar.

Este pelicula es bueno a causa de lo es muy dramatico e interesante. Yo recomiendo esta pelicula a todas las personas quien se gusta dramas.

Segundo ensayo:

Cómo sacar dinero de la máquina "cajera automática" del banco

Acerce a la máquina y sea excitado porque recibirá dinero. Meta su tarjeta en la arbertura, pero ten cuidado y no la meta incorrectamente. No la aceptará la máquina si usted no ha metidola corectamente.

Ahora, se preguntará la máquina registrar su cifra secreto. Regístrela pero sea seguro que es la cifra correcta porque no la mostrará en la pantalla. Próximo, se preguntará a usted cuanto dinero quiere sacar y de cuál cuenta. Regístre los números correctos. No saque mas que hay en su cuenta. Espérela máquina calcular sus asientos, y retire el dinero cuando la máquina ha acabado. Tenga un día buena.

Tarea: Composiciones de resumen

G. Escriba los dos ensayos siguientes:

(1) una reseña (de 1,5 páginas) de una película, novela u otra obra que tenga trama.
(2) las instrucciones (de 1 página) para un procedimiento.

Capítulo III

La narración

En este capítulo cambiamos de perspectiva. Hasta ahora, hemos mirado el mundo desde el punto de vista de "ahora". Pero al relatar lo que aconteció en el pasado, el narrador lleva al oyente a otro momento, a un momento recordado. Por tanto enfocamos los tiempos y estructuras más frecuentes para narrar en el pasado.

Lección 13: un repaso de las formas del pretérito y el imperfecto.
Lección 14: el empleo de estos dos tiempos para representar aspectos del trasfondo y la acción de un cuento.
Lección 15: el pasado de subjuntivo, que presenta los mandatos y deseos desde la perspectiva del pasado.
Lección 16: las palabras adverbiales que describen, ordenan y explican los sucesos, señalando cómo, por qué y cuándo se llevaron a cabo.
Lección 17: un resumen de los cambios que hacemos al relatar e interpretar lo hecho y lo dicho para el oyente o lector.
Lección 18: las composiciones de narración personal.

LECCIÓN 13: El pretérito y el imperfecto: su formación

Como dice el refrán:

- Nadie es sabio por lo que sabía su padre.

PRESENTACIÓN

13.1. **Dos aspectos de un solo tiempo.** Cuando narramos, cambiamos a los tiempos PASADOS: en inglés, *go* → *went, talk* → *talked, eat* → *ate, is* → *was*, etc. Pero las lenguas románicas —el español, el portugués, el francés, el italiano, etc.— hacen una distinción entre dos ASPECTOS del pasado, dos concepciones de la duración. Se llaman el IMPERFECTO y el PRETÉRITO. Ambos se refieren a los sucesos pasados, pero los presentan de manera distinta. Antes de explorar el significado y la función de la distinción, repasamos en esta lección su morfología, o sea su formación.

13.2. **La formación del imperfecto.** El imperfecto se forma añadiendo *-aba* a la raíz de los verbos en *-ar*, e *-ía* a la de los verbos en *-er* e *-ir*, que tienen las mismas desinencias.

	-ar	**-er**	**-ir**
(yo)	hablaba	comía	escribía
tú	hablabas	comías	escribías
él, ella, usted	hablaba	comía	escribía
nosotros (tú y yo, ella y yo)	hablábamos	comíamos	escribíamos
vosotros, (tú y él)	hablabais	comíais	escribíais
ellas, ellos, ustedes	hablaban	comían	escribían

No hay ningún cambio radical (*ue, ie, i,* v. §1.2.1) en el imperfecto porque el acento de intensidad va en la desinencia en vez de la raíz: *sentarse* (ie) *me sentaba* /me-sen-TA-ba/, *contar* (ue) *contaba* /kon-TA-ba/, *poder* (ue) *podía* /po-DI-a/, *conseguir* (i) *conseguía* /kon-se-GI-a/. El acento se indica ortográficamente en *-ábamos* (porque no recae en la penúltima sílaba) y en *-ía-* porque la ***i*** es vocal, no semivocal; cf. *hacía* /a-θI-a, a-SI-a/, imperfecto de *hacer*, vs. *hacia* /A-θya, A-sya/, preposición 'towards'; v. §0.4).

Tres verbos tienen raíces especiales en el imperfecto, aunque sus desinencias son regulares:

ver: **ve**-: veía, veías, veía, veíamos, veíais, veían
ser: **er**-: era, eras, era, éramos, erais, eran
ir: **ib**-: iba, ibas, iba, íbamos, ibais, iban

Dado que el infinitivo de *hay* 'there is/are' es *haber*, con la raíz *hab-*, su imperfecto es *había*.

13.3. Formación del pretérito. El pretérito tiene una formación más complicada, pero este tiempo verbal es muy frecuente y hay que dominarlo bien.

13.3.1. Verbos regulares. El pretérito tiene desinencias especiales. Como en el imperfecto, los verbos en *-er* y en *-ir* son iguales.

	-ar	**-er**	**-ir**
yo	hablé	comí	escribí
tú	hablaste	comiste	escribiste
él, ella, usted	habló	comió	escribió
nosotros, (tú y yo, ella y yo)	hablamos	comimos	escribimos
vosotros, (tú y él)	hablasteis	comisteis	escribisteis
ellas, ellos, ustedes	hablaron	comieron	escribieron

Las desinencias del pretérito son *tónicas* (acentuadas), lo cual requiere el acento ortográfico si son vocales: ***-é -ó -í -ió***. Pero la tilde se omite (como innecesaria) de las formas que tienen una sola sílaba: (*ver*) *vi, vio*. El verbo *dar* se conjuga en el pretérito como si fuera *"der"*, así que tiene formas parecidas a las de *ver*, sin tilde:

di, diste, dio, dimos, disteis, dieron.

■¡OJO! Es esencial distinguir contrastes acentuales como los siguientes, tanto en el habla como en la escritura:

pretérito *hablé* (/a-BLE/) 'I spoke' vs. mandato/subjuntivo *hable* (/A-ble/) 'speak! '
pretérito *habló* (/a-BLO/) 'he/she/you spoke' vs. presente *hablo* (/A-blo/) 'I'm speaking'

Además, hay que recordar que las desinencias ***-ó -ió*** representan la **tercera** persona en el pretérito, no la primera. Uno de los errores más comunes entre los estudiantes es la confusión de personas en el pretérito: para indicar que el sujeto es "yo", dicen "trabajó" (por analogía con el presente, "trabajo") en vez de "trabajé". Este tipo de error desorienta a un lector u oyente hispano porque implica referencia a otra persona:

Estudiante: —Luego, trabajó tres horas...
Nativo: —Perdón, no comprendo. ¿Quién trabajó? ¿Algún amigo tuyo?
Estudiante: —No, yo. Ah, *trabajé* tres horas...

13.3.2. Comentarios ortográficos y fonéticos. La ortografía del español requiere los siguientes cambios regulares delante de las vocales *e, i* (v. §0.3):

(el sonido /k/):	c → qu	tocar: to**qu**é, tocaste, tocó, etc.
(el sonido /g/):	g → gu	pagar: pa**gu**é, pagaste, pagó, etc.
(el sonido /gw/):	gu → gü	averiguar: aveři**gü**é, averiguaste, averiguó, etc.
(el sonido /θ, s/)	z → c	empezar: empe**c**é, empezaste, empezó, etc.

Así que no tiene nada de irregular la ortografía de (*jugar*) *ju**gu**é*, (*buscar*) *bus**qu**é*, etc.

La letra ***i*** de las desinencias *-ió -ieron* se pronuncia como la semivocal inglesa /y/ de *yes*: -/yo yeron/. Así, *comió* tiene sólo dos sílabas: /ko-MYO/, no */ko-mi-O/ ni */ko-MI-o/. Pero en la ortografía española, el sonido /y/ suele escribirse entre vocales con ***y*** en vez de ***i***. Por consiguiente, las desinencias *-ió -ieron* cambian regularmente a ***-yó -yeron*** tras las vocales ***a, e, o, u***: *oyó oyeron* en lugar de **oió* **oieron*. Los mismos verbos llevan tilde (acento ortográfico) en *-iste -imos -isteis* para indicar que su ***-i-*** sigue acentuada en lugar de formar diptongo con la vocal de la raíz (compare *oíste* /o-IS-te/ con tilde versus *oigo* /OY-go/):

oí, oíste, oyó, oímos, oísteis, oyeron.

También: *leer leyó, poseer poseyó, caer cayó, construir construyó, roer royó*, etc. Pero *(con)seguir* tiene *(con)**siguió*** porque su *u* no se pronuncia: la raíz se pronuncia /seg-/.

13.3.3. Cambios radicales. Los cambios (*ue*) (*ie*) (*i*) no se dan en el pretérito porque el acento está en la desinencia en vez de la raíz:

pensar: (pres.) *pienso, piensas, piensa*, etc.	(pret.) *pensé, pensaste, pensó*, etc.
perder: (pres.) *pierdo, pierdes, pierde*, etc.	(pret.) *perdí, perdiste, perdió*, etc.
volver: (pres.) *vuelvo, vuelves, vuelve*, etc.	(pret.) *volví, volviste, volvió*, etc.

Pero los verbos en *-ir* sufren un cambio especial que no tiene nada que ver con el acento: ***e → i*** y ***o → u*** delante de las desinencias *-ió, -ieron*. Por tanto, *pedir* (i), *preferir* (ie) y *dormir* (ue) se conjugan así:

pedí	pedimos	preferí	preferimos	dormí	dormimos
pediste	pedisteis	preferiste	preferisteis	dormiste	dormisteis
pidió	pidieron	prefirió	prefirieron	durmió	durmieron

Muestran este cambio casi todos los verbos que acaban en *-e...ir* u *-o...ir*, sean del tipo (*ie*), (*i*), o (*ue*): *sentir, competir, vestir, convertir, elegir, sugerir, seguir, herir, morir*, etc. Las excepciones son muy pocas: *discernir* (ie) *(discernió)* y *convergir/divergir (convergió/divergió)*.

Con los verbos en *-eír, -llir* y *-ñir*, la semivocal /y/ de *-ió -ieron* desaparece tras los sonidos ***i-, ll-, ñ-***, como en *reír, sonreír, freír, reñir, gruñir, bullir.*

reír (i): reí, reíste, (ri-ió →) **rió**, reímos, reísteis, (ri-ieron →) **rieron**
reñir (i): reñí, reñiste, (riñ-ió →) **riñó**, reñimos, reñisteis, (riñ-ieron→) **riñeron**

(La tilde de *rió* se mantiene porque se pronuncia como dos sílabas, /rri-O/, a diferencia de *dio* /DYO/ y *vio* /BYO/.)

13.3.4. Los pretéritos "fuertes". Los llamados verbos FUERTES se conjugan en el pretérito de manera distinta. En particular,

(1) tienen una raíz especial (irregular) que se mantiene en *todas* las formas del pretérito, y
(2) requieren desinencias especiales (*-e -o*, siempre **sin tilde**) en las formas de *yo* y *él/ella/usted*.

Así que para *poner, hacer*, and *estar*:

puse	**pus**imos	**hic**e	**hic**imos	**estuv**e	**estuv**imos
pusiste	**pus**isteis	**hic**iste	**hic**isteis	**estuv**iste	**estuv**isteis
puso	**pus**ieron	**hiz**o	**hic**ieron	**estuv**o	**estuv**ieron

Los verbos que tienen esta conjugación "fuerte" son los siguientes:

hacer: hice...	estar: estuve...	poner: puse...	traer: traje...	saber: supe...
venir: vine...	andar: anduve...	querer: quise...	decir: dije...	caber: cupe...
poder: pude...	tener: tuve...	haber: hubo	-ducir: -duje...	

Las raíces fuertes en *-j* (*dij-*, *traj-* y el *-duj-* de los derivados del antiguo verbo *ducir: conducir, traducir, producir, reducir,* etc.) tienen *-eron* en lugar de ***-ieron***: la ***i*** se pierde.

dije	dijimos	conduje	condujimos
dijiste	dijisteis	condujiste	condujisteis
dijo	dij**eron**	condujo	conduj**eron**

Pero esta supresión de la ***i*** tras ***j*** no se da en los verbos regulares, p. ej. *tejer* ***tejieron***.

Los derivados de los verbos fuertes se conjugan de la misma manera:

como *tener*: *mantener* mantuve, *detenerse* me detuve, *obtener* obtuve, etc.
como *poner*: *componer* compuse, *reponer* repuse, *suponer* supuse, etc.
como *hacer*: *satisfacer* satisfice, *deshacer* deshice, etc.
como *decir*: *predecir* predije, *maldecir* maldije, etc.

A diferencia de los demás pretéritos, los fuertes tienen una acentuación *llana*, o sea en su penúltima sílaba. Por tanto, las desinencias de *yo* y *él/ella/usted* no se acentúan (no llevan tilde): es incorrecto decir o escribir **dijé, *dijó*, etc. Contraste la acentuación de los verbos regulares *tejer* y *pasar* con la de los pretéritos fuertes de *decir* y *poner*, pronunciando las sílabas en **negrilla** con más fuerza (intensidad):

tejer: te**jí**, te**jis**te, te**jió**, te**ji**mos, te**jis**teis, te**jie**ron
vs. *decir:* **di**je, di**jis**te, **di**jo, di**ji**mos, di**jis**teis, di**je**ron
pasar: pa**sé**, pa**sas**te, pa**só**, pa**sa**mos, pa**sas**teis, pa**sa**ron
vs. *poner*: **pu**se, pu**sis**te, **pu**so, pu**si**mos, pu**sis**teis, pu**sie**ron.

13.3.5. Dos pretéritos irregulares. En el pretérito, hay sólo dos verbos muy irregulares, *ser* e *ir*, pero tienen las mismas formas con *fu-*:

fui, fuiste, fue, fuimos, fuisteis, fueron.

Se decide si se trata de una relación (*ser*) o un movimiento (*ir*) según el contexto:

Fui un jugador bastante mediocre. (un atributo, *...un jugador*: *fui* = ***ser***)
Fui a un partido de béisbol anoche. (un movimiento, *...a un partido*: *fui* = ***ir***)

13.4. Resumen. El imperfecto y el pretérito son tiempos fundamentales. En ambos, las desinencias de los verbos en *-er* e *-ir* son iguales, pero diferentes a los que acaban en *-ar*. En el pretérito muchos verbos sufren cambios ortográficos (*jugué, comencé*) y radicales (*durmió*), mientras otros cambian a una conjugación "fuerte" (*hice, dije, estuve,* etc.). *Ser* e *ir* son irregulares en ambos tiempos (*era, iba; fui*).

Entre los problemas más típicos, hay que evitar la tendencia a confundir las formas de las personas 1ª y 3ª del singular: decir o escribir *"hizo, habló, comió"* por "(yo) *hice, hablé, comí"* no es un simple descuido de concordancia, sino una referencia a otra persona (él, ella, usted).

Los dos aspectos no significan lo mismo, como veremos en la lección 14. Por ahora, lo más importante es distinguirlos y dominar bien su formación para que no queden errores a este nivel de estudio.

13.5. Un paso más: otros pretéritos fuertes. El inglés también tiene pretéritos llamados "fuertes" con cambios vocálicos: *(sing) sang, (drive) drove, (grow) grew, (find) found*, etc., frente a la formación regular en *-ed* (*wanted, studied, entered*). A veces oímos a niños y hasta adultos que regularizan estas formas, diciendo *it growed* por *grew*, etc. Es igual en español: oímos formas regularizadas como *andé* por *anduve*, *producí* por *produje*, etc., pero estas no se consideran "correctas" en la lengua estándar.

El español medieval tenía más pretéritos fuertes que encontramos al leer la literatura antigua: *conocer* ***conube*** (*-iste, -o*), *creer* ***crove***, *meter* ***mise***, *escribir* ***escrise***, *prender* ***prise***, *ver* ***vide***, *cocer* ***coxe***, *responder* ***respuse***, *reír* ***rise***, *destruir* ***destruxe***, *vivir* ***visque***, *placer* ***plugo***, etc. Unas pocas de estas formas fuertes (p. ej., *vide*) todavía se oyen en ciertos dialectos modernos, pero todas se han regularizado en la lengua estándar: *conocí, creí, metí, escribí, prendí, vi*, etc.

APLICACIÓN

Actividades

A. Ensayo en grupo: Escriban (en el tiempo presente) lo que pasa en este momento en la sala de clase: la hora, el tiempo, las actividades, sus pensamientos, sus planes. etc. Un secretario escribe todo en la pizarra. Luego, transfórmenlo para un cambio de perspectiva: después de diez años ustedes recuerdan lo que *pasaba* aquel día en su clase de español.

B. Formen parejas. En cada una, los compañeros se entrevistan sobre el viaje más interesante que han hecho, usando preguntas y respuestas en el pretérito.

C. Julio César resumió sus hazañas con tres verbos en pretérito: "Veni, vidi, vici" en latín, o sea en español, "Vine, vi, vencí". En grupos o parejas, hagan lo mismo en español para las personas siguientes (en la forma de "yo", como Julio César):

1. el Rey Enrique VIII de Inglaterra
2. don Juan Tenorio
3. Tomás Edison
4. Santa María
5. Martin Luther King, Jr.
6. el presidente actual de los EE.UU.
7. Atila, rey de los hunos
8. Cristóbal Colón
9. una actriz o cantante famosa
10. usted

Ejercicio

D. Siguen unas oraciones narrativas procedentes de composiciones. Vuelva a escribirlas sustituyendo los verbos por sinónimos de la lista:

acudir   *despedirse de*   *influir en*   *platicar*   *producir*   *responsabilizarse*
colocar   *horrorizarse*   *obtener*   *predecir*   *reñir*   *sugerir*

1. Hablé por dos horas con mi amiga.
2. Recomendaron una solución más fácil.
3. Nadie mencionó con anticipación el huracán.
4. Puse el diccionario en el estante.
5. Esta experiencia afectó mi actitud.
6. Las dos hermanas pelearon por el juguete.
7. José le dijo adiós a su familia.
8. Al ver su cadáver, tuve miedo.
9. El joven consiguió otra mochila.
10. Esos conflictos causaron mucha tensión.
11. Sin vacilar, fue a pedir ayuda.
12. Yo me encargué de las reservaciones.

Ejercicios textuales

E. Imagínese la situación siguiente y complete las oraciones de manera original con dos verbos distintos. Use el imperfecto para indicar que la escena se ve "en medio", o sea 'in the middle'.

Cuando me levanté, miré por la ventana y vi la bella escena de abajo:

1. La mañana...
2. El sol...
3. En los árboles, los pájaros...
4. Había gente que...

F. ¿Cómo eran sus vacaciones de niño(a)? En este ejercicio, describa las actividades que su familia hacía en sus vacaciones cuando usted era niño(a).

1. (su típico destino)
2. (su estadía/estancia: duración)
3. (actividades de sus padres)
4. (actividades de sus hermanos)
5. (actividades de usted)
6. (su condición después de regresar)

G. Usted puede resucitar a ocho personajes históricos e invitarlos a un coloquio universitario para hablar de sus ideas. ¿A quiénes va a escoger y por qué? Resuma su razón en el pretérito, como un suceso *terminado*.

Modelo: "Voy a invitar a Eleanor Roosevelt porque *mostró compasión por los pobres*".

H. Usted es reportero(a) y tiene la oportunidad de entrevistar a su actor o actriz favorito. Haga una lista de 10 preguntas sobre su pasado (con verbos distintos en el pretérito), incluyendo también preguntas sobre sus parientes.

Adaptación de textos

I. Esta escena se describe en el presente. Cámbiela a una perspectiva paralela del *pasado* con imperfectos.

Son las once de la Nochebuena. Los hijos duermen y sueñan con los regalos que esperan recibir. En la sala están el árbol de Navidad y el pesebre. Hay montones de paquetes y cajas, y el gato, que quiere jugar, se divierte con los lazos. Afuera nieva y todo está silencioso. Mamá descansa agotada en el sillón y tararea suavemente un villancico mientras papá, que acaba de armar la bicicleta, construye una casita para muñecas. Toman juntos una copa y disfrutan el fuego que arde en la chimenea. Se sienten satisfechos porque el día siguiente les va a traer mucha alegría a sus hijitos.

J. A veces usamos el "presente narrativo" para narrar acciones *terminadas* en el presente: es como el testigo que observa y comenta cada acción a medida que se desarrolla. Sigue un ejemplo del presente narrativo; cámbielo al pretérito (pero mantenga el punto de vista, el de la primera persona).

Me despierto tarde. Salgo de prisa y pierdo el autobús. Tengo que llamar un taxi y llego de mal humor a la oficina. La secretaria viene y le doy unas cartas que mecanografiar. Después de un rato voy a su escritorio y veo que pone mayúsculas en los días de la semana y se equivoca en las direcciones. Me pongo furioso y la riño. Ella llora y me dice que mi letra es difícil de leer. Me calmo y le pido perdón. Ella se siente mejor. Corrige las cartas y me las trae. Las leo: esta vez, salen bien y me siento contento.

K. Durante su vuelo a México, usted hizo escala en Miami y escribió sus planes con la intención de mandarle una tarjeta postal a su familia. Pero tuvo que abordar antes de terminar y ahora está en su hotel al final de su estancia. Ahora, tiene que cambiar todo al pretérito, eliminando auxiliares de referencia futura (en cursiva), conforme al modelo.

Modelo: Primero, *voy a* planear mi viaje. → Primero, **planeé** mi viaje...

Luego, *voy a* recorrer México D.F. *Pienso* estar en la ciudad por 8 días. *Quiero* probar las comidas del país, ver el Zócalo Mayor y sacar fotos de las catedrales. *Pienso* pasar un rato en el Museo de Antropología y andar por la Zona Rosa. En los mercados, *pienso* buscar regalos para mi familia. *Voy a* oír a los famosos mariachis y a entretenerme con el Ballet Folklórico.

Durante la segunda semana, *espero* hacer varias excursiones. *Quiero* ir a los jardines de Xochimilco y *voy a* visitar Teotihuacán y subir las pirámides. Luego, *pienso* viajar a Puebla, donde *va a* haber una fiesta pintoresca. Finalmente, *quiero* comprar unos de esos sombreros mexicanos y ponérmelo. *Va a* ser una compra típicamente turística, pero no *voy a* poder resistir la tentación.

L. Siguen las acotaciones de una escena de *El Amasijo*, por el argentino Osvaldo Dragún, 1968. (En Dauster, Frank; Lyday, Leon; Woodyard, George, ed., *Nueve dramaturgos hispanoamericanos*, 1er tomo. Ottawa: Girol Books, 1979, pág. 210). Esta serie de acciones se completa en el escenario; nárrelas con el pretérito.

Entra rápidamente María, vestida "de sábado". Se detiene. Pausa. Arroja su cartera sobre la cama. Y de pronto se echa sobre ella a punto de largarse a llorar. Pero justo en ese momento golpean suavemente la puerta. Ella se incorpora un poco, sorprendida; vuelven a golpear suavemente. Ella mira hacia la puerta.

Ensayo

M. Escriba una narración de uno o dos párrafos sobre uno de los siguientes temas.

1. Describa lo que hizo y no hizo usted anoche, usando al menos diez verbos distintos en el pretérito.
2. Describa su rutina diaria a los 15 años, usando al menos diez verbos distintos en el imperfecto.

LECCIÓN 14: Pretérito vs. imperfecto: su función

Como dice el refrán:

- Éramos pocos y parió la abuela.

PRESENTACIÓN

14.1. Una distinción de aspecto. El narrador emplea juntos el imperfecto y el pretérito (dos ASPECTOS del tiempo pasado) para transportarnos en un viaje retrospectivo a otra época, desde lo que pasa *ahora* a lo que pasaba *en aquel entonces*. Cada aspecto expresa una diferencia de perspectiva para representar el tiempo pasado.

14.1.1. El imperfecto: "en medio". Con el imperfecto, el narrador nos sitúa **en medio de** alguna acción inacabada, incompleta, alguna situación que ya existía. Nos invita a ver consigo cómo era el presente en aquel momento pasado:

Ahora (a las ocho): *Llueve* y *hace* frío. Ayer (a las ocho): *Llovía* y *hacía* frío.

El momento que se recuerda puede estar en medio de un suceso (situación, acción), como en la Figura 14.a.

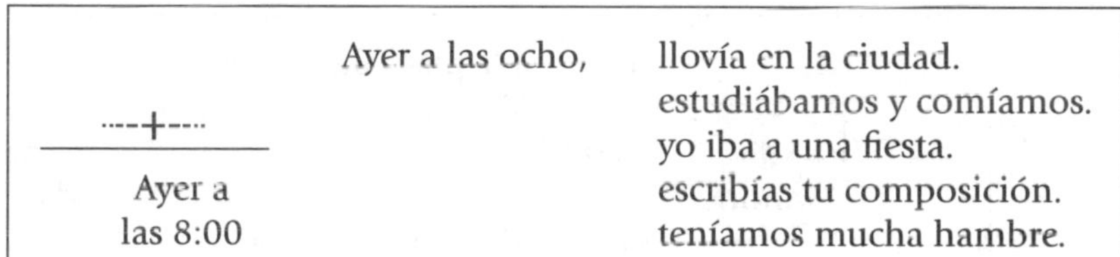

Figura 14.a El imperfecto – en medio de una situación

o en medio de toda una *serie* de acciones habituales que se sucedían regularmente, como en la Figura 14.b.

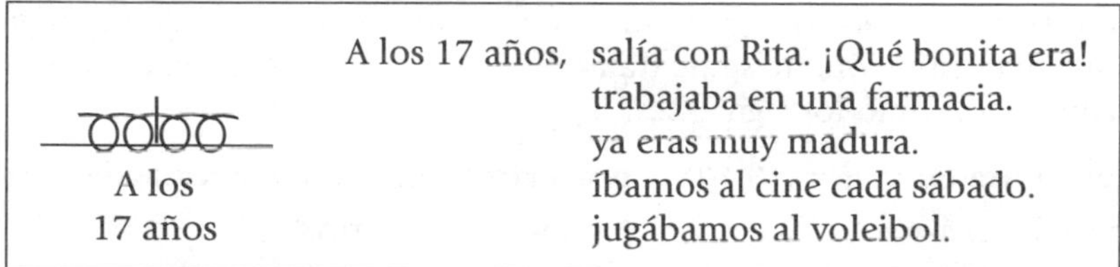

Figura 14.b El imperfecto – en medio de un ciclo de eventos habituales

La situación se queda así "en progreso" (----+----, ꝏꝏ) hasta que un pretérito la avanza a otro momento.

14.1.2. El pretérito: el comienzo o la terminación. Con el pretérito, el narrador se refiere a cualquier aspecto de lo ocurrido *excepto al medio*. Este aspecto típicamente señala que la acción ocurrió y se acabó, se completó, se cumplió, alcanzó su fin o clímax, como en la Figura 14.c:

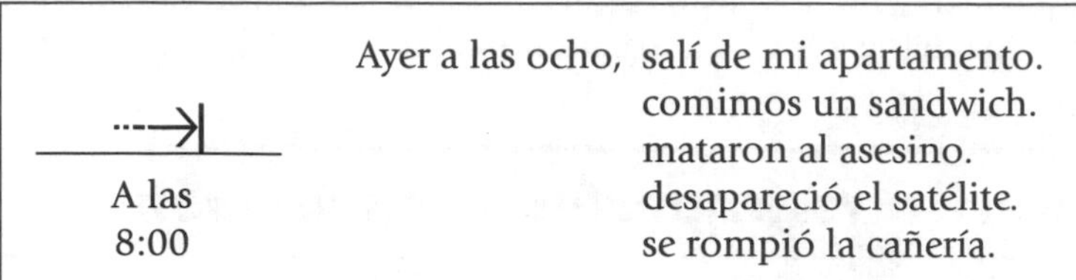

Figura 14.c El pretérito – un evento que termina

Pero en algunos contextos, se refiere al *comienzo* del suceso. El pretérito denota que la fase inicial del suceso se completó o que el sujeto empezó a experimentar el estado indicado, como en la Figura 14.d:

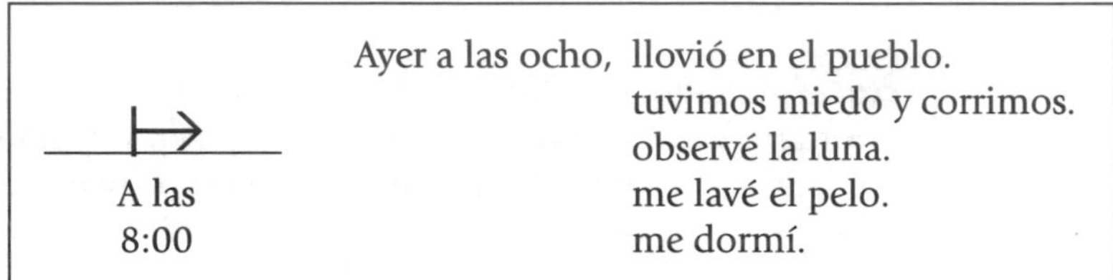

Figura 14.d El pretérito–un evento que comienza

Además, el pretérito (como el imperfecto) puede referirse a una serie de sucesos o estados, pero a diferencia del imperfecto (ꝏꝏ), le pone *fin* y la representa como terminada (├─┤), como en la Figura 14.e: el oyente no recibe una invitación a situarse dentro de la serie para enfocar lo que pasaba en medio de estos sucesos. A veces la terminación de la serie va indicada explícitamente con expresiones adverbiales como "tres veces/meses/años" o "hasta...".

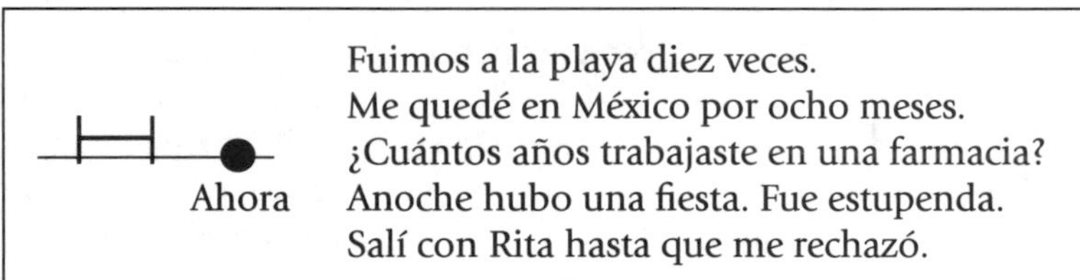

Figura 14.e El pretérito–duración terminada

14.2. Los dos aspectos en contraste. Es importante reconocer que la misma acción puede representarse con el imperfecto o con el pretérito. Lo que determina la selección es la perspectiva y la intención del hablante, lo que quiere que veamos. Es imposible depender de equivalentes ingleses porque el inglés no tiene la misma distinción; más vale tratar de visualizar la diferencia entre "en medio de" y "se acabó" en contrastes como los siguientes:

imperfecto: en medio ---+---, ꝏꝏ	**pretérito: comienzo/terminación** ├→, ---→|, ├─┤
1. No me gustaba el arroz.	No me gustó el arroz.
2. Comíamos bocadillos.	Comimos bocadillos.
3. Rosa era actriz.	Rosa fue actriz.
4. Mirábamos la luna.	Miramos la luna.

Con los imperfectos de la columna izquierda, tanta es la fuerza de 'en medio de' que es normal continuar y mencionar otra cosa de importancia que ocurrió (→ pretérito) en medio de dicha situación:

> No me gustaba el arroz (ꝏ+ꝏ) hasta que ***probé** el arroz frito chino.*
> Comíamos bocadillos (····+····) *cuando **sonó** el teléfono.*
> Cuando estábamos en Uruguay (····+····), ***llegó** un telegrama urgente.*

El pretérito, en cambio, resume el suceso y enfoca su comienzo y/o su terminación:

> Me gustó el arroz (├─┤) que serviste anoche.
> Comimos bocadillos (···→|) y luego salimos al cine.
> Estuvimos en Uruguay el año pasado (├─┤); fue un viaje inolvidable.

Así que el pretérito es el aspecto que solemos usar cuando queremos "cerrar" la narración de ese suceso:

> —¿Qué *pasó* anoche? —*Hubo* una fiesta. La fiesta *estuvo* muy buena.

Si contesto "La fiesta *estaba* muy buena...", es porque quiero agregar algo más que sucedió, "...hasta que los vecinos llamaron a la policía y tuvimos que bajarle el volumen al estéreo".

> ■¡OJO! A veces un imperfecto como *hablaba* corresponde a 'was talking' (····+····) o 'used to talk' (ꝏ+ꝏ), pero las muletillas ('crutches') inglesas **no bastan.** En "I *was talking* to her till about 8:00", más vale el pretérito *hablé* porque la acción se ve como terminada (├─┤), 'hasta las ocho'. Igualmente, para "She *used to be* an actress (but then retired)", decimos "Ella *fue* actriz" para indicar la terminación de su carrera.

14.3. El contraste en verbos de estado. En ciertos "verbos de estado" (verbos que denotan un estado o condición), el contraste parece más sutil que en las acciones, y es importante comprenderlo bien para narrar con precisión.

14.3.1. *Saber, conocer, querer, poder, tener,* etc. Algunos libros de texto sugieren que estos verbos "cambian de sentido" en el pretérito, pero en realidad *no cambian* de ninguna manera especial. El imperfecto indica que el participante está en medio de ese estado y el pretérito indica el cambio de estado: el participante empieza a experimentar el estado o termina de experimentarlo. Claro está que pueden cambiar de equivalente *inglés,* pero la traducción al inglés no tiene nada que ver con la gramática interna del español. Estudie la tabla de la Figura 14.f, fijándose en que el inglés requiere paráfrasis complicadas para identificar la distinción expresada simplemente por el contraste del imperfecto y el pretérito.

Gramática visual: imperfecto/pretérito de *saber*

Imperfecto: *X* estaba en el estado (····+····)		**Pretérito**: *X* entró en el estado (⊢→) o salió del estado (····→|)
Sabía esto. (····+····, 'middle of state of knowledge')	**saber**	Supe esto. (⊢→, 'beginning: realized, began to know, found out')
Conocía al Dr. Vega. (····+····, 'middle of a state of acquaintance')	**conocer**	Conocimos al Dr. Vega. (⊢→, 'beginning: got to know him, met him, made his acquaintance')
El cuadro costaba $100. (····+····, 'middle of availability for sale')	**costar**	El cuadro costó $80. (····→|, 'availability climaxed, it was bought, sale consummated')
Podía hacerlo. (····+····, 'middle of potential ability, capability, 'could, was capable of')	**poder**	Pude hacerlo. (····→|, 'attempted, ability put to the test: could and did do it, managed to do it')
No quería hacerlo. (····+····, 'middle of unwillingness')	**querer**	No quise hacerlo. (····→|, 'my unwillingness climaxed in outright refusal')
Tenían que estudiar. (····+····, 'middle of state of duty, supposed to do it…')	**tener**	Tuvieron que estudiar. (····→|, 'had to and did; obligation culminated as performance')
Debía abrir la puerta. (····+····, 'middle of state of necessity, was supposed to')	**deber**	Debí abrir la puerta. (⊢—|, 'necessity then gone, lost opportunity: I *should've opened…*')

Figura 14.f El contraste en verbos de estado

14.3.2. Reacciones emocionales. En un cuento narrativo personal es muy frecuente expresar las emociones. Pero el imperfecto y el pretérito sirven para contrastar dos aspectos emocionales que no se distinguen bien en inglés.

(a) It was a nice morning and I took a walk because *I was happy/glad.*

Era una mañana bonita y di un paseo porque __________.

Aquí, quiero decir que en este momento ya tenía ('estaba en medio de') un sentimiento de felicidad, ····+····, así que lo expreso con el imperfecto, *…estaba contento.*

(b) I found out that my roommate got a scholarship, so *I was happy/glad.*

Supe que mi compañero de cuarto recibió una beca, así que __________.

Este caso es distinto: quiero indicar el comienzo de la felicidad, ⊢→, como **reacción a la noticia**, así que conviene el pretérito. Pero el pretérito de *estar* + adjetivo, *estuve contento*, suele representar una condición terminada (⊢—|), y la manera más típica de indicar una *reacción* del tipo ⊢→ es con el pretérito de un verbo reflexivo (v. §7.5.3): *me alegré* o *me puse contento*. Una lista parcial de reacciones (hay muchas más):

alegrarse 'be happy/glad'
entusiasmarse 'get excited'
emocionarse 'get/be excited'
disgustarse 'get/be annoyed'
indignarse 'get indignant'
interesarse 'get/be interested'
molestarse 'be/feel bothered'
sorprenderse 'be/get surprised'
enojarse 'get/be mad'
tranquilizarse 'calm down'
asustarse 'get/be scared'
preocuparse 'get/be worried'
sentirse + *triste* (etc.) 'feel sad'
ponerse + *triste* (etc.) 'get sad'

De la misma manera (pero con objeto indirecto en vez del reflexivo) se usa el pretérito de los verbos como *gustar* (v. §9.3.2-3): *Esta noticia me gustó/encantó/dio miedo (asco, rabia, lástima).*

Gramática visual: un cuento sencillo—acción 'en medio', comienzo, acción completada

14.4. El uso del contraste en la narración. Los significados que acabamos de explorar se aplican a la narración conforme al resumen que se da en la Figura 14.g.

	Sentido fundamental	Aplicación: función en la narración
imperfecto	en medio de una situación incompleta	representar el *trasfondo*, cómo eran los personajes y el contexto, lo que pasaba cuando ocurrieron los sucesos principales: "estábamos en medio de esto cuando..."
pretérito	terminación, final, comienzo	dar los sucesos que se acabaron y sucedieron uno tras otro en el desarrollo de la trama: "...luego ocurrió esto, pasó lo otro, entonces eso y..."

Figura 14.g Aplicación de los tiempos pasados a la narración

Por tanto, la típica estrategia narrativa consiste en comenzar con una descripción del trasfondo con los imperfectos (¿cómo era?, ¿qué pasaba?). Pero el narrador no para allí —es raro usar el imperfecto a solas—, sino que procede a nombrar con pretéritos los sucesos que tuvieron lugar contra aquel trasfondo (por su típico uso *con* el pretérito, el gramático Andrés Bello llamó al imperfecto el COPRETÉRITO). Es posible interrumpir este desarrollo con pretéritos en cualquier momento para presentar con imperfectos más información sobre el trasfondo.

Sigue un ejemplo sencillo. Con cada imperfecto, imagínese en *medio* de la condición y observe su representación del trasfondo; la acción se queda en ese momento, sin avanzar. En cambio, con cada pretérito, imagínese el *comienzo* o el *fin* en una serie de sucesos que desarrollan la trama hasta su clímax.

Eran las siete y media. Marta *comía* y yo *estudiaba. Hacía* frío y *nevaba* un poco. No se *oía* nada salvo el tictoc del reloj. *Esperábamos* a Lucía, que *tenía* su examen final de química esa noche y todavía no *estaba* de vuelta. *Estábamos* preocupados y no *sabíamos* qué hacer.

Por fin **volvió** Lucía. Se **quitó** el abrigo, lo **tiró** en la silla y **siguió** al baño. No nos **miró**, no nos **habló**. **Estuvo** allí unos segundos y luego **salió** llorando. **Dijo** con tristeza, "No **pude** recordar nada y **pasé** la sesión paralizada". Se **sentó** en el sillón y susurró: "¡**Salí** suspensa!"

Vamos a analizar estos párrafos. En el primero, la acción se *congela*: el tiempo no avanza y nos quedamos en medio de una situación "en progreso" (en ese momento) que se presenta como el trasfondo, como se ve en la Figura 14.h:

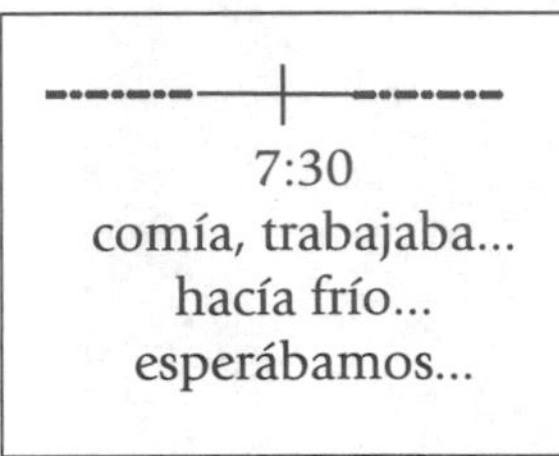

Figura 14.h Comienzo de una narración

Luego, en el segundo párrafo, los pretéritos avanzan la trama con nuevas acciones que empiezan o se completan, como en la Figura 14.i.

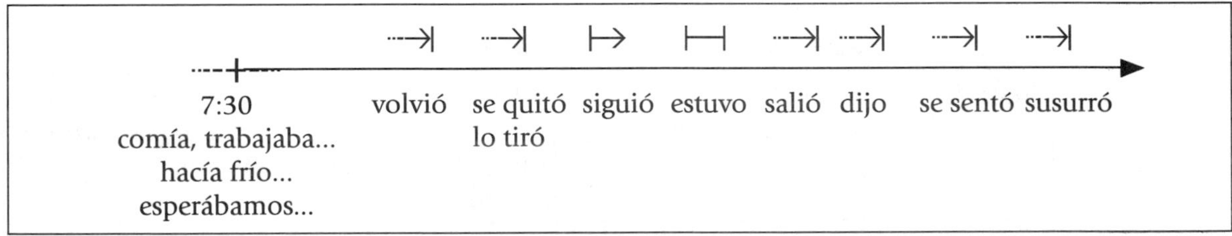

Figura 14.i Continuación de la narración

Pero no es necesario separar así el trasfondo (con imperfectos) y la trama (con pretéritos) en párrafos distintos. Los dos tiempos (o aspectos de un tiempo) se combinan fácilmente y así podríamos condensar todo el incidente en una oración:

Esperábamos a Lucía cuando ella entró y nos dijo que salió suspensa.

Es decir, que la gramática de la oración no controla la selección del imperfecto y del pretérito. En realidad, se encuentran todas las combinaciones hasta en una sola oración, y cada oración aporta una caracterización diferente de lo que pasó:

María se rió cuando entraste.	(María comenzó a reír en el momento que pasaste por la puerta).
María se rió cuando entrabas.	(María comenzó a reír mientras todavía estabas en la puerta).
María se reía cuando entraste.	(María estaba en medio de su risa en el momento en que llegaste).
María se reía cuando entrabas.	(Vemos a los dos en medio de su acción, como en una foto).

14.5. Un caso especial: la conversión del presente al pasado. El presente abarca cuatro aspectos distintos de lo que pasa (v. §1.3):

1. habitual (ʊʊ+ʊʊ): —¿Cuándo *limpias* el lavabo? —Lo *friego* cada sábado.
2. en progreso, en este momento (····+····): —¿Qué *haces* ahora? —*Friego* el lavabo.
3. venidero, en un futuro cercano (--+⇄-): —¿Qué *haces* mañana? —*Friego* todos los lavabos.
4. acción que se acaba durante la observación (····→|): Ana: (*friega* el lavabo) —¡Qué porquería!

Al narrar estos aspectos en el pasado, los primeros tres se expresan con **imperfecto** porque vemos a la persona en medio de un ciclo habitual (núm. 1), en medio de la acción (núm. 2) o en medio de los planes (núm. 3). Pero en el cuarto caso la acción de fregar se completa, así que se narra con el pretérito:

1. habitual (ʊʊ+ʊʊ): Le pregunté cuándo **lavaba** el lavabo y me dijo que lo **fregaba** cada sábado.
2. en progreso (····+····): Le pregunté qué **hacía** y me dijo que **fregaba** el lavabo.
3. venidero (--+⇄-): Le pregunté qué **hacía** al día siguiente y me dijo que **fregaba** los lavabos.
4. acción que se acaba (····→|): Ana **fregó** el lavabo porque estaba hecho una porquería.

14.6. Resumen. Las funciones narrativas del tiempo pasado se basan en dos conceptos centrales: el (aspecto) imperfecto sitúa al oyente o lector en medio de un suceso o condición, o en medio de una serie de sucesos habituales que ya estaba en progreso. Representa, pues, el trasfondo, o sea cómo era el "presente" en aquel momento. El pretérito, en cambio, señala un suceso que comenzó o terminó (se completó): ***Hicimos** ejercicio mientras tú veías la tele* ('we exercised, and completed that activity, while you watched (were in the middle of watching) TV').

Puesto que el imperfecto tiene un sentido restringido, el pretérito es más frecuente. Pero la selección del pasado no se basa en factores estadísticos, estilísticos, ni gramaticales, sino en **la intención del narrador**: ¿qué aspecto quiere representar?, ¿qué papel desempeña esta acción en el desarrollo de la trama, y cómo debe verla el lector?

APLICACIÓN

Actividad

A. Ensayo en grupo. Sigue el esqueleto (bosquejo) de un cuento. En grupos pequeños o con toda la clase, nárrenlo de manera creativa dando detalles informativos.

- *primer trasfondo*: En el apartamento 3-A: una fiesta...; a eso de la 1:00 de la madrugada; causa de la celebración:...; qué pasaba, actividades y ruidos...
- *segundo trasfondo*: Mientras tanto, en el apto. 3-B: el señor Ruiz; edad; sueño imposible con tanto ruido...
- *acción*: decisión del señor Ruiz: ir al 3-A; golpear la puerta; su comunicación a los celebrantes; reacción...
- *desenlace*: lo que pasó después: un final feliz, chistoso o sorprendente.

Ejercicios

B. Frases telegráficas. Exprese cada significado usando las palabras españolas indicadas y el contraste del imperfecto y el pretérito.

1. Susana / cantar/ cuando / Mario / pasar
   a. *Susana broke out into song at the very moment Mario passed by (and disappeared).*
   b. *Susana was having a singing session when Mario went by.*
   c. *Susana sang one brief note as Mario went by her.*

2. Francisca / ver / su amigo / cuando / caerse
   a. *She saw her friend (and had been watching him all along) when he hit the ground.*
   b. *She (whirled around and) caught sight of him during his fall.*
   c. *She caught sight of him at the moment he hit the ground.*

3. Miguel / entender / lo que / yo / decirle
    a. *He suddenly caught on to what I was telling him.*
    b. *He steadily followed what I was saying to him.*
    c. *He took thought and grasped what I told him (two hours before).*

4. Pedro / saber / Verónica / poder solucionar / el problema
    a. *He knew (was already aware) that she was capable of solving the problem.*
    b. *He discovered/found out that she had put her ability to the test and succeeded in solving it.*

5. Amanda / dibujar algo / y / Ramón / reparar / el estéreo
    a. *A. drew something (and laid the pen down) and R. completed his stereo repair.*
    b. *A. was in the middle of drawing something and R. polished off the stereo repair.*
    c. *Back then every Saturday morning, A. would work on her drawing and R. tinkered with stereo repairs.*

6. nosotros / decir / que / ellos / ser / comunistas
    a. *When you interrupted us, we were saying they were (at that point) communists.*
    b. *We said (once) they were (at that time) communists.*
    c. *We said (yesterday) they were (formerly) communists.*

7. sentarse / pórtico / porque / no poder / abrir la puerta
    a. *I sat down on the porch because the door looked like I couldn't open it.*
    b. *When you came, I was taking a seat on the porch because I tried to open the door and it wouldn't budge.*

C. Discriminación: En los siguientes contextos son posibles ambos aspectos del pasado. Trate de explicar la diferencia.

1. Me puse las botas porque (*nevar*)...
2. El locutor anunció que la fábrica (*quemarse*)...
3. Cuando entramos al cuarto, el teléfono (*sonar*)...
4. Lidia debía ir al supermercado pero (*no querer*)...
5. Nos dimos cuenta de que Samuel (*ser agnóstico*)...
6. En la tienda, José (*sentirse mal*)...
7. Cuando era niño, mi familia y yo (*ir de vacaciones a la playa*)...

D. Expresión guiada: Complete cada oración de manera lógica pero original con una situación que se percibe "en progreso", o sea en su medio.

Modelo: El niño se perdió en el almacén porque...*miraba todos los juguetes*

1. Cancelaron el picnic porque...
2. Cuando entré en la discoteca,...
3. Pude contestar cada pregunta del examen porque...
4. Miré por la ventana y vi que...
5. Mi amigo entró en la habitación y gritó que...
6. No repartieron el correo ayer porque...
7. Papá apagó la tele porque...
8. Puse la mesa mientras...
9. Fuimos a casa ya que...
10. Vacié la papelera porque...

E. Expresión guiada. En este ejercicio, comenzamos con una situación que se ve "en medio" o "en progreso". Este trasfondo se interrumpe por otras dos acciones que usted tiene que añadir.

Modelo: El ladrón me apuntaba con su pistola pero...*llegó el policía y me salvó.*

1. El misil caía hacia la ciudad, pero...
2. Estudiábamos en la biblioteca cuando...
3. Juanita se ahogaba en la piscina, pero...
4. La habitación estaba oscura, así que...
5. Llovía a cántaros, así que...
6. El mesero traía una bandeja llena de copas cuando...
7. Jorge se agachaba para recoger su mochila cuando...
8. Los trenes se acercaban uno al otro a toda velocidad, pero...

9. Nuestro equipo de basquetbol perdía por dos puntos cuando...
10. Los rehenes dormitaban en sus celdas cuando...

F. Expresión guiada. Cada oración narra el fin o el comienzo de una acción. Complételas con otra acción terminada que las explique.

Modelo: El policía me regañó porque... *pisé el césped.*

1. Beatriz tropezó y se cayó porque...
2. No pude abrir la puerta porque...
3. Manuel ganó el concurso porque...
4. La profesora se rió porque...
5. Fuimos a un partido de fútbol después que...
6. Los padres de Gloria la castigaron porque...
7. Fueron suspendidos dos estudiantes porque...
8. Dejé afuera la manguera durante la helada, así que...
9. No paré en la luz roja, así que...
10. Probé la sopa y...

G. Reacciones: momentos memorables. Escriba una oración informativa sobre su reacción a un suceso (en el pasado) en cada categoría, siguiendo el modelo y usando los verbos de §14.3.2 (u otros que convengan).

Modelo: un honor: *Cuando oí* (descubrí, supe...) *que recibí la beca, me entusiasmé.*

1. un momento de suerte
2. un incidente cómico
3. una muerte
4. una victoria personal
5. una desgracia
6. un milagro

Ejercicios textuales

H. Imagínese un cuento que comience con cada una de las oraciones siguientes. Continúe con cuatro verbos (al menos) que desarrollen solamente el *trasfondo* del cuento, sin comenzar la trama.

1. "Era mi primera cita..."
2. "Era la mañana cuando salía para la universidad... "

I. De apuntes a narración (Omaggio 1993: 245): Usted es un periodista que acaba de entrevistar a un testigo de un incidente con un OVNI (objeto volador no identificado). He aquí los apuntes que sacó. Redacte ahora su artículo, narrando lo ocurrido en el pasado y añadiendo otros detalles interesantes.

- José Carreño, bracero, 31 años
- en el campo: trabajando, a eso de las 10:00.
- un ruido raro, como zumbido; mira hacia arriba
- varias lucecitas, colores, 3 objetos en forma de platillo
- se asusta, deja todo, corre a casa, llama a su mujer
- salen a verlos; los OVNI desaparecen
- la señora: escéptica

Adaptación de textos

J. Sigue una narración en tiempo presente. Identifique el aspecto de cada verbo como "en medio" o "no en medio". Luego, vuelva a escribir el pasaje narrándolo en el *pasado.*

Son las 3:00 de la tarde. Hace buen tiempo y sé que mis amigos van a jugar al fútbol. Pero yo tengo que escribir un ensayo. Me siento y prendo la computadora. Pienso un rato y no se me ocurre nada. Entonces un amigo entra y me dice que necesitan otro jugador para el equipo. Apago la computadora y salgo con él.

Son las 8:00 de la noche. Vuelvo a prender la computadora mientras trato de pensar en un tema. Para distraerme aprendo a cambiar los colores de la pantalla. De repente suena el timbre del correo electrónico y me alegro: ¡hay un mensaje! Es de Tina, que estudia en otra universidad y que está preocupada porque sus padres se divorcian. Le respondo, pero después estoy deprimido y navego un poco en el Internet porque necesito diversión. Luego oigo gritos de mis amigos, que celebran un cumpleaños. No puedo resistir la tentación y me reúno con ellos.

Es la 1:00 de la madrugada y otra vez estoy sentado a la computadora. Todos duermen, menos yo, y todavía tengo una pantalla en blanco. De pronto tengo una idea y comienzo a escribir: "Cómo aplazar una tarea con éxito".

K. Siguen las acotaciones de una escena de *La muchacha del sombrerito rosa*, por Víctor Ruiz Iriarte, 1967. (Sáinz de Robles, Federico (ed.), *Teatro español 1966-1967*. Madrid: Aguilar, 1968, pág. 303-4). Narre el pasaje en el pasado, discriminando entre el pretérito y el imperfecto e insertando verbos y conjunciones según convenga. ("[...]" significa material original que se ha omitido aquí).

...[Es] una vieja casa muy burguesa construida, quizá, en la época isabelina. Un saloncito. Todo es grato, íntimo y delicado en este interior mimado por [...] delicados cuidados femeninos. Al fondo, una amplia entrada con puertas de cristales da a un ancho pasillo... Dos puertas a la izquierda. En esta misma zona, un suntuosísimo sofá.

[...] Por el fondo llega un rumor de risas y conversaciones. Y por la primera puerta de la izquierda entra en escena Esteban. Es un hombre de unos cincuenta y tantos años. Tiene el aspecto un poco desaliñado de un intelectual. Lleva una gabardina al brazo. Se queda un instante quieto mirándolo todo —los muebles, los cuadros, las pequeñas cosas— con una larga sonrisa. Luego, avanza. Deja la gabardina en cualquier parte. Llega hasta el mirador. Por unos instantes permanece allí vuelto hacia la calle. Y por la izquierda del fondo surge Damián. Un viejo —viejísimo— criado de la casa, que al ver a Esteban sonríe amablemente, muy en funciones.

Ensayos

L. Escriba una narración de tres párrafos breves sobre su decisión de asistir a la universidad, usando la siguiente estructura y las introducciones **en negrilla**.

primer párrafo: **"Cuando era niño(a),..."**: resuma el trasfondo relevante a su decisión, con al menos cuatro verbos de "ꝏꝏ": ¿cómo era?, ¿en qué se interesaba?. ¿qué quería?, etc.

segundo párrafo: **"Por eso, decidí ir a la universidad..."**: una breve trama del proceso, con al menos cinco pasos "⇢|, ↦" que dio para escoger una universidad y para ser aceptado(a).

tercer párrafo: **"Ahora,..."** (vuelva al presente y describa cómo se siente con su decisión, con al menos tres verbos).

LECCIÓN 15: El pasado de subjuntivo

Como dice el refrán:

- No hagas cosa que no querrías que se supiese.

PRESENTACIÓN

15.1. El pasado de subjuntivo. El pasado de subjuntivo también se llama el "imperfecto" de subjuntivo. Aquí preferimos "PASADO DE SUBJUNTIVO" porque expresa mejor su función: representa no sólo el sentido de "imperfecto" sino también el del pretérito. En otras palabras, cubre toda la expresión del pasado en los contextos subjuntivos.

15.1.1. Formación: el paradigma en *-ra*. El pasado de subjuntivo retiene cualquier raíz especial o irregular del pretérito (v.§13.3.2–5), y se puede derivar de la tercera persona de esta forma de la manera que sigue:

1. *comenzar con la forma del pretérito de* ***ellos:***

hablar	leer	pedir	traer	estar	ser/ir
hablaron	*leyeron*	*pidieron*	*trajeron*	*estuvieron*	*fueron*

2. *suprimir* ***-on:***

hablar-	leyer-	pidier-	trajer-	estuvier-	fuer-

3. *agregar* ***-a-:***

hablara	leyera	pidiera	trajera	estuviera	fuera

4. *y luego los sufijos personales regulares (-s,* ***-mos, -is, -n****):*

yo	hablara	leyera	pidiera	trajera	estuviera	fuera
tú	hablaras	leyeras	pidieras	trajeras	estuvieras	fueras
él/ella/Ud.	hablara	leyera	pidiera	trajera	estuviera	fuera
nosotros	habláramos	leyéramos	pidiéramos	trajéramos	estuviéramos	fuéramos
vosotros	hablarais	leyerais	pidierais	trajerais	estuvierais	fuerais
ellos, Uds.	hablaran	leyeran	pidieran	trajeran	estuvieran	fueran

Observe que en el pasado de subjuntivo el acento de intensidad siempre está en la sílaba que precede a *-ra-*; así, la forma de *nosotros* tiene su acento en la sílaba antepenúltima (/a-BLA-ra-mos/) y requiere una tilde: *habláramos* (v. §0.4). Además, es muy importante distinguir bien (en el habla y en la escritura) *-an* y *-on*, siempre evitando el sonido "uh" (el "schwa") del inglés en ***baron*** y ***barren***: *hablaron ≠hablaran, fueron≠ fueran*, etc.

15.1.2. El paradigma alternativo en *-se*. El pasado de subjuntivo es el único tiempo verbal que tiene *dos paradigmas*, o sea dos conjuntos de formas. En el otro conjunto, que es posible con todos los verbos, la *-ra-* se sustituye por *-se-*:

hablase	leyese	pidiese	trajese	estuviese	fuese
hablases	leyeses	pidieses	trajeses	estuvieses	fueses
hablase	leyese	pidiese	trajese	estuviese	fuese
hablásemos	leyésemos	pidiésemos	trajésemos	estuviésemos	fuésemos
hablaseis	leyeseis	pidieseis	trajeseis	estuvieseis	fueseis
hablasen	leyesen	pidiesen	trajesen	estuviesen	fuesen

Las formas en *-ra-* y *-se-* son equivalentes para el pasado de subjuntivo: no hay ninguna diferencia de significado ni función. El paradigma de *-se-* era la conjugación original, pero en el idioma moderno (tanto el escrito como el hablado) es más frecuente el de *-ra-*, aunque algunos hablantes prefieren *-se-*.

15.2. Funciones. Por lo general, el pasado de subjuntivo se usa como el presente de subjuntivo, es decir para reportar mandatos, dudas, reacciones, etc. (v. §11.2-3), pero *con referencia al pasado*. Así, un suceso que se reporta en el presente con "Leonor quiere que nos vayamos" se narra en el pasado como "Leonor *quería* que nos *fuéramos* (*fuésemos*) ". La distinción no se ve en inglés, que prefiere un infinitivo en ambos casos: "Elenor wants us *to leave*, Elenor wanted us *to leave*".

15.2.1. Correspondencia con el indicativo. La distinción entre los dos aspectos del pasado del indicativo (v. L.14) desaparece en el subjuntivo; tanto el imperfecto como el pretérito se expresan con el pasado de subjuntivo:

- indicativo: Creo que *hacía* frío. (····+····) vs. Creo que *hizo* frío. (├─┤)
  subjuntivo (para los dos aspectos): Dudo que *hiciera* frío.

- indicativo: Era evidente que *salían* (ʊʊ̍ʊʊ) vs. Era evidente que *salieron* (···→|)
  subjuntivo (para los dos aspectos): Era imposible que *salieran*.

En efecto, el tercer tiempo indicativo del pasado, el condicional (inglés 'would', v. §20.2), hace lo mismo.

- indicativo: Creo que *haría* frío. 'I think it would be cold'

  subjuntivo: Dudo que *hiciera* frío. 'I doubt it would be (was) cold'

Es decir, que en el sistema subjuntivo, *todos los tiempos pasados* se reducen a uno, el pasado de subjuntivo, como se ve en la Figura 15.a.

SISTEMA INDICATIVO	SISTEMA SUBJUNTIVO
imperfecto pretérito condicional →	pasado: *-ra/se*

Figura 15.a Tiempos pasados en el subjuntivo

■¡OJO! Quizás por confusión con el condicional (*hablaría, haría*, v. §20.2), algunos estudiantes concluyen que el pasado de subjuntivo (*hablara, hiciera*) es equivalente a 'would'. **No es verdad.** El pasado de subjuntivo no tiene ningún equivalente en inglés y por eso hay que comprender lo que significa dentro del sistema del español.

15.2.2. El pasado del sistema subjuntivo. Ya vimos (v. §11.1–2, 11.5) que el presente de subjuntivo se utiliza en una cláusula sustantiva para reportar un deseo o mandato desde la perspectiva presente:

mandato directo:	Papá: —¡Pórtate bien!
discurso indirecto (presente)	Papá dice *que me porte bien.*

Ahora, con el pasado de subjuntivo, narramos el mandato desde la perspectiva pasada:

mandato directo:	Papá: —¡Pórtate bien!
discurso indirecto (en el pasado)	Papá **dijo** *que me portara bien.*

Otra vez, observamos que esta cláusula sustantiva representa lo que el padre quería, un suceso que quedaba sin realizarse. Puede que yo le obedeciera después o que no le obedeciera, pero en aquel momento el papá no tenía ninguna certidumbre. En esto el pasado de subjuntivo contrasta con el imperfecto o el pretérito de indicativo, que comunican acciones que sí ocurrían u ocurrieron:

afirmación:	Papá: —¡Te portas muy bien, hijo!
discurso indirecto (en el pasado)	Papá **dijo** *que me portaba bien* (un hecho, ꝏꝏ)
	Papá **dijo** *que me porté bien* (un hecho, ├─┤)

Gramática visual: reacciones y mandatos en el pasado

Por eso, el pasado de subjuntivo funciona como su equivalente presente, pero *con referencia al pasado*. En concreto, (1) representa irrealidad en la cláusula subordinada (v. §11.2) y (2) expresa una proposición evaluada (v. §11.3):

1. **situación todavía irreal en aquel momento:**

   (a) CON LOS VERBOS DE VOLUNTAD, MANDATO, OBLIGACIÓN, ETC.

   Papá quería (pidió, mandó, etc.) que me port**ara** bien.
   Era (···–+–···, ⌒o⌒o|o⌒o⌒) / Fue (···→|) necesario que yo me port**ara** bien.

   (b) CON LOS VERBOS DE DUDA O PROBABILIDAD

   Papá dudó/dudaba (negó) que me port**ara** bien.
   Nadie creyó que me port**ara** bien.
   Era posible/imposible que me port**ara** bien.

2. **situación que fue evaluada:**

   Era bueno/importante/raro que me port**ara** bien.
   Todos se alegraron de que me port**ara** bien.
   Papá se sorprendió de que me port**ara** bien.

15.2.3. Cláusula vs. infinitivo. Ya vimos (v. §1.4.1) que varios verbos se usan con infinitivos en la construcción VERBO + VERBO: *Quiero (necesito, prefiero, etc.) hacerlo*. Pero si los dos verbos se refieren a sujetos *diferentes*, el español cambia a una cláusula con *que* para el segundo verbo en vez del infinitivo. Siguen ejemplos narrativos: estudie las diferencias sintácticas fijándose en que el inglés emplea (*FOR*) + PERSONA + *TO* + INFINITIVO mientras que el español tiene una cláusula con el subjuntivo, puesto que la acción todavía era irreal o se evaluaba en aquel momento:

La misma persona: infinitivo	**Personas diferentes: → cláusula con *que***
She wanted to visit them. Quería visitarlos.	She wanted *Ellen to visit them.* Quería **que Elena los visitara**.
She liked to have a good time. Le gustaba divertirse.	She liked *for her friends to have a good time.* Le gustaba **que sus amigos se divirtieran.**
She agreed (decided) to buy it. Acordó (Decidió) comprarlo.	She agreed (decided) for them to buy it. Acordó (Decidió) **que ellos lo compraran.**
She couldn't stand to go there. No aguantaba ir allí.	She couldn't stand *for her kids to go there.* No aguantaba **que sus hijos fueran allí.**
She needed to open the door. Necesitaba abrir la puerta.	She needed *(for) someone to open the door.* Necesitaba **que alguien abriera la puerta**.
She waited to get on the bus. Esperó a subirse al autobús.	She waited *for her grandmother to get on the bus.* Esperó **a que su abuela se subiera al autobús**.

15.2.4. Condición remota con *ojalá*. Ambos subjuntivos (presente y pasado) se emplean con *ojalá* (variante: *ojalá que*) para expresar un deseo o una esperanza (v. §10.1.3). Con esta expresión, el "presente" de subjuntivo se refiere al *futuro*:

Ojalá (que) *llueva* mañana: dicen que viene una tormenta.
('I sure hope it *rains* tomorrow: they say that a storm's coming')

Mientras el "pasado" de subjuntivo expresa aquí una condición del *presente* (o del futuro) que parece **improbable o remota** (en inglés, 'contrary to fact').

Ojalá (que) *lloviera*: la tierra está seca y no podemos sembrar.
('I wish / If only it *would rain*: the ground's dry and we can't sow')

En el habla indirecta narrativa, *ojalá* (que no es verbo) se reporta con *desear* o *esperar* + subjuntivo:

El granjero (dijo que) *deseaba que lloviera*. ('The farmer said he wished it would rain')

En otra lección (v. 21.3.2), veremos la aplicación del pasado de subjuntivo a las condiciones remotas con ***si***.

15.3. La "concordancia de tiempos". La selección del tiempo verbal en la cláusula sustantiva generalmente depende de la intención del hablante. Por ejemplo, cuando el verbo principal está en el tiempo presente, es posible creer o dudar algo que pasa *ahora* o algo que ocurrió en el *pasado*. La única diferencia entre los dos modos es que el subjuntivo tiene un solo tiempo pasado donde el indicativo requiere un contraste entre el imperfecto y el pretérito:

modo indicativo	***modo subjuntivo***
Papá cree que me porto bien.	Papá duda que me *porte* bien. ('Dad doubts that I *behave* well')
Papá cree que me portaba/porté bien.	Papá duda que me *portara* bien. ('Dad doubts that I *behaved* well')

Pero cuando narramos con un verbo principal en tiempo *pasado* (pretérito, imperfecto, condicional), algunos gramáticos insisten en que el subjuntivo de la cláusula subordinada también sea pasado. Esta regla se llama la CONCORDANCIA DE TIEMPOS puesto que el tiempo del subjuntivo "concuerda" con el del verbo principal, conforme al diagrama de la Figura 15.b.

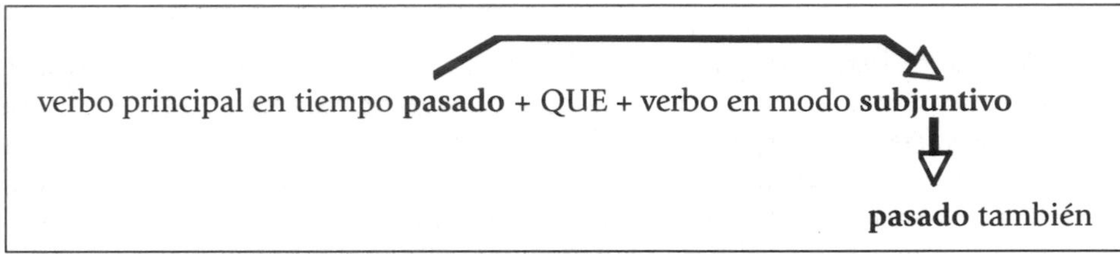

Figura 15.b "Concordancia de tiempos"

De hecho, esta "concordancia" representa una tendencia verdadera que uno puede generalizar.

Papá *dudaba...*
A papá le *gustaría...*
Papá *pidió/recomendó/mandó/quería...*
Papá *estaba contento/orgulloso de...*
} que me *portara* bien.

Pero no es una regla fija; muchos hispanohablantes usan el *presente* de subjuntivo cuando hablan de un momento que todavía está en el presente o futuro:

Papá sugirió que me *portara* bien. (Yo debía portarme bien aquel día o en aquella época en el pasado).

Papá sugirió que me ***porte*** bien. (Papá me lo dijo *ayer*, pero se refiere a mi viaje mañana).

15.4. El discurso indirecto en la narración. En la lección 11 presentamos las maneras de reportar el diálogo en tiempo presente como discurso indirecto. Ahora aplicamos las mismas estrategias al *pasado*. Usamos un verbo de comunicación (*decir, preguntar,* etc.) con una cláusula sustantiva que comienza con *que* (o si es pregunta, *si*) y contrasta el modo, conforme a la Figura 15.c.

verbo de comunicación + *que +indicativo/subjuntivo*
CLÁUSULA SUSTANTIVA

Figura 15.c Repaso del esquema para discurso indirecto

La misma estructura se usa cuando narramos: sólo cambiando a tiempos pasados. Estudie los ejemplos siguientes del imperfecto y pretérito para narrar afirmaciones y preguntas, y del pasado de subjuntivo para narrar las reacciones y los mandatos o deseos:

afirmación: Mamá: —José, eres perezoso y siempre llegas tarde.
→ Mamá le *dijo* (···→|) a José que *era* (···+···) perezoso y que siempre *llegaba* tarde.
pregunta: Mamá: —José, ¿cuándo vas a vestirte? ¿No sabes la hora?
→ Mamá le *preguntó* a José cuándo *iba* a vestirse; también le preguntó **si** no *sabía* la hora.
evaluación, duda, etc.: Mamá: —José, es ridículo que no estés listo, y dudo que llegues a tiempo.
→ Mamá le *dijo* a José que *era* ridículo que no ***estuviera*** listo y que *dudaba* que ***llegara*** a tiempo.
mandato o deseo: Mamá: —¡José! Date prisa y ven a comer.
→ Mamá le *dijo* a José que se ***diera*** prisa y que ***viniera*** a comer. (o *Mamá le mandó/pidió/sugirió...*)

Estos ejemplos ilustran el uso de los tres tiempos pasados para narrar varios tipos de interacción. La correspondencia exacta entre estos y los tiempos originales (del presente) se da en el cuadro de la Figura 15.d.

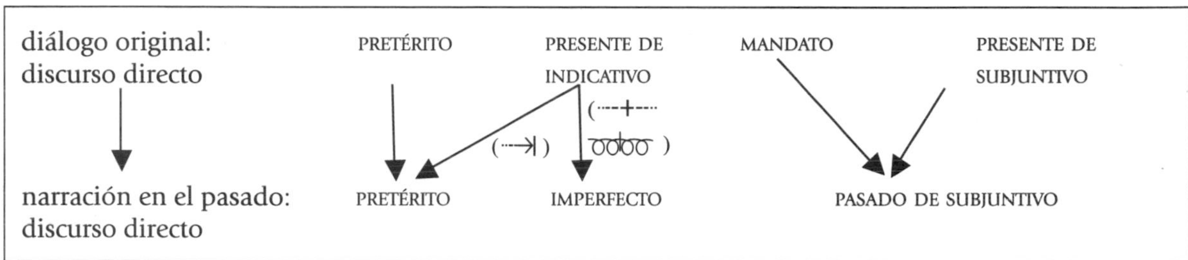

Figura 15.d Narración de tiempos en el discurso indirecto

Observe en particular:

- Cuando usamos un pretérito en la situación presente, nos referimos a un suceso *terminado*. Entonces, cuando la narramos, sigue siendo pretérito:

Marcos: —No **dormí** bien anoche. → Marcos dijo que no **durmió** (···→|) bien.

- El presente de indicativo (el "ahora" de la situación original) generalmente se narra en el imperfecto porque nos situamos *en medio* de la condición o suceso (···+···, ◡◡+◡◡):

Lucinda: —No me siento bien. → Lucinda dijo que no **se sentía** bien.

Pero cuando mencionamos un suceso que se completó en la narración, cambiamos al pretérito (v. §14.5):

Estudiante: (Se *acerca* al profesor). —*Me disculpo* por no tener la tarea.
→ El estudiante **se acercó** (···→|) al profesor y **se disculpó** (···→|) por no tener la tarea.

- Las afirmaciones y preguntas se narran con el INDICATIVO (imperfecto, pretérito); los mandatos o deseos se narran con el PASADO DE SUBJUNTIVO:

Teresa (a Victoria y Carmen): —¿Qué *hacéis* (*indic.*) ahí? *Venid* y *ayudadme* (*mandatos*).
→ Teresa les preguntó a Victoria y a Carmen qué hacían ahí y dijo que **vinieran** (-iesen) y le **ayudaran.**

15.5. Un paso más: la mitigación. Con los verbos *querer, deber* y *poder*, el pasado de subjuntivo también sirve para "mitigar" o disminuir la fuerza de un deseo o recomendación, haciéndolo más indirecto. El tiempo gramatical es pasado, pero se refiere a una situación *presente*. Lo mismo se hace en inglés, como se ve en las traducciones siguientes. El condicional también se permite con el mismo efecto mitigador:

Quiero una habitación sencilla. 'I want a single room'
→ *Quisiera* una habitación sencilla. '*I'd like* a single room' (o: *Querría...*)
Usted debe comer menos. 'You should eat less'
→ Usted *debiera* comer menos. 'You *should perhaps* eat less' (o: *Debería...*)
¿Puedes llamarme esta noche? 'Can you call me tonight?'
→ ¿*Pudieras* llamarme esta noche? '*Could* you call me tonight?' (o: ¿*Podrías...*)

Cuando *quisiera* introduce una cláusula, esta suele tener un tiempo pasado por concordancia de tiempos:

Quiero que me *sigas*. 'I want you to follow me' → *Quisiera* que me ***siguieras***. 'I'd like you to follow me'

15.6. Resumen. En su formación, el pasado de subjuntivo ofrece dos paradigmas, en *-ra* y *-se*. Son iguales, si bien *-ra* es preferido por la mayoría de los hablantes contemporáneos. Aunque algunas autoridades lo llaman "*imperfecto* de subjuntivo", este tiempo subjuntivo corresponde tanto al pretérito como al imperfecto. Así, en el indicativo hay un contraste:

Era obvio que la mujer *podía* librarse del problema. (imperfecto = capacidad potencial,┄┄+┄┄)
Era obvio que la mujer *pudo* librarse del problema. (pretérito = capacidad completada,┄┄→|)

Pero si cambiamos *era obvio* a *era dudoso*, usamos el pasado de subjuntivo para ambas situaciones, sin distinción:

Era dudoso que la mujer *pudiera* (o *pudiese*) librarse del problema.

El pasado de subjuntivo se emplea como el presente del subjuntivo, pero con referencia al pasado y de acuerdo a la "concordancia de tiempos", solemos usarlo cuando el verbo principal está en el pasado, como en la narración:

Dijo (Pidió, Dudó, Se alegró de) que todos lo *siguieran*.

APLICACIÓN

Actividad

A. ¡Mentira! Fórmense en parejas. Cada persona ha de escribir una lista de 4 oraciones sobre sucesos personales en el pasado. Deben ser muy exagerados o falsos (p. ej., "Anoche salí con la famosa actriz ____"). Luego, una persona lee sus afirmaciones y la otra responde con "Dudo que... " ("Dudo que salieras con ella"), "no creo que... ", "es imposible que... ", "es absurdo que ...", etc.

Ejercicios

B. La adolescencia: Usando cláusulas sustantivas en el pasado conforme al modelo, escriba lo que sus padres querían (preferían, etc.) para usted cuando era adolescente. Mencione al menos dos cosas para cada categoría.

Modelo: (sus mandatos): Mandaban que tuviera cuidado con el coche y que nunca lo condujera después de beber.

1. (sus esperanzas)
2. (sus preferencias)
3. (sus deseos)
4. (sus recomendaciones)
5. (sus temores, miedos)
6. (sus prohibiciones)

C. Mis deseos y lamentaciones. Con *ojalá (que)*, exprese un deseo "irreal" para cada tema. Ejemplos:

(tema: coches): Ojalá que tuviera un Jaguar rojo. (O quizás: Ojalá que tuviera un coche de cualquier tipo).
(tema: mi profesor): Ojalá que mi profesor de estadística nos diera menos tarea.

1. (tema: dinero)
2. (tema: mis amigos y/o vida social)
3. (tema: mis padres)
4. (tema: la universidad)
5. (tema: el gobierno)
6. (tema: los valores de nuestra sociedad)

D. Reacciones y respuestas. Aquí repasamos los verbos de reacción (§14.3.2) en el discurso indirecto. Suponga que usted está escribiendo un cuento personal con los incidentes siguientes. Continúe la acción expresando (1) su reacción y (2) su respuesta, siguiendo el modelo.

Modelo: Mi amigo gritó que había un incendio... → *Mi amigo gritó que había un incendio. Me asusté y le dije que llamara al 911.*

1. El director del drama me dio el papel del protagonista...
2. Mi papá anunció que lo despidieron...
3. Oímos un ruido extraño en el otro cuarto...

4. El perro me ladró ferozmente...
5. La profesora mandó que tomáramos el examen otra vez...

Ejercicios textuales

Minidiálogos: reporte cada interacción en el pasado con el habla indirecta, según los modelos. Fíjese en el significado que ha de expresarse y tenga cuidado con los cambios de estructura, persona, tiempo y modo.

E. Pregunta + mandato.

Modelo: X: —¿Dónde está mi raqueta?
Y: —Búscala en el armario.

→ *X preguntó dónde estaba su raqueta e Y le dijo que la buscara en el armario.*

1. Carmen: —¿Puedo salir a jugar ahora, mamá?
   Mamá: —No, haz tu tarea primero.
2. Jorge: —¿Debemos quitar estas mesas?
   Marcos: —No, dejémoslas aquí.
3. Javier: —¿Sabes cuánto te quiero?
   Mariluz: —Sí, pero dímelo otra vez.
4. Miriam: —¿A qué hora es el concierto?
   Pilar: —Comienza a las 8:00 y ya son las 7:30. ¡Démonos prisa!

F. Afirmación + mandato

Modelo: X: —Esta camisa tiene una mancha.
Y: —Quítatela y ponla en la lavadora.

→ *X dijo que su camisa tenía una mancha e Y dijo que se la quitara y que la pusiera en la lavadora.*

1. Señor Montano: —Parece que va a llover hoy.
   Señora Montano: —Sí. No te olvides de llevar el paraguas.
2. Paciente: —Estoy resfriado y me duele la cabeza.
   Doctora: —No se preocupe. Tome dos aspirinas y descanse el resto del día.
3. Isabel: —¡Hay una gotera en el techo!
   Pedro: —Sí, ve a la alacena y tráeme todas las cacerolas y cuencos que tenemos.
4. Roberto: —¡Lola! Hablé con el gerente, y me va a ascender, ¡con un aumento de sueldo!
   Lola: —¡Fantástico! Vamos a un restaurante y celebrémoslo.

G. Afirmación o mandato + evaluación

Modelo: X: —La Universidad no quiere oír lo que pensamos.
Y: —Es increíble. No me gusta que nos traten así.

→ *X le dijo a Y que la Universidad no quería oír lo que ellos pensaban. Y respondió que era increíble y que no le gustaba que los trataran así.*

1. Un estudiante: —Nunca encuentro a mis profesores.
   Otro estudiante: —Es probable que tengan reuniones y otros compromisos. Sugiero que les pidas una cita.
2. Señor Domínguez: —Acabo de pensar bien ese asunto y creo que usted tiene razón.
   Señora Estrada: —Me alegro de que esté de acuerdo conmigo ahora. Podemos trabajar juntos.
3. Abogado: —La policía sospecha que la compañía de usted soborna al director de recursos naturales.
   Cliente: —Eso no es verdad. Niego rotundamente que tengamos contacto alguno con ese señor.
4. Hijo: —Voy a llevar a mis amigos al cine en tu "jeep". Chao.
   Papá: —No, espera: te prohíbo que lo conduzcas porque los frenos funcionan mal. Es mejor que vayáis en la vagoneta.

Adaptación de texto

H. Sigue un pasaje de *La muchacha del sombrerito rojo*, por Víctor Ruiz Iriarte, 1967. (en Sáinz de Robles, Federico Carlos (ed.), *Teatro español 1966-1967*. Madrid: Aguilar, 1968, pág. 334-337.) Nárrelo con una perspectiva pasada para producir un **cuento narrativo**.

■¡OJO!: Este es el primero de varios ejercicios de este tipo que ayudan a desarrollar la capacidad para narrar. En todos, tenga presente lo siguiente:

1. Siempre *lea el diálogo primero*. ¡El narrador tiene que conocer su materia para contarla con éxito!
2. Puesto que es narración, use tiempos pasados (imperfecto, pretérito, pasado de subjuntivo), distinguiendo bien entre (a) indicativo y subjuntivo y (b) "·····+·····" y "·····>|" en el indicativo.
3. La materia entre paréntesis no es opcional, sino las acotaciones ('stage directions') de acciones relevantes; son parte de la trama y por eso deben incluirse. El signo "[...]" es una convención general para indicar la omisión de unas palabras del drama original; no le haga caso en su cuento.
4. **Siempre incluya la "Situación"** en este tipo de ejercicio porque es la introducción y el trasfondo de su "cuento".
5. Organice el cuento que resulta en párrafos que tengan sentido. No simplifique el lenguaje original con paráfrasis más sencillas; limítese a convertirlo al discurso indirecto en el pasado. Pero si hay fragmentos, inserte otras palabras para producir oraciones completas de referencia clara. Por ejemplo:

   (*diálogo original*) Pablo:¿Cómo te llamas? Niño: —Raúl.
   → (*narración*) Pablo le preguntó al niño cómo se llamaba y él respondió que se *llamaba* Raúl (o ...que *su nombre era* Raúl).

Se pueden omitir interjecciones, por ejemplo "¡Qué va! ¡Vamos!" = 'No way! C'mon!' Pero si estas importan en la expresión del estado de ánimo del hablante, use verbos de emoción o reacción (§14.3.2) para narrarlas: por ejemplo, cuando Leonor exclama "¡Jesús!" o "¡Caramba!", el narrador lo puede expresar como "Leonor *se sorprendió* (*se indignó*, etc.)".

[Situación: A una señora, Leonor, se le acaban de presentar las tres hijas de su marido, quien tuvo que salir de España a causa de la Guerra Civil. Tras su choque inicial, Leonor trata de reconciliarse con ellas.]

LEONOR: —[...] Pasad. No os quedéis ahí. (Las tres muchachas avanzan tímidamente unos pasos.) No creo que vayáis a tenerme miedo, ¿verdad? ¡No! ¡Qué va! ¡Vamos! Venid. Acercaos un poco. Así. Bueno, ya sé que tú te llamas Belén. Y tú, María. ¿Y tú, niña? ¿Cómo te llamas tú?
PALOMA: —¡Paloma! [...]
LEONOR: —¡Dios mío! ¡María, Paloma y Belén! ¡Qué nombres tan madrileños, tan españoles, tan bonitos!. Estoy segurísima de que por ahí hay miles y miles de muchachas que se llaman así: María, Paloma y Belén. [...] Bueno. Nosotras vamos a ser amigas, ¿no?
PALOMA: —Sí, señora...
LEONOR: —¡Jesús! ¡No me llames señora! Dime Leonor. Y de tú, ¿eh? ¡Oh! ¿No sabéis? Aquí, en España, los jóvenes tutean a todo el mundo. [...] Me figuro que ahora vuestro padre, aquí, en este Madrid suyo, rodeado de sus hijas, va a sentirse el hombre más feliz del mundo. ¡Ah! Después de todo, papá es un hombre de suerte, hijitas. [...] Pero dejemos a papá y hablemos de nosotras. Tenemos que contarnos muchas cosas. Entre mujeres no puede haber secretos.

LECCIÓN 16: Los adverbiales de manera y tiempo

Como dice el refrán:

- Más vale tarde que nunca.

PRESENTACIÓN

16.1. Los adverbiales en la narración. Los adverbios modifican al verbo (*Entraron* ***silenciosamente***), al adjetivo (*Ese asunto es* ***sumamente*** *importante*) o a toda la oración (***Desgraciadamente****, no pudimos abordar el avión*). Aportan una variedad de información "circunstancial", es decir, sobre las circunstancias de los sucesos que narramos:

el lugar o la dirección: *aquí, ahí, allí, atrás, arriba,* etc.
el tiempo y la secuencia: *antes, ahora, entonces, luego, ya, pronto, tarde, actualmente,* etc.
la manera: *despacio, bien, tristemente, así,* etc.
las relaciones lógicas o retóricas: *entonces, por (lo) tanto, desgraciadamente,* etc.
la probabilidad: *tal vez (acaso, quizás, a lo mejor), probablemente,* etc.

Las preposiciones introducen un sustantivo, pronombre o infinitivo que constituye su objeto o término, formando así una frase preposicional, conforme a la Figura 16.a.

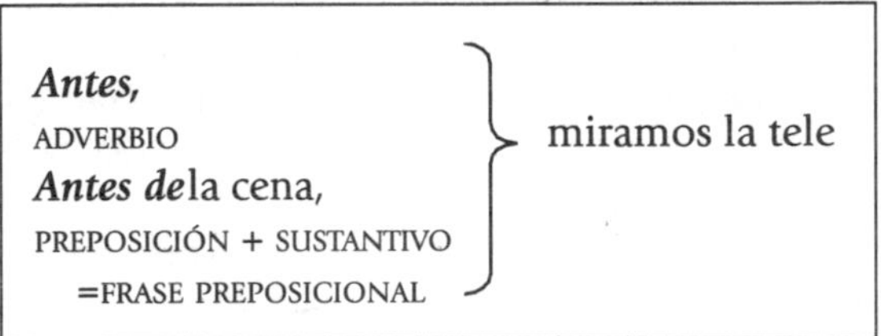

Figura 16.a .Adverbio vs. preposición

Puesto que las frases preposicionales sirven para aportar los mismos tipos de información que los adverbios, nos referimos a los dos como adverbiales.

Ya hemos estudiado los adverbiales locativos (de lugar, v. §4.5, 4.7). En esta lección examinamos otros tipos.

16.2. Adverbiales de manera. Los adverbiales de manera proporcionan información que responde a la pregunta *¿Cómo?* o *¿De qué manera?* La mayoría deriva de otras palabras mediante uno de los procesos siguientes.

16.2.1. Adjetivo + *-mente* → adverbio. Añadimos el sufijo *-mente* a la forma femenina del adjetivo para crear un adverbio como *-ly* en inglés:

Pablo se acercó a la puerta... (feliz) *felizmente* 'happily'
(torpe): *torpemente* 'clumsily'
(nerviosa): *nerviosamente* 'nervously'

■¡OJO! Tenga cuidado de no darles una *-a-* a los adjetivos que no la aceptan (v. §2.5.1): *probablemente*, no **probablamente*. (*Probable* no tiene la forma "*probabla".)

Los adjetivos en *-ista* como *realista* 'realistic' no aceptan *-mente*: 'realistically' se expresa como *de manera realista.* Y para los adjetivos *bueno* y *malo* los adverbios son *bien* 'well' y *mal* 'badly, poorly'.

La *buena/mala* actuación de la actriz   La actriz actuó ***bien/mal***.

Si hay dos (o más) adverbios en *-mente* unidos por conjunción, *sólo el último recibe el sufijo*:

armoniosa y cortés**mente**   lenta, atenta y cuidadosa**mente**

Por lo general, estos adverbios modifican al verbo, a diferencia de los adjetivos que modifican al sujeto:

Los dos vivían *felizmente* en su hogar. (su manera de vivir)
Los dos vivían *felices* en su hogar. (eran felices allí)

Pero en algunos casos el adjetivo se usa como adverbio también: *respirar hondo = hondamente, andar rápido = rápidamente.*

16.2.2. Alternativas preposicionales. En vez de *-mente,* se puede usar una frase preposicional, *con* + sustantivo o *de manera/modo* + adjetivo:

con frecuencia = frecuentemente
con mucho cuidado = muy cuidadosamente
de manera original = con originalidad
de modo intuitivo = intuitivamente

Estas alternativas se prefieren a veces por razones estilísticas, ya que el uso excesivo de *-mente* produce un estilo desgarbado. Por tanto, esta oración suena extraña:

Afortunadamente, prácticamente todos los miembros del coro llegaron a cantar muy armoniosamente después de practicar diligentemente.

La versión siguiente suena mejor:

Afortunadamente, casi todos los miembros del coro llegaron a cantar de manera muy armoniosa después de practicar con diligencia.

■¡OJO! Muchos anglohablantes emplean con exceso especial el adverbio *usualmente* como equivalente de 'usually'. El español prefiere alternativas como *normalmente, de ordinario, por lo general, generalmente, es/era típico que* (+ subjuntivo) y *soler* + infinitivo (*solía estudiar por la noche*).

Muchas frases preposicionales se han convertido en MODISMOS ('idioms'). Su preposición tiene poco sentido en sí misma (*por lo menos = al menos, de prisa = aprisa*), así que estas expresiones se deben aprender como unidades. Sigue una muestra de modismos adverbiales que tienen frecuencia especial en el estilo narrativo del español.

ADVERBIALES DE MANERA

a mano/máquina 'by hand/machine'
a solas 'alone, by oneself'
a pie/caballo 'on/by foot/horse'
al aire libre 'in the open air'
a medias 'halfway, half-done'
de prisa, aprisa 'fast, hurriedly'
de paso 'on the way'
de burlas 'in jest, jokingly'
con intención 'on purpose, deliberately'
con razón 'rightly'
al azar 'randomly'
a oscuras/ciegas 'in the dark, blindly'
a golpes/tiros/patadas 'with blows/shots/kicks'
de rodillas/espaldas 'on one's knees/back'
de puntillas 'tiptoeing, on tiptoe'
de buena/mala gana 'willingly/unwillingly'
en vano 'in vain'
en voz alta/baja 'aloud/softly'
por completo 'completely'
por casualidad 'by chance, accidentally'

16.3. Adverbiales de tiempo y de relación lógica. Estos generalmente responden a las preguntas "¿Cuándo?" o "¿Por qué?" e incluyen estos adverbios simples:

hoy 'today'
ya 'already'
todavía 'still'
temprano 'early'
tarde 'late'
ahora 'now'
siempre 'always'
nunca 'never'
anoche 'last night'
mañana 'tomorrow'
anteayer 'the day before yesterday'
ayer 'yesterday'
entonces 'then'
luego 'then, next'
pronto 'soon'

■¡OJO! *Tarde* es adverbio, nunca adjetivo. Se dice *es/era tarde* 'it is/was late' con referencia a la hora, pero no se usa con *estar*: 'I'm late' no es **estoy tarde*, sino *llego tarde* (donde *tarde* indica la hora de llegar) o *estoy retrasado* ('I'm behind', donde el adjetivo *retrasado* modifica al sujeto). Nótese también el orden en la expresión *tarde o temprano* 'sooner or later'.

Muchos sustantivos también sirven de adverbiales de tiempo sin preposición:

Me quedé allí **un rato/un momento** ('I stayed there a while/a moment')
Judit se fue **el lunes/el año pasado** ('Judy left on Monday/last year')

Tienen frecuencia especial las frases con el sustantivo *vez* '(a) time, occasion' (v. 'time' en Apéndice A para la diferencia entre *vez* y *tiempo*.)

una vez 'once'
dos veces (tres, cuatro...) 'twice, two times'
algunas veces 'sometimes'
varias veces 'several times'
repetidas veces 'repeatedly'
cada vez 'every time'
esta vez 'this time'
de vez en cuando 'from time to time'
por primera/última vez 'for the first/last time'
muchas veces 'many times, often'
pocas veces 'not many times, seldom'
rara vez 'seldom'
otra vez 'another time, again'
a la vez 'at the same time, simultaneously'
las más veces 'most times'
la última vez 'the last time'
a veces 'at times'
contadas veces 'seldom'

Pero los adverbiales de tiempo más abundantes son los modismos preposicionales:

ADVERBIALES DE TIEMPO

al final, al cabo 'in the end'
a tiempo 'on time'
a menudo 'often'
al otro día 'the next day'
al poco rato 'after a while, soon, a little later'
como de costumbre 'as usual'
con anticipación 'ahead of time'
día tras día 'day after day'
de antemano 'beforehand'
entre tanto, mientras tanto 'meanwhile'
poco a poco 'gradually, little by little'
por fin 'at last'
de nuevo 'again, anew, all over again'
de ordinario 'ordinarily, usually'
de continuo 'continually'
de improviso 'unexpectedly'
de repente/súbito/pronto 'suddenly'
de golpe 'all at once'
de inmediato 'immediately'
de noche/día ' at night/ by day'
en el acto 'right away, instantly'
en seguida 'immediately, at once'
en adelante 'from (now, then) on'
por la mañana/noche... 'in the morning/evening'

Otras expresiones adverbiales sirven de transición entre las ideas y, en la narración, le dan cohesión al cuento señalando relaciones lógicas o efectos retóricos. Por ejemplo, observe el impacto de *en efecto* 'in fact' (énfasis retórico del narrador) y de *por eso* 'therefore, for that reason' (relación entre las acciones) en el segmento siguiente:

> Alguien sugirió que saliéramos a comer y a divertirnos un rato. *En efecto*, yo tenía mucha hambre y *por eso* propuse que fuéramos a la Casa del Bistec...

Con estas transiciones oímos la "voz" del narrador y comprendemos la importancia de un suceso. Sigue una lista de este tipo de adverbiales:

ADVERBIALES DE TRANSICIÓN (RELACIONES LÓGICAS O RETÓRICAS)

al contrario 'on the contrary, instead'
a mi/su parecer 'in my/his(her) opinion'
a propósito 'by the way, incidentally'
como resultado 'as a result'
de hecho, en efecto 'in fact'
de todas maneras/formas 'anyway, at any rate'
en cambio 'on the other hand'
en fin/resumen 'in short, in summary'
en realidad, de veras 'actually'
en todo caso 'anyway, at any rate, even so'
para colmo de males 'as the last straw'
por consiguiente 'consequently'
por desgracia 'unfortunately'
por eso 'therefore'
por lo general 'in general, usually'
por (lo) tanto 'therefore, so, thus'
por lo visto 'apparently'
por su cuenta 'for his/her part, as for him/her'
por supuesto 'of course, naturally'
por último 'finally, lastly'
sin embargo 'nevertheless'

16.4. Adverbiales de secuencia y orden. La narración se desarrolla a través del tiempo, así que los sucesos se relacionan de las maneras siguientes:

ANTERIORIDAD: *X* antes que *Y*
POSTERIORIDAD: *X* después que *Y*
SIMULTANEIDAD: *X* mientras *Y.*
CAUSA: *X* porque *Y.*

Para expresarlos, el narrador tiene varias opciones que dependen de la PARTE DE LA ORACIÓN ('part of speech').

16.4.1. Adverbio, preposición y conjunción. Sigue una tabla de adverbiales de anterioridad, posterioridad, simultaneidad y causa. (Cuando la *de* se da entre paréntesis, es opcional aunque algunos la prefieren: *después que* = *después* ***de*** *que*).

ADVERBIO	PREPOSICIÓN	CONJUNCIÓN ADVERBIAL
antes 'before(hand) '	antes de 'before'	antes (de) que 'before'
después 'after(wards)'	después de, tras 'after'	después (de) que 'after'
luego 'then, next, after'	luego de 'after'	luego (de) que 'after'
mientras tanto 'meanwhile'	durante 'during'	mientras (que) 'while'
hasta entonces 'until then'	hasta 'until, up to'	hasta que 'until'
desde entonces 'since then'	desde 'since, from'	desde que '(ever) since'
además 'besides, in addition'	además de 'in addition to'	
por eso 'therefore'	por 'because of'	porque 'because'
	para 'for, in order to'	para que 'so/in order that'
así 'so, thus, in this way'		así que 'so (as a result)'
		cuando 'when'

Cada tipo de palabra se asigna a una construcción distinta:

ADVERBIO: se usa a solas para modificar el verbo. *Fui allí* ***antes.***

PREPOSICIÓN: introduce un sustantivo, pronombre o infinitivo. *Fui allí* ***antes de*** *la cena (**antes de** salir).*

CONJUNCIÓN ADVERBIAL: une cláusulas con verbos conjugados. *Fui allí* ***antes que*** *comiéramos.*

ADJETIVO: modifica un sustantivo. *Fui allí el día* ***anterior.***

■¡OJO! La influencia del inglés, que usa la misma palabra para varias funciones (*before* = adverbio, preposición y conjunción), puede causar errores en la narración. El español distingue siempre adverbio (*antes*), preposición (*antes de*) y conjunción adverbial (*antes que*).

Con los adverbiales que corresponden a 'since, after, then', hay distinciones especiales:

- ***Desde*** y ***desde que*** representan 'since, ever since' en el sentido de 'a partir de aquel momento'. 'Since' en el sentido *causal* ('because') es *porque, puesto que, ya que* (v. 'since' en Apéndice A):

  Desde que (*comienzo, origen*) se mudaron al barrio, los hijos se sintieron aburridos **puesto que** (*causa, explicación*) había muy pocos niños de su edad.

- ***Luego*** y ***entonces*** se traducen por *then*, pero son diferentes:

  1. *luego* = 'inmediatamente después': *Descansé y luego comí algo.*
  2. *entonces* = 'en aquel momento': *La cita era a las 2:00 pero no podía ir entonces.*

  o 'por eso, por consiguiente': *Perdimos el partido. Entonces, había poco entusiasmo.*

Luego y sus derivados (*luego de/que*) son parecidos a *después* (*después de/que*), pero denotan una secuencia más inmediata: ('next, then, right after'). *Tras* 'after, following' es un sinónimo de *después de*:

Después de volver = *Tras* volver, los rehenes celebraron.

16.4.2. Las cláusulas adverbiales y el modo. Las conjunciones adverbiales (*cuando, después que, luego que, antes que, hasta que, así que, mientras,* etc.) introducen una cláusula subordinada que se llama CLÁUSULA ADVERBIAL y sirven para unirla a otra cláusula, como se ve en la Figura 16.b.

Gramática visual: un lugar/una acción que todavía no era real

La computadora se descompuso + Traté de guardar un documento →	
La computadora se descompuso	**cuando** traté de guardar un documento.
cláusula principal	cláusula adverbial subordinada

Figura 16.b Formación de una cláusula adverbial

Alternativamente, las dos cláusulas pueden cambiar de orden (como en inglés): *Cuando traté de guardar un documento, la computadora se descompuso.* Esta estructura se estudiará más en la Lección 21; por ahora, nos limitamos a lo más esencial para la narración.

Hemos visto (v. §11.1) que en las cláusulas sustantivas, la subordinación permite el contraste de modos: el indicativo para una realidad observada u objetiva y el subjuntivo para una falta de realización:

Mamá sabía (dijo, vio, creyó, etc.) que nos *divertíamos* (*indic.*)
Mamá dudaba (dijo, sugirió, quería, etc.) que nos *divirtiéramos* (*subjun.*)

Es igual en las cláusulas adverbiales. Con las conjunciones de posterioridad o simultaneidad (*después que, luego que, cuando, mientras*), el verbo subordinado suele representar un suceso que *sí tuvo o tenía lugar* en aquel momento. Es una acción *real* que se expresa con el indicativo:

Aplasté el mosquito *después que me **picó**.* 'I squashed the mosquito after it bit me'
(es verdad que me picó: esto sí ocurrió)
Aplasté el mosquito *mientras me **picaba**.* 'I squashed the mosquito while it was biting me'
(es verdad que me picaba, en medio de la sensación)

En cambio, con *antes que* nos referimos a un suceso que, en el momento recordado, todavía no había ocurrido, así que esta conjunción introduce el subjuntivo:

Lo aplasté *antes que me **picara**.* 'I squashed it before it bit (could bite) me'
(no me picó, todavía no me había picado en aquel momento)

Otro ejemplo:

Carlos protestó *después que yo tuve la palabra.* 'Charles protested after I had the floor'
(yo sí tuve la palabra)
Carlos protestó *mientras yo tenía la palabra.* 'Charles protested while I had the floor'
(yo sí tenía la palabra)
Carlos protestó *antes que yo **tuviera** la palabra.* 'Charles protested before I had the floor'
(es posible que la tuviera más tarde, pero *no* en aquel momento)

Para (que) ('so, so that, in order to, for...to') también requiere el subjuntivo porque introduce el propósito de una acción, algo que uno deseaba o esperaba y que era por eso *irreal*. ***Así que*** ('so, as a result') es diferente: introduce objetivamente una consecuencia o un resultado real:

propósito: Ahorré el dinero **para que** compr**áramos** un coche algún día. ('I saved the money so (so that, in order that) we could buy a car some day') (*propósito*)
consecuencia: Gasté el dinero, **así que** no pude comprar nada más. ('I spent the money, so (hence, consequently) I couldn't buy anything else (but that wasn't my purpose)')

16.4.3. Cláusulas abreviadas: reducción a preposición + infinitivo. Las cláusulas adverbiales pueden "abreviarse", o sea REDUCIRSE a una construcción más sencilla, PREPOSICIÓN + INFINITIVO:

Manuel jugó al golf *después que volvió a casa* = después de **volver** a casa.
Manuel jugó al golf *antes que volviera a casa* = antes de **volver** a casa.

Pero hay tres condiciones para esta reducción al infinitivo:

1. La reducción tiende a limitarse a situaciones donde las dos cláusulas tienen el mismo sujeto: *Manuel* (jugó...) = *Manuel* (volvió...) en los ejemplos citados arriba.
2. El verbo "reducido" se convierte en infinitivo (v. §1.4), *nunca en gerundio* (*-ndo*, §22.1):

(inglés): after/before return**ing** home (español): después/antes de volv**er** a casa

3. La reducción requiere una preposición equivalente (§16.4.1), p. ej. *después que* → ***después de***, *antes que* → ***antes de***, *luego que* → ***luego de***, *hasta que* → ***hasta***, *para que* → ***para***, *porque* → ***por***... Es imposible con conjunciones "puras" como *cuando, mientras, así que, aunque,* etc. que no tienen equivalentes preposicionales. A diferencia del inglés ("While returning,... ") no es posible decir en español *"mientras *volver*/*volviendo* a casa".

16.5. Resumen. El narrador describe y relaciona los sucesos de su cuento: quiere que su lector comprenda la secuencia y que pueda ver *cuándo, cómo, dónde* y *por qué*. Para estas funciones sirven adverbiales de varios tipos:

- ADVERBIOS (*allí, despacio, antes, luego,* etc.), a veces derivados de adjetivos (*frecuente* → *frecuentemente*);
- FRASES CON PREPOSICIONES (*en la casa, con frecuencia, después del examen,* etc.), muchas de las cuales se han convertido en modismos (*por lo visto, en vano, a veces, de nuevo, de repente, en fin, por fin,* etc.);
- CLÁUSULAS ADVERBIALES (*mientras/cuando dormíamos, así que no pudo hacer nada,* etc.), con indicativo, subjuntivo o infinitivo ("reducción", *antes que viniera* → *antes de venir*), según el caso.

El reto con estos elementos es de **vocabulario**, y la única manera de aprenderlos es tratar de utilizarlos. Pero aunque los adverbiales son *opciones,* ***no son opcionales***: tanto en inglés como en español, el escritor que no los utiliza produce una lista de acciones aburridas, de cronología confusa y sin las transiciones naturales del típico estilo narrativo.

APLICACIÓN

Actividad

A. En grupos pequeños, hagan una generación de ideas enumerando maneras de completar las siguientes oraciones con adverbios (o adverbiales) apropiados. (Variante: se realiza como concurso entre equipos.)

1. Perdí el equilibrio y tropecé...
2. Mi amiga se graduó y la felicité...
3. Para no despertar a nadie, entré en el cuarto...
4. La supervisora golpeó la puerta...

Ejercicios

B. Sustituya cada expresión *en cursiva* por otra que signifique lo mismo (o casi lo mismo) en este contexto.

1. El policía me dijo que parara *inmediatamente.*
2. *Usualmente* era necesario escuchar la grabación *otra vez* y escribirla *completamente.*
3. Mi amigo aceptó la sugerencia *sin quererlo.*
4. *Inicialmente* le tenía miedo a mi compañero, pero *posteriormente* trabé amistad con él.
5. Fui a la otra puerta e intenté abrirla, pero fue *inútil. De repente,* alguien me llamó.
6. *A menudo* cenábamos en un restaurante francés.

7. *Desafortunadamente*, había mucho tráfico y los invitados llegaron *con retraso*.
8. *Gradualmente* me acostumbré a mi nueva escuela y me di cuenta de que *tal vez* ofrecía más oportunidades.

C. Antes y después. Relacione las oraciones de cada grupo. ¡OJO!: preste atención al significado porque hay que decidir la secuencia lógica.

Modelo: Diego escribió una novela. Hizo investigaciones. Recibió el Premio Nóbel. → Antes de escribir una novela, Diego hizo investigaciones. Después de escribirla (o simplemente "después"), recibió el Premio Nóbel.

1. Me cepillé los dientes e hice gárgaras. Me dormí. Leí un poco para relajarme.
2. Los invitados cenaron. Se lavaron las manos. Hicieron la sobremesa.
3. Mamá lavó las camisas. Las colgó para plancharlas. Les aplicó un quitamanchas.
4. La familia salió de vacaciones. Apagó el calentador de agua. Les echaron llave a las puertas.
5. El basquetbolista agarró el balón. Se fijó en la canasta y calculó la distancia. Lo lanzó y anotó así 3 puntos.

D. Complete estas oraciones narrativas de manera original, teniendo cuidado con el significado y el modo.

1. Todos los ciudadanos se enfadaron cuando...
2. Dejé mi bicicleta afuera, así que...
3. Dejé el regalo en la mesa (a) para..., (b) para que...
4. Mi hermano regresó a casa (a) luego de..., (b) luego que...
5. Mi mamá rezó (a) durante..., (b) mientras...
6. La médica le puso una inyección (a) antes de..., (b) antes que...

Ejercicios textuales

E. En el cuento siguiente, reemplace cada frase de *con* + sustantivo con un adverbio derivado de adjetivo. Puede ser necesario utilizar un diccionario para buscar el adjetivo relacionado.

1. Ayer me levanté con un dolor de estómago, pero *con terquedad* insistí en ir a trabajar.
2. Al llegar a la oficina, me senté *con mucha dificultad y dolor* a mi escritorio.
3. Cuando la secretaria no pudo encontrar un recibo, le dije *con furia* que actuaba *con descuido y pereza*.
4. Luego, entró *con tranquilidad* el señor Torres, quien chiflaba y canturreaba *con gozo*.
5. Lo reproché *con severidad* y le grité que se comportara *con más profesionalismo*.
6. La señorita López me preguntó *con recelo* cómo me sentía.
7. *Con mucha pena*, les expliqué a todos que me dolía el estómago.
8. Mis empleados me sugirieron *con comprensión* que fuera al médico porque los volvía locos.

F. Vuelva a escribir el siguiente cuento *con dos cambios* (pero en *una* versión): nárrelo en el **pasado** y hágalo más interesante añadiendo una variedad de adverbios para modificar los verbos.

En la oficina la mayoría de la gente trabaja. Pero el señor Almírez piensa. Teclea en su escritorio y cierra los ojos. El gerente lo ve y se levanta. Se mueve a través del cuarto. Le grita a su empleado que se despierte. El señor Almírez salta. Protesta que no está dormido. Al contrario, reflexiona sobre ciertos problemas de la campaña publicitaria de la empresa. La señora Moreno, una colega que lo conoce, le sonríe. Mientras el gerente vuelve a su escritorio, ella le cuchichea que la publicidad es para un coche, y no píldoras para dormir. El señor Almírez la mira.

G. El siguiente relato podría mejorarse con más unión de las oraciones. En cada grupo, convierta una en una cláusula adverbial de la otra con las conjunciones de esta lección. ¡OJO! Preste atención al significado (dentro del contexto general) y ponga atención para mantener precisas las relaciones lógicas y cronológicas.

Modelo: Ingresé en el programa. Trabajé en una fábrica antes. → *Antes que* ingresara en el programa, trabajé en una fábrica. (o: Ingresé en el programa *después que* trabajé en una fábrica).

1. Me gradué de la universidad en 1990. Obtuve un puesto en el gobierno estatal.
2. Quería avanzar rápidamente. Por eso, me esforcé mucho en los primeros años.
3. El jefe se impresionó. Recibí más oportunidades y responsabilidades.
4. Por ejemplo, investigamos los servicios que ofrecíamos. Luego, analicé los costos y procedimientos.
5. Propuse un plan. Según mi intención, el Estado iba a ahorrar muchos fondos.
6. En otra ocasión, decidí informatizar los datos. Hasta entonces, los empleados tardaron en procesarlos.
7. El jefe oyó de estos éxitos. Entonces, me llamó a su oficina.
8. Hablamos de mi trabajo. Mientras tanto, me di cuenta de su mirada, que revelaba un interés poco profesional.
9. Dijo que yo recibiría un ascenso. Pero antes, debía salir con él aquella noche y "tratarlo bien".
10. Me indigné y lo acusé de sexista. En seguida, él me despidió y quedé sin trabajo. La razón oficial era que tenían que reducir el personal.
11. Experimenté así el acoso sexual. Desde entonces, he pensado mucho en la discriminación.

Ejercicios textuales

H. Análisis. Siguen dos versiones del comienzo de un cuento personal. Identifique los adverbiales en la segunda versión y comente su efecto en la narración, general e individualmente. ¿Cuáles son otros adverbiales interesantes que se le ocurren para los mismos contextos?

primera versión: Hacía buen tiempo. Estábamos hartos de estudiar. Teníamos un sábado libre. Yo emparejaba los calcetines. Mi compañero de cuarto se cortaba las uñas. Le sugerí que fuéramos a acampar...

segunda versión: Hacía buen tiempo afuera en el campus. Después de una semana de exámenes, estábamos hartos de estudiar. Por fin teníamos un sábado libre. Como de costumbre, yo emparejaba los calcetines mientras mi compañero de cuarto se cortaba las uñas atentamente. De repente, le sugerí que fuéramos a las montañas para descansar, porque me gustaba acampar...

I. El día cuando la electricidad se apagó. Llene cada espacio con una de las locuciones que figuran en la lista.

a ciegas	por fin	por casualidad	de golpe	en el acto	con razón
a oscuras	en vano	de vez en cuando	de ordinario	de repente	por completo

—El apagón ocurrió ________; no lo previó nadie. ________, yo tenía una linterna en el armario, pero ¿cómo iba a buscarla ________, sin luz alguna? Tuve que arrastrarme ________ por el cuarto y ________ me di con algún mueble y lo volqué. ________, encontré la puerta y la abrí. ________, se me cayó encima un montón de trastos que estaban atiborrados ahí adentro. ¿Y la maldita linterna? Palpé cada cosa para identificarla por su forma. ________, mi esposa había sugerido que guardáramos la linterna en un sitio más conveniente, pero ________ no nos hacía falta y la había olvidado ________ . ________ la hallé. Apreté el botón, pero ________: las pilas estaban descargadas.

Adaptación de texto

J. Vuelva a escribir este relato reemplazando cada adverbio o locución adverbial indicado con otro sinónimo.

Anoche acabábamos de cenar cuando papá se levantó *de súbito* y anunció que íbamos al ballet. *Inicialmente*, no le creímos; *normalmente* dábamos un paseo *tras* cenar y *a veces* mirábamos la tele. *Pocas veces* salíamos al cine, pero al ballet, *jamás*. Pero él nos dijo que sacó entradas *de antemano* para toda la familia y que habíamos de salir *inmediatamente* para llegar *sin demora*.

Generalmente, no nos gustaba el ballet, pero quedamos en acompañar a papá. Llegamos al teatro, nos sentamos y *después* salieron las bailarinas. Hicieron *repetidamente* esos pasos de nombres franceses mientras la orquesta tocaba alguna pieza de Chaikovsky. *En dos ocasiones* bailaron delante de un telón de fondo ricamente ornamentado en un frenesí de movimiento. Esto le llamó la atención a papá, quien observó la escena *seguidamente*. *Simultáneamente*, nosotros lo observamos a él fascinados por su nuevo interés.

Cuando salimos, le preguntamos sobre esta nueva afición cultural. Se sonrió y *en el acto* confesó que no le gustaron las danzas, sino que quería ver el telón de fondo especial que su empresa acababa de fabricar.

Ensayo

K. Sigue una lista de adverbiales narrativos del inglés. Con oraciones que comiencen con los equivalentes en español, escriba un pequeño cuento interesante y quizás humorístico.

1. (*Last night*)...
2. (*As usual*)...
3. (*But by chance*)...
4. (*Suddenly*)...
5. (*Apparently*)...
6. (*Then/next*)...
7. (*Right away*)...
8. (*At last*)...
9. (*Unfortunately*)...
10. (*And as the last straw*)...
11. (*So as a result*)...
12. (*Anyway, at any rate*)
13. (*In short*)

LECCIÓN 17: La gramática de la narración

Como dice el refrán:

- Dios hizo el mundo para todos y lo hurtaron unos pocos.

PRESENTACIÓN

17.1. **La narración del discurso.** La lección 11 presentó el reportaje del discurso directo (el diálogo) como discurso indirecto. En esta lección resumimos y exploramos más ampliamente la representación de lo dicho en la narración en pasado.

17.2. **Cambios estructurales.** Lo que uno dice o piensa se expresa en una cláusula sustantiva que sirve de objeto de un verbo de comunicación (p. ej. *decir*). La cláusula va introducida por la conjunción complementante ***que*** 'that' (v. § 11.1), como se ve en el análisis de la Figura 17.a.

Ramón: —Estoy cansado. → Ramón dijo *que estaba cansado*.

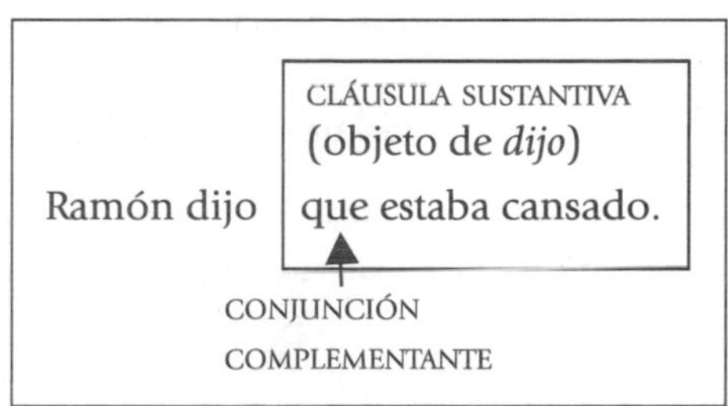

Figura 17.a Narración del discurso

Si narramos una pregunta, la conjunción complementante es *si* 'whether, if':

Ramón: —¿Estás cansado, compadre? → Ramón me preguntó *si estaba cansado.*

Pero una pregunta con interrogativo (*qué, quién, dónde, cuándo,* etc.) no tiene la complementante:

Ramón: —¿Cómo estás? → Ramón me preguntó *cómo estaba.*

17.3. Cambios de persona. Al narrar una conversación en discurso indirecto, hay que atender con cuidado a los cambios de referencia. A menos que "yo" sea el narrador mismo, las personas primera y segunda se convierten en la tercera. Estudie los cambios en el siguiente ejemplo:

conversación original:

Mamá: —Oye, Roberto, ¿cómo te llevas con tu nueva maestra?
Hijo: —Regular, voy tirando y por lo general la comprendo.
Mamá: —¿Te gusta?
Hijo: —No, es que siempre me señala a mí para contestar sus preguntas y se impacienta por todo.

discurso indirecto:

La madre llamó a su hijo Roberto y le preguntó cómo **se** llevaba con **su** nueva maestra. **Él** le respondió que regular, que iba tirando y que por lo general la comprendía. Su mamá le preguntó si la señora **le** gustaba y él dijo que no, porque siempre **lo** señalaba **a él** para contestar sus preguntas. El niño también dijo que su maestra se impacientaba por todo.

Es necesario que la referencia en tercera persona resulte clara para el oyente o lector. El pasaje anterior se refiere a tres personajes (mamá, el hijo, la maestra) y los distinguimos con dos estrategias:

1. al cambiar de hablante, usamos ***él/ella*** a modo de contraste de sujetos;
2. para variar la referencia, sustituimos sustantivos equivalentes que RENOMBRAN ('rename') a la persona: *la madre... = su mamá..., Roberto ... = el hijo... = el niño..., su maestra...= la señora...* Los sustantivos así relacionados se llaman CONTRARREFERENCIAS ('cross-references') y sirven para unir las oraciones y formar un texto coherente.

17.4. Cambios de tiempo. También es importante indicar bien la cronología de los sucesos por medio de (a) los tiempos verbales y (b) los adverbiales (v. L. 16). Los tiempos verbales cambian de una manera sistemática según el cuadro de la Figura 17.b. Observe que para presentar un esquema general, abarcamos todos los tiempos, incluyendo algunos que repasaremos en el capítulo que viene.
Ejemplos de estos cambios de tiempo:

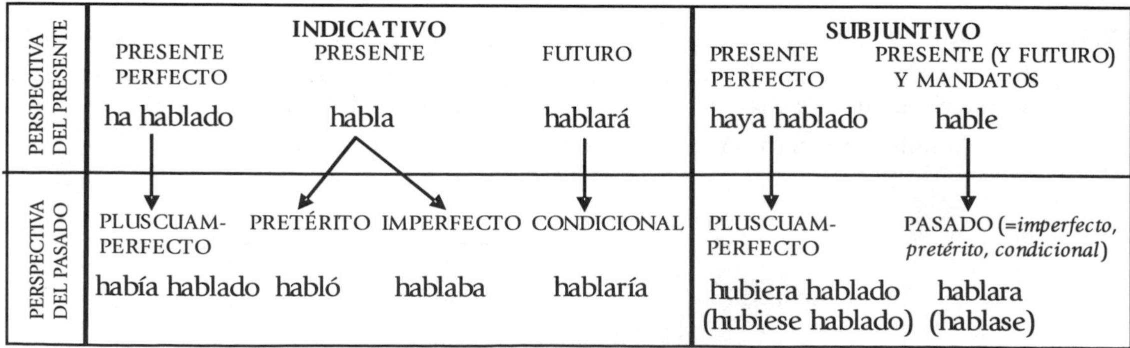

Figura 17.b Correspondencia de tiempos entre el presente y el pasado

perspectiva presente	**narración: perspectiva retrospectiva (del pasado)**
a. Ramón: —Hace frío.	Dijo que **hacía** frío.
b. Ramón: —Ha hecho frío esta semana.	Dijo que *había hecho* frío aquella semana.
c. Ramón: —Hará mucho frío este invierno.	Dijo que *haría* mucho frío el invierno siguiente.
d. Ramón: —Hazme un favor.	Dijo (Pidió, Mandó) que le *hiciera* un favor.
e. Ramón: —Dudo que lo hayas hecho.	Dudaba que lo *hubiera hecho.*
f. Ramón: —Hizo mucho frío.	Ramón comentó que hizo mucho frío.

Como se ve en el ejemplo (f), el pretérito no cambia: una acción terminada se queda terminada.

Cuando el "hoy" de la conversación original es diferente al "hoy" del momento actual (el momento cuando se oye o se lee el cuento), adaptamos los adverbiales de tiempo:

- *ahora, en este momento* 'now' → *entonces, en ese/aquel momento* 'then, at that moment'

  "¿Lo hago ahora?" → Me preguntó si quería que lo hiciera en ese momento.

- *hoy* 'today' → *aquel día* 'that day'

  "Hazlo hoy". → Me dijo que lo hiciera aquel día.

- *esta (noche/mañana/tarde/semana)* 'tonight, this morning, etc.' → *aquella (noche,* etc.*)*. 'that night, morning'

  "¿Qué vas a hacer esta noche?" → Me preguntó qué iba a hacer aquella noche.

- *hoy (en) día* 'nowadays' → *en aquel entonces, en aquellos días, en aquel tiempo* 'back then'

  "Hoy día bailamos el 'jitterbug'" → Dijo que en aquel entonces bailaban el 'jitterbug'.

- *ayer* 'yesterday', *anoche* 'last night' → *el día (la noche) anterior* 'the day/night before (previous) '

  "¿Qué hicieron ustedes ayer?" → Me preguntó qué hicimos el día anterior.
  "Me emborraché anoche". → Dijo que se emborrachó la noche anterior.

- *mañana* 'tomorrow' → *al día siguiente, al otro día* 'on the next/following day'

  "Voy a llamarte mañana". → Dijo que iba a llamarme al día siguiente.

- *la semana (el mes,* etc.*) que viene* 'next week... ' → *la semana (el mes,* el mes.*) siguiente* 'the following week'

  "Quiero viajar el año que viene".→ Dijo que quería viajar el año siguiente.

También cambia la orientación locativa: el "aquí" original se desplaza y puede ser necesario especificarlo para el lector si ya no es obvio dentro del contexto:

- *aquí* 'here' → *allí* 'there' (u otra frase más específica)

  "Ponlo aquí". → Me dijo que lo pusiera allí (*o quizás mejor*: cerca de él, en la mesa, etc.).

Pero cuando reportamos lo dicho el mismo día en el mismo lugar, estos cambios no se realizan:

"Dijo que se emborrachó **aquí anoche**". (No hemos cambiado de fecha o lugar.)

17.5. Cambios interpretativos. El buen narrador no se contenta con reportar las acciones mecánicamente. Al contrario, interpreta su materia para facilitar la comprensión, insertando elementos para relacionar los sucesos y destacar los elementos de mayor interés para el lector u oyente.

17.5.1. Elementos cohesivos. En otras lecciones anteriores hemos repasado elementos como los siguientes para indicar las relaciones entre los eventos que narramos:

- conjunciones coordinantes: (v. §4.2): *y/e* 'and', *o/u* 'or', *pero* 'but'.
- adverbiales (v. §16.3–16.4.1):

luego 'then, next'	primero, segundo, por último ...'first, second..., finally...'
después 'afterwards'	por tanto, por eso, por consiguiente 'so, therefore'
más tarde 'later'	mientras tanto 'meanwhile'
a su vez 'in (his/her) turn'	además 'in addition, besides'

- conjunciones adverbiales y sus reducciones (v. §16.4.1–3):

antes (de) que 'before'	mientras 'while'	para que 'so (that), in order that'
después (de) que 'after'	cuando 'when'	así que 'so, as a result'
luego (de) que '(just) after'	hasta que 'until'	porque 'because'

Estos elementos sirven para unir las ideas y así producir un discurso *cohesivo*. Los sucesos mismos carecen de relación explícita; es la responsabilidad del narrador organizarlos y unirlos con transiciones apropiadas. De lo contrario, no produce un cuento interesante y fluido, sino una simple lista de oraciones separadas. La importancia de esta cohesión se ve al comparar las siguientes versiones de un cuento:

(a) **acciones sin relación**
Maribel dijo que quería ir al parque de atracciones. Graciela dijo que prefería la corrida. Comenzaron a reñir. Maribel acusó a su amiga de disfrutar de la violencia. Graciela dijo que no tenían nada en común. Se reconciliaron. Decidieron ir a un partido de fútbol.

(b) **acciones unidas y relacionadas**
Maribel dijo que quería ir al parque de atracciones. *Por su parte,* Graciela dijo que prefería la corrida. *Por eso,* comenzaron a reñir *y* Maribel acusó a su amiga de disfrutar de la violencia. *En seguida,* Graciela dijo que no tenían nada en común. *Pero después* se reconciliaron *y al poco rato* decidieron ir a un partido de fútbol.

■¡OJO! Las conjunciones adverbiales son más precisas e interesantes que el uso repetido de *y... y... y...*, que un buen narrador trata de evitar:

Mamá me vio **y** se dio cuenta de mi problema **y** trató de calmarme un poco.
Cuando mamá me vio, se dio cuenta de mi problema, **así que** trató de calmarme un poco.

17.5.2. Las interjecciones y otros fragmentos. Las interjecciones (*¡ah!, ea, ándale, ja, bah,* etc.) y ciertos fragmentos (*a ver, bueno,* etc.) abundan en la conversación, pero suelen omitirse de la narración cuando aportan poco (o nada) a la comprensión de la interacción:

Miguel: ¡*Oh,* los tamales me encantan!
Andrea: *Bueno,* te recomiendo el restaurante Durango.

discurso indirecto:

Miguel dijo que los tamales le encantaban y Andrea le recomendó el restaurante Durango. (o: Cuando Miguel dijo que los tamales le encantaban, Andrea le recomendó...).

Pero muchas veces las interjecciones y los fragmentos sí importan como señales de la intención o reacción del hablante, y entonces las expresamos como **verbos** que describen su efecto o su función retórica. A modo de ejemplo, estudie cómo se narran las interjecciones del siguiente diálogo.

diálogo original:

Marta: —*Hola,* Roberto, *¿qué tal?*
Roberto: —*Regular, ¿y tú?*
Marta: —*Bien. Oye,* ¿qué lees ahí?
Roberto: —*Je, je.* Es un librito de historietas.
Marta: —*Caramba, hombre.* ¿No tienes nada mejor que leer?
Roberto: —*Esteee, pues, sí. Vaya* una aguafiestas.
Marta: —*Ojo.* No me critiques a mí. Sabes que eres un flojo.
Roberto: —*¡Qué va!* Es que me gusta entretenerme un poco. ¿Quieres almorzar?
Marta: —*Cómo no,* si charlas conmigo en vez de leer historietas.

narrado como discurso indirecto:

Marta y Roberto *se saludaron* y luego Marta *se dirigió a él* y le preguntó qué leía. Roberto *se rió* y explicó que era un librito de historietas. Su amiga *se sorprendió* y le preguntó si no tenía nada mejor que leer. Roberto *vaciló un ratito y asintió,* pero la *acusó de* aguafiestas. Ella le dijo que *tuviera cuidado* y que no la criticara a ella porque él sabía que era un flojo. Roberto, a su vez, *protestó* y explicó que le gustaba entretenerse un poco. Luego, le preguntó si quería almorzar con él (o: la *invitó* a almorzar). Marta *aceptó* si charlaba con ella en vez de leer historietas.

■¡OJO! Hay que prestar atención al *sentido* de una palabra para interpretarla. En la primera oración que sigue, *vamos* es interjección ('well!'); pero en la segunda, es un mandato ('let's go') y debe comunicarse así:

1. Pepe: *Vamos*, eso es absurdo. → Pepe dijo (*o* protestó) que eso era absurdo.
2. Pepe: Ya es tarde; *vamos*. → Pepe observó que ya era tarde y *sugirió que fueran.*

17.5.3. Las acotaciones. En muchos diálogos hay indicaciones de lo que hacen los personajes mientras hablan: las acotaciones ("stage directions"). Estas generalmente se expresan antes del pasaje o entre paréntesis al comienzo de lo dicho. Cuando denotan acciones que se completan en el acto, las narramos con el pretérito:

diálogo original:

Luisa (mirándolo fijamente): —Veo que te vestiste de prisa esta mañana.
Pablo (sorprendido): —Pues, sí, pero ¿cómo lo sabes?
Luisa (sonriéndose y señalándole la camisa): —Tienes la camisa puesta al revés.

discurso indirecto:

Luisa *miró* fijamente a Pablo y observó que se vistió de prisa aquella mañana. Él *se sorprendió*. Asintió y le preguntó cómo lo sabía. Ella *se sonrió* y le señaló que tenía la camisa puesta al revés.

17.5.4. El contexto. Conversamos en un *contexto* físico y social. Por eso, es normal charlar de manera ELÍPTICA, o sea con ELIPSIS: omitimos palabras que, dado el contexto, se sobreentienden como obvias. Pero cuando narramos en *otro sitio* y en *otro momento*, ese contexto original desaparece, y hay que insertar palabras por razones gramaticales o explicativas para que el lector comprenda las referencias contextuales.

Se ven muchas frases elípticas (*en cursivas*) en la conversación siguiente. Fíjese en la manera de interpretar sus referencias e interjecciones más completamente para un lector que no pueda ver la situación.

diálogo original:

Rubén: —Dame *uno*, ¿eh?
Su hermana: —*Sí*, pero *sólo uno. Toma.*
Rubén: —*Gracias*, Nora. *A propósito*, ¿quién es *esa*?
Su hermana: —¿*Cuál*?
Rubén: —*Esa rubia.*
Su hermana: —*Verónica Escobar.*

discurso indirecto:

Rubén le pidió a su hermana Nora que le diera uno *de los caramelos que comía*. Ella *consintió* pero *le dio* sólo uno. Él *le agradeció* y *cambió de tema*: le preguntó *quién era cierta chica que veía cerca*. Su hermana le preguntó *a* cuál *se refería*, y él *señaló* a la rubia. Entonces, Nora *comprendió* y respondió que *se llamaba* Verónica Escobar.

Otro elemento contextual que desaparece en la narración de la conversación es la información PARALINGÜÍSTICA, o sea las emociones comunicadas por la entonación, los gestos físicos, las expresiones de la cara, etc. Esta falta se compensa por medio de modificadores y verbos que interpretan y describen:

discurso directo: Maestra: —¡Incendio! ¡Todos, afuera!
discurso indirecto: La maestra vio el incendio y *gritó aterrada* que todos salieran *enseguida*.

Es posible que el estado de ánimo se indique en las acotaciones del diálogo original:

Nora: (furiosa) —¡Renuncio! No aguanto más.

Pero también puede que no haya ninguna indicación explícita:

Nora: —¡Renuncio! No aguanto más.

y entonces el narrador tiene que dramatizar la reacción con adverbiales de manera (v. L.16) o verbos apropiados:

Nora respondió *furiosamente* (*con furia*) que renunciaba porque no aguantaba más.
Nora *se enfureció* (*se enojó, se puso brava, se encolerizó*) y respondió que renunciaba...

Cuanto más interpretación con detalles concretos adicionales, más tensión dramática podemos crear, como se ve en este último ejemplo:

discurso directo: Testigo: —Eh... No recuerdo bien la hora cuando salí.
discurso indirecto: El testigo *vaciló en* contestar: *tecleó los dedos nerviosamente y luego murmuró en voz baja* que no recordaba la hora cuando salió.

17.5.5. Como variar los verbos. En la narración conviene variar la selección de los verbos de comunicación que presentan el discurso indirecto, puesto que resulta monótono leer u oír *dijo* y *preguntó* repetidas veces. Estudie el pasaje de la Figura 17.c y note las alternativas para cada tipo (1, 2, 3, etc.) de comunicación.

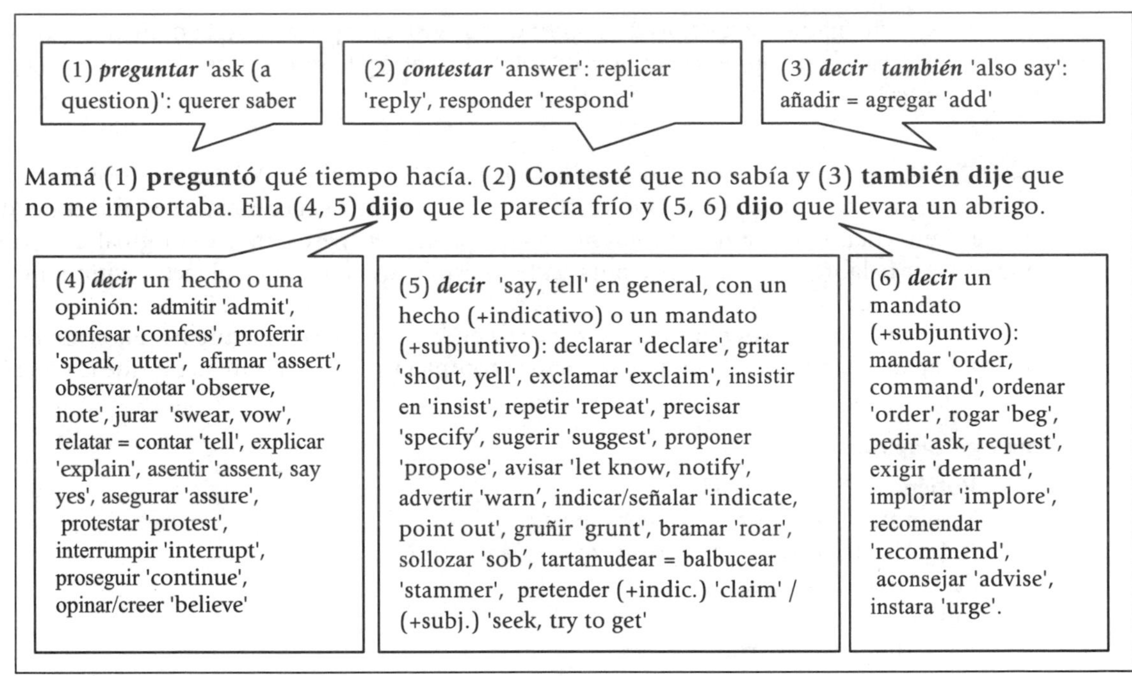

Figura 17.c Verbos alternativos para el discurso indirecto

17.6. Resumen. Las lecciones anteriores repasaron los recursos esenciales para narrar: el imperfecto y el pretérito de indicativo, el pasado de subjuntivo y los adverbiales de manera, tiempo, relación lógica, etc. En esta lección estudiamos otros puntos que debemos tener en cuenta para producir una narración clara e interesante:

- los cambios de persona, y la necesidad de distinguir bien las referencias a los participantes;
- los cambios de tiempo, que incluyen no sólo los tiempos verbales sino también los adverbiales que establecen el momento de la acción y la hacen avanzar (p. ej., *aquella noche, al día siguiente*).
- los cambios interpretativos, o sea algunas maneras de interpretar la interacción para crear más cohesión y variedad y también para aclarar el contexto y las intenciones de los hablantes.

Así, el narrador adapta y aclara la materia original a fin de producir un relato claro, organizado y eficaz.

APLICACIÓN

Ejercicios

A. Discusión: Las interjecciones se interpretan como verbos según su importancia en la situación (v. §17.5.2). Sigue una lista: en clase o en grupos, busquen varias maneras de expresar cada reacción en discurso indirecto. El primero ya se ha hecho a modo de modelo.

Interjecciones	**Ejemplo que interpretar como discurso indirecto.**
1. *Oh, ay, Dios mío, por Dios, Jesús...* = sorpresa o pena, según el contexto	Julia: —¡Oh! No me digas eso. → *Julia se sorprendió (se escandalizó) y dijo que no le dijera eso. o: Julia exclamó con sorpresa que no le dijera eso.*
2. *Caray, caramba, cuernos...* = enfado	Julia: —Caray, ¿qué te pasó?
3. *Ajá, sí.* = comprensión.	Julia: —Ajá, continúe usted.
4. *Eh, este..., hum..., pues...* = vacilación (el hablante pausa para pensar)	Julia: —Este..., pues no estoy segura.
5. *Ja, ja (je, ji)* = risa.	Julia: —Ja, ja, tienes gracia.
6. *Oye (tú), oiga (usted)* = para llamar la atención o dirigirse a alguien.	Julia: —Oye, Fernando, ¿quieres pasarme la sal?
7. *Uf.* =cansancio, fastidio, disgusto.	Julia: —Uf, qué calor hace.
8. *¿Cómo?, ¿qué?, ¿de veras?* = falta de comprensión.	Julia: —¿Cómo? ¿Qué le dijiste?
9. *Ojo.* = advertencia, señal de que hay que tener cuidado.	Julia: —Ojo, está caliente; no lo toques.
10. *Bah.* = asco, disgusto.	Julia: —Bah, eso es para niños.
11. *Vaya, qué va.* = rechazo de algo ridículo o increíble.	Julia: —¡Qué va! Claro que lo sé.
12. *Sí, por supuesto, claro, cómo no, de acuerdo.* = señales de aceptar algo.	Julia: —Sí, puedo ir a tu fiesta.

13. *No, de ninguna manera, ni hablar, en absoluto.* = para negar, rechazar, prohibir	Julia: —No, en absoluto. No lo voy a hacer.
14. *Felicitaciones, felicidades, enhorabuena.* = para felicitar (a alguien por algo)	Julia: —Felicitaciones por tu ascenso, Maruja.
15. *Gracias, mil gracias.* = para agradecer(le algo a alguien)	Julia: —Gracias por tu ayuda, Pedro.
16. *¡Qué* + adjetivo o sustantivo (*...horror, tragedia, barbaridad, pena, lástima, ridículo...*) = para expresar varias reacciones.	Julia: —¡Qué barbaridad!
17. *Adiós, chau, hasta luego, nos vemos...*	Julia: — Bueno, me voy. Chau.
18. ¡♒☠💣👎! (PALABROTAS, interjecciones "malas")	Julia: —¡¿Qué demonios estás haciendo ahí?!

B. Las expresiones que siguen no son interjecciones, pero son tan convencionales que también suelen interpretarse según su verdadera función. Resuma cada una con un verbo apropiado.

Modelo: Un amigo: —¿Por qué no me acompañas a la fiesta? → Mi amigo *me invitó a ir con él a la fiesta*.

1. Cliente: —Mesero, tráiganos dos chuletas de cerdo con papas.
2. Una visitante: —Mi más sentido pésame.
3. Una candidata: —Siento mucho llegar tarde, pero no pude encontrar un aparcamiento.
4. Otro invitado: —Me llamo Roberto Rodríguez.
5. Mercedes: —Sí. Pues, eh, a propósito, ¿qué te parece la última película de Spielberg?
6. Rubén: —Hola, ¿qué pasa?
7. Enrique: —Chau (adiós, hasta luego), nos vemos.
8. La hermana mayor: —¡Idiota! ¡Imbécil!

Adaptación de textos

Narre estos pasajes con discurso indirecto (pero primero, repase las instrucciones que se dieron para el mismo tipo de ejercicio al final de los ejercicios de la Lección 15 en la sección "¡OJO!"). A veces el lenguaje requiere interpretación (en el sentido de esta lección).

C. Este diálogo es de *La muchacha del sombrerito rosa*, por el español Víctor Ruiz Iriarte, 1967 (en Sáinz de Robles, Federico Carlos (ed.), *Teatro español 1966-1967*. Madrid: Aguilar, 1968; pág. 358–60).

[Situación: Lola se ha enamorado de Esteban, quien prefiere que los dos sigan siendo fieles a sus respectivos esposos.]

LOLA: —¡Estúpido! Tonto, más que tonto. Te busco a todas horas y no te encuentro nunca. Te llamo al hotel y no estás. Te escondes. Huyes de mí. Pero ¿por qué? ¡Vamos a ver! ¿Es que te doy miedo? ¿Es eso? [...]

ESTEBAN: —Ven aquí. Y dime. ¿Qué es lo que pretendes? [...] ¿Un "flirt"? ¿Una aventura? [...] Yo no sirvo para ese juego. Para mí el amor no es una broma. ¿Qué quieres? Yo soy un español más. Uno de tantos españoles para quienes el amor es algo profundo, dramático, irremediable. Algo sagrado. Y me gusta ser así, ¿comprendes?

LOLA: —¡Ah!, ¿sí?

ESTEBAN: —Sí. [...] ¡Lola! Vuelve en ti. Sé buena chica, ¿quieres? Déjate de fantasías. No trates de inventarte otra vida. Acepta la tuya. Tómala como es. Siempre es más bella y más limpia la vida que se nos da, por pequeña y vulgar que parezca, que esa otra vida que nos inventamos. No juegues, Lola. Quédate quieta al lado de ese marido tuyo, que seguramente te quiere y es un buen muchacho [...].

LOLA: —Pero ¿no comprendes que lo nuestro es ya fatal, fatal...? [...] ¡Oh Esteban, Esteban! ¡Amor mío! (Lola corre impetuosamente y se refugia en el pecho de Esteban, acongojadísima. Le rodea el cuello con los brazos.)

ESTEBAN: —(Soliviantado) ¡Lola!

LOLA: —¡Esteban! ¡Vámonos juntos! ¡Muy lejos de aquí! ¡Vámonos! ¡¡Llévame contigo!!

ESTEBAN: —(Furioso) ¡Lola! ¡¡Por todos los santos!! (Y en este preciso instante, por donde se fue, surge Leonor [la esposa de Esteban] con un vaso de whisky en la mano. Se queda allí, aterrada, ante lo que ve, con los ojos abiertos de par en par...).

LEONOR: —¡¡Jesús!! (Lola se desprende bruscamente de Esteban y huye asustadísima. [...] Leonor avanza hacia Lola, mirándola de un modo fulminador.) Oye, tú, ¡pendón!

LOLA: —¡Leonor!

LEONOR: —¡Golfa! ¡Perdida! ¡Descarada! [...]

ESTEBAN: —Cálmate, Leonor, te lo ruego.

LEONOR: —(Furiosa) ¡Cállate tú!

ESTEBAN: —¡Hum! (Leonor se vuelve hacia él irritadísima.)

LEONOR: —¡Granuja! ¡Mujeriego! ¡Inmoral!

ESTEBAN: —(Desesperado) ¡Leonor! ¡Que soy inocente!

D. Este pasaje es de *Los invasores*, por el dramaturgo chileno Egon Wolff. (Solórzano, Carlos (ed) *El Teatro hispanoamericano contemporáneo: antología*. México: Fondo de Cultura Económica. 1964, pág. 133.) [Situación: "China", un ladrón, entra en la casa de una familia rica, los Meyer, que acaban de acostarse.]

Una débil luz ilumina la ventana que da al jardín. Después de un rato se proyectan unas sombras a través de ella y luego una mano manipula torpemente la ventana, por fuera. Un golpe y cae un vidrio quebrado. La mano abre el picaporte y por la ventana cae China dentro de la habitación. Viste harapos...[...]

VOZ DE MEYER: —¿Qué hay? ¿Quién anda? ¿Quién anda ahí? (Se prende la luz y asoma Meyer en lo alto de la escalera. Desciende cautelosamente. Ve a China y corre hacia la consola, de la cual saca un revólver que apunta sobre el intruso.) ¿Y usted? ¿Qué hace aquí? ¿Qué hace dentro de mi casa?

CHINA: —(Lastimero) Un pan, un pedazo de pan...

MEYER: —¿Qué?

CHINA: —Un pedazo de pan, ¡por el amor de Dios!

MEYER: —¿Qué te pasa? ¿Estás loco? ¡Entrar en mi casa, rompiendo las ventanas! ¡Fuera de esta casa! [...] ¿O quieres que llame a la policía? (Pausa penosa) ¿Qué te pasa, hombre? ¿Eres sordo?

CHINA: —Un pedazo de pan...

MEYER: —Te descerrajo un tiro, si no sales de inmediato. (Apunta.)

CHINA: —[...] Una bala de eso cuesta más que el pan que le pido.

LECCIÓN 18: Composición: La narración personal

Muchos cuentos se basan en los planes fracasados y los resultados imprevistos. Como dice el refrán:

- El hombre propone, y Dios dispone.

PRESENTACIÓN

En la L. 12 estudiamos tipos de reportaje con una perspectiva presente. Ahora pasamos a otro tipo que llamamos NARRACIÓN: el proceso de relatar un incidente desde una perspectiva pasada. Distinguimos dos tipos de narración: en esta lección, un cuento sobre una experiencia personal que emplea los tiempos verbales más comunes, y luego, en la L. 24, otro tipo más complejo y creativo que desarrolla la acción, la perspectiva y la cronología con otras opciones.

18.1. El propósito y tono. El propósito fundamental de la narración es informar sobre sucesos pasados, y si el escritor no se propone hacer nada más (como en las noticias de los periódicos o en los informes históricos), conviene un tono neutral. Pero la mayoría de los cuentos *personales* tiene otro propósito y por tanto otro tono diferente: *entretener* al oyente o al lector. El elemento de entretenimiento incluso llega a tener prioridad sobre el contenido puramente informativo, así que se permiten elementos como la exageración y el lenguaje figurado (metáforas, símiles, ironía) que no convienen en un reportaje objetivo.

Un cuento entretenido no tiene que ser cómico: puede ser trágico, avanzando hacia un final triste que nos hace sentir lástima. Pero de ordinario los cuentos que más gustan son los humorísticos, puesto que a todos nos gusta reírnos. Así, el narrador trata de crear un efecto chistoso en el que el lector siga la acción hasta una complicación ridícula, absurda o quizás espeluznante y acabe por reírse un poco cuando la situación se resuelva. En ninguno de estos casos —un cuento trágico o uno cómico— servirá bien un tono neutral; el narrador debe crear un tono que intensifique el impacto deseado.

18.2. El punto de vista. El punto de vista de un relato personal es la primera persona, "yo". Es posible que el narrador sea participante con un papel secundario. En este caso, la acción se basa en lo que hizo un pariente o un amigo suyo. Sin embargo, en la mayoría de los cuentos personales el narrador es también protagonista. El lector reconoce que para el escritor los acontecimientos más importantes son los que "me pasaron a mí".

Pero el papel de "narrador-participante" supone una restricción sobre los conocimientos que el escritor tenía a cada paso; no es "narrador omnisciente", así que no podía saber lo que no observó. Por ejemplo, al encontrar un pasaje como el siguiente, el lector se percata de un chocante cambio de perspectiva:

> Salí de la casa y fui al cine para olvidarme del conflicto. Mientras tanto, papá y mi hermano siguieron riñendo. Papá se frustró y lo acusó de desobedecerle; David se resintió y protestó que sus reglas eran para niños...

Si el narrador, "yo", se fue y estaba ausente, ¿cómo podría saber lo que los otros personajes dijeron e hicieron después? Y ¿cómo podría saber del resentimiento de David, la frustración del papá? El problema se "repara" en la versión siguiente:

> Salí de la casa y fui al cine para olvidarme del conflicto. Cuando volví, papá me explicó que David se marchó porque parecía incapaz de comprender la importancia de las reglas.

Ahora el lector comprende por qué el narrador sabe lo que pasó: se lo dijo su papá.

18.3. La organización. Al igual que la sinopsis (v.§12.1.1), un cuento consiste en cuatro elementos, pero con más desarrollo.

1. **el trasfondo (la situación)**
   Se presenta la situación que existía al comenzar el cuento y se da la información necesaria para comprender y apreciar lo que va a pasar luego.
2. **la trama o el argumento**
   Se cuenta una serie de acontecimientos que conducen a una complicación y clímax. Al mismo tiempo, se intenta crear una tensión creciente. El buen narrador sabe elevar el suspenso tan eficazmente que el lector no podrá dejar de leer aunque quisiera.
3. **la complicación y/o el clímax**
   Debe haber un suceso culminante: algo que les complica la situación a los protagonistas porque es extraordinario, quizás sorprendente. La tensión sube a su máximo grado y en los cuentos más emocionantes hay un verdadero clímax. El lector debe preguntarse: ¿Qué va a pasar? ¿Cómo van a resolver esto?

4. **el desenlace (la resolución)**
   Se llega al final con las decisiones o sucesos que resuelven el dilema y disuelven la tensión, y la acción se para.
   En los cuentos personales del tipo que describimos aquí, estos cuatro elementos se presentan en el orden indicado. Es decir, que tienen una organización *cronológica* y su sección central se dedica a la trama.

El cuento tiene un título, una introducción y una conclusión. El título debe ser corto pero atractivo e inusual, por ejemplo "Cómo aprendí a no esquiar". La introducción, si existe aparte del párrafo que comienza el trasfondo, sirve para captar el interés del lector con un GANCHO ('hook'). Un ejemplo de un gancho:

> Muchos esquiadores prometen que vas a tener una experiencia emocionante en bellas montañas cubiertas de nieve y verdes pinos. No hay nada más falso, como probé yo por la primera, y la última vez, a los 16 años...

Si se añade una conclusión tras el desenlace, es típico evaluar allí la experiencia:

> Después de esta pesadilla, me di cuenta que esquiar no es para todos: como dice el refrán, "a cada uno lo suyo". En adelante decidí quedarme en casa haciendo lo que más me gustaba a mí: descansar en cama leyendo un buen libro.

Esta evaluación puede ser un veredicto generalizado que el escritor supone que el lector comparte con él, como el refrán del ejemplo o la moraleja de las fábulas de Esopo. Pero tanto la introducción como la conclusión deben ser breves. La introducción que no procede pronto al trasfondo y a la acción hace que el lector pierda interés; y la conclusión que se alarga da un efecto de anticlímax.

18.4. La representación de lo dicho y lo hecho, y el ritmo narrativo. La Lección 12 (v. §12.1.6) sugirió algunas maneras de seleccionar y presentar las acciones (*Rebeca corrió*), reacciones (*Rebeca se enojó y pensó que...*) e interacciones (*Rebeca le pegó a David y le dijo que...*). Aquí exploramos un poco más cómo estas opciones afectan la narración.

Supongamos que en su primera experiencia con el esquí, el escritor compró su equipo en una tienda y se detuvo un rato charlando con el vendedor. Siguen seis ejemplos de las opciones para tratar este incidente:

(a) Ø (omisión, continuar sin mencionarlo)

(b) una simple acción del protagonista:

> Compré mis esquís en una tienda cerca de la montaña.

(c) una interacción con otra persona:

> Me vendió los esquís un esquiador jubilado que tenía una tienda cerca de la montaña.

(d) una interacción y una *reacción* que se refieren a la comunicación sin reportarla:

> Me vendió los esquís un esquiador jubilado que tenía una tienda cerca de la montaña. Hablamos un rato y él me dio consejos, pero yo pensé que no los necesitaba.

(e) una interacción que *reporta* la comunicación esencial con discurso indirecto:

> Me vendió los esquís un esquiador jubilado que tenía una tienda cerca de la montaña. Cuando le dije que era principiante, me aconsejó que no empezara en el Monte Alto porque era difícil y él mismo se rompió una pierna allí. Le contesté con confianza que estaba resuelto y que mis amigos me iban a enseñar.

(f) una interacción que *cita* la comunicación como discurso directo:

> Me vendió los esquís un esquiador jubilado que tenía una tienda cerca de la montaña. El me preguntó:
> —A propósito, ¿es usted principiante?
> —Sí, —le contesté— pero practico muchos deportes y aprendo rápido.
> —Eso puede ser, pero conozco bien el Monte Alto y es uno de los más difíciles. Comience usted en el Campamento Blancanieves, donde se dan lecciones.
> —No, mis amigos me van a enseñar y dicen que Blancanieves es para los niños.
> Y así me despedí, lleno de confianza y aun peor, de arrogancia.

Cada opción tiene un efecto distinto. La primera diferencia es la importancia relativa: desde (a) hasta (f) vemos un aumento en la importancia que damos al incidente. Con (a) decidimos que no es relevante. En (b), lo notamos como acción del protagonista sin detenernos para comentarlo. En (c) lo representamos como interacción con otra persona que tenemos que presentar (¿Tendrá importancia más tarde?) En (d), mencionamos la interacción ("hablamos", "me dio consejos") sin representarla, pero añadimos una reacción ("pensé que...") En (e-f), la interacción cobra mayor importancia y el lector se fija en ella como señal de una complicación posterior.

La segunda diferencia está en el RITMO NARRATIVO ('narrative pace'): el narrador controla su cuento para que algunas partes se desarrollen rápido y otras más despacio. Por lo general, cuanto más breve (como en a, b) el tratamiento de una acción, *más se acelera* el ritmo narrativo; pero al elaborar un suceso como interacción entre otras personas (como en c- d), y sobre todo con sus reacciones y discurso (e-f), la narración *se ralentiza*, se hace más lenta.

Esto explica por qué usamos el discurso indirecto en algunas partes y el directo en otras. Al convertir el diálogo en cláusula subordinada, como en (e) ("dije que..."), lo quitamos de la atención del lector y así *no interrumpimos* el progreso del cuento. Pero al citar la conversación original como en (f), *detenemos* el ritmo narrativo para que esta interacción ocupe el PRIMER PLANO ('foreground') del relato. Por consiguiente, preferimos el discurso indirecto para seguir avanzando la trama y reservamos el discurso directo para algún momento especial, cuando congelamos la acción para concentrarnos en una conversación que va a crear suspenso y a reforzar el "punto" del relato —"Lector, ¡preste atención!" Así, cada estrategia tiene su propia función para el ritmo del cuento.

Las acciones se reportan con una estructura sencilla: *(Yo) compré mis esquís en una tienda...* Las interacciones requieren manipulación de sustantivos y pronombres para enfocarse en varios participantes; y las reacciones y el discurso indirecto introducen la complejidad de cláusulas sustantivas y distinciones de modo. Tal vez por esta razón, algunos estudiantes se limitan a acciones sencillas. Pero el resultado es un relato remoto y monótono, sin el desarrollo de un cuento interesante. Además, lo que hace más reales a los personajes es su conversación ("dijo que...") y sus pensamientos ("creyó que..."); cuando los protagonistas se quedan mudos, el silencio tiene un efecto muy extraño porque todos sabemos que los seres humanos se comunican constantemente. Una narración eficaz combina las acciones con las interacciones y las reacciones.

18.5. Enfoque en el lenguaje. En general, el lenguaje de un cuento personal escrito se parece al de su equivalente oral: las anécdotas personales que relatamos en la conversación. Pero hay diferencias debido al contraste entre hablar y escribir. El habla permite variaciones de la voz (énfasis, entonación) y se apoya en gestos y pantomima; la escritura necesita una mayor riqueza de vocabulario y gramática para compensar. El habla es espontánea y tiene pausas, fragmentos, elipsis (omisiones), repeticiones y autocorrecciones; la escritura, en cambio, muestra una organización más coherente: cada elemento se escoge con cuidado e intención y las acciones se relacionan de manera más explícita. El habla admite ambigüedad porque el oyente puede inferir mucho del contexto; la escritura tiene que ser más precisa porque el contexto original ya no existe y el lector es anónimo e invisible.

Además, el cuento *oral* es parte de una conversación y los oyentes no dejan de participar. Apoyan y animan al narrador con sus señales de atención y comprensión ("Sí", "Ajá", "Je, je", "¡No me digas!") e interrumpen si él les confunde ("Oye, ¿eso sucedió antes de la cena, o después?" "¿Qué mujer, la primera o la segunda?" "¿Quién hizo eso, tú o tu amiga?"). En contraste, el cuento escrito es un monólogo extendido que tiene que estar completo en sí mismo: por eso, el escritor debe anticipar las necesidades de lectores desconocidos y proporcionarles la información que requieren sobre la referencia (¿quién?, ¿cuál?), las acciones (¿qué pasó?), la manera (¿cómo?), la cronología (¿cuándo?, ¿y luego qué?) y el trasfondo (¿qué pasaba?, ¿dónde?, ¿por qué?).

La gramática fundamental para estos efectos se presentó en las lecciones más recientes. En sus primeros esfuerzos por utilizarla uno puede tener éxito a tres niveles, que representamos como la pirámide de la Figura 18.a:

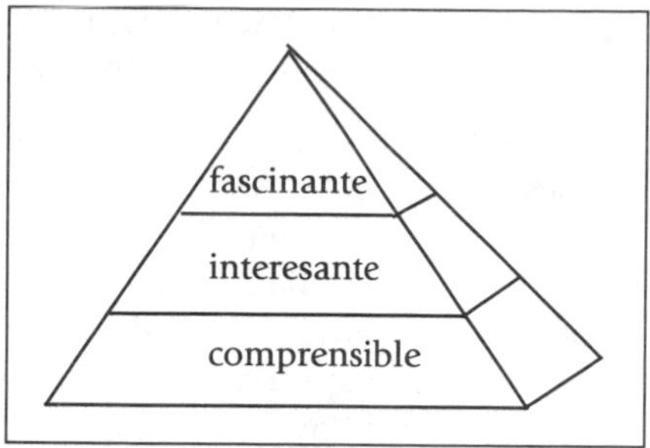

Figura 18.a Niveles de éxito en un cuento

Comprensible: Lo más fundamental es que el lector pueda comprender el cuento: siempre están claras las relaciones "¿quién le hacía/hizo qué a quién" y la cronología de la trama porque el escritor usó precisa y correctamente los pronombres, las formas verbales y la distinción del imperfecto (situación en progreso, ----+---- o ⌒⌒|⌒⌒) y el pretérito (sucesos que comenzaron |→ o terminaron ---→|, |—|) y siguen avanzando la trama). Los errores de tiempo (*iba* en vez de *fue*) o de persona (*fui* en vez de *fue*) producen una trama confusa y extraña que el lector no puede *disfrutar* porque simplemente no puede descifrar lo que pasaba.

Interesante: La trama no sólo es comprensible, sino también interesante por su tono, sus detalles y su desarrollo coherente. Aquí figuran elementos como una variedad de vocabulario descriptivo (adjetivos, adverbios, sustantivos, etc.) y un buen control de las estructuras (acciones, reacciones, interacciones con discurso indirecto) que conducen a un clímax claro y a un desenlace que el lector puede disfrutar.

Fascinante: ¡El cuento es tan eficaz que el lector no puede dejar de leer! Es comprensible e interesante, pero también demuestra el estilo maduro de un buen narrador. Entre los elementos de este nivel figuran los adverbiales que (1) precisan la cronología (*luego, al día siguiente,* etc.) y relación (*por eso, mientras, así que,* etc.) entre los sucesos, (2) producen transiciones naturales (*sin embargo, en todo caso*) y (3) reflejan la estrategia retórica de un narrador que *interpreta* y *dramatiza* su materia (*por desgracia, para colmo de males*).

18.6. **Para escribir un cuento personal.** Para cumplir con los requisitos especiales de un cuento escrito, es una buena idea planearlo, haciendo una generación de ideas preliminar y tomando apuntes sobre el incidente, desde su trasfondo general hasta su desenlace. Resulta un bosquejo como el siguiente:

BOSQUEJO: Mi primera experiencia con el bourbon (→ *¿otro título más interesante?*)

trasfondo	• familia antialcohol (*¿expresar esto como un gancho?*)
	• acostumbrarme a la cerveza en la U.
trama	• Jorge nos invitó a Víctor y a mí para celebrar... (*describir más la situación...*)
	• Sirvió *bourbon*, nuevo para mí; me gustó, nos divertimos, platicamos...
	• Dejé de beber: sensación extraña...
complicación	• Ya tarde: el cuarto empezó a girar alrededor de mí; me agarré al sofá...
	• *clímax*: Víctor, corrió hacia el baño, no llegó; yo, sí, pero...
desenlace	• No recordar nada más; nos despertamos con resaca; el disgusto de Jorge.
	• El horror que todavía siento al oler el *bourbon*

El escritor sigue elaborando su bosquejo con otros detalles para ampliar el trasfondo y la acción y así aumentar el impacto y el efecto humorístico. Otra manera de generar ideas es con una serie de preguntas:

el trasfondo:	¿por qué recuerdo este suceso?
	¿cuándo fue?, ¿qué pasaba aquel día/en ese momento?
	¿con quiénes estaba?, ¿qué hacíamos?, ¿en qué pensábamos?
la trama:	luego, ¿qué pasó primero?, ¿segundo? (etc.)
	¿cuándo ocurrió esta secuencia?, ¿por qué ocurrió?, ¿cómo?
la complicación:	¿qué pasó?, ¿cómo?, ¿cuándo?, ¿de qué manera?
	¿por qué era algo raro (extraño, sorprendente, inesperado?)

el desenlace: ¿cómo se resolvió esta situación?, ¿qué pasó como resultado? ¿qué impacto tuvo (en mí, en los demás)?

Lo importante es planear bien los datos que incluir en el cuento. El trasfondo necesita suficiente información para crear una situación interesante y para presentar a los personajes y la dirección de la trama; en cambio, si el trasfondo es demasiado largo, el lector comienza a impacientarse porque nada está pasando. Para la trama, se necesita una serie de eventos que lleven a un clímax interesante con un buen ritmo narrativo. Si no hay suficientes acciones e interacciones, el narrador se acerca demasiado pronto al momento crítico sin crear suspenso, como si presentara la "gracia" ('punch line') de un chiste en un momento prematuro. Pero si hay demasiadas acciones, el lector se cansa y pierde interés en un cuento que parece interminable y sin enfoque. Por último, el desenlace debe acabar el cuento con un impacto inolvidable, pero si continúa demasiado, resultará un anticlímax.

Después de estos preparativos (generación de ideas y el plan general), uno comienza a escribir conforme al proceso de tres pasos que presentamos en lecciones anteriores (L 6, 12).

1. **composición**
   El escritor se imagina la situación y la trama y comienza a transcribirlas en papel o computadora. Con frecuencia, consulta sus apuntes y lee lo que ya escribió para estimular la memoria. Lo que importa en este paso es redactar al menos la *esencia* ('gist') de la anécdota; puede añadir detalles y corregir la gramática después.
2. **revisión**
   Al terminar esta versión preliminar, uno vuelve a leer el cuento, examinando el contenido y la organización. Intenta verlo como un lector, añadiendo, reordenando o suprimiendo materia para aumentar el impacto del cuento. En particular, busca puntos donde la narración necesite más interacciones con discurso indirecto (o directo, según el caso), más descripción con adjetivos y adverbios, más transiciones e indicaciones de la cronología. También considera su selección de palabras, buscando sustitutos más expresivos e interesantes.
3. **corrección**
   Ahora, el escritor deja de trabajar con el borrador y descansa un rato haciendo otra cosa. Más tarde, vuelve a estudiar su borrador, esta vez de modo *crítico*. Se fija en la ortografía y la gramática y corrige los errores porque son una especie de interferencia que distrae de la comprensión y de la calidad de su cuento. Después, entrega su "borrador en blanco" (versión corregida) para recibir sugerencias de su lector.

A continuación se ofrece una lista de verificación que puede aplicarse antes de entregar el borrador:

1. contenido

☐ ¿El tono es apropiado? ¿Es consistente el punto de vista?
☐ ¿Hay suficiente información para comprender lo que pasa? ¿Para hacerlo interesante?
☐ ¿Hay una mezcla interesante de acciones, interacciones y reacciones?
☐ ¿Se usa bien el discurso indirecto para avanzar el ritmo narrativo?

2. organización

☐ ¿Están claras la cronología y la secuencia de trasfondo + trama + complicación + desenlace?
☐ ¿Hay un clímax, un momento crítico emocionante?
☐ ¿Las ideas fluyen bien?

3. expresión de las ideas

☐ ¿Se capta el interés del lector (y se mantiene) desde el principio?
☐ ¿Hay una variedad y precisión de vocabulario? ¿Suficientes adjetivos y adverbios?
☐ ¿Hay situaciones o sucesos borrosos?
☐ ¿Hay oraciones breves o fragmentadas que puedan unirse con conjunciones o transiciones adverbiales?
☐ ¿Se distingue bien la referencia a cada personaje? ¿Está clara la relación "quién le hizo qué a quién"?

4. gramática

☐ ¿Se mantiene la perspectiva del pasado?
☐ ¿Hay confusión de objetos directos e indirectos, de verbos reflexivos y no reflexivos?

☐ ¿Se distinguen correctamente el imperfecto, el pretérito y el pasado de subjuntivo?
☐ ¿Se ha revisado la ortografía, la puntuación y la concordancia?

APLICACIÓN

Ejercicios de preparación

A. Apuntes personales: Después de leer esta lección, piense en lo que aprendió y también en su propia experiencia con los cuentos personales. Escriba algunas ideas o consejos generales que le parezcan especialmente útiles. Luego, para su propia composición, piense en algún incidente interesante de su vida y haga una generación de ideas.

B. Enriquecimiento de vocabulario: repase los consejos que se dan en la L. 6 sobre el enriquecimiento del vocabulario. Luego, lea las siguientes oraciones y busque dos maneras más o menos equivalentes de expresar cada frase *en cursiva* en el mismo contexto.

1. Lo que *ocurrió* después nos sorprendió a todos.
2. Su conducta me pareció *extraña*.
3. La joven *fue* al sitio donde se reunían sus amigos.
4. Mi amiga y yo *hacíamos muchas cosas* juntos.
5. *Traté de* levantarme pero no pude.
6. Mi padre *se puso furioso* cuando nos vio.
7. La maestra nos *dio* las composiciones corregidas al día siguiente.
8. La dependienta *dijo* que la máquina no funcionaba.

C. Actividad: Generación de ideas. Formen grupos pequeños. En cada grupo, un estudiante se ofrece a narrar un cuento sobre algo que le haya pasado. Los demás escuchan y toman apuntes sobre su cuento. Luego, comenten sobre información adicional que quisieran saber para hacerlo más interesante; por ejemplo,

¿Cómo era___?	¿Dónde estaban ustedes cuando...?
¿Qué dijiste cuando...?	¿Qué pensaste cuando...? ¿Cómo reaccionaste? ¿Cómo te sentiste?
¿Qué hacían tus amigos cuando...?	¿Por qué...? ¿Cuándo...?

Con base en esta discusión, hagan una lista de los tipos de información y de acciones, interacciones y reacciones que puedan mejorar una narración.

Modelo y análisis

D. Lea el siguiente cuento corto y luego analícelo con las preguntas que lo siguen.

Dejar de fumar no es fácil

Aunque había un par de doctores más en el pueblo, el médico del pueblo era, sin duda, el doctor Marín. Desde que yo recordaba, el doctor Marín era el director del hospital. Cuando yo estaba en la escuela primaria, por allá a finales de los años sesenta, el hospital quedaba en el edificio viejo, a unas 6 cuadras de la plaza para abajo. Después de que construyeron el hospital nuevo a la entrada del pueblo, en los años ochenta, el hospital viejo lo demolieron y construyeron un moderno edificio de apartamentos, más al estilo de una gran ciudad que de un pueblo. En verdad, este no era un pueblo común; y un ilustre ciudadano hizo todos los trámites para renombrarlo Ciudad Bolívar. Así que los apartamentos no desentonaban para nada en una ciudad con servicio de buses urbanos y todo eso.

Aún después de la construcción del hospital nuevo, el doctor Marín siguió como director por unos años. Pero como este hospital era regional, el número de médicos aumentó a más de diez desde el primer año. Con la presencia de tantos médicos, ya no se podía decir que el doctor Marín era el doctor de la ciudad, pero siguió siendo el doctor de nuestra familia.

A principios de los años noventa, se murió un señor de cáncer de pulmón. Ocurrió que ese mismo día el tío Jorge fue donde el doctor Marín porque tenía una tos muy molesta desde hacía más de una semana. El doctor Marín le repitió que dejara de fumar si no quería morirse demasiado pronto o si quería mejorar su salud. De hecho, le dijo que como él sabía, ese día acababa de morirse don Valentín Vélez y que en una hora iba a hacerle la autopsia. Si quería ver los pulmones de un fumador, esta era la oportunidad. Él lo invitaba.

El tío Jorge no solamente tenía un excelente sentido del humor, sino que era un hombre curioso por naturaleza. Aceptó la invitación al instante y le preguntó qué tenía que hacer. El doctor Marín le dijo que se bañara bien, que se pusiera ropa limpia y que estuviera en el hospital unos minutos antes de las 2:30 esa misma tarde. Después de recibir la fórmula y una palmada en el hombro, el tío Jorge corrió a casa, hizo lo que tenía que hacer y se presentó en el hospital a las 2:21.

No sabemos qué cara hacía el tío durante el procedimiento ni qué pensamientos cruzaban su mente. Sabemos que cuando salieron de la sala de autopsias, el doctor Marín le preguntó: —Bueno, Jorge. Ahora que viste unos pulmones destruidos por el cigarrillo, sí vas a dejar de fumar, ¿no? —No sé qué decirle, doctor, contestó el tío Jorge. —Para ser sincero con usted, esta autopsia me puso tan nervioso que creo que ahora voy a fumar más. Ahora mismo necesito fumarme un cigarrillo.

1. Señale las secciones de trasfondo, trama, complicación y desenlace. ¿Cuál recibe mayor atención en el desarrollo? ¿Qué impacto produce esta estrategia en el lector?
2. Subraye los imperfectos y los pretéritos en cada párrafo. ¿Qué diferencia de función hay entre las oraciones en las cuales se usa el imperfecto y aquellas en las cuales se usa el pretérito?
3. ¿Hay párrafos con imperfecto exclusivamente? ¿Con pretérito? ¿Por qué cree que ocurre esto?
4. ¿Cuál es el propósito? ¿El tono? ¿El punto de vista?
5. Dé algunos ejemplos de uso de discurso indirecto. ¿Qué efecto tiene el discurso indirecto en esta narración?
6. Dé algunos ejemplos de uso de discurso directo. ¿Qué efecto tiene el discurso directo en esta narración?

Revisión

E. A continuación se da un relato personal escrito por un estudiante de español. Prepárese para comentarlo en clase, evaluándolo según los cuatro criterios de la lista de verificación y sugiriendo cómo se podrá mejorar.

La cita

Como una miembra de una sociedad social, requise ir a una "cita misteria" este fin de semana. Una preguntó a un chico (con suerte, el es bastante guapo, amistoso y tiene un buen humor) por la cita. En cambio, era necesario que hallé un chico por mi amiga. El chico que invitó era unico responsible por su presencia- el no necesitó pagar o conducir. Muchas veces, las chicas "sugerían" los nombres de varios chicos quien les estaban perdidos por. En mi caso, no quise ir- y rehusé. Durante la tarde del dia de la cita, dos de mis amigas mandaron que yo was going. Si yo no fui, ellos no fueron también porque escogí sus citas.

La cita fue en una "Cinema Pub". En el "Cinema Pub" eran muchos sillas y mesas - y era posible beber cerveza o comer palomitas de maíz. Cuando todos llegaron, cada persona buscó por su cita. Todos tuvieron un parte de una pareja famosa. Por ejemplo, tuve la carta de "Olive Oyl" y mi cita tuvo la carta de "Popeye". La pelicula era "Bill and Ted's Excellent Adventure". Durante la película bebí mucho porque todos jugaron un juego. Cada vez los actores dijeron la palabras "excellent" o "dude", todos bebieron un o dos veces. Aunque no me gusto mi cita mucho, era un buen tiempo para conocer otras personas.

Tarea: una composición de narración

F. Escriba un relato personal del tipo "narración personal" de dos páginas conforme a las sugerencias que se dan en esta lección. Recuerde que los seres humanos se comunican: use eficazmente el discurso indirecto en su narración.

Capítulo IV

La narración compleja

El cuarto capítulo continúa nuestro enfoque en la narración, pero pasamos a un nivel más *complejo*, o sea menos apegado a una cronología estricta. Para hacer más interesante su relato, el narrador varía su perspectiva y manipula el transcurso de tiempo, ya acelerando la acción, ya deteniéndose para comentar otros datos relevantes. Al adoptar una cronología más flexible, el narrador emplea un lenguaje más elaborado para manejar el tiempo y dar más información sobre los sucesos que viene presentando.

Lección 19: las funciones del participio en la descripción y de los tiempos perfectos que presentan sucesos anteriores.

Lección 20: el futuro, el condicional y otros modos de pronosticar o conjeturar lo que va (o iba) a pasar.

Lección 21: el uso de las conjunciones adverbiales para vincular los sucesos y destacar las relaciones de 'antes' y 'después'; 'causa' y 'efecto'; 'posibilidad' y 'realidad', etc.

Lección 22: el gerundio y sus funciones en la presentación del trasfondo o la manera

Lección 23: la expresión del transcurso, o sea del tiempo que ha pasado desde el comienzo o el final de una situación.

Lección 24: las composiciones de narración compleja.

LECCIÓN 19: El participio y los tiempos perfectos

Como dice el refrán:

- Más vale guerra abierta que paz fingida.

PRESENTACIÓN

19.1. La formación del participio. El PARTICIPIO es la forma del verbo que puede usarse como adjetivo. El del inglés tiene una formación variable, mientras el del español siempre acaba en *-o*, con la típica flexión de los adjetivos en *-o*:

the *washed/broken/mislaid* plates los platos *lavados/rotos/extraviados*

El participio se forma regularmente añadiendo ***-ado*** a la raíz de los verbos en *-ar*, ***-ido*** a la de los verbos en *-er/ir*. Con el desplazamiento del acento a este sufijo, los cambios radicales (***ie***), (***ue***), (***i***) no se aplican.

dar: dado	comer: comido	salir: salido	ser: sido
apretar (ie): apretado	querer (ie): querido	pedir (i): pedido	ir: ido
tostar (ue): tostado	dormir (ue): dormido	construir: construido	haber: habido

Cuando la raíz termina en una de las vocales ***a, e, o***, el sufijo *-ido* lleva una tilde para mantener su acentuación en la ***i*** y así impedir la formación de un diptongo:

caer: **caído** /ka-I-do/ (cf. caigo /KAY-go/); también: *leer leído, oír oído, traer traído*, etc.

Unos pocos verbos han heredado del latín un participio irregular:

abrir: abierto	decir: dicho	freír: frito	escribir: escrito
cubrir: cubierto	hacer: hecho	poner: puesto	morir: muerto
volver: vuelto	imprimir: impreso	ver: visto	romper: roto

Pudrirse tiene el participio *podrido* de otro infinitivo antiguo.

Los derivados suelen mantener las mismas irregularidades:

des**cubrir**: descubierto	su**poner**: supuesto	en**volver**: envuelto
des**cribir**: descrito	com**poner**: compuesto	pre**ver**: previsto

Además, *satisfacer* (que siempre se conjuga como *hacer*) tiene *satisfecho*, y los verbos en *-solver* siguen *volver*: *resolver, resuelto*. Pero *bendecir* y *maldecir* no siguen *decir*; tienen participios dobles, *bendecido/maldecido, bendito/maldito*. Las versiones irregulares (*bendito, maldito*) se usan como adjetivos y las regulares se usan en los tiempos perfectos (v. §19.3).

una mujer *bendita* y su *maldito* perro. (adjetivos: 'a blessed woman and her damned dog')

Han *bendecido* a la mujer y *han maldecido* su perro. (presente perfecto: 'they've blessed the woman and cursed her dog')

19.2. El participio como adjetivo.

19.2. El participio como adjetivo. Cuando se usa como adjetivo, el participio concuerda con su sustantivo como los demás adjetivos en *-o*:

un hombre elegido (cansado, muerto)	unos hombres elegid**os** (cansad**os**, muert**os**)
una mujer elegid**a** (cansad**a**, muert**a**)	unas mujeres elegid**as** (cansad**as**, muert**as**)

Este participio adjetival tiene mucha frecuencia en la descripción, donde significa la condición que resulta de una acción anterior (en el pasado). Por eso, muchos gramáticos lo llaman el "participio pasado" o "participio pasivo":

participio: la condición que resultó...	**...de una acción anterior:**
los platos *lavados* ('the washed dishes')	Alguien los lavó.
las mujeres *elegidas* ('the elected women')	Alguien las eligió, fueron elegidas.
las mercancías *mojadas* ('the wet goods')	Algo las mojó, se mojaron.
una niña *sorprendida* ('a surprised girl')	Algo o alguien la sorprendió.
la gente *casada* ('married people')	Se casó, fue casada.

Este participio puede tener sus propios modificadores. De gran frecuencia es el adverbio *recientemente* 'recently', que se apocopa a *recién* delante del participio:

los clientes *recién* llegados 'customers who've just arrived'
los *recién* casados 'newlyweds (just marrieds) '
Los pastores fueron a ver al recién nacido 'newborn'.

Los participios ingleses aceptan el prefijo negativo *un-* como otros adjetivos: *unfinished, unpainted, unresolved, unopened*, etc. El equivalente español es generalmente *in-*: *una obra inacabada* 'an unfinished work'. Sin embargo, la estrategia negativa más típica es cambiar el participio a ***sin*** + infinitivo:

los problemas no resueltos = los problemas *sin resolver*
la pared no pintada = la pared *sin pintar*
una botella no abierta = una botella *sin abrir*.

19.2.1 Con *estar* y otros copulativos.

Estar con adjetivo significa un cambio (v. §3.2.2): *El café está caliente* describe el resultado de *calentar el café*. Con *estar*, entonces, el participio denota la condición que resulta del cambio expresado por un verbo transitivo o reflexivo original.

(Alguien abrió la puerta) Ahora, la puerta *está abierta*.
(Mamá frió las papas.) Ahora, las papas *están fritas*.
(Alguien prohibió los camiones.) Los camiones *están prohibidos*.

O desde el punto de vista narrativo (en el pasado):

(Los campesinos rodearon al misionero.) El misionero ***estaba*** *rodeado de campesinos.*
(Alguien tapó la botella con un corcho.) La botella ***estaba*** *tapada con un corcho.*

No usamos *se* en *estar* + participio porque ya no hablamos de una acción reflexiva, sino de un **estado inactivo**.

(Los niños se vistieron.) *Están vestidos* y listos para ir de compras.
(Alejandro se casó.) *Está casado* y tiene dos hijos.
(Yo me hice una sopa ('became soup = got soaking wet')) Caramba, *estoy hecho una sopa.*

Hay otros copulativos que pueden sustituir a *estar* en esta construcción (v. §3.5), p. ej. *ir, verse, resultar, quedar, parecer:*

El sustantivo ***va*** *precedido* de artículo. 'The noun is preceded by an article'
El señor Ramírez ***se vio*** *obligado* a ayudarnos. 'Mr. Ramírez felt obliged to help us'
La casa ***quedó/resultó*** *arruinada.* 'The house ended up ruined'
La muchacha ***parecía/se sentía*** *humillada.* 'The girl looked/felt humiliated'

19.2.2. Con *tener, mantener, dejar.* Alternativamente, en vez de decir que la cosa *está* (*se ve, va, queda*) en una condición cambiada, podemos decir que una persona (el sujeto) la *tiene* en dicha condición:

Tengo *lavados* los platos. 'I've got the dishes washed'
Susana tiene *teñido* su pelo. 'Susan's got her hair dyed'

o que la *mantiene* o *deja* así:

Mantuvimos *ordenado* el cuarto. 'We kept the room tidy (straightened up)'
Oye, mantén *abierta* esa puerta. 'Hey, hold (keep) that door open'
Siempre dejaba *abierta* la puerta. 'I always left the door open'

Estas construcciones descriptivas con *tener, mantener* y *dejar* tienen gran frecuencia en español y en ellas el participio se comporta exactamente como otros adjetivos. Compárense los ejemplos siguientes:

Tengo *listos* los platos 'I've got (have) the plates ready'
Mantuvimos *limpio* el cuarto 'We kept the room clean'

Tener + participio describe la misma situación que *estar*, pero la condición del objeto afecta al sujeto:

Mi corbata estaba manchada. ('My tie was stained') → (Yo) *tenía* manchada la corbata.
Dos llantas del coche de Ana estaban pinchadas. → Ana *tenía* pinchadas dos llantas del coche.

19.2.3. Acción vs. estado. Las estructuras que hemos presentado —*estar, (man)tener, dejar* + participio— describen la condición que resulta de una acción anterior; *no* presentan la acción misma. A veces esta distinción entre una acción y su resultado no está clara en inglés y aquí comentamos tres casos concretos que surgen en la narración.

(1) El inglés emplea el mismo verbo, *be*, para las acciones pasivas y para los estados que resultan:

acción pasiva: The house *was burned* (on Nov. 12 by the rebels) = The rebels burned the house.
estado resultante: (When I saw it,) the house *was burned* (stood blackened and charred).

El español las distingue con *ser* vs. *estar* (para la estructura y función de la pasiva con *ser*, v. §32.5):

acción pasiva: La casa ***fue*** *quemada* (el 12 de noviembre por los rebeldes)
estado resultante: (Cuando la vi,) la casa ***estaba*** *quemada*.

(2) Con los verbos de CAMBIO DE POSICIÓN, el inglés no distingue bien ciertas opciones muy distintas en español. El prototipo es *sit (down)* vs. *sentarse*: estudie sus diferencias en los contextos narrativos que se resumen en la Figura 19.a.

	When I said it to the widow,	Cuando se lo dije a la viuda,
la acción de tomar la posición:	*...she sat (down).* *...she was sitting down, in the middle of taking a seat*	...se sentó. (---→|) ...se sentaba. (----+----)
estado inactivo que resultó:	*...she was sitting (already in a seated position)*	...estaba sentada.
la continuación del estado:	*...she just sat there (stayed seated, unmoving)*	...se quedó sentada.

Figura 19.a Acción vs. estado en los verbos de cambio de posición

Los siguientes verbos se usan de la misma manera. Todos son reflexivos, a menos que una persona obligue a otra a tomar dicha posición: (p. ej., "María *me sentó*" 'Mary seated me', v. §7.4, 7.5.3):

pararse 'stand up'
tumbarse, echarse 'lie down'
acostarse 'go to bed'
recostarse 'lean back'
agacharse 'squat'
inclinarse 'bow (down), lean over'
dormirse 'fall asleep, go to sleep'
asomarse 'lean out, peer out of'
arrodillarse 'kneel'

(3) *Have* en inglés puede corresponder a *tener + participio* para una condición resultante que afecta al sujeto (§19.2.2), pero también corresponde a *haber + participio* para presentar acciones recientes:

condición: He had a shirt on. — ***Tenía** puesta* una camisa.
acción reciente: He had put on a shirt. — Se ***había** puesto* una camisa.
condición: I have (I've got) the wall painted. — ***Tengo** pintada* la pared.
acción reciente: I have (I've) painted the wall. — ***He** pintado* la pared.

De esta formación perfecta con *haber* hablamos en las secciones siguientes.

19.3. Los tiempos perfectos. El participio pasado o pasivo tiene un tercer nombre, PARTICIPIO PERFECTO, porque se usa en los llamados TIEMPOS PERFECTOS, o sea TIEMPOS COMPUESTOS ('compound tenses'). Estos se componen del verbo auxiliar *haber* más participio, como *have + participio* en inglés.

Hemos terminado el proyecto. 'We'*ve* (we *have*) *finished* the project'

19.3.1. Construcción general. En los tiempos perfectos, el participio permanece *invariable*: no concuerda en género ni número porque en esta construcción **no es adjetivo** sino parte de la forma verbal, como se ve en la Figura 19.b.

Gramática visual: una acción reciente vs. el resultado

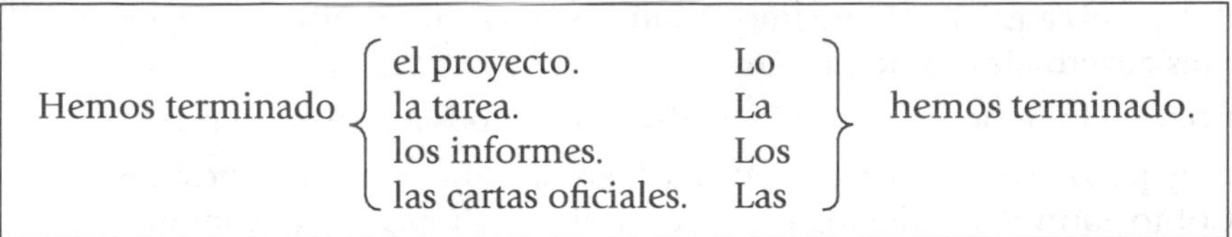

Figura 19.b Construcción de los tiempos perfectos

Los tiempos perfectos generalmente se usan como en inglés. Pero a diferencia del inglés, el español no permite que el verbo auxiliar y el participio se separen. Así, las dos partes permanecen juntas cuando hay inversión (v. §4.6):

Jorge **ha perdido** su llave. ¿**Ha perdido** Jorge su llave? (ing.: *Has George* ***lost*** *his key?*)

o con los adverbios:

Jorge *siempre* **ha tenido** problemas. (ing.: *George* ***has*** *always* ***had*** *problems*)

Y el auxiliar *he, has, ha*… no se usa a solas: *—¿Ha llegado Jorge? —Sí.* (o: *Sí, ha llegado*). El inglés permite *Yes, he* ***has***, pero en español es agramatical *"Sí, ha".

Los pronombres clíticos se colocan delante de la combinación, *nunca* después ni en medio:

¿Los calcetines? Sí, Jorge ya **se los** *ha puesto*. (Es agramatical *"ha se los puesto").

pero en el infinitivo o el gerundio, los clíticos se escriben como sufijos de *haber* porque no pueden adherirse al participio:

Habiéndose puesto los calcetines, Jorge fue a buscar los zapatos. ('having put on his socks…')

Los tiempos perfectos se asocian con frecuencia con *ya* 'already' y *todavía no* 'not yet':

—¿Ya has terminado tu informe? —No, todavía no lo he escrito.

Puesto que *haber* se conjuga en cualquier tiempo, hay un "tiempo compuesto" o "tiempo perfecto" para cada tiempo simple: presente, imperfecto, pretérito, futuro, los subjuntivos, etc.

19.3.2. El presente perfecto, indicativo y subjuntivo. El presente perfecto se forma con el presente de *haber* + participio:

PRESENTE PERFECTO (INDICATIVO):

He estudiado/comido/dicho ('I **have** studied, eaten, said')
(he, has, ha, hemos, habéis, han)

El equivalente subjuntivo emplea las formas subjuntivas del verbo auxiliar *haber*:

PRESENTE PERFECTO (SUBJUNTIVO):

Dudan que **haya** estudiado/comido/dicho ('They doubt I **have** studied, eaten, said')
(haya, hayas, haya, hayamos, hayáis, hayan)

El presente perfecto mira hacia atrás para representar un suceso que aconteció o comenzó *en un pasado reciente*: ⇆+--. A diferencia del pretérito, la perspectiva es la de ahora, el presente, no la más remota del pasado. Por eso, este tiempo sugiere (como en inglés) (1) que comenzó y continúa en el presente o (2) que se acabó recientemente pero tiene consecuencias duraderas o relevantes para el momento actual:

PRETÉRITO: Estudié la lección. ('I studied the lesson'): *simple terminación en el pasado*
PRES. PERFECTO: He estudiado la lección. ('I've studied the lesson'): *consecuencia actual.*

19.3.3. El pluscuamperfecto indicativo y subjuntivo. El pasado se divide entre el imperfecto y el pretérito, así que hay dos opciones para el "pasado perfecto":

CON EL IMPERFECTO: **había** estudiado/comido/dicho ('I **had** studied, eaten, said')
(había, habías, había, habíamos, habíais, habían)

CON EL PRETÉRITO: **hube** estudiado/comido/dicho ('I **had** studied, eaten, said')
(hube, hubiste, hubo, hubimos, hubisteis, hubieron)

Pero el PRETÉRITO PERFECTO es rarísimo. Aunque se encuentra a veces en la lengua literaria tras ciertas conjunciones adverbiales como *cuando*:

Cuando lo hube estudiado bien, decidí que podría analizarlo mejor.

tiene muy poco uso en la lengua general, y en este libro no lo practicamos.

Como equivalente del inglés 'I had studied', es mucho más común el imperfecto de *haber*, ***había** estudiado*. Pero dado lo contradictorio del nombre "imperfecto perfecto", la gramática española ha preferido llamar esta forma el PLUSCUAMPERFECTO ('pluperfect').

El pluscuamperfecto subjuntivo se forma con uno de los dos pasados subjuntivos (*-ra, -se*) de *haber*:

	indicativo	**subjuntivo**
PLUSCUAMPERFECTO:	había estudiado	hubiera/hubiese estudiado

Por consiguiente,

Mercedes *creía* que se ***había** preparado* bien.
Pero Pablo *dudaba* que ella se ***hubiera** preparado* bien.

19.3.4. El pluscuamperfecto en la narración. El pluscuamperfecto de ambos modos es el equivalente pasado del presente perfecto:

perspectiva actual (de ahora):

Rosa: —*He pasado* todo el día estudiando para el examen, pero dudo que *haya sido* suficiente. ¿Qué *has hecho* tú? ¿Ya *has cenado*?

perspectiva pasada en la narración:

Rosa dijo que *había pasado* todo el día estudiando para su examen y dudaba que *hubiera sido* suficiente; luego, me preguntó qué *había hecho* yo y si ya *había cenado*.

En la narración el pluscuamperfecto se contrasta con el imperfecto y el pretérito en su modo de representar el trasfondo. Este tiempo presenta un acontecimiento anterior (⇠+--) que dejó algún efecto o consecuencia para los sucesos que se narran con el imperfecto y el pretérito en el "primer plano" de la acción:

Era un día perfecto. Brillaba el sol y soplaba una brisa fresca. La hierba estaba de un verde intenso porque *había llovido* la noche anterior. Miré por la ventana y me admiré de la belleza del mundo. Nos *habíamos levantado* temprano y ya se podía oler el rico aroma del café que *había preparado* mamá.

Por eso, el pluscuamperfecto nos deja presentar un evento anterior *después*, sin atenernos a un orden estrictamente cronológico:

(1) Llovió, (2) nos levantamos, (3) miré por la ventana y (4) me admiré de la belleza.

En efecto, puede ser aburrido leer un cuento que siempre se ciñe a la secuencia original. Un buen narrador sabe manipular los sucesos de modo interesante, y el pluscuamperfecto le permite tardar en presentar el trasfondo, introduciendo así acciones anteriores cuando más convengan como explicación de lo que pasaba.

19.4. Un paso más: otras aplicaciones del participio y del perfecto. Algunos participios tienen funciones adicionales: se han convertido en adjetivos con sentidos especiales que hay que memorizar:

aburrido 'boring'
agradecido 'grateful'
atrevido 'bold, daring'
considerado 'considerate'
chiflado 'crazy, nuts'
desconfiado 'distrustful'
descuidado 'careless'
divertido/entretenido 'fun'
entendido (en___) 'knowledgeable'
exagerado 'prone to exaggerating'
necesitado 'needy'
ocupado 'busy'
parecido 'similar, alike'
pesado 'heavy'
porfiado 'stubborn'
presumido 'presumptuous'
sabido 'smart'
seguido 'continuous, direct'

Estas formas se interpretan según el contexto:

los estudiantes *aburridos* = 'the bored students' (resultado de *aburrir*, §19.2),
las asignaturas *aburridas* = 'boring subjects' (sentido especial)

Muchos participios también sirven como sustantivos:

una llamada ('a call')	un dicho ('a saying')	llegadas y salidas ('arrivals and departures')
el vestido 'dress'	el impuesto 'tax'	el pecado 'sin'
un pedido 'an order, request'	el invitado 'guest'	el hecho 'fact'

También es útil saber que el pluscuamperfecto original del español era la forma en *-ra (hablara, comiera, dijera, fuera,* etc.) que hoy sirve de pasado de subjuntivo. En algunos dialectos y estilos literarios, esta forma todavía se usa como equivalente del pluscuamperfecto compuesto de indicativo.

Después que *salieran* de la reunión = después que *habían salido* de la reunión

19.5. **Resumen.** Los participios se forman con la desinencia *-do* (aparte de los irregulares). Estas formas tienen dos funciones principales. En la primera, que es **descriptiva**, son adjetivos que denotan el resultado de una acción anterior: (*planché las camisas*) → *las camisas estaban planchadas, (yo) tenía planchadas las camisas, colgué en el armario las camisas planchadas.* En la segunda función, que es **narrativa**, se combinan con *haber* para formar "tiempos perfectos" que miran hacia atrás para expresar una acción anterior (-←+--):

presente perfecto: He planchado las camisas (esta mañana).
pluscuamperfecto: Había planchado las camisas (el día anterior).

En esto, el participio español se parece mucho al participio pasado del inglés.

APLICACIÓN

Actividad

A. Dramatización: Marcos es un amigo olvidadizo; cree que quedan por acontecer ciertos sucesos que en realidad ya han acontecido en un momento reciente, o sea un momento anterior al presente. Responda usted corrigiéndolo. Y claro está, no repita los sustantivos; omítalos o sustitúyalos por pronombres, según convenga. (*Variante*: El estudiante que hace el papel de "Marcos" inventa otras preguntas personales del mismo tipo.)

Modelo: Marcos: —¿Vas a lavar tu ropa esta tarde? Otro estudiante: —*No, ya la he lavado.*

1. ¿Vas al supermercado hoy? —No, ya...
2. ¿Vas a devolver tus libros a la biblioteca? —No, ya...
3. ¿Ustedes practican su música de banda esta tarde? —No, ya...
4. ¿Te vas a cortar el pelo hoy? —No, ya...
5. ¿Te vas a preparar para tu entrevista? —No, ya...

B. La conversación continúa, pero Marcos comienza a referirse a lo que pasó ayer. Conteste de la misma manera, pero corríjale con el pluscuamperfecto.

1. ¿Te reuniste con el club hispano ayer? —No, ya...
2. ¿Le diste el acta a Marisa? —No, ya...
3. Supongo que ustedes hablaron sobre las elecciones. —No, ya...
4. ¿Verdad? Entonces, ¿resolvieron lo de los candidatos?

Ejercicios

C. Haga una lista de quehaceres para esta semana que usted *ya ha hecho* y otra de los que *todavía no ha hecho.*

D. Respuesta guiada. Cada pregunta averigua si se llevó a cabo una acción. Responda con el estado resultante, según las indicaciones en inglés.

1. —¿Perdiste las llaves? —(Yes, they're lost)
2. —¿Su coche se atascó en el lodo? —(Yes, it's still stuck there)
3. —¿Apagaste la radio? —(Yes, it's off)
4. —Encendiste la luz, ¿no? —(Yes, I left it on)
5. —¿Los niños se vistieron? —(Yes, they're dressed now)
6. —La demanda agotó los boletos, ¿no? —(Yes, they're sold out now)
7. —¿Esa máquina se descompuso? —(Yes, and they never repair broken machines here)
8. —Uf, parece que el helado se derritió. —(Yes, it's melted)
9. —¿Cayeron muchas hojas en tu jardín? —(Yes, there're a lot of fallen leaves there)
10. —Mamá piensa escribir dos cartas, ¿verdad? —(No, she's already got them written)
11. —¿Ya planeaste tu semestre? —(Yes, I've got it planned)
12. —¿Los invitados se sentaron? —(Yes, they're sitting/seated)
13. —¿Dónde está Anita? ¿Se escondió? —(Yes, she's hiding; she wants you to find her)
14. —Joselín cerró todas las ventanas, ¿no? —(Yes, and she's keeping them shut)
15. —¿No te dije que lubricaras el motor? —(Yes, I'm keeping it lubricated)

E. Describa cada sustantivo *en cursiva* con el participio de un verbo apropiado.

Modelo: Los *huevos* tienen grasa. → Los *huevos **fritos*** tienen grasa.

1. No puedo usar una *máquina* ...
2. Esta es una *urbanización*...
3. Se dice que viven más tiempo las *personas*...
4. Encontré una *botella*...
5. Más vale botar esas *tazas*...
6. Los *motores*... cuestan menos que los nuevos.

F. Conclusiones originales: En las oraciones siguientes, el pluscuamperfecto sirve para presentar una acción anterior; complételas con otra acción que ocurrió luego, usando el pretérito.

1. Nos habíamos sentado a la mesa cuando...
2. Todos habían salido a pasearse cuando...
3. Yo había dejado abierta la puerta, así que...
4. Los terroristas habían puesto una bomba en el parque, pero...
5. Luisa había decidido quedarse en casa aquel día, pero...
6. El carpintero había guardado las herramientas en los cajones, pero...

G. En las oraciones siguientes, nos colocamos en medio de una situación. Explíquela usando el pluscuamperfecto para indicar una acción anterior (←┼--):

1. No tenía mis llaves porque...
2. Maribel parecía desaseada porque...
3. El arbusto apenas crecía ya que...
4. La máquina no funcionaba bien porque...
5. Yo sabía que el acusado no tenía la culpa porque...
6. Estaban perdidos; con vergüenza, el guía explicó que...

Ejercicios textuales

H. La tormenta. Las oraciones de esta sección forman un cuento: la narración de un día de mala suerte. Complételas de manera original, usando el pluscuamperfecto para representar un suceso explicativo anterior (←┼--).

1. Aunque hacía buen tiempo aquella mañana, yo sabía que iba a llover porque...
2. Pero entre varias diligencias que hacer, tenía que hacer arreglar mi reloj puesto que...
3. Este reloj me era muy valioso:...
4. Fui al centro en el coche de mi esposa:...
5. Al salir de la relojería, oí los primeros truenos y vi que el cielo...
6. Comenzó a llover a cántaros y me empapé en seguida: idiota que era,...

7. Manejé el coche con cuidado en los torrentes de agua, pero era difícil mirar por el parabrisas porque...
8. A sólo un kilómetro de mi casa, había una desviación. El policía que allí dirigía el tráfico me explicó que...
9. Mientras iba por la ruta alternativa, la tormenta pasó. Prendí la radio y oí que...

I. ¡Pelea en el bar! Hubo una pelea en el bar y usted, el policía, ha llegado para investigarla. Después de observar la escena, escribe en su informe *cómo estaba* cada cosa en la lista 1-12. Si la oración comienza con una cosa, use *estar* y participio; si comienza con dos, use la primera como sujeto y describa el resultado con *tener* y participio. Use los verbos de destrucción (más otros apropiados) para pintar una escena interesante.

Modelos: (las botellas): *Las botellas estaban aplastadas.*

(la mesera, el tobillo): *La mesera tenía el tobillo torcido.*

VERBOS DE DESTRUCCIÓN

rajar 'crack'	romper 'break'	destruir 'destroy'	aplastar 'smash'
manchar 'stain'	rasgar 'tear, rip'	destrozar 'tear up'	esparcir 'scatter'
dañar 'damage'	derribar 'tear down'	chamuscar 'scorch'	estropear 'mess up'
lastimar 'hurt'	ensangrentar 'bloody'	quemar 'burn'	torcer (ue) 'twist'
abollar 'dent'	partir 'split'	rayar 'scratch'	volcar (ue) 'overturn'

LISTA DE DAÑOS

1. las sillas
2. todos los clientes
3. uno de ellos, la mandíbula
4. otro, la boca
5. el tragamonedas
6. los cristales de las ventanas
7. el pianista, la nariz
8. la cantante, el vestido
9. el dueño, los anteojos
10. el piso, la alfombra
11. la mesa de billar
12. las tapas y otras comidas

(*Añádanse otros detalles probables de esta escena*)

Adaptación de texto

J. "¡Voten por mí!" La señora Herrero es una congresista que quiere ser reelegida. Sigue su discurso. Pero usted, su asesor, se ha dado cuenta de que los pretéritos del discurso suenan remotos y terminantes. Vuelva a escribir el pasaje, convirtiendo los pretéritos al presente perfecto para poner más énfasis en su relevancia actual.

> Vine acá esta noche para explicar mi récord, todo lo que hice por ustedes en estos años pasados. Mi adversario, el señor Mena, me criticó duramente; me describió como ineficaz. Pero ustedes no le creyeron. Confiaron en mí porque siempre les dije la verdad y les puse al tanto de lo que pasa en la capital.
>
> Allí, fui a cada sesión del Congreso; nunca estuve ausente. Denuncié los sobornos, expuse la corrupción y luché por un Gobierno honrado y justo. Gané el respeto de mis colegas, quienes me dieron cada vez más responsabilidades para trabajar por ustedes y por la nación en general.
>
> Como ya saben ustedes, mis ayudantes y yo volvimos al distrito con regularidad y supimos personalmente lo que les preocupa. Nos dimos cuenta de que quieren cambio y los escuchamos. Se quejaron del desempleo, los oí y presenté un proyecto de ley para generar más empleos: uno que no produjo mayor inflación. Y por nuestros esfuerzos, se atrajeron acá más empresas, se construyeron sistemas de abastecimiento y depuración de agua, y se pavimentó la carretera. La educación también se mejoró a medida que se transfirieron más fondos a nuestras escuelas. En efecto, el distrito se convirtió en uno de los más prósperos de la república, algo que el señor Mena no quiso admitir en su mentirosa campaña.

Como su representante, prometí el cambio: rompí con el pasado e hice frente a las necesidades del porvenir. La oportunidad de servirles fue un gran placer. Espero lograr aun más por nuestro distrito y estoy segura de que me volverán a elegir. Amigos míos, les agradezco su apoyo.

K. Este diálogo es de *El Amasijo*, por el argentino Osvaldo Dragún, 1968. (Dauster, Lyday y Woodyard, ed., *Nueve dramaturgos hispanoamericanos*, 1er tomo. Ottawa: Girol Books, 1979, pág. 212-14). Nárrelo en el pasado. Incluya también adverbiales apropiados de manera, transición, etc.

[Situación: José visita a María; son dos solteros que quieren conocerse pero no tienen éxito.]

María entra con una bandeja y dos tacitas de café...

MARÍA: —Perdone que haya tardado tanto, señor José. Mamá no se siente bien.

JOSÉ: —Lo entiendo muy bien. Yo vivo con mamá también, y también sufre de hígado.

MARÍA: (Mientras acomoda la bandeja sobre la cama.)—¡Pobre! ¡La compadezco! ¡Qué enfermedad terrible! ¿Cuántas cucharadas de azúcar?

JOSÉ: —Tres, por favor.

MARÍA: (Echa azúcar. Se ha sentado en la cama. Él sigue de pie.)— ¡Horrible! Nunca está bien del todo. Por eso no puedo salir mucho, ¿sabe?

JOSÉ: —Claro; a mí me pasa lo mismo.

MARÍA: —A veces ya tengo hechos mis planes; pero ella se siente mal, de repente, y no me queda más remedio que quedarme en casa.

JOSÉ: —Igual a mí.

MARÍA: —Siéntese, por favor, señor. [...] (José se sienta en la cama). Sírvase. (Le alcanza su taza de café.)

JOSÉ: —Gracias. (Bebe su café. Pausa.) ¿Cómo va su trabajo en la oficina? [...]

MARÍA: —Bien, bien. (Pausa. Bebe su café.) ¿Y el suyo?

JOSÉ: —¡Muy bien, muy bien! [...] (De pronto) ¡Me gusta cómo huele su casa!

MARÍA: —Muchas gracias. (Pausa.) ¡Es increíble! Hace siete años que trabajamos en la misma empresa y recién hoy, por accidente, hemos podido charlar como amigos. ¿No le parece increíble, señor José?

JOSÉ: —¡Sí! [...] Bueno, me voy.

MARÍA: —¿No quiere otra taza de café?

JOSÉ: —No, no, tengo que irme. [...] Bueno, buenas noches, ¡y hasta mañana!

MARÍA: —Hasta mañana. ¿En serio, no quiere...?

(Pero él ya ha salido. Ella queda sola, con la palabra en la boca. De pronto, se lleva una mano a la boca.)

MARÍA: —¡Dios mío! ¿Dónde están las palabras que puedan abrir las puertas? ¿Dónde? ¿Dónde?

Ensayos

L. Describa en un párrafo lo que usted ya había hecho (cinco acciones anteriores) y que ya tenía listo (cuatro estados resultantes) como preparación para su primer día de clases. Comience así: "Cuando fui a mis primeras clases..."

M. Contrastes: maneras de vivir. Use las introducciones y los tiempos verbales indicados para contrastar la generación de sus abuelos con la de usted.

primer párrafo: "Creo que mis abuelos tenían una vida más dura..." (4 verbos en el pluscuamperfecto para "⇆+--" y 3 verbos en el imperfecto para "ooboo".)

segundo párrafo: "Para mi generación me siento más optimista..." (4 verbos en el presente perfecto para "⇆+--" y 3 verbos en el presente para "ooboo".)

LECCIÓN 20: El futuro y el condicional

Como dice el refrán:

- Cría cuervos y te sacarán los ojos.
- Una manzana cada día, de médico te ahorraría.

PRESENTACIÓN

20.1. **La formación del futuro.** El futuro del inglés suele expresarse con el verbo auxiliar *will*. El de las lenguas románicas tiene su origen en una fusión del infinitivo con el presente del auxiliar *haber* (v. §19.3.2): *he, has, ha, hemos, habéis, han*:

yo (comer + he →)	comeré	*nosotros* (comer + hemos →)	come**remos**
tú (comer + has →)	come**rás**	*vosotros* (comer + h(ab)éis →)	come**réis**
Ud./ella/él (comer + ha →)	comerá	*Uds./ellas/ellos* (comer + han →)	come**rán**

Todas las desinencias monosilábicas llevan tilde para mantener el acento original de *haber*. Hay que distinguir con cuidado la acentuación de una forma como *hablará* /a-bla-RA/ (futuro de indicativo) y la de la forma *hablara* /a-BLA-ra/ (pasado de subjuntivo) y, tanto en la pronunciación como en la escritura. ¡No son iguales!

Para algunos verbos, el infinitivo cambia (en todas las formas) al añadirse las desinencias del futuro. Estas formas suelen llamarse SINCOPADAS:

supresión de la vocal	**sustitución de la vocal por *d***	**forma acortada**
caber, ***cabr***-: cabrá	*poner* , ***pondr***-: pondré	*decir* , ***dir***-: dirán
haber, ***habr***-: habrá	*salir*, ***saldr***-: saldré	*hacer*, ***har***-: harán
poder, ***podr***-: podrá	*tener*, ***tendr***-: tendré	
querer, ***querr***-: querrá	*valer*, ***valdr***-: valdré	
saber , ***sabr***-: sabrá	*venir*, ***vendr***-: vendré	

Claro que los verbos derivados tienden a conservar las mismas irregularidades: ***reponer*** *repondré*, ***convenir*** *convendré*, ***mantener*** *mantendré*, etc. Las excepciones son los derivados de *decir*, *bendecir* 'bless', *maldecir* 'curse' y *predecir* 'predict', que son regulares en el futuro: *bendeciré*.

Los demás verbos (inclusive *ser* ***seré*** e *ir* ***iré***) son regulares en el futuro.

20.2. **La formación del condicional.** El condicional del inglés se expresa con el pasado del verbo auxiliar *will*, o sea *would*. El del español, como el futuro, se forma en base al infinitivo, pero se le añaden las desinencias del imperfecto *-ía, -ías*, etc.:

yo (comer + ía →)	come**ría**	*nosotros* (comer + íamos →)	come**ríamos**
tú (comer + ías →)	come**rías**	*vosotros* (comer + íais →)	come**ríais**
Ud./ella/él (comer + ía →)	come**ría**		
Uds./ellas/ellos (comer + ían →)	come**rían**		

Y mantiene los mismos cambios que se ven en el futuro:

poder, ***podr*** : podría *salir*, ***saldr***-: saldría *hacer*, ***har***-: haría

20.3. El futuro perfecto y el condicional perfecto. El futuro perfecto y el condicional perfecto se forman con los respectivos tiempos de *haber* (v. §19.3):

PRESENTE PERFECTO	**he** estudiado (he, has, ha, hemos, habéis, han)	'I *have* studied'
FUTURO PERFECTO	**habré** estudiado (para entonces) (habré, habrás, habrá, habremos, habréis, habrán)	'I *will have* studied (...by then) '
CONDICIONAL PERFECTO	**habría** estudiado (habría, habrías, habría, habríamos, habríais, habrían)	'I *would have* studied'

En su sentido más estricto, el futuro perfecto pronostica un suceso futuro que va a completarse *antes de algún momento previsto*. Por eso, implica (y a veces va acompañado de) una referencia como *para entonces*, 'by then':

—¿Qué habrás hecho *para la próxima década*? —Me habré graduado y me habré casado.

20.4. El futuro y el condicional en el modo subjuntivo. En la lengua común, la distinción que se mantiene entre el presente y futuro del indicativo *no existe* en el subjuntivo; en este modo, ambos se expresan con el presente de subjuntivo:

indic.: Papá cree que me porto/portaré bien.
subjun.: Pero mamá duda que **me porte** bien. ('Mom doubts I behave *or* will behave well')

Por lo general, el contexto basta para aclarar el tiempo, pero si es necesario destacar la futuridad, se puede usar *ir a*:

Pero mamá duda que me **vaya a** portar bien.

En cuanto al pasado, nunca ha habido distinción entre el pretérito, imperfecto y condicional en el sistema subjuntivo: todos estos resultan "pasados" y se comunican con el pasado de subjuntivo:

indic.: Papá creía que me portaba/porté/portaría bien.

subjun.: Pero mamá dudaba que me **portara** bien. ('Mom doubted that I behaved *or* would behave well')

indic.: Papá creía que me había/habría portado bien.

subjun.: Pero mamá dudaba que me **hubiera portado** bien. ('Mom doubted that I had *or* would have behaved well')

La tabla de la Figura 20.a muestra las correspondencias completas entre los tiempos indicativos y subjuntivos:

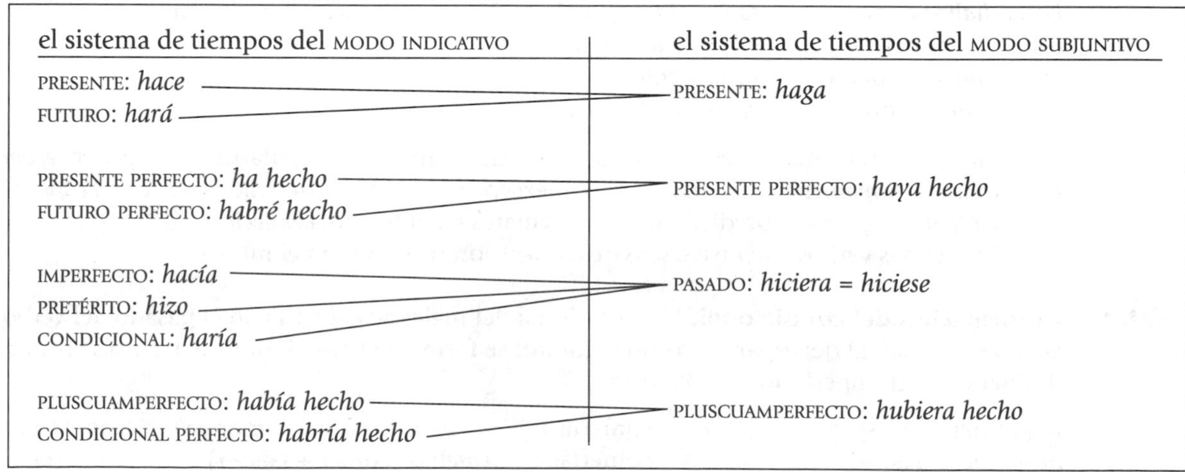

Figura 20.a Correspondencias entre el indicativo y el subjuntivo

Por consiguiente, los estudiantes anglohablantes tienen que evitar traducir mecánicamente su 'will, would' en las cláusulas que requieren el subjuntivo. El futuro y el condicional son tiempos *indicativos*, y en el sistema subjuntivo, cambian al "presente" y "pasado" de subjuntivo, respectivamente. Por eso, no es gramatical decir **Dudo que lloverá* ('I doubt it'll rain'); hay que decir *Dudo que* ***llueva*** (o *que vaya a llover*). Por la misma razón, no se dice **Dudaba que llovería* ('he doubted it would rain'), sino *Dudaba que **lloviera***.

20.5. El uso del futuro y el condicional. Los usos del futuro y el condicional se centran en dos conceptos relacionados: (1) la futuridad, o sea la POSTERIORIDAD temporal, y (2) la ESPECULACIÓN.

20.5.1 La posterioridad. El futuro expresa la predicción de un suceso que va a ocurrir *después del* momento actual (--+⃗--):

Los ciudadanos **votarán** la semana que viene y **rechazarán** al gobernador.
José dice que **lloverá** mañana.

Otros verbos que suelen introducir una cláusula con el futuro (véase también §17.5.5, sustitutos de *decir*):

predecir/pronosticar 'predict'	prever 'foresee, expect'	esperar a 'wait, expect'
prometer 'promise'	anunciar 'announce'	advertir 'warn'

Por ejemplo:

José predice/prevé que **hará** mal tiempo.
Carmen promete que **vendrá** el lunes que viene.

Y al expresar la posterioridad, el futuro se asocia con adverbiales de tiempo (v. §16.3) como los siguientes:

mañana 'tomorrow'	mañana por la mañana/noche 'tomorrow morning/evening'
en adelante 'from now on'	pasado mañana 'day after tomorrow'
al final 'in the end'	para entonces / el próximo lunes 'by then / next Monday'
pronto 'soon'	dentro de ___ días/semanas '(with)in ___days/weeks'
algún día 'someday'	el (lunes) que viene 'next (Monday)'
más tarde 'later'	a largo/corto plazo 'in the long/short run'
	de aquí a ___ días/semanas... 'in ___ days/weeks from now'

De modo paralelo, el condicional representa un suceso que *iba a* ocurrir después de un momento recordado:

José dijo que **nevaría** al día siguiente.
Carmen prometió que **haría** su informe para el lunes siguiente.

Por eso, el condicional es simplemente "el pasado del futuro", o quizás el futuro del pasado: representa un *pronóstico del futuro desde la perspectiva del pasado*, y se usa para expresar en la narración un futuro original.

ahora (discurso directo): Alberto: —Nevará mañana. ('It'll snow tomorrow')
narración en el pasado: Alberto dijo que **nevaría** al día siguiente. ('Albert said it would snow the next day')

■¡OJO! A veces *would* en inglés no significa la posterioridad (una predicción en el pasado para el futuro, --+⃗--), sino una acción que *ya existía o que ya pasaba habitualmente* (ꝏꝏ), y en este caso corresponde al **imperfecto** español (v. §14.1.1), no al condicional:

Every day she *would sit down* on a bench and *would feed* the birds. Sometimes she *would talk* to them like children.	Cada día se *sentaba* en un banco y les *daba* de comer a los pájaros. A veces les *hablaba* como a hijos.

Para expresar la posterioridad (--+⃗--), el futuro compite con el presente simple y la perífrasis *ir a*:

(a) Mañana **salgo** para Toledo. (*nunca*: *Mañana estoy saliendo...)
(b) Mañana **voy a salir** para Toledo.
(c) Mañana **saldré** para Toledo.

La distinción entre estas opciones es sutil y variable, como en inglés también ("Tomorrow I *am leaving / am going to leave/will leave* for Toledo"). Pero por lo general podemos decir que:

- (a) **el presente** representa un suceso futuro muy *inmediato*; es una continuación futura de la situación actual. A diferencia del inglés ("Tomorrow *I'm leaving...*"), siempre se usa en esta función el *presente simple* (*salgo*), nunca el presente progresivo (*estoy saliendo*, v. §22.4.1).
- (b) ***ir a* + infinitivo** (v. §1.4.1, el FUTURO PERIFRÁSTICO) se refiere a un porvenir cercano de manera neutral.
- (c) **el futuro** representa un futuro más lejano con un elemento de predicción, determinación o promesa.

Para narrar en el pasado, el condicional compite con las mismas alternativas, el imperfecto (como equivalente pasado del presente) e *ir a*:

(a) Mi amigo anunció que **salía** para Toledo al día siguiente.
(b) Mi amigo anunció que **iba a** salir para Toledo al día siguiente.
(c) Mi amigo anunció que **saldría** para Toledo al día siguiente.

La distinción es parecida a la del presente, futuro perifrástico y futuro, pero desde una perspectiva pasada.

Para las predicciones, o sea la expresión de la posterioridad, el "futuro perifrástico" con *ir a* es más frecuente en la lengua coloquial. Pero el futuro y el condicional tienen otra función que aumenta su frecuencia.

20.5.2. La especulación y conjetura. Hay varias maneras de expresar posibilidad en español:

es posible/probable que... (+ *subjun.*)	'it's possible/likely that...'
puede que... (+ *subjun.*)	'it may be that..., maybe..'
quizás, tal vez, acaso, a lo mejor	'maybe, perhaps'
supongo que... (+ *indic.*)	'I suppose/guess that...'

Pero la probabilidad, o especulación y conjetura, también va expresada por la forma que llamamos "futura". De hecho, parece que mucha gente la usa más en esta función, para conjeturar sobre situaciones del presente, que en su sentido literal de la posterioridad. En inglés también conjeturamos a veces con *will*:

(Se oye llamar a la puerta:) —Será la dueña. 'That*'ll be* the landlady'

Pero es más frecuente en inglés decir *I guess/reckon/suppose/bet, must, probably*, o para las preguntas, *I wonder*:

Jorge falta hoy; *estará* enfermo. 'George's absent today; 'I bet he's sick = he's probably sick'
Vivirán en algún pueblo. 'I suppose/guess they live in some town'
—¿Qué hora *será*? —*Serán* como las 2:00. 'I wonder what time it is' 'Probably about 2:00'
Estará lloviendo. 'It must be raining'

Así, el FUTURO DE CONJETURA existe en ambos idiomas, pero el español lo utiliza más como estrategia idiomática.

Asimismo, para darle un matiz especulativo al presente perfecto, se emplea el futuro perfecto:

Gramática visual: conjetura

Se han mudado	→ Se *habrán* mudado. '(I guess) they've moved, they must've moved'
Ya ha salido	→Ya *habrá* salido. '(I guess) she's already left'
Te has equivocado.	→Te *habrás* equivocado. 'You must've made a mistake'
Se han muerto.	→ Se *habrán* muerto. 'They must've died'

Y para conjeturar en el pasado, usamos el condicional:

Entró un chiquito que *tendría* 4 años. 'A little kid who must've been 4 years old entered'
Serían las 2:00 cuando volvieron. 'It was probably 2:00 when they got back'
Llamé a la puerta pero *habrían salido*. 'I knocked at the door but they'd probably left'

En estos ejemplos, el condicional expresa conjetura en un momento temporalmente distante del momento actual. Pero con el condicional también hacemos comentarios especulativos con respecto a un momento *psicológicamente* distante, es decir en un plano puramente hipotético. Resulta una construcción de condición remota ("contrary-to-fact") en la que el condicional tiene gran frecuencia, como su equivalente *would* en inglés también:

—Mi hermano se ganó la lotería, pero imagínate, piensa gastarse todo el dinero.
—No me digas. Yo no **haría** eso. **Ahorraría** un poco en el banco e **invertiría** el resto.

La conjetura "yo no haría eso" implica una condición (estipulación) que se expresa de varias maneras:

Yo que tu hermano no haría eso.	'(If I were your brother), I wouldn't do that'
De tener yo ese dinero, no haría eso.	'(If I had that money), I wouldn't do that'
Si yo tuviera ese dinero, no haría eso.	(*ídem, el mismo significado*)

Como veremos en la próxima lección (v. §21.3), las "oraciones condicionales" con *si* representan una extensión del uso del futuro/condicional de conjetura.

20.6. Un paso más: el futuro de subjuntivo en *-re*. En §20.4, vimos que en la lengua moderna no suele usarse un futuro de subjuntivo; para hablar del futuro en una cláusula en modo subjuntivo, se usa el *presente* de subjuntivo. Por ejemplo:

Serán castigados los que *hablen/duerman* en la misa. ('Those who talk/sleep during Mass will be punished')

Pero el español antiguo sí tenía un FUTURO DE SUBJUNTIVO que se formaba como el pasado de subjuntivo con sustitución de *-ra* por *-re*.

Serán castigados los que *hablaren/durmieren* en la misa.

Este futuro de subjuntivo todavía se ve en ciertos dialectos regionales y en estilos altisonantes como el lenguaje burocrático o jurídico. Pero para la mayoría de los hispanohablantes, es un arcaísmo limitado a refranes como "Cuando a Roma *fueres*, haz como *vieres*". (En la lengua moderna diríamos "Cuando *vayas* a Roma, haz como *veas*").

20.7. Resumen. El futuro (*hablaré*) y el condicional (*hablaría*), en su sentido más básico, expresan un suceso *posterior* desde las perspectivas del presente y del pasado, respectivamente. Compiten con otras maneras de indicar la posterioridad (p. ej., *voy a hablar, iba a hablar*) y en el sistema subjuntivo no hay formas especiales para el futuro y condicional. Pero los dos sirven también para expresar idiomáticamente la conjetura o especulación:

relativamente cierto:	*más especulativo:*
Jorge está preocupado.	Jorge **estará** preocupado.
Lo sabe Elena.	Lo **sabrá** Elena.
Has estudiado mucho.	**Habrás** estudiado mucho.
Eran las cuatro cuando llegué.	**Serían** las cuatro cuando llegué.

Y para muchos hablantes esta segunda función puede ser la más importante.

APLICACIÓN

Actividades

A. Pronósticos: formen parejas. Cada estudiante hace una lista de 5 predicciones (en el futuro) sobre su futuro: 3 deben ser absurdas y 2 bien probables (p .ej., "El próximo año sacaré una 'A' en todas mis clases"). Luego, le lee cada predicción a su compañero, quien responde con duda ("No, no creo que...", "No, dudo que... ", "No es probable que...", etc.), o con creencia ("Sí, creo que..."), adivinando así sus dos predicciones verdaderas.

B. En parejas o grupos pequeños, hagan una lista de 5 pronósticos sobre el mundo del año 2030. (Sugerencias: guerras y conflictos, el hambre, el gobierno, el transporte, la tecnología, el medio ambiente, ciertos miembros de la clase, etc.). Luego, cada grupo reporta dos de sus pronósticos más interesantes a la clase.

Ejercicios

C. Diga o escriba una lista de tres cosas para cada categoría (tenga cuidado con el tiempo verbal):

1. **3** cosas que usted hará mañana
2. **3** cosas que usted hará durante el próximo año
3. **3** cosas que usted *habrá hecho* durante la próxima década
4. **3** problemas que, al graduarse del colegio, usted creía que tendría en la universidad

(Alternativa: Actividad. En parejas, entreviste a otro miembro de la clase, haciéndole preguntas para obtener esta información de él/ella.)

D. Conjeture o especule sobre lo que harán o harían estas personas a la hora indicada.

Modelo: El Presidente de los Estados Unidos. 8:00 de la mañana. → Desayunará con una delegación de agricultores del centro del país.

1. Su profesor de español. 10:00 esta noche.
2. La primera dama de la nación. 4:00 de la tarde hoy.
3. Los jugadores de basquetbol de la universidad. 3:30 de la tarde hoy.
4. El entrenador de basquetbol de la universidad. 9:00 de la noche de ayer.
5. Su profesora de inglés. 6:30 de la tarde el domingo pasado.
6. El Presidente (o rector) de esta universidad. 12:30 de la noche el sábado pasado.
7. El miembro más activo de su familia. 6:30 de la mañana ayer.

E. Más conjeturas: siga contestando de manera especulativa.

1. ¿Dónde están los padres de usted ahora? ¿Qué han hecho hoy?
2. ¿Dónde está su mejor amigo? ¿Qué ha hecho hoy?
3. ¿Dónde está el presidente (o rector) de su universidad ahora? ¿En qué está pensando?
4. A su parecer, ¿quién es el/la mejor deportista del país? ¿Qué ha hecho esta persona para lograr su fama?
5. ¿A qué hora se levantó su compañero de cuarto ayer? ¿Cómo se sentía? ¿Qué había hecho la noche anterior?

F. Buenos propósitos. Es la Noche Vieja, el 31 de diciembre, y usted piensa en sus "buenos propósitos" ('resolutions') para el Año Nuevo. Haga una lista de 7 cambios que intentará, contrastando (con verbos distintos) lo que *ha hecho* con lo que *hará*, conforme al modelo.

Modelo: *He sido* impaciente a veces con mi familia. En el Año Nuevo, *tendré* más paciencia.

G. Termine cada oración de manera original con *que* + un verbo (futuro, futuro perfecto, condicional o condicional perfecto, según convenga) + un adverbial apropiado (v. §20.5.1).

1. Yo pronostico...
2. Mis padres creen...
3. Los científicos prevén...
4. Durante las elecciones, el presidente ____ prometió...
5. Cuando yo era adolescente, confiaba en...
6. En la última sesión, el profesor (la profesora)____ anunció...

Ejercicio textual

H. Siguen las respuestas de algunos amigos que usted invitó a una fiesta. Repórtelas con discurso indirecto (en el pasado) comenzando cada respuesta con el pretérito de *decir* + cláusula sustantiva.

Modelo: Alicia: —Te llamaré luego de hablar con José. → Alicia dijo que me llamaría luego de hablar con José.

1. Los Hernández: —Iremos con mucho gusto.
2. Carlos: —Lo siento, pero no podré ir.
3. Susana: —Sí, y llevaré un par de pasteles.
4. Los Medina: —Qué lástima, estaremos de viaje toda la semana.
5. Esteban: —Eh, no sabré hasta mañana si podré ir o no; te daré un telefonazo.
6. Melisa: —Sí, pero disculpa, llegaré un poco tarde puesto que tengo otro compromiso.
7. Los Zúñiga: —Fantástico; dejaremos a los niños con la abuela.
8. Los García: —Sí, si prometes que no invitarás a los Zúñiga.

Adaptación de texto

Narre en discurso indirecto (en el pasado), teniendo cuidado especial con la representación del futuro.

I. Este trozo es de *Historia de una escalera*, por Antonio Buero Vallejo, 1949. (Díaz Plaja, Fernando (ed.), *Teatro español de hoy: antología 1939-1966*, 2a edición. Madrid: Talleres Gráficos Escelicer, 1977, pág. 52–53.)

[Situación: Fernando, un chico que vive en un barrio pobre, habla con su novia, Carmina]

FERNANDO: —[...] Lucharé por ti y por mí. Pero tienes que ayudarme, Carmina. Tienes que confiar en mí y en nuestro cariño.
CARMINA: —¡No podré!
FERNANDO: —Podrás. Podrás..., porque yo te lo pido. Tenemos que ser más fuertes que nuestros padres. Ellos se han dejado vencer por la vida. Han pasado treinta años subiendo y bajando esta escalera... Haciéndose cada día más mezquinos y más vulgares. Pero nosotros no nos dejaremos vencer por este ambiente. ¡No! Porque nos marcharemos de aquí. Nos apoyaremos el uno en el otro. Me ayudarás a subir, a dejar para siempre esta casa miserable, estas broncas constantes, estas estrecheces [...] Dejaré a mis padres. No los quiero. Y te salvaré a ti. Vendrás conmigo. Abandonaremos este nido de rencores y de brutalidad. [...]
CARMINA: —¡Fernando! ¡Qué felicidad!

J. Este segundo pasaje ha sido extraído del drama *El fabricante de deudas*, escrito por el autor peruano Sebastián Salazar Bondy, 1962. (en Solórzano, Carlos (ed.) *El teatro hispanoamericano contemporáneo: antología*. México: Fondo de Cultura Económica. 1964, pág. 196).

[Situación: El señor Cash ha invertido en bienes raíces, y un inquilino suyo, Luciano Obedot, le debe tres meses de arrendamiento. Obedot aparenta ser aristócrata, aunque en realidad no tiene dinero.]

CASH: [...]—(Se cubre los oídos con las manos.) No escucharé ni uno solo de los hábiles argumentos que le permiten vivir como un príncipe sin pagarle nada a nadie.
OBEDOT: —(Levantando la voz para hacerse oír.) ¡Le pagaré, le pagaré...pero evitemos la violencia!

CASH: —(Huyendo) ¡No oigo nada! ¡Soy todo ojos! ¡Muéstreme el dinero y se quedará usted aquí y en paz!

OBEDOT: —(Persiguiendo a su interlocutor.) ¡Usted es testigo presencial y de excepción de mis desgracias! ¡No puede comportarse como un extraño!

CASH: —(Arrinconado) ¡No escucho nada!

OBEDOT: —(Obligándolo a dejar los oídos libres.) ¡Atiéndame! ¡No sea inhumano! [...] Hay algo que vendrá a salvarme y salvarlo a usted muy pronto.

CASH: —¿Y quién me espera a mí? El gobierno cobra puntualmente los impuestos y al gobierno no le puedo decir que el señor Obedot me pagará pronto porque hay algo que vendrá a salvarlo... (Recuperando sus bríos.) ¡Debo actuar con rigor! [...] Vine a cobrar y no me iré con los bolsillos vacíos.

Ensayos

K. Escriba *un párrafo* sobre uno de estos temas, usando tiempos condicionales:

1. Si usted fuera secretario general de la ONU ahora, ¿qué haría y por qué? Mencione al menos 6 prioridades.
2. En 1959, Fidel Castro derrocó una dictadura pronorteamericana en Cuba y estableció un gobierno comunista. El nuevo presidente norteamericano intentó eliminarlo, sin éxito. ¿Qué *habría hecho* usted de presidente?

LECCIÓN 21: Las cláusulas adverbiales y condicionales

Como dice el refrán:

- Antes que resuelvas nada, consúltalo con la almohada.
- Si en el cielo entraran los necios, ya no sería cielo.

PRESENTACIÓN

21.1. Las conjunciones adverbiales. Como los adverbios, las cláusulas adverbiales dan información "circunstancial" sobre la manera, el motivo, el tiempo, etc. Van introducidas por CONJUNCIONES ADVERBIALES que también se llaman conjunciones SUBORDINANTES. Ya se presentaron *antes (de) que, después (de) que, cuando...* (v. §16.4.1-2) para unir dos acciones en la narración y expresar su orden temporal de una manera mejor que el uso de *y...y...y*:

Fuimos a acampar + RELACIÓN DE TIEMPO + *comenzó a llover*
→ ***Cuando** fuimos a acampar, comenzó a llover.* (o: *Comenzó a llover **cuando** fuimos a acampar*).

A continuación se da una lista más completa de estas conjunciones adverbiales, clasificadas según su función (tiempo, manera, propósito, etc.) y con ejemplos de los dos modos. Estúdielas, aprendiendo las que usted no sepa. Luego, en §21.2 enfocamos más las razones por las que escogemos el indicativo en algunos casos y el subjuntivo en otros.

1. DE LUGAR
donde 'where'

INDICATIVO: Póngalo donde dice Roberto. (sabemos el lugar; ya nos lo indicó)
SUBJUNTIVO: Póngalo donde diga Roberto. (todavía no lo sabemos; no lo ha indicado: 'wherever he says')

2. DE TIEMPO, SECUENCIA, CRONOLOGÍA
antes (de) que 'before'

SUBJUNTIVO: Sonia cenó antes que volviera mamá. Sonia va a cenar antes que vuelva mamá.
Comentario: La *de* de *antes (de) que* y *después (de) que* es opcional, pero algunos hablantes la prefieren.

después (de) que 'after'; ***luego que*** 'right after'; ***una vez que*** 'once'

INDICATIVO: Mamá volvió después de que (luego que) cenó Sonia. Cada día, mamá vuelve después que (una vez que) cena Sonia.

SUBJUNTIVO: Mamá volverá (va a volver) después de que cene Sonia. Mamá dijo que volvería después de que cenara Sonia.

hasta que 'until'

INDICATIVO: Sonia miró la tele hasta que volvió mamá. Cada día, Sonia mira la tele hasta que vuelve mamá.

SUBJUNTIVO: Sonia dijo que iba a mirar la tele hasta que volviera mamá. Sonia va a mirar la tele hasta que vuelva mamá.

Comentario: Algunos hispanohablantes hacen negativa la cláusula de *hasta que: Sonia mirará la tele hasta que* ***no*** *vuelva mamá.*

desde que '(ever) since'

INDICATIVO: Sonia estaba preocupada desde que había salido mamá.

Comentario: *desde que* siempre se refiere a un evento anterior; **no** significa razón (*porque, puesto que*).

cuando 'when'

INDICATIVO: Sonia telefoneó a su novio cuando salió mamá.

SUBJUNTIVO: Sonia va a telefonear a su novio cuando salga mamá.

mientras, al mismo tiempo que 'while'

INDICATIVO: Mamá salió mientras Sonia dormía.

SUBJUNTIVO: Mamá saldrá mientras Sonia duerma.

a medida que 'as (in the course of a development)'

INDICATIVO: A medida que Sonia se hacía más responsable, mamá salía con más frecuencia.

SUBJUNTIVO: Mamá podrá salir con más frecuencia a medida que Sonia se haga más responsable.

en cuanto, tan pronto como 'as soon as'

INDICATIVO: Sonia comenzó a practicar la trompeta en cuanto mamá salió.

SUBJUNTIVO: Sonia va a practicar la trompeta en cuanto salga mamá.

siempre que 'whenever, as long as, everytime that'

INDICATIVO: Sonia se quedaba en casa siempre que mamá salía a trabajar.

SUBJUNTIVO: Dile a Sonia que se quede en casa siempre que mamá salga a trabajar.

3. DE PROPÓSITO, INTENCIÓN

para que, a fin de que 'so, so that, in order that'

SUBJUNTIVO: Patricia les da quehaceres a sus hijos para que aprendan a trabajar.

Comentarios: estos sinónimos introducen el propósito, algo que uno desea o deseaba (a diferencia de *así que*, v. §16.4.2 y 'so' en el Apéndice A). La combinación *a que* también expresa propósito con los verbos de movimiento que usan *a*: *Pablo viene* ***a*** *la fiesta*, y por extensión, *Pablo viene* ***a*** *que brindemos por su graduación.*

4. DE MANERA, RESULTADO, CONSECUENCIA

como 'as, like, the way that'

INDICATIVO: Arreglé el cuarto como pediste.

SUBJUNTIVO: Voy a arreglar el cuarto como quieras.

como si 'as if'

PASADO DE SUBJUNTIVO: El cura andaba como si tuviera encima todos los problemas del mundo.

Comentario: *como si* siempre se usa con el pasado o pluscuamperfecto de subjuntivo (§21.3.4).

de modo/manera que 'so, in such a way that, so as to'

INDICATIVO: Lloraba de modo que todos se compadecieron de él (el resultado, no su intención).

SUBJUNTIVO: Lloraba de modo que todos se compadecieran de él (su intención; como *para que*).

Comentario: con indicativo, sinónimo de *así que*; con subjuntivo, sinónimo de *para que*.

así que, conque, de ahí que 'so, as a result, thus'

INDICATIVO: Perdimos el partido, así que no pudimos participar en el campeonato.
Comentarios: introducen un resultado observado o una consecuencia lógica (a diferencia de *para que*, que significa el propósito).

5. DE EXCEPCIÓN, EXCLUSIÓN, CONDICIÓN NEGATIVA
sin que 'without (someone) -ing'

SUBJUNTIVO: Sonia entró en la casa sin que sus padres la oyeran.

a menos que, a no ser que 'unless'

SUBJUNTIVO: No vas a graduarte a menos que cumplas todos los requisitos.

6. DE CONCESIÓN
aunque 'although, even though, even if'

INDICATIVO: Aunque me ruegas, no te doy más dulces. (veo que sí me ruegas ahora; 'Even though...',)
SUBJUNTIVO: Aunque me ruegues, no te doy más dulces. (una posibilidad que todavía no ocurre; 'Even if...',)

a pesar de que 'inspite of the fact that', ***si bien*** 'while, although'

INDICATIVO: Si bien el país había sido agresor en el pasado, ya tenía una política de anti-agresión.

7. DE CAUSA, RAZÓN
porque 'because'; ***como*** 'as, inasmuch as'; ***dado que*** 'given that'

INDICATIVO: Te presté el dinero porque lo necesitabas. (Como/dado que necesitabas el dinero, te lo presté).
Comentario: *Como* (para este sentido de razón) tiende a limitarse a una posición inicial.

puesto que, ya que 'since = because'

INDICATIVO: Puesto que necesitabas el dinero, te lo presté.
Comentario: Para 'since'= 'ever since that time', se usa *desde que*.

pues, que 'because'

INDICATIVO: Te voy a prestar el dinero, que (pues) lo necesitas.
Comentario: *Pues* y *que* son más coloquiales e introducen la razón *después* de la consecuencia.

8. DE CONDICIÓN, ESTIPULACIÓN
en caso (de) que 'in case'

SUBJUNTIVO: Alberto trajo su paraguas en caso (de) que lloviera.

con tal (de) que 'provided that'

SUBJUNTIVO: Prometen firmar el contrato con tal que se aplace el pago inicial.

por si 'just in case'

INDICATIVO: La abuela limpiaba su casa por si la visitaban sus nietos.

si 'if' (§21.3–21.3.3)

INDICATIVO: Engordo si como muchos postres. (*condición real de causa/efecto*)
PASADO DE SUBJUNTIVO: Engordaría si comiera muchos postres. (*condición irreal o remota*)
Comentario: *Si* tiene su propia lógica, v. §21.3.1–3.

21.2. El modo en las cláusulas adverbiales. Después de estudiar los ejemplos en la lista anterior, se puede ver que las cláusulas adverbiales muestran el mismo contraste de modos que otros tipos de cláusulas subordinadas (v. §11.1–2):

- El INDICATIVO expresa lo real, lo cierto, un suceso ya observado o experimentado.
- El SUBJUNTIVO expresa lo irreal, lo dudoso, lo "no ocurrido".

Gramática visual: cláusulas adverbiales con *cuando*: real/irreal

En este contraste de modos, podemos distinguir tres grupos de conjunciones adverbiales.

PRIMER GRUPO: SIEMPRE SUBJUNTIVO

para que, a fin (de) que	en caso (de) que	como si
a no ser que, a menos que	antes (de) que	sin que
con tal (de) que		

Todas estas conjunciones introducen una situación que (en la narración) no había ocurrido o (en el presente) todavía no ocurre, así que la expresamos con el subjuntivo. Por ejemplo, *para que* introduce un propósito que se desea o se espera (§16.4.2), pero no hay certidumbre de que se realice; y *sin que* declara explícitamente que el suceso subordinado *no tiene (no tuvo, no tendrá) lugar*.

SEGUNDO GRUPO: INDICATIVO O SUBJUNTIVO, SEGÚN EL SENTIDO

como 'as, the way that'	siempre que 'whenever'	aunque 'although'
de modo/manera que 'so, in such a way that'	mientras 'while'	hasta que 'until'
después (de) que, luego que 'after'	donde 'where'	a medida que 'as'
en cuanto, tan pronto como 'as soon as'	cuando 'when'	

El sentido de estas conjunciones permite **dos perspectivas distintas**:

- Con el **indicativo**, presentan una situación que el hablante considera real porque (1) ya ocurrió en el pasado o (2) ya ocurre en el presente como regularidad actual. Por tanto, es típico que el verbo principal esté en el pretérito, el imperfecto o el presente:

  Lo hicieron cuando/después que se lo *mandaste*. 'They did it when/after you ordered them'
  Siempre lo hacen cuando/después que se lo *mandas*. 'They always do it when/after you order them'

- Con el **subjuntivo**, introducen algo que el hablante toma por dudoso o "no ocurrido", algún suceso incierto o "iffy" de un futuro indefinido y desconocido; no tiene suficiente certidumbre de que acontezca. El verbo principal suele estar en cualquier tiempo o perífrasis (verbo + verbo) referido al porvenir, inclusive los mandatos.

  Lo hará cuando se lo *mandes*. 'She'll do it when(ever) you order her (you may not give the order)'
  Lo iban a hacer cuando se lo *mandaras*. 'They were going to do it when (and if) you ordered'
  Háganlo ustedes cuando *hayan descansado*. 'Do it when you've rested (which you may not get to do)'
  Decidí quedarme hasta que *llegara* el autobús. 'I decided to stay until the bus arrived (perhaps it wouldn't)'

Pero no hay reglas fijas y los dos modos pueden contrastar en el mismo contexto:

Lo harán como se lo *mandas*. (ya sabemos cómo lo prefieres)
Lo harán como se lo *mandes*. (no sabemos: ¿cuándo vas a decidirte y decirlo?)

TERCER GRUPO: CASI SIEMPRE EL INDICATIVO		
puesto que, ya que, pues 'since, because'	porque 'because'	por si '(just) in case'
desde que 'ever since'	dado que 'given that'	así que 'so (as a result)'
a pesar de que 'in spite of (the fact) that'		

Estas conjunciones presentan una causa o efecto que se da por evidente, algo que ya ocurre u ocurrió, así que es típico el indicativo:

Ana aprueba las clases porque *estudia* mucho. = Ana estudia mucho, así que *aprueba* las clases.

Pero se encuentra el subjuntivo cuando el hablante *niega o duda* la razón como falsa:

Ana *no aprueba las clases porque* ***estudie*** *mucho* (en realidad, estudia poco), sino porque tiene talento.

21.3. Las oraciones condicionales. Las ORACIONES CONDICIONALES expresan una consecuencia lógica (la "apódosis") que depende de una condición (la "prótasis") introducida por ***si*** 'if', como en la Figura 21.a.

CONDICIÓN (PRÓTASIS)	CONSECUENCIA (APÓDOSIS)
Si estudias mucho,	sacas (sacarás) buenas notas.

Figura 21.a Estructura de una oración condicional

Las dos partes pueden invertirse (como en inglés también): *Sacas/Sacarás buenas notas* ***si estudias mucho***.

A primera vista, *si* se parece a *cuando* 'when', *con tal que* 'provided that' y otras conjunciones que significan que una situación depende de otra. Pero con *si* seguimos otra lógica: *no cuestionamos la condición*, sino que la aceptamos como plausible (en indicativo) y expresamos el resultado como una deducción lógica:

si:	Si **tengo** tiempo, iré a la tienda. (condición plausible, no la dudo)
cuando:	Cuando **tenga** tiempo, iré a la tienda. (quizás ese momento no exista nunca)
con tal que:	Con tal que **tenga** tiempo, iré a la tienda. (condición que parece dudosa)

Pero como veremos a continuación, hay dos tipos de condiciones con *sí*, y podemos usar el subjuntivo (sólo el *pasado* de subjuntivo) cuando la condición parece improbable:

Si **tuviera** tiempo, iría a la tienda. (conjetura; implicación: *no lo tengo*).

21.3.1. Tipo A: las condiciones reales o plausibles. En este tipo de oración condicional, aceptamos la condición y afirmamos su consecuencia **en el indicativo**. Los patrones usuales:

1. **Consecuencia futura: *si* + presente de indicativo, + cualquier tiempo referido al futuro.** Con esta fórmula hacemos una predicción de un resultado futuro.

   Si *llueve*, *cancelaremos* (o vamos a cancelar) el picnic. 'If it rains, we'll cancel the picnic'
   (o: *Cancelaremos* el picnic si *llueve*. 'We'll cancel the picnic if it rains'

2. **Consecuencia presente de causa y efecto: *si* + presente de indicativo, + presente de indicativo.**
   Con el presente en ambas cláusulas, expresamos una consecuencia regular que el hablante ha observado en su experiencia.

   Si *llueve*, cancelamos el picnic. 'If (whenever) it rains, we cancel the picnic'
   (o: *Cancelamos* el picnic si *llueve*. 'We'll cancel the picnic if it rains'

3. **Versiones narradas en el pasado**: Cuando hablamos del pasado, estas condiciones y consecuencias (#1, 2) se narran según las equivalencias usuales (v. §17.4), presente → imperfecto, futuro → condicional:

   Mi amigo: —Si *llueve* hoy, cancelaremos (vamos a cancelar) el picnic.
   → Mi amigo me dijo que si *llovía* aquel día, *cancelaríamos* (*íbamos a* cancelar) el picnic. 'My friend told me that if it rained that day, we would cancel (we were going to cancel) the picnic'

21.3.2 Tipo B: las condiciones remotas o irreales ('contrary-to-fact'). En este segundo tipo, la situación parece más lejos de la realidad: parece improbable, irreal, quizás imposible. La consecuencia emplea el condicional especulativo (§20.5.2); la condición (*si*...) tiene el **pasado de subjuntivo** porque el verbo principal está en el condicional, un tiempo pasado (v. concordancia de tiempos, §15.3).

1. **condición irreal del presente o futuro:** ***si*** **+ pasado de subjuntivo + condicional.**

   Si *lloviera*, cancelaríamos el picnic. (En realidad, creo que *no va a llover*) 'If it rained, we'd cancel the picnic'
   Si yo *fuera* tú, no haría eso. (Pero ¡yo no soy tú!) 'If I were you, I wouldn't do that'
   Viajaríamos si *tuviéramos* más dinero. (Pero no lo tenemos) 'We'd travel if we had more money'

2. **condición irreal en el pasado:** ***si*** **+ pluscuamperfecto de subjuntivo + condicional perfecto** (§20.3).

   Si *hubiera llovido* aquel día, habríamos cancelado el picnic. (Pero *no llovió*, y sí hicimos el picnic) 'If it had rained that day, we would've canceled the picnic'
   Si yo *hubiera sido* tú, no habría hecho eso. (Pero yo no era tú) 'If I'd been you, I wouldn't have done that'
   Habríamos viajado si *hubiéramos tenido* más dinero aquel verano. (Pero no lo teníamos) 'We'd have traveled (we would have traveled) if we'd had more money that summer'

Fíjese en que en *ambas* lenguas, cambiamos a tiempos perfectos (*habríamos viajado... si hubiéramos tenido*) para expresar condiciones irreales en situaciones del pasado. Pero también podemos combinar una condición *pasada* con una consecuencia *presente*:

Si hubiéramos nacido en China, hablaríamos chino 'If we'd been born in China, we'd speak Chinese (now)'

Para preguntar por la consecuencia y condición, usamos fórmulas parecidas en las dos lenguas 'what would you do...', 'what would happen...', 'in what circumstances would...' como se ve en los siguientes minidiálogos:

PREGUNTANDO POR LA CONSECUENCIA DE UNA CONDICIÓN:

—¿*Qué harías* si tuvieras un hijo sordomudo? —*Aprendería el lenguaje de señas.*
—¿*Qué pasaría* si tocara este alambre? —*Te lastimarías*, porque tiene corriente.

PREGUNTANDO POR LA CONDICIÓN:

—¿*En qué circunstancias (Bajo qué condiciones)* estudiarías chino? —Lo estudiaría *si fuera a China.*

■**¡OJO!** Las estructuras que hemos llamado "Tipo A" y "Tipo B" son parte de la lengua estándar, pero a veces se oye a algunos hispanohablantes que generalizan el pluscuamperfecto de subjuntivo a ambas partes de una oración de condición remota o irreal en el pasado.

Si *hubiéramos tenido* boletos, *habríamos/hubiéramos podido* entrar.

Pero **nunca** se generaliza el tiempo condicional a ambas partes. En efecto, al repasar las posibilidades en Tipos A y B, se verá que las condiciones con *si* **nunca tienen el condicional** (**Si tendríamos*...), **ni el futuro** (**Si tendremos*...), **ni el presente de subjuntivo** (**Si tengamos*...).

Gramática visual: dos tipos de oraciones condicionales

21.3.3. La gramática y la actitud. Resumimos en la tabla la Figura 21.b los dos tipos de condiciones:

	uso	perspectiva de **ahora**	equivalente en la **narración**
TIPO A	predicción del futuro	Si nieva, esquiaremos. (*o:* ...vamos a esquiar)	Él dijo que si nevaba, esquiarían (*o:* ...iban a esquiar)
	regularidad presente: "causa + efecto"	Si (=cuando) nieva, esquiamos.	Él dijo que si (*o:* cuando) nevaba, esquiaban.
TIPO B	especulación con una condición implausible, remota de la realidad	Si nevara, esquiaríamos. (pero parece que *no* va a nevar y tal vez no podamos esquiar)	Él dijo que si hubiera nevado, habrían esquiado. (pero no nevó, y no pudieron esquiar)

Figura 21.b Resumen de tipos de condiciones en el presente y en el pasado

La selección entre los tipos A (con indicativos) y B (con pasado de subjuntivo + condicional) depende de nuestra actitud. Objetivamente, tanto las acciones futuras como las hipotéticas son "irreales"; lo que importa es el grado de probabilidad que sentimos para la condición. Por ejemplo, imagínese un emocionante partido de fútbol. Un hincha (aficionado) observa la actuación del jugador Gómez y puede exclamar tanto (1) como (2):

(1) —Si Gómez **marca** otro gol, **ganaremos** el campeonato. (me parece muy probable)
(2) —Si Gómez ***marcara*** otro gol, ***ganaríamos*** el campeonato. (no parece probable)

Y unos días más tarde, la misma persona podría comentar (narrando en el pasado):

(3) —¡Qué lástima! Si Gómez ***hubiera marcado*** otro gol, ***habríamos ganado*** el campeonato.

El inglés **tiene los mismos tipos**; la única diferencia está en la falta del subjuntivo en el "Tipo B":

(1) If Gómez *scores* another goal, we *will win* the championship. (Tipo A)
(2) If Gómez *scored* another goal, we *would win* the championship. (Tipo B)
(3) If Gómez *had scored* another goal, we *would've won* the championship. (Tipo B en el pasado)

21.3.4. *Como si.* Una cláusula con ***como si*** 'as if, as though, like' siempre va en el pasado (o pluscuamperfecto) de subjuntivo porque señala una condición irreal o 'contrary to fact', exactamente como el Tipo B de *si*:

hablando del presente: ¡Qué soberbia! Ese hombre se comporta como si **fuera** el rey de España. (*no es* el rey de España) 'What arrogance! That guy acts as if he were the king of Spain (*inglés coloquial*: 'like he's/he was king...')

hablando del pasado: Arturo recibió una D, pero lloró como si **hubiera recibido** una F. (*no recibió una F*). 'Arthur received a D, but he cried as if (like) he *had received* an F'

21.4. El infinitivo como reducción de cláusula adverbial. Ya hemos visto (v. §16.4.3) que ciertas cláusulas adverbiales se dejan "reducir" a una construcción más sencilla: el infinitivo. Las cláusulas que sí se reducen son las que consisten en PREPOSICIÓN + *QUE*:

para que aprendiera francés = ***para*** aprender francés
sin que lo sepamos = ***sin*** saberlo
antes (de) que barra el piso = ***antes de*** barrer el piso
porque estoy cansado = ***por*** estar cansado
hasta que llegue al puente = ***hasta*** llegar al puente
a pesar de que teníamos frío = ***a pesar de*** tener frío
con tal (de) que lo hagas = ***con tal de*** hacerlo

Por lo general, esta reducción es posible cuando los dos sujetos son iguales (la misma persona):

Seguí derecho *hasta que llegué* al puente (*yo* = *yo*) → Seguí derecho ***hasta llegar*** al puente.

Las cláusulas que *no* pueden reducirse a PREPOSICIÓN + INFINITIVO son las que comienzan con una conjunción pura: *si, mientras, cuando, aunque*, etc. Esta diferencia no importa en inglés, que permite libremente la reducción a gerundios: *She's careful if/when/while...**bathing** in hot water*. Pero con las conjunciones españolas, *hay que usar una cláusula completa*, sin reducción: *Tiene cuidado si/cuando/mientras **se baña** en agua caliente*. No es posible ni **mientras bañarse* ni **mientras bañándose* porque *mientras* es conjunción, sin equivalente preposicional.

Sin embargo, las cláusulas con *si, cuando* y *en cuanto/tan pronto como* sí tienen equivalentes reducidas si las cambiamos a ***de, al*** y ***nada más*** respectivamente:

(*Si* → *de*) Si hubiéramos sabido eso, no habríamos ido. = ***De** haber sabido eso*, no habríamos ido.
(*Cuando* → *al*) Cuando entré en la fábrica, olí humo. = ***Al** entrar en la fábrica*, olí humo.
(*Tan pronto como* → *nada más*) Tan pronto como me agaché, se me rasgó el pantalón = ***Nada más** agacharme*, se me rasgó el pantalón.

■¡OJO! Recuerde que las reducciones de cláusulas adverbiales siempre usan el infinitivo en español, *nunca* el gerundio como en inglés, puesto que los gerundios no siguen a las preposiciones:

***al** salir, **antes de** salir, **hasta** salir* — on *leaving*, before *leaving*, until *leaving*

21.5. Resumen. Las cláusulas adverbiales son típicas de los estilos maduros de narración y exposición porque la subordinación de un suceso a otro nos permite unir las acciones y señalar su relación: tiempo (secuencia), causa y efecto, propósito, concesión, condición, manera, etc.:

Dos acciones: Carmen protestó + Me fui.
→ (*razón*) Carmen protestó ***porque*** me iba (····+····) (me fui ····→|).
→ (*simultaneidad*) Carmen protestó ***mientras*** me iba.
→ (*resultado, consecuencia*) Carmen protestó, ***así que*** me fui.
→ (*relación temporal*) Carmen protestó ***cuando*** me fui.
→ (*secuencia*) Carmen protestó ***después que*** me fui. (o ***antes que*** me **fuera**)
→ (*propósito*) Carmen protestó ***para que*** me **fuera**.

El primer paso es aprender como vocabulario nuevo las conjunciones que uno todavía desconoce (§21.1). El segundo es tener en cuenta las opciones para la cláusula:

- el INDICATIVO, para un suceso que sí tuvo (tiene) lugar: *Después (de) que me **fui**...*
- el SUBJUNTIVO, para un suceso que todavía era incierto, improbable o irreal: *Antes (de) que me **fuera**...*
- el INFINITIVO, en reducción con preposición: *Al/Después de **irme**, Antes de **irme**...*

En las cláusulas de condición con *si*, la selección de tiempo y modo depende de la actitud o la percepción. Con el pasado de subjuntivo, la condición se representa como irreal, remota, "contrary to fact":

Si fuera rica, Anita compraría un coche de lujo. (*Pero no es rica, y la riqueza parece improbable*).
Si hubiera sido rica, Anita habría comprado un coche de lujo. (*Pero no era rica*).
Anita siempre gastaba dinero como si fuera rica. (*Pero no era rica*).

Pero con el indicativo, la condición se acepta como plausible: *Si Anita ahorra todo su dinero, será rica.*

APLICACIÓN

Actividades

A. En grupos o con toda la clase, formen oraciones condicionales con *si*, especificando una consecuencia lógica. (Variante: después de cada respuesta, otro estudiante la narra en el pasado: "La señorita___ dijo/pronosticó que...")

condición ("Si...")	**consecuencia**
1. *pronóstico para el futuro*:	
a. (yo) despertarse enfermo mañana	________________
b. esta universidad volver a subir la matrícula	________________
c. el clima sigue cambiando	________________
2. *consecuencia automática o regular en la actualidad*:	
d. (yo) no saber una palabra	________________
e. necesitar un sitio silencioso para estudiar	________________
f. una persona antipática invitarme a salir con él/ella	________________
g. tener una hora libre	________________
3. *condición irreal, remota, improbable en la actualidad*	
h. tener $1.000.000	________________
i. poder cambiar cualquier aspecto de mi vida	________________
j. ser presidente(a) de este país	________________
k. no existir el terrorismo	________________
4. *condición irreal en el pasado*	
l. esta universidad no aceptarme	________________
m. Mozart no morir joven	________________
n. Einstein tener computadoras	________________
ñ. el otro candidato ganar en las últimas elecciones	________________

B. En parejas: cada estudiante prepara una lista de preguntas como las siguientes y entrevista a su compañero.

1. ¿Bajo qué condiciones estudiarías en... (Asia, México, Europa)?
2. ¿Bajo qué condiciones participarías en... (un experimento psicológico, un vuelo espacial)?
3. ¿En qué circunstancias... (le pondrías pleito a un amigo, robarías algo, mentirías)?

Ejercicios

C. Si me escucharan a mí...: Complete cada oración con una cláusula condicional interesante.

1. Tendríamos un mundo mejor...
2. Los niños recibirían una educación superior...
3. No habría tanto crimen...
4. Los cineastas podrían mejorar sus películas...
5. La segunda guerra mundial no habría comenzado...
6. Mis abuelos habrían tenido una juventud más feliz...
7. Elizabeth Taylor no se habría divorciado tantas veces...

D. Frases telegráficas: Estamos en el año 1930 y hacemos pronósticos para el futuro. (La vírgula doble, //, = división de cláusulas).

Modelo: minorías / sólo obtener / plenos derechos de votación // cuando / exigir la igualdad → Las minorías sólo obtendrán plenos derechos de votación cuando *exijan la igualdad.*

1. automóviles / llegar a dominar la sociedad // a medida que / su número seguir aumentando
2. a menos que / preservarse / en zoos // mucho / especies / extinguirse
3. mientras / competir como rivales // las grandes potencias / lanzar / cohetes y astronaves tripuladas
4. surgir / epidemias / nuevo // sin que / nadie / descubrir / cura
5. la población / incrementarse // hasta que / sobrepasar / los 5.000.000.000 de personas
6. después que / nuestro país / prosperar por algún tiempo // tener graves problemas / económico

E. El reportaje en el pasado: ahora, repita el ejercicio **D** desde la perspectiva *actual* (presente), reportándolo como hechos pasados (o sea, como la historia).

Modelo: minorías / sólo obtener / plenos derechos de votación // cuando / exigir la igualdad → Las minorías sólo *obtuvieron* plenos derechos de votación cuando *exigieron la igualdad.*

F. Sustituya cada conjunción adverbial (**en negrilla**) por un sinónimo o sinónimo parcial, y luego su cláusula también por otra original que tenga sentido en el mismo contexto narrativo, siguiendo el modelo.

Modelo: Elena ganó el concurso, **pues** *había escrito el mejor ensayo.* → Elena ganó el concurso, **porque** deletreó "huipil" correctamente.

1. Dorotea explicó que aceptaría el cargo **a no ser que** *lo quisiera otra persona.*
2. **Luego que** *entramos en la cueva,* nos dimos cuenta que nuestras linternas no funcionaban.
3. La abuela había cuidado bien a sus nietos, **de modo que** *estos se criaron con respeto hacia los ancianos.*
4. Francisca supo que había un problema **en cuanto** *pisó los frenos.*
5. Don Samuel había ahorrado un dineral **para que** *sus ahijados fueran algún día a la universidad.*
6. El tigre olfateó el cadáver del antílope y lo dejó, **puesto que** *podía oler el veneno.*
7. **Si bien** *no tenía un cuerpo atlético,* Andrés siempre atraía a las chicas por su confianza social.

G. Muchos narran con una repetición excesiva de "...y...y...y...", una conjunción muy débil. Vuelva a expresar los siguientes ejemplos usando conjunciones adverbiales más variadas y precisas. Es posible que necesite hacer otros cambios (por ejemplo, de puntuación), pero sólo debe quedar una conjunción *y*.

Modelo: El ladrón se dio cuenta de que la policía estaba cerca y sacó la pistola del maletín y la tiró entre unos arbustos. → Como el ladrón se dio cuenta de que la policía estaba cerca, sacó la pistola del maletín y la tiró entre unos arbustos.

1. El detective vio la pistola y la agarró con interés y se la metió en el bolsillo.
2. La chica estaba triste y echaba de menos a su madre y salió a buscarla.
3. La reportera sabía que necesitaba una foto y llamó a un fotógrafo y le pidió ayuda.
4. Los campesinos se reunieron y discutieron las órdenes del rey y decidieron resistirse a ellas.
5. Carmen era niña y jugaba cada tarde con sus amigos y cenaba con su familia a las 7:00.
6. El avión despegó y subió abruptamente y evitó estrellarse contra la sierra.
7. No había nadie en el garaje y Luisa encontró las llaves y se las llevó.

Ejercicios textuales

H. El viaje de los abuelos. Vuelva a escribir este cuento con una expansión de cada frase *en cursiva* de modo que resulte una cláusula adverbial (con verbo conjugado) con más detalles sobre el evento. Tenga cuidado con el modo.

Modelo: *Al oír del nacimiento,* los Suárez hicieron planes de visitarlo. → *Cuando oyeron del nacimiento de su nuevo nieto,* los Suárez hicieron planes de visitarlo.

1. Antes de *la llegada de su avión,* los Suárez tuvieron que esperar 3 horas en el aeropuerto.
2. Después de *abordar,* el señor Suárez se sintió tranquilo.
3. Pero la señora estaba nerviosa por *su miedo a* los viajes en avión.
4. De *haber una tempestad,* la pobre se habría muerto de miedo.
5. Al *llegar a su destino,* salieron con alivio.
6. Tuvieron que recoger su equipaje sin *la ayuda de su yerno.*
7. Este llegó corriendo, disculpándose por *haber demorado tanto.*
8. Llevó a sus suegros a casa cuanto antes para *su presentación a la criatura.*
9. Se quedaron allí con su hija y su nietecito hasta *el regreso del señor Suárez a su empleo.*

I. Una decisión. En la narración siguiente, vuelva a escribir cada par de oraciones uniéndolas con la conjunción adverbial que se da entre paréntesis y omitiendo adverbios que esta reemplaza.

1. Sergio es un estudiante dedicado. La consecuencia es que saca buenas notas. (así que)
2. No vacila en hacer preguntas. La razón es que quiere comprender la materia cabalmente. (puesto que)
3. Vuelve a su cuarto. Inmediatamente, se sienta en su sillón para repasar lo que ha aprendido. (en cuanto)
4. El semestre pasado, tomó historia. A partir de entonces, se interesa por los sistemas políticos. (desde que)
5. Pensó en especializarse en historia. Pero había poca demanda para los historiadores. (aunque)
6. Sus padres le sugirieron una carrera más práctica. No conseguiría empleo como historiador. (en caso de que)
7. Decidió consultar con su asesor académico. Él le aconsejaría y le ayudaría a planear su futuro. (para que)
8. El asesor dijo que algunos sacan un título en historia. Luego, pasan a estudiar derecho. (después que)
9. Sergio podría hacer lo mismo. Pero tendría que satisfacer varios requisitos de "pre-law". (con tal que)
10. Ahora está contento con sus estudios. Le interesan y tiene una meta concreta. (porque)

J. Un sábado: A continuación se narra lo que hizo Susana el sábado pasado. Complete cada oración de manera lógica pero interesante, usando un sujeto *distinto* en la cláusula adverbial.

Modelo: Susana volvió a su apartamento después que *el banco cerró.*

1. Susana comenzó sus quehaceres tan pronto como...
2. Escuchó la radio mientras...
3. Cocinó la cena con anticipación para que...
4. Sacudió los muebles aunque...
5. No habría limpiado el baño si...
6. El dormitorio estaba hecho una porquería, así que Susana comenzó a recoger como si...
7. Trabajó hasta que...

K. Planes: para evitar un estilo fragmentado e inciso, una cada par de oraciones con las conjunciones adverbiales *cuando, después que* o *antes que,* eliminando el adverbio original.

Modelo: Mi hermana y su novio se comprometerán. Entonces, toda la familia se alegrará.

→ Cuando mi hermana y su novio se comprometan, toda la familia se alegrará.

1. Yo me graduaré. Entonces, celebraremos ambas ocasiones.
2. Mi hermana y mi cuñado se irán de luna de miel. Después, vivirán en un apartamento.
3. Yo solicitaré empleo. Antes, iré a la playa con mis amigos.
4. Obtendré un puesto. Entonces, comenzaré a ganarme la vida.
5. Mi novia y yo nos acostumbraremos a nuestros empleos. Después, es probable que nos casemos.
6. Tendremos hijos algún día. Antes, viajaremos un poco.

L. Suponga que estamos narrando el cuento de Cenicienta y su hada madrina ('Cinderella and her fairy godmother'). Complete cada evento de manera original, usando una conjunción que exprese la relación indicada y también un adverbio o adverbial de manera (L. 16) en el espacio. El comienzo del cuento se ha hecho como modelo.

Modelo: 1. Cenicienta vivía _____ con su madrastra y hermanastras (SECUENCIA 'after)'... →. *Cenicienta vivía* ***tristemente*** *con su madrastra y hermanastras* ***después de que se murió su bendito papá.***

2. La pobre tenía que limpiar toda la casa _____ (EXCEPCIÓN)...
3. Un día la familia recibió _______ una invitación a un baile en el palacio (RAZÓN, CAUSA)...
4. Cenicienta quería _____ acompañarlas a la linda fiesta, (CONCESIÓN)...
5. Pero las malvadas hermanastras se rieron ______ y le dieron aun más trabajo (PROPÓSITO)...
6. (SECUENCIA 'when') ..., de repente apareció su hada, que le sonrió _______.
7. La transformó _________, (RESULTADO)...
8. Luego, le dijo _______que fuera en el carruaje que había hecho, y le prometió que lo pasaría bien en la fiesta (CONDICIÓN)...
9. (EVENTO SIMULTÁNEO)..., Cenicienta y el príncipe se enamoraron ______.
10. Pero (SECUENCIA 'before')..., se le cayó un zapato y tuvo que dejarlo.
11. El príncipe lo recogió ______ y al día siguiente buscó en todas partes (PROPÓSITO)...
12. Al llegar a la casa de la madrastra y sus hijas, les probó el zapato ______ sin éxito (SECUENCIA 'until')...
13. Poniéndole el zapato a la pobre chica sucia, descubrió que le quedaba perfectamente, (CONSECUENCIA)...

Ensayos

M. Escriba un párrafo sobre lo que usted haría si fuera un(a) ejecutivo(a) de una cadena de televisión.

N. Comente lo que habría hecho usted en el colegio de modo diferente si hubiera sabido lo que sabe ahora.

LECCIÓN 22: El gerundio y los progresivos

Como dice el refrán:

- Cayendo se aprende a andar.

PRESENTACIÓN

22.1. **El gerundio como forma adverbial.** La forma verbal en *-ndo* tiene un papel importante en la narración porque permite la expresión de:

(1) aspectos especiales de la acción:

Mercedes cojeaba. → Mercedes *estaba cojeando.* ('...was limping'), *...seguía cojeando* ('...kept limping')

(2) la manera de la acción principal:

Mercedes entró. → Mercedes entró *cojeando.* ('... came in limping')

y (3) las relaciones entre las acciones:

Mercedes cojeaba dolorosamente + Mercedes gritó "¡Socorro!" → *Cojeando* dolorosamente, Mercedes gritó "¡Socorro!" ('Limping painfully, Mercedes yelled "Help!"')

Algunos llaman esta forma el "participio presente". Pero un PARTICIPIO sirve como adjetivo, mientras el GERUNDIO tiene funciones adverbiales. Conforme a esta definición, pues, la desinencia *-ndo* no forma participios, sino gerundios porque permite que un verbo funcione como adverbial o modificador de otro verbo:

Mercedes entró. (*¿Cómo entró? ¿de qué manera?*) → Mercedes entró *cojeando.*

22.1.1. Formación. Para formar el gerundio, se añade ***-ando*** a la raíz de los verbos en *-ar,* ***-iendo*** a la de los verbos en *-er, -ir*. Los clíticos (*lo, me, se*...) se afijan al final:

-ar → *-ando*: *pensando, trabajando, bañándose, mirándo**la**, estando*
-er/ir → *-iendo*: *perdiendo, queriéndo**la**, haciendo, moviéndose, abriéndo**lo**, siendo*

Los cambios radicales (*ie, ue*) no aparecen porque la raíz del gerundio es átona, pero hay algunos cambios parecidos a los del pretérito (v. §13.3.2-3). El sufijo *-iendo* se escribe *-yendo* tras vocal —*yendo* también es el gerundio de *ir*—, y la ***i*** se pierde tras ***i, ñ*** y ***ll***:

oyendo, trayendo, cayendo, construyendo, yendo (cf. oyeron, cayeron, construyeron)
reír: (riiendo →) riendo, *reñir*: (riñiendo →) riñendo (cf. rieron, riñeron)

Y con los verbos en *-ir*, el diptongo ***-ie-*** de *-iendo* ocasiona los cambios ***o*** → ***u***, ***e*** → ***i*** como en el pretérito:

*m**u**riendo, d**u**rmiendo, p**i**diendo, div**i**rtiéndose, d**i**ciendo, s**i**guiendo* (cf. *murieron, se divirtieron*)

El verbo *poder* tiene el mismo cambio en su gerundio: *p**u**diendo.*

22.1.2. Funciones adverbiales. La función principal del gerundio es modificar a otro verbo como adverbial de **manera o razón**. De ordinario, la acción del gerundio es simultánea con la del verbo principal:

Pasó la tarde *jugando* al fútbol. ('She spent the afternoon playing soccer')
Los ciudadanos se levantaron *gritando* "¡Guerra!" ('The citizens got up yelling "War"')

A veces este gerundio corresponde al inglés *by* o *while* + gerundio (recuerde que *mientras* + gerundio o infinitivo no es posible, v. §21.4):

Perdí cinco kilos *absteniéndome* de la carne. ('I lost five kilos abstaining from meat = by abstaining from meat')
Me gustaba estudiar *escuchando* la radio. ('I liked to study listening to the radio = while listening...')

Acompaña a los verbos de movimiento (*ir, venir, subir, bajar*, etc.) para indicar **la manera o dirección:**

Subieron la escalera *corriendo*. ('They ran up the stairs, came up running')
Salieron *brincando* del círculo. ('They hopped out of the circle, went out hopping')

La afición del español a la construcción VERBO + GERUNDIO DE MANERA está relacionada con una tendencia general al patrón **verbo de dirección + adverbial de manera**. En contraste, el inglés generalmente prefiere el patrón contrario, **verbo de manera + adverbial de dirección**. Estudie los ejemplos que siguen:

inglés:		**español:**	
verbo de manera + dirección		**verbo de dirección + manera (gerundio)**	
She danced	out.	Salió	bailando.
We ran	up the stairs.	Subimos la escalera	corriendo.
They swam	across the lake.	Cruzaron el lago	nadando.
I limped	forward.	Avancé	cojeando.

De la misma manera, donde el inglés prefiere un verbo de manera, el español utiliza locuciones adverbiales como las que se presentaron en la L. 16:

inglés:		**español:**	
verbo de manera + dirección		**verbo de dirección + manera (adverbial)**	
They pushed it	out.	Lo sacaron	a empujones.
He drove/rode	away.	Se fue	en coche.
She tiptoed	in.	Entró	de puntillas.
They rushed	out.	Salieron	de prisa.
They walked	back.	Volvieron	a pie (o caminando).

Esta diferencia afecta el uso del diccionario, como se explicó en la Lección 5, pero cabe mencionarla de nuevo aquí porque muchas de las acciones de la narración son de los tipos ejemplificados arriba. Así, en vez de buscar equivalentes para *walk + back*, uno necesita cambiar su manera de pensar a *return + on foot* (*volver a pie*) o *return + walking* (*volver caminando*).

22.2. Diferencias con respecto al gerundio inglés. A diferencia de la forma inglesa en *-ing* y la francesa en *-nt(e)*, el gerundio español es *invariable* y *no funciona como adjetivo*. Por eso, no es posible decir **mujeres trabajando* como frase en español; el equivalente del inglés 'working women' se expresa con:

(a) una cláusula relativa con ***que***: *las mujeres* ***que trabajan*** o:
(b) con un verdadero adjetivo: *las mujeres* ***trabajadoras***.

Como *trabajar* → *trabaja**dor***, muchos verbos españoles tienen equivalentes adjetivales:

interesar: un caso *interesante* 'an interesting case'
atreverse: un niño *atrevido* 'a daring kid'
seguir: al día *siguiente* 'the following (next) day'
deprimir: noticias *deprimentes* 'depressing news'
crecer: inflación *creciente* 'growing inflation'
libertar: influencias *libertadoras* 'liberating influences'
plegar: sillas *plegables* 'folding chairs'
durar: una paz *duradera* 'a lasting peace'
correr: agua *corriente* 'running water'
mover: un blanco *móvil* 'a moving target'
andar: un muñeco *andante* 'a walking doll'
dividir: una línea *divisoria* 'a dividing line'

Pero como se ve en los ejemplos, la formación de estos adjetivos es variable (*-nte*, *-ido*, *-dor*, etc.), y siempre es una buena idea consultar el diccionario para verificarlos, o usar una cláusula relativa (*que* + verbo).

El gerundio tampoco se usa como sustantivo. Para las funciones sustantivas (como sujeto, objeto, o tras preposición), *hay que usar el infinitivo* (v. §1.4):

- COMO SUJETO:

Escuchar *música fuerte* te lastima los oídos. CON INVERSIÓN → Te lastima los oídos ***escuchar*** *música fuerte*. (inglés.: *Listening to loud music* damages your ears.)

- COMO TÉRMINO (OBJETO) DE PREPOSICIÓN:

Después de ***escuchar*** *música fuerte*, me da dolor de cabeza. (inglés: *After* ***listening*** *to loud music*, ...)

Tras preposición, este infinitivo representa una "reducción" de una cláusula completa (v. §21.4):

Después (de) que escucho música fuerte→ *después de escuchar* música fuerte

Fíjese también en que ciertas actividades de recreo que nombramos en inglés con *take/go + ing* se expresan de modo diferente en español, sin gerundio:

Gramática visual: la manera de caerse (¿cómo?) vs. identificación de la persona (¿cuál?)

take someone/go *fishing, shopping*: llevar a alguien/ir *de pesca, de compras*
take someone/go *skating, skiing, camping*: llevar a alguien/ir *a patinar, a esquiar, a acampar*

La oración *Se fueron patinando* no significa 'they went skating' sino 'they skated away, left on skates' (v. §22.1.2).

■¡OJO! Siempre recuerde que en español el gerundio es como un **adverbio**. El intento de usarlo como sustantivo:

Esquiando* es divertido. (*correcto*: **Esquiar es divertido).
*La experiencia *de viviendo* en España. (*correcto*: La experiencia **de vivir** en España).
Antes de estudiando*, vi la tele. (*correcto*: **Antes de estudiar, vi la tele).

como adjetivo:

*las mujeres *trabajando*, o aun peor, * *trabajandas*. (*correcto:* Las mujeres **trabajadoras** o **que trabajan).**
*la mayoría de la gente *entrando* en el país (*correcto:* La mayoría de la gente **que entra**...).

o con conjunción:

*Mientras *bailando*, se besaron. (*correcto*: Mientras **bailaban**, se besaron).

es uno de los errores más graves de estudiantes de habla inglesa.

22.3. El gerundio con verbos de percepción. En cambio, el gerundio español se emplea con verbos de percepción exactamente como en inglés:

ver, oír: Vi (oí) a alguien *gimiendo* allí. 'I saw (heard) someone groaning there'
pillar, encontrar: La pillé (encontré) *copiando* la respuesta. 'I caught (found) her copying the answer'
imaginar, mostrar, pintar: El artista intentó mostrar (imaginar, pintar) al capitán *montando* a caballo. 'The artist tried to show (imagine, paint) the captain riding a horse'

Aquí el gerundio (*gimiendo, haciendo, montando*) sigue con una función adverbial: no modifica al objeto directo, sino que denota la manera o las circunstancias de observación, como una reducción de cláusula adverbial:

Vi a Sonia *regañando* a José. = Vi a Sonia *mientras (ella) regañaba a José.*

22.4. Los tiempos progresivos. La construcción inglesa *be + -ing* que se llama PROGRESIVA corresponde en español a *varias* construcciones compuestas de VERBO AUXILIAR + GERUNDIO que tienen funciones diferentes.

22.4.1. *Estar* + gerundio. En inglés tendemos a usar el presente simple (p. ej. *walks*) para los sucesos habituales, y el progresivo (p. ej. *is walking*) para los que ocurren ahora mismo, en este momento. Puesto que este presente simple no cubre las acciones actuales, *hay que* cambiar al progresivo inglés para comunicar este segundo sentido. En cambio, el español suele expresar ambos sentidos con su presente simple (v. §1.3):

Gramática visual: el progresivo—imperfecto vs. pretérito

habitual (ʊʊ|ʊʊ): El bebé **camina**. 'The baby *walks* (everywhere)'
actual (····+····): El bebé **camina**. 'The baby *is walking* (right now, in the middle of it)'

Así que **no** usamos *estar* + gerundio en español cada vez que comunicamos el segundo sentido ('is walking'). Cuando sí decimos *el bebé está caminando*, es para representar de manera muy viva e inmediata **una acción especial de duración limitada** que vemos en este momento como cambio de lo normal (*estar*) y que puede parar en cualquier momento. Así, el progresivo puede servir para contrastar lo actual (lo de este momento) con lo normal (cf. *estar* con adjetivo, §3.2.2):

—Mira, el bebé *está caminando*. —¿Ya? ¡Fantástico! Hasta este momento, siempre ha gateado.
—Luisa *está tomándonos* el pelo. —Lo dudo. Es una persona seria.

El progresivo con *estar* tiene un uso especial en los demás tiempos también. En el pasado, basta el imperfecto simple para expresar el inglés *was* VERB-*ing* para su típico sentido de 'en medio de' (····+····):

El bebé **caminaba**. 'The baby was walking'

El imperfecto progresivo pone mayor relieve en el aspecto continuo de alguna acción especial que podía parar (·^^^+^^^·):

El bebé caminaba → **estaba caminando** cuando lo vi.

Y el pretérito progresivo representa una acción que continuó durante un periodo terminado (|^^^^^|):

Te esperé → **Estuve esperándote** toda la mañana. ('I spent the whole morning waiting for you ')

Como en inglés, *estar* + gerundio también puede usarse en los tiempos perfectos:

Está llorando 'He's crying' → ***Ha estado*** llorando 'He's been crying'
(*Narración en el pasado: Había estado llorando.*)

y en el tiempo futuro (para conjeturar, v. §20.5.2), o con otros auxiliares:

—¿Qué *estarán* haciendo ahora?	'I wonder what they're doing now'
—*Pueden estar* leyendo.	'They might be reading'

Debido a la frecuencia del progresivo en inglés, muchos estudiantes lo usan en español excesivamente y sin razón. Por regla general, se prefiere los tiempos simples (*camina, caminaba, caminó*, etc.) a menos que se quiera poner de relieve algún momento especial de la acción:

El bebé camina. (expresión ordinaria) 'The baby's walking'
El bebé *está caminando*. (énfasis en una acción especial) 'The baby's walking'

También hay que recordar que *estar* + gerundio hace resaltar lo que pasa justamente en el momento de observación; a diferencia de su equivalente en inglés, no se refiere al futuro (v. §20.5.1):

Mañana visitamos (*no* *estamos visitando...) el museo. 'Tomorrow *we're visiting* the museum'

Además, *estar* + ***gerundio*** representa una *acción* mientras *estar* + ***participio*** es el *resultado* (v. §19.2.1.):

La reina (se) está muriendo 'The queen's dying' ≠ La reina está muerta. 'The queen's dead'

En particular, los siguientes ejemplos no se refieren a una acción reflexiva sino a su resultado, y por eso usamos *estar* + participio en español (v. §19.2.3), a diferencia del inglés (*be* + gerundio):

(Juana se sentó) Ahora, Juana está **sentada**. ('Jane is *sitting* = seated')
(Juana se durmió) Ahora, Juana está **dormida**. ('Jane is *sleeping* = asleep')

Gramática visual: acción (con progresivo) vs. estado inactivo

Observe el contraste: *Juana está sentándose.* (tomando la posición) ≠ *Juana está sentada.* (ya está en esta posición)

22.4.2. ***Ir, venir, andar, seguir, continuar, quedar* + gerundio.** *Estar* no es el único verbo que forma progresivos con el gerundio. Hay varios otros para diferentes percepciones de una acción.

- ***ir* + gerundio**: describe una acción gradual y continua que va (o iba) a durar más tiempo que *estar* + gerundio:

  Voy preparándome para el viaje que tengo previsto para el verano.
  El profesor *va adquiriendo* grabaciones de Haifetz para su colección.

  Y en otros tiempos (*fue* = *ir* aquí, porque *ser* nunca forma progresivos):

  El movimiento pacifista *fue cobrando* cada vez más fuerza hasta dominar el gobierno.

  Observe el modismo especial *ir tirando* 'get by, get along, hang in there':

  —¿Cómo estás? —Voy tirando.

- ***venir* + gerundio**: enfatiza el progreso desde el pasado hacia un objetivo con importancia presente. En su duración, es parecido a *ir* + gerundio, pero sugiere movimiento hacia el momento presente (↘), algo como 'have been (verb)ing' en inglés. (Piense en la diferencia literal entre *ir* y *venir*.)

  Vengo realizando un experimento. ('I've been carrying out an experiment')
  El campesino *venía acostumbrándose* a la vida urbana. ('The peasant had been getting used to urban life')

- ***andar* + gerundio**: describe acciones vagas, sin dirección, sin progreso, sin propósito:

  Mis vecinos *andan chismeando*. 'My neighbors have been going around gossiping'
  Anda lloriqueando porque no encuentra su osito. 'He's been sobbing because he can't find his teddy bear'

- ***seguir/continuar* + gerundio** ('continue, keep on, still'): describe una acción que continúa en vez de parar. Así, en el presente o imperfecto,

  Felipe *sigue estudiando.* ('Philip's still studying'), ...*seguía estudiando* ('was still studying')

  En el pretérito, implica que la acción continuó de nuevo después de una interrupción (⊣|↦):

  Tras la llamada, Felipe *siguió estudiando.* ('After the call, Philip kept on/resumed studying')

- ***quedar* + gerundio:** describe un resultado continuo con un comienzo abrupto (|--→) tras otro suceso:

  Después del huracán, *quedamos dependiendo* de subsidios estatales. ('ended up depending on state subsidies')

En todas estas estructuras progresivas, *estar, ir, venir, seguir*... sirven de verbos auxiliares; el verbo principal va representado por el gerundio. Combinados así, los dos llegan a ser otro caso de VERBO + VERBO, o sea "conjugación perifrástica" (v. §1.4.1) y los pronombres clíticos se colocan a cualquier lado, pero *no en medio*:

Estaba (seguía, iba...) cantándo**lo** = **Lo** estaba (seguía, iba...) cantando.

Pero estos verbos también pueden tener su sentido literal de *movimiento* + *gerundio* de manera (v. §22.1.2), y entonces no son auxiliares progresivos:

Siempre *van/vienen* a clase *silbando* una melodía popular.

22.5. Un paso más: la frase absoluta. El gerundio también sirve para relacionar dos sucesos, introduciendo una FRASE ABSOLUTA. Esta construcción es una frase que comienza con un gerundio y que se coloca al principio de la oración, con coma. La frase absoluta se encuentra en inglés también, pero es más frecuente en los estilos literarios del español. Se emplea en la narración para representar un suceso en el SEGUNDO PLANO ('background') que explica el del PRIMER PLANO ('foreground'):

Dándose cuenta del error, el estudiante trató de corregirlo, pero no había tiempo.
Pateando el balón con fuerza, Ramírez lo dirigió entre las piernas del golero.

A veces corresponde a 'as, while' en inglés:

Siendo la representante de más experiencia, la señora Solano fue elegida presidenta del comité.
Estando de vacaciones, decidí leer una novela romántica.

El gerundio perfecto con *haber* forma una frase absoluta para un suceso anterior (§19.3.2–3), pero es menos frecuente:

(Patricia *se había quedado* en el sótano. Por eso, no vio el homicidio.)
→ *Habiéndose quedado* en el sótano, Patricia no vio el homicidio.

En todos estos ejemplos, la frase absoluta se refiere al sujeto de la cláusula principal, pero modifica al verbo. Pero puede tener su propio sujeto distinto, *siempre con inversión*:

Estando **nuestros vecinos** *de vacaciones,* les cuidamos el gato.
Visitando ***mi compañero de cuarto*** *a sus padres,* yo practiqué con mi trompeta.

El participio (v. §19.1) también forma una frase absoluta, enfatizando una acción **terminada anteriormente** en vez de una en progreso. Tiene el efecto de 'después de (que)':

Muerto el cruel rey, sus súbditos celebraron. = Después que murió el cruel rey,...

A diferencia del gerundio, el participio es adjetivo y tiene que concordar con el sustantivo al que se refiere. El típico equivalente inglés comienza con *with* o un gerundio perfecto, *having*:

Terminados los ensayos, todos salimos a celebrar. 'With the rehearsals finished, we all went out to celebrate'

22.6. **Resumen.** El gerundio tiene importancia en la narración porque puede unir dos sucesos, indicando la manera o motivo,

El detective se reclinó *pensando* en la conversación que había oído.

o presentando el trasfondo en una frase absoluta:

Sospechando la identidad del asesino, el detective llamó a la policía.

Además, se combina con auxiliares para matizar la naturaleza de un suceso "progresivo", o sea en progreso:

El detective *estaba* (*iba, venía, andaba, seguía*) *recogiendo* testimonios de los testigos.
El detective *estuvo* (*fue, siguió, quedó*) *examinando* las nuevas huellas digitales.

Pero a diferencia del gerundio inglés (en *-ing*), no se presta a funciones adjetivales ni sustantivas: no modifica directamente a un sustantivo, y no se usa como sujeto u objeto:

Era un detective *que tomaba.* (inglés: '...a *drinking* detective')
Encontrar pistas le era fácil al detective. (inglés: '*Finding clues...*')

APLICACIÓN

Ejercicios

A. Discriminación: Determine la mejor manera de completar cada equivalente español.

1. (By) starting now, you'll finish it soon. ________ ahora, lo acabarás pronto.
2. Washing dishes bores everyone. ________ los platos les aburre a todos.
3. After practicing, Julia came in dancing and whistling. Después de ________, Julia entró ________.
4. We're leaving tomorrow morning. ________ mañana por la mañana.
5. Talk with that woman holding the baby. Hable con esa mujer ________ al bebé.
6. Speaking and writing are harder than reading. ________ son más difíciles que ________.
7. He's tired of reading magazines while waiting. Está cansado de ________ mientras ________.
8. Hearing people don't understand the deaf. La gente ________ no comprende a los sordos.

9. Hearing people isn't the same as listening to them. ________ la gente no es igual que ________.
10. Hearing people at the door, Mom opened it. ________ gente a la puerta, mamá la abrió.

B. Usando su diccionario, más los principios descritos en esta lección, trate de determinar cómo se expresarían las frases narrativas que siguen.

1. She jumped out of the ditch.
2. Everyone rushed towards the exit.
3. He kicked the door down.
4. He received an encouraging message.
5. She kept turning off the light without asking permission.
6. The announcement was surprising but also exciting.

C. Convierta la *segunda* oración en frase con gerundio para indicar la *manera*.

Modelo: Los invitados salieron del cuarto. Corrían. → Los invitados salieron corriendo del cuarto.

1. Los dos novios bajaron la escalera. Caminaban lentamente y se miraban con amor.
2. Los alumnos entraron en la sala de clases. Gritaban y reñían.
3. Los ciudadanos se levantaron. Se quejaban del nuevo impuesto sobre los ingresos.
4. Los veteranos cruzaron el puente. Llevaban carteles y pedían una pensión mejor.
5. El niñito se puso de pie. Se apoyaba en la mesa.

D. Convierta la segunda cláusula en frase con gerundio para indicar la razón, el motivo o la condición.

1. Mis amigos se emborracharon porque tomaron demasiado whisky.
2. ¿Volviste a lastimarte la pierna porque jugaste al fútbol?
3. El avión se destrozó porque aterrizó con las ruedas rotas.
4. Pude fotografiar los chimpancés porque me escondí detrás de un árbol.
5. El atleta ganó la carrera porque pensaba en la medalla de oro.
6. Me levanté de la cama puesto que me sentía mejor.
7. El consejero le prometió al estudiante que iba a satisfacer los requisitos si tomaba cálculo.

E. Vuelva a escribir estas oraciones narrativas reemplazando los gerundios por cláusulas adverbiales (v. L.21) con *porque, puesto que, mientras, así que (de modo que)* o *si*, según la relación expresada. Cuidado con el tiempo.

Modelo: Carlota les sorprendió a todos consiguiendo el proyecto para su empresa. → Carlota les sorprendió a todos *porque consiguió* el proyecto para su empresa.

1. La consejera le sugirió a Jorge que siendo hijo de un soldado podría solicitar una beca especial.
2. El perro ladró furiosamente viendo que el hombre no era de su familia.
3. El señor Vargas pensó que no iba a sentirse contento jubilándose a los 60 años.
4. El detective se sentó a su escritorio reflexionando sobre lo que había pasado.
5. La asistente sabía que le iría mal denunciando los experimentos del científico.
6. No había nadie, excepto un hombre pobre que andaba por la calle buscando comida en los basureros.
7. La señora cerró la puerta evitando que la gata saliera.

F. Expresión personal: complete cada oración con un gerundio o frase de gerundio.

1. Nuestro profesor (nuestra profesora) siempre entra en la sala...
2. Yo prefiero estudiar...
3. Se puede sacar buenas notas en esta universidad...
4. Mis amigos y yo celebramos las victorias de nuestro equipo universitario...
5. Cristóbal Colón descubrió el Nuevo Mundo...
6. Durante la Depresión, muchos niños ganaban dinero para la familia...
7. El Presidente (*nombre*) ganó las elecciones...
8. Los automovilistas imprudentes conducen...
9. Cuando yo era niño(a), pasaba el tiempo...
10. Exasperada, la esposa salió del cuarto...

G. Sustituya cada verbo simple por otro progresivo que implique el sentido indicado entre paréntesis:

1. El niño *recogía* flores. (→sin dirección, sin objetivo concreto)
2. Mamá *trabajó* en el jardín hasta que se puso el sol. (→más énfasis en la acción)
3. Traté de interrumpir al presidente, pero él *hablaba*. (→ constantemente, sin cesar)
4. Me fijé en un albañil que *construía* un muro de ladrillos. (→ progreso hacia el resultado final)
5. Cuando la vimos, la pobre mujer *trataba* de librarse de las abejas que la atacaban. (→ mayor énfasis en sus acciones, sus esfuerzos)
6. El chico *creció* hasta que midió 180 cm. de altura. (→crecimiento gradual)
7. Puesto que llovía a cántaros, los turistas *jugaron* naipes. (→ un resultado que comenzó y continuó)

Ejercicio textual

H. Aquí combinamos las técnicas de las lecciones anteriores para aplicarlas a la narración. Sigue el esqueleto de una FÁBULA o un CUENTO DE HADAS ('fairy tale'). Primero, léalo para enterarse del tipo de trama. Luego, vuelva a escribirlo insertando de modo creativo la información que falta, según la guía siguiente:

<GER> gerundio o frase de gerundio
<ADVL> adverbial de manera (L.16)
<TRANS> adverbial de transición (L.16-17)
<REAC> reacción (v. § 14.3.2)
<CLÁUS> cláusula sustantiva o adverbial con indicativo, subjuntivo o infinitivo, según el caso.

Una fábula

Érase una vez una chica pobre que soñaba con mucho, pero que tenía poco. Un día andaba por el bosque <GER> y <GER>. <TRANS> se dio cuenta que <CLÁUS>. Después <CLÁUS> un rato, decidió continuar <GER> por el sendero <ADVL>. <TRANS>, a medida <CLÁUS>, comenzó a preocuparse <ADVL>, puesto que <CLÁUS>.

<TRANS>, vio a una rana <GER>. Tenía una corona de oro en la cabeza y estaba <GER>. La chica <REAC>, así <CLÁUS>. Le preguntó <CLÁUS>. La rana contestó <ADVL> que era en realidad un príncipe, pero una bruja malvada lo había engañado antes <CLÁUS>. Lo convirtió en una rana, y él se quedaría así hasta <CLÁUS>. <ADVL>, le pidió a la chica <CLÁUS>, y prometió <CLÁUS>. Aunque <CLÁUS>, la chica respondió <ADVL> que lo haría con tal <CLÁUS>. La rana <REAC> y consintió <GER O ADVL>. Pero en cuanto <CLÁUS>, lo que pasó fue <CLÁUS>. <REAC>. La moraleja de este cuento es <CLÁUS>.

Adaptación de texto

I. Narre en discurso indirecto el siguiente pasaje, sacado de la pieza *La barca sin pescador,* por Alejandro Casona, 1945. (en Díaz Plaja, Fernando (ed.), *Teatro español de hoy: antología 1939-1966,* 2a edición. Madrid: Talleres Gráficos Escelicer, 1977, pág. 82-83).

[Situación: Un "caballero" —el diablo— visita a Ricardo, un hombre de negocios deshonesto.]

CABALLERO: —Tu lista está bien nutrida de traiciones, bajezas, escándalos y daños. Ni el dolor humano te ha conmovido nunca, ni has guardado jamás la fe jurada, ni has respetado la mujer de tu prójimo. En cuanto a aquello de no codiciar los bienes ajenos, creo que será mejor no hablar, ¿verdad?

RICARDO: —Sí; realmente, sería muy largo.

CABALLERO: —En una palabra: todo lo que la Ley te manda respetar, lo has atropellado; todo lo que te prohíbe, lo has hecho. Hasta ahora, sólo un Mandamiento te ha detenido: "No matarás".

RICARDO (Inquieto, levantándose.): —¿Es un crimen lo que vienes a proponerme?

CABALLERO: —Exactamente: lo único que falta en tu lista. Atrévete a completarla y yo volveré a tus manos las riendas del poder y del dinero que acabas de perder.

RICARDO: —No, gracias. Habré llegado muy bajo, no lo niego. Pero un crimen es demasiado.[...]

CABALLERO: —(Consulta nuevamente la ficha.) [...] En tu empresa trabajan tres mil hombres respirando los gases de las minas y el humo de las fábricas. Según las estadísticas, todos ellos mueren cinco años antes de lo normal. Tres mil hombres a cinco años, son ciento cuarenta siglos de vida truncada. ¡Linda cifra, eh! La historia del mundo no tiene tanto.
RICARDO: [...] —Una cosa es encogerse de hombros ante la vida de los demás, y otra muy distinta matar con las propias manos.

Ensayo

J. Enfoque en un párrafo algún momento crítico de su vida cuando era posible una catástrofe, incluyendo en su breve narración al menos los elementos siguientes:

(a) dos instancias de VERBO + GERUNDIO;
(b) un clímax (en el pretérito, claro está) que impidió la catástrofe;
(c) un desenlace con *si* (v. §21.3.2) donde expresa lo que *habría pasado* sin (b).

LECCIÓN 23: El tiempo y los tiempos

Como dice el refrán:

- Como eres, fui, y como soy, serás; mírate en mí, que en tal pasarás.

PRESENTACIÓN

23.1. El transcurso del tiempo. A menudo, el narrador le señala a su lector u oyente cuánto tiempo transcurrió durante un suceso o entre dos sucesos, y hay varias maneras de hacerlo. En inglés, se usa un tiempo perfecto con la preposición *for*:

They'*ve been* staying in Puerto Rico *for* three weeks.

Igualmente, en español se suele expresar un período de tiempo con *por*, una preposición que puede suprimirse en muchos contextos:

Se quedaron en Puerto Rico (por) tres semanas.

Pero *por* implica una duración definida o limitada (├──┤), y a diferencia de *for* en inglés, no se usa con los tiempos perfectos para expresar un intervalo que continúa, sin terminar (├···>). Más bien, el escritor se vale de una de las fórmulas que se presentan a continuación.

23.2. *Hace ... que...* Esta es la fórmula más típica. Para comprender los tiempos verbales que figuran en ella, distinguimos dos tipos de situaciones: **continuas** (con presente o imperfecto) y **terminadas** (con el pretérito).

23.2.1. Una situación continua. Imagínese una situación actual que continúa, que todavía existe, expresada con el presente simple:

Salgo con Teresa (es mi novia y nos vemos con frecuencia).
No practico el piano (no tengo tiempo para practicarlo).
Trabajo en un café (cada noche para ganar un poco de dinero).

Para indicar cuándo comenzó dicha situación y para medir el tiempo transcurrido desde aquel momento, usamos el verbo unipersonal (v. §3.4) *hacer*, como en la Figura 23.a.

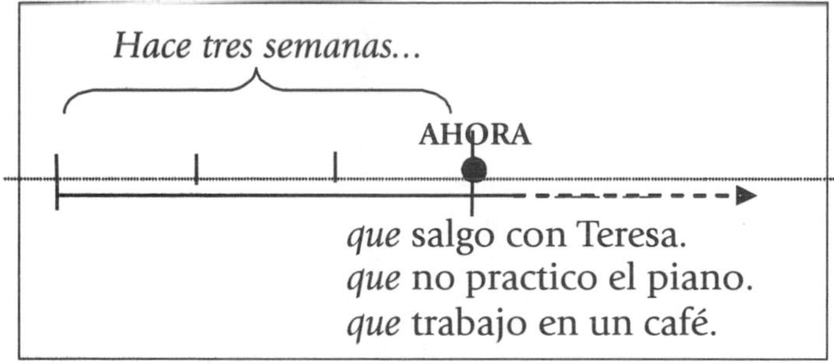

Figura 23.a *Hace...que* para el transcurso del tiempo de una situación en progreso

Así resulta la fórmula ***hace*** + TIEMPO + ***que*** + SITUACIÓN PRESENTE:

—*¿Cuánto tiempo hace* **que** sales con Teresa? —*Hace tres semanas* **que** salgo con ella.
—*¿Cuánto tiempo hace* **que** no practicas el piano? —*Hace tres semanas* **que** no lo practico.
—*¿Cuánto tiempo hace* **que** trabajas aquí? —*Hace tres semanas* **que** trabajo aquí.

Literalmente, esta construcción denota 'it makes three weeks (now) that I'm going out with Teresa (not practicing the piano, working at a cafe...)', pero en inglés preferimos el presente perfecto + *for*:

I've been dating Teresa (I haven't practiced piano, I've worked in the cafe) **for** three weeks.

Según la lógica del español, la situación continúa en el presente, y *hace* mide el tiempo que ha transcurrido desde el comienzo.

También puede medir la continuación del tiempo en el porvenir (*hace* → futuro):

Mañana *hará* tres semanas que trabajo aquí en el café. ('Tomorrow I'll have worked here in the café for three weeks; tomorrow it'll be three weeks that I've been working here')

En la narración, esta misma fórmula con *hace... que* expresa el transcurso del tiempo desde una perspectiva pasada si ambos verbos (*hace* + *que* + verbo) cambian al imperfecto:

original (con perspectiva presente):
Son las dos. *Hace tres horas que llueve.* ¡Estos niños me vuelven loco!

narración (con perspectiva pasada):
Eran las dos. Miré por la ventana y vi que todavía llovía. Suspiré exasperado. ***Hacía** tres horas que **llovía*** y los niños me volvían loco. ('...It *had been raining for three hours...*')

■¡OJO! En la construcción con *hace...que...* se prefiere el presente (o en el pasado, el imperfecto) simple, no el perfecto. La construcción más parecida a la inglesa,

He trabajado en el café **por** tres semanas.

puede significar una acción recién terminada debido a la finalidad de *por* (|——|): 'trabajé aquí hasta hoy, *pero ya no*: acabo de renunciar después de tres semanas y no voy a continuar'.

23.2.2. Una situación terminada. Ahora, sigamos a una situación que se acabó en el pasado (···→|, |——|) y por eso va expresada con el pretérito, p. ej. "Salí con Teresa", "Trabajé en el café" o "La fábrica se quemó". Para indicar el tiempo transcurrido desde aquel momento final hasta ahora, usamos la fórmula *hace* + TIEMPO + *que* + SITUACIÓN **PRETÉRITA**, como en la Figura 23.b.

Figura 23.b *Hace...que* para el transcurso del tiempo desde una situación terminada.

Por eso,

—¿Cuánto tiempo *hace* **que** saliste con Teresa? (...que trabajaste allí? ...que la fábrica se quemó?)

—*Hace* tres semanas **que** salí con ella. (...que trabajé allí. ...que se quemó).

O en este contexto, como respuesta a la pregunta, se puede responder simplemente: "Hace tres semanas".

Este patrón es una extensión de la construcción *hace...que* + presente, pero aquí *hace* no mide la duración de una situación que continúa, que todavía está en progreso, sino el tiempo transcurrido desde una situación que *terminó*. Se parece al inglés *It's been three weeks since I went out with Teresa, It's been three weeks since the factory burned down*.

Cuando narramos con la perspectiva del pasado, adaptamos *Hace* + *que* + pretérito cambiando *hace* al imperfecto, *hacía* (el transcurso del tiempo pasado). En este caso, el tiempo perfecto correspondiente (el pluscuamperfecto) también es posible:

El reloj dio las dos, y me senté para descansar un ratito. *Hacía tres horas que los niños salieron (habían salido) a jugar* y decidí asegurarme de que todavía estaban bien.

'The clock struck two, and I sat down to rest a while. *It had been three hours since the kids went (had gone) out to play* and I decided to make sure they were still okay'.

23.2.3. La inversión de la construcción *hace... que...* Para mayor variedad, podemos cambiar el orden de las dos partes de la fórmula poniendo el período de tiempo (*hace* + ___) al final de la oración. En esta inversión de *hace...que*, notamos dos cambios especiales:

1. se suprime *que;*
2. si se habla de una situación continua, *hace* suele cambiar a *desde hace*:

una situación continua:

Hace tres semanas *que* salgo con Teresa. = Salgo con Teresa **desde hace** tres semanas.
Hace tres semanas *que* trabajo en el café. = Trabajo en el café **desde hace** tres semanas.

una situación terminada:

Hace tres semanas *que* salí con Teresa. = Salí con Teresa **hace** tres semanas.
Hace tres semanas *que* la fábrica se quemó. = La fábrica se quemó **hace** tres semanas.

Es igual cuando cambiamos a tiempos pasados para narrar:

una situación continua:

Era junio del 2005: salía con Teresa **desde hacía** tres semanas y estábamos contentísimos...

una situación terminada:

Era septiembre del 2005: ella había roto conmigo **hacía tres semanas** y todavía me sentía deprimido...

En estas inversiones de la estructura, la subordinación con *que* desaparece y *hace...* se convierte en un tipo de adverbial: *Salí con Teresa hace tres semanas* es como *Salí con Teresa ayer/anoche/la semana pasada*. También se mueve como otros adverbiales:

Hace tres semanas (Ayer/Anoche/La semana pasada), salí con Teresa.

En esta función corresponde más o menos a la palabra inglesa *ago* (que también se expresa con *atrás*).

Salí con Teresa *hace tres semanas* (*tres semanas atrás*) = I went out with Teresa *three weeks ago*.

23.3. Dos alternativas: *llevar y desde (que)*. *Llevar* también expresa el transcurso de tiempo de una situación continua. Usamos la fórmula LLEVAR + TIEMPO + SITUACIÓN: a diferencia de *hacer*, *llevar* se conjuga según la persona del sujeto, y la situación se expresa con adverbio, frase preposicional, gerundio, participio o adjetivo (elementos que suelen seguir al verbo *estar*):

(Trabajo en el café) *Llevo* tres semanas *trabajando* en el café. = Hace tres semanas que trabajo...
(Salgo con Teresa) *Llevo* tres semanas *saliendo* con Teresa = Hace tres semanas que salgo con Teresa.
(Están hospitalizados) *Llevan* un año *hospitalizados*. = Hace un año que están hospitalizados.
(Lola está aquí) Lola *lleva* mucho tiempo aquí. = Hace mucho tiempo que Lola está (vive) aquí.
(Estamos de veraneo) *Llevamos* dos meses de veraneo. = Hace dos meses que estamos de veraneo.
(Estás sin empleo) *Llevas* varios días sin empleo. = Hace varios días que estás sin empleo.

Desde (preposición) y *desde que* (conjunción) corresponden a '(ever) since' en inglés (v. §16.4.1 y 'since' en Apéndice A). Puesto que *desde* mide un tiempo indefinido a partir de un punto anterior (|-->), aporta otra alternativa a *hace* + *que*, pero permite tanto los tiempos perfectos como los simples:

Viven/Han vivido en esta casa *desde* agosto (o: *desde que* se mudaron acá en agosto).

23.4. 'Taking time to...': *tardar en, tomar, llevar*. Como *llevar*, *tardar* es verbo personal (*tardo, tardas, tarda*, etc.). El patrón TARDAR + TIEMPO + EN + INFINITIVO mide el tiempo que se requiere para completar algo.

Tardaron ocho horas en volar a Europa. 'They took eight hours to fly to Europe'
(Necesitaron ocho horas para volar a Europa)
¿Cuánto (tiempo) tarda el tren a Segovia? 'How long does the train to Segovia take?'

También se usan *tomar* y *llevar* de esta manera:

El proyecto tomó/llevó cuatro horas. 'The project took four hours'
Lleva sólo cinco minutos hacerlo. 'It only takes five minutes to do it'

Pero *tardar* también puede sugerir tardanza (demora, retraso):

¿Por qué tardaste en contestar? 'Why'd you delay (in) answering?'

23.5. Repaso de los tiempos verbales. Las lecciones anteriores han presentado todos los tiempos y modos verbales, junto con los usos que tienen en las funciones más fundamentales: la descripción y la narración. En las lecciones que quedan, veremos otros usos con respecto a las estructuras de exposición, pero vale la pena detenernos aquí para hacer un resumen general.

El español tiene un sistema verbal riquísimo en su potencial para precisar diferencias de tiempo y realidad y para presentar y enfocar los sucesos a varios niveles (primer plano vs. segundo plano, trasfondo vs. trama). En la narración, el escritor sabe cómo "navegar" por este sistema y suele cambiar de forma —de lo real (indicativo) a lo irreal (subjuntivo), del presente al pasado, de forma simple a forma perfecta o progresiva— para representar las acciones y motivaciones de los personajes. El inglés tiene un sistema parecido, pero su subjuntivo está prácticamente muerto y no expresa con consistencia la distinción que el español exige entre un momento *en medio de* una situación (imperfecto) y otro cuando el suceso comenzó o terminó (pretérito).

Por un lado, hay formas con usos restringidos, sea por sus funciones sintácticas (los infinitivos, gerundios, participios) o por su función especial (los imperativos, o sea mandatos). Por otro lado están los dos grandes sistemas que llevan la mayor carga en la expresión verbal: los dos modos, que se resumen en la Figura 23.c.

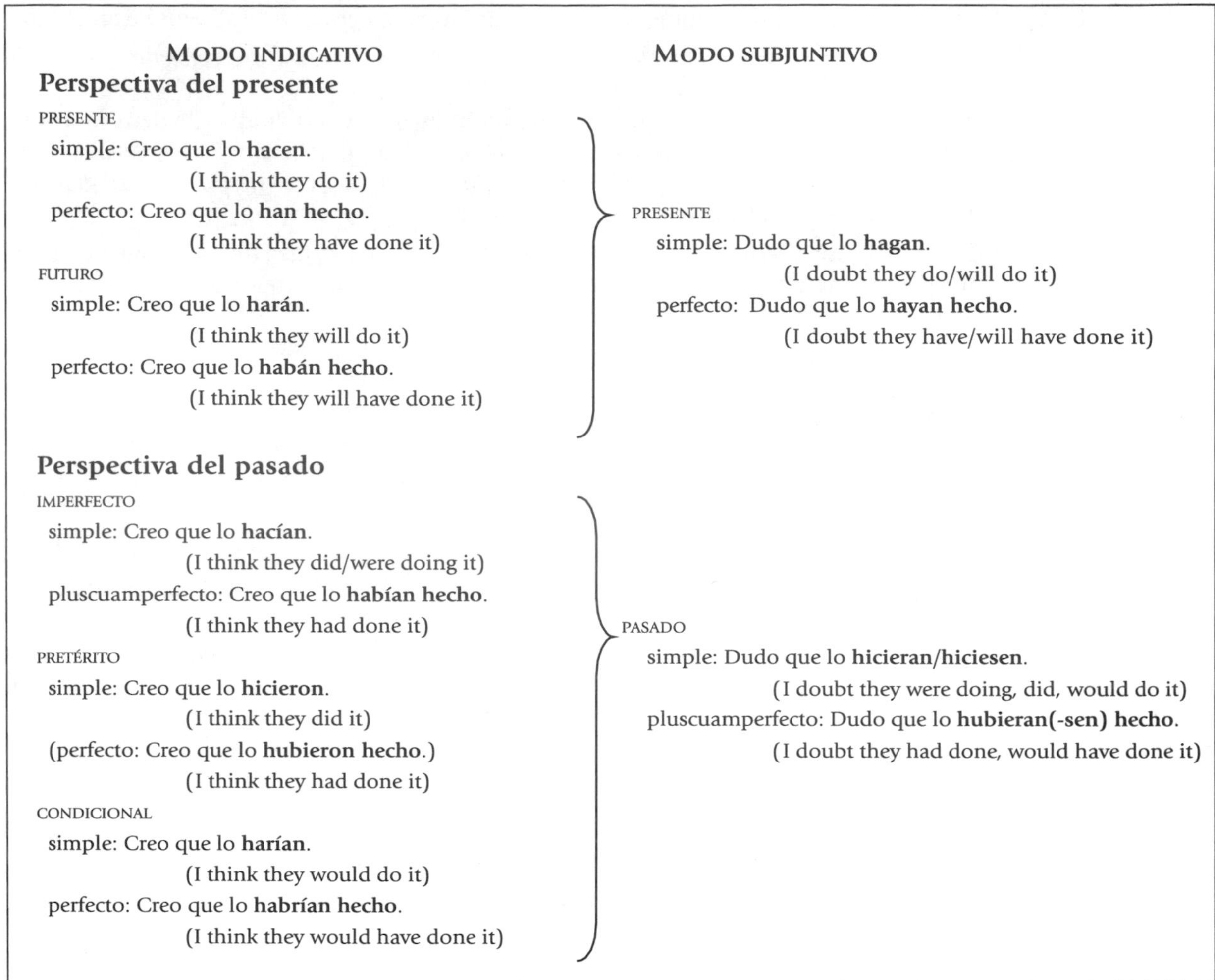

MODO INDICATIVO

Perspectiva del presente

PRESENTE

simple: Creo que lo **hacen**.
(I think they do it)

perfecto: Creo que lo **han hecho**.
(I think they have done it)

FUTURO

simple: Creo que lo **harán**.
(I think they will do it)

perfecto: Creo que lo **habán hecho**.
(I think they will have done it)

Perspectiva del pasado

IMPERFECTO

simple: Creo que lo **hacían**.
(I think they did/were doing it)

pluscuamperfecto: Creo que lo **habían hecho**.
(I think they had done it)

PRETÉRITO

simple: Creo que lo **hicieron**.
(I think they did it)

(perfecto: Creo que lo **hubieron hecho**.)
(I think they had done it)

CONDICIONAL

simple: Creo que lo **harían**.
(I think they would do it)

perfecto: Creo que lo **habrían hecho**.
(I think they would have done it)

MODO SUBJUNTIVO

PRESENTE

simple: Dudo que lo **hagan**.
(I doubt they do/will do it)

perfecto: Dudo que lo **hayan hecho**.
(I doubt they have/will have done it)

PASADO

simple: Dudo que lo **hicieran/hiciesen**.
(I doubt they were doing, did, would do it)

pluscuamperfecto: Dudo que lo **hubieran(-sen) hecho**.
(I doubt they had done, would have done it)

Figura 23.c Resumen de los tiempos y modos verbales

Esta representación de tiempos y modos destaca las siguientes relaciones:

1. Hay cinco tiempos simples en el modo indicativo. Dos (presente, futuro) tienen la perspectiva actual, de *ahora*, y otros tres (imperfecto, pretérito, condicional) reflejan una más remota, de ordinario un momento del pasado narrativo. Cada tiempo puede ser **simple** (*hacen, harán, hacían,* etc.) o, para la anterioridad (⇠+--), **perfecto** (*han hecho, habrán hecho, habían hecho,* etc., aunque el pretérito perfecto *hubieron hecho* tiene poca frecuencia, v. §19.3.3).
2. En cambio, el modo subjuntivo dispone de sólo dos tiempos simples (*hagan, hicieran*) más los dos perfectos correspondientes (*hayan hecho, hubieran hecho*). El pasado del subjuntivo tiene dos conjuntos de desinencias, *-ra* o *-se,* pero son equivalentes.
3. Dado que los cinco tiempos del indicativo se reducen a sólo dos en el subjuntivo:
   a. Tanto el presente como el futuro del indicativo corresponden al **presente** de subjuntivo. No hay ninguna diferencia entre *que lo hacen* y *que lo harán* en el sistema subjuntivo: *dudo que lo hagan.*
   b. Asimismo, todos los tiempos indicativos del pasado —el imperfecto, el pretérito y el condicional— corresponden al **pasado** de subjuntivo, que no distingue entre *que lo hicieron* (---→|, |→, |—|), *que lo hacían* (----+----, ⌒⌒⌒⌒), y *que la harían* (--+→): *dudo que lo* ***hicieran.***

Estas CORRESPONDENCIAS DE LOS TIEMPOS son sistemáticas y bastante fáciles de comprender; los problemas tienden a producirse cuando uno traduce literalmente del *inglés*. Por ejemplo, algunos intentan emparejar su 'will/would' con el futuro y condicional aun cuando eso no es posible, como en el subjuntivo:

Pedro cree que llueve/lloverá. Pedro duda que **llueva.**
('Peter doubts that it rains/that it'll rain')
Pedro creía que llovía/llovió/llovería. Pedro dudaba que **lloviera** = **lloviese**.
('Peter doubted it was raining/rained/would rain')

Es imposible decir *"Pedro duda que *lloverá*" o *"Pedro dudaba que *llovería*" (v. §20.4).

Otra manera de ver el sistema verbal es como una serie de decisiones, expresadas en el cuadro de la Figura 23.d.

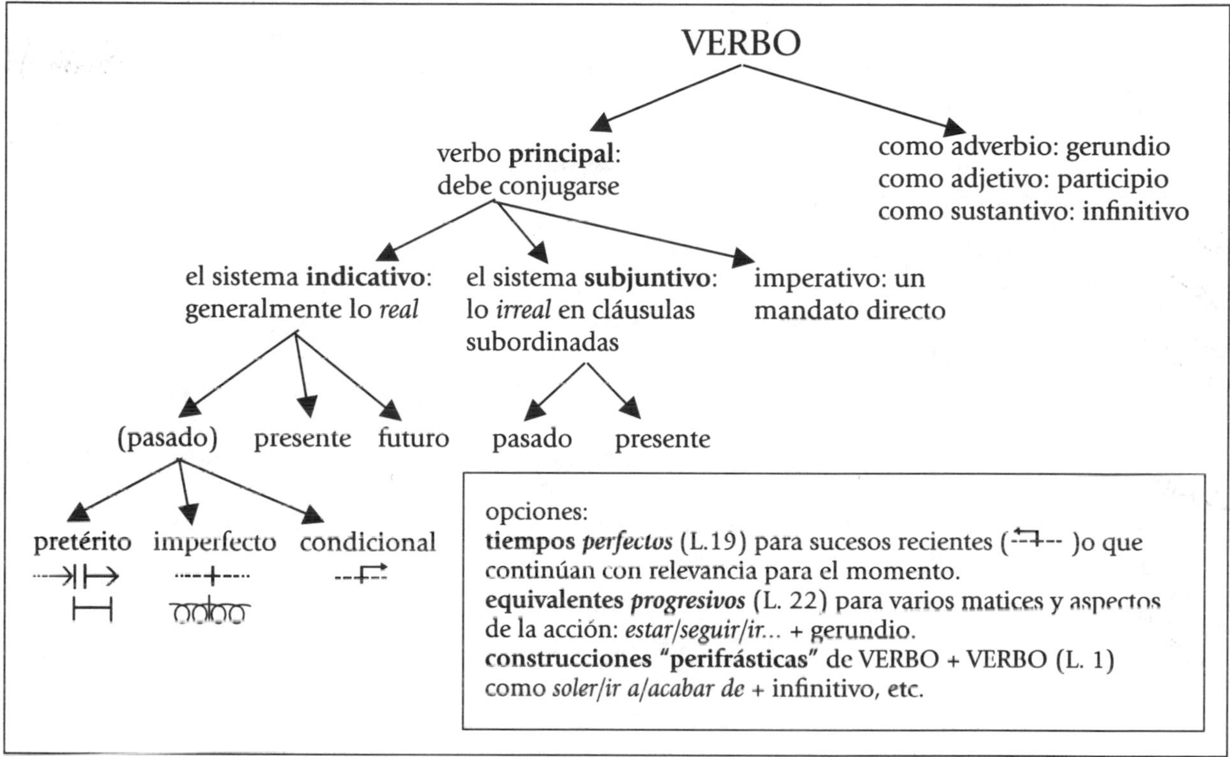

Figura 23.d El sistema verbal como una serie de decisiones

23.6. Resumen. El verbo español tiene una importancia extraordinaria: es el núcleo de la oración, determina la construcción e indica la persona, el número, el tiempo, el aspecto y el modo. En las lecciones anteriores hemos presentado sus funciones en la descripción, el reportaje y la narración. En esta resumimos la relación de los tiempos y modos dentro del sistema total. Este sistema se diferencia en varios aspectos del inglés, que no distingue el pretérito del imperfecto y no cuenta tanto con el subjuntivo. A veces parece que los dos idiomas tratan el tiempo con puntos de vista muy distintos, como en la expresión del transcurso (*has lived...for, hace...que vive*).

En fin, hay que percibir la lógica interna del sistema español, sin basarlo en la concepción diferente del inglés.

APLICACIÓN

Actividad

A. Composición en grupo: en grupos pequeños, escriban un párrafo describiendo la situación que ven ahora en la sala de clase, usando la perspectiva *presente*. Incluyan al menos

- una acción que ven completarse (p. ej., *El profesor bosteza.*)
- una acción reciente (p. ej., *Hemos tenido una prueba.*)
- una acción futura (p. ej., *Tendremos un examen el lunes que viene.*)

Luego, cambien el ensayo a la perspectiva *pasada* como si recordaran esta sesión un día después de graduarse.

Ejercicios

B. El transcurso del tiempo. Conteste afirmativamente y exprese **de dos maneras** (con *hacer* y *llevar*) el transcurso del tiempo desde el comienzo de dicha condición. (Variante: en clase, el profesor hace la pregunta; un estudiante contesta con *hacer* y luego otro lo reporta con *llevar*.)

1. Usted conduce un coche, ¿no?
2. Usted estudia lenguas extranjeras, ¿no?
3. ¿Usted nada y juega al tenis?
4. ¿Tiene una tarjeta de crédito?
5. ¿Tiene cuenta corriente?
6. ¿Trabaja usted los veranos?

C. Las añoranzas. Explique con *hacer* + verbo original por qué usted echa de menos (o extraña) a una persona o cosa en cada categoría.

Modelo: (su animal doméstico, o sea mascota): Echo de menos a mi gatito *Fuzzball*; hace dos meses que jugué con él. (*o*: Hace un año que murió).

1. (un pariente especial)
2. (a su hermano o hermanos)
3. (a sus amigos de colegio)
4. (algún plato especial de su mamá o papá)
5. (algún sitio o mueble especial de su casa)
6. (algún juguete especial de su niñez)

D. Para mejorar la narración. En la narración, las fórmulas con *hacer/llevar* suelen emplearse para explicar algún aspecto del trasfondo: el escritor quiere que el lector comprenda el efecto del tiempo transcurrido antes de un momento crítico. Haga una expansión (continuación) apropiada en los siguientes comienzos de cuentos, según el modelo.

Modelo: Alberto reflexionó sobre su situación. Trabajaba en una "7-11"...

→ *Hacía tres años que* trabajaba en una 7-11, *y decidió que estaba harto y que quería otro tipo de empleo.*

1. Raúl se detuvo un momento. Tenía mucha hambre...
2. Los exploradores se acercaron a la cima. Caminaban hacia arriba, siempre arriba...
3. Luisa se echó en la cama y lloró desconsolada. Estaba afligida porque su novio había roto con ella...
4. Lo que más echaba de menos mi abuelo era su independencia. Ya no podía conducir su coche...
5. El paciente se sentía molesto. Esperaba en el despacho del médico con otros 10 enfermos...
6. En nuestro colegio había poco entusiasmo por los deportes. Perdíamos todos los partidos...
7. Fernando quería escribir el mejor informe. Investigaba en la biblioteca, leyendo todos los datos relevantes...
8. Miré a mi amiga con sorpresa. Nos conocíamos bien...
9. Los dos países decidieron aumentar sus fuerzas armadas. Tenían constantes conflictos de interés...
10. Mariluz miró el papel en blanco que estaba en su escritorio. No se le ocurría nada que escribir...

E. Otras maneras de mejorar la narración. Dramatice el impacto de cada evento añadiendo las opciones indicadas entre paréntesis.

1. La princesa rechazó las sugerencias del rey. (+ un adverbio y un gerundio de manera)
2. Esteban se quedó a la puerta. (+ trasfondo: una razón apropiada con el pluscuamperfecto)
3. La madre trató de consolar a su hija. (+ gerundio de manera, + una segunda oración con una evaluación o duda sobre lo que pasaba o lo que había pasado)
4. El equipo de fútbol perdió el último partido. (+ predicción con el condicional)
6. Los exploradores entraron en el bosque. (+ un participio apropiado y una cláusula adverbial)
7. Carmen se sentía avergonzada. (+ una segunda oración relevante con el condicional perfecto)

8. El viejo capitán pensó en su vida: qué pérdida de tiempo. (+ una oración condicional relevante)
9. De niño, Alejandro jugaba en su barrio. (+ gerundio de manera, + una oración de prohibición de sus padres)
10. Los dos amigos empezaron a pelearse. (+ un adverbio de manera y otra oración con discurso indirecto interesante)
11. La muchacha decidió asistir a clases por la noche. (+ cláusula adverbial de propósito + expresión de duración con *tardar...en* o *tomar/llevar*)

F. Equivalentes de 'have'. Ya para este punto en su estudio del español, algunos van confundiendo equivalentes españoles del verbo *have*, sobre todo cuando piensan en inglés. Estos equivalente se repasan a continuación:

'have':
- auxiliar de obligación (v. §1.4): *tener que,* (impersonal) *haber que → hay que*
- auxiliar en los tiempos perfectos (v. §19.3): *haber* (excepto en el caso de *hace...que...*)
- señal de un deseo con *que* (v. §10.4): *¡Que lo hagan ellos!*
- auxiliar causativo (v. §1.4.2, 34.4.3): *hacer* (*Hice cavar una fosa.*)
- posesión; expresión personal de condición resultante (v. §3.4,19.2.2): *tener*

A fin de practicar la distinción, traduzca las oraciones siguientes al español:

1. The candidates have started their campaign.
2. My sister has two children and has sent me pictures of my nephew and niece.
3. Students have to put up with noisy dorms.
4. The students have had to register early.
5. Have the secretary call me tomorrow morning.
6. Jerónimo has lived in this country for two years, and has learned English pretty well.
7. They have their house painted every two years.
8. I have my report written now.
9. I have written my report.
10. The drivers have had to have their trucks inspected.

Ejercicios textuales

G. "Yo creo...", "Yo dudo...": Usted se ha presentado como candidato(a) en las elecciones al congreso en competencia con el incumbente, Acevedo. Tiene un asesor, David Lozano, que tiende a preocuparse demasiado y tomar la situación por la tremenda, como en el memorándum siguiente; pero usted se muestra más confiado. Escriba respuestas a los comentarios de David, siguiendo el modelo.

Modelo: Acevedo sabe mucho sobre la política exterior.

→ *Dudo que sepa mucho, porque se duerme durante las sesiones.*

MEMORÁNDUM
De: David
Ref.: algunos asuntos preocupantes

1. Las encuestas pueden afectar a los indecisos.
2. El otro partido tendrá mucho impacto con sus anuncios negativos.
3. Acevedo obtuvo el voto de los sindicatos.
4. Hemos perdido el respaldo de las feministas.
5. Necesitamos más publicidad en la radio.
6. Nuestras propuestas para el sistema educativo han ofendido a los maestros.
7. El público ya se olvidó del escándalo de hace dos años.
8. Los conservadores te apoyarían si les prometiéramos algo.

H. Asuntos contemporáneos. Aquí nos anticipamos a la argumentación para repasar los tiempos y modos verbales en las cláusulas adverbiales (L. 21). Complete cada oración de manera original, comenzando la cláusula con la conjunción adverbial indicada en inglés. Tenga en cuenta el tiempo del contexto.

1. a. La situación internacional se ha vuelto menos estable (*ever since*)...
   b. Yo creo que nuestro gobierno podrá resolverla (*if*)...
2. a. Otra prioridad cada vez más apremiante es la relación entre grupos étnicos y raciales: hay que fomentar más la tolerancia (*so that*)...
   b. A mi parecer, lo urgente de este problema se demostró en ________(=fecha), (*when*)...
   c. Desgraciadamente, este tipo de conflicto continuará (*unless*)...
3. a. En cuanto a la economía, es indispensable reducir o eliminar el déficit (*even if*...)
   b. En cambio, esta reducción debe realizarse (*without*...)
4. a. Un cuarto problema que debe recibir atención es ____________, (*since, because*)...
   b. Es posible que empeore (*until*)...
   c. Pero podría solucionarse (*if*)...

I. Impresiones y opiniones. Un grupo de amigos acaba de ver un drama. Siguen sus reacciones. Nárrelas con discurso indirecto en el *pasado*, interpretando sus afirmaciones con los verbos *creer, afirmar, opinar, declarar*, etc. y sus comentarios negativos con *dudar, no creer, negar*, etc., como en el modelo.

Modelo: Olga: —No tiene actores de primera categoría.

→ Olga no creyó que tuviera actores de primera categoría.

1. Lourdes: —El tema tiene potencial, pero el público no aguanta esos largos monólogos.
2. Javier: —El director no ha gastado mucho dinero en su escenario.
3. Rosa: —Entretiene, pero no ganará ningún premio.
4. Alejandro: —El autor ha escrito un excelente análisis de la neurosis social.
5. Martín: —No es tan bueno como sus otros dramas, y no les gustará a los críticos.
6. Adriana: —Los actores no han interpretado bien sus personajes.
7. Benjamín: —No vale la pena ver esa porquería.

Adaptación de texto

Cambie al discurso indirecto narrativo.

J. Este diálogo procede de *La muerte no entrará en Palacio*, por el puertorriqueño René Marqués, 1957. (Solórzano (ed.), *El teatro hispanoamericano contemporáneo*. México, Fondo de Cultura Económica. 1964, pág. 341-2).

[Situación: Varios amigos puertorriqueños hablan de un compatriota, don Rodrigo, un militante en favor de la independencia de la isla. Comienza el argumento del gobernador, don José.]

DON JOSÉ: —Desde que regresó a esta Isla, hace seis meses, sólo se dedica a hacer frases. Frases románticas, frases altisonantes, frases "lapidarias", como si hubiese entablado un diálogo definitivo con la Historia. ¡Pero es con el pueblo con quien tiene que dialogar! ¡No es con la Historia! Es con el pueblo. Y yo soy el pueblo. Yo, que democrática, limpia, abrumadoramente, fui elegido por ese pueblo para construir un mundo de progreso y bienestar económico... "¡La semilla de la libertad!" Palabras, palabras huecas. ¿Y cree el muy listo que con esas armas va a destruir mi obra? ¡Jamás! ¿Me oyen ustedes? ¡Jamás! [...]

JEFE DE JUSTICIA: —Me permito recordarle que no tenemos ya que depender de las autoridades del Norte para mantener a raya a don Rodrigo. Podemos arrestarlo nosotros mismos en cualquier momento.

ALBERTO: —¿Arrestarle? ¿Sin motivo?

JEFE DE JUSTICIA: —La ley provee para ello.

ALBERTO: —¿Qué ley? No hay ninguna...

JEFE DE JUSTICIA: —(Interrumpiéndole.) Recordará usted, señor Gobernador, que hace dos años, por indicación suya y anticipándose a los acontecimientos, la Asamblea aprobó una muy eficaz ley antisubversiva.

ALBERTO: —Don José, esa ley no se ha puesto nunca en práctica.

JEFE DE JUSTICIA: —Se pondrá cuando sea oportuno. Por ahora, sin embargo, sólo nos interesa ir haciendo acopio de las pruebas que condenarían a don Rodrigo si intentase pasar...de la palabra a la acción.

ALBERTO: —No creo que don Rodrigo apele a la violencia.

JEFE DE JUSTICIA: —(Poniéndose de pie.) El no. Pero sus secuaces sí. Ya lo han hecho en el pasado. Siempre cabe la posibilidad de otro acto terrorista. Si ocurriera, apresaríamos y juzgaríamos a don Rodrigo como responsable de sedición. [...] Cuando don Rodrigo vuelva a ingresar en la cárcel, habrá sido condenado, no por extranjeros, sino por sus propios compatriotas.

Ensayo

K. El periodista. ¿Qué noticia (al nivel internacional, nacional o local) le ha impresionado a usted recientemente? Escriba un artículo periodístico de dos párrafos sobre ella, con un titular apropiado y tal vez con base en información que consiga de un periódico o revista o del Internet. Como otros periodistas, incluya información de los seis tipos fundamentales (¿quién?, ¿qué?, ¿cuándo?, ¿dónde?, ¿cómo?, ¿por qué?). La mayor parte del artículo deberá narrarse en el pasado, con al menos una instancia de cada uno de estos tiempos pasados: imperfecto, pretérito, condicional, pluscuamperfecto, dos tipos de progresivo y el pasado de subjuntivo.

LECCIÓN 24 Composición: La narración compleja

Un típico tema de la narración es cómo se aprende a superar la adversidad. Como dice el refrán:

- La experiencia es la madre de la ciencia.

PRESENTACIÓN

La L. 18 trató de un tipo de narración, el RELATO PERSONAL, que tiene un plan y perspectiva limitados y se parece a una anécdota que se cuenta en la conversación. Esta lección enfoca otro tipo, la NARRACIÓN COMPLEJA, que se usa en cuentos, novelas, historias y biografías. Su mayor complejidad resulta de un manejo de más opciones de tono, perspectiva y estructura. Al mismo tiempo, admite mayor recurso a las técnicas descriptivas (L. 6) y así puede ser una síntesis de narración y descripción.

24.1. **El propósito y el tono.** La narración compleja puede entretener, como un cuento personal, pero tiene otros propósitos también:

- puede *enseñar*, como las fábulas y las alegorías.
- puede *informar*, como las biografías e historias.
- puede *justificar*, como el cuento que apoya una moraleja.
- puede *crear un efecto estético*, como las obras que aprovechan el potencial artístico del lenguaje.

Y en efecto, las novelas más estimadas, como *Don Quijote*, han combinado varios propósitos de modo eficaz: enseñan, justifican, crean un efecto artístico y al mismo tiempo entretienen.

En un cuento breve predomina un solo tono; pero en un relato complejo puede haber más variación. Todos hemos leído novelas o cuentos que pasan de un tono a otro según la naturaleza de la escena. Por ejemplo, el autor adopta un tono chistoso para un ARGUMENTO SECUNDARIO ('subplot'), pero cambia a otro tono serio para el argumento central. De la misma manera, pinta una escena con un tono alegre y otra con un tono de tristeza o de espanto, según su efecto en el protagonista. Así, el tono de un relato escrito es como la música de fondo que dramatiza la acción de una película, aumentando el impacto de cada escena.

Cualquiera que sea el tono de su cuento, el autor intenta captar el interés del lector y ganarse su empatía. Los cuentos más interesantes, sean trágicos, cómicos o tragicómicos, son ficción, pero el lector *cree* lo que pasa. Reacciona al tono, al ambiente, a la acción; y llega a involucrarse en el relato y a identificarse con el protagonista. Se pregunta "¿Es lo que haría *yo* si estuviera en esta situación? Y ¿qué voy a aprender de su resolución?"

24.2. **El punto de vista.** Para el relato sencillo de índole personal, hemos recomendado un solo punto de vista (v. §18.2):

1. **autor = narrador = participante**

Ejemplo: "Esto pasó cuando mis hermanos y yo éramos jóvenes. Papá siempre había querido ir a ver los Montes Rocosos. Un día volvió a casa y nos propuso que fuéramos a Colorado..."

El lector comprende en seguida que el escritor va a narrar un cuento en el que él mismo figura como participante. Este papel o "rol" puede ser primario (como protagonista o uno de los protagonistas) o secundario (participa en la acción, pero el personaje principal será el padre, uno de los hermanos o quizás otra persona que esta familia llegue a conocer más tarde). La perspectiva, pues, es *egocéntrica:* la trama gira alrededor de "mí" y "yo" la narro desde mi propio punto de vista a medida que la observo y participo en ella.

Pero para una narración compleja consideramos otras opciones.

2. **autor = narrador activo, *pero no participante***

Ejemplo: "Lo que voy a relatarle, querido lector, es un cuento que tiene un final que Ud. mismo tendrá que interpretar. Había un pueblecito —no me acuerdo de su nombre—donde vivían dos campesinos..."

El lector ve que el escritor se le dirige como narrador, refiriéndose a sí mismo (yo) e interponiéndose entre el lector y el cuento. Se reserva el derecho de *omnisciencia*: sabe lo que va a pasar y lo manipula activamente. Así, está presente pero *se aleja* de la acción: los sucesos les pasarán a otros protagonistas.

3. **autor = narrador omnisciente, pero pasivo y ausente**

Ejemplo: "Josefina era una joven típica. Un día, después de cumplir los 13, pensó que quería empezar a salir con chicos. Pero sus estrictos padres todavía tenían ideas distintas sobre el asunto..."

Ahora, el narrador se retira de la situación: no participa, no se le dirige al lector, no se refiere a sí mismo. Pero todavía se reserva el derecho de omnisciencia, de saber todo desde el comienzo. Así, puede relatar no sólo lo que los personajes hicieron y dijeron, sino también sus pensamientos y conocimientos; incluso puede evaluarlos ("una joven *típica*", "sus *estrictos* padres"). Esta penetración en la mente de los protagonistas generalmente se excluye cuando el escritor mismo es participante.

4. **autor = narrador neutral y objetivo (sin omnisciencia)**

Ejemplo: "Cuando Josefina cumplió los 13, les dijo a sus padres que quería salir con chicos. Sus padres se opusieron, diciéndole que todavía era joven para eso..."

El escritor renuncia a la participación y también a la omnisciencia y se limita a observar objetivamente, es decir, a *reportar*. No se adentra en los pensamientos de los personajes; finge no saberlos hasta que ellos mismos los declaren o los muestren por sus acciones. Así, al lector le toca inferir su motivación.

Desde el comienzo, el escritor tiene que decidir su postura y mantenerla constantemente. ¿Está involucrado o no? ¿Va a revelarse o a esconderse? Cada punto de vista conlleva limitaciones: en cierto momento de la trama, el narrador omnisciente ya sabrá muchas cosas que el participante todavía ignora, mientras que el participante conoce a los protagonistas y actúa con ellos de una manera que le es imposible al narrador ausente. Si la perspectiva cambia, el lector se confunde porque el escritor parece saber algo que no puede saber, o porque *no* comenta algo que *sí* debe saber.

24.3. **La organización.** Como el relato personal (v. §18.3), el cuento complejo puede comenzar con un *gancho* para captar el interés del lector. Siguen ejemplos de los ganchos que ha utilizado el famoso escritor español Camilo José Cela:[1]

- "Don Anselmo, ya viejo, me lo contó una noche de diciembre de 1935, poco más de un mes antes de su muerte".
- "Todos los piojos de Alvarito el loco tuvieron mucho que aprender de lo que voy a relatar..."
- "Da gusto estar metido en la cama, cuando ya es de día..."

Con semejantes comienzos, el lector se siente atraído inmediatamente a lo que el cuentista quiere contarle.

Luego, se desarrolla el cuerpo del cuento, que consta de los cuatro elementos que estudiamos antes (v. §18.3): el *trasfondo* o situación, la *trama* (el argumento), la *complicación* (quizás un clímax) y el *desenlace*. La brevedad y el punto de vista del relato personal generalmente no permiten mucha desviación de esta secuencia: se pinta la situación que existía, luego se comienza la serie de acciones que hacen avanzar la trama hasta el momento culminante (de clímax), que se resuelve después. Resulta el plan cronológico del esquema A en la Figura 24.a.

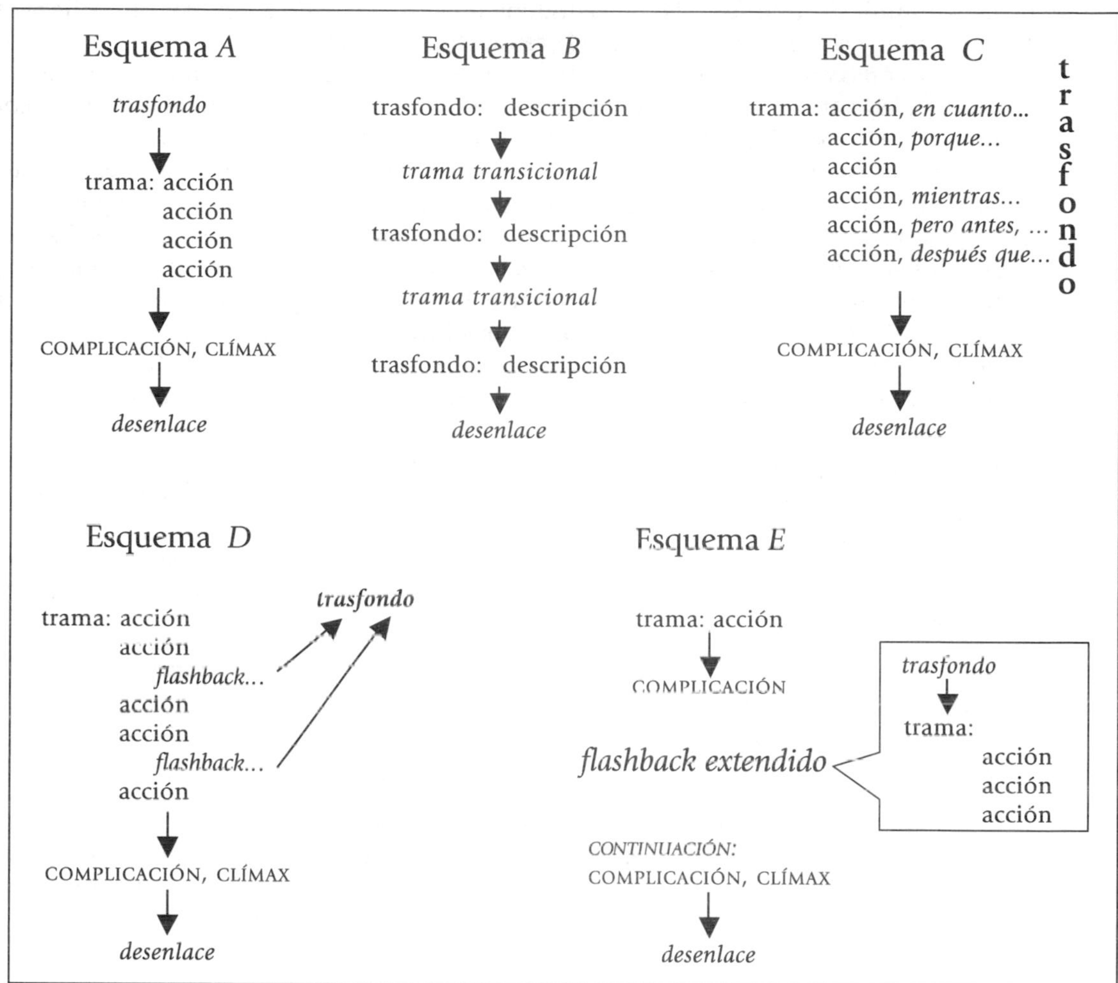

Figura 24.a Cinco esquemas para desarrollar una narración

Pero en la narración compleja muchos escritores han experimentado con otras maneras de organizar estos cuatro elementos. Por ejemplo, de acuerdo con el esquema B, la trama se acorta y el trasfondo se amplía mucho más hasta que ocupa el primer plano. Así, lo que domina este tipo de narración es una serie de descripciones de la situación; la trama sirve solamente de marco general y de breves transiciones entre una vista o escena tras otra, como en los "travelogues", o sea documentales sobre los viajes. A veces no hay complicación definida y el "desenlace" no es más que una breve impresión final.

El esquema C de la Figura 24.a representa otra opción: se comienza directamente con la acción, de modo que muchos elementos del trasfondo se aplazan para introducirlos en la trama y desarrollarlos gradualmente, en vez de presentarlos de golpe al principio. En la distribución de los tiempos verbales, se emplean más imperfectos y pluscuamperfectos (especialmente en cláusulas adverbiales) para comentar y explicar los pretéritos de la trama: "Esto aconteció porque *nadie* ***sabía***... o *porque nadie* ***había visto***..."

Alternativamente, se permite que grandes trechos del trasfondo interrumpan el desarrollo de la trama como pequeños "flashbacks" (ESCENAS RETROSPECTIVAS) del protagonista, como en el esquema D. Esto requiere recursos gramaticales para señalar una cronología reordenada: los adverbiales ("antes, ...", "aquella mañana...") y los tiempos verbales de anterioridad, especialmente el pluscuamperfecto para introducir el "flashback". En efecto, todo el trasfondo y la mayor parte de la trama también pueden asignarse a un "flashback" extendido, como en el esquema E. En este caso, se comienza con la complicación y las acciones que han conducido a ella, trayendo al lector abruptamente al momento más crítico del cuento. Luego, con un suspense pendiente, se pausa para volver al comienzo del incidente y resumir el trasfondo y la trama, todo lo que había pasado antes. Por fin, se llega otra vez a la complicación y el clímax y se procede a la resolución, o sea el desenlace.

Se ve cómo estos cambios hacen más "compleja" la narración: el cambio de orden y la mezcla de los cuatro elementos pueden lograr un efecto dramático innovador e interesante, pero requieren mayor control sobre la cronología reordenada y sobre una gramática más complicada.

El relato complejo también permite más elaboración de tramas. El relato sencillo suele basarse en un solo EPISODIO, una serie de acciones relacionadas. Una narración compleja puede incluir más episodios entretejidos que llegan a convergir. Cuando abarca más tiempo —varios días, semanas o años— los episodios aumentan, y en las novelas e historias, se organizan en capítulos. Es probable que algunos episodios formen el argumento principal y que otros representen argumentos secundarios. Puede que el escritor siga al personaje A en lo que hizo durante una mañana (o día, o semana...) y luego a otro personaje B durante el mismo trecho, y después lo que los dos hicieron juntos. Sea cual sea el plan, el autor organiza sus episodios de modo que su lector no se confunda.

24.4. El papel de la descripción. La descripción (L. 6) desempeña un papel especial en la narración compleja. En primer lugar, sirve para presentar más situaciones y personajes. El relato sencillo de un solo episodio tiende a limitarse a un contexto fijo y a un REPARTO ('cast') pequeño: por ejemplo, se cuenta lo que pasó una noche entre tres amigos en un bar. Pero la narración compleja puede abarcar más escenas y personas en una situación que resulta más dinámica por cambios de tiempo, lugar y reparto. Por ejemplo:

	tiempo	**contexto**	**personajes (reparto)**
EPISODIO 1:	un día por la mañana	una casa	Rosa y Miguel
EPISODIO 2:	tres horas más tarde	el jardín	Rosa y un visitante misterioso
EPISODIO 3:	el día siguiente	la oficina	Rosa, Miguel, Diego y el jefe

El lector, entonces, necesita un flujo casi continuo de descripción para imaginarse tres contextos, cinco personas (y sus relaciones) y los cambios que estas experimentan con el transcurso del tiempo.

En segundo lugar, cuando el narrador pausa para comentar detalles interesantes, la trama se hace más lenta. Ya hemos visto (v. §12.1.5, 18.4) varias maneras de controlar el RITMO NARRATIVO, es decir, la rapidez con la que avanza la trama hacia un clímax, y estas se resumen en la Figura 24.b.

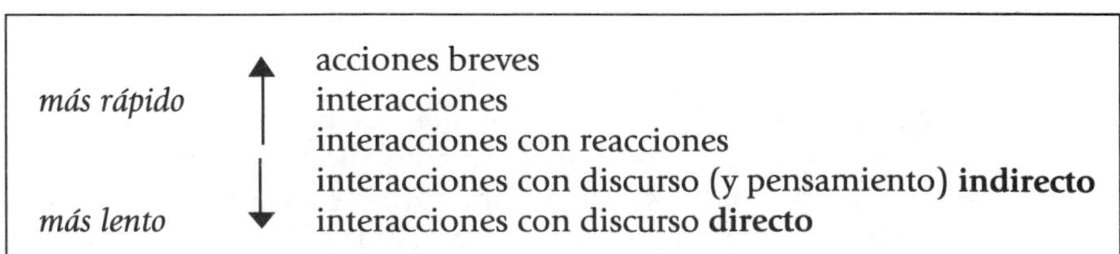

Figura 24.b Efectos en el ritmo narrativo

Por eso, el tiempo pasa más rápido con acciones sencillas que en interacciones con otras personas; y mientras que la trama sigue desarrollándose con el discurso indirecto, el discurso directo la interrumpe y "congela" el tiempo para una conversación. La descripción tiene un efecto parecido: cuanto más describimos, más ralentizamos la marcha narrativa. Si escribimos:

> Jorge dejó su paraguas en casa y la lluvia lo dejó empapado. Por eso, no estaba de buen humor cuando llegó a la entrevista...

avanzamos la acción rápidamente. El suceso es sencillo, lineal, remoto, con un trasfondo incoloro; parece que los detalles no importan en sí mismos. Pero si pausamos para describir más esta escena, el episodio se desarrolla más despacio:

> Jorge tenía un paraguas grandísimo, rojo y amarillo del tipo golf, que podía abrigar a tres o cuatro personas a la vez; pero salió tan preocupado por su entrevista que lo dejó en casa. A las 9:30 se precipitó una gran tormenta que cubrió el cielo de enormes nubes negras y amenazadoras. Entre una explosión de relámpagos y truenos, comenzó a llover olas continuas de gotas frías, y el pobre se vio hecho una sopa luciendo su nuevo traje ya convertido en esponja. Por eso, no estaba de buen humor cuando llegó a la entrevista...

Ahora la escena tiene impacto y un ambiente: el lector deberá *ver* y *oír* la tormenta, *sentir* la lluvia y el peso de un traje mojado, *experimentar* la frustración de un hombre que podría haber evitado esta desgracia. Pero después, el ritmo narrativo se acelera de nuevo ("Por eso, no estaba de buen humor cuando llegó..."). En esta función, pues, la descripción ralentiza la trama, pero le da más cuerpo.

24.5. **Enfoque en el lenguaje.** En un relato sencillo, el escritor cuenta con el sistema verbal más esencial: el pretérito, el imperfecto y el pasado de subjuntivo. Si narramos, por ejemplo, la decisión de una candidata política, Carmen, de mejorar su capacidad de citar información rápidamente, podríamos limitarnos a una acción sencilla en el pretérito:

> Carmen mejoró su memoria.

Pero añadimos el imperfecto para introducir otro aspecto del trasfondo (L. 14):

> Carmen *sabía* que *tenía* suficiente habilidad. Pero también *necesitaba* recordar muchos datos, y por eso decidió mejorar la memoria.

Y con las cláusulas sustantivas y el subjuntivo resumimos el discurso y el pensamiento (L 11, 15):

> Los asesores de Carmen le sugirieron *que reforzara* sus argumentos con más evidencia, y uno le recomendó *que tomara* lecciones de nemotecnia.

Pero en las lecciones recientes (Cap. IV) hemos explorado otras opciones. Por ejemplo, para mirar hacia atrás y señalar sucesos anteriores, escogemos el pluscuamperfecto (L. 19):

> En la última campaña, Carmen se *había olvidado* de ciertos datos, así que no *había podido* refutar a Hidalgo. Por eso, decidió mejorar la memoria.

O para mirar hacia adelante y predecir los sucesos posteriores (futuros), recurrimos al condicional (L. 20):

> Carmen tenía un plan: *leería* informes y *refutaría* a Hidalgo. Pero en el debate no *habría* tiempo para consultar apuntes; *tendría que* saber todo de memoria.

Con los progresivos es posible enfocar matices especiales (L. 22):

> Una noche su asesor le preguntó qué hacía. Carmen respondió que *estaba repasando* mentalmente los datos sobre el comercio. *Siguió adquiriendo* así todo lo que le hacía falta y *fue mejorando* la memoria.

Los gerundios permiten la expresión de una relación entre los sucesos, por ejemplo la manera o el trasfondo:

> Carmen se preparó *asociando* cada dato con otro. *Mejorando* así la memoria, llegó a ganarle a Hidalgo con argumentos llenos de cifras.

Estas relaciones se hacen más precisas con conjunciones adverbiales (L. 21):

> *En cuanto* perfeccionó la memoria, Carmen descubrió que podía recordar enormes cantidades de información. Y *aunque* sus asesores ya la consideraban bien informada, ella se dedicó a aprender todos los datos relevantes *para que* Hidalgo no engañara de nuevo al pueblo.

Por último, las oraciones condicionales (L. 21) aumentan la tensión por la exploración de alternativas:

> Carmen decidió que *si hubiera contestado* los viles ataques personales de Hidalgo, no *habría cambiado* el resultado porque él gozaba de mucha popularidad. Pero *si hubiera podido recordar* los datos, *habría refutado* sus argumentos y así *habría convencido* al pueblo.

24.6. Selección de un tema. El relato sencillo en la primera persona suele ser un cuento real, algo que le pasó al escritor. El relato complejo, en cambio, suele ser ficción, aunque debe *parecer* real o verosímil para mantener el interés del lector.

A modo de inspiración, consideremos opciones para el tema. En primer lugar están los cuentos con un *cambio en el protagonista*: un cambio físico (p. ej., daños, muerte), de condición (riquezas, pérdidas, ascenso social) o de actitud (comprensión de una lección de la vida). Siguen los típicos cambios que se encuentran en tramas literarias.[2]

I. tramas de fortuna

(a) LA TRAMA DE ACCIÓN: lo que importa es la acción que resulta de un problema del protagonista.
(b) LA TRAMA PATÉTICA: un protagonista atractivo, pero débil, experimenta una serie de desgracias que no se merece y no sabe controlar y superar. El final es triste y el lector siente lástima.
(c) LA TRAMA SENTIMENTAL: tiene un final feliz: por fin, el héroe triunfa sobre sus problemas.
(d) LA TRAMA TRÁGICA: como la patética, pero el protagonista tiene un defecto fatal de carácter que le impide controlar su destino. Se da cuenta de su tragedia cuando ya es tarde.
(e) LA TRAMA PUNITIVA: el protagonista no es atractivo y se merece el castigo que recibe al final. En otra variante, LA TRAMA CÍNICA, el protagonista malvado *triunfa* en vez de ser castigado.

II. tramas de carácter

(a) LA TRAMA DE MADURACIÓN O REFORMA: el protagonista comienza como persona atractiva, pero ingenua, que adquiere mayor madurez a través de sus experiencias.
(b) LA TRAMA DE PRUEBAS: el protagonista se encuentra en situaciones que ponen a prueba sus ideales, y acaba por renunciar a ellos.

III. tramas de pensamiento

(a) LA TRAMA DE EDUCACIÓN: el protagonista aprende mucho sin tener que cambiar su conducta fundamental.
(b) LA TRAMA DE REVELACIÓN: el protagonista no comprende su condición hasta el final.

Otra manera de inspirarnos es pensar en los cuentos *populares*, clasificándolos según su típico tema y situación en vez de su trama. He aquí una lista ilustrativa de géneros:

(a) el cuento de fantasmas o de horror
(b) la leyenda, el mito o la fábula
(c) el cuento policiaco (de detectives, de misterio)
(d) el cuento romántico (de amor)
(e) la ciencia-ficción y la fantasía
(f) aventuras de arquetipos históricos: vaqueros, caballeros andantes, marineros, etc.

Si uno de estos es el tipo que usted disfruta en su propia lectura, es probable que sepa escribir un relato del mismo tipo con habilidad y placer: ya conocerá bien la "fórmula" para la organización del relato y para el desarrollo de los personajes. Esta es una de las relaciones entre la lectura y la composición: cuanto más se lee, mejor se escribe.

24.7. Para escribir un relato complejo. En su generación de ideas preliminar, el escritor se prepara decidiendo los elementos siguientes:

- el tema, la situación y la trama general
- el tono y el propósito, y el impacto que quiere comunicar
- el punto de vista

Luego, hace un bosquejo general de los incidentes que le parezcan relevantes, tomando apuntes. ¿Qué acciones deben incluirse? ¿Quiénes son los personajes y las situaciones que tiene que presentar? Este relato debe ser más que una anécdota personal del tipo de la L. 18 en su complejidad y extensión. Conviene hacer un plan de la trama fundamental y el reparto de personajes y luego señalar los puntos donde caben más descripción, más episodios, más discurso y más experimentación con la organización y la cronología, dentro de los límites asignados de la composición.

Después de los preparativos, se escribe conforme a las tres etapas recomendadas en las L. 6, 12, 18:

1. **composición (redacción)**

El escritor pone en papel el flujo de la narración que se le ocurre al imaginarse el cuento por primera vez. A veces se detiene para volver a leer lo que ya ha escrito y para consultar sus apuntes y bosquejo. Puede omitir algunas partes (p. ej., episodios secundarios o secciones descriptivas) e insertarlas después de completar la trama central.

2. **revisión**

El escritor lee su borrador y revisa su contenido y organización. Trata de mirar el cuento como un lector desconocido, preguntándose cómo puede mejorar su cuento para que otra persona lo comprenda bien y se interese en él. Es probable que tenga que añadir más trasfondo para pintar una escena o explicar motivos, más acciones para reforzar la trama y más descripción para suplir detalles interesantes e intensificar el tono.

Luego, examina el ritmo narrativo y las transiciones. Se fija en las interacciones y reacciones que pueden mejorarse con el discurso (indirecto y directo) y sucesos que necesitan adverbiales (de manera, cronología y causa/efecto) o que pueden unirse mejor con gerundios y conjunciones adverbiales.

La revisión podría continuar indefinidamente; muchos cuentistas y novelistas profesionales pasan por varias versiones hasta darse por satisfechos, pero nunca alcanzan la perfección. En algún momento cuando el cuento parezca eficaz conforme al propósito del escritor, hay que ponerle fin a esta etapa y seguir a la última.

3. **corrección**

El escritor atiende a los detalles llamados "mecánicos": la ortografía y las reglas gramaticales como la concordancia. Hay que recordar que un exceso de errores corregibles molesta y distrae al lector, y que ciertos errores (p. ej., confusión de pronombres o de tiempos pasados) resultan en otro sentido. El borrador que se le entrega al profesor, desde luego, no es el de la primera etapa, sino el borrador *corregido* de la tercera.

Como de costumbre, ofrecemos una lista de verificación para este tipo de composición:

LISTA DE VERIFICACIÓN

1. contenido

☐ ¿Trato de captar el interés del lector desde el principio? ¿Lo mantengo con mi ritmo narrativo?
☐ ¿Es apropiado el tono? ¿Es consistente el punto de vista?
☐ ¿Hay suficiente información para describir la situación? ¿Para pintar escenas interesantes?
☐ ¿Hay una mezcla interesante de acciones, interacciones y reacciones? ¿Uso bien el discurso?
☐ ¿Qué innovaciones ilustradas en esta lección (de cronología, de punto de vista, de tema...) he tratado de usar para mi "narración compleja"?

2. organización

☐ ¿Está clara la cronología? ¿Dónde necesito más adverbiales de tiempo, de secuencia, de causa/efecto, etc.?
☐ ¿Los episodios están ordenados y unidos de forma coherente?

3. expresión de las ideas

☐ ¿Hay variedad y precisión de expresión?
☐ ¿Hay acciones que puedan expresarse más vivamente? ¿Con más adverbios y gerundios?
☐ ¿Dónde deben unirse los sucesos con más transiciones o conjunciones adverbiales?
☐ ¿He tratado de usar las opciones estudiadas en las Lecciones 19-23 (tiempos perfectos, progresivos, condicional, cláusulas adverbiales, etc.)?

4. gramática

☐ ¿Siempre está clara la relación "quién le hizo qué a quién"? ¿Hay confusión de pronombres?
☐ ¿He revisado las formas verbales? ¿Distinciones de tiempo y modo? ¿Ortografía y concordancia?

APLICACIÓN

Ejercicios de preparación

A. Apuntes personales: Después de leer esta lección, piense usted en lo que ha aprendido y también en su propia experiencia en la lectura o redacción de narraciones. Escriba algunas ideas o consejos generales que puedan mejorarlas y hacerlas interesantes. Luego, para su propia composición, piense en alguna trama (de ficción) que pudiera desarrollarse en un cuento, y en algunas opciones para el punto de vista y la organización.

B. El enriquecimiento del vocabulario. Vuelva a consultar la L. 6 (§6.5.2) y los consejos que allí se dan sobre el enriquecimiento del vocabulario. Luego, lea las siguientes oraciones y busque (al menos) dos maneras equivalentes de expresar cada frase en cursiva en el mismo contexto.

1–2. Estos hombres *querían* la independencia y *trabajaban para* diseñar un nuevo gobierno.
3. Su familia trató de *confortarla.*
4. Esto le *causó* muchos problemas en la vida.
5. Pasamos dos horas *hablando.*
6–7. *A veces* los miembros de la junta *reñían.*
8. Todos *se sintieron muy mal* al oír de la desgracia.
9. Poco a poco, la relación entre los dos *cambió.*

Actividad

C. En grupos, pónganse de acuerdo sobre alguna fábula que todos conozcan, p. ej. *Caperucita Roja* ('Little Red Riding Hood') o *La tortuga y la liebre* ('The Tortoise and the Hare'). Hagan una generación de ideas sobre las técnicas que pudieran usar para narrarla de manera innovadora (p. ej.: punto de vista, tono, organización, lección).

Modelo y análisis

D. Lea el siguiente cuento y luego conteste las preguntas. (Será una buena idea estudiarlas primero antes de leer.)

(Mario Benedetti, *Cuentos completos,* Madrid: Alianza Editorial, 1986, pág. 301-303; también en *Con y sin nostalgia,* 1977.)

Compensaciones

Pedro Luis le llevaba un año a Juan Tomás, pero eran tan exactamente iguales que todos los tomaban por mellizos. Además, como Pedro Luis se había atrasado un año en primaria debido a una escarlatina con complicaciones, a partir de ese momento habían hecho juntos el resto del colegio, todo el liceo y los dos años de Preparatorios (que fue de Arquitectura), así que la gente se había habituado a verlos por partida doble. Tanto los compañeros de clase como los profesores, cuando se dirigían a uno u otro empezaban inquiriendo de cuál de los dos se trataba. Sus jugarretas en Preparatorios pasaron a integrar el folklore estudiantil: cuando preparaban los exámenes se repartían las materias, y de ese modo sólo estudiaban la mitad, ya que cada uno daba dos veces (una como Juan Tomás y otra como Pedro Luis) la misma asignatura. Así pasaban de año aplicando la ley del mínimo esfuerzo. Su solidaridad y colaboración fraternales llegaban a tales extremos que en más de una ocasión atendieron intermitentemente a alguna noviecita.

Sólo al entrar en Facultad sus caminos se bifurcaron, y fue por causas políticas: Pedro Luis tomó hacia la izquierda, Juan Tomás hacia la derecha. Pero ni uno ni otro se limitaron a opinar, sino que se lanzaron de lleno a las respectivas militancias. Juan Tomás empezó vinculándose a ciertos grupos de agitadores anticomunistas; Pedro Luis, a un movimiento clandestino de extrema izquierda. Una sola vez discutieron a fondo, todavía en los comienzos de la bifurcación, pero no pudieron entenderse, de modo que el tema quedó tácitamente abolido. Ambos siguieron viviendo en casa de los padres;

por consideración a los viejos, que no acababan de entender la ruptura, había entre ambos el acuerdo tácito de no introducir tópicos conflictivos en las conversaciones hogareñas. Pero Juan Tomás sabía —por sus compinches—de las andanzas ilegales de Pedro Luis; y éste también estaba al tanto—por sus compañeros—de las faenas parapoliciales de su hermano menor.

Cuando estaban en segundo año de Facultad, Juan Tomás abandonó los estudios y se incorporó formalmente a los planteles policiales. Con frecuencia le llegaban a Pedro Luis noticias de que su hermano era responsable y ejecutor de torturas varias. El mayor, en cambio, siguió sus estudios, aunque no con el mismo ritmo, ya que la militancia le absorbía mucho tiempo. Durante este período cada uno desconfiaba del otro, y andaban por caminos tan separados, que ya nadie los confundía. Para los compañeros de Pedro Luis, aunque sabían de la sórdida existencia de Juan Tomás, virtualmente no contaba la presencia física de éste; para los socios y colegas de Juan Tomás, aunque conocían la militancia de Pedro Luis (si no lo habían detenido hasta ahora, por algo sería) no había adquirido importancia el problema de la increíble semejanza. Por otra parte, se diferenciaban hasta en el vestir: Juan Tomás llevaba casi siempre camisa, corbata roja, campera negra, y usaba portafolio, en tanto que Pedro Luis, fiel a la informalidad estudiantil, andaba con vaqueros, polera y un bolsón de viaje colgado del hombro.

La situación culminó un sábado de tarde. Pedro Luis había estudiado la noche anterior hasta muy tarde, así que, después del almuerzo familiar (minestrón, ravioles, cerveza) decidió echarse una siestecita. Tenía sueño liviano, sabía que con una horita le alcanzaba: sólo hasta las tres, luego tenía reunión con los compañeros. Se despertó a las seis, sin embargo, la cabeza horriblemente pesada. Ya no podía llegar a la reunión, qué joda, así que se duchó y se afeitó. Cuando abrió el ropero, se encontró con que allí no estaban ni los vaqueros, ni la polera, ni el bolso. Fue sólo un relámpago ("el hijo de puta me puso una pichicata en la cerveza"), suficiente para imaginar a sus compañeros, reunidos con Juan Tomás y proporcionándole toda la vital información que éste buscaba. Ya era tarde. Imposible avisar a nadie. Sencillamente: el desastre.

Pedro Luis entró como una tromba en el dormitorio de Juan Tomás. Abrió el ropero, y no se sorprendió al encontrar allí la camisa, la corbata roja, la campera negra, el portafolio. En cinco minutos se vistió con la ropa de su hermano, abrió el portafolio, comprobó su contenido y salió disparado, sin despedirse siquiera de los viejos. Tomó un taxi, que le dejó frente a la "oficina" de Juan Tomás. Cuando entró, los policías lo saludaron con familiaridad, y él les hizo un guiño. En el segundo pasillo, un muchachón robusto se cruzó con él, le preguntó qué tal había salido "aquello" y él dijo que bárbaro.

Acabó por orientarse cuando un segundo robusto, que llevaba como él campera negra, le señaló una puerta cerrada: "Te espera el Jefe". Golpeó con los nudillos, cautelosamente, y alguien, de adentro, lo invitó a pasar. En mangas de camisa, el Jefe, sudoroso y eléctrico, conversaba con otros dos. Cuando vio de quién se trataba, interrumpió un momento el diálogo: "¿Te fue bien?" "Claro, como siempre", dijo Pedro Luis. "Ya termino. Quiero que me cuentes". Pedro Luis se apartó y quedó de espaldas a la ventana.

El Jefe empezó a dar rápidas instrucciones a los dos hombres. Era obvio que quería quedar libre para disfrutar de las buenas nuevas. De modo que Pedro Luis pudo hasta permitirse el lujo de no abrir enseguida al portafolio donde estaba—lustroso, contundente y neutro—el treinta y ocho largo de Juan Tomás.

1. Caracterice (a) el tono y (b) el punto de vista de este cuento.
2. ¿Hasta qué punto se aparta el narrador del esquema "trasfondo → trama → complicación → desenlace"?
3. ¿Cuáles son los episodios (v. §24.3) que componen este cuento?
4. ¿Qué papel tiene la descripción?
5. ¿Cuándo comienza el narrador a hacer avanzar el ritmo narrativo (v.§ 24.4)? ¿De qué manera? ¿Cuándo utiliza el discurso directo? ¿Para qué?
6. Esta trama se centra en un "cambio en el protagonista" (v. §24.6). Caracterice este cambio.
7. Localice ejemplos de:
   a. el pluscuamperfecto para eventos o situaciones anteriores.
   b. la vinculación de oraciones por medio de conjunciones adverbiales.
8. Fíjese en la falta del condicional, o sea el "futuro del pasado" (v. L. 20) ¿Por qué el autor no recurre a veces a frases como "los dos hermanos sabían que *no se llevarían bien*"?

Revisión

E. Adjuntamos a continuación un cuento escrito por un estudiante de español. Tiene una "trama de educación" y mucho potencial para convertirse en narración compleja con descripción y discurso. Prepárese para comentarlo en clase leyéndolo bien. Evalúelo según los cuatro criterios de la lista de verificación y sugiera algunas maneras de mejorarlo.

Composición

El verano antes de mi primer año del universidad, hizo un viaje a Rusia con unos maestros y estudiantes de mi colegio. Nunca había visitado un país extranjero y, en verdad, nunca había estado en un ciudad muy grande. Pudo aprender mucho de viajar y de la gente.

La primera ciudad que visitamos fue la capital del país, Moscú. Solamente allí por cinco dias, no estaba muy familiar con la ciudad. Todos me aparecía muy rápidos, concurridos, y atestados a mi de cualquier modo. Las personas me aparecía distantes y inanimistosas, desemejante de mi pueblacita. El día último en Moscú, antes de salir por S. Petersburgo, todos mis amigos decidieron ir a un calle nuevo.

Fui con ellos, pero dos amigas y yo no había comprado nuestros recuerdos todavía y queríamos revolver a las tiendas una vez mas. no quería ir con nosotros nadie, por tanto decidimos ir solas. Nos despedimos de sus amigos y empezamos, por nosotros, una aventura grande.

Pudimos hallar las tiendas por seguir los torres coloridos y imensos de la catedral magnífico de San Basil. Después de comprar nuestros regalitos, teníamos que devolver al hotel ANTES DE QUE salió el autobus por el ciudad próximo con todos los estudiantes. No estaría un problema porque antes de hallar un estación del metro solamente necesitamos tomarlo hasta el segunda parada para llegar al hotel.

Primero, cuando buscar la estación, empezó a llover. Estábamos en el medio del ciudad sin ni unas paraguas siquiera una chaqueta.

Encontramos una estación. Estabamos mojadas, pero nadie nos miraron o nos sonrieron. Simplemente nos sentamos para nuestro paseo corto; pero, después de la segunda parada, ¡no estuvemos a nuestra lugar! ¿Que hacer? No comprendamos el ruso y los rusos no entendieron el inglés. Pasamos el metro por dos horas. Tratabamos de comunicar con la gente con nuestras manos, unas picturas, y simbolos de colores. Finamente, unas personas nos sonrieron. Hablaron mucho (o trataban de hablar) con nosotros.

En verdad, muchos trataban de ayudarnos en nuestra situación difícil. ¡Encontramos tan muchas personas amables! En dos horas, todas tuvieron que despedirse, pero siempre nos sonrieron y hicimos senales con sus manos.

Por fin, decidimos salir el metro. Fuimos al calle y, con mucha sorpresa, reconocimos un edificio que habíamos visitado. Corrían al interior y hallamos una mujer que pudio hablar inglés. Nos dio direciones y nos dijo que había tratadao de usar el estacion incorecto. Finalmente llegamos al hotel solamente una hora después salir por S. Petersburgo. Habíamos perdido la cena, pero grácias a Diós, tuvimos bastante tiempo para empaquetar nuestra cosas y ducharnos.

Tuvimos una experiencia espantosa, pero aprendí mucho. La gente del Moscú no están muy diferentes que toda la gente del mundo. Pueden reir y hablar: YO simplemente tuvi que salir mi pequeña puebla que había llegado conmigo y hacer un esfuerzo.

Tarea: Una composición de narración compleja.

F. Escriba un cuento creativo de 2–3 páginas usando las técnicas de narración compleja que convengan y aplicando bien los tiempos y las estructuras de las lecciones anteriores. Trate de adoptar una perspectiva, una organización y/o un tema diferente de las estrategias usuales de un relato personal.

NOTAS

1. Los ejemplos de "ganchos" (maneras interesantes de comenzar) en §24.3 son de los cuentos *Don Anselmo, La tierra de promisión* y *Un niño piensa,* de la colección *Cuentos para leer después del baño,* Barcelona: Editorial La Gaya Ciencia, 1974.
2. La lista de tipos de tramas literarias en §24.6 se basa en la clasificación de N. Friedman, *Form and Meaning in Fiction,* University of Georgia Press, 1975, citado en Ducrot & Todorov 1979, *Encyclopedic Dictionary of the Sciences of Language* (traducido por C. Porter), The Johns Hopkins University Press.

Capítulo V

La exposición

Este capítulo trata de maneras de *exponer* un concepto: cómo presentarlo y explicarlo de modo que el lector lo comprenda bien. La exposición se basa en estrategias como la definición, el análisis, la clasificación y la comparación, mediante las cuales el escritor considera su objeto, identifica sus rasgos esenciales y lo distingue de otros objetos. Para establecer estas referencias, recurre con frecuencia a la gramática del sustantivo y sus modificadores.

Lección 25: la frase sustantiva, con énfasis en el papel que tienen los modificadores en la referencia ("¿a cuál me refiero?", "¿qué tipo?") y el desarrollo de la información.
Lección 26: las cláusulas relativas, que sirven para especificar, definir y comentar con un verbo.
Lección 27: los números, que precisan la cantidad, las medidas y el orden de los elementos de un grupo.
Lección 28: la sustantivación y el neutro, dos maneras de evitar nombrar una cosa o de darle aun más relieve.
Lección 29: la comparación de una cosa con otra, o de una cantidad o grado con otro.
Lección 30: la composición de exposición.

LECCIÓN 25: La frase sustantiva y la referencia

Como dice el refrán

- De tal palo, tal astilla.

PRESENTACIÓN

25.1. La frase sustantiva y la especificación de la referencia. En todos los tipos de composición, tenemos presente la pregunta "¿A cuál(es) me refiero?" para que el lector no se confunda ni reciba una impresión vaga. Especificamos la referencia por medio de las frases sustantivas y sus sustitutos, los pronombres. A veces puede bastar un sustantivo, quizás con artículo:

La playa de Benidorm atrae a *los turistas*.

Pero podemos añadir modificadores para identificar con más precisión la cosa o la persona en la que pensamos, en este caso, *¿qué tipo de turistas?, ¿cuáles?*

La playa de Benidorm atrae a *los turistas extranjeros de clase media*.

Los sustantivos y sus modificadores cobran importancia especial en el arte de definir. Examinemos varios intentos de definir lo que es una *rosa*:

1. "La rosa es romántica". Esto no es una definición, sino una impresión personal. No hay sustantivo y hay muchas cosas "románticas". ¿Qué *es* una rosa?
2. "La rosa es una flor roja o blanca". Esta oración sí comienza una definición, basada en un sustantivo (*flor*) con modificadores, pero la información es insuficiente: hay varias flores rojas o blancas (por ejemplo, los claveles), y hacen falta más modificadores distintivos.
3. "La rosa es una flor bonita. Simboliza el amor. Tiene un tallo con espinas. Crece en el verano. Les encanta a las chicas". Aquí hay más información, pero no es una definición verdadera sino un **párrafo** de breves observaciones separadas (y a veces irrelevantes), sin organización.
4. "La rosa es una flor aromática, generalmente roja, rosada o blanca, de pétalos grandes, que crece en un arbusto de unos 2 ó 3 metros de altura que tiene un tallo espinoso".

¡Ahora tenemos una definición completa! Hay suficientes detalles para identificar lo que es una rosa y distinguirla de otras flores, y toda la información se presenta en una sola FRASE SUSTANTIVA, con base en *flor*.

Una frase sustantiva (o frase nominal) es un grupo de palabras que consiste en un sustantivo junto con sus modificadores adyacentes. Los elementos de esta frase suelen arreglarse como se ve en el cuadro de la Figura 25.a:

LA FRASE SUSTANTIVA

	DETERMINANTE	CUANTIFICADOR	SUSTANTIVO PRINCIPAL	ADJETIVOS DESCRIPTIVOS	FRASE PREPOSICIONAL
	los		estudiantes	excepcionales	de esta clase
Todos	estos	ocho	edificios	modernos y altos	de nuestra ciudad
		muchas	cuestiones	sociológicas	del siglo XXI

Figura 25.a La secuencia usual dentro de la frase sustantiva

El DETERMINANTE ('determiner') es un artículo, posesivo o demostrativo que "determina" la referencia del sustantivo. El CUANTIFICADOR ('quantifier') es un adjetivo de cantidad que suele preceder al sustantivo.

Otras lecciones han repasado la flexión de los artículos, los sustantivos y los adjetivos (v. L. 2) y también los posesivos (v. §8.5). En esta examinamos otros detalles que sirven para definir la referencia y manipular la información.

25.2. Sustantivos que modifican a otros sustantivos. En inglés los sustantivos se combinan libremente para formar una palabra COMPUESTA ('compound') de SUSTANTIVO + SUSTANTIVO en la que el primero modifica al segundo: *textbook, bookshelf, biology class, brick house,* etc. Algunas compuestas de SUSTANTIVO + SUSTANTIVO se encuentran en español también, sobre todo en el lenguaje técnico, pero el sustantivo modificador se coloca *después* del sustantivo principal, en un orden normalmente contrario al del inglés:

la cuestión clave: 'the key question/issue' | la fecha límite/tope: 'the deadline'
el grupo control: 'the control group' | un año luz: 'a light-year'

El primer sustantivo es el que se pluraliza y determina el género: ***los** grupos control, **las** cuestiones clave.*

También se emplean los sustantivos de tamaño, tipo y color con otro sustantivo como si fueran adjetivos. Pero a diferencia de los adjetivos verdaderos, no concuerdan (p. ej., no se pluralizan):

dos suéteres *café / violeta / rosa /(color de) vino...*

25.2.1. Sustantivo + preposición + sustantivo. Aun así, el patrón SUSTANTIVO + SUSTANTIVO resulta mucho menos frecuente en español que en inglés. Es más típico colocar el sustantivo modificador en una frase preposicional introducida por ***de:***

my *theater* class: mi clase *de teatro*
world problems: los problemas *del mundo*
vegetable soup: sopa *de legumbres*
sodium chloride: cloruro *de sodio*
a *biology* test: un examen *de biología*
data banks: bancos *de datos*
winter clothes: ropa *de invierno*
a *tomato* seed: una semilla *de tomate*

Es igual cuando el "sustantivo" modificador es un *verbo* (gerundio en inglés, infinitivo en español):

sewing machine: máquina *de coser* | *sleeping* bag: saco *de dormir*

Se usa el mismo patrón (con *de*) donde el inglés tiene sustantivos posesivos:

John's older sisters	las hermanas mayores *de Juan*
the first woman's salary	el sueldo *de la primera mujer*
these companies' output	la producción *de estas compañías*
Anita's grandparents' house	la casa *de los abuelos de Anita*

La preposición ***para*** puede sustituir a *de* para indicar el propósito si hay posible confusión:

coffee cups	tazas *para* café (tazas *de* café = 'cups of coffee')
men's clothing store	almacén de ropa *para* hombres (*de* hombres = 'already theirs')

Y pueden usarse ***con*** o ***sin*** para indicar el acompañamiento o la falta:

refrescos con/sin cafeína   tazas con/sin asa   café con/sin leche

Pero las preposiciones locativas (*a, en, detrás de, debajo de,* etc.) generalmente *no* se usan para unir los sustantivos: el español prefiere *de* o si la información locativa es importante, una cláusula relativa con *que*:

the statue in the park	la estatua *del* parque, la estatua *que está* en el parque
the best pupil in the school	el mejor alumno *de* la escuela
the woman at the door	la mujer *que está* a la puerta
the guy behind the billboard	el tipo *que está* detrás de la valla publicitaria

De también suele introducir los adverbios que modifican al sustantivo:

the books on top	los libros *de* encima, los libros *que están* encima
the production yesterday	la producción *de* ayer

Sin embargo, los sustantivos DEVERBALES (o sea, derivados de verbos) retienen la preposición de su verbo original:

(referirse ***a***): tu referencia ***a*** Darío
(interesarse ***en***): el interés ***en*** las películas viejas

25.2.2. Sustantivo convertido en adjetivo. Otra manera de usar un sustantivo como modificador es *convertirlo en adjetivo*. Sigue una lista representativa.

la industria del petróleo = la industria *petrolera*
el campus de la universidad = el campus *universitario*
artículos de periódico = artículos *periodísticos*
un programa de televisión = un programa *televisivo*
la economía de Chile = la economía *chilena*
una llamada por teléfono = una llamada *telefónica*
pueblos de la frontera = pueblos *fronterizos*
archivos de la policía = archivos *policiales*
la reforma de impuestos = la reforma *impositiva* (o *tributaria*)
la presión de la sangre = la presión *sanguínea*
los problemas del mundo = los problemas *mundiales*
la crisis del gobierno = la crisis *gubernamental*
una red de bancos = una red *bancaria*
un campo para deportes = un campo *deportivo*
la cultura de automóviles = la cultura *automovilística*
las calles de Madrid = las calles *madrileñas*.

El inglés no tiene tantas formaciones adjetivales porque prefiere SUSTANTIVO + SUSTANTIVO: *the petroleum industry, the university campus, a television program, newspaper articles*, etc. En español son más frecuentes pero variables (sufijos *-ario, -no, -al, -ico*, etc., v. §38.2), así que conviene consultar un diccionario para buscarlas.

25.3. Los artículos y la referencia. Los artículos (para sus formas, v. §2.4) indican el tipo de referencia: DETERMINADA (definida) o INDETERMINADA (indefinida).

25.3.1. El artículo determinado *el*. El artículo determinado o definido *el*, como *the* en inglés, acompaña a un sustantivo cuya referencia ya ha quedado identificada ("determinada") por su presentación anterior:

Ayer vi a *un* hombre y *una* mujer que daban un paseo. ***La mujer*** llevaba una bolsa enorme...

o porque es obvia dentro del contexto:

Ayer paseábamos por *la* calle. *El* sol brillaba y *los* empleados salían de *los* rascacielos.

Pero el artículo tiene mayor frecuencia en español por su extensión adicional a otros cinco tipos de referencia:

a. **La referencia genérica (general)**
El artículo determinado se usa para la referencia GENÉRICA, es decir la totalidad del concepto en general; el inglés no suele usar artículo en este caso:

Los científicos dicen que *el* hombre ha evolucionado de *los* simios. ('Scientists say man has evolved from apes')
El honor es un tema frecuente de *la* literatura española. ('Honor is a frequent topic in Spanish literature')
El trigo es un elemento de su dieta, pero también les gusta *el* arroz. ('Wheat is an element of their diet but they also like rice')

El mismo principio se aplica al nombre de una lengua:

El español es un idioma mundial. ('Spanish...': = la *totalidad* de este idioma.)
Pero: Hablaron en *español*. (= dijeron cosas en español, parte del idioma pero no el idioma entero)

Gramática visual: uso de sustantivo y de los artículos

b. La referencia al tiempo (horas y fechas específicas)
El inglés emplea el artículo con fechas modificadas ('on *the* Monday after vacation'), pero con otras lo omite ('on Monday'). El español lo emplea siempre para cualquier fecha u hora, específica o genérica:

Te veo *el* lunes, el veintitrés del mes.
Nos divertimos *los* viernes por *la* noche.
Pasamos *la* primavera en las montañas.
Son *las* tres, y a *las* cuatro nos vamos.

c. La referencia a los títulos
El artículo inglés se encuentra con los títulos sencillos ('I saw *the* professor/doctor'), pero no cuando se menciona el apellido también ('I saw Professor/Doctor Smith'). El español señala la referencia determinada en *ambos casos*. Pero este artículo falta cuando se *habla con* la persona en vez de hablar de ella.

Vi a *la* señora (profesora, doctora, presidenta) García y le dije —¡Oiga, señora García!

La misma regla se extiende a los nombres de calles, edificios, ríos, puentes, montañas, etc.:

Para llegar a*l* Hotel Mariott, siga por *la* Calle Florida hasta *el* Bulevar Revolución y pase por *el* Puente Morelos, que cruza *el* Río Tajo.

d. Sustitución del posesivo
En español, se considera redundante expresar el poseedor cuando se implica en otra parte de la oración, especialmente en el sujeto u objeto indirecto. En este caso, se prefiere el artículo en vez del posesivo (*mi, tu, su,* etc.):

¡Cierren *la* boca y levanten *la* mano! ('Shut your mouth and raise your hand!')
No me puse *los* zapatos hoy porque me dolían *los* pies. ('I didn't put on my shoes today because my feet were hurting')

Decir continuamente "Me dolían *mis* pies" o "Me peino *mi* pelo, me lavo *mis* dientes..." es un anglicismo que suena muy posesivo en español. Además, según la lógica del español, la cosa poseída está en el singular si queremos decir 'una cosa para cada miembro': "¡cierren *la* boca!" (*cierren las bocas* implica una anatomía grotesca).

■¡OJO!: También se usa el artículo genérico en vez del posesivo para la *referencia impersonal:*
Lo bueno es hablar con *los* amigos ('The nice thing is talking with *your* friends = one's friends, not yours = *de usted* personally').

e. Usos fijos
Por último, hay algunos casos que son difíciles de explicar, y se recomienda memorizar el artículo en estas expresiones:

inglés: *be in (go to) school/jail ...* español: *estar en (ir a)* **la** *escuela/***la** *cárcel.*

El artículo tradicionalmente acompaña a ciertos nombres geográficos: *el Japón, el Perú, la Argentina, los Estados Unidos*. Hoy día este uso es opcional a menos que el nombre vaya modificado: *(la) Argentina,* pero **la** *Argentina posperonista.*

25.3.2. El artículo indeterminado: *un*. La mayoría de las diferencias entre el español y el inglés con su artículo indeterminado o indefinido *un* 'a, an' se centran en el tratamiento de sustantivos DESNUDOS ('naked'), o sea sin modificadores. Cuando estos se encuentran después del verbo, el inglés insiste en alguna señal de lo indefinido (*a, an, some, any*), pero el español prescinde de artículo si no se trata de la selección de *un (1) solo* individuo en particular. Estudie los siguientes ejemplos de sustantivos desnudos:

Necesito *aceite*, pero no tengo *dinero*. ('I need (some) oil, but don't have (any) money')
Salí sin *paraguas*. ('I left without an umbrella'; la cantidad y la identidad de paraguas no importan.)
¿Tenéis *coche*? ('You got a car?' No me refiero a *un* coche y solamente *uno*.)

También se omite *un(a)* cuando un sustantivo atributivo (v.§3.1.1) identifica al sujeto como adjetivo:

Mi esposa es *maestra* / trabaja de *maestra*. ('My wife's a teacher, works as a teacher')

Pero si tiene adjetivo u otros modificadores, ya no es "desnudo" y requiere el artículo indeterminado:

Mi esposa es ***una*** *maestra dedicada.*

■¡OJO! A diferencia del inglés, el artículo indeterminado también falta con *cierto, otro, tal* y *qué*:

Hay *cierta* vergüenza en ver *otro* error. ('There's *a certain* shame in seeing *another* error')
No aguanto *tal/semejante* cosa. ('I can't stand *such a* thing')
¡*Qué* lástima! ¡*Qué* pelea tan estúpida! ('*What a* shame!' *What a* stupid fight!')

25.4. Los demostrativos: *este, ese, aquel, así.* Los DEMOSTRATIVOS (v. §2.4), como los artículos, son "determinantes" de la referencia del sustantivo, pero la fijan según la distancia y así se relacionan con adverbios locativos. ***Este*** (*estos, esta, estas*) se refiere a algo que está "aquí", cerca del hablante y equivale a *this (these)*; pero la zona que conocemos como *that* (o *there*) en inglés se divide en español. ***Ese*** (*esos, esa, esas*) se refiere a algo que está "ahí", a una distancia intermedia, sobre todo cerca de "tú" o "usted" (la persona con la que hablo); ***aquel*** (*aquellos, aquella, aquellas*) señala algo más distante. Las formas neutras ***esto/eso/aquello*** tienen funciones especiales (v. §28.2) y *nunca* se usan con sustantivo.

Los demostrativos también denotan diferencias de *tiempo:*

En *aquella* época solíamos acostarnos muy temprano (*distancia en tiempo*).

Además, *este* y *aquel* sirven para distinguir cosas recién mencionadas, como *latter* y *former* en inglés:

Tanto el delfín como la ballena son mamíferos, pero *esta* (*'ballena'*, el sustantivo más cercano) es más grande que *aquel* (*'delfín'*, el más lejano). 'Both the dolphin and the whale are mammals, but the *the latter* is bigger than *the former*'

También puede ser demostrativo ***así***, un adverbio de manera (*No lo hago así* 'I don't do it that way') que se usa después de sustantivos en frases como la siguiente:

un empleo así ('a job like this/that' = 'like the one we just described')

25.5. Los cuantificadores. Los CUANTIFICADORES expresan la cantidad o el orden y generalmente preceden al sustantivo. La mayoría de los números (*cuatro, sesenta, cien,* etc.; v. L.27) es invariable, pero los cuantificadores indefinidos (*mucho, poco, bastante, demasiado,* etc.v. §29.1.2) y ordinales (*primero, segundo,* etc.) se flexionan como adjetivos:

Hay poc**os** (much**os**, bastant**es**) corredores. Los primer**os** **cuatro** recibirán trofeos.
Algun**as** (otr**as**, ciert**as**, vari**as**, much**as**) víctimas sufren trastornos psicológicos.

25.5.1. Comentarios sobre los cuantificadores. Ciertos cuantificadores españoles difieren de sus equivalentes en inglés por su posición o sentido.

1. El inglés dice "NUMBER + *other(s)*"; el español prefiere "*otros* + NÚMERO": ***otras dos novelas.***
2. NÚMERO + *más/menos* se separan cuando hay sustantivo: (*dos más problemas →) *dos problemas más.*
3. *Los/las demás* es un sinónimo frecuente de *los/las otros(as).*
4. *Bastante* tiene dos sentidos, 'suficiente' y 'gran número de':

   ¡Ya! Tengo *bastante* café, gracias. ('enough')
   Tengo *bastantes* parientes. ('quite a few')
5. *Todos* y *ambos* no se usan con ***de:*** *todos los alumnos* 'all (of) the students', *todos nosotros* 'all of us', *ambas asignaturas* 'both (of the) subjects'. (Pero 'both...and...' es una conjunción: *tanto...como...,* v. §4.2)
6. *Sendos* es un cuantificador especial que significa 'uno para cada uno': *Los niños recibieron sendas cartas.*
7. *Entero* es sinónimo de *todo* con un sustantivo singular, pero se pospone: ***todo** el mundo* = *el **mundo entero.***

8. Como *uno* es tanto artículo como número, se enfatiza su sentido numérico con ***solo:*** *una sola mujer* 'one (just one) woman'. El sentido '*the only* woman' (con artículo definido) se expresa con ***único:*** *la única mujer*.

(Para los cuantificadores *unos, algunos, pocos, un poco de* , véase 'some, few' en *Distinciones,* Apéndice A).

25.5.2. Los partitivos. Otra manera de indicar la cantidad es con una FRASE PARTITIVA ('una parte de') con ***de:***

un poco de azúcar
dos litros de agua
la mayoría de los policías
el resto de los asuntos
una cucharada de canela
un par de señoras
algunos de los muebles
el/un 35% de los votantes
dos docenas de huevos
un tercio de los encuestados
gran parte de los entrenadores
una cantidad de personas
dos paquetes de espaguetis
la mitad del poema
un montón de quehaceres

Fíjese en que a diferencia del inglés, los porcentajes llevan un artículo cuando se usan como partitivos: ***el*** *35% (por ciento) de los votantes* ('*35% of the voters*'). Los cuantificadores también pueden ser partitivos (*muchos/algunos de los discos*), excepto *todos* y *ambos* (v. §25.5.1).

Cuando el partitivo es singular y el sustantivo es plural, muchos gramáticos insisten en una concordancia entre el verbo y el partitivo, pero hay variación, especialmente en el caso de los modificadores más lejanos:

La mayoría de los policías **es (son)** simpática**(os)**. Creo que **ellos son** muy sincer**os** en su trabajo.

25.6. La posición de los adjetivos: anteposición y posposición. Los cuantificadores y determinantes suelen preceder al sustantivo, y los adjetivos descriptivos lo siguen. Sin embargo, la mayoría de los modificadores puede cambiar de posición: puede ANTEPONERSE (preceder) o POSPONERSE (seguir) al sustantivo. Por lo general, **el modificador lleva más información distintiva cuando se pospone**. En el caso de los demostrativos y posesivos, esta posposición da mayor énfasis o contraste:

ese chico → el chico **ese**: '*THAT* kid'   mis hijos → los hijos **míos**: '*MY* children'

Pero para los adjetivos descriptivos (*verde, grande, inteligente. etc.*), el efecto depende del tipo de referencia.

25.6.1. Con los sustantivos indefinidos (indeterminados). Con los sustantivos indefinidos (*un, una*), los adjetivos pospuestos sugieren rasgos notables, como si respondieran a la pregunta "¿qué tipo?": *Son héroes* ***famosos*** – 'estos hombres son héroes que son *famosos*' (algunos héroes no lo son). El inglés acentúa el adjetivo para esta función distintiva: *They're FAMOUS heroes*. Al anteponerse, como en *Son* ***famosos*** *héroes*, el adjetivo puede implicar una cualidad más inherente o asociada con el sustantivo: 'Son héroes y por eso tienen fama'. Sin embargo, con la referencia indefinida la diferencia puede ser sutil, y los adjetivos evaluativos como *bueno* y *malo* tienden a anteponerse aunque tengan un valor distintivo: *Uno necesita encontrar un* ***buen*** *tutor si saca* ***malas*** *notas.*

25.6.2. Con los sustantivos definidos (determinados). En la referencia definida o determinada (*el, mi, este...*), uno o más individuos ya han sido identificados: ***el*** *libro del que estamos hablando* (no ***un*** libro que voy a presentar), ***tu*** *hija* (no *una* hija). Entonces, el adjetivo pospuesto —que lleva mayor importancia informativa— continúa el proceso de especificar "¿a cuál(es) me refiero?": escoge ciertos individuos del grupo designado por el sustantivo, los distingue de los demás y restringe la referencia a esa selección. Por eso, se dice que el adjetivo pospuesto es RESTRICTIVO, ESPECIFICATIVO O DISTINTIVO. Ejemplos:

Dame el libro *verde*. (Hablamos de varios libros, o hay varios, y el que quiero es el *verde.)*
Quiere ser como las mujeres *hermosas* de los anuncios. (Algunas son hermosas, y las otras no le interesan.)
La matemática es una función del hemisferio *izquierdo* del cerebro (*No* del hemisferio derecho.)
Plutón es el planeta más *distante* (=*cuál planeta*), pero algunos no lo consideran un planeta *verdadero* (=*qué tipo de planeta*).

Cuando el adjetivo se antepone, tiene menos valor restrictivo. Es EXPLICATIVO: el hablante no lo emplea para definir "¿a cuál(es) me refiero?", sino para explicar una típica característica asociada con el individuo o con el grupo. Puesto que menciona un aspecto notable, puede aportar un matiz muy expresivo como comentario subjetivo, pero podría eliminarse y el oyente (o lector) continuaría comprendiendo "a cuál(es)" me refiero:

Me encantan los *verdes* valles de Galicia. (Hablo de todos aquellos valles y su famosa verdura).
Quiere ser como las *hermosas* mujeres de los anuncios. (Cree que todas esas mujeres son hermosas).

Contrastes:

(1) Juan es **el médico bueno** de esa clínica. *(hay varios médicos pero identifico a Juan como el bueno; los demás no son tan buenos.)*	Juan es **el buen médico** de esa clínica. *(tienen un solo médico y, como ya se sabe, es un tipo bueno)*
(2) Me refiero a **tu hija atlética**. (tienes varias hijas y hablo de la atlética)	Me refiero a **tu atlética hija**. (tienes una hija y, como sabemos, es atleta)

A veces el adjetivo tiene una posición fija por razones de información cultural:

El *famoso* autor de *Cien años de soledad.* (Sabemos que este libro tiene un solo autor.)
Las naciones *europeas* van a unirse. (No es posible que todas las naciones sean europeas.)
Esa ciudad se conoce por su arquitectura *religiosa.* (Hay otros tipos de arquitectura también.)
Las especies *mamíferas* han evolucionado más. (Hay muchas otras especies *no* mamíferas.)

Otras combinaciones son frases fijas: *las bellas artes* 'fine arts', *el mal humor* 'bad mood', *la mala suerte* 'bad luck'.

25.6.3. Varios adjetivos. Para lograr una identificación o descripción suficiente, a menudo usamos dos o más adjetivos. Con su orden restringimos cada vez más el grupo denominado por el sustantivo, y este orden suele ser contrario al orden de los correspondientes adjetivos antepuestos del inglés, como vemos en la Figura 25.b.

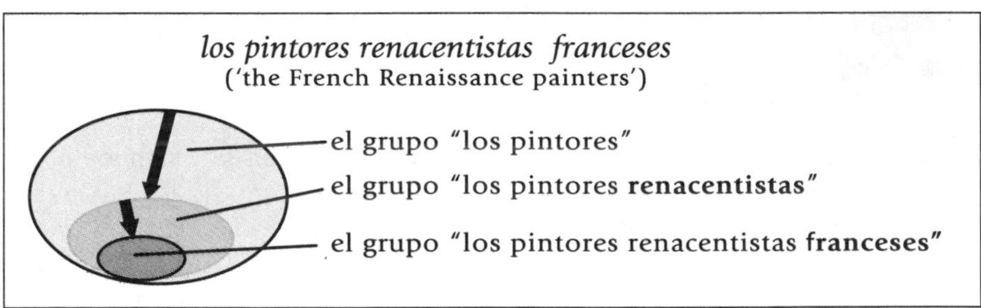

Figura 25.b Restricción sucesiva de varios modificadores

El orden de los adjetivos pospuestos puede ser importante. En "Estudiamos la literatura *moderna española*" ('Spanish modern literature'), implicamos que la asignatura es "literatura moderna" y que ahora enfocamos obras españolas; pero en "Estudiamos la literatura *española moderna*" ('modern Spanish literature') sugerimos lo contrario, la asignatura "literatura española" con un enfoque (por ahora) en las obras más recientes.

Cuando ambos adjetivos se usan *juntos* para restringir la referencia simultáneamente, los unimos con la conjunción **y**. El equivalente inglés puede tener una coma entre adjetivos antepuestos:

Es una mujer *alta y atlética*. 'She's a tall, athletic woman'

Pero es frecuente anteponer un adjetivo que está implicado ya por el resto de la frase:

el **cálido** clima *tropical* de La Habana (todos los climas tropicales son cálidos)

25.6.4. Los llamados adjetivos que "cambian de sentido". Se dice que ciertos adjetivos "cambian de sentido" según su posición. Es verdad que pueden cambiar de traducción inglesa, pero en estos cambios se ve la misma tendencia que acabamos de comentar:

Gramática visual: efecto de la posición del adjetivo

- pospuestos (como otros adjetivos pospuestos): tienen un sentido restrictivo, especificativo, enfático;
- antepuestos (como otros modificadores antepuestos): tienen una función determinativa, explicativa, cuantitativa.

viejo	Es un amigo *viejo*. (Especifica su edad y lo distingue de otros amigos). Es un *viejo* amigo mío. (Comenta sobre la duración de nuestra amistad).
pobre	Se lo di al niño *pobre*. (Describe un rasgo socioeconómico que lo distingue de otros niños). Se lo di al *pobre* niño discapacitado. (*No* describe, no restringe la referencia; es un comentario compasivo).
único	Es una prueba *única*. (Describe el tipo de prueba, es "única" en sus características). Es la *única* prueba que suspendí. (No describe; tiene fuerza cuantificativa, 'only').
cierto	Marqué las respuestas *ciertas* (tipo de respuestas, 'correctas'; *no* marqué las *falsas*) *Ciertas* respuestas no salieron bien. (No describe; es un cuantificador como *algunas, varias*).

El significado exacto no se deja fijar con reglas firmes, sino que varía según el contexto. Muchos afirman que *antiguo* significa 'former' en anteposición y 'ancient' de lo contrario. Y así puede ser:

Hubo un discurso del *antiguo* presidente, quien habló sobre las civilizaciones *antiguas*.

Pero en otro contexto, podríamos hablar de "las *antiguas* pirámides egipcias" en el sentido de que todas las pirámides de Egipto son 'ancient', no 'former'.

En fin, el adjetivo se pospone para destacar su valor informativo y distintivo; esta posición es la más frecuente porque generalmente añadimos los adjetivos para delimitar más la referencia del sustantivo. Pero los precisos matices de la posición reflejan la intención del hablante o escritor.

25.7. **Resumen.** En la exposición el escritor presenta un objeto y lo explica. Abundan los sustantivos y sus modificadores porque sirven para indicar "¿a cuáles me refiero?, ¿qué son? ¿cómo son?, ¿de qué tipo?, ¿cuántos hay? ¿cuánto miden?". Por eso, hemos repasado los siguientes elementos de la frase sustantiva:

- los sustantivos unidos por preposición: *instrumentos de percusión, partituras para trío,* etc.
- los artículos y demostrativos, que "determinan" o definen la referencia: *los instrumentos, unos instrumentos, estos (esos, aquellos) instrumentos.*
- los cuantificadores (adjetivos o partitivos): *todos los (muchos otros, la mayoría de los) instrumentos.*
- los adjetivos que, conforme a su posición, sirven para comentar un aspecto interesante o para distinguir el tipo: *los (amenos) instrumentos musicales sinfónicos.*

APLICACIÓN

Ejercicios

A. Exprese en español las siguientes frases sustantivas. Si hay dos posibilidades, comente la diferencia.

1. some interesting TV programs
2. another great Spanish author
3. Shakespeare's long plays
4. Gloria's left hand and right foot
5. these hard calculus problems
6. the immense Pacific Ocean
7. that (*de allí*) region's clean water
8. the only brown and green umbrella
9. their sister's big eyes
10. their kind, sincere invitation
11. that tourist's (*de ahí*) beautiful photos
12. the rest of the married employees
13. a strange middle-class custom
14. two more sheets of recycled white paper

B. Definiciones. Defina los sustantivos siguientes (o un subgrupo seleccionado por su instructor), usando otro sustantivo más modificadores especificativos (adjetivos, participios, cuantificadores, posesivos, etc.). Cada definición debe ser precisa y suficiente, pero combine todas las características en una sola frase sustantiva (v. §25.1), como en el modelo.

Modelo: oro: El oro es un metal pesado pero relativamente blando, amarillo e inoxidable, de mucho valor por su escasez, que se usa en la joyería o en aplicaciones industriales.

1. diamante
2. jirafa
3. triciclo
4. yogur
5. vino
6. cacto
7. kimono, quimono
8. acera
9. aldea
10. horóscopo
11. golpe de estado
12. arco iris
13. bisabuela
14. asalto
15. mariposa
16. ladrillo

C. Revisión: Siguen oraciones extraídas de composiciones de estudiantes. Localice cada error y corríjalo.

1. *Muchas veces los sólos eventos sociáles eran en iglesia.
2. *Cambios en la dieta deben continuar por toda de la vida.
3. *Era mi primero recital y cuando me acerqué al piano, el monstruo horrible, tenía las manos húmedos.
4. *Su madre furiosa dijo que nunca haría tal una cosa.
5. *Una otra regla importante es hacer una poca actividad aeróbica cada día.
6. *Creo que padres necesitan tener interés sobre sus hijos notas y clases.
7. *Aprendí esto método en un otro clase de comunicación.
8. *Parece que todas de las mujeres les gustaría cambiar sus cuerpos.

D. Algunos usan los cuantificadores *mucho* y *alguno* demasiado y vale la pena buscar sustitutos más variados. En cada oración, sustitúyalos por una expresión partitiva.

1. El país atrae a *muchos* turistas.
2. *Algunos* criminales salen demasiado pronto de las cárceles.
3. *Muchos* poemas todavía conservan los esquemas métricos tradicionales.
4. *Muchos* ciudadanos todavía se creen independientes en las elecciones.
5. *Algunos* excursionistas acamparon a la orilla del arroyo.

E. Lleve a cabo los cambios estipulados para las frases sustantivas.

1. Ahora seguimos al segundo factor de interés en el análisis de la literatura.
   (→ Refiérase al factor núm. 3; cambie las frases preposicionales con *de* a adjetivos).
2. El reportero habló con ambas mujeres de este comité.
   (→ Refiérase a más de dos mujeres y a una pluralidad de comités; comente la personalidad del reportero).
3. La niña triste se dio cuenta de un solo remedio.
   (→ Hablamos de *una* niña, no hemos mencionado a otras; cambie *remedio* a referencia definida).
4. Tus estudiantes pobres no lo van a soportar.
   (→Ponga énfasis en el poseedor; indique que no venimos distinguiendo a los pobres de los ricos sino que les tenemos lástima, compasión; sustituya el pronombre por una frase sustantiva explícita comenzando con 'this').
5. Los fuertes presidentes de los Estados Unidos han influido mucho en ciertos países latinoamericanos.
   (→ Implique que *algunos* presidentes han sido fuertes y los distinguimos de los menos fuertes; sustituya la primera frase preposicional por adjetivo de nacionalidad; refiérase a la totalidad de estos países, no a algunos).

Ejercicios textuales

F. Descripciones culinarias. Traduzca estos ejemplos de exposición al español. Para ciertas palabras se dan equivalentes entre paréntesis; el símbolo '<' significa 'formado de'.

1. Mexican and Spanish tortillas are different foods. Both have the shape of a round, flat 'cake', but the former are thin disks of corn meal (*harina*) bread, while the latter consist of (*consistir en*) beaten (*<batir*) eggs fried with *cooked* (*<cocer*) potatoes and some onion.
2. Latin Americans like carbonated drinks (*gaseosas*), beer, coffee and hot tea. Another kind of drink is the nutritious (*nutritivo*) *licuado*, made of tropical fruit *mixed* (<*mezclar*) with ice and sugar in a *blender* (*licuadora*). Such a drink is especially refreshing in warm, *Caribbean* (*caribeño*) climates.
3. In all of the Hispanic countries, people enjoy *egg custard* (*flan*). It has a unique rich flavor and a certain delicate, *creamy* (cremoso) texture. But this is not the only popular dessert; ice cream and even chocolate cake are also found on restaurant menus.

G. Siguen tres ejemplos de ensayos expositivos sobre objetos ajenos a muchas culturas hispanas: el concepto de "Greeks" (en las universidades estadounidenses.), la planta que se llama "poison ivy" y los tornados. Vuelva a escribirlos para desarrollar su exposición, poniendo *determinantes o cuantificadores* apropiados donde se ven corchetes '{ }', y *adjetivos o frases preposicionales* donde se ve un subrayado, '___'. Se puede añadir otra información que parezca relevante o útil.

1. { } "Greeks" no son *griegos*______, sino miembros de organizaciones ____. { } organizaciones o clubes se dividen en "fraternities" ____ y "sororities" ____. Para reclutar miembros____, invitan a { } estudiantes____ al "rush", que es { } oportunidad _____ de conocerlos mejor. Después, seleccionan a { }solicitantes ____ y los invitan a unirse a ellos. { } candidatos llegan a ser miembros____ después de pasar por { }ceremonia____ de iniciación.

   { } "Greeks" tienen un propósito fundamentalmente ____: en un ambiente ____ donde { } estudiantes se sienten aislados y quizás perdidos en { } ciudad universitaria ____, { } clubes ____ fomentan vínculos____ entre "{ } hermanos" o " { } hermanas" que viven juntos por { } años ayudándose con sus problemas ____. También se dedican a veces a { } proyectos de servicio ____. Pero para { } estudiantes, { } organizaciones sirven para { } diversión y { }"Greeks" son famosos por sus fiestas ____.

2. "Poison ivy" significa en español "{ } hiedra____". Es { }planta____ que se encuentra en { } partes de América del Norte. Parece { } planta_____ pero se identifica fácilmente, aunque a veces, ¡demasiado tarde! Tiene { } hojas____, { } tallo____ y { } bayas____. Se extiende rápidamente como { } enredadera____ pero también se propaga con sus bayas: { } pájaros las comen y luego dejan caer { } semillas____ en todas partes.

   Para { } personas____, { }partes de { } planta son dañinas. No es necesario *comerlas* para enfermarse; si uno las toca, dentro de { } horas comienza a sentir { } picazón ____. Es natural frotarse o rascarse { } cutis para aliviar { } sensación ____, pero { } reacción no hace más que producir más ampollas____, de modo que se produce { } sarpullido____ que puede durar por { } días____.

3. { } palabra____ *tornado* se refiere a { } tipo____ de tormenta ____. { } tornados pueden formarse en { } partes ____, pero son especialmente frecuentes en { } región ____ de los Estados Unidos a causa de { } geografía____: durante { } primavera y { } verano, { } frentes____ que descienden de { } Montes Rocosos o de Canadá se topan con { } vientos más____ del Golfo y comienzan a girar rápidamente, creando { } ciclón____ acompañado por { } lluvias _____ y relámpagos____.

   A pesar de { } investigación____, { } tornados siguen siendo difíciles de pronosticar. { } señal es la apariencia de { } nubes____, de las que comienza a descender { } vórtice____. Esta toca { } tierra girando a una fuerza de casi 500 km/h, y comienza a avanzar al azar con { } sonido____ parecido al de { } tren____. En { } trayectoria____, deja { } destrucción____: casas, granjas, tiendas, vehículos y también { } víctimas____.

Adaptación de texto

H. Este relato es algo aburrido porque faltan modificadores. Vuelva a escribirlo añadiendo adjetivos, frases preposicionales y adverbios para que resulte más interesante.

Yo trabajo en un aeropuerto. Un día fui a mi puesto. Los pasajeros hacían cola, como de costumbre, a veces levantando la cara cuando se anunciaba un vuelo. De repente, entró un señor. Llevaba dos maletas. Siguió al frente de la cola. Una señora que llevaba 15 minutos esperando le gritó: "—¡Cola! Haga cola". Un señor le coreó, y luego otro. Pronto la sala de espera se llenó de gritos. El señor les dio una sonrisa y se excusó con una explicación: "—Les ruego que me dejen pasar. Si no, no volamos. Soy el piloto".

Ensayo

I. Situación: usted acaba de regresar de México, pero dejó en su habitación una mochila y varias otras cosas. Escríbale una carta al gerente del Hotel Ritz explicándole su dilema. Indique las fechas de su estancia y describa cada cosa de modo que se identifique bien. Siguen expresiones típicas de la correspondencia formal.

saludos: Estimado señor (*o* Estimada señora, Estimados señores):

conclusiones:
1. Con mi agradecimiento anticipado, reciba usted un saludo muy cordial.
2. Quedo a sus gratas órdenes y lo/la/los saludo muy atentamente.
3. A la espera de su respuesta, le hago llegar a usted saludos muy cordiales.
4. Sin otro particular, lo/la/los saludo atentamente.
5. Agradeciéndole de antemano su atención, lo/la saluda muy atentamente.

LECCIÓN 26: Las cláusulas relativas

Como dice el refrán:

- No hay mal que dure cien años, ni cuerpo que lo resista.

PRESENTACIÓN

26.1. Las cláusulas relativas: estructura y formación. Los modificadores ESPECIFICATIVOS del sustantivo sirven para delimitar o "restringir" su referencia (v. §25.6.2). Para esta función a veces bastan los adjetivos pospuestos (restrictivos) y las frases preposicionales:

—¿Qué es una zanahoria? —Es una raíz *comestible, larga, rica en vitamina A, de color naranja.*

Pero otras veces, hay que usar un *verbo* en una cláusula para especificar el sentido exacto. Por ejemplo, el *plomero* (y otros oficios y profesiones) se conoce por lo que *hace:*

—¿Qué es un plomero? —Es un obrero *que* ***trabaja*** *con cañerías.*

La frase restrictiva *que trabaja con las cañerías* se llama una CLÁUSULA RELATIVA. Comienza con *que*, que aquí sirve de PRONOMBRE RELATIVO y se refiere a *un obrero*, que se llama su ANTECEDENTE, como se muestra en el cuadro de la Figura 26.a.

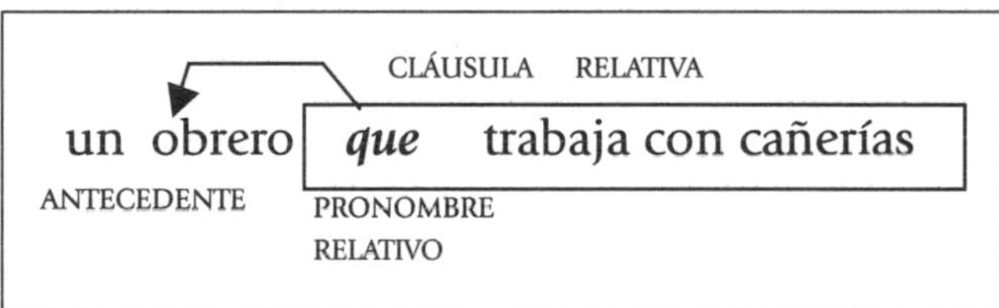

Figura 26.a Estructura de una cláusula relativa

La cláusula relativa también se llama "cláusula ADJETIVA" porque modifica al sustantivo como un adjetivo y especifica "¿cuál?" o "¿qué tipo?". Su formación puede considerarse un proceso de unir dos oraciones que comparten un sustantivo (el antecedente) y cuya segunda mención se reemplaza con un pronombre relativo, conforme a la Figura 26.b.

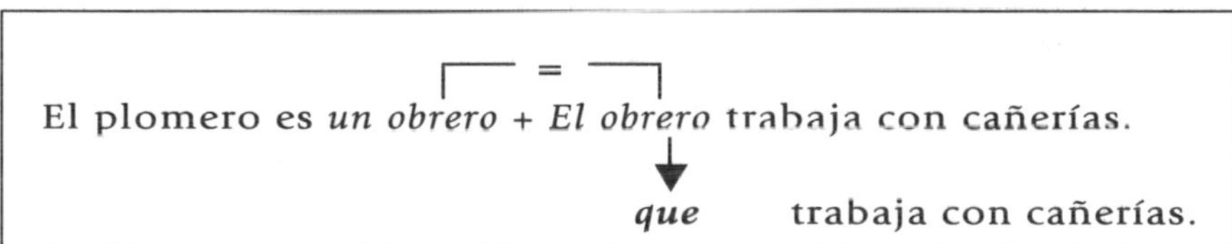

Figura 26.b Formación de una cláusula relativa

26.2. La selección de pronombres relativos. Hay varios pronombres relativos en español: *que, quien, el que, el cual, cuyo.* Para escoger el apropiado, distinguimos cinco contextos, puesto que en algunos hay opciones y en otros no.

1. Si el pronombre relativo sirve de **sujeto** en su cláusula, siempre se usa ***que:***

El hombre es Juan. + *El hombre* (*sujeto*) acaba de pasar. → El hombre *que* acaba de pasar es Juan.
El avión es un 747. + *El avión* (*sujeto*) acaba de pasar. → El avión *que* acaba de pasar es un 747.

2. Si el antecedente sirve de **objeto directo** en su cláusula, se suele usar ***que*** (sin *a* personal), pero también en este caso se permite ***a quien*** (plural: ***a quienes***) para una persona:

El hombre es Juan. + Viste *al hombre* (*obj. dir. con **a** personal*) → El hombre *que* viste es Juan. (también: El hombre *a quien* viste es Juan).
El avión es un 747. + Viste *el avión.* (*obj. dir. sin **a** personal*) → El avión *que* viste es un 747.

3. Si es objeto (o término) **de preposición**, hay dos soluciones y, por lo tanto, variación:
(a) Algunos prefieren ***quien(es)*** para los humanos y ***que*** para las cosas tras las preposiciones cortas *a de en con*, pero una forma de ***el cual*** (*la cual, los cuales, las cuales*) tras las demás preposiciones.

El hombre es Juan. + Hablamos de*l hombre*. → El hombre de *quien* hablamos es Juan.
El avión es un 747. + Hablamos de*l avión*. → El avión *de que* hablamos es un 747.
El hombre es Juan. + Trabajo para *el hombre*. → El hombre *para el cual* trabajo es Juan.

(b) Sin embargo, con casi todas las preposiciones, con antecedente humano o no humano, también se usan las formas de *que* con artículo definido: ***el que*** (*la que, los que, las que*). Esta solución es más general y sencilla (no depende de la preposición) y se le recomienda al estudiante porque es más fácil de aplicar.

El hombre es Juan. + Hablamos de*l hombre*. → El hombre *del que* hablamos es Juan.
El avión es un 747. + Hablamos de*l avión*. → El avión *del que* hablamos es un 747.
El hombre es Juan. + Trabajo para *el hombre*. → El hombre *para el que* trabajo es Juan.
La compañía es IBM. + Trabajo para *la compañía*. → La compañía *para la que* trabajo es IBM.
La mujer es Ana Ruiz. + Juan se casó con *la mujer*.→ La mujer *con la que* se casó Juan es Ana Ruiz.
La mujer es Ana Ruiz. + Juan se lo dijo a *la mujer*. → La mujer *a la que* se lo dijo Juan es Ana Ruiz.

4. El relativo posesivo (inglés 'whose') es ***cuyo***, que tiene cuatro formas como *nuestro:*

El hombre es Juan. + *Su madre (la madre del hombre*) se murió ayer. → El hombre *cuya madre* se murió ayer es Juan. (el hombre *cuyo* padre, *cuyas* hijas, etc.)

5. Cuando el antecedente es un lugar, se puede usar ***donde*** (sin tilde: no es interrogativo aquí):

Esta es la casa *donde* (o *en la que*) se alojó Simón Bolívar.
El barrio *adonde* (o *al que*) nos mudamos nos gusta mucho.

26.3. Algunas diferencias con respecto al inglés. Hay tres problemas especiales que tienen los estudiantes de habla inglesa.

1. En inglés se omite a veces el pronombre relativo *that* o *who(m)*. Esta omisión *nunca* es posible en español, donde cada cláusula relativa tiene que comenzar con un pronombre relativo:

The man you saw (that/whom you saw) is from Portugal. El hombre **que** viste es de Portugal.

2. En español, las ***pre***posiciones siempre ocurren "pre-", o sea delante de su objeto. Por eso, **la preposición del relativo tiene que precederlo**. A diferencia de su equivalente inglés, una preposición que gobierna la palabra relativizada no se deja al final de la cláusula:

El hombre es Juan. + Me refiero *al hombre*. → El hombre *al que* me refiero es a Juan. (inglés: 'The man (that) I'm referring **to** is John')
El hombre es Juan. + Trabajo ***para*** *el hombre*. → El hombre ***para*** *el que/el cual* trabajo es Juan. (inglés: 'The man (that) I work **for** is John')
Los músicos son Mozart y Haydn. + Escribí ***sobre*** *los músicos*. → Los músicos ***sobre*** *los que/los cuales* escribí son Mozart y Haydn (inglés: 'The musicians (that) I wrote **about** are Mozart and Haydn')

■¡OJO! La construcción inglesa *the man* ***for whom*** *I work* es más parecida a la del español, pero es menos usual que *the man I work for*. En español, es *imposible* abandonar la preposición (**El hombre que trabajo* ***para***) u omitirla (**El hombre que trabajo*).

3. Otra tendencia inglesa que debe evitarse en español es una simplificación con antecedentes como *reason* y *way*. El español retiene la preposición que va con el pronombre relativo en su cláusula relativa.

The reason that/why you failed isn't surprising. *La razón* ***por*** *la que* fracasaste no me sorprende. (Fracasaste ***por*** *esta razón*).

de la misma manera,

The way that you did it was strange. *La manera* ***en*** *que* lo hiciste fue rara.

Pero *razón* y *manera* no llevan preposición cuando su *que* representa el sujeto u objeto de la cláusula:

La razón que te di debe bastar. (Te di esta razón, *obj. dir.*, 'I gave you this reason')

26.4. El modo en la cláusula relativa: indicativo, subjuntivo, infinitivo. Siendo una cláusula subordinada, la relativa permite el contraste entre los modos y también la reducción al infinitivo, al igual que las cláusulas sustantivas (v. §35.1) y adverbiales (v. §16.4.3, §21.4).

26.4.1 Indicativo vs. subjuntivo. En las cláusulas relativas, el subjuntivo se utiliza para indicar un antecedente *irreal o dudoso*. El hablante duda que la persona o cosa exista, pregunta si existe o niega que exista. Compare las descripciones que ofrecen las dos mujeres siguientes en las cláusulas relativas que usan para especificar el sustantivo *hombre:*

1. (Habla Beatriz, una mujer comprometida con Juan Gómez)

—Me voy a casar con un hombre *que me quiere y me respeta*. (persona real, Juan Gómez)

2. (Habla Luisa, una soltera que no tiene planes matrimoniales):

—Yo quiero casarme con un hombre *que **tenga** dinero y que **sepa** cocinar.* (No sabe de uno).

Son iguales las siguientes respuestas:

—Yo busco un tipo *que no **mire** partidos de fútbol*. (Me pregunto si existe).
—No he encontrado ningún hombre *que me **caiga** bien*. (Niego que exista).
—No hay nadie *con el que **quiera** casarme*. (No existe en la experiencia mía).

Otro ejemplo en un contexto expositivo:

Ahora usamos combustibles que **emiten** (*indic.*) gases nocivos. Necesitamos otro tipo de energía que no **contamine** (*subjun.*) el medio ambiente, pero por ahora no hay nada que **pueda** (*subjun.*) reemplazar el carbón y el petróleo.

No es el verbo (*buscar, quiero, necesitar...*) lo que determina el modo aquí, sino la concepción del hablante. Compare las siguientes situaciones, en las que el cliente señala con el modo si el libro que busca es específico y real, o todavía hipotético, desconocido, quizás inexistente:

Primera situación: un antecedente real, específico:

Cliente: —Buenos días. *Busco* un libro que ***explica*** la teoría de la relatividad.
Dependienta: —Muy bien. ¿Cuál es el título? A ver si lo tenemos.
Cliente: —Es *Einstein para todos*, escrito por Raúl Muñoz.

Segunda situación: un antecedente irreal o indefinido:

Cliente: —Buenos días. *Busco* un libro que ***explique*** la teoría de la relatividad.
Dependienta: —Bueno, tenemos varios. Aquí tengo uno escrito por Muñoz. ¿Qué le parece?
Cliente: —Puede que sirva. A ver... Sí, es lo que me hace falta. Bueno, me llevo este.

Especialmente en las relativas con el subjuntivo, se acata la "concordancia de tiempos" (v. §15.3): si el verbo principal es en pasado, el verbo subordinado irá en pasado también.

El cliente *pidió* un libro que *explicara* la teoría de la relatividad.
Ponce de León *exploró* la Florida en busca de una fuente que *ofreciera* una juventud eterna.

Gramática visual: real/irreal en las cláusulas relativas

Gramática visual: cláusulas reducidas—'something to paint,' 'something for painting'

26.4.2. El infinitivo: las cláusulas "reducidas". Las cláusulas adverbiales pueden reducirse a una construcción infinitiva tras preposición (v. §21.4), cuando las dos cláusulas tienen el mismo sujeto:

Lávate las manos *antes (de) que comas* = Lávate las manos *antes de comer*.

La misma reducción se da en las cláusulas relativas para indicar **un uso apropiado o conveniente** del antecedente, como si se entendiera un auxiliar como *poder* o *deber*. El español retiene el pronombre relativo, mientras el inglés lo omite antes del infinitivo.

Quiero algo ***que*** *leer*. (=algo *que pueda leer*) 'I want something *to read*'

Eva tiene dos canciones ***que*** *cantar esta noche*. (dos canciones *que debe cantar* esta noche) 'Eve has two songs *to sing tonight*'

Como en las demás cláusulas relativas, la preposición que gobierna el pronombre relativo tiene que precederlo:

Eva busca estudiantes ***a*** *quienes enseñarles música*. 'Eve's looking for students *to teach music* ***to***'

Esta reducción de cláusulas relativas *siempre* requiere que los sujetos sean iguales (sujeto = sujeto):

Eva tiene dos canciones + (Eva) deberá cantar las dos canciones esta noche. (Eva = Eva)
→ Eva tiene dos canciones *que cantar esta noche.*

Por tanto, el equivalente español del inglés "I have two songs *for Eve to sing tonight*" (sujetos distintos, *I≠Eve*) no puede reducirse: se expresa con una cláusula completa:

Tengo dos canciones + Eva deberá cantar las dos canciones esta noche. (yo≠Eva)
→ Tengo dos canciones *que Eva deberá cantar esta noche.*

En muchos casos, una alternativa a QUE + INFINITIVO es una construcción con PREPOSICIÓN + INFINITIVO:

- ***para*** o ***a:*** para expresar el propósito: *el método* ***a*** *seguir* ('the method to follow'), *una herramienta* ***para*** *arreglar el grifo* ('a tool for fixing the faucet')
- ***por:*** una acción que todavía no se ha hecho: *unos capítulos* ***por*** *leer* ('chapters yet to be read')
- ***sin:*** un resultado esperado que no se ha realizado: *los libros* ***sin*** *vender* ('the unsold books')

26.5. Un paso más: las cláusulas "no restrictivas" (explicativas). Las cláusulas relativas tienen dos funciones distintas en la exposición:

1. cláusula restrictiva o especificativa:

La mujer *que ganó el Premio Nobel de Literatura en 1945* fue Gabriela Mistral.

Esta relativa especifica o identifica el sustantivo *mujer* (nos dice *qué* mujer); sin la cláusula, no sabríamos a cuál se refiere.

2. CLÁUSULA EXPLICATIVA (O NO RESTRICTIVA):

Gabriela Mistral, *que ganó el Premio Nobel de Literatura en 1945*, era chilena.

Esta cláusula *no* nos dice "¿qué Gabriela Mistral?" ni "¿a cuál me refiero", sino que ofrece un comentario opcional sobre una persona única, como un comentario explicativo.

Las cláusulas relativas especificativas o restrictivas *restringen* la referencia del sustantivo e indican "¿cuál?" o "¿qué tipo?"; las cláusulas relativas explicativas no delimitan así la referencia. Los dos tipos tienen que distinguirse porque pueden cambiar el sentido. Estudie el siguiente contraste:

RESTRICTIVA: Los jugadores *que no se ducharon* se excusaron de la rueda de prensa.
EXPLICATIVA: Los jugadores, *que no se ducharon,* se excusaron de la rueda de prensa.

La versión restrictiva restringe o limita la referencia de *jugadores*: reconocemos que algunos se ducharon y otros no, y solamente los que no se ducharon se excusaron. En cambio, la versión explicativa (no restrictiva) no sirve para definir *jugadores,* sino que implica que *todos* los jugadores se excusaron y la razón es que no se ducharon.

Esta diferencia es muy parecida a los efectos de anteponer y posponer el adjetivo (v. §25.6.2):

REFERENCIA RESTRICTIVA: la cláusula restrictiva es como un adjetivo pospuesto y especifica "¿cuáles?":

Los dramas de Shakespeare que son difíciles ya no son populares = los dramas *difíciles* de Shakespeare (algunos son difíciles, y estos son los que ya no son populares).

COMENTARIO, EXPLICACIÓN: la cláusula explicativa es como un adjetivo antepuesto:

Los dramas de Shakespeare, que son difíciles, ya no son populares = los *difíciles* dramas de Shakespeare (implicación: todos son relativamente difíciles).

Las cláusulas restrictivas y no restrictivas también difieren en sus opciones para el pronombre relativo. Aquellas (las restrictivas) siempre usan sólo *que* para un sujeto (§26.2), mientras que estas (las explicativas o no restrictivas) aceptan *que* y también *quien, el cual* o *el que* (*el, la, los, las*):

Le mandé la factura al señor Pardo, *el cual* (*el que, quien*) se negó a pagarla.
No aguanto a los banqueros, *que* (*quienes, los que, los cuales*) son avaros.

Algunos gramáticos sostienen que la diferencia es estilística: *el cual* es más culto o formal. En realidad, *el cual* tiene menos fuerza restrictiva que *el que*. A menudo la distinción no es necesaria, pero en ejemplos como los siguientes, sólo uno refleja la realidad:

- El hijo de los Bush, *el que* ha sido presidente, está ahora en México. (Sabemos que los Bush tienen más de un hijo. Inglés: The Bushes' son, *the one who* has been president, is in Mexico now).
- La hija de los Clinton, *la cual* estudió en Stanford, es una persona muy inteligente. (Sabemos que los Clinton sólo tienen una hija. Inglés: The Clintons' daughter, *who* went to Stanford, is a very smart person.)

26.6. **Resumen.** La tabla de la Figura 26.c resume la distribución de los pronombres relativos. La selección depende de varios factores:

- el tipo de antecedente: persona vs. cosa.
- la función del pronombre relativo (sujeto, objeto, posesivo, término de preposición y tipo de preposición).
- el tipo de cláusula: restrictiva vs. explicativa (no restrictiva).

Sirve de...	Se refiere a *personas*:	Se refiere a *cosas*:
...sujeto:	**que** (quien, el que, el cual)[1] el hombre **que** llegó	**que** (el que, el cual)[1] el avión **que** llegó
...objeto directo:	**que**, a quien el hombre **que** vimos	**que** el avión **que** vimos
...término de preposición: (p.ej. *contar con* 'rely on')	**el que** (quien[2], el cual) el hombre ***con* el que** cuento	**el que** (que, el cual) el avión ***con* el que** cuento
...posesivo:	**cuyo**, -a, -os, -as el hombre **cuyas** hijas llegaron	**cuyo**, -a, -os, -as el avión **cuyos** motores fallaron

[1]formas alternativas cuando la cláusula es **explicativa** (no restrictiva)
[2]forma alternativa tras ciertas preposiciones cortas.

Figura 26.c Resumen de pronombres relativos

Este tipo de cláusula es fundamental en la definición y otras estrategias que usamos en la exposición, pero los pronombres relativos difieren de sus equivalentes ingleses y se necesita mucha experiencia con la lengua para reconocer cuál suena mejor en cada contexto. Recomendamos la siguiente solución como la más sencilla y práctica:

1. Relativo sin preposición: → ***que***
2. Relativo humano: → ***quien*** si no se aplica (1)
3. Relativo con preposición: → ***el que, el cual***
4. Relativo posesivo: → ***cuyo***

APLICACIÓN

Actividades

A. Paráfrasis. Formen parejas. Supongan que en su conversación encuentran un concepto que no sepan expresar. Explíquenlo en una paráfrasis con modificadores, incluyendo cláusulas relativas.

Modelo: "Estaba muy oscuro, así que agarré un, ah, ... ('flashlight')": → "...agarré *una de esas luces que tienen pilas y se llevan en la mano"*.

1. "Traté de ajustar la hora de mi reloj, pero se rompió el, este,... ('knob')":
2. "Pues, le dije que me trajera un, eh... ('hot water bottle')":
3. "Se nos pinchó una llanta y descubrimos que faltaba el, ah, la..., ('jack')":
4. "Yo iba a colgar los abrigos de los invitados, pero vi que en el armario no había, eh, este... ('hangers')":
5. "Quise enchufar el ventilador, pero me di cuenta que no había un, je, un... ('electric outlet')":
6. "Todavía hay ocasiones cuando necesitamos, em, esteee... ('chaperones')":
7. "Muchos problemas de nuestro gobierno se deben a aquellos, hum... ('lobbyists')":
8. "Cuando abordé el avión, encontré mi asiento, pero no había espacio en el, este... ('luggage rack')":
9. "Cuando traté de abrocharme el cinturón, se me rompió el, pues,...: ('buckle')":

B. El empleo ideal. En grupos pequeños o parejas, hagan una generación de ideas sobre el tipo de empleo que van a buscar después de graduarse. Sigan este formato:

Modelo: *Buscamos un empleo (un puesto)* ... + CLÁUSULA RELATIVA

Usen al menos cuatro verbos distintos en sus cláusulas relativas y, desde luego, el *subjuntivo* porque hablan de un puesto todavía incierto, desconocido y quizás ideal. Luego, comparen sus respuestas.

Ejercicios

C. Una (combine) cada par de oraciones expositivas de modo que la *segunda* se convierta en cláusula relativa de la primera y defina ("¿cuál?") así el sustantivo *en cursiva.*

Modelo: Los elepés de los cincuenta eran *discos* de vinilo negro. + Los discos contenían menos de una hora de música. → Los elepés eran discos de vinilo negro que contenían menos de una hora de música.

1. Quetzalcóatl era un *dios* azteca. + El dios tenía la forma de una serpiente e inventó el calendario.
2. El *documento* oficial es la "tarjeta verde". + Los inmigrantes necesitan el documento para trabajar legalmente.
3. Los *vinos* son de primera categoría. + Los vinos se producen en La Rioja, España.
4. La mayor *dificultad* es manejar el tiempo responsablemente. + Los estudiantes universitarios encuentran la dificultad.
5. Un sabueso es un tipo de *perro* de caza. + El perro tiene orejas largas y una voz honda.

6. Los *candidatos* presentan una imagen pública confiada y atractiva. + Los ciudadanos prefieren a los candidatos.
7. Un serrucho es una herramienta de dientes agudos. + Se corta la madera con la herramienta.
8. El vatio es una *unidad* de potencia. + La unidad se define como un julio, o sea un *joule*, por segundo.
9. El romanticismo era un *movimiento* literario y artístico.+ Predominaba la emoción en el movimiento.
10. WHO es una *agencia* mundial. + La sigla inglesa de la agencia significa 'World Health Organization'.

D. Definiciones: Para cada palabra, dé una definición de "*ser* + frase sustantiva" + cláusula relativa. Trate de definir con mucha precisión, usando detalles especificativos. Como se ve en el Modelo, combine todos los rasgos necesarios para su definición en una sola frase sustantiva (v. §25.1).

Modelo: (anaquel) *correcto:* Un anaquel es una tabla horizontal en la que se guardan libros y otras cosas por el estilo. *Incorrecto:* Un anaquel es una tabla. Es horizontal. Se usa para guardar libros en ella.

1. estampilla
2. impuestos
3. martillo
4. bolsillo
5. lupa
6. sartén
7. espejo
8. andamios
9. vals
10. ave
11. escalera
12. eje

E. Las mismas instrucciones: defina usted las profesiones o categorías siguientes:

1. un farmacéutico
2. un mecánico
3. una abogada
4. una secretaria
5. un albañil
6. un periodista
7. un gerente
8. una psiquiatra
9. un electricista
10. un compañero
11. un cajero
12. una maestra

F. Ahora, identifique a cada persona o grupo con una cláusula relativa que explique lo que hizo.

Modelo: Pizarro: Pizarro fue el explorador español que conquistó el imperio incaico en busca de oro.

1. Bolívar
2. Cervantes
3. Los mayas
4. La reina Isabel
5. Ponce de León
6. Sor Juana Inés de la Cruz

G. Oraciones telegráficas. Escriba una oración usando las palabras indicadas más otras que convengan y complétela de manera original con una reducción de *que* más infinitivo (v. §26.4.2).

Modelo: la criada / ocupado / todo / día/ porque tener montones / ropa... → La criada estuvo ocupada todo el día porque tenía montones de ropa *que planchar*.

1. (nosotros) llevar / 15 min. / intentar sintonizar / una estación...
2. Rosalía / pensar jugar al tenis / pero necesitar / compañera...
3. en / parte posterior / haber / una tira / *Velcro*...
4. equitación / fácil / pero (yo, a ustedes) ir a señalar / tres reglas...
5. antes / comprar/ coche usado / ser importante / recordar / 5 partes especiales...

Ejercicios textuales

H. Lo real y lo irreal: usted es un vicepresidente de la universidad y está reportando varios problemas. Complete cada par de oraciones de manera contrastiva, como en el modelo.

Modelo: Buscamos gente *que se dedique a la enseñanza*. Pero contratamos a *personas que no comprenden nuestra misión*.

1. Queremos aquí un profesorado...
   Pero tenemos profesores...
2. Decimos que deseamos una biblioteca...
   Pero tenemos una...
3. El plan original de la universidad es un campus...
   Pero aquí trabajamos en un lugar...

4. En cuanto al estudiantado, hemos tratado de atraer y seleccionar solicitantes...
   Pero parece que tenemos estudiantes...
5. Todos están de acuerdo en que debemos proporcionar comida...
   Pero tenemos una cafetería...
6. Nuestros graduados nos han dicho que busquemos y contratemos entrenadores atléticos...
   Pero, a juzgar por las temporadas recientes, tenemos entrenadores...

I. Un laboratorio de sorpresas. Muchos descubrimientos son accidentales. Imagínese un laboratorio donde los científicos buscaban una cosa pero descubrieron otra. Complete las frases de manera original con cláusulas relativas, según el modelo.

Modelo: El Dr. Méndez buscaba *una medicina que curara el cáncer*. Pero encontró *un líquido que hizo explosión*.

1. La Dra. Romero quería...	Pero descubrió...
2. El Dr. Trujillo quería inventar...	Pero terminó por fabricar...
3. El Dr. Quiroga pensaba crear...	Pero inventó...
4. La Dra. Carvajal realizó experimentos en busca de...	Pero encontró...
5. La Dra. Méndez y yo tratábamos de sintetizar...	Pero lo que descubrimos fue...
6. El gerente quería que sus científicos produjeran...	Sin embargo, estos le mostraron...

Adaptación de texto

J. Siguen relatos que carecen de interés porque faltan detalles. Hágalos más interesantes y quizás entretenidos añadiéndole a cada sustantivo **en negrilla** un adjetivo y también una cláusula relativa.

1. Mi novio y yo vivimos en la capital, un sitio donde hay que tolerar a gente muy rara. Por ejemplo, anoche fuimos a una **fiesta**. Allí se sirvió **una variedad de comida** y también un **ponche**. Había una muchedumbre de **invitados**. Conocimos, como de costumbre, a varios **burócratas**. Pero mi novio pasó la mayor parte del tiempo aburrido por el monólogo de cierta **anciana**. Y yo tuve que conversar con dos **diplomáticos**. Me hizo gracia el **traje** de uno de ellos, pero traté de no reírme. A medianoche mi novio me hizo una **seña**. A mis interlocutores les ofrecí una **excusa**. Nos despedimos de los **anfitriones** y salimos con mucho alivio.
2. Cuando mi esposa y yo éramos **estudiantes**, se estrenó *Gringo viejo* y unos **amigos** nos prestaron un **carro**. Tomamos las direcciones de oído: nos dijeron que tomáramos la **autopista** y que nos saliéramos en la salida 84, donde veríamos un **teatro**. Íbamos por la autopista muy contentos pensando: "¡Qué lejos hemos llegado! Somos de otro **país** pero ya no necesitamos un **mapa**". Estábamos tan absortos que no vimos la salida. Pronto empezamos a sospechar que algo no estaba funcionando de acuerdo con los **planes**. Estábamos perdidos y nos perdimos la **película**. Pero era una **noche** de mayo y disfrutamos el **paseo**. Al regresar a casa, nos morimos de la risa contándole a los **amigos** "lo lejos que habíamos llegado", sin llegar a nuestro destino.

Ensayo

K. En un ensayo, escriba sobre sus ambiciones e ideales para su futuro personal, considerando cada uno de los aspectos siguientes y expresando sus especificaciones en cláusulas relativas. (¡Tenga cuidado con el modo!)

- empleo (3 especificaciones): "Buscaré..."
- amigos y colegas (2 especificaciones): "Me asociaré con..."
- su vivienda (3 especificaciones): "Tendré..."
- su vida en general (2 especificaciones): "Tendré..."

Trate de variar los verbos y unir las oraciones para hacer un párrafo cohesivo, usando transiciones adverbiales como estas:

además 'in addition'	con respecto a 'with regard to'	en cambio 'on the other hand'
asimismo 'likewise'	en cuanto a 'as for'	por último 'lastly'

LECCIÓN 27: Los números

Como dice el refrán:

- Más ven cuatro ojos que dos.
- Treinta días trae noviembre, con abril, junio y septiembre; veintiocho trae uno, y los demás, treinta y uno.

PRESENTACIÓN

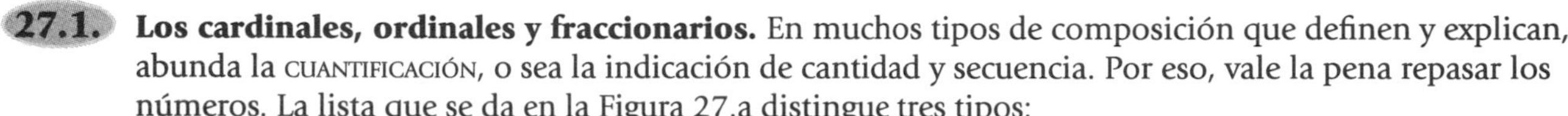

27.1. Los cardinales, ordinales y fraccionarios. En muchos tipos de composición que definen y explican, abunda la CUANTIFICACIÓN, o sea la indicación de cantidad y secuencia. Por eso, vale la pena repasar los números. La lista que se da en la Figura 27.a distingue tres tipos:

- los números CARDINALES, que usamos para contar ('uno, dos, tres, etc.') y para medir ('un centímetro, dos centímetros, etc.');
- los ORDINALES, con los cuales expresamos el orden o el rango ('primero, segundo, tercero...último');
- los FRACCIONARIOS O QUEBRADOS, que expresan las fracciones ('la mitad, un tercio, tres cuartos, etc').

cardinales	*ordinales*	*fraccionarios*	*cardinales*	*ordinales*	*fraccionarios*
cero			treinta	trigésimo	un treintavo
un(o), una	primer(o)		treinta y uno/a	trigesimoprimero	un treintaiunavo
dos	segundo	la mitad; medio	cuarenta	cuadragésimo	un cuarentavo
tres	tercer(o)	un tercio	cincuenta	quincuagésimo	un cincuentavo
cuatro	cuarto	un cuarto	sesenta	sexagésimo	un sesentavo
cinco	quinto	un quinto	setenta	septuagésimo	un setentavo
seis	sexto	un sexto	ochenta	octogésimo	un ochentavo
siete	séptimo	un séptimo	noventa	nonagésimo	un noventavo
ocho	octavo	un octavo	cien	centésimo	un centésimo
nueve	noveno	un noveno	ciento uno/a	centesimoprimero	
diez	décimo	un décimo	ciento dos	centesimosegundo	
once	undécimo	un onceavo	ciento tres (etc.)	centesimotercer(o)	
doce	duodécimo	un doceavo	doscientos/as	ducentésimo	
trece	decimotercer(o)	un treceavo	trescientos/as	tricentésimo	
catorce	decimocuarto	un catorceavo	cuatrocientos/as	cuadrigentésimo	
quince	decimoquinto	un quinceavo	quinientos/as	quingentésimo	
dieciséis	decimosexto	un dieciseisavo	seiscientos/as	sexcentésimo	
diecisiete	decimoséptimo	un diecisieteavo	setecientos/as	septingentésimo	
dieciocho	decimooctavo	un dieciochavo	ochocientos/as	octingentésimo	
diecinueve	decimono(ve)no	un diecinueveavo	novecientos/as	noningentésimo	
veinte	vigésimo	un veinteavo	mil	milésimo	un milésimo
veintiun(o)/a	vigesimoprimero	un veintiunavo	dos mil	dosmilésimo	un dosmilésimo
veintidós	vigesimosegundo	un veintidosavo	cien mil	cienmilésimo	un cienmilésimo
veintitrés	vigesimotercer(o)	un veintitresavo	un millón	millonésimo	un millonésimo
(etc.)			dos millones	dosmillonésimo	dosmillonésimo

Figura 27.a Resumen de los números

■¡OJO! Hoy día los números compuestos (16 = '10 y 6', 26 = '20 y 6') **se escriben juntos hasta 30:** *dieciséis, veintiséis,* pero *treinta y seis, ciento seis, ciento veintidós.*

27.1.1. Las formas de los cardinales. *Uno* se apocopa a *un* (v. §2.5.3) delante de un sustantivo masculino, perdiendo su *-o*: *Hay* ***uno*** *(veintiuno, treinta y uno, ciento uno)*, pero *Hay* ***un*** *hombre (veintiún hombres, treinta y un hombres, ciento un hombres)*. Cambia a *una* para un sustantivo femenino: *Hay* ***una*** *mujer (veintiuna mujeres, ciento una mujeres)*. *Un(o)/una* también significa 'a, an' como artículo (§25.3.2) y su plural *unos(as)* significa 'some, a few' (número indefinido, >1).

Cien cambia a *ciento* en 101-199 (*ciento uno, ciento dos,* etc.), en '100%' ('el *ciento* por ciento') y en el plural (*cientos de coches*). A diferencia del inglés '***a*** *hundred,* ***one*** *hundred*', no se usa *un* delante de *cient(to)* ni *mil:*

cien títulos ('a/one hundred titles'), *mil ciento doce* ('a/one thousand one hundred and twelve').

a menos que *un(o)* sea parte de otro número mayor:

ciento *treinta y* ***un*** *mil* 'a hundred and *thirty-one* thousand'.

Los números en *-ientos* concuerdan en género como *uno: doscient****as*** *hectáreas, quinient****as*** ***una*** *mujeres.*

■¡OJO! Los demás números cardinales nunca cambian de forma:

cuatro hombres, *cuatro* mujeres, *cien* hombres, *cien* mujeres.

27.1.2. Números que son sustantivos: *millón*, etc. *Millón* es sustantivo. Por tanto, se pluraliza (*un millón, dos millones*), y al usarse con otro sustantivo requiere la construcción PARTITIVA (v. §25.5.2) con ***de***: se dice "un millón *de* personas, dos millones *de* personas", como "un grupo (dos grupos) *de* personas".

En el mundo hispánico, *un billón* significa 'un millón de millones':

1.000	mil
1.000.000	un millón
100.000.000	cien millones
1.000.000.000	**mil millones** (inglés americano: 'one *billion*')
100.000.000.000	**cien mil millones** (inglés americano: 'a *hundred billion*')
1.000.000.000.000	**un billón** (inglés americano: 'one *trillion*')

Hay otros sustantivos numéricos también. Por ejemplo, el sufijo *-ena* significa un grupo: *una decena* (*diez + -ena*), *una docena* (*doce + -ena*) 'a dozen', *una veintena* 'a score'. Estos se usan también como partitivos: *una docena* ***de*** *huevos, dos docenas* ***de*** *huevos* (inglés: 'a dozen eggs, two dozen eggs'). Los sustantivos equivalentes de *mil* y *cien* son *millar* y *centenar*: *la muerte de millares (centenares) de civiles* ('... thousands/hundreds of civilians').

27.1.3. Las formas de los ordinales y fraccionarios. Para "½" hay dos palabras, el sustantivo *la mitad* y el adjetivo *medio(a)*. *Mitad* se usa en una estructura partitiva ("la/una mitad *de*...") y se prefiere para medir un sustantivo **definido**, como 'half of *the*...' en inglés; *medio* se usa para medir uno indefinido, como 'half a...':

la mitad de la clase, una mitad del melón (half of the class, one half of the melon)
medi**a** luna, medi**o** melón, dos y medio (half-moon, half a melon, two and a half)

La expresión "3½ tazas" se lee como "tres tazas *y media*": el adjetivo *medio* concuerda con el sustantivo y se pospone.

Entre las otras fracciones, "⅓" es *un tercio*, y desde "¼" hasta "1/10" se usan los ordinales: *un cuarto, un quinto...un décimo*. A partir de "1/11", la mayoría de los fraccionarios se deriva de los cardinales con *-avo*, a veces con la omisión de la vocal final del cardinal: "un *doceavo* (o *dozavo*) de la torta". Como expresión partitiva, también se puede decir "*la* ORDINAL *parte*": ***la tercera parte de*** *la población* (como ***la mayor parte de*** *la población)* en vez de *un tercio de la población*.

Los ordinales tienen una formación irregular, como se ve en la Figura 27.a. Se abrevian así:

1°, 1ª, 1er 'primer**o**, primer**a**, primer' 2°, 2ª 'segundo, -a' *n*° 'enésimo ('*n*th')'

Siendo adjetivos, los ordinales concuerdan con su sustantivo: *el segund****o*** *hombre, la segund****a*** *mujer. Primero* y *tercero* se apocopan, perdiendo su ***-o*** delante de un sustantivo masculino (v. §2.5.3):

el primero, la primera noche, *pero* el **primer** día.

El contrario de *primero* es *último* 'last' o su sinónimo *postrero*, que se apocopa → *postrer* como *primer:*

El primer mes es enero; el último (el postrero) es diciembre.

Último se distingue de *pasado*, 'el que vino antes': *el mes pasado* 'last month, the one before this one'.

Desde *primero* hasta *décimo* los ordinales son de uso general; desde *undécimo* hasta *centésimo* se usan en el habla culta, aunque en los estilos coloquiales también son frecuentes los cardinales *pospuestos:*

USO CULTO: el decimosexto estudiante, el cuadragésimo aniversario, el decimonono siglo
USO COLOQUIAL: el estudiante dieciséis, el aniversario cuarenta, el siglo diecinueve

Esta sustitución es automática para los monarcas después del décimo: *Carlos III* = 'Carlos *Tercero*' pero *Luis XV* = 'Luis *Quince*' En cambio, los complicadísimos ordinales más allá de *centésimo* son raros y apenas se oyen.

27.2. La cuantificación aproximada. El español dispone de varias maneras para expresar un número aproximado:

Hay *unos* veinte equipos = Hay veinte equipos *más o menos*. ('more or less')
Hay *aproximadamente (como, cerca de, alrededor de)* veinte equipos. ('about, approximately')
Hay *al menos (por lo menos)* veinte equipos. ('at least')
Hay *casi* veinte equipos. ('almost'). Hay *apenas* veinte equipos. ('scarcely, hardly')
Hay *sólo (tan solo, solamente)* veinte equipos. = Hay veinte equipos *nomás*. ('only, just')

27.3. Los signos matemáticos y la puntuación. El uso hispánico del punto y la coma es contrario a la puntuación del inglés: el número que escribimos como 3,011.5 en los Estados Unidos es **3.011,5**. En las fracciones decimales de menos de uno, también se escribe un cero como *'place holder'*: .75 = **0,75**. Algunos, p. ej. en México, también usan un apóstrofo para separar los millones: **4'030.000** ' cuatro millones treinta mil'.

En las ecuaciones, empleamos los verbos *sumar* (signo + 'más'), *restar* (- 'menos'), *multiplicar* (× 'por, veces') y *dividir* (/ o ÷, 'dividido por/entre'). Para = se dice "es, son, es igual a". La potencia ^{2} se lee como "cuadrado" y el signo % como "(el, un) ___ por ciento". Estudie los ejemplos que siguen y practique leyéndolos en voz alta.

100 km^2 = "cien kilómetros cuadrados"
100,23 = "cien y veintitrés centésimos" o "cien coma veintitrés"
99,8% = "el noventa y nueve y ocho décimos por ciento" (o: "...y nueve coma ocho por ciento")
2.128.405,78 = "dos millones ciento veintiocho mil cuatrocientos cinco coma setenta y ocho"
8 + 3 = 11: "ocho más tres es igual a once" u "ocho y tres son once"
3 − 8 = −5: "tres menos ocho son (es igual a) cinco negativo" (o "menos cinco")
$3^4 - 2^2 = 77$: "el tres *elevado a la cuarta potencia* menos el dos al cuadrado son setenta y siete"
8 × 3 = 24: "ocho (multiplicado) por tres son veinticuatro" u "ocho veces tres son veinticuatro"
8 ÷ 3 = 2,67 "ocho dividido por tres son dos coma sesenta y siete" (o sea "ocho entre tres son...")

Observe que los números de teléfono se pronuncian en grupos de dos, agrupándose desde la derecha:

723-9305 = 7-23-93-05 = "siete veintitrés, noventa y tres, cero cinco"

27.4. Las medidas y su gramática. Cuando usamos los números para cuantificar o medir, nos referimos a MEDIDAS ('measurements') de tiempo, dinero y dimensiones. En estas, el español puede diferir del inglés tanto en sus unidades como en su gramática.

27.4.1. El tiempo: la hora y la fecha

LAS UNIDADES

Las unidades de tiempo son internacionales: el *segundo*, el *minuto*, la *hora*, el *día*, la *semana*, el *mes*, el *año*, el *decenio* (o la *década*), el *siglo*, el *milenio*; en español también se habla del *lustro* o *quinquenio*, un período de 5 años. La semana tiene siete días, por supuesto, pero estos se cuentan desde "hoy = el primero". Así, se dice "Te veo en *ocho* días (o *quince* días)" con el sentido de 'en una semana (dos semanas)'.

La puntuación de la hora (abreviatura: **h**) varía:

10.03 10.03h 10:03 10,03 10'03 = (a) las diez y tres

Las horas se indican tradicionalmente con una referencia a los cuatro períodos del día: *de la **madrugada*** (medianoche hasta el amanecer), *de la **mañana*** (el amanecer hasta el mediodía), *de la **tarde*** (mediodía hasta el anochecer), *de la **noche*** (hasta la medianoche). Por lo general, la hora se escribe (especialmente en España) conforme al sistema de veinticuatro horas ("hora militar" en Estados Unidos), en el que 12.00 es "el mediodía" y 24.00 ("0.00") es "la medianoche":

15.30 "las quince y media" o más típicamente, (15.30 – 12 = 3.30) "las tres y media de la tarde"
22.45 "(22.45 – 12 = 10.45) las once menos quince (o cuarto) de la noche"

Pero en algunas zonas de Hispanoamérica, también se usan ***a.m.*** y ***p.m.***: 22:00 = 10:00 p.m.

Las fechas se dicen con números cardinales, a diferencia de los ordinales ingleses: "el *doce* de agosto" frente a "August the *twelfth*". El inglés abrevia "August 12th" como **8/12**; el español abrevia "el 12 de agosto" como **12/8** o **12/VIII**. El primer día del mes se llama "el primero" en Hispanoamérica, pero en España también dicen "el uno": **1/6/98** = "el *primero* (o el *uno*) de junio (no el seis de enero) del noventa y ocho".

Los años se leen como números completos: 1793 = "(el año) mil setecientos noventa y tres" a diferencia del inglés, "seventeen ninety-three". Los siglos llevan números romanos: *el siglo XXI* 'el siglo veintiuno'. Para fechas antiguas se añaden ***a.C.*** ('antes de Cristo') y ***d.C.*** ('después de Cristo') en vez de BC y AD como en inglés.

La gramática

La hora o fecha actual ('what time, what day') se expresa como en los ejemplos siguientes:

—¿Qué hora es? —Es mediodía.
—Es la una en punto/y pico. ('1:00 on the dot/a little after').
—Es la una y media. Es la una y cuarto = Es la una y quince.
—Son las dos menos veinte. = Faltan veinte para las dos.
—¿Qué día es hoy? —(Hoy) es martes.
—¿Qué fecha es hoy? (¿Cuál es la fecha?) —(Hoy) es el diecinueve de mayo.
—¿A cuánto estamos (hoy)? —Estamos a diecinueve de mayo.

La forma femenina de *Es **la una** y media* y de *Son **las** dos* se refiere al sustantivo *hora(s)*. De la misma manera se usa la forma masculina en referencia a *días* y *años*: ***el** dos de julio*, *a **los** 12* ('at age twelve'), *en **el** 92* ('back in '92"), *en **los** ochenta* ('in the eighties').

Para indicar cuándo tiene lugar un suceso (en vez de la hora actual), cambiamos a otras estructuras:

—¿**A** qué hora sales? —Salgo **a** las diez de la noche (**a eso de** las tres de la tarde).
—¿Cuándo te duchas? —Generalmente me ducho **por** la noche (**por** la mañana).
—¿Cuándo vas al cine? —Voy **el** sábado (que viene). Voy **los** sábados.

En inglés podemos omitir *at*, pero *a* tiene que estar presente en español: "(at) what time do you leave?" vs. *¿**A** qué hora sales? Por* se usa con *la tarde, la mañana*, etc. ('*in* the evening/morning, *at* night'), pero *de* tras la hora: *me ducho **por** la noche* vs. *me ducho a las diez **de** la noche.* Para referirnos a un día específico, usamos artículo + *día* en el singular, sin preposición: *Voy el sábado* ('on Saturday'), o en el plural para un suceso repetido: *Voy los sábados* ('on Saturdays'), *Voy todos los sábados, Voy los fines de semana*, etc.

27.4.2. El dinero.

Las unidades

Cada país tiene su propia DIVISA O MONEDA NACIONAL: el euro € (España y el resto de la Unión Europea, excepto el Reino Unido), el bolívar (Venezuela), el peso (México, Argentina, etc.). Las cotizaciones o TIPOS DE CAMBIO respecto al dólar estadounidense fluctúan diariamente. (El tipo de cambio, o sea su equivalente al dólar, se averigua fácilmente usando convertidores de moneda que se ofrecen gratis en el Internet.) Puesto que las divisas hispanoamericanas son bastante pequeñas, los precios pueden parecer astronómicos y requieren destreza con el manejo de números grandes. Así, un billete de avión que vale $800 en EE.UU. valdría (en 2006) 8.600 pesos en México, 397.000 colones en Costa Rica, 1.720.000 bolívares en Venezuela y 1.826.800 pesos en Colombia.

■¡OJO! El signo $ significa 'dólar' en EE.UU., pero representa el 'peso' local en otros países.

La gramática

Hay varias maneras de informarse de los precios, salarios y otras cantidades de dinero:

—¿Cuál es el precio de esos pantalones? —(El precio) es €30.
—¿Cuánto cuestan/valen esos pantalones? —Cuestan/valen € 30.
—¿A cómo (a cuánto) están las papas hoy? —Están a $3 el kilo.
—¿Cuánto ganan? —Ganan sólo 80 pesos al día (o por día).

27.4.3. Las dimensiones y otras medidas.

Las unidades

Todo el resto del mundo emplea el **Sistema Internacional** (o "métrico"), cuyas unidades usuales son el *grado centígrado*, el *litro*, la *hectárea*, el *kilogramo* o "kilo", y el *centímetro*, el *metro* y el *kilómetro*; v. §27.6. El español tiene palabras para algunas unidades estadounidenses (*milla* 'mile', *libra* 'pound', *yarda* 'yard') que podríamos usar para explicar nuestras costumbres locales (p. ej. el fútbol norteamericano), pero generalmente no se comprenden bien en el mundo hispano. Por eso, **siempre se debe emplear las unidades "métricas" en español.**

Aparte de dos datos personales para llenar formularios (la altura en centímetros y el peso en kilogramos), uno *no* tiene que ir convirtiendo a cada paso. Más bien, se debe formar las concepciones aproximadas que de hecho usamos en la vida cotidiana. Así, se debe reconocer que "un hombre de 190 cm." es alto y que si un amigo dice que "hace 40°", *no* hace frío sino mucho calor. Además, la conversión produce expresiones demasiado precisas que indican que uno todavía piensa en *inglés*. Cuando la precisión científica no es necesaria, más vale redondear. Por ejemplo:

inglés	*una conversión demasiado precisa*	*más típico*
I ran 2 miles.	Corrí 3,2 km.	Corrí **unos 3 km**.
each acre of forest	cada 0,405 ha. de bosque	cada **media hectárea** de bosque
I'm 5'9".	Mi altura es 175,26 cm.	Mi altura es **175 cm.**

La gramática

La preposición ***de*** une los sustantivos y las medidas que los modifican. Estudie los siguientes ejemplos:

una mesa de 1 metro de altura.	a meter-high table, a table 1 meter high
un balde de 3 litros	a 3-liter bucket
un ángulo de 45° (grados)	a 45-degree angle
la carrera de 100 metros	the hundred-meter race
un billete de a $100	a 100-dollar bill
una temperatura de 10 grados bajo cero	a temperature of minus 10 Celsius, 10 below

En las oraciones, las medidas se expresan con verbos y sustantivos según tres "estrategias":

1. Verbo + *a*

Esta estructura se prefiere para la velocidad o la ubicación (literal o figurada). Ejemplos:

—¿A qué velocidad iba el camión? —Iba **a** (una velocidad de) 100 km/h.
—¿A qué distancia queda/está la capital? —Está **a** 8 km de aquí. (*It's 5 miles from here*)
—¿A qué temperatura está el horno? —Está **a** 200 °C. (*It's 390 °F*)
—¿A qué altura está la canasta? —Está **a** 3 m sobre el suelo. *(It's 10 feet up from the floor/ground).*

Observe que esta es la misma estructura que usamos para la hora (§27.4.1):

—¿A qué hora comienza tu clase? —Comienza **a** las 9.00. (*It starts at 9:00 am*)

2. *Tener* +...*de* + sustantivo

Este patrón es frecuente para expresar las dimensiones:

—¿Cuánto tiene ese sofá de largo? —**Tiene** dos m de largo. = **Tiene** un largo de dos m. (*It's 6 ft. long*)

Esta es la misma estructura que usamos para la edad: *Tiene una edad de 20 años* o *Tiene 20 años (de edad)*. Pero con las dimensiones también es posible usar *medir* 'measure' y *pesar* 'weigh':

—¿Cuánto *mide* ese sofá (de largo)? ¿Cuánto *pesa*? —*Mide* 2 metros y *pesa* 180 kg.

3. Sustantivo + *ser* + medida

Este tercer patrón tiene una sintaxis atributiva (§3.1.1):

—¿Cuáles son el largo y el peso del sofá? —Su largo es 2 m y su peso, 180 kg.
—¿Cuál es la edad de ese señor? — (Su edad) es 60 años.

Alternativamente, se puede usar otra estructura con **de** + sustantivo:

—¿Cuánto (o Cómo) es ese sofá **de** largo? —Es de 2 metros (de largo).

Estas estructuras tienen *sustantivos* en vez de adjetivos, así que se parecen al inglés "The couch has a width of 78 in." o The width is 78 in.". Pero en inglés se prefiere otra estrategia con MEDIDA + ADJETIVO: "The couch is *78 in. long/60 years old*", que **no es posible en español**. El mismo contraste se ve en otros casos:

El avión *tiene 30 min. de retraso.* The plane is 30 min. late
Este árbol *tiene 1 metro de circunferencia.* This tree is 39 in. around

Por eso, es importante asociar los adjetivos y adverbios con sus sustantivos correspondientes:

Adjetivo →	**Sustantivo**	**Adjetivo →**	**Sustantivo**	**Adjetivo →**	**Sustantivo**
ancho	ancho o anchura	distante	distancia	rápido	velocidad
largo	largo o longitud	denso	densidad	hondo/profundo	profundidad
alto	altura o alto	caliente	temperatura	grande	tamaño
grueso	grueso o grosor				

Se ve que los sustantivos en *-ura* y *-or* pueden sustituirse por otros en *-o*, sobre todo en los estilos coloquiales: *Esas mesas tienen un metro de anchura = de ancho.* Además, *tamaño* es la palabra para 'size' en general, pero para la ropa se dice *la talla* y para los zapatos se dice *el número.*

Para las preguntas (§4.6), los hispanoamericanos tienen otra estrategia con ***qué tan*** + ADJETIVO/ADVERBIO, como *how* en inglés. Pero este tipo de pregunta se contesta con las otras estrategias (*tener___ de___, estar/ir a____* etc.):

¿Qué tan ancha/larga/alta es esa mesa? —Tiene 3 m (de anchura/ancho).
¿Qué tan rápido iba el camión? —Iba a 100 km/h.
¿Qué tan lejos está Veracruz? —Está a unos 80 km de aquí.

27.5. Resumen. Utilizamos los números y las medidas para precisar o "cuantificar" la información:

La pantalla de esta computadora *es relativamente pequeña.* → *...mide 13 por 19 cm.*
(o: *...tiene una anchura de19 cm. y una altura de 13 cm.*)

Aunque los números básicos se aprenden temprano en el estudio de una lengua, quedan muchos detalles que dominar al nivel avanzado. Otro problema es su gramática: desde la expresión de la hora hasta la de las dimensiones, las construcciones difieren del inglés. Por último, hay que acostumbrarse a las medidas "métricas" puesto que *inch, ounce, acre* y *Fahrenheit* tienen muy poco sentido (¡o ninguno!) para más del 90% de la humanidad.

27.6. Para referencia: las medidas

Temperatura

La conversión entre grados Celsius (grados centígrados) y Fahrenheit requiere fórmulas complicadas:

°F = (9/5 °C) + 32   °C = 5/9 (°F –32)

Más vale acostumbrarse a la escala que damos en la Figura 27.b.

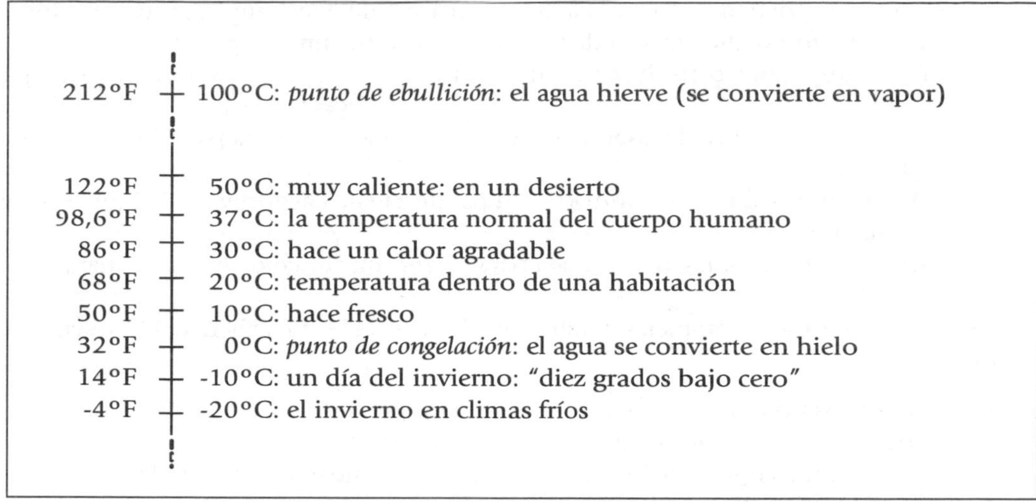

Figura 27.b Escala de temperaturas en grados Celsius

Largo y distancia

1 centímetro (cm) = 0,394 "inch" (pulgada)	1 "inch" = 2,54 cm
1 metro (m) = 39,4 "inches" = 1,09 "yards" (yardas)	1 "foot" = 0,3 m
1 kilómetro (km) = 0,62 "mile" (milla)	1 "mile" = 1,6 km

Aproximación: 1 cm. es un poco más de un tercio de una pulgada ('inch'), o sea el grosor de una rebanada de pan; el metro es un poco más largo que una yarda ('yard'); y el kilómetro es cinco octavos de nuestra milla ('mile').

Superficie, área, extensión

1 metro cuadrado (m^2) = 1,196 "square yards"	
1 hectárea (ha) = 10.000 m^2 = 2,47 "acres"	1 "acre" = 0,405 ha
1 kilómetro cuadrado (km^2) = 100 ha = 0,386 "square mile"	1 "square mile" = 2,59km^2

Aproximación: la hectárea es una medida de terreno y es más de dos veces más grande que nuestro "acre".

Volumen, líquidos

1 mililitro (mL) = 1 cm^3 = 0,03 "fl.oz."	1 "fluid ounce" = 34 mL	1 taza = 240 mL
1 litro (L) = 1,057 "quarts" (0,26 "gallons")	1 "pint" = 0,47 L	1 "quart" = 0,95 L
		1 "gallon" = 3,785 L

Aproximación: el litro es un poco más grande que nuestro "quart".

Peso

1 gramo (g) = 0,035 "ounce" (onza)	1 "ounce" = 28,35 g
1 kilogramo o "kilo" (kg) = 2,205 "pounds" (libras)	1 "pound" = 0,454 kg
1 tonelada (t) = 1.000 kg = 1,102 "tons"	1 "ton" = 0,91 tonelada

Aproximación: el gramo es poca cosa, el peso de un clip de papeles; el kilo es dos veces más grande que nuestra "pound", el peso de dos docenas de huevos; y la tonelada métrica es el peso de un automóvil pequeño.

APLICACIÓN

Actividades

A. Elena Gutiérrez es una estudiante peruana que viene a estudiar a EE.UU. Para darle una idea del costo de la vida aquí, calculen en grupos el equivalente de cada cosa en su moneda nacional, el *nuevo sol*, con un tipo de cambio (en 2006) de $1 EE.UU. = 3 nuevos soles (aproximadamente).

Primer grupo: una pizza, pantalones vaqueros (bluyines), un televisor en colores
Segundo grupo: una docena de huevos, una camisa, un equipo estéreo
Tercer grupo: una consulta con el dentista, un coche nuevo, los libros de texto para un semestre aquí
Cuarto grupo: un coche usado, una gaseosa en lata, una cena para dos personas en un restaurante local
Quinto grupo: un disco compacto, un par de zapatos deportivos, el alquiler mensual de un apartamento
Sexto grupo: gasolina; una entrada para el cine, un abrigo de invierno (para mujer)

B. Con oraciones completas, también explíquele a Elena (Actividad A) lo siguiente en medidas métricas:

1. dos tamaños típicos de envases de leche en el supermercado.
2. el terreno (o solar) típico de una casa en los suburbios.
3. las temperaturas típicas de invierno y verano en la ciudad donde usted vive.
4. la distancia entre dos personas que están conversando.

C. Averigüe los tipos (las tasas) de cambio (equivalentes a $1,00 EE.UU.) de cinco divisas hispánicas.

Ejercicios

D. Usted tiene un amigo extranjero, Lorenzo Jiménez, que estudia en el campus y ha encontrado términos ingleses que le confunden. Explíqueselos como en el modelo, *usando ambos sistemas* cuando convenga.

Modelo: "pint": *Un "pint" es la mitad de un "quart" de líquido, o sea casi medio litro.*

1. "cent"
2. "mile"
3. "half-'n-half" (dairy product)
4. "gross" (paper)
5. "32W 33L" (pants size)
6. "fluid ounce"
7. "dime"
8. "a two-by-four" (lumber)
9. "a 6-footer" (person)
10. "lows in the teens"
11. "first 'n ten" (football)
12. "a fifth" (liquor)

E. A veces basta una descripción aproximada (*una caja **pesada***), pero una medida puede ser útil (*una caja **de al menos 10 kilos***). Escriba las siguientes oraciones sustituyendo información más precisa que demuestre su comprensión del sistema métrico. Una mujer de180 cm tiene una altura notable; una de 280 cm no es realista, sino ciencia-ficción.

1. La mesa era *grande* y no cupo en el comedor.
2. Hacía *mucho frío* en la montaña e hicimos una excursión *larga y difícil.*
3. Al leer el termómetro, la enfermera se sorprendió de la *alta fiebre* de su paciente.
4. El chico siempre podía encontrar dinero caído en la acera y una vez recogió un billete *valioso.*
5. Abrí el grifo y me quemé porque el agua estaba *caliente.*
6. El matrimonio se compró un *amplio* terreno en el campo.
7. El lago era *muy hondo* y mamá temía que sus hijos se ahogaran allí.
8. El atleta entretenía a sus familiares rompiendo *gruesas* guías de teléfono.
9. Entró un hombre *alto y delgado* que dijo que llevaba *mucho tiempo* sin comer.
10. Cuando el autobús se dio contra el poste, iría *a una velocidad excesiva.*
11. Las ventanas del segundo piso estaban *bastante altas,* de modo que al saltar para escaparse del incendio *muchos* inquilinos se quebraron las piernas.
12. El aire se enfrió *rápido* y cayeron granizos *grandes* que destruyeron la cosecha.
13. Viendo a la chica en la calle, el chofer pisó el freno y logró parar *pronto, muy cerca* de ella.
14. En los países pobres se come *poca* carne y sólo *un poco de* grasa por semana.

F. En los dibujos de la Figura 27.c, exprese cada medida en una oración. (*Alternativamente:* un estudiante pide la información y otro contesta).

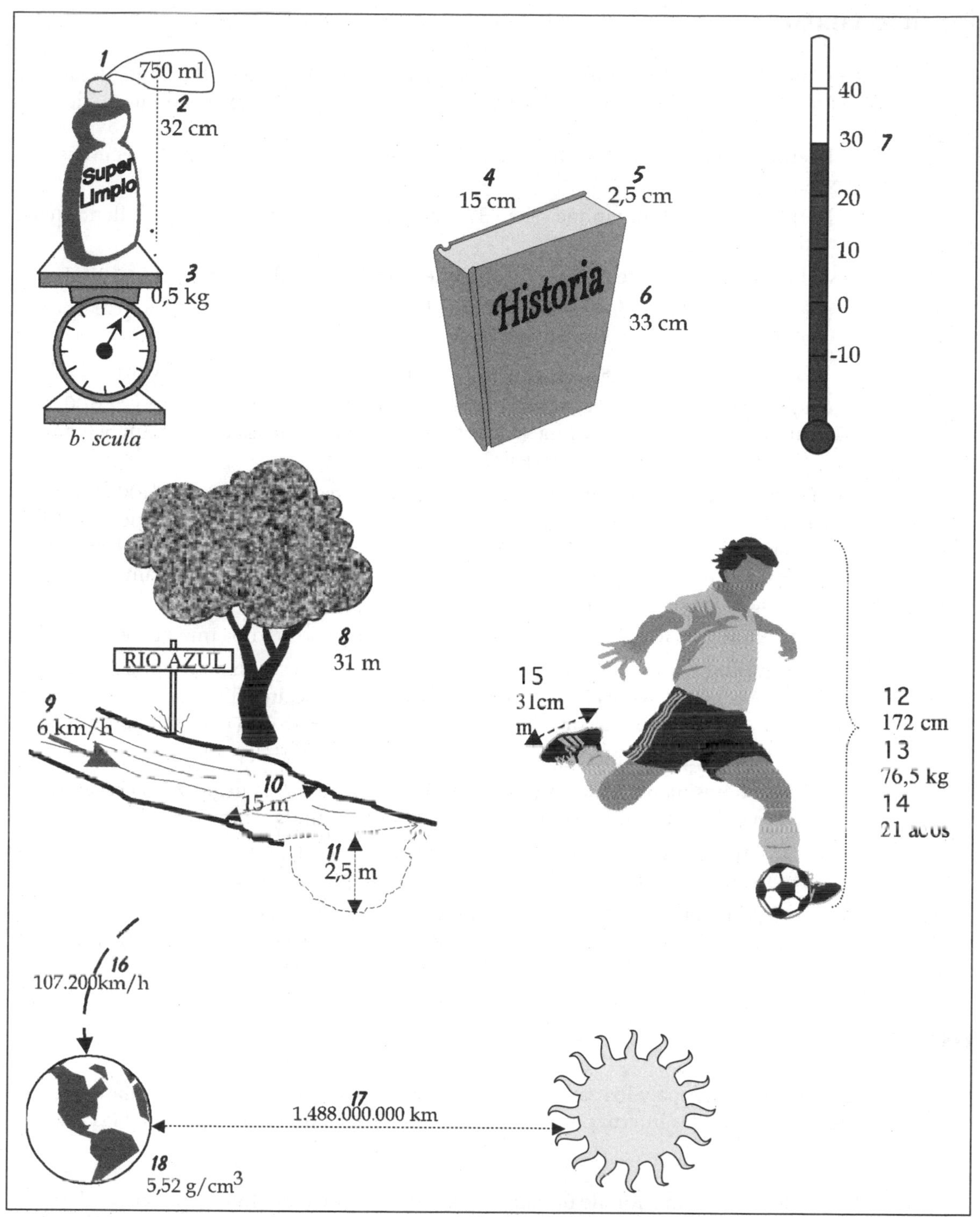

Figura 27.c Medidas que expresar

G. Estrategias. Escriba la pregunta que corresponda a la información *en cursiva* en la respuesta.

1. —Es *el veintiuno* del mes.
2. —Corro *dos veces a la semana.*
3. —¿Estos pantalones? *$70.*
4. —¿Ahora? *Estará a unos 5° bajo cero.*
5. —¿Este libro? Pues, *unos 3 cm.*
6. —Es *la una y cuarto de la madrugada.*
7. —¿Esta mesa? Supongo que *3 metros por 3.*
8. —¿España? Más o menos *40.000.000 de personas.*

Ejercicio textual

H. Anita, una alumna, comienza su tarea. Sigue lo que lee y luego dice solucionando los problemas. Escriba usted (o lea oralmente) con palabras completas cada expresión numérica y cada abreviatura.

Bueno, la maestra dijo que hiciéramos la 1ª, 8ª, 12ª, 13ª, 16 ª y 25ª preguntas del 11° capítulo. A ver...

(*lee*) "Núm. 1: En un tanque caben 37 L de gasolina. Cuando está medio lleno, ¿cuánta gasolina tiene?"

Ah, este lo capto fácilmente: ½ de 37 L equivale a 37 ÷ 2, que da por resultado 18½ L.

(*lee*) "Núm. 8: Un suéter cuesta $53,50. El tendero lo rebaja en un 15%. ¿Cuál será el precio ahora?"

A ver: 53,5 x 15% = 8,025 o sea aprox. $8,03. Lo resto: 53,5 – 8,03 = 45,47 o sea $45,47.

(*lee*) "Núm. 12: Paisalandia tiene 51.981.100 habitantes y su área mide 122.300 km². (a) Calcula su densidad en personas/ha. (b) La población paisalandesa crece en un 5%/año. ¿Qué población habrá para el año que viene?"

Uf, números grandes. 51.981.100 ÷ 122.300 = 425,03 personas/km². Pero 3/100 de una persona no tiene sentido; lo redondeo a 425. ¿Cuántas hectáreas hay en 1 km²? Ah, 100, porque 1 ha. = 1/100 km². Por tanto, 425 ÷ 100 = 4,25 o sea 4 y pico/ha. Y ahora la 2ª parte: 51.981.100 + 5% equivale a 51.981.100 x 105%, que es igual a 54.580.166 personas para el año entrante. ¡Dios mío! Casi 3.000.000 más. Y el planeta ya tiene 6.000.000.000.

(*lee*) "Núm. 13: ¿Cuál es el área total de 2 círculos cuyos radios miden 100 cm y 70 cm?"

Lo puedo simplificar: 100 cm = 1 m. Bueno, el área se calcula según la fórmula $A = \pi r^2$. Así que el 1er círculo tendrá 3,14 x 1², o sea 3,14 m² o, a ver, 31.400 cm² de área. El 2º tendrá: 70² = 4900 cm² × 3,14 = 15.386 cm². Ahora sumo las dos áreas: 31.400 + 15.386 = 46.786 cm². Vaya problema tonto.

(*lee*) "Núm. 16. Completa los términos de esta serie: 4, 2, 1, ½, ___, ___, ___, ___."

Ajá, como las notas: la redonda 𝅝 vale 4 tiempos; la blanca 𝅗𝅥 2; la negra ♩ 1; la corchea ♪ ½ tiempo; así que cada uno es la ½ del anterior, así que los últimos términos serán 1/8, 1/16, 1/32.

(*lee*) "Núm. 25: Los Gómez van de vacaciones a la costa, que está a 700 km de su casa. Salen a las 14:00 en coche; si viajan a los 80 km/h, ¿a qué hora llegarán?"

¿Qué sé yo? ¿Cuántas veces se detienen para ir al retrete, para comer, etc.? Pero si viajan sin parar a una velocidad invariable, requerirán 700 ÷ 80 = 8,75 h, o sea 8 h y 45 min. Esto hay que sumarlo a la hora de salida: 14:00 + 8:45 = 22:45. Así que llegarán después de las 22.45.

Ensayo

I. Describa la ropa y los zapatos que usted tiene puestos ahora: colores, materiales y especialmente medidas (unidades internacionales, por supuesto), usando la información y las estructuras de esta lección.

J. Usando información de un libro, de un almanaque o del Internet, consiga datos de dos años de producción industrial, de visitas turísticas o de otras estadísticas semejantes y compárelos usando las estructuras de esta lección.

LECCIÓN 28: La sustantivación y el neutro

Como dice el refrán:

- Lo barato es caro.
- No es oro todo lo que reluce.

PRESENTACIÓN

28.1. La sustantivación. La frase sustantiva (v. §25.1) define la referencia y especifica "¿cuál?". Digo "Quiero *ese gato negro que está en el rincón*" porque me fijo en un *gato*, no en un perro, y en particular *ese* gato (no *este*) y ese gato *negro* (no el gato blanco), y puesto que veo dos gatos así, añado otro detalle en una cláusula relativa, "ese gato negro *que está en el rincón*". Pero a veces no queremos nombrar el sustantivo, y entonces podemos cambiar la frase sustantiva de dos maneras: con la SUSTANTIVACIÓN ('nominalization') y con una forma especial, el NEUTRO.

28.1.1. La sustantivación normal: elisión del sustantivo. Cuando el sustantivo ya es obvio dentro del contexto, no es necesario repetirlo; el proceso de SUSTANTIVACIÓN permite una economía lingüística. El inglés tiende a sustituir el sustantivo por el pronombre *one(s)*; el español simplemente lo suprime (elide, omite), lo cual deja SUSTANTIVADOS los modificadores que quedan:

Ese *gato* negro + SUSTANTIVACIÓN → Ese negro 'that black *one*'
Ese *gato* que está en el rincón + SUSTANTIVACIÓN → Ese que está en el rincón 'that *one* in the corner'

Sin embargo, los modificadores siguen concordando con el sustantivo sobreentendido:

Las causas primarias y también (las *causas* secundarias →) *las secundarias*. ('...and also the secondary *ones*')
Había defectos, pero no eran graves (los *defectos* que vimos →) *los que* vimos. ('...the *ones* we saw')
Me gusta este traje, pero quiero ver (otro *traje*) → ver *otro* ('...I want to see another one')

Al suprimirse el sustantivo, los modificadores apocopados (v. §2.5.3), incluyendo los posesivos cortos (*mi, tu, su*, v. §8.5), vuelven a su forma larga o completa: *un* → *uno*, *buen* → *bueno*, *primer* → *primero*, *gran* → *grande*, *mi* → *el mío*, *su* → *el suyo* (o → *el de él/ella/usted*), etc. Con la omisión del sustantivo, las formas que resultan se consideran tradicionalmente un tipo de pronombre. Estudie los siguientes ejemplos:

No quiero un carro azul, sino (*un* carro rojo →) *uno rojo*. ('...a red *one*').
Lleve usted su maleta y déjeme a mí (*mi* maleta = la maleta *mía*) → *la mía*. ('...*mine*')
Mis perros son más grandes que (*tus* perros →) *los tuyos*. ('...*yours*')
—¿Cuántos hermanos tienes? —(*Ningún* hermano →) *Ninguno*. ('*none, not...any*')
—¿Cuántos canales hay? —(*Veintiún* canales, pero yo prefiero el *primer* canal →) *Veintiuno*, pero yo prefiero *el primero*. ('...twenty-one, ...the first *one*')

Gramática visual: sustantivación

28.1.2. Con preposiciones. La sustantivación también se da delante de una frase preposicional con *de:*

Los tornillos de hierro se oxidan, pero no (los tornillos de latón) → *los de latón.* ('the brass ones')
el coche de la puerta abollada → *el de* la puerta abollada ('the one with the dented door')
los asientos de atrás → *los de* atrás ('the ones in back')

Cuando este *de* es posesivo, resulta una estructura muy diferente al posesivo (con *-'s*) inglés:

El arte de Dalí es más surrealista que (el arte de Picasso) → *el de Picasso* ('...than *Picasso's*')
No, no hablo de tu padre; me refiero (al padre de Rosa →) *al de* Rosa. ('...to *Rosa's*')
Las artesanías de México son más conocidas que (las artesanías de Nicaragua →) *las de* Nicaragua. ('...*Nicaragua's*')

■¡OJO! La sustantivación con artículo *no es posible delante de otras preposiciones:*

la botella para leche, el libro sobre astronomía, el arroz con pollo, las plantas como árboles
agramatical: *la para leche, *el sobre astronomía, *el con pollo, *las como árboles.

Este problema se resuelve sustituyendo adjetivos y cláusulas relativas: *the ones like trees* = las *parecidas* a árboles, *the one about astronomy* = el que *trata* de astronomía, *the one with chicken* = el que *tiene* pollo, etc.

28.1.3. Con los cuantificadores y demostrativos. Los cuantificadores y partitivos se sustantivan generalmente sin el "...of it/them" del inglés:

—Ese señor compra libros usados. —Dile que tenemos *muchos*. (inglés: '...*a lot of them*')
—¿Comiste paella? —Sí, *un poco*. (inglés: '...some *of it*')
Algunos teatros requieren reservaciones, pero *la mayoría*, no. (inglés: 'most *of them* don't')

Todos los... pierde su artículo al sustantivarse:

No quiero algunos postres, sino (todos los postres →) *todos.* ('...all *of them*')

Puesto que *cada* no se usa a solas, se sustantiva de manera excepcional con *uno(a):*

cada libro → cada **uno**, *cada planta → cada* **una**.

Los demostrativos (v. § 25.4) se sustantivan con frecuencia:

Creo que este lápiz cuesta menos que (ese lápiz →) *ese.* ('...that *one*')
Estas montañas son más empinadas que (aquellas montañas →) *aquellas.* ('...*those*')

Al sustantivarse, se llaman a veces "pronombres demostrativos" y tradicionalmente se les pone tilde: *éste, ése, aquél:*

Creo que **éste** cuesta menos que **ése**, y **aquél** cuesta aun más.

Pero esta tilde ya no la requiere la mayor autoridad de la lengua, la Real Academia Española (1979:140), excepto en casos de posible confusión, que son poquísimos. En este libro nos hemos conformado con las normas de la RAE:

Creo que **este** cuesta menos que **ese**, y **aquel** cuesta aun más.

28.2. Los neutros. En una frase sustantivada, nos referimos a cierto sustantivo ya mencionado que no repetimos por razones de economía, pero sus modificadores siguen concordando con él en género y número. En una frase NEUTRA ('neuter'), no implicamos ningún sustantivo, así que no hay nada con que puedan concordar los artículos y demostrativos *el, este, ese, aquel*. Por tanto, cambiamos estos a las formas neutras que terminan en *-o:*

artículo: **lo**
pronombre tónico: **ello**; clítico (pronombre de objeto átono): **lo**
demostrativos: **esto, eso, aquello**.

Con el neutro, el hablante se refiere a un concepto indefinido que **no tiene nombre**, o sea sustantivo, y por eso no hay género tampoco. El inglés no tiene equivalente exacto:

lo fácil ('the easy part, the easy thing, the easy stuff, what is easy, that which is easy')
lo mejor del ensayo ('the best part/aspect/thing of the essay')
lo más polémico ('the most controversial thing/aspect/point/issue')
lo anterior ('the preceding point, the previous material')
lo de Miguel ('that matter/business/mess/stuff concerning Michael')
lo que dijiste ('that which you said, that stuff that you said, what you said')
lo primero que hacer ('the first thing to do')
esto y *aquello* ('this and that, this stuff and that stuff')
¿Qué es *eso*? ('what's that (which you've got there)')

El neutro también se refiere a una idea anterior, una frase u oración sin género:

—¡*Eso* es! (lo que usted acaba de decir es verdad)
—Dicen que el jefe va a renunciar. —*Eso* me sorprende. (*eso* = 'va a renunciar', *no* el sustantivo *jefe*)
—Es lástima que los políticos no se pongan de acuerdo. —*Lo* sé, pero no hablemos de *ello*. ('I know it, but let's not talk about it'; *lo*/*ello* = 'que los políticos no se pongan de acuerdo')

Además, los neutros españoles pueden introducir una proposición en cláusula sustantiva con la misma estructura que *el hecho de que.., la hipótesis de que...* (v. §35.3):

***Eso** de que los animales hablen* es un mito. ('That stuff about animals talking is a myth')

También admiten *lo* los participios, como otros adjetivos:

Lo ocurrido/dicho nos ha preocupado mucho. ('What occurred/was said has worried us a lot.')

28.2.1. Contrastes: el neutro vs. sustantivación. Es importante reconocer la distinción entre el neutro y una sustantivación; en esta, el género del modificador sigue implicando un sustantivo particular. Algunos ejemplos que demuestran el contraste:

1. Acepte lo bueno con lo malo. ('accept the bad (part) with the good')
   Acepte el malo con el bueno. ('accept the bad one with the good one = the bad/good *método* or *dinero...*')
2. Esto me sorprende. ('this, this thing, this stuff, this matter surprises me')
   Esta me sorprende. ('this one' = a certain *señora*, or *respuesta*, or *anotación*, etc. just mentioned)
3. Los usuarios prefieren lo fácil. ('Users prefer the easy part, whatever's easy, the easy way')
   Los usuarios prefieren los fáciles. ('Users prefer the easy ones = the easy *ejercicios, programas*, etc.')
4. No es lo que me gusta. ('It's not what I like')
   No es la que me gusta. ('It's not the one = the *camisa* or *comida italiana* or *raqueta*... that I like')
5. No hablemos de ello. ('Let's not talk about it = this matter/stuff')
   No hablemos de él. ('Let's not talk about him/it' = este hombre/programa/coche/libro/deporte)
6. Es lo peor de los ensayos. ('It's the worst thing/part about essays')
   Es el peor de los ensayos. ('It's the worst one (worst essay) of the essays')
7. Lo demás no importa. ('The rest (of it) doesn't matter')
   Los demás no importan. ('The rest of them = *los miembros/factores/capítulos*... don't matter')

El efecto del contraste entre el neutro y el masculino o femenino es semejante al de *qué* ('what?') vs. *cuál* ('which one?') (v. §4.6.2):

(¿Qué es difícil? ¿Qué te da problemas?) → **Lo difícil** es... **Lo que me da problemas** es...
(¿Cuál es difícil? ¿Cuál te da problemas? →) **El** *(curso)* **difícil** es..., **El** *(curso)* **que me da problemas** es...

28.2.2. *Lo* para el grado de modificación. El artículo neutro *lo* precede a los adverbios comparativos para indicar un grado definido y hasta absoluto. Puesto que los adverbios no tienen género, los artículos *el, la* no son apropiados en este contexto:

Corrimos allí **lo** más rápido posible. ('...as fast as possible')
Me adapté **lo** mejor que pude. ('...the best I could')

Se usa la fórmula LO + ADJETIVO/ADVERBIO + QUE + donde el inglés tiene una pregunta indirecta con *how:*

Depende de *lo rápido que camines*. ('It depends on *how fast you walk*')
No sabía *lo bien que tocas el piano*. ('I didn't know *how well you play the piano*')

En esta construcción el adjetivo, pero *no* el artículo neutro, concuerda con un sustantivo siguiente:

A este autor no le importa *lo complicada que sea la cronología*.

28.3. La sustantivación de las relativas. Las cláusulas relativas (v. L. 26) se sustantivan de manera normal, con supresión del sustantivo (su antecedente), frente a 'the *one*(*s*) that/who' en inglés:

(El *estudiante* que ganó la beca →) *El que* ganó la beca está en el tercer año.
(Las *madres* que protestaron) → *Las que* protestaron exasperaron al dictador.

Sin embargo, cuando la cláusula comienza con una preposición que podría separar *el* (*la, los, las, lo*) y *que*, se sustituye al artículo por el demostrativo *aquel:*

—Estoy harto de esta novela. —¿Qué tal *la novela de* la que nos habló Natalia anoche?
(agramatical: **la* de la que) → ¿Qué tal ***aquella*** *de la que* nos habló Natalia anoche?
Tu mal humor afecta el bienestar de ellos. + Vives con ellos.
(agramatical: * *los* con los que) → Tu mal humor afecta el bienestar de ***aquellos*** *con los que* vives.

Y de la misma manera:

Me gustaron los *hoteles* donde me alojé. (agramatical: **los* donde) → Me gustaron ***aquellos*** *donde* me alojé.

28.3.1. Relativos independientes: *el que, lo que, quien, cuanto.* Las formas de ***el que*** (*los que, lo que,* etc.) y ***quien, cuanto, donde*** (¡sin tildes aquí!) se emplean con frecuencia como RELATIVOS INDEPENDIENTES, o sea sin antecedente. En esta función, sirven con frecuencia en español para indicar un grupo indefinido de personas o cosas:

El que no trabaja no come. *Los que* no trabajan no comen. ('Those who/people who don't work...')

En este caso, se puede usar *quien(es)* para el mismo sentido, 'la gente en general':

Quien (=el que, cualquier persona que) no trabaja no come.
Quienes (= los que) se oponen a este proyecto obstruyen el progreso.

Usamos el neutro, *lo que,* al pensar en un concepto indefinido; en este contexto, se dice *what* en inglés:

Lo que quiere el presidente va a producir más inflación.

De la misma manera empleamos *cuanto(s)* para significar 'todo lo que, todos los que':

Te pagaré *cuanto* (=todo lo que) necesites.
Cuantos (=todos los que) ven el lago Titicaca se admiran de su tamaño.

Claro está que los dos modos (indicativo y subjuntivo) siguen contrastando en estas cláusulas (§26.4.1):

Quien *resuelva* (subjun.) este problema recibirá un ascenso. (Es posible que no exista.)

De la misma manera se usan los cuantificadores sustantivados *algunos, muchos,* etc. para grupos indefinidos, en forma masculina para representar los dos sexos (v. §2.2.2):

Todos tienen interés en los deportes. ('Everybody (all people) have an interest in sports')
A algunos (otros, pocos) les gusta el béisbol. ('Some people (others, few) like baseball')

■¡OJO! Para agrupaciones indefinidas de gente, estos cuantificadores sustantivados y relativos independientes son mucho más típicos del estilo expositivo del español que el uso inglés de 'people, persons':

Los que lo hacen..., Quienes lo hacen... (en vez de "las personas que lo hacen")
Muchos no lo saben. (en vez de "muchas personas no lo saben")

28.3.2. La oración hendida: para enfocar. Otra función de los relativos independientes es *enfocar información importante*. Para usarlos así, aplicamos una regla que en inglés se llama "clefting" y que produce una estructura que se llama una ORACIÓN HENDIDA ('cleft sentence') o "perífrasis con *ser*". En la variante usual, la oración hendida tiene dos partes, como se representa en la Figura 28.a:

lo que 'what' + el resto de la oración	+	una forma de ***ser*** + la frase enfocada.

Figura 28.a Las dos partes de una oración hendida

Estudie el efecto en el ejemplo siguiente, observando cómo enfocamos la frase sustantiva.

El tamaño del adjunto importa más.
→ oración hendida: **Lo que importa más** es *el tamaño del adjunto*.

Se hace lo mismo en inglés: *The size of the attachment matters most.* → ***What matters most** is the size of the attachment.* Este proceso es útil para contrastar, expresando una corrección de lo que suponen otros:

—Supongo que un mensaje no acepta varios adjuntos.
—Pues no, lo que importa más es el tamaño del adjunto.

Cuando nos referimos a una persona, no empleamos el neutro *lo que*, sino una sustantivación masculina o femenina con *el que* ('the one who/that...') o con *quien:*

—Isabel ganó la carrera. —Estás equivocado. *La que/Quien* recibió el premio fue *Laura*.

Para variar el enfoque de la oración hendida, podemos invertir las dos partes unidas por *ser* como otras oraciones con *ser* (v. §3.1.1). Compárense las siguientes variantes:

Laura ganó el premio.
→ (1) La que/Quien ganó el premio fue Laura. (*como:* La ganadora fue Laura)
→ (2) Laura fue la que/quien ganó el premio. (*como:* Laura fue la ganadora)
→ (3) Fue Laura la que/quien ganó el premio. (*como:* Fue Laura la ganadora)

Cualquier parte de la oración hendida puede negarse:

No fue Laura quien ganó el premio, sino yo. (Quien ganó el premio *no* fue Laura, sino yo).

El inglés hace lo mismo, pero a diferencia de *be, ser* concuerda con su nuevo sujeto:

Los clientes mismos tienen la culpa. → **Son** los clientes mismos *los que* tienen la culpa.
(inglés: **'It's** the customers themselves who are to blame')

La oración hendida puede enfatizar otros elementos también: una frase verbal o un lugar (con *donde*):

Alberto *le contestó con una carta certificada.* → **Lo que Alberto hizo** fue *contestarle con una carta certificada.*
Hace más calor *en el sur.* → *Donde hace más calor* es *en el sur.*

Pero cuando el elemento que queremos enfatizar es objeto de preposición, **repetimos la preposición** en ambas partes de la oración hendida en español:

(Me refiero **a** la música barroca. →) *A lo que me refiero* es **a** la música barroca.
(Insisto **en** la cortesía. →) ***En** lo que insisto* es **en** la cortesía.
(Me quejé **de** Laura. →) ***De** la que me quejé* fue **de** Laura.
(Debes hablar **con** ella. →) Es **con** ella ***con** la que* (o **con quien**) *debes hablar.*

Es imposible aquí la estructura que se usa en inglés: *What I'm referring **to** is..., What I insist **on** is..., The one I complained **about** was...*

28.4. El problema de 'what'y 'whatever'. Tanto *qué* como *lo que* corresponden a *what* en inglés, así que puede ser útil repasar la diferencia entre interrogativos y relativos. En las preguntas, sólo se permiten los interrogativos *qué, cómo*, etc. (siempre con tilde, v. §4.6.1):

¿**Qué** quieres? 'What do you want?	¿**Cómo** se expresa esto? 'How is this expressed?'
¿**Dónde** lo puse? 'Where'd I put it?'	¿**Por qué** lo rompiste? 'Why'd you break it?'

En las preguntas indirectas tras *preguntar* (v. L. 11) o ciertos verbos de percepción y comprensión (*explicar, ver, comprender, saber*, etc.), se permiten interrogativos o estructuras relativas:

Ella me preguntó **qué** quería = ...**lo que** quería. 'She asked me what I wanted'
No comprendo **qué** quieres = ...**lo que** quieres. 'I don't understand what you want'
No sé **cómo** se expresa esto. = ...**la manera en que** se expresa esto.
Nadie sabe **por qué** Borges cambió de idea. = ...**la razón por la que** Borges cambió de idea.

Pero mientras que el inglés sigue usando interrogativos en otras estructuras como los siguientes:

What happened next surprised everyone.
Who did it is still unknown.
How dreams are interpreted depends on the theory.
Where one studies can affect one's concentration.
Why this war broke out is a matter of national rivalry.

el español prefiere cambiar a estructuras relativas:

***Lo que** aconteció luego* sorprendió a todos.
***El que (Quien)** lo hizo* todavía se desconoce.
***La manera en que** se interpretan los sueños* depende de la teoría.
***El lugar donde** se estudia* puede afectar la concentración.
***La razón por la que** estalló esta guerra* es una cuestión de rivalidades nacionales.

Otro problema surge con *whatever*. Esta palabra y otras relacionadas (*whenever, wherever, however, whether*, etc.) tienen dos funciones que se distinguen en español:

1. *Whatever* = lo mismo que *what*, pero con énfasis en una falta de especificidad. En este caso, el español utiliza los relativos independientes con el modo subjuntivo (§26.4.1):

Do what(ever) she tells you.	Haz **lo que** te *diga* ella.
Put it where(ver) it fits.	Ponlo **donde** *quepa*.

2. *Whatever* = una manera de comenzar una cláusula con el sentido especial de 'regardless of, no matter'. Para expresar este sentido de 'No importa..., porque...', hay dos fórmulas en español, de las cuales la primera es más frecuente.

   (a) la FORMA REDUPLICATIVA, que combina dos subjuntivos unidos por relativos independientes o la conjunción **o:**

   Whatever happens, don't release the button. *Pase lo que pase*, no sueltes el botón.
   Whenever they come, they're going to miss it. *Vengan cuando vengan*, lo van a perder.
   Whoever it is, you'll hear a chime. *Sea quien* (o *el que*) *sea*, oirás un timbre.
   However you may do it, finish soon. *Lo hagas como lo hagas*, termina pronto.
   Whatever city you look at, it's the same. *Sea la que sea la ciudad que mires*, es igual.
   Whether bright or dark, colors fade. *Sean brillantes u oscuros*, los colores se destiñen.

   (b) los RELATIVOS EN -*QUIERA* + ***que*** + subjuntivo:

Whoever it is...	Quienquiera que sea,...
Whatever the reason is...	Cualquiera que sea la razón,...

■¡OJO! *However* como sinónimo de 'nevertheless' es un *adverbio* que se expresa con *sin embargo*.

Glass is hard. However, it breaks.	El vidrio es duro. Sin embargo, se rompe.

28.5. Resumen. En esta lección hemos explorado estructuras que funcionan como frases sustantivas sin sustantivo. Tienen un valor especial en la exposición para el escritor que viene definiendo varios conceptos y especificando "¿a cuál me refiero?" Un breve repaso por medio de ejemplos:

1. *Hay varios problemas. El primero es...* (o *Estos son..., El que me interesa más es...*): La **sustantivación** evita la repetición de un sustantivo (aquí: *problema* o *problemas*) y al mismo tiempo mantiene en él el enfoque.
2. *Lo más difícil es...* (*Esto es...*): El **neutro** evita la presentación de un sustantivo abstracto o cuyo género y número se deja sin especificar (como *aspecto, asunto, parte, idea...*) que en realidad no importa en la exposición del objeto y no merece atención.
3. *Quienes* (*Los que*) *prefieren este tipo...*: Los **pronombres relativos independientes** pueden generalizar la referencia a un grupo indefinido y así evitar sustantivos innecesarios como *gente, personas, cosas...*
4. *Lo que más le ayuda al estudiante es la disciplina.* La **oración hendida** *no* quita énfasis en el objeto, sino que lo *aumenta*, destacándolo como información nueva a la que el lector debe prestar atención.

El "común denominador" de estas estructuras es que controlan la información y le ayudan al lector a percibir el enfoque del escritor.

APLICACIÓN

Actividad

A. Las preferencias. Usted y un amigo suyo comparan sus impresiones. Conteste de manera original con un comentario que contraste con la información *en cursiva*, pero con **sustantivación** para economizar.

Modelo: —Las calles *de los suburbios* son más seguras. —*Sí, pero las del centro son más interesantes.*

1. —El *segundo* semestre fue más relevante para nuestra carrera. —Sí, pero...
2. —Los pantalones *de poliéster* son fáciles de lavar. —Sí, pero...
3. —Las galletas *que no tienen grasa animal* son más saludables. —Sí, pero...
4. —Un balde *de plástico* no costaría mucho. —Sí, pero...
5. —*Ese* paraguas es el que voy a comprar porque es más barato. —Sí, pero...
6. —Mira, *aquella* tienda de antigüedades parece tener un surtido más amplio. —Sí, pero...
7. —*Mi* coche es más rápido. —Sí, pero...
8. —Los estudiantes de *escuelas privadas* sacan puntajes de "SAT" más altos. —Sí, pero...
9. —Las pizzas *de "Casa Siciliana"* tienen el mejor queso. —Sí, pero...
10. —La música *de los Beatles* tenía un sonido clásico. —Sí, pero...
11. —Los ornamentos de Navidad *que se hacen a mano* son muy personales. —Sí, pero...
12. —Los artículos *que se leen en el Internet* son convenientes. —Sí, pero...

Ejercicios

B. Revisión: Las oraciones siguientes se basan en ejemplos sacados de composiciones de estudiantes. Elimine su redundancia con la sustantivación y otros usos presentados en esta lección.

1. Yo no oí las cosas que murmuraban mis amigos.
2. La antropología tiene cuatro disciplinas: la antropología física, la antropología lingüística, la antropología arqueológica y la antropología cultural.
3. Así terminó nuestra excursión a las montañas. La parte más memorable fue la lección que aprendimos.
4. Los estudiantes que viven aquí saben lo que pasa, pero los estudiantes que vienen en coche se pierden.

5. El reciclaje tiene efectos muy buenos. El primer efecto es el impacto en el medio ambiente.
6. Hay semejanzas y distinciones entre la vida de un hijo mayor y la vida de un hijo menor.
7. Para ese tipo de mujer, la cosa más importante de la vida es su familia.
8. Cada ramo del gobierno tiene una función diferente. Cada ramo refrena los otros ramos y es este punto la cosa que lo hace único entre los sistemas políticos.

C. Más revisión: Muchos estudiantes emplean con exceso *la gente*, *las personas* y *las cosas* para la referencia genérica. En las oraciones siguientes, sustituya estas palabras por "relativos independientes".

1. Las personas que tienen esta opinión no han aprendido las lecciones de la historia.
2. Una persona que defiende esta invasión no la ve desde la perspectiva de las víctimas.
3. Algunas personas que encuentran dinero no lo entregan, sino que se quedan con él.
4. Toda la gente que ha hecho este ejercicio deja de sufrir de problemas en la espalda.
5. La mayoría de las personas que abusan de los hijos también sufrieron abusos cuando eran niños.
6. La presidenta del comité trató de refutar todas las cosas que le dijeron los furiosos ciudadanos.

D. Reportaje: Convierta cada pregunta directa en una indirecta usando las estructuras de esta lección.

Modelos: Pablo quiere saber algo: "¿Qué hiciste?" → *Pablo quiere saber lo que hice.*

Pablo comenta sobre los chilenos: "¡Qué amables son!" → *Pablo comenta sobre lo amables que son los chilenos.*

1. A Anita le impresiona algo. "¡Qué barata es la gasolina en los EE.UU.!"
2. La cocinera nos preguntó sobre algo: "¿Qué van a hacer ustedes si renuncio?"
3. Fernando viene investigando algo: "¿Qué hacen los chimpancés aislados?"
4. Luisa no comprende algo: "¿Qué tan lejos está la plaza de toros?"
5. Esteban quiere saber algo: "¿Qué sucederá si el agujero en la capa de ozono se sigue ampliando?"
6. El profesor Menéndez se interesa en algo: "¿Qué tan rápido andan los coches eléctricos?"
7. Amalia nos señaló con frustración: "¡Qué torpes son ustedes!"
8. En los reveses, siempre me he consolado con este pensamiento: "¡Qué preciosa es la vida!"

E. Clasificaciones. Siguen oraciones de clasificación, una de las estrategias de exposición (v. L. 30). Complételas de manera original usando sustantivación (*no* sustantivos), según el modelo.

Modelo: Hay ___ clases de coches: ... → Hay dos clases de coches: los importados y los domésticos.

o: Hay tres clases de coches: los que andan sin problema, los que se descomponen al vencerse la garantía y los que dan problemas desde el principio. (Nótese la concordancia: *los = los coches.*)

1. Hay ___ tipos principales de bicicletas:
2. Las clases académicas comprenden ____ tipos:
3. Los instrumentos musicales se clasifican en ___ categorías:
4. Los restaurantes se dividen en ____ tipos:
5. Las películas se asignan a ___ clases:
6. A mi parecer, la vida universitaria tiene ____ aspectos distintos:
7. Según mi experiencia personal, los amigos se clasifican en ____ tipos:
8. Los artistas modernos han pertenecido a ____ grupos generales:
9. Frente a las crisis de la vida, los seres humanos se dividen en ____ categorías:

Ejercicios textuales

F. Complete cada minidiálogo de manera original, usando **oraciones hendidas** para corregir o contrastar con la información **en negrilla.**

Modelo: —¿Lees primero **las tiras cómicas**? —No, *lo que leo primero es la sección de deportes.*

1. —¿Quieres **vino**? —No,...
2. —Creo que detestas **el arte en general**. —No,...
3. —¿Dices que **soy incapaz de comprender esto**? —No,...
4. —La inseguridad nacional continúa, y **el congreso** tiene la culpa. —No,...
5. —Va a ganar el premio Grammy **un cantante desconocido**. —No,...
6. —Este campus necesita **más árboles y espacios verdes**. —No,...
7. —**El estilo de la ropa** distingue más a los jóvenes de los viejos. —No,...
8. —Este país cuenta con **su fuerza militar**. —No,...
9. —Es aburrido y le falta acción... Ah, hola, Jaime. —Ustedes se refieren **al béisbol**, ¿no? —No,...
10. —Es posible que la producción agrícola resuelva el problema del hambre. —Puede ser. Depende del **clima**, ¿no? —No,...

Adaptación de texto

G. Sigue un párrafo expositivo que explica una costumbre. Hágalo más interesante añadiéndole a cada sustantivo en negrilla *un adjetivo y también una cláusula relativa*.

En mi vecindario tenemos una **costumbre**. Cada primavera los vecinos hacen una fiesta en un **parque**. Las familias cuyo último número de la casa termina en 1 ó 2, deben llevar una **ensalada**. Las que viven en casas cuyo número termina en 3 ó 4 llevan **bebidas**. Quienes viven en casas cuyo último número es 5 ó 6, deben llevar algún plato de **pollo**. Aquellos cuyo último número de la casa es 7 u 8, hacen un **postre**. Y los que tienen direcciones que acaban en 9 llevan **utensilios**. Ya es una **tradición**, y lo mejor es que el número de nuestra casa termina en 0.

Ensayo

H. Aquí no escribimos un ensayo completo, sino solamente las ORACIONES TEMÁTICAS ('topic sentences') de dos párrafos que pudieran elaborarse sobre cada tema. Siga el modelo, expresando sus propias ideas y **también resumiendo las razones** que pudiera elaborar en un ensayo más completo.

Modelo: los viajes: *Lo mejor... Lo que más cuesta...*

→ Lo mejor de los viajes es la oportunidad de disfrutar de experiencias nuevas, porque así conocemos a otra gente y otros lugares... Lo que más cuesta es la necesidad de hacer las maletas, puesto que yo siempre llevo demasiado equipaje y se me olvida algo...

1. la vida estudiantil: Lo fácil... Lo difícil...
2. las fiestas: Lo más divertido... Lo más pesado...
3. la graduación: Lo bueno... Lo malo...
4. la vida urbana: Lo mejor... Lo más deprimente...
5. la tecnología moderna: Lo más evidente... Lo que no se sabe...
6. las composiciones: Lo primero que hacer... Lo último...

LECCIÓN 29: La comparación

Como dice el refrán:

- No es tan bravo el león como lo pintan.
- La vaca, cuanto más se ordeña, más larga tiene la teta.

PRESENTACIÓN

29.1. Los intensificadores. Hay una clase de palabras, principalmente adverbios, que sirven para intensificar o limitar una cualidad y así tienen un papel especial cuando usamos modificadores para definir y explicar la materia. Se llaman INTENSIFICADORES ('intensifiers') o PALABRAS DE GRADO ('degree words').

29.1.1. Lista. Estudie en la Figura 29.a el efecto de los intensificadores (*muy, bien,*etc.) en la modificación del adjetivo *complicados.*

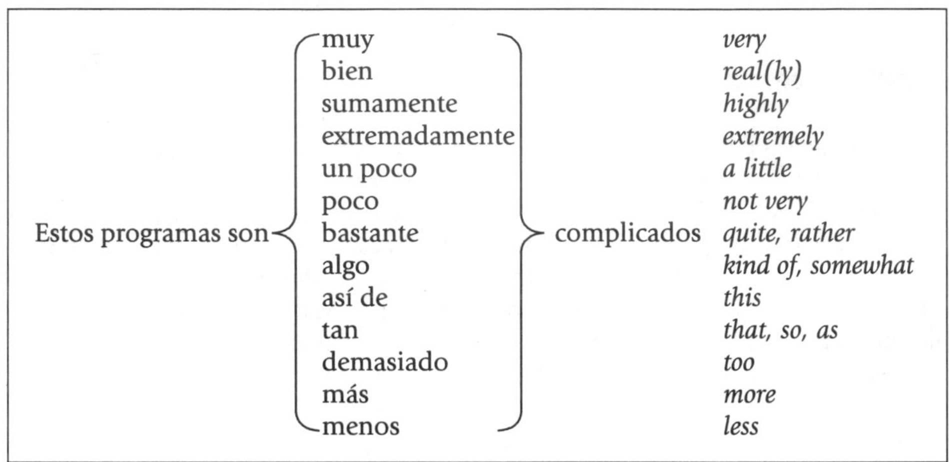

Figura 29.a Intensificadores

Hay afijos que también tienen un efecto intensificador: el prefijo coloquial ***re-*** o ***requete-*** (*requetealto* 'muy alto') y el sufijo SUPERLATIVO ABSOLUTO ***-ísimo*** (*complicadísimo* = 'muy complicado'). Con *-ísimo,* se elide (omite) la vocal final, se aplican los usuales cambios ortográficos (v. §0.3) y *-ble* cambia a *-bil-*:

largo, lar**guí**simo   rico, ri**quí**simo   amable, ama**bil**ísimo

De esta manera se crea un adjetivo de cuatro formas:

grande, -s: grandísimo, grandísima, grandísimos, grandísimas.

Pero el sufijo también se añade a ciertos adverbios: *lejos: lejísimo, cerca: cerquísima.*

29.1.2. Forma y función. Los intensificadores son invariables (no cambian de forma) cuando modifican a verbos u otros modificadores. Así, con *algo* 'somewhat, kind of' y su contrario negativo *nada* 'not at all':

—Estos programas son **algo** complicados. —¡Qué va! No son **nada** complicados.

Algo y *nada* también son pronombres con el sentido de 'something', 'nothing' (v. §4.3.1) y *demasiado, bastante, poco* y *mucho* también pueden ser cuantificadores (v. §25.5), o sea adjetivos de cantidad. En esta función sí concuerdan con su sustantivo. Estudie los contrastes de la Figura 29.b.

INVARIABLE		CONCUERDA
como intensificador de verbo	*como intensificador de otro adjetivo*	*como adjetivo con sustantivo*
Uds. hablan demasiado.	Son demasiado complicados.	Hay demasiado**s** programas.
Uds. han escrito bastante.	Son bastante fáciles.	Hay bastante**s** respuestas.
Uds. hablan poco.	Son poco interesantes.	Vienen poc**as** mujeres.
Uds. beben mucho.	Son *muy* interesantes.	Visitamos much**as** ciudades.

Figura 29.b Intensificadores invariables y adjetivos que concuerdan

Muy, que históricamente es una forma apocopada de *mucho*, vuelve a esta forma completa en dos casos:

a) Para modificar *más/menos* y otros comparativos: *Está **mucho** mejor, pero hay **mucho** más que hacer.*

b) Al usarse a solas (sin adjetivo): *—¿Estás **muy** enojada conmigo? —Sí, **mucho**.*

La palabra *mucho* no se intensifica con *muy* ni con *mucho*, sino con *-ísimo:* 'very much' es *muchísimo*.

A diferencia de *poco, un poco* requiere la preposición *de* en la construcción partitiva (v. §25.5.2): *tenemos poca gasolina* vs. *tenemos un poco **de** gasolina*. Los dos tienen un significado diferente: *un poco* significa 'una cantidad pequeña' y *poco* significa insuficiencia o negatividad:

como modificador (cuantificador) de sustantivo:

Hay *un poco **de*** harina. ('There's a little flour, a little bit of flour, some flour')
Hay *poca* harina. ('There's little flour, not much flour, not enough flour')

como intensificador de otro modificador:

Ese lago es *un poco* profundo. ('That lake's a little/somewhat deep (but it *is* deep, so be careful)')
Ese lago es *poco* profundo. ('That lake's shallow = not very deep')

Bastante tiene dos sentidos como intensificador (como en su función de cuantificador, v. §25.5.1):

Los yunques son bastante (=suficientemente) pesados. ('Anvils are heavy enough (to hold this down)')

Los yunques son bastante (=muy) pesados. ('Anvils are pretty/rather/quite heavy')

Los intensificadores en *-mente* (*suficientemente, extremadamente, sumamente,* etc.) no se combinan con otros adverbios con el mismo sufijo (v. §16.2.1); para expresar 'extremely slowly', la alternativa *con extremada lentitud* suena mejor que *'extremadamente lentamente'.

Así de tiene una fuerza demostrativa, como *tan*, y suele ir acompañado de un gesto manual:

La trucha era *así de* grande. ('The trout was this (yea) big' (*showing with hands*))

Se usa *qué* como intensificador para exclamar, o sea para hacer una oración de "admiración":

¡*Qué complicados* son estos programas!
¡*Qué lindo* cantas, hija!

(El equivalente inglés es *How complicated these programs are!* o a un nivel más coloquial, *These programs sure are complicated!)* Como interrogativo se encuentra *qué tan* (v. §4.6.2):

—¿*Qué tan complicados* son estos programas? —Ah, *muy* complicados, son imposibles de aprender.

29.2. Los comparativos. Una típica estrategia de la exposición consiste en definir y explicar lo nuevo comparándolo con lo conocido. Entonces recurrimos a estructuras comparativas con los intensificadores *más, menos* y *tan*.

29.2.1. ***Más, menos, tan(to).*** Hay tres maneras principales de comparar:

IGUALDAD:	Juan está **tan** nervioso **como** Pilar.	'John is *as* nervous *as* Pilar'
SUPERIORIDAD:	Juan está **más** nervioso **que** Pilar.	'John is *more* nervous *than* Pilar'
INFERIORIDAD:	Juan está **menos** nervioso **que** Pilar.	'John is *less* nervous *than* Pilar'

En estos patrones los dos idiomas coinciden. Pero hay que recordar ciertas diferencias:

- *Tan* corresponde también al inglés 'so' o 'that':

  ¡Juan es *tan* alto! 'John is so tall! (that tall).'

  Pero *tan* no se usa con *mucho*. Para expresar 'as much/many', 'that much/many', 'so much/many', la combinación **tan mucho* cambia a ***tanto***, un típico adjetivo de cuatro formas: *tanto, -os, -a, -as:*

  Juan tiene *tantas clases* como Pilar y tiene que estudiar *tanto* como ella.

  (Para la conjunción *tanto* (invariable) + *como* 'both...and...', v. §4.2).
- Tras *como* y *que* en las construcciones comparativas, el español distingue regularmente entre los pronombres tónicos (v. §8.2) *yo* vs. *a mí, tú* vs. *a ti, ella* vs. *a ella*, etc., según su función: sujeto u objeto. Esta distinción tiende a desaparecer en el inglés coloquial:

  Tú tienes más experiencia que *yo* (*sujeto*). 'You have more experience than *me* (than ***I** have*)'
  Te tratan mejor que *a mí.* (*obj. directo*). 'They treat you better than *me* (than they treat *me*)'
- Donde el inglés emplea *any* o *ever* en la comparación, el español tiene una *negativa* (v. §4.3.2):

  Tú sabes más que *nadie*. 'You know more than *anybody*'
  La calidad de las hortalizas está mejor que *nunca*. The quality of produce is better than *ever*'

29.2.2. Comparativos irregulares. Los comparativos de *mucho* y *poco* son *más* y *menos:*

—Tengo pocas clases: sólo cuatro. —Pues, yo tengo aun *menos:* tres.

En lugar de *más bueno/bien*, y de *más malo/mal*, se dice ***mejor*** 'better' y ***peor*** 'worse'.

—La rubeola es una enfermedad mala. —El sarampión es una enfermedad *peor*.

Excepción*: más bueno/malo* sí se usan para describir el carácter moral de una persona:

Los aviones son mejores que los autobuses. *Pero:* Los santos son *más buenos* que los pecadores.

Asimismo, ***mayor*** 'greater' y ***menor*** 'lesser' sustituyen a *más viejo* y *más joven* cuando hablamos de diferencias de edad dentro de un grupo (p. ej. la familia):

mi hija *mayor* 'my older daughter'
Ana es *menor que* su hermano. 'Ann's younger than her brother'

Pero fuera de un grupo, para hablar de la verdadera vejez (o juventud) en vez de meras diferencias de edad:

Pobre abuelo. En estos días se ve cada vez *más viejo.*

Mayor y *menor* también se refieren a grados de importancia o gravedad, como 'greater' y 'lesser' en inglés:

—El déficit cobra *mayor* importancia. 'The deficit's receiving greater importance'
—Sí, es el *mayor* problema del gobierno. 'Yes, it's the greatest problem of the government'

Gramática visual: *tan(to) como*

Gramática visual: comparativo = superlativo

29.2.3. Superlativo y comparativo: *el más... de...* El inglés distingue entre la forma COMPARATIVA (con *more, -er*) para comparar dos cosas, y una SUPERLATIVA (con *most, -est*) para comparar tres o más. En español no hay formas distintas. Estudie los ejemplos siguientes, fijándose en que el español emplea la misma forma:

el más inteligente de los dos	'the smart**er** of the two (*comparativo*)'
el más inteligente de los tres	'the smart**est** of the three (*superlativo*)'
¿Quién sabe *más*?	'Who knows more/the most?'
Le gustan *más* las comedias.	'She/He likes comedies most/more'
nuestro hijo *mayor*	'our older/oldest son'

El artículo o posesivo no es más que una señal de referencia definida; no distingue, por sí mismo, comparativo y superlativo en español. Al usarse con adverbio, una palabra que no tiene género, el artículo cambia a la forma neutra ***lo*** (v. §28.2.2):

Escríbame *lo* más pronto posible.	'Write me as early as possible'
Hágalo *lo* mejor que pueda.	'Do it the best you can'

Pero observe que en contextos superlativos, el español especifica con ***de*** el grupo del que se hace la comparación, vs. *in* en inglés:

el estudiante más alto *de* la clase	'the tallest student **in** the class'
la hija menor *de* la familia	'the youngest daughter **in** the family'

Con un sustantivo, el comparativo o superlativo se antepone o se pospone como otros adjetivos (v. §25.6). Pero hay una tendencia a anteponer los irregulares (*mejor, peor, mayor,* etc.) si no tienen énfasis distintivo:

Este jardín tiene las *más lindas* flores.	(asociación de *lindas* con *flores*)
Allí se encuentran las flores *más lindas*.	(selección: hay otras flores menos lindas)
Miguel es mi *mejor* amigo.	(*mejor* y *amigo* se asocian como un concepto)
Miguel es mi amigo *mejor*.	(selección: hay otros amigos menos buenos)

29.2.4. Expansión de los comparativos. Varios adverbiales pueden modificar, a su vez, al intensificador comparativo *más* o *menos:*

dos veces más grande 'twice as big'	*dos metros más* alto '2 meters taller'
mucho más grande 'a lot bigger'	*aun más* alto (o más alto aún) 'even taller'

En esta modificación las dos lenguas coinciden; pero observe la frase especial *cada vez más* 'more and more':

cada vez más alto 'taller and taller'	*cada vez menos* 'less and less'

Pero a diferencia del inglés, el español no suele combinar ordinales (*primero, segundo,* etc. v. §27.1) con superlativos. Compare las siguientes diferencias de expresión:

Es el *primer/segundo* puente *en* altura/largura del país ('It's the first/second tallest/longest bridge in the country')

Ocupa el *segundo/tercer lugar* entre las ciudades más grandes del mundo ('It's the second/third largest city in the world')

Gramática visual: *mismo* vs. *igual* 'same'

29.3. Otros patrones comparativos. Las siguientes estructuras también expresan o implican una comparación y deben aprenderse.

- ***tan...que...:*** José está *tan* nervioso *que* no puede concentrarse. 'Joe's *so* nervous *that* he can't concentrate'
- ***cuanto más... más/menos*** (en algunos dialectos: ***mientras más...más***)*: Cuanto más* trabajas, *más* aprendes. *'The more* you work, *the more* you learn' (Y ¡cuánto más trabajas, *menos* duermes!)
- ***demasiado... (como) para:*** Eres *demasiado joven (como) para* ayudarnos. 'You're *too* young *to* help us'
- ***lo más posible:*** Trate de llegar *lo más* temprano *posible.* 'Try to get here *as* early *as possible*'
- ***parecido (semejante) a***: Tus ideas son muy *parecidas a* las mías. 'Your ideas are very similar to mine'
- ***distinto (diferente) a (o de):*** Tus ideas son *distintas a* las mías. 'Your ideas are different from/than mine'. (Imposible: **"...son diferentes que las mías".*)
- ***como*** 'like, as'*:* Tiene una nariz *como* un gancho. 'He has a nose like a hook'
- ***el mismo... (que):*** Yo he visto *la misma* película (**que** tú). 'I've seen *the same* movie (**as** you)'
- ***igual a (o que):*** Estas películas son *iguales (a* esas): son demasiado violentas. 'These movies are *the same (as* those): they're too violent'

■¡OJO!: *el mismo* suele implicar referencia al mismo (idéntico) individuo; *igual* compara distintos individuos como muy semejantes en su tipo, efecto, etc. El neutro *lo mismo* también se usa:

Pienso *lo mismo que* tú. 'I think the same (thing) as you'

29.4. ***Más que* vs. *más de.*** En su sentido ordinario, la frase inglesa *more than five guests* ('over five, more than five') *no compara* dos cosas, sino que representa una cantidad aproximada: 'al menos seis, seis por lo menos'. Para expresarla en español, se usa ***de*** en vez de ***que: más de cinco.*** De la misma manera, *hay menos de diez invitados* representa un número menor que diez, nueve o menos. En cambio, la expresión matemática *three is more than two* (3>2) *sí* compara dos cosas (dos números): *tres es más **que** dos,* o *tres es **mayor que** dos.*

A continuación demostramos el contraste entre *más que* y *más de.*

- *Situación 1:* Lucas es tan fuerte que lleva tres cajas cuando Juan y José sólo llevan una. Lucas dice:

  —Yo puedo cargar *más **que** dos*. (más cajas que dos hombres; verdadera comparación)
- *Situación 2:* El jefe le da a Lucas dos cajas que llevar. Lucas sabe que puede llevar tres. Le responde:

  —Déme más. Yo puedo cargar *más **de** dos*. (Aquí no hay comparación.)

Otro contraste:

Hay que comer *más **de*** una galleta. ('You've gotta eat more than one cookie (2 or more)')
Hay que comer *más **que*** una galleta. ('You've gotta eat more than a cookie (so how about a sandwich?)')

De la misma manera que *más/menos de* se usan *mayor de* y *menor de* + edad:

Esta película no es apta para *menores **de*** 18 años. ('This film's not suitable for those under 18 yrs. old')

Gramática visual: *más que* vs. *más de*

En *más/menos de* + NÚMERO, el número puede ser una *cantidad indefinida* expresada por el artículo (*el, la, los, las, lo* neutro) más sustantivo, sustantivación o cláusula. Estudie la lógica de la siguiente progresión:

La orquesta tiene *más de tres* trompetas. ('...more than 3 trumpets')
La orquesta tiene *más de* ***las que*** (las trompetas que) **necesita**. ('...more than it needs, the ones it needs')
La orquesta tiene *más de* ***lo normal*** ('...more than normal, more than what's normal')
La orquesta tiene *más de* ***lo que yo creía***. ('...more than I thought, more than what I thought')

Hay dos diferencias entre *más de... que* para una cantidad indefinida y *más que* para una verdadera comparación: *más que* compara dos cosas distintas e implica el uso del *mismo verbo* en ambas partes de la comparación:

- COMPARACIÓN DIRECTA: Esa orquesta tiene *más trompetas* ***que*** *la nuestra*.
  1. Compara dos cantidades distintas, las trompetas que tiene esa orquesta y las que tiene nuestra orquesta.
  2. Se implica el mismo verbo, *tener* (esa orquesta tiene *x* trompetas, la nuestra tiene *y* trompetas).
- CANTIDAD INDEFINIDA: Esa orquesta tiene *más trompetas* ***de*** *las que necesita*.
  1. No compara dos cantidades, sino que expresa una cantidad mayor que ('>') la necesaria.
  2. Hay dos verbos diferentes, *tiene* y *necesita*.

29.5. **¿Qué más?** *Más* y *menos* se usan en muchísimas locuciones especiales, y no siempre corresponden a 'more/most' o 'less/least'.

- ***no... más que:*** significa 'sólo, solamente, precisamente, ni más ni menos':

  No hay más que diez invitados. ('There are only (just) 10 guests')
  No hice más que descansar todo el día. ('I just rested all day, I didn't do anything but rest all day')

  En muchos dialectos se encuentra la contracción ***nomás***:

  Fuimos al cine nomás. ('We merely (just) went to the movies')
  Yo nomás recalenté las sobras. ('I just (only, merely) reheated the leftovers')

- ***al menos, por lo menos:*** denota 'el mínimo' ('at least'). (contrario: 'at most' = *a lo sumo, máxime, a lo más*).
- ***de más:*** significa 'extra, no necesario'. (Es el origen del adjetivo *demasiado* y el cuantificador *los demás*).

  He traído una manta de más por si acaso. 'I've brought an extra blanket, just in case'
  ¡Veo que estoy de más! 'I see I'm not wanted around here'

- ***¡qué*** + *sustantivo* + ***más/tan*** + *adjetivo:* manera convencional de exclamar. (No hay comparación aquí, así que *más bueno/malo* pueden usarse.)

  ¡Qué drama tan malo! ¡Qué drama *más malo*!

- ***más bien:*** significa 'en lugar de esto, mejor dicho' (inglés: 'rather, instead'). Pero para un sentido comparativo, *más bien* siempre cambia a *mejor*:

El arte no es pasivo. Más bien, nos invita a pensar. 'Art isn't passive. Instead, it invites us to think'
Este artista ha pintado (*más bien* →) ***mejor*** que ese.

- ***algo (nada, alguien, nadie, qué) más:*** 'else'

  —¿Qué más? ¿Quieres algo más? —No, gracias, nada más.

- ***por más (adjetivo) que..., o por muy/mucho que...:*** equivalente del inglés 'however much...may be', 'no matter how (much)...'; su verbo es subjuntivo.

  Por muy difícil que *sea*, hay que hacerlo. 'No matter how hard it is, it's got to be done'

- ***principalmente, mayormente, mayoritariamente***: estos adverbios expresan 'mostly, mainly':

  Los indonesios son principalmente (mayoritariamente) musulmanes. 'Indonesians are mostly Muslims'

- ***la mayoría de:*** cuando *most* significa 'the majority', no implica comparación sino la fracción más grande, y su equivalente en español es el partitivo *la mayoría (de...)* o *la mayor parte (de)* (v. §25.5.2), no *más*. Las dos frases son iguales, aunque sólo *la mayor parte* se usa con sustantivos singulares:

La mayoría tiene tele.	'Most have a TV'
La mayoría de los estudiantes es honrada.	'Most students are honest'
La *mayor parte* de la provincia es montañosa.	'Most of the province is mountainous'

29.6 **Resumen.** La exposición explica un objeto con una descripción de sus atributos. Por ejemplo, para definir la palabra *cornejo* ('dogwood'):

El cornejo es un árbol bajo y torcido que se caracteriza por sus bayas rojas y sus flores en forma de cruz.

Pero a menudo limitamos un atributo de modo aproximado (con intensificadores) o con más precisión (medidas):

El cornejo es un árbol *bastante* bajo que sólo *alcanza una altura de unos 7 metros.*

Alternativamente, como hemos visto en esta lección, al lector le puede ser útil una comparación:

El cornejo es mucho *más bajo que el roble.* (...diferente al roble, ...tan bajo como muchos árboles frutales, ...menos recio de lo que pensamos.)

En fin, los intensificadores, comparativos y medidas sirven para contestar las preguntas "¿cuánto?, ¿hasta qué punto?" y para aclararle al lector un concepto que no conozca bien.

APLICACIÓN

Actividades

A. Preferencias: formen parejas o grupos pequeños. Comenzando con una frase apropiada (*ser* + adjetivo comparativo, *yo prefiero, me gusta/encanta más*, etc.), exprese su preferencia en una oración comparativa y *explíquela*. Trate de sustantivar en vez de repetir sustantivos.

Modelo: las camisas de algodón, las camisas de tela sintética.

→ *Prefiero las camisas de algodón porque son mucho más cómodas que las de tela sintética.*

1. los perros, los gatos
2. la tele comercial, la tele educativa
3. el helado, el yogur
4. las películas románticas, las películas de acción
5. las vacaciones de verano, las vacaciones de invierno
6. la comida china, la comida mexicana

Ejercicios

B. Haga oraciones comparativas a base de las palabras sugeridas.

1. limones / agrio / naranjas
2. nota de F / malo / nota de D
3. pollo / grasiento / tocino
4. la Tierra / grande / Marte
5. Júpiter / grande / los planetas
6. aluminio / pesado / el plomo
7. violín (4 cuerdas) / violoncelo (4 cuerdas)
8. discos compactos / bueno / audiocassettes
9. mujeres / trabajador / hombres (*¡no sea sexista!*)
10. Maripili (de 20 años) / viejo / hermana (de 15 años)
11. el equipo / EE.UU. / igual / el / Alemania: más / 5 trofeos
12. apariencia / un candidato / un factor/ importante / sus ideas

C. Revisión: los estudiantes del profesor Ramos usan excesivamente la palabra *muy*. Siguen ejemplos: busque otros intensificadores (palabras, frases o afijos) para sustituir este comodín.

1. La ruana es una vestimenta muy común en Colombia.
2. El autor ha ofrecido un argumento muy controvertido.
3. Creo que las ideas del candidato son muy interesantes.
4. Luego, fuimos a una fiesta muy divertida.
5. El diamante es un tipo de carbono muy duro.
6. Los incas sabían mover y levantar piedras muy pesadas.

D. Otra manera de evitar *muy* o *mucho* es con una expansión más informativa. Desarrolle cada oración usando una variedad de las construcciones presentadas en las secciones 29.2-29.3.

Modelo: Mi hermano llegó muy tarde.→ Mi hermano llegó *más* tarde *de lo que* pensábamos. (o: ...*demasiado* tarde *para* cenar, o ...*tan* tarde *que* faltó a la cena)

1. A lo largo del río crecían árboles muy altos.
2. El desenlace de este drama es muy cómico.
3. Algunos automovilistas se convierten en diablos y manejan muy rápido.
4. En las ciudades latinoamericanas hay mucha pobreza.
5. Durante la "Guerra Fría", las superpotencias fabricaron mucho armamento.
6. La Trinidad es un concepto teológico muy complicado.

E. Los símiles: A menudo describimos y caracterizamos por medio de un símil, usando *más...que* o *tan... como*, a veces exagerado. Desarrolle cada oración con un símil original.

Modelo: A veces, papá se pone... → A veces, papá se pone más bravo que un león (...tan bravo como un león).

1. Después de estudiar para el último examen, estábamos...
2. Se cortó la electricidad, de modo que nuestro cuarto quedó...
3. Al ver el fantasma, sentí un terror incontrolable y me puse a correr...
4. En efecto, el autor ha utilizado un argumento que es...
5. Al oír la palabrota de su hija, la señora Aguilar se puso...
6. En una carretera estrecha de sólo dos carriles, siempre me encuentro detrás de otro automovilista que anda...

F. Superlativos. Complete cada oración con una expresión superlativa original.

1. El cálculo ...
2. El Lamborghini...
3. La *Biblia*...
4. El monte Everest ...
5. Antártida...
6. El diamante...
7. Plutón...
8. Mi clase de ____...

G. Defina (con cláusulas relativas y sustantivación) **dos tipos** de cada cosa y compárelos.

Modelo: *pizzas* → Las pizzas que tienen peperoni y pimientos verdes son más sabrosas que las que tienen anchoas y aceitunas.

1. tiendas
2. profesores
3. chicos (o chicas)
4. música
5. políticos
6. dramas

H. Use la materia de esta lección para definir la *segunda* cosa para un lector que ya conozca la *primera*.

Modelo: flauta, flautín: Un flautín es como (se parece a, es semejante a) una flauta, pero es más corto y tiene un tono mucho más alto.

1. pistola, rifle (fusil)
2. papel, cartón
3. sillón, sofá
4. película, vídeo musical
5. camino, carretera
6. cuento, novela
7. asfalto, hormigón
8. pantuflas, sandalias
9. revista, libro

I. La definición con comparación es útil cuando tratamos de explicar conceptos locales. Explíquele a Lourdes Díaz, una boliviana, estos objetos de la cultura estadounidense, contrastándolos con estructuras comparativas. Como se ve en el modelo, use las palabras inglesas entre comillas porque son estas las que le confunden a Lourdes; muchas veces se basan en conceptos de la cultura de EE.UU. que no corresponden bien a los equivalentes españoles que se dan en diccionarios bilingües.

Modelo: *Cub Scouts, Boy Scouts*: "Los dos son organizaciones para los muchachos que quieren explorar, pero los "Cubs" son menores que los "Boy Scouts".

1. *yard, garden*
2. *exam, quiz*
3. *cup, mug*
4. *street, alley*
5. *van, pickup truck*
6. *major, minor* (in college)
7. *fish sticks, fish patties*
8. *university, college*
9. *credit card, debit card*

Ejercicio textual

J. Mi pequeño cuarto. Usted cuenta cómo reaccionó al entrar por primera vez a su cuarto de la residencia universitaria, completando cada oración de manera original con las construcciones de esta lección, pero formando un relato coherente.

1. Al entrar por primera vez, vi que mi cuarto era menos grande...
2. Papá, quien me acompañaba, quedó tan sorprendido...
3. Después que salió mi papá, deshice las maletas lo mejor...
4. Pero tenía tanta ropa...
5. Por eso, me hacían falta más perchas...
6. En ese momento llegó mi compañero(a) con tanto equipaje...
7. Y trajo aun más libros..., demasiado...
8. Para tener sitio, compramos unas estanterías baratas, por menos... (Cuidado: *no* "por lo menos")
9. Pero parece que cuanto más...
10. En cambio, nuestro cuarto tiene una ventaja: es más...
11. Y es nuestro hogar, por muy...

Adaptación de texto

K. Exprese en español, teniendo cuidado con la expresión precisa.

There are more than 190 countries in the U.N. (*la ONU*), more than ever. Most of them are smaller than the U.S. Some of them are extremely-small (*exprésese con una sola palabra*), smaller than you (one) would think, so small that they can't pay their dues (*la cuota*). Just as our representative (*representante*) says, the smaller the country, the more disproportionate (*desproporcionado*) is its vote. For example, Gambia has just 900,000 inhabitants (*habitantes*), while the population (*población*) of Mexico is 100 times greater, 90,000,000, and India's is even 10 times larger than Mexico's, more than 900,000,000. But these two are the same as Gambia: they have the same vote as the very-small (*exprésese con una sola palabra*) countries, just one, in spite of their greater population. No matter how small it is, each country participates the same, at least in the General Assembly (*Asamblea General*). With that many votes from so many countries, this group is too weak to decide quickly and efficiently. However, the Security Council (*Consejo de Seguridad*) is the more powerful of the two, and its five permanent members have become more and more important for making most of the decisions.

Ensayo

L. En un párrafo, escriba una definición extendida de algún chisme ('thingamajig') *sin nombrarlo.* Descríbalo de manera precisa, dando suficientes pistas ('clues') sobre su función, su composición, etc., y comparándolo con otras cosas con fórmulas como las siguientes, más otras expresiones de esta lección:

más que	tan/tanto como	igual a/que	parecido a
menos que	demasiado...como para	el/lo mismo que	distinto a/de

A ver si su profesor o la clase puede adivinarlo. Si no, es probable que la información no baste.

LECCIÓN 30 Composición: La exposición

Es importante comunicarse con precisión, sin ambigüedad y sin rodeos o, como dice el refrán,

- Llamar al pan, "pan", y al vino, "vino".

PRESENTACIÓN

La EXPOSICIÓN es el proceso de *exponer*, o sea explicar algo. Responde a preguntas como "¿qué es?, ¿cómo es?, ¿cuáles son sus tipos?, ¿de qué se compone?, ¿cómo se reconoce?, ¿qué importancia tiene?" Los estudiantes universitarios ya han tenido experiencia con este tipo de composición en los ensayos que escriben en su lengua materna y podrán aplicar las mismas estrategias en español. Estas se repasan aquí con su típico lenguaje.

30.1. El propósito y el tono. El propósito de la exposición es, en primer lugar, *didáctico:* uno trata de enseñar algún concepto y aclararlo para que el lector lo comprenda mejor. Dos ejemplos:

- Escogemos el tema "la paranoia", definimos el término, lo analizamos y comparamos con otros problemas psicológicos semejantes y damos ejemplos para explicarle esta condición al lector.
- Decidimos explicar lo que es "el prejuicio": lo definimos, lo analizamos y comparamos sus tipos, quizás con un trasfondo histórico y datos de apoyo.

Con este propósito puramente explicativo, el tono suele ser objetivo, serio, neutral y a veces científico, como el de un artículo de enciclopedia. En cambio, el tono ya no es objetivo si tratamos de presentar un argumento a favor o en contra de una idea: en este caso, no sólo explicamos un tema ("¿qué es el prejuicio?"), sino que defendemos una TESIS, algo que vamos a demostrar ("por qué el prejuicio debe evitarse") con otro propósito: persuadir al lector. Este segundo tipo de ensayo, que se llama ARGUMENTACIÓN, se estudiará en la L. 36.

El propósito no suele declararse como tal: tanto en inglés como en español se consideran poco sofisticadas las exposiciones que comienzan así:

En esta composición voy a hablar del *rugby*.
El propósito de este informe es explicar el deporte de *rugby*.

Más bien, el propósito queda implícito en un comienzo más directo:

El rugby es un deporte bastante fácil de aprender.

30.2. Organización. Un ensayo expositivo se compone de una introducción, el cuerpo y la conclusión. La introducción define el concepto y al mismo tiempo capta el interés del lector. En efecto, muchos escritores comienzan con un GANCHO (v. §18.3) para llamar la atención: una pregunta retórica, una cita ('quote') curiosa o una anécdota reveladora. El título debe ser específico y apropiado para el contenido, y puede añadirse en la última etapa de la redacción.

Luego, el escritor dedica el cuerpo de su exposición a desarrollar el concepto según las estrategias que haya escogido, comenzando con lo más esencial de su objeto. Para cada sección, será útil una

ORACIÓN TEMÁTICA ('topic sentence') que refuerce el plan general de la exposición y señale lo que el escritor se propone decir en el párrafo. En efecto, si el lector identifica todas las oraciones temáticas, tendrá una sinopsis de la exposición.

Al final, se redacta una conclusión en un párrafo separado. La conclusión de una exposición siempre *concluye*, le pone fin a la discusión sin introducir nuevos asuntos que provoquen más comentario. Por eso, no cabe señalar allí otros datos y características que debieron desarrollarse en las secciones anteriores. Además, la conclusión no es igual que la introducción y *no la repite* con las mismas palabras. Resume la importancia del objeto de modo que el lector lo recuerde y se quede con una impresión global.

30.3. Estrategias expositivas. Hay varias maneras de exponer un concepto: **definir, comparar, contrastar, analizar, clasificar**, etc. Con su propósito didáctico, el escritor las combina como un profesor que recurre a múltiples estrategias en su conferencia para dirigirse a diferentes oyentes y lograr una concepción completa y multidimensional.

30.3.1. La definición. Una definición expresa el sentido de un término, respondiendo a la pregunta "¿qué es?" Sigue una lista de cuatro tipos que pueden combinarse.

1. **categoría + especificación:** Nombramos la categoría (clase general) a la que pertenece la cosa y luego la diferenciamos de otras cosas por medio de modificadores: adjetivos, frases preposicionales, cláusulas relativas. Ejemplos:

   La morfología es el estudio lingüístico de las formas de las palabras.
   La OTAN es una organización de 26 países aliados que se han comprometido a la defensa de Occidente.
   La paranoia es una condición mental en la que la víctima se siente perseguida y amenazada.

   Aquí, las categorías se nombran con los sustantivos *estudio, organización* y *condición*. Pero cuanto más precisa la categoría, mejor define. Por tanto, la definición anterior de *paranoia* podría mejorarse así:

   La paranoia es un *trastorno psicológico* en el que...

   El siguiente tipo de definición se acepta en la conversación pero no en la composición, pues falta una categoría precisa:

   La paranoia es *cuando* nos sentimos perseguidos.

   Si definimos una palabra con una forma derivada, resulta una definición circular que es inútil:

   La indemnización es el proceso de indemnizar.

   Pero la circularidad se rompe al definir a su vez la segunda forma:

   La indemnización es el proceso de indemnizar, *o sea compensar a una víctima por sus daños.*

2. **sinónimos:** Damos una paráfrasis del sentido con sinónimos:

   La OTAN también se conoce como "la Alianza Atlántica".

   o usamos una serie de sinónimos parciales para que el lector infiera el "común denominador":

   La depresión es un estado de ánimo que se caracteriza por la tristeza, el abatimiento y la apatía.

3. **etimología:** Citamos el origen (la derivación) del término para aclarar su significado, respondiendo a la pregunta "¿por qué tiene este nombre?"

   Morfología proviene de dos raíces griegas, *morphe* 'forma' y *logia* 'estudio, ciencia'.
   OTAN es un acrónimo cuyas siglas representan 'la Organización del Tratado del Atlántico del Norte'.
   La "operación cesárea" recibió este nombre porque nació así Julio César.

4. **ejemplos:** Damos ejemplos (casos concretos, ilustraciones, aplicaciones) del significado general:

La desnutrición es frecuente entre los niños que pasan hambre y no reciben suficientes proteínas y vitaminas, pero también se ve en algunos niños ricos que comen alimentos inapropiados.

La ejemplificación siempre es útil porque ayuda al lector a comprender algo nuevo. Sobre todo cuando se trata de conceptos abstractos, generales o técnicos, es natural reaccionar con "¿por ejemplo?"

30.3.2. El análisis y la clasificación. La segunda estrategia consiste en analizar y/o clasificar. En el ANÁLISIS, comenzamos con un objeto y distinguimos (analizamos) sus partes, explicando cómo estas se relacionan la una con la otra. En la CLASIFICACIÓN, comenzamos con varias cosas parecidas y las arreglamos en clases (tipos) según sus rasgos distintivos. En la Figura 30.a se dan ejemplos de los dos procedimientos.

OBJETO	ANÁLISIS → PARTES	CLASIFICACIÓN → CLASES, TIPOS
1. instrumentos de cuerda	sus componentes: cuerdas, clavijas, mástil, etc.	clásicos, folklóricos, electrónicos... o: de tono alto, medio y bajo
2. plantas	sus partes: flor, tallo, raíces, hojas...	según el clima: tropicales, desérticas... o: según su utilización en la cultura humana
3. poesía	sus elementos: rima, metro, tono, tema...	poemas épicos, líricos... o: poemas tradicionales vs. modernos

Figura 30.a Análisis vs. clasificación

Como se ve en la columna derecha, el escritor dispone de varias opciones para clasificar. Cada una supone uno o más CRITERIOS, o sea rasgos que distinguen una clase de otra. Estos criterios los escoge el autor según su propio punto de vista y propósito. Por ejemplo, si queremos recomendar las plantas como adornos interiores de oficinas y casas, las clasificamos según el criterio de "color"; pero si nos importa más la conservación, el color no importa y escogemos otro criterio como el valor de ciertas especies en la vida humana. De esta decisión resultará una clasificación distinta, así que siempre es importante explicarle al lector qué criterio va a aplicarse y por qué.

El análisis y la clasificación son estrategias complementarias que pueden combinarse. Por ejemplo, para clasificar los poemas como "tradicionales" vs. "modernos", primero los analizamos explicando los componentes como rima y metro, que luego aplicamos como criterios. Estos procedimientos también se unen con otros: tenemos que *definir* "rima" y "metro" si el lector no los comprende, y es probable que distingamos la poesía tradicional y moderna por medio de una tercera estrategia doble, la comparación y el contraste.

30.3.3. La comparación y el contraste. Cuando comparamos y contrastamos, explicamos hasta qué punto una cosa *A* se parece a otra, *B*, u otras, *B* y *C*. A veces el escritor supone que su lector ya conoce bien B y C y podrá comprender A mejor basándose en sus relaciones con estas. Otras veces, todos estos objetos (A, B y C) resultan de una clasificación anterior del escritor, quien los trata con importancia igual para definir, aclarar y diferenciar.

La comparación enfoca las semejanzas y el contraste realza las diferencias. Así sirven de técnicas complementarias y es normal emplearlas juntas para lograr una caracterización completa. Para utilizarlas eficazmente, primero hacemos una generación de ideas, tal vez una lista de apuntes en columnas, una columna para cada objeto que va a figurar en la comparación. Pensamos en su relación, anotando las semejanzas y las diferencias que deben elaborarse en la exposición. Por ejemplo, si queremos explicar la televisión educativa, bosquejamos una comparación preliminar con otros tipos de tele como en la tabla de la Figura 30.b.

Rasgo:	*La TV educativa: PBS*	*La TV comercial: CBS, ABC, NBC...*	*La TV especial: MTV, deportes, etc.*
auditorio:	todos; pero en realidad un grupo especial	el "común denominador más bajo"	aficiones particulares
propósito:	entretener, enseñar	entretener	entretener
calidad:	buena	mediocre	depende
variedad:	mucha	poca	ninguna
financiación:	el público; fundaciones	anuncios de patrocinadores	anuncios de patrocinadores

Figura 30.b Comparación/contraste de tipos de programas televisivos

La organización de la comparación depende del escritor. Siguen tres formatos convencionales con el ejemplo de la tele educativa.

Plan 1: Se comparan y se contrastan simultáneamente los tipos de programación *punto por punto* (rasgo por rasgo): una sección sobre el *auditorio*, luego otra que trata del *propósito*, y luego la *calidad y variedad*, etc.

Plan 2: Se describe cada tipo de TV de modo completo, con un paralelismo muy estricto para que el lector vea la comparación y el contraste a cada paso: *la TV educativa* con respeto a rasgos X, Y, Z, y después *la TV comercial* con respeto a los mismos X, Y, Z, etc.

Plan 3: Se separan las dos técnicas: en una sección se dan las *semejanzas* entre los tipos de tele; luego (con un "pero" o "sin embargo" muy enfático), se presenta otra sección distinta sobre las *diferencias*.

30.3.4. Otras estrategias de exposición. Por último, notamos otras cuatro estrategias que suelen combinarse con las que explicamos arriba.

1. **descripción:** se describen las características (v. L. 6), tanto distintivas como variables, del objeto, para mejorar la definición, el análisis o la comparación.
2. **medición y cuantificación:** se dan las medidas y cantidades (v. L. 27) del objeto y/o de sus tipos, o datos que ayuden a comprenderlo mejor.
3. **demostración con gráficas:** se añade un cuadro, dibujo o tabla, pero estos deben aclarar y resumir los puntos de la exposición en vez de reemplazarla.
4. **el trasfondo histórico:** se puede **historiar,** o sea explorar la historia del concepto, explicando cómo se desarrolló en épocas distintas. En efecto, el formato puede ser histórico, p. ej. una comparación de dos o más concepciones, la antigua vs. la moderna.

30.4. Enfoque en el lenguaje. En las lecciones anteriores de este capítulo (L. 25–29) hemos enfocado los modificadores (adjetivos, cláusulas relativas, frases con *de* y otras preposiciones), los artículos y demostrativos, los cuantificativos y números, la comparación y sustantivación, etc., pues estos recursos gramaticales abundan en la exposición:

definición (con descripción y medición):

El disco 'floppy' era un cuadrado de plástico (menos "floppy", o sea flexible que antes) que se introducía en el lector de discos de la computadora. Contenía una película interior de óxido en la que se grababan los documentos. El tamaño podía variar, pero el tipo principal medía 9x9 cm.

comparación y contraste:

Los zapatos de etiqueta se llevan en las situaciones "formales". Pero los de las mujeres no son iguales a los de los hombres. Estos son más cómodos y duraderos y sirven para proteger los pies, mientras aquellos no sirven más que para cumplir con las efímeras concepciones de la moda.

análisis y clasificación:

Los planetas se componen de tres partes que tienen un estado físico diferente. La primera es la litosfera, rocosa y sólida. La segunda es la hidrosfera, el componente líquido, generalmente agua. La tercera es la atmósfera, la capa gaseosa que rodea los otros dos componentes. Lo que permite clasificar los planetas, pues, es precisamente su composición. Los más grandes consisten principalmente en una atmósfera hondísima, como Júpiter, y se llaman "gigantes gaseosos". Los pequeños tienen una litosfera dominante, como la Tierra, y pueden carecer de hidrosfera y atmósfera, como Mercurio.

30.4.1. El uso y abuso de los cognados. Las composiciones expositivas requieren un vocabulario *abstracto* y/o *técnico* para tratar ideas, relaciones y disciplinas especiales. Muchos de estos vocablos son COGNADOS, palabras semejantes que el español y el inglés han recibido del latín y del griego, y uno aprende pronto que hay muchas correspondencias como estas:

culture = cultura	justice = justicia	energy = energía	philosophy = filosofía
origin = origen	literary = literario	legalize = legalizar	democracy = democracia

También se descubren regularidades de formación:

-ive = -ivo(a): *pasivo, ofensivo, digestivo, iniciativa, productivo, adjetivo, cooperativo,* etc.
-tion = -ción: *prohibición, tradición, perfección, evaluación, infección, organización,* etc.
-ty = -dad/-tad: *posibilidad, personalidad, comunidad, sociedad, densidad, libertad,* etc.
-nce/-ncy = -ncia: *tendencia, experiencia, transparencia, tolerancia, permanencia,* etc.

Pero no hay que generalizar demasiado, porque es posible producir PALABRAS INVENTADAS, formas que no existen en español. Siguen ejemplos de palabras inventadas en las composiciones de estudiantes anglohablantes:

"El ambiente *political* de Rusia" (→ *político,* y aun mejor, *el clima político*).
"La *mayoridad* de los países *asianos*" (→ *mayoría... asiáticos*).
"Las fiestas *providen recreación* social" (→ *proporcionan/brindan recreo*).
"Estos *factos* son disputados por los *ateístas*" (→ *hechos... ateos*).

A veces el cognado *sí* existe, pero con otro sentido, como en este segundo grupo de anglicismos:

"Los *representativos* son elegidos" (*representativo* es adjetivo; → *representantes*).
"En la universidad vamos a *escuela* para estudiar *tópicos* avanzados" (*escuela* = escuela primaria, no la universidad, y *tópicos* suelen ser 'clichés'; → *clases... materias/asignaturas*).
"No es *sensible* alojarse en los *dormitorios*" (*sensible* significa 'sensitive' y *dormitorio* es 'bedroom'; → *sensato... residencias estudiantiles*).
"Uno debe *realizar* que los deportes *envuelven* mucho dinero" (*realizar* es 'make real, fulfill', *envolver* es 'wrap up'; → *darse cuenta... implican/suponen*).

Por tanto, cuando no estamos seguros de una palabra, siempre es buena idea verificar su existencia y sentido preciso en el diccionario.

30.4.2. Expresiones especiales de la exposición. El lenguaje de la exposición también se caracteriza por palabras y fórmulas que señalan las estrategias del escritor: definir, comparar, analizar, etc. El empleo de estas convenciones produce un estilo más pulido e idiomático, establece la autoridad del escritor y también ayuda al lector a comprender el flujo de ideas.

para definir:

consistir en ('consist of/in'): El pluriempleo consiste en trabajar en dos o más puestos en un solo día.
conocerse como ('be known as'): El cohecho también se conoce como soborno.
significar, querer decir, denotar ('mean, denote'): *Anhídrido* significa 'capaz de formar un ácido al combinarse con agua'.
referirse a ('refer to'): La música "clásica" se refiere a las composiciones de la época de Haydn y Mozart.

servir para ('serve to'): La rima sirve para lograr un efecto musical al final de los versos de un poema.
caracterizarse por ('be characterized by'): El modernismo se caracteriza por un rechazo de las reglas antiguas.
ejemplificar(se) ('be exemplified'): La tautología se ejemplifica con un argumento como el siguiente.
por ejemplo ('for example'), *en concreto* ('in particular'): Los animales pueden confortar; los perros, por ejemplo, muestran cariño y lealtad.

para comparar:

parecerse a, asemejarse a, semejar ('seem like, resemble'): El violín y la viola se parecen en muchos aspectos. (El violín se parece a la viola en muchos aspectos/rasgos, muchas características.)
ser igual ('be the same'), *semejante/parecido* ('similar, alike'): En varios aspectos, el violín y la viola son iguales (muy parecidos).
al igual que, como ('like'), *equiparable a* ('comparable to'): Como (al igual que) la novela, la epopeya relata un cuento.
de la misma manera/el mismo modo, igualmente, asimismo ('likewise, in the same way'): La función del crucero es la diversión. De la misma manera, el yate es una embarcación que sirve para el ocio.
tener...en común, compartir ('have in common, share'): El crucero y el yate tienen muchas funciones en común.

para contrastar:

diferenciarse de = distinguirse de = diferir (ie) *de* ('differ from, be distinguished from'): El violín y la viola difieren/se diferencian en el tono. (El violín se distingue de la viola en el tono.)
ser diferente/distinto de/a ('be different from'): El chimpancé es diferente de los monos.
en cambio ('on the other hand'): Los préstamos convencionales se pagan en un plazo corto, tal vez de 2 a 5 años. En cambio, las hipotecas se pagan durante 15, 20 ó 30 años.
en contraste (con) ('in contrast'): En contraste (con los romanos), los árabes conocían el cero.
a diferencia de ('unlike...'): A diferencia de los romanos, los árabes conocían el cero.

para analizar partes:

componerse de ('be composed of'), *dividirse en* ('be divided into'), *constar de = consistir en* ('consist of'): El método científico consiste en (consta de) cuatro pasos (etapas, niveles, fases).

para clasificar tipos e indicar criterios:

agruparse en ('be grouped in'), *asignarse a* ('can be assigned to'), *comprender* ('comprise'), *incluir* ('include').
según, conforme a, de acuerdo con ('according to, depending on'): Las fiestas se agrupan en (comprenden) tres tipos (clases, categorías, grupos, subtipos) según la ocasión.

30.5. Para escribir una exposición. Muchos estudiantes ya tienen una idea que les interesa y conocen las técnicas de definición, análisis, etc. Pero al escribir, descubren que su tema es *demasiado amplio* y que para cubrirlo bien van a necesitar 50 páginas. Lo que hace falta es más preparación: hay que **limitar el tema** y enfocar un aspecto más tratable. Tomemos por ejemplo el sexismo, un tema tan extenso y complejo que podríamos dedicarle un libro. Por eso, pensamos un rato, haciendo una generación de ideas con el fin de descubrir algún aspecto del sexismo que sea más apropiado para un ensayo, tomando apuntes o planteando preguntas:

con apuntes

- orígenes del sexismo
- sus consecuencias
- ¿en el trabajo?, ¿las escuelas? los deportes, etc.?
- formas tradicionales vs. contemporáneas
- en EE.UU. (Latinoamérica; África; Europa, etc.)

con preguntas

- ¿de dónde viene? ¿cuáles son sus causas?
- ¿cuáles son sus resultados?
- ¿dónde se ve? ¿en qué esferas de la vida?
- ¿cómo ha cambiado?
- ¿el sexismo de qué sociedad?

Analizando así el concepto y enfocando sólo uno de sus aspectos, llegaríamos a un tema más limitado, por ejemplo "El sexismo *en la educación primaria de los Estados Unidos*".

Otra manera de limitar el tema consiste en analizar opciones y rechazar alternativas, como se ilustra en la Figura 30.c con el tema de "las computadoras".

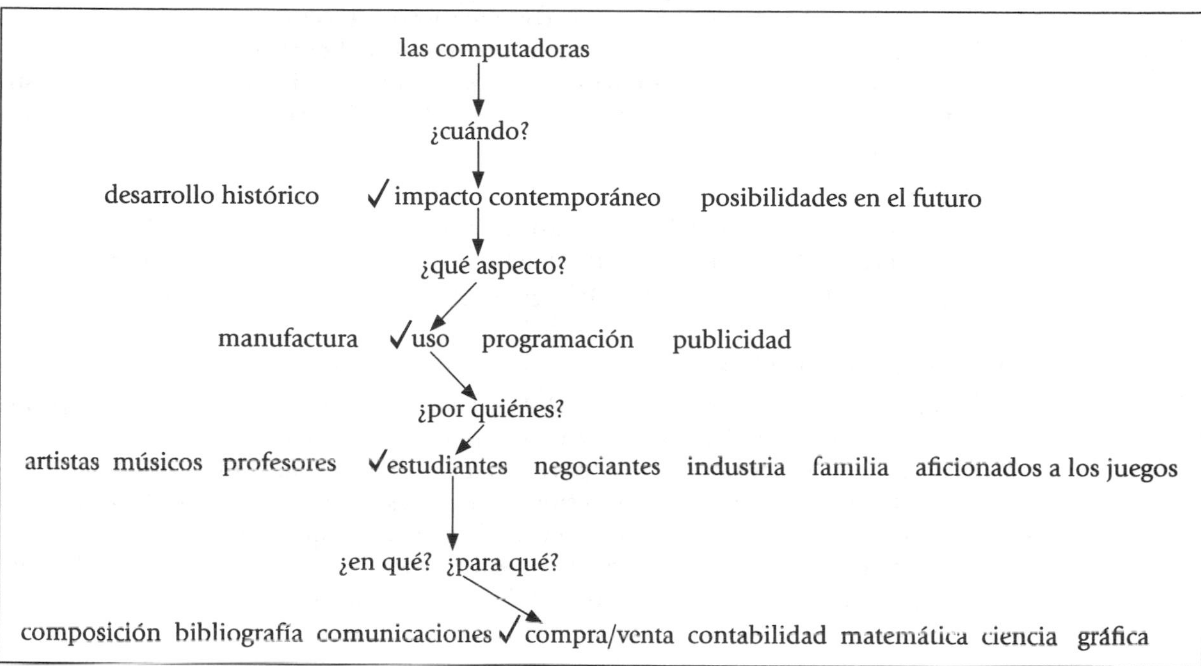

Figura 30.c El uso de preguntas para limitar un tema.

Así llegamos a un tema mucho más tratable: "El uso de las computadoras en las compras y ventas". Luego, si este resulta *demasiado* limitado, es fácil incluir conceptos afines, por ejemplo las subastas.

Otro paso preparativo, tras limitar el tema, consiste en planear ideas y estrategias. Algunos hacen un bosquejo detallado para tener una idea preliminar de lo que van a cubrir, y dónde. Otros se contentan con unos apuntes sueltos porque prefieren escribir de un modo más libre y refinar la estructura más tarde. Si se emplea un bosquejo, no hay que sentirse prisionero de él; si el pensamiento evoluciona en otra dirección durante el proceso de escribir, el plan siempre puede ajustarse.

Luego, se comienza a escribir. Recomendamos de nuevo un proceso de tres fases: (1) composición (creación), (2) revisión del contenido y (3) corrección de errores. En la primera, lo más importante es **dejar fluir las ideas:** cuando el cerebro empieza a producir ideas, hay que aprovechar su flujo creativo y ponerlo en papel (o en la computadora) sin interrumpirlo. El proceso es intermitente y a veces el escritor vuelve a leer lo escrito para averiguar su dirección y estimular de nuevo el pensamiento. Claro está que esta primera versión es para *el escritor mismo* (no el lector) y por eso puede incluir abreviaturas, frases incompletas y hasta el "Spanglish" para anotar las ideas.

Pero todo esto se mejora en los pasos posteriores de revisión y corrección. Ahora, el escritor piensa en la *forma* de un ensayo coherente dirigido a otra persona, su lector, lo cual requiere atención a la expresión y organización. Elabora oraciones y párrafos completos, varía sus estrategias (§ 30.3) y busca maneras de mejorar el lenguaje (30.4). Por último, corrige lo escrito con cuidado, buscando los errores y quitando todo vestigio del *Spanglish* y otros defectos de la versión preliminar.

Después de terminar y corregir este borrador y antes de entregárselo por primera vez al profesor, el estudiante debe leerlo una vez más para asegurarse de su calidad. Siempre es importante mirarlo desde el punto de vista de *otra persona,* un lector que no conozca bien el objeto, que no sepa de antemano qué es, en qué se parece a otras cosas, cómo se clasifican sus tipos o se analizan sus partes. Es probable que descubra así otros aspectos que explicar para que su lector reciba una impresión clara y exacta.

Al igual que en las demás lecciones de composición, adjuntamos una lista de puntos especiales que verificar en una composición de exposición antes de entregar el borrador:

LISTA DE VERIFICACIÓN

1. **contenido**
   - ☐ ¿El tema está suficientemente limitado?
   - ☐ ¿He pensado en la impresión (y la comprensión) del lector?
   - ☐ ¿Cómo es el tono? ¿Se conforma con el propósito y el objeto?
   - ☐ ¿Hay suficiente información para caracterizar el objeto? ¿He aplicado todas las estrategias relevantes (definición, comparación y contraste, clasificación y análisis, descripción, cuantificación, etc.)?
2. **organización**
   - ☐ ¿Es eficaz el plan general? ¿Está claro el formato?
   - ☐ ¿Las ideas fluyen bien? ¿Hay suficientes oraciones temáticas y transiciones?
   - ☐ ¿Qué secciones debo elaborar más? ¿Qué puntos o datos debo añadir, suprimir o reordenar?
3. **expresión de las ideas**
   - ☐ ¿El lenguaje es expresivo y variado? ¿Hay demasiadas muletillas o palabras repetidas?
   - ☐ ¿Hay anglicismos, "palabras inventadas" o palabras de sentido impropio?
   - ☐ ¿Está clara la exposición, o hay pasajes o frases que puedan confundir?
   - ☐ ¿He tratado de emplear las expresiones especiales de la exposición (§30.4.2)?
   - ☐ ¿Dónde hay casos de oraciones breves o fragmentadas que puedan unirse mejor?
   - ☐ ¿He tratado de aplicar eficazmente las estructuras presentadas en este capítulo (modificadores, números, relativas, oraciones hendidas, comparativos, etc. v. L. 25–29)?
4. **gramática**
   - ☐ ¿He revisado la ortografía y puntuación?
   - ☐ ¿Hay errores de género, concordancia o conjugación?
   - ☐ ¿Hay problemas en las frases sustantivas y sus modificadores?

APLICACIÓN

Ejercicios de preparación

A. Apuntes personales: Después de leer esta lección, piense usted en lo que ha aprendido y también en su propia experiencia con la exposición. Escriba algunas ideas o consejos generales que le parezcan especialmente valiosos, tal vez para comentarlos en clase.

B. Vocabulario: Para cada expresión en cursiva (1–5), busque un *sinónimo* que signifique lo mismo en el contexto.

1. El "tendón de Aquiles" *quiere decir* el importante cordón fibroso que une la pantorrilla con el talón.
2. El oído *consta de*l tímpano, tres huesecitos y la cóclea.

3–4. Las especias *comprenden* varios tipos de sustancias y se pueden clasificar *según* la parte de la planta de la que derivan: la raíz, las semillas, la fruta, la flor, las hojas o la corteza.

5. Los esquimales disponen de varias palabras referidas a la nieve; *de la misma manera*, los habitantes de los desiertos tienen muchas palabras para la arena.

Busque un *antónimo* para cada expresión indicada en (6–8).

6. El "padrino" es bastante *diferente a*l "godparent" de la cultura estadounidense.
7. *Al igual que* los coches importados, los domésticos se descomponen tan pronto como se vence la garantía.
8. El té *se distingue de* otras bebidas con cafeína en varios aspectos.

C. Actividad. Generación de ideas: en grupos pequeños, hagan un bosquejo de ideas y estrategias que ustedes usarían para explicarle la fiesta anglosajona de "Halloween" a un lector hispano.

Modelo y análisis

D. Siguen dos artículos enciclopédicos sobre temas diferentes. La clase puede votar para escoger *uno* de ellos para analizar o dividirse en dos grupos y elegir un artículo cada uno. Analicen su artículo completando el cuadro que sigue. (Fuente: *Enciclopedia hispánica,* Macropedia tomo 1, pág. 81–82, y tomo 4, pág. 371–72. Encyclopaedia Britannica Publishers, 1992.)

1. *Afectividad*

Sería equivocado identificar los sentimientos y las pasiones, formas ambas de afectividad, con el lado "irracional" de la psicología humana. Toda la conducta del hombre, incluso sus aspectos más racionales e intelectuales, está marcada por esos elementos.

En psicología se utiliza el término "afectividad" para designar la susceptibilidad que el ser humano experimenta ante determinadas alteraciones que se producen en el mundo exterior o en su propio yo. Tiene por constituyente fundamental un proceso cambiante en el ámbito de las vivencias del sujeto, en su calidad de experiencias agradables o desagradables. Su intensidad, duración, expresión y forma de producción contribuyen a identificar los distintos terrenos en que se hacen notar sus efectos: los sentimientos, las emociones y las pasiones.

Un sentimiento es un estado afectivo de carácter difuso y generalizado, que remite normalmente a contenidos y valores culturales, sin las connotaciones dramáticas de las emociones. Al contrario de lo que sucede con éstas, los sentimientos son suaves y persistentes. En un análisis general, cabe establecer una distinción entre los sentimientos elementales y vitales (fuerza, peligro, etc.), más próximos a las emociones, los sentimientos puramente psíquicos (los estados de ánimo, la tristeza, la alegría, etc.) y los sentimientos espirituales, como por ejemplo la felicidad, determinados por los valores.

La crisis de los métodos introspectivos —que preconizan el estudio, por parte del sujeto, de sus propias experiencias— ha tenido como secuelas un menor interés por el estudio de los sentimientos y una mayor atención prestada a las emociones. Estas últimas son intensas experiencias perturbadoras que provocan cambios anímicos entre polos tales como agrado y desagrado, tensión y relajación, y excitación y depresión, acompañados de alteraciones fisiológicas (circulación, respiración, etc.). Charles Darwin, creador de la teoría de la evolución, señaló en 1872 la utilidad de las emociones en la lucha por la vida, idea que el estadounidense Walter Cannon retomó en 1929 al propugnar la existencia de una respuesta de supervivencia que permite que el organismo se prepare para enfrentarse con situaciones de emergencia. En el mismo sentido biologicista se orientaron los estudios de Ireneus Eibl-Eibesfeldt, quien puso de relieve la importancia de los componentes innatos. Las investigaciones de otros autores han permitido elaborar escalas de emoción, identificando las dos dimensiones emocionales básicas de placer-desplacer y rechazo-atención.

La pasión presenta características similares a la emoción, pero se distingue de ella en que, al igual que el sentimiento, posee mayor persistencia, pudiendo llegar a dominar la vida psíquica del sujeto por encima de la voluntad y la razón. Si se tiene en cuenta que, pese a su importancia, los sentimientos, emociones y pasiones no agotan los estados de la afectividad, no es difícil comprender el papel decisivo que ésta desempeña en la vida humana.

2. *Cuásar*

En 1963, dos astrónomos del observatorio californiano de Monte Palomar, en los Estados Unidos, Thomas Matthews y Allan Sandage, fueron los primeros en identificar un cuerpo intergaláctico de dimensiones relativamente escasas con respecto a su gran poder de emisión de radiación. El astro, denominado *cuásar* o *quasar* por contracción del término inglés *quasi-star,* casi estrella, irradiaba una gama de longitudes de onda en la que la emisión de fotones, es decir, de luz, se concentraba en áreas del espectro hasta entonces no registradas en ningún cuerpo celeste.

Los cuásares son cuerpos celestes que, desde el punto de vista de la radiación, se definen como emisores intensísimos de ondas de radiofrecuencia, mientras que, en cuanto respecta a su apariencia óptica, son percibidos como objetos afines a las estrellas de tamaño proporcionalmente reducido.

Interpretación astronómica. Por su diámetro menor a un año luz, es decir, a la distancia que recorre la luz en un año, los cuásares no corresponden al concepto preciso de galaxia ni de estrella, sino que son masas intergalácticas de gran densidad, que poseen una luminosidad miles de veces mayor a la de las galaxias gigantes que presentan un diámetro del orden de cien mil años luz. Su gigantesco poder de emisión de radiación ha permitido observarlas a distancias de más de diez mil millones de años luz, mediante sistemas de registro guiados por técnicas radioastronómicas.

La energía de radiación de un cuásar, de potencia equiparable a la que emite la Vía Láctea entera, se desprende de una pequeña área del centro del astro y muchos investigadores sostienen que esta fuente central de energía proviene probablemente del gas comprimido hacia un agujero negro, porción espacial del cosmos que corresponde al estado final de la evolución de estrellas de gran masa, que genera una enorme fuerza gravitacional y absorbe incluso la propia radiación.

Recepción y localización. Al examinar el contorno de un cuásar se observa un pequeño punto en forma de estrella ordinaria. Sin embargo, un estudio más detallado de la luz que procede del astro pone de manifiesto que esa luz resulta más rojiza al recibirla en la Tierra que cuando partió del cuásar. Este desplazamiento hacia el rojo, mucho más intenso y manifesto que el observado en las estrellas ordinarias, fue interpretado en el sentido de que los cuásares se encuentran mucho más alejados que cualquiera de las galaxias que se puedan observar.

Los numerosos objetos celestes descubiertos por los radioastrónomos a lo largo de la década de 1960, por emitir grandes cantidades de radiación en forma de radiofrecuencias, no pudieron ser localizados entonces, debido a que los radiotelescopios no permitían fijar con facilidad el punto del que partían las ondas de radio y no era posible, por tanto, establecer la posición del objeto visible, foco de tales radiaciones.

El hecho de que la Luna, al pasar frente a algunos focos emisores, interrumpiese la recepción de las radio-ondas permitió determinar tales coordenadas, ya que al conocer la órbita lunar y poderse fijar exactamente el momento en el que la Luna intersectaba la línea de recepción, se obtuvo una idea más ajustada de la situación del foco de radioemisiones.

Al ser los cuásares objetos lejanos cuya luz tarda tiempos astronómicos en llegar a la Tierra, su observación facilita la visión del universo tal como era hace millones de años. Así, por ejemplo, el más brillante de los cuásares registrados, designado con la notación 3C 273, se encuentra a 2.000 millones de años luz de nuestro planeta.

1. Análisis: averigüen las estrategias de exposición que se usaron en el artículo escogido, llenando el cuadro en la Figura 30.d.

Estrategias	**Sí.** (Marque ejemplos en el texto.)	**No**, pero podría ser relevante en otro tratamiento del objeto	**No**, esta estrategia no parece apropiada para este tema
¿definición explícita?			
¿análisis?			
¿clasificación?			
¿cuantificación/ medición?			
¿comparación?			
¿contraste?			
¿trasfondo histórico?			

Figura 30.d Cuadro para análisis

2. ¿Qué aspectos de "afectividad" o "cuásar" se excluyeron cuando estos autores limitaron su tema (§30.5)?

Revisión

E. La siguiente exposición fue escrita por un estudiante de español. Prepárese para comentarla en clase, evaluándola conforme a la lista de verificación y sugiriendo algunas maneras de mejorarla.

Instrumentos latones

Por muchos años, personas han gozado tocan y escuchan a música. Hoy, hay muchos tipos diferentes de la música y instrumentos músicos. Pero, durante los trescientos años pasados, la orquesta y su música ha llegado a ser una forma muy popular. Consta de familias diferentes con cada una da un sonido único en su género. La familia latón es un parte importante de la orquesta. Tocaban por soplar por una boquilla dentro de series de tubos doblados y se forma de cinco instrumentos: la trompeta, el corno francés, el trombón, el barítono y la tuba.

La trompeta es el instrumento más pequeño de la familia latón. Tiene alrededor de .32 metros de largo y puede sostener facílmente con dos manos. En relación a los otros instrumentos latones, la trompeta es en una voz alta. Tiene un extensión grande y por causa de este, es de muchos usos. Como el corno frances y la tuba, cambiar el sonido es necesario a apretar en tres llaves o cambia la formación de los labios. El sonido sale la trompeta —como los otros— por (bell-shaped) la campana de forma tubo. Tipicamente en una orquesta, hay dos o tres trompetas.

El corno frances es el instrumento segundo mas pequeño y se apoya en la rodilla. Más o menos, es en la forma de un círculo con la boquilla a una extremo y la compana al otro extremo. Obtener un sonido bueno es necesario a situar un mano en la compana. No es asi de muchos usos como la trompeta porque tiene un sonido sordo. Generalmente hay dos en la orquesta.

El tercer miembro de la familia latón es el trombón. A diferencía de los otros instrumentos, tiene un slide a cambiar el sonido. Además tiene un pitch más bajo de los dos primeros. Tiene un sonido mas aspero y en orquestas clasicas, no usa mucho.

Los dos instrumentos finales son el barítono y la tuba. Ambos son muy similar al otro. La tuba es más grande y también más bajo en voz. No es de muchos usos porque tiene un extensión pequeño. El barítono es casi 3/4 del tamaño de la tuba. Pero los dos situa en la rodilla y el campana extiende sobre la cabeza. En general, lo más grande del instrumento, lo más grande de la boquilla. Algunas orquestas no tienen una tuba o un barítono, pero depiende en la especie de la música.

La familia latón consta de cinco instrumentos, cada una tiene un sonido diferente. Generalamente, lo más pequeño el instrumento, lo más alto y más de muchos usos lo es. La familia latón es importante a la orquesta porque ofrece una voz diferente. Sin embargo, no hay muchos de los porque producen un sonido mas grande de los otros instrumentos. Otros tipos de música, como jazz, usa instrumentos latones mucho.

Tarea: una composición de exposición

F. Escriba una composición de dos páginas para definir y explicar algún objeto o concepto usando las técnicas de definición, comparación (y contraste) y clasificación (y análisis), más otras que parezcan relevantes. (*Sugerencia:* esta composición es una oportunidad para practicar un concepto que usted estudia en otras clases: religión, economía, filosofía, música, antropología, ¡enseñándoselo a su profesor!). Pero recuerde que el propósito aquí **no** es persuadir ni entrar en controversias, sino enseñar y explicar. La persuasión será parte de la composición de argumentación para la L. 36.

Capítulo VI

La argumentación

Este sexto capítulo se dirige a una función que cobra gran importancia en los cursos para estudiantes avanzados: la argumentación. Al argüir, presentamos y apoyamos alguna postura (o tesis), por un lado, y por otro criticamos las alternativas. El propósito queda muy claro: **convencer** y **persuadir** a un lector que podría tener otra opinión. Esta función se basa en otras (p. ej., la exposición y la descripción), pero se realiza a un nivel más abstracto de conceptos y confrontación de ideas, lo cual exige un lenguaje más complejo para manipular y evaluar las posturas de modo persuasivo.

Lección 31: las preposiciones, sobre todo las que precisan relaciones abstractas.
Lección 32: maneras de cambiar la oración para enfatizar la información más importante.
Lección 33: maneras de cambiar la oración para quitarles énfasis a los elementos sobreentendidos, en concreto al sujeto o agente.
Lección 34: dos técnicas útiles en la argumentación: cómo evaluar y reaccionar, y cómo conectar las ideas para crear un discurso más coherente.
Lección 35: las oraciones complejas que expresan una proposición dentro de otra por medio de cláusulas sustantivas e infinitivos.
Lección 36: la composición de argumentación.

LECCIÓN 31 Las preposiciones

Como dice el refrán:

- Por la boca muere el pez.
- Para el mal de amores, no hay doctores.

PRESENTACIÓN

31.1. La función de las preposiciones. Las preposiciones no sólo expresan el lugar (v. §4.5., 4.7) y la cronología (v. §16.4.1), sino también relaciones más abstractas de exposición y argumentación. Para dominarlas, es útil distinguir dos tipos de usos.

1. USOS LIBRES: En este caso, tenemos una *selección* de preposiciones posibles, cada una con un significado distinto, así que escogemos la que exprese mejor lo que tenemos en mente:

   Corrimos *por/para/a/hacia* la puerta. Cenamos *a/antes de/después de/desde* las 7:00.

   Estrategia: estudiar y aprender el significado particular de cada preposición.
2. USOS FIJOS: Aquí no hay opción. Cierta preposición tiene que usarse y no significa nada en sí misma:

Al contrario, eso depende **de** usted.

Estrategia: memorizar la preposición como parte de la expresión (*al contrario, depender* ***de***).

Es igual en inglés. En "Put it __ the desk", escogemos *on, in, under,* etc. ("uso libre"); es probable que se pueda hacer lo mismo en español y conviene aprender el sentido individual de cada preposición. Pero en "It depends __ you" y "___ the contrary", usamos *on* automáticamente como parte de la locución ("uso fijo"), y para encontrar su equivalente en español buscamos en el diccionario la palabra clave: *depender* → *depender* ***de***, *contrario* → ***al*** *contrario.*

31.2. Las preposiciones y sus sentidos fundamentales. Comenzamos con un repaso de las preposiciones SIMPLES, identificando sus equivalentes típicos en inglés:

a: 'to, at'
ante: 'before'
bajo: 'under'
con: 'with'
contra: 'against'
de: 'of, from'
desde: 'since, from'
durante: 'during'
en: 'in, into, on, at'
entre: 'between, among'
excepto, salvo: 'except'
hacia: 'towards'
hasta: 'up to, until'
mediante: 'by means of'
para: 'for, by, to'
por: 'for, by, through, because of'
según: 'according to, depending on'
sin: 'without'
sobre: 'on, over, about'
tras: 'after, following'

Ya hemos estudiado *a* vs. *en* y otras preposiciones de lugar, v. §4.5. *Por* y *para* se explican más tarde en §31.4. *Ante* y *bajo* tienden a limitarse a usos figurados o abstractos, mientras que *antes de* y *debajo de* se aplican a los sentidos concretos de secuencia y ubicación:

ante el juez, *ante* la gravedad del problema = 'en la presencia de' (pero: *antes de la boda*)
bajo juramento, *bajo* este presidente, *bajo* los efectos de la droga = 'sujeto a' (pero: *debajo de la mesa*)

Además, hay preposiciones COMPUESTAS ('compound') que se forman de tres maneras:

(a) ADVERBIO + ***de***

Esta fórmula es evidente en la ubicación (v. §4.7):

ADVERBIO	PREPOSICIÓN	EJEMPLOS
cerca: 'nearby, close'	cerca de: 'near, close to'	Está cerca. Está cerca del hotel.

Siguen otros ejemplos de ADVERBIO + ***de*** = PREPOSICIÓN para las relaciones temporales o abstractas:

ADVERBIO, PREPOSICIÓN.	EJEMPLOS
aparte (de): 'apart, aside (from)'	Se rió aparte. Aparte de esto, hay pocas excepciones.
además (de): 'besides, in addition (to)'	Además, escribe poemas. Además de dramas, escribe poemas.
después (de): 'after(wards)'	Se lo dije después. Se lo dije después de la reunión.

(b) PREPOSICIÓN + SUSTANTIVO + PREPOSICIÓN

Esta fórmula produce muchísimas preposiciones que expresan la relación indicada por el sustantivo:

a base de, en base a: 'on the basis of'
a beneficio de: 'on behalf of, for benefit of'
a cambio de: 'in exchange for'
a causa de: 'because of, on account of'
a consecuencia/raíz de: 'as a result of'
a diferencia de: 'unlike'
a favor de: 'in favor of'
a fuerza de: 'by, by dint of'
a juicio de: 'for, in the opinion (judgment) of'
a la manera de: 'in the style of'
a lo largo de: 'along'
a modo de: 'as, in the form of'
a partir de: 'from, starting with/on'
acerca de: 'about, concerning'
con motivo de: 'for, on the occasion of'
con respecto a: 'with respect to'
de acuerdo con: 'according to, in agreement with'
de parte de: 'on the part of'
en calidad de: 'as, in the position/role of'
en caso de: 'in case of'
en contra de: 'against, opposed to'
en cuanto a: 'as for, with regard to'
en forma de: 'in the shape of, shaped like'
en lugar/vez de: 'instead of, in place of'
en torno a: 'around; about, with regard to'
en virtud de: 'in virtue of'

a pesar de = pese a: 'in spite of'
a razón de: 'at the rate of'
a través de: 'across, through, by'
al cabo de: 'at the end of'
en vista de: 'in view of'
por falta de: 'for lack of'
por medio de: 'by means of'

(c) ADJETIVO/SUSTANTIVO + PREPOSICIÓN
Esta tercera fórmula no es tan abundante, pero sí ha producido varias preposiciones comunes:

junto a: 'next to, beside'
debido a: 'due to'
respecto a/de: 'with respect to'
frente a: 'in the face of, vis-à-vis'
contrario a: 'contrary to'
conforme a: 'in conformity with, according to'
rumbo a: 'on the way to, in the direction of'
gracias a: 'thanks to'

Predominan las preposiciones simples *a, de, con, en, por, para,* etc.; las demás, y en particular las compuestas, tienen sentidos más específicos y sirven para variar la expresión y aportar más precisión. Por ejemplo:

EXPRESIÓN ORDINARIA	EXPRESIÓN MÁS PRECISA Y CULTA
En aquella época, se imitaba a los franceses.	*Durante* aquella época...
Con tantos desafíos, el gobierno se derrumbó.	*Frente a* (o *Ante*) tantos desafíos...
Publicó un ensayo *sobre* los derechos humanos.	...*acerca de* los derechos humanos.
Se le admira *por* su liderazgo.	...*a causa* (*consecuencia*) *de* su liderazgo.
Siempre ha luchado *por* la cooperación.	...*a favor de* la cooperación.
Escribe *según* las normas clásicas.	...*conforme a* (*de acuerdo con*) las normas...

31.3. Preposición vs. conjunción. A veces, lo difícil no es el *sentido* de la preposición, sino su distinción de la conjunción (v. §16.4.1):

PREPOSICIÓN: introduce una frase sustantiva, un pronombre o infinitivo (cláusula reducida).
CONJUNCIÓN: introduce una cláusula completa, con verbo conjugado.

Algunas palabras tienen ambas funciones: *como* 'like, as', *según* 'according to (what)', y en algunos dialectos, *donde* 'where, at ___'s place':

Lo hago *como* (*prep.*) Carlos. ('...like Charles'); lo hago *como* (*conj.*) me enseñó Carlos. ('...as/like Charles taught me').
Según (*prep.*) Unamuno, no es así. ('According to Unamuno'); *según* (*conj.*) escribió Unamuno, no es así ('As/According to what Unamuno wrote, ...')
Decidió quedarse *donde* (*prep.*) su amigo. ('...at his friend's place'); decidió quedarse *donde* (*conj.*) vivía su amigo. ('...where his friend lived').

Pero es mucho más típico en español distinguir la conjunción con **que:**

PREPOSICIÓN	CONJUNCIÓN = PREPOSICIÓN + QUE
para: 'for, to'	para que: 'so that, in order that'
por: 'for, because of'	porque: 'because'
sin: 'without'	sin que: 'without (...ing)'
desde: 'from, since'	desde que: 'since, ever since'
hasta: 'until, up to'	hasta que: 'until'
excepto/salvo: 'except'	excepto/salvo que: 'except that'

En realidad, una "conjunción" como *para que* es simplemente preposición + cláusula sustantiva con *que* (v. §11.1). Otras preposiciones también aceptan *que* + cláusula (o su reducción infinitiva). En esto, el español difiere del inglés, que de ordinario no permite preposición + *that* + cláusula y parafrasea con gerundio o *the fact that:*

Refute otras posturas **sin *que*** *el lector se ofenda.* ('...without the reader('s) taking offense')
Su argumento fracasa **debido a *que*** *usa datos obsoletos.* ('...due to *the fact* that it uses...')
Escribe poesía **a pesar de *que*** *no les gusta a los críticos* ('...in spite of *the fact* that...')
En vista de *que* *la guerra se acaba,* todos se regocijan. ('...in view of *the fact* that...')

■¡OJO!: *Porque* tiene exactamente la misma estructura, preposición + *que* + cláusula:

> *preposición:* Lo sabe **por** su formación especial. 'She knows it *because of* her special training'
> *conjunción:* Lo sabe **por***que tiene formación especial.* 'She knows it *because* she has special training'

Por eso, decir *"porque de" para 'because of' es un anglicismo absolutamente imposible en español. La versión preposicional de *porque* es simplemente *por*, que enfocamos en la próxima sección.

31.4. **Un contraste especial: *por/para*.** La mayoría de las preposiciones tiene sentidos claros. Pero hay una distinción que ocasiona dificultades para los anglohablantes: *por* vs. *para*. Ambas corresponden a 'for' y 'by' y otros equivalentes ingleses, así que es necesario visualizar, como en la Figura 31.a, una concepción que no existe en inglés:

> **por** = movimiento o comportamiento a través de puntos de tiempo, de espacio o de causalidad
> **para** = movimiento o comportamiento hacia (respecto a) una **meta** ('goal')

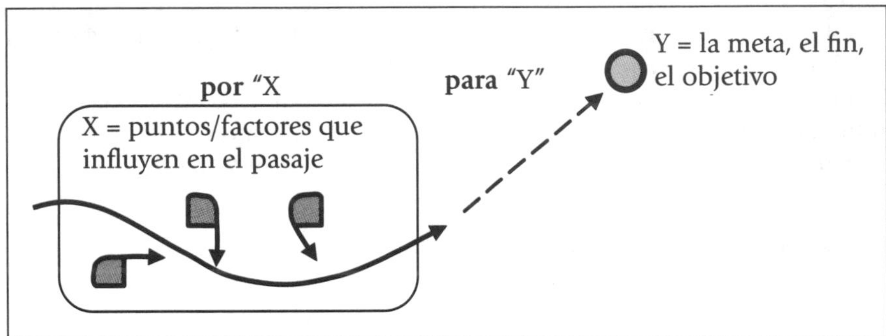

Figura 31.a Las relaciones *por y para*

Esta concepción general se aplica a continuación en contextos más concretos de *lugar, tiempo, causa,* etc.

(a) HABLANDO DEL LUGAR, DEL ESPACIO

por = movimiento o extensión entre los puntos de un lugar ('through, past, along, by...')
Viajé por Europa. 'I traveled through/around Europe'
Los campesinos pasaron por la cerca. 'The peasants passed through/past/along the fence'
Varias parejas paseaban por la calle. 'Several couples were walking down/along the street'

para = la meta, el destino o punto final del movimiento ('for, towards, heading for')
Iban para la iglesia cuando los vi. 'They were heading for church when I saw them'

Contraste: La familia salió *por/para* el parque. 'The family left *through, by way of* vs. *for* the park'
Aplicaciones especiales: *por* también hace menos específico un adverbio de lugar:

Por aquí ('around here'), nadie habla idiomas extranjeros.

o indica movimiento por un lugar nombrado por otra preposición:

El pájaro pasó por delante/detrás/encima del árbol.

(b) HABLANDO DEL TIEMPO

por = duración, tránsito por los momentos de un período de tiempo ('for, during')
Por la mañana, no tenían nada que hacer. 'In/during the morning, they had nothing to do'
Nos quedamos allí (por) tres días. 'We stayed there for three days'

Gramática visual: *para* vs. *por*

para = una meta o un punto final en el tiempo, una fecha límite ('for, by')

Para el año 2100, no habrá guerras. 'By the year 2100, there'll be no wars'
Asignó una composición para el lunes. 'She assigned a composition for Monday'

(c) HABLANDO DE PERSONAS Y CAUSAS

por = factores *ya existentes* en la situación: motivos o causas ('for, because of, on account of, on behalf of'), el medio ('through, by, by means of'), intercambio ('for, in exchange for, in place of').

Gracias por tu carta. 'Thanks for your letter'
Te felicito por tu ascenso. 'I congratulate you on = because of your promotion'
Le di $25 por la bicicleta. La compré por $25. 'I gave him $25 for the bike. I bought it for $25'
Renunció por el escándalo. 'He quit because of/on account of the scandal'

para = propósito, intención, el resultado o beneficio *futuro* que se espera ('for, for the purpose of').

Las frutas son muy buenas para la salud. 'Fruit's very good for one's health'
Estudia para abogada. 'She's studying (to be) a lawyer'

Contrastes:

¿Por qué compraste esos zapatos? 'Why'd you buy those shoes?'
—Los compré por mi mujer. 'I bought them for = on behalf of my wife, she'd asked me to get them'
—Los compré por vanidad. 'I bought them out of vanity'
¿Para qué compraste esos zapatos? 'Why'd you buy those shoes? What were you intending?'
—Los compré para mi mujer. 'I bought them for my wife = to give to her'
—Los compré para los bailes folklóricos. 'I bought them for folk dances'
—¿Por qué sirves de director? 'Why are you serving as director?'
—Porque todos me necesitan. 'Because everyone needs me'
—Por ser un tonto. 'On account of my being a fool'
—¿Para qué sirves de director? 'Why are you serving as director? For what purpose?'
—Para obtener más experiencia. 'To (in order to) get more experience'
Han trabajado por la NAACP. 'They've worked on behalf of the NAACP (promoting it as a cause)'
Han trabajado para la NAACP. 'They've worked for the NAACP (as employees)'

Aplicaciones especiales: *por* 'intercambio' se extiende a tasa ('rate: per, by, an'): *Me pagan $6 por hora. Por* 'motivación' se extiende a las expresiones de 'being/voting for' = *en favor de*:

La señora Valdez no está *por* el aborto, pero votó *por* el candidato liberal.

También sigue a los verbos de movimiento para indicar la razón del quehacer o la diligencia:

Pasa *por* mí antes de ir *por* pan. ('Come by for me before going for bread')

Para introduce un infinitivo de propósito ('to, in order to, for'), pero con los verbos de movimiento puede sustituirse por *a: Vine **a** (para) trabajar*. En el modismo *estar para* 'to be about to do something', introduce un resultado que se desea y así significa *a punto de: Estoy para salir.*

(d) HABLANDO DE FACTORES DE EVALUACIÓN

por = explicación, causa ('due to, as a result of, because of')

Tiene fama por su colección de monedas antiguas. 'She's famous for her antique coin collection'

para = el objetivo de comparación, el punto de referencia ('for, given, as compared against others').

Para artista, conoce bien las ciencias. 'For an artist, he knows the sciences well'
Para Miguel, la situación nunca ha estado peor. 'For Michael, the situation's never been worse'

Contraste: *Por/Para* su vejez, es muy diestro. 'Because of his age vs. for his age, he's very skillful'

En resumen, vemos que *para* tiene el sentido más específico, siempre referido a la meta: el punto final o propósito. En cambio, *por* cubre varios factores que pueden precisarse, cuando sea necesario, con sinónimos:

Bailas bien *por* (a causa de, debido a) tu gran talento.
La bala pasó *por* (a través de) el muro.

Caminábamos *por* (durante) la noche *por* (a lo largo de) la orilla del río.
El sordomudo habló *por* (por medio de, mediante) señas.
Lo haré *por* (en lugar de) ti *porque* (*ya que, puesto que*) estás enfermo.

31.5. El uso fijo. Volvemos ahora a los USOS FIJOS o automáticos, donde la preposición tiene poco sentido en sí misma. En primer lugar, ciertas preposiciones (*a, de, con, por...*) han recibido funciones gramaticales:

la clase **de** biología, tela **de** algodón: = unión de dos sustantivos (v. §25.2.1)
insistí **con** firmeza: = señal del uso del sustantivo como adverbial de manera (v. §16.2.2)
visité **a** mis abuelos: = señal del objeto directo (v. §7.3)
les escribí **a** mis abuelos: = señal del objeto indirecto (v. §9.1.1)
La bombilla fue inventada **por** Edison: = señal del agente en oración pasiva. (v. §32.5)

En segundo lugar, la preposición puede ser automática por razones léxicas: es parte de una locución o modismo fijo. Por ejemplo, el uso de ***a*** (en vez de *de, en*, etc.) en la oración siguiente,

A propósito, este ensayo no propone ninguna solución.

es una peculiaridad de *a propósito* 'by the way', que se aprende como unidad adverbial (v. §16.2.2-16.3). Tratar de dar una "regla" para la ***a***- de *a propósito* es como explicar la ***a***- de *apropiado:* es cuestión de etimología.

Pero parece que el mayor problema son las preposiciones requeridas por ciertos verbos, sustantivos y adjetivos. Muchas veces, los verbos de diferentes lenguas coinciden en su RÉGIMEN, o sea su construcción: por ejemplo, *analizar* es transitivo (§5.4.1, 7.2) y se usa con un objeto directo, al igual que *analyze* en inglés:

Elena analiza *este ensayo*. = Helen's analyzing *this essay.*

Otros verbos toman un OBJETO OBLICUO, o sea un objeto con una preposición especial, y aquí los dos idiomas difieren:

Elena cuenta **con** *sus fuentes* ≠ Helen relies (counts) **on** *her sources*.

Los más comunes se listan en §31.7, *Para referencia.*

En cuanto a los adjetivos, la mayoría requiere ***de*** para su objeto:

La botella está *llena de* agua. ¡Estoy *harto de* tomar agua! (cf. 'full of', 'fed up with')

Pero algunos se asocian con otras preposiciones:

contento/(im)paciente **con**...
atrasado/tardío/lento/primero/último **en**...
bueno/malo/apropiado/útil/necesario/listo/apto **para**...

Los adjetivos y sustantivos derivados de verbos retienen la preposición original del verbo:

casarse **con** Juan. Está casada **con** Juan, su casamiento **con** Juan. ('married/marriage *to*...')
asistir **al** coloquio. Los asistentes **a** la reunión, la asistencia **a** la reunión. ('attendees, -ance *at*...)
depender **del** petróleo. La dependencia **del** petróleo. ('dependence *on*...')

Con los sustantivos abstractos, el sujeto y el objeto del verbo se distinguen con ***de*** (posesivo) y ***a*** (**a** personal, v. §7.3), respectivamente:

El amor **de** los cristianos. (=los cristianos aman); Nuestro amor **a** Dios (=nosotros amamos **a** Dios)

■¡OJO! Muchos estudiantes tienen problemas particulares con el equivalente del inglés ADJETIVO + *TO* + INFINITIVO, como *it's hard to read.* En español, la sintaxis depende del sentido:

1. Cuando 'it' no significa nada, la construcción se expresa **sin preposición:** Es difícil *leer* = *Leer* es difícil (la lectura es difícil porque no hay suficiente luz, el cuarto está oscuro).

Aquí, *leer* es el sujeto invertido (inglés: *Reading is hard*), y los sujetos *nunca* tienen preposición.

2. Cuando 'it' sirve de sujeto de *ser* pero se entiende como objeto del infinitivo, se inserta *de*: (Este libro) es *difícil* **de** *leer*. (Igualmente: Estas páginas son *difíciles* **de** *leer*.)

31.6. **Resumen.** Las PREPOSICIONES se *preponen* a (se ponen delante de) otros elementos, formando una frase preposicional: *con + alegría, según + los científicos*. Otras lecciones han repasado su papel en la ubicación, la cronología y las funciones gramaticales. Aquí hemos enfocado las que expresan las relaciones abstractas que abundan en la exposición y la argumentación. Por ejemplo, *para* denota el propósito mientras *por* indica la causa, la extensión y otros conceptos afines. Pueden ser sustituidas por otras preposiciones "compuestas" (*a causa de, por medio de, con motivo de,* etc.) que aportan precisión y variedad.

Las preposiciones también acompañan a muchos verbos, adjetivos y sustantivos de relación (*depender de, fácil de,* etc.) para señalar su **objeto oblicuo**. Pero muchas veces este empleo resulta difícil de explicar y el único remedio es memorizar la preposición como parte de la locución o modismo particular.

31.7. **Para referencia: verbo + preposición**

(a) transitivos (§7.2, sin preposición salvo "*a* personal") en español, intransitivos (con preposición) en inglés:
aprobar (ue) 'approve *of*': No apruebo mentiras.
buscar 'look *for*, search, seek': Busco mis zapatos. Busco **a** mi hermana.
escuchar 'listen *to*': Escuchan la radio. Escuchan al presidente.
esperar 'wait *for*': Esperan el autobús. Esperan a su amigo.
mirar 'look *at*': Miramos la luna. Miramos a Margarita.
objetar 'object *to*': Han objetado nuestra propuesta.
operar 'operate *on*': Operaron al señor Trujillo de un tumor.
pagar 'pay (for)': Pagué el viaje con tarjeta de crédito. (*Pero*: Pagué $300 por los boletos.)
pedir 'ask *for*': (construcción de objeto indirecto, v. §9.2): (Le) piden permiso (a su mamá).
solicitar 'apply *for*': Simón solicitó un empleo mejor.

(b) intransitivos en español: toman objetos oblicuos con preposiciones especiales:
abusar **de** 'abuse': Abusan del alcohol.
acabar **con** algo/alguien 'do away with': ¡Ya es hora de acabar con la discriminación sexual!
acordarse **de** algo/alguien 'remember': No me acuerdo de la fecha.
asistir **a** algo/alguien 'attend': Si no asistes a clase, vas a salir suspendido.
casarse **con** alguien 'marry': Marisa se ha casado con Lucas Prieto.
confiar **en** algo/alguien 'trust': Sí, es un chico popular, pero no confío en él.
consistir **en** algo 'consist of/in': Este método consiste en usar mandatos.
contar **con** algo/alguien 'rely on, count on': Los editores cuentan con el apoyo del público.
convertir(se) **en** 'become, turn into': El petróleo se ha convertido en la sangre de la industria.
dar **en/a** algo/alguien 'hit, strike': La piedrecita voló por el aire y dio en la ventana.
depender **de** algo/alguien 'depend on': Eso depende del precio.
desconfiar **de** algo/alguien 'distrust': Los pobres desconfían de los policías.
disponer **de** algo 'have available': La universidad dispone de una de las mejores bibliotecas del país.
encontrarse **con** alguien 'meet (with)': En el coloquio, me encontré con un viejo colega mío.
entrar **en/a** un lugar 'enter, go in': Está prohibido entrar en esta habitación.
equivocarse **de** algo 'get wrong, make a mistake in': Te equivocaste de número.
fijarse **en** 'look at, pay attention to': Este autor no se fija en la posibilidad de otras opiniones.
gozar **de** 'enjoy': La clase alta goza de sus privilegios.
influir **en** 'influence': Los españoles influyeron muchísimo en la arquitectura del suroeste.
oponerse **a** 'oppose, be opposed to': Los republicanos se oponen a un aumento de impuestos.
parecerse **a** 'look like, resemble': El hijo se parece al padre.
pensar **en** 'think about, reflect on': Cuando pienso en mi vida, me maravillo.
preguntar **por/sobre** 'ask about, inquire after': Han preguntado por mi historial médico. (Han **pedido** mi historial médico, 'they asked for my medical record')
prescindir **de** 'do without, not use': La lengua rusa prescinde de los artículos.
quedarse **con** 'keep, take with oneself': El gobierno se queda con un tercio de nuestras rentas.
renunciar **a** 'quit (a job), resign, renounce': Carolina ha renunciado al puesto.
salir **de** 'leave, go out (of)': El tren salió temprano de la estación.

servir/trabajar **de** 'serve/work as': Esta viga sirve de soporte. Simón trabaja de policía.
soñar **con** 'dream of/about': Todos sueñan con la paz mundial.
sustituir **(a)** una cosa **por** otra cosa 'replace... with...': Sustituí los datos viejos por los nuevos.
tirar **de** 'pull, yank on': Tire usted de ese cajón, a ver si se abre.
unirse **a** 'join (a group, organization)': Violeta se ha unido al Club Hispano.

(c) un grupo especial

Los verbos reflexivos de reacción psicológica suelen tomar **de:** *alegrarse de* 'be glad of', *aburrirse de* 'be/get bored by/with', *asustarse de* 'be/get scared of', *enfadarse de* algo (*con* alguien) 'be/get mad at', *cansarse de* 'tire of', *reírse de* 'laugh at', etc. (Pero: *interesarse por/en, preocuparse por.*)

APLICACIÓN

Actividades

A. Formen grupos, y hagan una lista de **dos tipos distintos** de motivación estudiantil:

- **Los estudiantes tratan de sacar buenas notas (1)** ***por...*** **o** ***porque...,*** **y (2)** ***para...*** **y** ***para que...***

B. Formen parejas. A cada una, el profesor le asigna uno o más aspectos de la siguiente lista para que complete la oración temática de manera original, reflejando su opinión sobre el papel del artista contemporáneo.

ORACIÓN TEMÁTICA QUE COMPLETAR:

Los artistas se esfuerzan por expresar sus conceptos...

ASPECTOS:

1. *in spite of...*
2. *on the basis of...*
3. *instead of...*
4. *with regard to...*
5. *in favor of...*
6. *on behalf of...*
7. *in the form of..*
8. *by means of...*
9. *according to...*
10. *in the position of...*

Otras oraciones temáticas que completar de la misma manera:

Los actores saben que pueden tener mucha influencia...
Los policías trabajan en su comunidad...

Ejercicios

C. Análisis y revisión: Las siguientes oraciones proceden de composiciones de estudiantes. Con su confusión de *por* y *para,* ¿qué han comunicado en cada caso? ¿Qué *querían* decir?

1. Más del 60% de los criminales están en la cárcel **para** un crimen de drogas.
2. No debe haber oportunidades **por** el crimen.
3. Los padres dan ejemplos **por** los niños.
4. Este sistema continúa el ciclo de pobreza **por** las mujeres.
5. Buscan la razón **para** el aumento de los robos.

D. Complete de manera lógica cada par de oraciones. **No use** aquí cláusulas ni reducciones infinitivas, sino sustantivos o frases sustantivas. Tenga cuidado: asegúrese del sentido de la preposición en el contexto.

1. Tuvimos que aplazar la excursión por... Alguien sugirió que la fijáramos para...
2. A las dos de la tarde, salí para... Pero primero tuve que pasar por...
3. Elegimos al señor Sahagún por... Pero parece que no se ha preparado para...
4. La profesora nos sorprendió al decir que entregáramos la composición para... Por tanto, tuve que quedarme investigando en la biblioteca por...

5. Hoy día es necesario que todos reciclemos por... Por ejemplo, el papel y el cartón pueden utilizarse para...
6. Los niños deben aprender a escoger un regalo para... Pero no tiene que ser costoso; pueden encontrar uno por...
7. El director de la banda quería tocar en el Kennedy Center para... Pero los músicos se preocuparon por...
8. A veces, las maestras se desaniman por... Sin embargo, trabajan muy duro para...

E. Tesis para argumentación: complete las siguientes tesis de una manera original que refleje la opinión de usted. (Cuidado con las preposiciones requeridas por ciertos verbos).

1. El respeto que le tenemos a alguien depende...
2. El presidente del país confía..., pero desconfía...
3. Para ayudar a los pobres, hay que buscar...
4. La vida de los actores de Hollywood parece un sueño, pero cuando uno se fija...
5. Para preservar el medio ambiente, será necesario prescindir...
6. Los huelguistas piden... y se oponen...
7. En cuanto a los niños, creo que la tele influye más...
8. Ciertos senadores gozan... y abusan...
9. A mi parecer, esta universidad podría mejorar su programa académico sustituyendo...

F. Eventos significativos. Reflexione sobre los sucesos o las evoluciones en este país (o en el mundo) durante los últimos 25 años. Luego escriba una lista de 6 de los más significativos usando (a) el presente perfecto (por tratar de eventos que aun tienen relevancia en el presente, v. §19.3.2) y (b) diferentes preposiciones compuestas (v. §31.2).

Modelo: *A diferencia de* nuestros padres, *nos hemos acostumbrado a* usar más la tecnología.

Ejercicios textuales

G. Reemplace con *por* o *para* cada preposición **en negrilla**, según el sentido.

UNA SEMANA DE UNA MUJER DE NEGOCIOS

Lunes: Había mucho tráfico **a lo largo de** la carretera. Llegué tarde a la oficina y el jefe me regañó. También me mandó preparar un contrato **con fecha límite del** once del mes.

Martes: Tuve que completar mucho papeleo **en lugar de** Suárez, que tenía gripe. Luego asistí a un mitin donde anunciaron nuestro nuevo producto "Finex", fabricado **mediante** rayos láser.

Miércoles: Salí **con destino a** Nueva York **con intención de** promover "Finex". Me quedé allí **durante** la tarde y regresé a eso de las diez de la noche. Roberto y Robertito se enfadaron conmigo **a consecuencia de** mi ausencia.

Jueves: Llegué tarde otra vez **debido a** una llamada telefónica: un agente que anunciaba fotos **a cambio de** $80.

Viernes: Robertito no pudo ir a la escuela **a causa de** un virus. Me quedé en casa **con la intención de** cuidarlo. Llamé al jefe, pero **en opinión de él,** esto era el colmo y me mandó que trabajara el sábado **a fin de** compensar.

Sábado: Cancelamos los planes que teníamos **a propósito de** hoy y tuve que quedarme en la oficina.

H. Argumentación. Llene cada espacio con *a, de, en, con, por, para* o Ø (nada).

LA JUBILACIÓN FORZOSA

El obrero que lleva varias décadas ___ dedicación ___ su trabajo sueña ___ su jubilación, un idílico tiempo ___ descanso cuando pueda hacer lo que quiera. La realidad es diferente: un ser humano que fue convertido ___ *Homo laborans* pronto se cansa ___ la serie ___ días desocupados y comienza ___ extrañar su trabajo y el sentido ___ valor que le ha dado. Vuelve ___ su antiguo jefe ___ pedirle ___ su puesto, pero se le dice que sabía que tendría que jubilarse ___ una edad fija; ahora, debe ___ estar contento ___ su reloj ___ oro e ir ___ pesca.

Algunos arguyen que es natural que los ancianos sean sustituidos ___ los jóvenes, que aportan entusiasmo y nuevas maneras ___ mirar ___ los asuntos. Añaden el clisé ___ siempre: después ___ trabajar ___ tanto tiempo, los viejos se merecen un descanso. Es un argumento inválido cuando el obrero todavía está apto ___ su empleo.

___ mí, la jubilación depende ___ la persona, y ___ esta decisión influyen factores individuales. Cuando el obrero desea continuar y retiene todas ___ sus habilidades, la jubilación forzosa es una forma ___ discriminación.

También es cruel: el valor ___ las pensiones y los ahorros disminuyen mucho ___ la inflación, y al salir ___ su empleo el obrero se da cuenta ___ un desastre ___ económico ___ él y su familia. Y no puede confiar ___ la "Seguridad Social" puesto que paga muy poco. ___ menudo, tiene que buscar ___ otro empleo ___ pagar las cuentas y los impuestos, pero ¿quiénes contratan ___ los viejos? Es probable que sea un puesto mortificante, ___ ejemplo la venta ___ hamburguesas ___ un restaurante "Come-y-vete".

La compañía también pierde. La jubilación forzosa es un derroche ___ talento humano: después ___ invertir ___ sus empleados, los botan como desechos industriales. Hay que pensar ___ la sabiduría y la experiencia ___ los ancianos; ___ vez ___ despedirlos, los dueños deberían estimarlos como sus recursos más valiosos.

___ resumen, la jubilación forzosa es injusta ___ el obrero y también ___ la compañía: ___ ambos les hace daño. Cada persona es imposible ___ reemplazar y tiene el derecho ___ seguir trabajando si quiere y puede.

I. Argumentación: *El atletismo*. Aquí repasamos la distinción entre preposición y conjunción (§31.3, 21.4). En cada caso, complete la versión preposicional con una reducción infinitiva (con el mismo sujeto) y la conjunción con una cláusula completa, de acuerdo con el modelo.

Modelo: Los hinchas asisten a los partidos (a) **para** *divertirse* y (b) **para que** *los jugadores reciban apoyo*.

1. Los entrenadores atléticos trabajan muy duro (a) **para**... y (b) **para que**...
2. Deben presentar una imagen pública favorable (a) **a pesar de**... y (b) **a pesar de que**...
3. Cada año, tienen que seleccionar a nuevos jugadores prometedores (a) **antes de**... y (b) **antes que**...
4. A veces los jugadores se desilusionan (a) **por**... y (b) **porque**...
5. Comienzan a practicar (a) **desde**... y (b) **desde que**...
6. Y siguen entrenándose (a) **sin**... y (b) **sin que**...
7. La temporada continúa así (a) **hasta**... y (b) **hasta que**...
8. A mi parecer, este sistema atlético saldría mejor (a) **de**... y (b) **si**...

Adaptación de texto

J. Sigue un cuento sobre un autor imaginario; llamémosle "Díaz". Sustituya cada preposición *en cursiva* por otra de la lista que, en este contexto, sea sinónima.

a beneficio de	a fin de	a petición de	con destino a	en calidad de	gracias a
a cambio de	a juicio de	a través de	con motivo de	en contra de	para con
a causa de	a lo largo de	acerca de	conforme a	enfrente de	por medio de
a consecuencia de	a partir de	al cabo de	dentro de	en lugar de	salvo
a favor de	a pesar de	antes de	durante	frente a	

Díaz siempre ha luchado [1]*por* la justicia social y [2]*contra* la explotación de los campesinos. Nació en las chabolas, y de niño caminaba [3]*por* las calles. Podemos imaginar la reacción de un pobre al detenerse [4]*delante de* los palacios de los ricos y mirar [5]*por* las cercas. En el colegio, compuso un poema [6]*sobre* el clasismo, condenándolo [7]*por* sus imágenes chocantes. [8]*Excepto* este único poema juvenil, nunca volvió a producir poesía.

A los 17 años salió [9]*para* la universidad, de donde se graduó con distinción [10]*por* sus abnegados esfuerzos. Luego, escribió su primer cuento [11]*por* la noche y lo terminó [12]*para* el amanecer. Lo vendió [13]*por* sólo $50, pero aceptó el dinero de buena gana [14]*por* el hambre que pasaba. [15]*En* los meses siguientes, vendió otros cinco cuentos. [16]*Por* su mujer, tomó un puesto en un liceo [17]*para* aumentar la renta. [18]*Pese a* sus esfuerzos, no le gustó y renunció [19]*después de* un año. [20]*Para* él, lo más importante era escribir literatura, no enseñarla.

Dedicándose de nuevo a su labor, desarrolló su ficción [21]*según* criterios contemporáneos. [22]*Desde* 1975 produjo novelas de creciente popularidad. En 1990 fue nombrado a servir [23]*por* el director de la Fundación Artística, quien dimitía [24]*por* problemas de salud. [25]*Como* director, Díaz ha podido fomentar más interés en las artes. Además, ha seguido mostrando su compasión [26] *hacia* los pobres, donándoles la quinta parte de sus ganancias.

LECCIÓN 32 Cambios de estructura I: el énfasis

Como dice el refrán:

- La oportunidad la pintan calva, con un solo pelo.
- La vejez es deseada, pero cuando llega, odiada.

PRESENTACIÓN

32.1. La sintaxis y la información. Cuando escribimos, tratamos de organizar las oraciones de modo que (1) nuestra información importante le llame la atención al lector y (2) la acumulación de información siga fluyendo con claridad de una oración a otra, y de un párrafo a otro. Esto cobra importancia primordial en la exposición y la argumentación, en las cuales se presentan ideas abstractas y a veces complicadas destinadas a persuadir (o disuadir) al lector, a otra mente con ideas y modos de pensar distintos.

Tomemos, por ejemplo, el comienzo de un ensayo *El humanismo solidario latinoamericano* escrito por Juan Marichal (*El País*. ed. internacional, 28/V/1990, pág. 9). Al leerlo, fíjese en un aspecto sintáctico: ¿dónde tiende a mencionar su tema en las oraciones?

> El término *humanista* se empleó por vez primera, en Italia, en 1538, para designar a los profesores de las disciplinas llamadas *humanidades (studia humanitatis)*, o sea, fundamentalmente las letras clásicas, por antonomasia, las lenguas y literaturas de las antiguas Roma y Grecia. Es un término, el de *humanista*, que representa cabalmente la dirección central de lo que se suele llamar el Renacimiento, la recuperación del doble legado heleno y latino. Además, el estudio de las *humanidades* era una actividad que estaba dentro de las llamadas *artes liberales*, pues se ocupaba de la condición humana, en sentido amplio, en contraste con los que lo hacían parcialmente y profesionalmente. [...]

Conforme a la norma expositiva del español, Marichal expresa su tema *humanismo* (*humanistas, humanidades*) al principio de sus oraciones, desarrollándolo luego con información nueva que lo explica. Este enfoque se mantiene y sigue transmitiéndose a través de un párrafo coherente.

A veces, este flujo de información requiere cambios sintácticos en la estructura de la oración para poner énfasis en ciertos elementos y quitárselo a otros. Estos cambios se explican en las lecciones 32–33, y para comprender sus efectos, comenzamos con el orden más "neutral".

32.2. El orden neutral. En el tipo de expresión más básico o neutral, los elementos sintácticos se colocan según el orden que se representa en la Figura 32.a.

Sujeto	Verbo	Objeto directo	Objeto indirecto	Adverbiales de lugar, tiempo, manera, razón

Figura 32.a El orden más neutral

El único elemento obligatorio es el verbo. Por tanto, aunque esta oración es una "frase completa",

SUJETO	VERBO	O. DIRECTO	O.INDIRECTO	ADVERBIALES
Ramón	le dará	el dinero	a Luisa	de buena gana el lunes si la encuentra en clase.

también lo es este trocito:

Se lo dará.

Se lo dará es un NÚCLEO VERBAL, el verbo y los elementos que se pronuncian con él: sus objetos pronominales (clíticos), auxiliares y la palabra *no*. Dentro de este núcleo, el orden resulta absolutamente fijo según el cuadro que repasamos en la figura 32.b (v. §8.4):

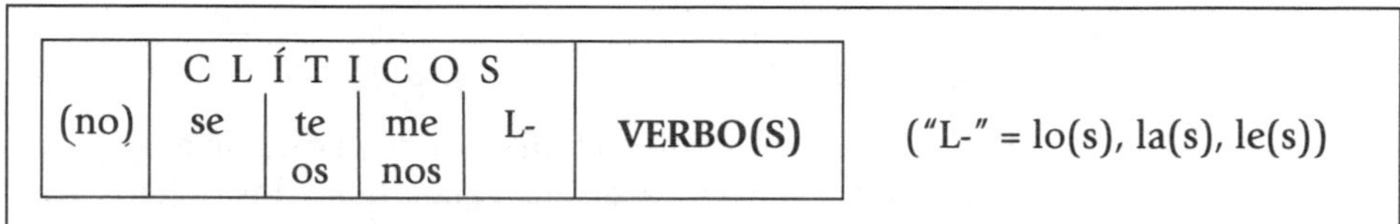

Figura 32.b El orden de clíticos dentro del núcleo

Pero fuera de este núcleo verbal, la sintaxis del español es muy flexible, *mucho* más que la del inglés. Por eso, el "orden neutral" cambia con frecuencia para reflejar diferentes enfoques en la información.

32.3. El orden transformado: el movimiento de sujetos y objetos. Muchas veces "transformamos" el orden: permutamos los elementos "libres" —sujeto, objetos, adverbiales— alrededor del núcleo verbal, que sirve de "pivote" para todos estos movimientos. A continuación señalamos dos movimientos que pueden aplicarse en la oración *Ramón tiene el dinero*.

32.3.1. La inversión y posposición del sujeto. El sujeto, que en el orden neutral ocupa la posición inicial, puede moverse hacia la derecha: o se INVIERTE al otro lado del verbo, o se POSPONE al final de la oración, como queda indicado en el esquema de la figura 32.c.

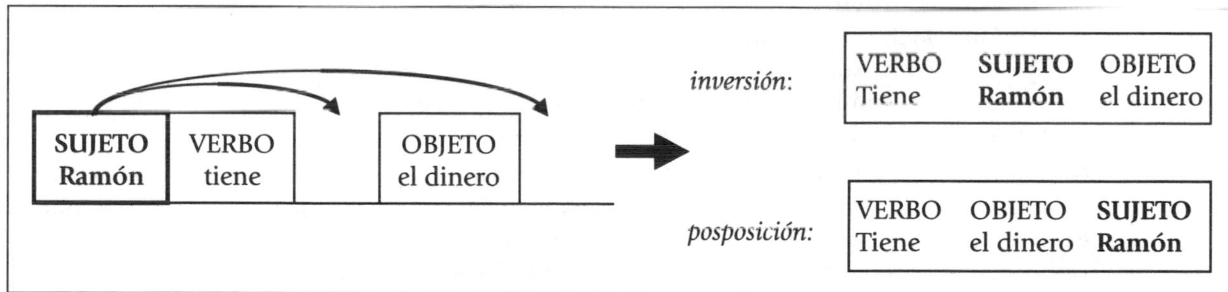

Figura 32.c Inversión y posposición del sujeto

El sujeto también puede invertirse al otro lado de un verbo copulativo + atributo (v. §3.1.1):

Ramón *es muy generoso* → *Es muy generoso* **Ramón**.

Es importante notar que en español, a diferencia del inglés, el mover el sujeto al otro lado del verbo (la inversión) *no necesariamente significa una pregunta*, sino más atención al sujeto. Si la inversión ocasiona ambigüedad, se suele señalar el objeto directo con la "*a* personal" (sea humano o no, v. §7.3):

El materialismo sustituye la filantropía. → Sustituye el materialismo a la filantropía.

Ambas versiones corresponden a "Materialism is replacing philanthropy", pero sin la preposición ***a***, no sabríamos si el materialismo es lo que sustituye a la filantropía, o viceversa.

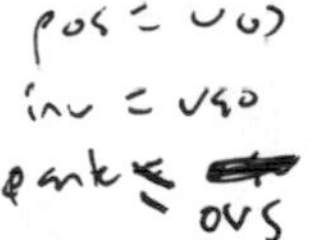

32.3.2. Anteposición del objeto. Otra opción consiste en mover el objeto directo o indirecto al comienzo de la oración, un cambio que se llama ANTEPOSICIÓN puesto que se coloca delante del núcleo verbal. Al moverse el objeto, el sujeto suele invertirse o posponerse si representa información más importante. Luego, al verbo se le da **el pronombre clítico** que corresponde al objeto antepuesto; de ahí que *Ramón tiene el dinero* → ***El dinero lo tiene Ramón***, como se ve en la figura 32.d.

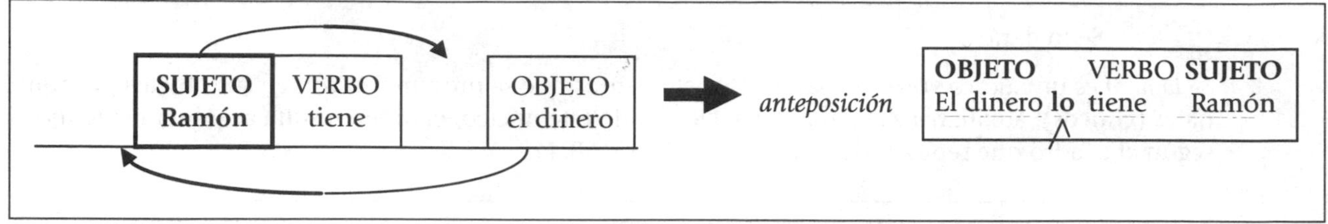

Figura 32.d Anteposición de un objeto

Cuando hay dos o más objetos o adverbiales, el número de permutaciones aumenta más. Por ejemplo, nuestra oración original *Ramón le dará el dinero a Luisa* tiene dos objetos, uno directo y otro indirecto, y de las tres transformaciones de movimiento (inversión, posposición, anteposición) resultan varias versiones distintas. *Todas* son gramaticales y expresan el sentido de 'Ray will give Louise the money':

Ramón le dará el dinero a Luisa. (orden neutral)
Le dará *Ramón* el dinero a Luisa. (inversión del sujeto)
Le dará el dinero a Luisa *Ramón*. (posposición del sujeto)
A Luisa le dará el dinero *Ramón*. (anteposición del objeto indirecto)
El dinero se **lo** dará Ramón a Luisa. (anteposición del objeto directo)

Las relaciones gramaticales no cambian: sea como sea el orden, *Ramón* sigue siendo el sujeto, *a Luisa* el objeto indirecto y *el dinero* el objeto directo. La diferencia está en la presentación de la información, como veremos en la sección siguiente.

32.4. El orden de las palabras y la información que presenta. Para el estudiante, el primer paso consiste en acostumbrarse a estos órdenes transformados, teniendo cuidado de no confundir sujeto con objeto. Por ejemplo, en las oraciones que siguen, el hispanohablante capta bien lo de "who does what to whom", por muy transformada que esté la sintaxis:

A Luisa le dará el dinero Ramón.
A Juan lo detestan todos sus colegas.
Ese gato lo compró una viejecita que vive en otro barrio.
Las selvas tropicales las talan los campesinos hambrientos.

No hay que leerlas como en inglés: en español, el primer sustantivo de la oración *no es necesariamente el sujeto* (el agente, el "verbador"). En las oraciones citadas arriba sería erróneo suponer que "Luisa, gato, Juan, selvas" sean los sujetos. Es necesario prestar atención a señales como la desinencia del verbo (que indica el sujeto), los clíticos y la preposición ***a*** (que identifica algún objeto).

El segundo paso es aprender por qué estas inversiones tienen lugar en español, a fin de reconocer los matices que aportan a la expresión y adoptarlas para comunicarse mejor.

32.4.1. Razones gramaticales: cuando *hay que* transformar el orden. De ordinario, la gramática del español no requiere la inversión, salvo en ciertos mandatos y preguntas:

(a) el sujeto de un mandato: si se retiene *tú* o *usted(es)* para énfasis, es típico invertirlo: —¿Cuándo vas a preparar la cena? —¡Prepárala **tú**!

(b) el sujeto y las interrogativas: en las preguntas, es normal que el sujeto se invierta para cederle el sitio inicial a las palabras interrogativas (*quién, por qué, qué clase de, cómo*, etc., v. §4.6.1): (tú dices *qué*) → ¿Qué dices *tú*? (Julia juega *cómo*) → ¿Cómo juega *Julia*?

32.4.2. Razones estilísticas. A menudo el escritor transforma el orden sintáctico para variar su estilo o lograr un efecto más rítmico, y en eso no hay "reglas". Pero sí podemos destacar dos tendencias generales:

(a) Los elementos muy cortos tienden a mencionarse antes de los largos. Por ejemplo, aunque los adverbiales suelen seguir a los objetos en el orden neutral (v. §32.3),

Cristina escribe los idiomas extranjeros *con mucho cuidado*.

un adverbio corto suena mejor si precede a una frase de objeto más larga:

Cristina escribe *bien* los idiomas extranjeros.

(b) En las cláusulas subordinadas, la inversión del sujeto tiene gran frecuencia:

Este autor propone la tesis. *Pero:* La tesis que propone *este autor* no tiene mucho sentido.

32.4.3. Razones informativas. La razón principal por la que los hispanohablantes cambian el orden es *organizar la información para una presentación más eficaz.* Como ya vimos en el ensayo de Marichal, comenzamos la oración con el TEMA ('topic'), el punto de partida que representa información que ya se conoce o que ya se ha mencionado; por eso, es **información vieja**. Si este tema es obvio dentro del contexto, suele omitirse por completo. Luego, a partir del núcleo verbal presentamos un comentario sobre el tema con las palabras de mayor valor informativo al final: **la información nueva** que debe llamar la atención. Este aumento en la información se representa en la figura 32.e.

EL TEMA: lo conocido, lo que ya se ha mencionado (*información vieja*)	COMENTARIO: información con importancia creciente sobre este tema (*información nueva*)

Figura 32.e El desarrollo informativo típico en una oración española.

Claro está que "lo viejo" y "lo nuevo" dependen del contexto. Sigue un ejemplo en la argumentación:

Contexto 1: Venimos escribiendo sobre las actitudes de la gente para con los animales.

"Los que se oponen a la matanza de animales — prefieren el vegetarianismo."
= el tema: hablamos de diferentes actitudes — *= comentario: información nueva*

Fíjese en que comenzamos con una referencia al tema que ya enfocamos: la gente y sus actitudes, y luego añadimos información importante sobre ella. Esta presentación se conforma con el orden "neutral"(sujeto + verbo + objeto), así que no cambia. Pero en otro contexto, puede sonar mejor la anteposición:

Contexto 2: Estamos analizando tipos de dieta: definimos 'vegetarianismo' y ahora lo explicamos:

"El vegetarianismo — lo prefieren los que se oponen a la matanza de animales."
= el tema — *= comentario con información nueva: quiénes lo prefieren*

Lo que vemos aquí en la composición se oye también en la conversación. Estudie la función de los diferentes órdenes de palabras en los ejemplos siguientes entre dos personas, *X* e *Y*:

1. X: —¿**Qué** prefiere Tina?
   (*"Tina" será el tema para Y, pero puede omitirse como sujeto; "lo que prefiere" será la información nueva.*)
   Y: —(Ana, ella) Prefiere **una falda elegante**.
2. X: —¿**Quién** prefiere una falda elegante?
   (*Y se referirá a "falda" con pronombre y/o anteposición porque es información ya mencionada; la información nueva será la identidad del sujeto.*)
   Y: —(Una falda elegante) La prefiere **Ana**.

3. X:—¿**Qué** le gusta a Ana?
   (*"Ana" pasa a ser información vieja en la respuesta de Y, y como objeto de* ***gustar*** *se pronominaliza con* ***le****; lo que le gusta será la información nueva para Y.*)
   Y: —(A Ana) Le gusta **la música folklórica.**
4. X: —¿**A quién le** gusta la música folklórica?
   (*X introduce el tema "música folklórica"; para Y, es información vieja que antepone o suprime como sujeto obvio, y responde con la información nueva, "quien la prefiere".*)
   Y: —(La música folklórica) Le gusta **a Ana.**

En contraste, en inglés uno tiende a mantener un orden fijo (sujeto + verbo + objeto) y *acentuar con la voz* la información nueva:

3' X: "What does Ann like?"	4' X: "Who likes folk music?"
Y: "She likes FOLK MUSIC."	Y: "ANN likes it (ANN does)"

En fin, llegamos a la siguiente generalización para la sintaxis española (v. también la posición de los adjetivos, §25.7):

- **Posponemos la información nueva para darle mayor atención.**

Esta tendencia también explica por qué es típico invertir los SUJETOS INDEFINIDOS O DESNUDOS (v. §25.3.2), o sea los que no llevan determinante (artículo definido, posesivo, demostrativo):

(*Ocho invitados* llegaron.→) Llegaron *ocho invitados.*

En este ejemplo, la frase sustantiva indefinida *ocho invitados* es lo que tiene más importancia, y por eso sería extraño decir "Ocho invitados llegaron". Con la inversión del sujeto, el hablante introduce por primera vez algún grupo de personas y las enfoca para seguir comentándolas. Otros ejemplos:

(Un inmenso señor entró. →) Entró *un inmenso señor.*
(Una estrella de gran brillantez apareció. →) Apareció *una estrella de gran brillantez.*
(Otros dos problemas quedan por comentar. →) Quedan por comentar *otros dos problemas.*

En cambio, los sustantivos **definidos** suelen referirse a cosas ya mencionadas, los temas del discurso, así que tienden a colocarse al principio de la oración. Por eso, decimos **"Los** ocho invitados llegaron a tiempo" cuando ya hemos hablado de estos invitados y nuestro enfoque informativo (la información nueva) está en su llegada.

Siguen otros ejemplos de transformaciones (anteposición e inversión) que ponen objetos o adverbiales definidos en la primera mitad de la oración y mueven sujetos indefinidos al final:

	DEFINIDO	INDEFINIDO: LO NUEVO
Un ratón asustó a la señora. →	*A la señora* la asustó	**un ratón.**
Unos cocodrilos nadaban en el río. →	En el río nadaban	**unos cocodrilos.**
Un filósofo griego formuló esto. →	*Esto* lo formuló	**un filósofo griego.**
Agua les falta a los indios. →	*A los indios* les falta	**agua.**

32.5. Una alternativa: la pasiva completa. El proceso de PASIVIZACIÓN ofrece otra manera de cambiar el enfoque informativo. Produce una estructura llamada PASIVA COMPLETA que es muy parecida a una pasiva en inglés, con *por* 'by' y *ser* + participio pasado/pasivo (v. §19.1):

Paul opened the doors. → The doors *were opened* **by** Paul.
Pablo abrió las puertas. → Las puertas *fueron abiertas* **por** Pablo.

El objeto original *las puertas* se mueve a una posición de información conocida y el sujeto original (sujeto activo, agente) *Pablo* se presenta como información especial porque se coloca al final.

32.5.1. Formación de la pasiva. La PASIVIZACIÓN se ha explicado como un cambio de perspectiva o "voz", de la VOZ ACTIVA (orden neutral, *Pablo abrió las puertas*) a la VOZ PASIVA (*Las puertas fueron abiertas por Pablo*):

activa: Pablo abrió las puertas.	Paul opened the doors.
pasiva: Las puertas fueron abiertas por Pablo.	The doors were opened by Paul.

Los cambios de posición y forma pueden ilustrarse como en la figura 32.f.

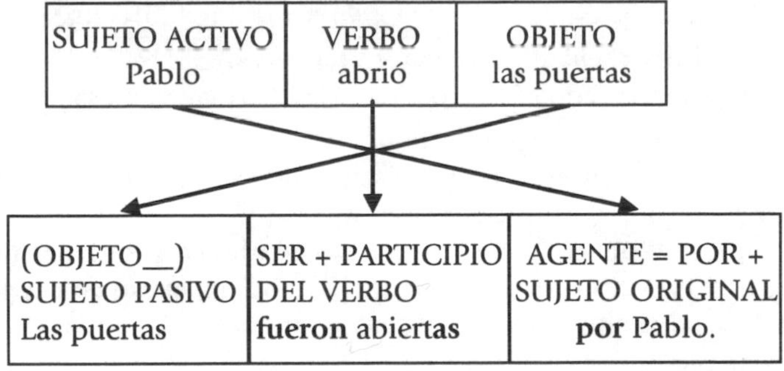

Figura 32.f Pasivización: los cambios en la pasiva

A diferencia del participio invariable de los tiempos perfectos (*hemos/habíamos abierto*, v. §19.3.1), el participio pasivo concuerda con el nuevo sujeto pasivo (*las puertas fueron abiertas*) porque es adjetival tras *ser*. Además, nótese la pasivización de los objetos cuando son clíticos o cuando tienen la "*a* personal":

Pablo **las** abrió. → (ellas) Fueron abiertas por Pablo. ('They' no se menciona como sujeto, v. §8.2.1).

Pablo arrestó **al** ladrón. → El ladrón fue arrestado por Pablo. (La "*a* personal" desaparece en la pasiva).

El tiempo, el modo y los auxiliares originales del verbo se mantienen, pero pasan a *ser* en la pasiva:

El autor comentó (*pretérito*) la situación. → La situación *fue* comentada por el autor.
El autor comentará (*futuro*) la situación. → La situación *será* comentada por el autor.
El autor ha comentado (*presente perfecto*) la situación.→ La situación *ha sido* comentada por el autor.
El autor había comentado (*pluscuamperfecto*) la situación. → La situación *había sido* comentada por el autor.
Dudo que el autor comente (*subjuntivo*) la situación. → Dudo que la situación *sea* comentada por el autor.
El autor va a comentar la situación. → La situación *va a ser* comentada por el autor.
El autor debe/puede comentar la situación. → La situación *debe/puede ser* comentada por el autor.

La combinación con auxiliares–*haber, ir a, deber*, etc. (§1.4.1)–produce una estructura compleja, pero parecida al inglés: "The situation *has been discussed, is going to be discussed, should be discussed...*"

32.5.2. Restricciones en el uso de la pasiva. La pasiva del español tiene menos frecuencia que la del inglés por dos razones. Primero, compite con otras opciones. Para el mismo efecto informativo (objeto al principio y el sujeto original al final), se podría aplicar la "anteposición" (v. §32.3.2), que evita la maquinaria gramatical de la pasiva.

Pablo abrió las puertas.

→ *Las puertas* **las** abrió *Pablo*. (anteposición de objeto + posposición de sujeto)
→ *Las puertas* fueron abiertas por *Pablo*. (pasivización)

Además, cuando el agente no se expresa y resulta una pasiva *incompleta* ('The doors were/got opened'), **se prefiere** el "*se* pasivo" en español (v. §33.2.4): *Las puertas se abrieron.*

En segundo lugar, el inglés aplica la pasivización a todo tipo de objeto: objetos directos, indirectos y hasta oblicuos:

Ray gave the money (*obj. directo*) to Louise (*obj. indirecto*)

→ The money was given to Louise by Ray. *o:*
→ Louise was given the money by Ray.

Ray depended on Louise (*obj. oblicuo, con preposición*) for the money.
→ Louise was depended on by Ray for the money.

Pero el español la limita a los objetos directos, ***solamente* a los directos:**

Ramón le dio el dinero (*obj. directo*) a Luisa (*obj. indirecto*)

→ El dinero le fue dado a Luisa por Ramón. (*imposible*: *Luisa fue dada el dinero por Ramón).

Por eso, hay que tener cuidado con pasivas inglesas como las siguientes:

Louise was allowed to drive by Ray. (*Luisa fue permitida conducir...: *imposible* porque "Luisa" es el objeto indirecto: Ramón **le** permitió conducir **a** Luisa.)

Louise was depended on by Ray. (*Luisa fue dependida de por Ramón: *imposible* porque "Luisa" es el objeto oblicuo de un verbo con preposición: Ramón dependió ***de** Luisa.*)

En estos casos se usan alternativas como las siguientes:

1. anteposición con inversión (§32.3.2):
   anteposición: A Luisa le dio el dinero Ramón.
   pasiva + anteposición: (*El dinero le fue dado a Luisa...*→) *A Luisa* le fue dado el dinero por Ramón.
2. un cambio de verbo:
   Ramón le dio el dinero a Luisa. → Luisa *recibió* el dinero de Ramón.
3. el *se* pasivo + objeto indirecto (v. §33.2.4, 33.3), especialmente cuando el agente se omite:
   Se le dio el dinero a Luisa, A Luisa se le dio el dinero. 'Louise was given the money'
   A Luisa se le permitió conducir. 'Louise was allowed to drive'
   No se nos pagó el salario. 'We weren't paid our salary'
   Se le mandó una cuenta. 'He was sent a bill'
4. un sujeto indefinido con la forma verbal de *ellos*:
   Me mandaron los boletos. 'I was sent the tickets (literalmente 'they sent me the tickets')'

Gramática visual: acción en la voz pasiva vs. la condición que resulta

32.6. La seudopasiva con *estar*. Las oraciones pasivas con *ser* tienen que distinguirse de otra estructura con *estar*. Esta se llama la SEUDOPASIVA porque parece pasiva, pero describe *un resultado, no una acción*. En inglés la frase "The doors were closed" es ambigua (tiene dos sentidos): podría referirse a (1) la acción de cerrarse o (2) el estado que resultó. Este segundo sentido *no* es pasivo, sino la condición que resulta de un cambio anterior, y por eso va expresado con *estar* + participio pasivo (v. §19.2.1):

Las puertas fueron cerradas (por Manuel). (pasiva verdadera: reporta una acción)
Las puertas estaban cerradas. (describe el estado que resultó)

32.7. Resumen. Aparte del "núcleo verbal" (p. ej. *no se lo puso*), cuyos elementos tienen un orden fijo, la sintaxis española es muy flexible. En esta lección hemos estudiado cuatro procesos principales que transforman el orden neutral conforme al contexto y la información que el escritor piense continuar desarrollando.

1. la INVERSIÓN, por la cual el sujeto se mueve al otro lado del verbo:
   Un poeta desconocido escribió *El cantar de mío Cid.*
   → Escribió **un poeta desconocido** *El cantar de mío Cid.*

2. la POSPOSICIÓN, por la cual el sujeto se mueve al final de la oración.
   Un poeta desconocido escribió *El cantar de mío Cid*.
   → Escribió *El cantar de mío Cid* **un poeta desconocido**.
3. la ANTEPOSICIÓN, por la cual el objeto se mueve al principio y el sujeto se invierte:
   Un poeta desconocido escribió *El cantar de mío Cid*.
   → ***El cantar de mío Cid*** **lo** escribió **un poeta desconocido**.
4. la PASIVA COMPLETA, que cambia la posición de agente y objeto y también la forma del verbo, pero está más restringida que en inglés:
   Un poeta desconocido escribió *El cantar de mío Cid*.
   → *El cantar de mío Cid* **fue escrito por un poeta desconocido**.
   Y cabe incluir en esta lista una quinta opción que hemos estudiado (v. §28.3.2):
5. la ORACIÓN HENDIDA, que enfoca un elemento con *el que, lo que, quien,* etc.
   El que escribió *El cantar de mío Cid* fue *un poeta desconocido*.

Todas estas variaciones cambian la estructura de la oración para enfatizar aspectos de la información según un principio general de la gramática española: *la información más importante tiende a presentarse al final de la oración*, donde recibe más atención:

INFORMACIÓN VIEJA, MENCIONADA		INFORMACIÓN NUEVA
El cantar de mío Cid	lo escribió	un poeta desconocido.
El cantar de mío Cid	fue escrito	por un poeta desconocido.
El que escribió *El cantar de mío Cid*	fue	un poeta desconocido.

Resulta, pues, que estas transformaciones se aprovechan con frecuencia en la exposición y la argumentación, tipos de composición en los que la organización de la información importa muchísimo.

APLICACIÓN

Ejercicios

A. Revisión: Las siguientes pasivas proceden de composiciones escritas por estudiantes. Corríjalas.

1. *Esta decisión debe hacer por el paciente.
2. *Esto era verdad cuando la declaración estuve escrito en 1789.
3. *Mucha poesía y literatura han estado escribir sobre la rosa.
4. *El béisbol está miraba por mucha gente con deleite.
5. *Las escuelas rurales son asistidos por niños pobres.
6. *Los hombres quien fueron mostrados esta película reaccionaron con más agresión.
7. *Yo no era permitido ver las películas 'R'.

B. En las oraciones siguientes, el sujeto representa información *nueva* en el contexto de un ensayo. Transforme cada una de modo que este sujeto se posponga, pero en *dos versiones*, (a) con "anteposición de objeto" y (b) con "la pasiva completa" para captar su equivalencia informativa.

1. *Mi cuñado* consiguió gratis estas tres camisas.
2. *Los meteorólogos caribeños* han previsto el huracán.
3. *Un carpintero diestro* hará estos estantes en un solo día.
4. *Un químico británico* descubrió el oxígeno.
5. *Los niños que pasaron por la cocina* habían usado los vasos.
6. *Herrera y Lozano* van a componer la música de la canción.
7. *El reciclaje de los desechos domésticos* puede eliminar mucho desperdicio.
8. *Los políticos* ven este problema como la crisis más preocupante.
9. (hablando de una cantante, Gloria Bermúdez) *Todo el mundo* la conoce.

C. Español vs. inglés: Discriminación: Verifique si cada pasiva inglesa es posible o no en español.

1. El general le dio el premio a Juan.
   a. John was given the prize by the general.
   b. The prize was given to John by the general.

2. El periodista habló sobre la censura.
   Censorship was spoken about by the journalist.
3. El gobierno les permite las bebidas alcohólicas a los adultos.
   a. Adults are allowed alcoholic beverages by the government.
   b. Alcoholic beverages are allowed by the government.

D. Español vs. inglés: verbos complejos. Traduzca al español, teniendo cuidado con el tiempo.

1. AIDS keeps killing, but someday it'll be cured by science.
2. The concert is going to be canceled by the administration.
3. The university has been reevaluated by an external committee.
4. That document should have been approved by the administration.
5. If the president hadn't been killed, the country would've prospered.

E. En este ejercicio practicamos la anteposición en un contexto natural. Siguen ejemplos de oraciones de exposición y argumentación. En cada caso, la primera presenta un tema y la segunda se refiere a él y continúa con otra información nueva. Examine los elementos de la segunda oración y cambie su estructura para reflejar mejor la distribución de información vieja y nueva. Luego, complétela de manera original.

Modelo: La Segunda Enmienda de la Constitución concede el derecho a poseer armas, pero tiene dos interpretaciones: el ciudadano se arma como miembro de una "milicia regulada", o simplemente por ser ciudadano. (La NRA / sostiene / la segunda interpretación, / en tanto que...)

→*La segunda interpretación la sostiene la NRA, que se opone a cualquier limitación del acceso público a las armas.*

1. Hay dos formas de fútbol, el internacional (o sea de asociación) y el norteamericano. (Los estadounidenses / han preferido /tradicionalmente / el segundo tipo / porque...)
2. En la década que viene, nuestro país tendrá varias prioridades sociales. (Los feministas / especifican / la prioridad principal / como..., porque...)
3. La historia militar confirma una tendencia a tratar al enemigo como una cosa, no como una persona. (Encontramos / un buen ejemplo de esto / en...)
4. Es verdad que se puede abusar de la capacidad de manipular y recombinar los genes. (Pero / los científicos / generalmente sostienen / esta ingeniería genética / porque...)
5. Si Dios existe, arguyen los agnósticos, él no participa activamente en los acontecimientos humanos. (Pero / los creyentes / rechazan / este argumento /, diciendo...)
6. Según la llamada "Doctrina de Monroe", los EE. UU. se reserva el derecho a proteger todo el hemisferio occidental. (Muchos presidentes / han aprovechado / esta postura / para...; por ejemplo,...)
7. Hay intérpretes bilingües profesionales y también voluntarios sin formación especial. (Algunas empresas y agencias / prefieren / los voluntarios / porque...)

F. Muchos de los participios que se usan como adjetivos (v. §19.2) se parecen a cláusulas relativas restrictivas con pasivas: *los carros* ***fabricados*** *en Japón* = *los carros que* ***son fabricados*** *en Japón*. Utilice esta relación para expresar un comentario original sobre cada sustantivo **en negrilla**, siguiendo el modelo.

Modelo: En Japón fabrican **carros** → Los carros fabricados en Japón *son generalmente de buena calidad.*

1. En el Oriente Medio producen **petróleo.**
2. Hacen **mantas** a mano.
3. Destinan **dinero público** a las escuelas.
4. Los jóvenes cometen **crímenes**.
5. Las empresas irresponsables contaminan los **ríos**.
6. Los estudiantes prefieren **cursos**.
7. El Tribunal Supremo interpreta las **leyes**.
8. Stephen King escribe **novelas**.

Ejercicio textual

G. ¿Qué has hecho? Su esposo o esposa acaba de regresar de un viaje. Usted ha aprovechado su ausencia para arreglar la casa. Conteste sus preguntas de manera original y variada, contrastando las dos cosas en cada pregunta por medio de la regla de anteposición, según el modelo.

Modelo: —¿Qué has hecho con las cortinas y las persianas?
—Las cortinas las he teñido y las persianas las he botado.

1. —¿Qué has hecho con mis pantalones y suéteres?
2. —¿Qué has hecho con mis revistas y mis periódicos españoles?
3. —¿Dónde has puesto los vasos y las tazas?
4. —¿Dónde has puesto los regalos que nos dio mi tía: el florero en forma de elefante y la lámpara verde?
5. —Ay, mi amor. Y ¿las bonitísimas colecciones de mariposas y estampillas que hice de niño(a)?

Adaptación de texto.

H. La explotación de África. Siguen oraciones de un resumen de la colonización de África. Puesto que los europeos se presentan como el sujeto, hay una perspectiva *europea* (el tema = Europa). Cambie esta perspectiva, enfocando a África o los países africanos como el sujeto (el tema = África) por medio de oraciones pasivas completas *cuando sea posible*. (En ciertos casos, la pasiva es imposible.) Tenga cuidado con el tiempo verbal.

1. Europa consideraba el norte de África como parte del mundo mediterráneo.
2. En cambio, los europeos se interesaban en el resto del continente como fuente de esclavos.
3. Gran Bretaña eliminó esta trata de esclavos en 1841.
4. Pero varios países habían reclamado las zonas estratégicas por razones imperialistas.
5. Por ejemplo, Portugal ya había colonizado Mozambique y Angola.
6. Desde hacía siglos, Turquía controlaba Egipto y el Sudán, pero los británicos se los quitaron.
7. Muchos europeos veían el continente como un vasto terreno vacío que explotar.
8. En el siglo XVIII Holanda convirtió África del Sur en una colonia para blancos.
9. A partir de 1880, las grandes potencias subyugaron a los demás pueblos africanos y los separaron con fronteras artificiales.
10. Primero, el rey belga obtuvo el Congo como colonia personal.
11. Luego, los británicos adquirieron Nigeria, Kenia y África del Sur.
12. Los franceses ocuparon rápidamente la mayor parte del África occidental y septentrional.
13. A Italia, que llegó tarde a esta competencia, le quedaron Libia y Somalia.
14. Alemania conquistó Camerún, Togo y Tanzania.
15. Pero durante la Primera Guerra Mundial, Gran Bretaña y Francia los dividieron entre sí, a pesar de los deseos de los pueblos indígenas.
16. Europa sólo les permitió la independencia a Etiopía y a Liberia.

LECCIÓN 33 Cambios de estructura II: el "desénfasis" (impersonalidad)

Como dice el refrán:

- No se ganó Zamora en una hora.
- A caballo regalado no se le mira el diente.

PRESENTACIÓN

33.1. "Desénfasis" del objeto con pronombre. En la lección anterior explicamos cómo transformar la oración para que la información nueva quede al final de la oración y llame más la atención. De esta manera, enfocamos o enfatizamos el elemento más importante. En esta lección repasamos varias maneras de hacer lo contrario: quitar el énfasis, o sea "desenfatizar".

Cuando el objeto ya se sabe porque acaba de mencionarse, es normal PRONOMINALIZARLO, o sea sustituirlo por pronombre (v. L.8):

Yo prefiero **la música barroca**, pero mi amigo no *la* aguanta. Dice que *la* detesta y está harto de *ella*.

Otra opción es usar otro sustantivo o frase sustantiva que se refiera a la misma cosa, pero que la redefina, parafrasee o generalice a través del discurso. Es una estrategia de RENOMBRAR ('renaming'):

Yo prefiero **la música barroca**, pero mi amigo no aguanta { *este tipo de música.* / *a Bach y sus contemporáneos.* / *ningún tipo de música clásica.* }

A veces interviene otra materia que haría confusa la identidad de un pronombre. En tal caso, el sustantivo se repite, pero siendo información ya presentada, tiende a anteponerse (§32.3.2):

Yo prefiero **la música barroca**, e invité a mi amigo a acompañarme a un concierto de Bach. Pero no quiso ir. Dijo que le gustaba más el rock porque es bailable y ofrece mayor variedad de estilos. *La música barroca,* en cambio, no la aguantaba porque este tipo de música se conforma rigurosamente a normas fijas.

A medida que seguimos refiriéndonos a este tema con pronombres o frases, no sólo variamos un poco la expresión, sino que también creamos una CADENA DE REFERENCIA ('referential chain'),

la música barroca == la == ella == este tipo de música == esta == ...

que da coherencia y unidad al párrafo, como los hilos de una tela. Cada CONTRARREFERENCIA ('cross reference') adicional en la serie ayuda a mantener el enfoque en el mismo tema. En cambio, si repitiéramos continuamente la frase *la música barroca,* recibiría demasiado énfasis, como si cada oración fuera una idea independiente.

33.2. "Desénfasis" del sujeto o agente. Cuando el sujeto representa información menos importante, hay varios grados de "desénfasis", o sea maneras de restarle importancia o especificidad. A veces deja de ser el "sujeto" gramatical, pero podemos seguir hablando del tratamiento del agente o "verbador", el que hace la acción, cualquiera que sea su posición en la oración.

33.2.1. El primer grado de desénfasis: elisión del sujeto. El sujeto se suprime (se elide, se omite) cuando su identidad es evidente dentro de la situación y seguimos enfocándolo. En esto el español difiere del inglés, que requiere un pronombre de sujeto:

—¿Ø Estudias física? —No, Ø estudio química.
—Y ¿qué estudia Alicia? —Ø Estudia antropología.

(Con "Ø" indicamos aquí un sujeto que se ha omitido, pero que todavía se comprende.) Estos hablantes siguen implicando con sus formas verbales (*estudias, estudio, estudia*) su enfoque en agentes definidos y específicos: tú, yo, Alicia (ella).

Así que a diferencia de los objetos, los sujetos que representan información vieja *no se pronominalizan* en español, sino que *se omiten*. Usar un pronombre explícito (*yo, tú, él, ella, ellos*, etc., v. §8.2) sirve para expresar énfasis, en particular el contraste, al cambiar o distinguir la referencia:

—No es verdad que Alicia y yo estudiemos física. **Yo** estudio química, y **ella** estudia antropología. Y ¿qué estudian **ustedes**?

■¡OJO! Recuerde que una oración con sujeto elidido (*Ø No comprende el problema*) **no** es impersonal (§33.2.2), sino que se refiere a un sujeto específico (*él, ella* o *usted*) que acaba de mencionarse.

33.2.2. El segundo grado de desénfasis: el *se* o *uno* impersonal. A veces queremos "desenfatizar" aun más la identidad del agente (sujeto) para referirnos a la gente en general o a alguien indefinido en vez de personas específicas. Esto se llama "referencia indeterminada" o "indefinida", aunque es más común decir REFERENCIA IMPERSONAL. En inglés se usa *they, people, a person, one* o (en los estilos coloquiales) el *you* impersonal (≠ tú/usted en particular):

Nowadays one reads less. (...you read less.)
You don't speak to him when he's mad. (One doesn't speak, a person doesn't speak...)
You never know what'll happen next. (One never knows, people never know...)
They say this bridge isn't safe. (It's said..., People say...)
People work till 5:00. (You work, people work...)
One is very uncomfortable here. (People are, a person is...)

También en español se usa ***uno*** con el sentido de "una persona, un individuo", incluido el hablante (yo).

Hoy día uno lee menos (la gente en general).
Uno no le habla cuando está enojado.

Pero es más frecuente indicar la referencia impersonal con el clítico ***se*** con verbo singular en tercera persona:

Hoy día se lee menos.	Se dice que este puente no es seguro.
No se le habla cuando está enojado.	Se trabaja hasta las 5:00.
Nunca se sabe qué sucederá después.	Se está muy incómodo aquí.

Este *se* impersonal puede aparecer incluso en la pasiva (v. §32.5):

Se es recordado por las obras. ('One is remembered for one's works, you're remembered for your works')

y en ciertos mandatos generales:

Véase la pág. 30. ('See p. 30')
Téngase presente que... ('Keep in mind that...')

Con *se* o *uno*, el sujeto o agente es indefinido, sin identidad particular, pero es **humano.** Por ejemplo, un ser humano no suele "llover", y por eso *se llueve* (o *uno llueve*) es tan ridículo como *Juan llueve* o *tú llueves*.

Pero hay que recordar que hay tres límites en el uso de este *se* impersonal.

1. El *se* impersonal ocupa la posición de un clítico y no puede acompañar a un verbo que *ya tiene otro* ***se*** (p. ej., reflexivo): no es gramatical, pues, decir *"*Se* se baña cada día". Puesto que el *se* reflexivo (*bañarse*) tiene prioridad, se sustituye *se* impersonal por *uno*:

   Uno se baña cada día. (*Se* baña = '*She* (definite subject, not impersonal) is taking a bath')

2. *Se* sólo representa un **sujeto** impersonal; cambiamos a *uno* para un **objeto** impersonal, y lo tratamos como *a usted* (v. §8.3.1), usando el clítico *lo* (objeto directo) o *le* (indirecto):

   La administración *lo* trata *a uno* como a una bestia. (objeto directo impersonal)
   A uno siempre *le* gustan (*le* importan) los aplausos. (objeto indirecto impersonal)

3. Usamos el *se* impersonal solamente con un verbo *conjugado*. Los infinitivos que se emplean como sustantivos (v. §35.1–2) ya implican un sujeto indeterminado sin *se*:

No *se* puede comer bien aquí.	'One/you can't eat well here'
Es imposible que *se* coma bien aquí.	'It's impossible for one/someone/you to eat well here'
pero: Es imposible ***comer*** bien aquí.	'It's impossible to eat well here'

■¡OJO! Como en inglés, otra manera de indicar un sujeto impersonal es con la tercera persona plural del verbo, sobre todo para acciones colectivas de gente psicológicamente distante.

Dicen que la matrícula se aplazará. ('They say = It's said that registration will be postponed')
Deben ascenderla. ('They ought to promote her, She ought to be promoted')

Pero no añadimos el pronombre *ellos* porque es enfático y por eso significa un sujeto específico:

Ellos deben ascenderla. ('***They***, the group just mentioned, should promote her')

En los estilos coloquiales del español, las formas de *tú* también se oyen con referencia impersonal:

Nunca sabes lo que te van a decir.

Este tuteo da un tono íntimo y concreto, pero es menos apropiado para la exposición formal:

Nunca se sabe lo que van a decir. (Uno nunca sabe...)

33.2.3. El tercer grado de desénfasis: la pasiva incompleta. Como vimos en la lección anterior (v. §32.5), la construcción pasiva transforma el orden:

Paul opened the doors abruptly. → The doors *were opened* abruptly *by* Paul.
Pablo abrió las puertas abruptamente. → Las puertas *fueron abiertas* abruptamente *por* Pablo.

En esta PASIVA COMPLETA, el agente (verbador, sujeto activo) *Pablo* **recibe más atención** al colocarse al final.

Pero hay otra variante, la PASIVA INCOMPLETA, que sí sirve para desenfatizar el sujeto original. En esta versión, se omite el agente (*by/por* + sustantivo):

The doors were opened abruptly. Las puertas fueron abiertas abruptamente.

El objeto original, convertido en el nuevo sujeto, precede al verbo o lo sigue (por inversión, v. §32.3.1) según su importancia informativa:

Las puertas fueron abiertas abruptamente. → Fueron abiertas *las puertas* abruptamente.

A diferencia de la construcción impersonal con *se* o *uno* ('one, you, a person' = agente humano indefinido),

Se abrió las puertas abruptamente. = (Someone) opened the doors abruptly.

la pasiva incompleta *no implica necesariamente un agente humano*; al contrario, ¡la identidad del agente queda borrada! Puede que estas puertas fueran abiertas por una persona (o por varias), o por el viento, una máquina, un terremoto o la magia.

33.2.4. El cuarto grado de desénfasis: la pasiva refleja o el "*se* pasivo". La pasiva incompleta tiene menos frecuencia en español que en inglés porque compite con una alternativa más idiomática: la PASIVA REFLEJA. Esta estructura utiliza un *se* invariable y por eso también se conoce como el SE PASIVO porque el objeto directo se convierte en el sujeto (como en la pasiva) y el verbo concuerda con él:

	OBJETO DIRECTO		NUEVO SUJETO
(Algo/Alguien) abrió	*las puertas.*	→ (pasiva incompleta)	*Las puertas* fueron abiertas.
		→ (pasiva refleja):	*Las puertas* **se abrieron.**
(Algo/Alguien) critica	*los abusos.*	→ (pasiva incompleta):	*Los abusos* son criticados.
		→ (pasiva refleja):	*Los abusos* **se critican.**

Como cualquier otro sujeto, el de la pasiva refleja se mueve según su valor informativo. Así, puede quedarse en posición inicial si es el tema y lo que sigue es más importante:

Estos abusos **se** critican. = Estos abusos son criticados. (implicación: '*No* se aceptan')

o puede invertirse, lo cual resulta muy frecuente:

Se critican *estos abusos*. = Son criticados estos abusos. (implicación: 'La crítica se aplica a estos abusos') o puede suprimirse por completo si representa información conocida que no necesita repetirse.

—A cada nivel del gobierno hay abusos insoportables.

—Sí, Ø se critican (=*los abusos* se critican), pero nadie hace nada. ('Yes, they're criticized...').

Igualmente,

Las artesanías se vendían al lado del camino. ('The crafts were sold beside the road')
Al lado del camino se vendían *artesanías*. ('Beside the road, crafts were sold')
Ø Se vendían al lado del camino. ('They were sold beside the road')

Esta pasiva refleja enfoca *la acción:* no importa quién ni qué la hizo. Tiene casi el mismo efecto que una pasiva incompleta, pero deja abierta la posibilidad de que no haya ningún agente:

pasiva incompleta: Las puertas fueron abiertas abruptamente. (Hay un agente, pero es desconocido o irrelevante: una persona, un elefante, el viento, un temblor...)
pasiva refleja: Las puertas se abrieron abruptamente (quizás la acción se produjo por accidente.)

Y el efecto de la pasiva refleja es muy parecido a la pasiva con *get* en inglés:

Las casas coloniales se destruyeron/se quemaron ('The colonial houses got destroyed/burned')

33.2.5. Comparación: la pasiva, el *se* pasivo y el *se* impersonal. El *se* pasivo o pasiva refleja (§33.2.4) y el *se* impersonal (§33.2.2) se parecen, aunque hay diferencias:

(1) SE PASIVO: El sustantivo es **sujeto**: se puede omitir, el verbo concuerda con él, etc.
—*Estos abusos* (*suj.*) se **critican** —Sí, Ø se critican porque son insoportables.
—¿Se **abrieron** *las puertas* (*suj.*)? —¡No! Ø no se abrieron. Permanecieron cerradas todo el día.

(2) SE IMPERSONAL: Implica algún agente/sujeto **humano**. El verbo siempre es singular, y el sustantivo es el *objeto*: se pronominaliza con *lo, la,* etc. y tiene "***a*** personal" si es humano.
—Se critica *estos abusos* (*obj. directo*). —Sí, se *los* critica pero no se hace nada para eliminarlos.
—¿Se **abrió** *las puertas* (*obj. directo*)? —¡No! No se **las abrió**. Nadie las tocó.
—Se llamó ***a*** *María* (*objeto directo*), ¿verdad? —¡No! No se **la** llamó. Todavía no sabe del accidente.

Con este *se* de sujeto impersonal, algunos hablantes prefieren *le(s)* en vez de *lo(s)* para el objeto directo masculino, *se le* en vez de *se lo:*

—Se llamó ***a*** *José* (*obj, directo*), ¿verdad? —¡No! No se **le** (=lo) llamó!

Sin embargo, a veces hay poca diferencia real entre estas dos estructuras, sobre todo con un sustantivo singular:

Se abrió la puerta. ('Someone opened the door, the door opened, was opened, got opened')
Aquí se habla español. ('One speaks Spanish here, Spanish is spoken here')

También se parecen a la pasiva: *La puerta fue abierta (por alguien).* Para resolver las dudas, muchos gramáticos han insistido en el siguiente "arreglo":

- Se prefiere la **pasiva completa** o **anteposición** cuando el agente es información importante:

  Las puertas fueron abiertas por Pablo. = Las puertas las abrió Pablo.
  Estos abusos son criticados por los líderes responsables.= Estos abusos los critican los líderes responsables.

- Si el agente *no* se expresa, se prefiere el ***se* pasivo** (el sustantivo = sujeto y el verbo concuerda con él) en vez de la pasiva incompleta:

  La puerta se abrió (Se abrió la puerta). Las puertas se abrieron (Se abrieron las puertas).
  Este abuso se critica (Se critica este abuso). Estos abusos se critican (Se critican estos abusos).
  El español se habla (Se habla español). Varios idiomas se hablan (Se hablan varios idiomas).

- Pero se debe usar el *se* impersonal (en el que el *se* se interpreta como sujeto, tiene un verbo singular, y el sustantivo es objeto) si el *se* pasivo puede producir confusión con el reflexivo verdadero (v. §7.4.1):

  (El presidente se elige, Se elige el presidente = ¡reflexivo! 'The president chooses/elects himself')
  → Se elige **al** presidente. "One elects/People elect the president, the president is elected'

33.3. ***Se* + objeto indirecto: *se le..., se me...*** Los objetos indirectos (v. §9.2–3) pueden acompañar a los verbos reflexivos o no reflexivos:

He dicho la verdad + a ustedes → **Les** he dicho la verdad.
Ana se presentó + a nosotros → Ana se **nos** presentó.

Los objetos indirectos también se usan con verbos que llevan *se* por otras razones: para intensificar la acción, hacerla pasiva, impersonal, intransitiva, etc. (v. §7.5):

El capitán se murió. (+ a ellos) → El capitán se **les** murió.
Los boletos se agotaron. (+ al vendedor) → Los boletos se **le** agotaron al vendedor.
No se pagó el sueldo. (+ a nosotros) → No se **nos** pagó el sueldo.

Y como siempre, el sujeto se invierte o se pospone según el enfoque informativo (v. § 32.4.3):

Los vasos se rompieron. (+ a mí) → Los vasos se **me** rompieron. (énfasis en la acción.)
Se **me** rompieron los vasos. (énfasis en los vasos)

El significado de esta construcción es difícil de expresar en inglés, a causa del sentido especial del objeto indirecto en español ("la entidad involucrada", v. § 9.2.1): *El capitán se les murió* ('Their captain died (personal loss to them)'), *Los vasos se me rompieron* ('The glasses got broken on me = The glasses I was holding got broken). *Se* + objeto indirecto tiene frecuencia especial con verbos de consecuencia adversa como los siguientes:

perder(se)/extraviar(se): Se *me* perdieron/extraviaron los apuntes. 'I lost my notes, my notes got lost'
olvidar(se): *A mis padres se les* olvidó el alquiler. 'My parents forgot the rent (it slipped their minds)'
escapar(se): *A la niña* se *le* escapó el gatito. 'The girl's kitten got away from her'
caer(se): Mira, se *te* cayó la billetera. 'Look, your wallet fell (you dropped your wallet)'
acabar(se), agotar(se): Se *le* acabó/agotó la comida. 'She ran out of food'
romper(se): *A Tomás se le* han roto las gafas. 'Tom's glasses have gotten broken'
ir(se): Adelaida se *nos* fue y se casó. 'Adelaide ran off on us and got married'
averiar(se), descomponer(se): El camión se *les* averió. 'The truck they were driving broke down (on them)'

Por eso, algunos libros de texto dicen que *se le.., se me...* representa una acción "accidental, sin intención" y que el hablante evita así su responsabilidad. Eso no es verdad. Aunque puede tener semejante sentido en ciertos contextos,

—¿Se **te** olvidó la tarea? (*en vez de* "¿Olvidaste la tarea?") —Sí, es que tenía mucha prisa.

esta construcción no implica necesariamente un accidente o una falta de responsabilidad. Por ejemplo, en "No se nos pagó el sueldo" queremos decir que no recibimos el sueldo, que no nos fue pagado, y esto podría ser deliberado o no. La construcción *se* + *le* + verbo significa lo que dice y nada más: que algún evento con *se* le pasó a una persona (objeto indirecto) y la afectó de una manera u otra.

33.4. **Resumen: el desénfasis y la referencia impersonal.** La sintaxis del español difiere de la del inglés en sus opciones para presentar o "desenfatizar" la información; para un resumen, v. §33.5, *Para referencia*. Cada opción da un matiz un poco diferente, así que su uso depende del escritor ("¿Debo identificar un agente específico, o no?") y es difícil dar "reglas" absolutas.

Sin embargo, algunas opciones se consideran más "idiomáticas" en español. Por ejemplo, la pasiva refleja suena mejor que la pasiva incompleta:

Se han identificado varios factores... 'Several factors have been identified...'

a menos que se confunda con el reflexivo/recíproco:

(Se han identificado varios autores... = ¿? 'Several authors have identified themselves/each other'?) *mejor* → Varios autores han sido identificados.

Además, cuando hablamos de seres humanos de manera impersonal o general, puede sonar muy inglés contar con las pasivas y los sustantivos *people* y *person*. En español es más natural el uso de *se* y sus sustitutos cuando sea posible; la pasiva incompleta tiene menos frecuencia y *la(s) persona(s)* tiene una fuerza muy específica e individual. Es igual el posesivo *su* 'his, her, your, their' (v. §8.5) porque implica un antecedente específico; para un poseedor impersonal, se usa el artículo genérico *el* (v. §25.3.1):

inglés: These days, people should take care of *their* kids = These days, *you* (*uno, no "tú/usted" en particular*) should take care of *your* kids.
español: Hoy día, **se** debe cuidar a **los** hijos. = Hoy día, **uno** debe cuidar a **los** hijos.

La sustantivación (v. L. 28) brinda otra manera de evitar el anglicismo "personas":

some people say... = *algunos* dicen...
people who complain... = *los que* se quejan...

Siguen ejemplos escritos por estudiantes, con ilustraciones de cómo mejorarlos.

1. "*La gente que* trabaja siente orgullo; *las personas que* no sienten orgullo no están contentas con *sus* vidas". → *Quienes/Los que* trabajan sienten orgullo; *los que* no sienten orgullo no están contentos con *la* vida.
2. "Los atletas reciben más respeto si *son tratados* como estudiantes normales". → Los atletas reciben más respeto si *se les trata* como estudiantes normales.
3. "Es triste que todas *las personas* del mundo no reciban las mismas oportunidades". → Es triste que *todo el mundo* no reciba (o: que *todos* no reciban) las mismas oportunidades.
4. "Cuando *una persona* va a una fiesta, quiere tomar cerveza". → Cuando *uno* va a una fiesta, quiere tomar cerveza. (o: Cuando *se* va a una fiesta, *se* quiere tomar cerveza.)
5. "*Las personas deben* tratar a *sus* maestros con más respeto". → *Se debe* tratar a *los* maestros con más respeto.
6. "Los dos sistemas *son confundidos* frecuentemente". → Los dos sistemas *se confunden* frecuentemente.

33.5. Para referencia: los cambios sintácticos y sus efectos en la información

1. orden neutral:	María Gómez firmó los documentos. ('M.G. signed the papers')
a. inversión de sujeto:	Firmó María Gómez los documentos. ('*M.G.* signed the papers')
b. posposición de sujeto:	Firmó los documentos María Gómez. ('*M.G.* signed the papers')
c. anteposición de objeto:	Los documentos los firmó María Gómez.
d. pasiva completa:	Los documentos fueron firmados por María Gómez. ('The papers were signed by M.G.')
e. oración hendida:	La que firmó los documentos fue María Gómez.

Efecto: *más énfasis informativo en la identidad del sujeto (agente/"verbador").*

2. sujeto suprimido (Ø):	María Gómez sorprendió a todos: **Ø** firmó los documentos en vez de rechazarlos. ('...she signed the papers instead of rejecting them')

Efecto: *referencia a un agente definido ya mencionado = "ella, María, esta persona"*

3. sujeto impersonal:	Se/Uno firmó los documentos. ('someone/one signed the papers')

Efecto: *un agente humano no identificado: alguien o la gente en general.*

4. pasiva incompleta:	Los documentos fueron firmados. ('The papers were signed')

Efecto: *hay agente, pero desconocido: ¿persona?, ¿cosa?, ¿animal?*

5. pasiva refleja:	Los documentos se firmaron. ('The papers were/got signed)

Efecto: *puede haber agente o no; lo importante es la* ***acción****.*

6. seudopasiva con *estar:*	Los documentos están firmados. ('The papers are signed = have a signature')

Efecto: *ya no se habla de acción ni de agente, sino del resultado, la condición que resultó.*

APLICACIÓN

Actividades

A. Las acciones del cuerpo. En varias situaciones como en la práctica de deportes, en la descripción de problemas médicos, etc... es útil el vocabulario de las acciones físicas. Busque usted el significado de cada verbo que todavía no sepa y prepárese para hacer y contestar preguntas como las siguientes en parejas:

1. ¿Qué se hace con...(las piernas)?
2. ¿Qué parte(s) del cuerpo se usa(n) para...?
3. ¿Con qué parte(s) del cuerpo se...?

mirar	oír	bostezar	oler (huel-)	empujar
pensar	sonarse	brincar	arañar	atar
agacharse	estornudar	halar (jalar), tirar de	frotar	sonreír
eructar	soplar	respirar	abrazar	abofetear
correr	besar	sentarse	comer	escupir
gatear	patear	echarse, tumbarse	masticar	agarrar

B. Formen parejas. Con su compañero, describa cómo **se hace** cada procedimiento (o los procedimientos asignados por su instructor) en **tres o cuatro pasos**.

Modelo: ¿Cómo se *come*? → Se toma la comida con el tenedor, se la pone en la boca, se la mastica bien y luego se traga.

1. ¿Cómo se saca una foto?
2. ¿Cómo se escribe una composición?
3. ¿Cómo se impresiona a un novio/una novia?
4. ¿Cómo se saca dinero de un cajero automático?
5. ¿Cómo se consiguen boletos de avión?
6. ¿Cómo se gana una disputa?
7. ¿Cómo se vive una vida feliz?
8. (otros procedimientos comunes que se les ocurran a ustedes)

Ejercicios

C. Primero, diga o escriba una versión "pasiva refleja" de cada frase. Luego, haga una expansión original que exprese *a quién* le pasa este suceso en la experiencia de usted, y cuándo.

Modelo: (acabar la paciencia) (a) Se acaba la paciencia. → (b) *A mi padre* **se** *le* acaba la paciencia cuando discutimos.

1. perder las llaves	4. extraviar el equipaje	7. caer los libros
2. derramar la leche	5. olvidar los nombres	8. ensuciar la ropa
3. romper los platos	6. permitir tomar cerveza	9. prohibir favores

D. Siguen unas oraciones expositivas de estudiantes de habla inglesa. Sugiera maneras de eliminar (a) pasivas y (b) *persona, gente* y otras referencias demasiado individuales o personales.

1. Cuando las personas van al cine, van por muchas razones.
2. En algunas tiendas, es posible que no puedas comprar ciertos tipos de música.
3. Muchos problemas con la economía nacional son vistos.
4. Muchas personas que apoyan la legalización de la mariguana sostienen que el alcohol y el tabaco están más abusados por la gente que la mariguana.
5. La música clásica es la música que fue escrita antes de 1900 que está tocada con instrumentos de orquesta.
6. El presidente es elegido cada cuatro años.
7. Hay mucha gente que quiere manipularlo a usted.
8. La democracia de Atenas está criticada hoy día porque excluyó a muchas personas.
9. En los años 60, la gente no creía en las personas en poder y la vida estaba vivida en el presente.
10. Hoy día, las personas tienen más tensión en sus vidas: se preocupan, dudan y tienen mucho miedo.

E. Contraste de generaciones. Haga generalizaciones impersonales sobre los cambios que usted percibe en la cultura y la sociedad de este país, contrastando lo usual de la generación de sus *padres* (en el imperfecto: ⌒⌒⌒⌒) con la de *usted* (en el presente). Siga el modelo y desarrolle cada tema de la lista.

Modelo: (tema: crisis internacionales) Antes, se temía una guerra mundial nuclear; hoy día, uno se preocupa más por conflictos económicos. (o: Antes, se creía en una "Paz americana"; hoy día, se teme una continua intervención en conflictos extranjeros.)

1. tema: música popular
2. tema: valores
3. tema: actitud para con el gobierno
4. tema: sentido de seguridad
5. tema: empleos y trabajo
6. tema: el medio ambiente (la ecología)
7. tema: hábitos y/o dieta
8. ¿? (otro tema que se le ocurra a usted)

F. Escriba una oración sobre una persona famosa (hombre o mujer) en cada categoría, expresando su actitud de manera *impersonal* e incluyendo una razón conforme al modelo.

Modelo (un rey *admirado*): "Se admira al Rey Juan Carlos por su dedicación a la democracia". (o "...porque se ha dedicado a la democracia").

1. un deportista *admirado* (o no admirado)
2. un político *respetado*
3. otro político *criticado*
4. un músico *menospreciado*
5. un criminal *temido*
6. un actor *estimado*

G. Los partidos políticos difieren en muchas cuestiones. Contraste las perspectivas de dos partidos con *cuatro* argumentos de "causa y efecto" con *si* (v. §21.3.1–2) y el *se* pasivo (pasiva refleja). Siga el modelo, usando dos oraciones e implicando con su selección del tiempo y el modo la perspectiva que usted considere más plausible.

Modelo: (IMPROBABLE) Según los demócratas, si se **mandaran** más tropas a otros países, **habría** menos genocidios. (PRONÓSTICO MÁS PLAUSIBLE) Pero según los republicanos, si se **mandan** a otros países, **tendremos** más líos internacionales.

Adaptación de texto

H. El siguiente ensayo (adaptado de *El País*, ed. internacional, 21/5/1990, pág. 8) está mal escrito. Corríjalo y vuelva a escribirlo de una manera mejor. Para abreviar el ejercicio, se puede hacer solamente la primera sección, (1).

(1) La humanidad sigue creciendo a una tasa alarmante. Las personas ya no pueden criticar a los sociólogos que han predicho una catástrofe general de pesimistas. Varias señales preocupantes ya anuncian esta catástrofe.

Por ejemplo, según la Organización de las Naciones Unidas ha dado a conocer, si las personas no ponen fin al crecimiento demográfico, dentro de 35 años la población mundial habrá crecido de 5.000 millones de habitantes (la población actual) a 8.167 millones. La Organización de las Naciones Unidas también prevé una triplicación de la humanidad dentro de un siglo. El planeta será invivible con estos 15.000 millones de seres humanos. Espacio, recursos y alimentos faltarán y hasta el aire resultará irrespirable a causa del aumento de la contaminación.

(2) El problema parece más grave en los países del llamado "Tercer Mundo". Aunque la gente ya vive en miseria, la población sigue aumentando en estos países en un 6% al año, duplicándose en sólo 15 años. Su deterioro sociopolítico, económico y ecológico ya es visible.

La ONU asegura que esta década es la última oportunidad para corregir la situación. Alguien debe rediseñar la producción y distribución de alimentos, pero a la vez alguien debe diseñar modelos globales para disminuir el crecimiento demográfico. En un sentido muy literal, ya no hay sitio para la noción del "creced y multiplicaos".

Ensayo

I. Escriba una carta personal ("Querido(a)...") sobre uno de los siguiente temas.

1. Un amigo uruguayo le escribe preguntando sobre las costumbres norteamericanas. Respóndale en una carta, comentando nuestro estilo de vida: la frecuencia de las comidas, los pasatiempos, la enseñanza, actividades típicas de las cuatro estaciones, un día en la familia, la

actitud frente al gobierno, etc. (¡Hay muchas opciones!) Recuerde que se trata de generalizaciones *impersonales*. Incluya al menos 12 verbos.

2. Usted piensa ir a estudiar a España, México u otro país. Escríbale a un amigo(a) que ya está estudiando allí, haciéndole preguntas impersonales sobre costumbres del país que uno debe conocer antes de ir.

LECCIÓN 34 Conectores

Cuando evaluamos una idea y exponemos la lógica de nuestras razones, siempre debemos recordar que el lector puede tener una perspectiva distinta, pues como dice el refrán:

- Cada cabeza es un mundo.

PRESENTACIÓN

34.1. **Los conectores del discurso.** Uno de los objetivos en la composición es aprender a unir o conectar mejor las frases para producir un discurso eficaz. Un DISCURSO es cualquier pasaje organizado: una carta, una receta, un cuento, una reseña, un ensayo, etc. A medida que el escritor va presentando sus ideas como discurso, tiene que unirlas con coherencia, aclarando sus relaciones lógicas y retóricas para que se comprendan bien. Esta vinculación se realiza con formas que llamamos "conectores" o "transiciones", sin los cuales el discurso resultaría fragmentado: no sería más que una lista de ideas sueltas.

34.2. **La yuxtaposición.** A veces la conexión está **implícita** en la mera yuxtaposición ('juxtaposition') de oraciones, la cual también se llama ASÍNDETON ('falta de conjunción') en la gramática tradicional. Las oraciones yuxtapuestas se puntúan con punto y coma (;) o con raya (—) para una pausa breve, o con punto y espacio para una más definitiva, pero la relación *se entiende* sin expresarse:

Esa banana está verde; no la comas.	(*se entiende*: 'por tanto, así que')
La fe es indispensable—nos sustenta en las crisis.	(*se entiende*: 'porque, en tanto que')
Eche los huevos en el cuenco. Bátalos bien.	(*se entiende*: 'y luego, después')

Hay más yuxtaposición en la conversación que en la composición, puesto que el hablante conoce al oyente y confía en su capacidad de "llenar los espacios" lógicos entre las ideas. El escritor, en cambio, necesita más precisión en sus argumentos porque defiende sus razones y su lógica ante otra persona invisible que puede pensar de manera diferente. Por eso, recurre más a **conectores explícitos**, desde las conjunciones que unen dos ideas directamente hasta los procesos gramaticales que subordinan una a la otra.

34.3. **Las conjunciones y otras transiciones.** Se distinguen tres clases de conectores según su grado de cohesión.

- Los COORDINANTES (*y, o, pero,* etc., v. §4.2) son conjunciones que unen los elementos de modo que quedan más o menos iguales. Este tipo de unión es sencillo y débil, sin aportar mucha precisión.
- Los SUBORDINANTES (*si, cuando, aunque, porque,* etc., v. L. 21) son conjunciones que subordinan una idea a otra, típicamente como frase de tiempo, razón o manera, con una unión más fuerte y precisa.
- Los ILATIVOS (p. ej. *sin embargo, en primer lugar...*) son en realidad adverbiales de transición (L. 16) que generalmente se colocan al principio de la oración para conectarla *lógicamente* sin unirla *sintácticamente.*

Ejemplos:	(*El racismo es nocivo. + Tenemos que acabar con él.*) →
conjunción coordinante:	El racismo es nocivo *y* tenemos que acabar con él.
conjunción subordinante:	El racismo es nocivo, *así que* tenemos que acabar con él.
	o: *Puesto que* el racismo es nocivo, tenemos que acabar con él.
transición ilativa:	El racismo es nocivo; *como resultado,* tenemos que acabar con él.
	o: El racismo es nocivo. *Por tanto,* tenemos que acabar con él.

A veces la distinción no está clara, pero los gramáticos insisten en puntuación distinta: siendo adverbiales en vez de conjunciones verdaderas, las ilativas se separan con punto o con punto y coma:

VERDADERA CONJUNCIÓN: El protagonista se comporta mal, **pero** le tenemos simpatía.

CONJUNCIÓN ILATIVA = ADVERBIAL: El protagonista se comporta mal; **sin embargo**, le tenemos simpatía. (o: ...mal. Sin embargo,...)

He aquí una lista de referencia de los tres tipos.

RELACIÓN LÓGICA	COORDINANTE	SUBORDINANTE	ILATIVA
	X__Y	X, __Y	X; __, Y o X. __, Y
1. simple unión o enumeración	y 'and'		además 'furthermore, in addition' también 'also' asimismo 'likewise' primero (en primer lugar) 'first'(ly)'
2. consecuencia, resultado	y 'and'	así que 'so' de modo que 'so' de ahí que 'so' conque 'and so'	como resultado 'as a result' por (lo) tanto, por ende 'therefore' por consiguiente 'consequently' por eso/ello 'for that reason' entonces 'then, so'
3. razón, motivo, causa		porque 'because' puesto que, ya que 'since' en tanto que 'in as much as' que, pues '(be)cause' dado que 'given that' debido a que 'due to...'	
4. opción alternativa	o 'or'		de lo contrario 'otherwise, if not' si no 'if not'
5. oposición y contraste	pero 'but' sino ('but instead')	pero aunque 'although' si bien 'although' a pesar de que 'in spite of the fact that'	en cambio 'yet, on the other hand' sin embargo, no obstante 'nevertheless, however' aun así 'even so' de todos modos 'anyway, at any rate' en todo caso 'anyway, at any rate' en contraste 'in contrast' al contrario, por el contrario 'on the contrary' más bien 'rather, instead' por un lado...; por otro lado,...'on the one hand..; on the other,...'
6. secuencia temporal	y 'and' y luego 'and then'	luego/después que 'after' antes que 'before'	luego/después 'then, afterwards' al principio 'at first'
7. conclusión			en resumen 'in summary' en resumidas cuentas 'in summary' en fin, en suma 'in short'

8. varios efectos retóricos: (ilativas) *a propósito* 'by the way', *por lo visto* 'apparently', *por desgracia* 'unfortunately', *de hecho/en efecto* 'in fact', en realidad 'actually', *a fin de cuentas* 'after all, ultimately, when all has been considered', *en concreto/en especial* 'especially, particularly'.
9. otras relaciones lógicas: (subordinantes, o sea conjunciones adverbiales, v. L. 21): *si* 'if', *con tal que* 'provided that', *a menos que* 'unless', *para que* 'so that', etc.

■¡OJO! Hay que aprender y usar estas expresiones en vez de inventar anglicismos (**en otra mano*, **en adición*). Además, observe que en inglés hay ciertos adverbios que no son transiciones ilativas, sino comentarios de reacción o probabilidad:

> *Probably/Surprisingly/Interestingly/Ironically*, etc., Congress will do nothing

En este caso, el estilo del español prefiere ADJETIVO + CLÁUSULA SUBORDINADA (v. §34.6):

> **Es** *probable/sorprendente/interesante/irónico* **que** el Congreso no haga nada.

Otra diferencia entre las conjunciones coordinantes y las subordinantes es que estas permiten contrastes de modo (v. §21.2), otro recurso importante en la argumentación. Por ejemplo, *si* se usa con indicativos para hacer una predicción lógica, pero con el pasado de subjuntivo para expresar una especulación (en el tiempo condicional) que parece más remota o implausible (v. §21.3.1-3). Esta distinción con *si* permite que contrastemos lo que *otros* creen (falsamente, claro está) con lo que el escritor afirma como la verdad. Por ejemplo:

> Muchos creen que **si se subieran los impuestos, la economía sufriría**. Pero eso es un equívoco. **Si los subimos, el gobierno podrá crear más empleos** porque tendrá más fondos.

34.4. Los relativos explicativos. Otra manera de unir oraciones es con pronombres relativos. Una oración se convierte en cláusula explicativa o "no restrictiva" (v. §26.5) de la anterior, separándose con una coma (una pausa). En el estilo culto, el pronombre relativo típico para esta función es ***el*** (*la, los, las, lo*) + ***cual****(es)*, pero también se encuentran los demás relativos: *el que, que, quien*.

- FORMAS MASCULINAS/FEMENINAS (*el/la cual, los/las cuales, el/la que, los/las que*): cuando las dos oraciones comparten un sustantivo, permitiendo así su unión:
  Ayer me encontré con *el cura*. + *Él* (= *el cura*) me dijo que iba a jubilarse.
  → Ayer me encontré con el cura, **el cual** dijo que iba a jubilarse (o ...*el cura, quien*...).
- FORMA NEUTRA (*lo cual, lo que*, v. §28.3.1): cuando la segunda oración se refiere a todo un concepto de la primera en vez de un solo sustantivo en particular:
  Ayer me encontré con el cura. + Esto (= "me encontré con el cura") me cambió la vida.
  → Ayer me encontré con el cura, **lo cual** me cambió la vida (o...*el cura, lo que*...).

Esta manera de conectar con relativos es muy típica del estilo expositivo del español, aun cuando haya preposición:

> Uno de los filósofos más influyentes fue Marx. *Según Marx*, las clases sociales desaparecerían.
> → Uno de los filósofos más influyentes fue Marx, *según el cual* las clases sociales desaparecerían.

Otros ejemplos:

> Es irónico que fuera Franco quien restableció la monarquía, *bajo la cual* pudo florecer la democracia.
> Los músicos prefieren efectos disonantes, *la mayoría de los cuales* no gozan de popularidad.
> La economía sigue resistente a la expansión, *por lo que* algunos recomiendan mayor intervención del gobierno.

El inglés también permite conexión con preposición + relativo ('according to whom..., under whom..., the majority of which..., because of which...'), pero parece menos frecuente que en español.

■¡OJO! Tenga cuidado de no confundir estas cláusulas EXPLICATIVAS con las cláusulas RESTRICTIVAS (v. §26.5), que tienen otra función diferente: especifican "¿a cuál me refiero?", no tienen coma y no permiten *el cual, el que, quien* como sujeto:

Ayer me encontré con el cura **que** me dijo que iba a jubilarse. = 'Hemos hablado de varios curas: me encontré con el que iba a jubilarse, no con los demás'.

34.5. **Los gerundios.** El gerundio (*-ndo*) también sirve para unir oraciones. Resulta una "frase absoluta" (v. §22.5) que presenta el trasfondo de la oración principal y así expresa relaciones como causa, manera, orden, etc. (v. §22.1.2):

El autor es psicólogo. + Sabe explorar la motivación del criminal.
→ *Siendo* psicólogo, el autor sabe explorar la motivación del criminal.
La abogada se había criado en un barrio pobre. + Comprendía la marginalización de la clase baja.
→ *Habiéndose criado* en un barrio pobre, la abogada comprendía la marginalización de la clase baja.
Pasemos ahora al sector económico. + Prevemos una subida en el desempleo.
→ *Pasando* ahora al sector económico, prevemos una subida en el desempleo.

34.6. **Subordinación para evaluación.** Una conexión más estrecha consiste en subordinar una oración a otra y tratarla como si fuera sustantivo. Resulta una CLÁUSULA SUSTANTIVA (v. L. 11, L. 35) que comienza con el conector *que*, o en posición inicial, con *el que*:

Los jóvenes venden drogas en la capital. + Esto es un escándalo.
→ Que (*o* El que) los jóvenes vendan drogas en la capital es un escándalo.

Aquí, la cláusula *que los jóvenes vendan drogas en la capital* funciona como el sujeto de *...es un escándalo*, y el subjuntivo (*vendan*) se emplea porque esta idea se evalúa (v. §11.3), *...es un escándalo*. Como cualquier otro sujeto, esta cláusula puede invertirse o posponerse, especialmente si es la información más importante (L. 32):

→ Es un escándalo *que* los jóvenes vendan drogas en la capital.

Pero si no importa precisar el sujeto y la conjugación del verbo (tiempo/modo), la cláusula sustantiva puede reducirse al infinitivo (**nunca** al gerundio como en inglés, *Selling drugs in the capital is a scandal*):

→ (*El*) *vender drogas* en la capital es un escándalo.

y este infinitivo también puede posponerse:

→ Es un escándalo *vender drogas en la capital*.

Se ve que cuando reducimos una cláusula usada como sujeto, la proposición resulta *impersonal:* de esta manera, ya no mencionamos *quiénes* las venden, sino que generalizamos la referencia a todos.

La cláusula también puede funcionar como el *objeto* de un verbo transitivo, otra vez con subjuntivo cuando hay evaluación:

Creemos/Sabemos que los jóvenes **venden** drogas en la capital.
Lamentamos/Deploramos que los jóvenes **vendan** drogas en la capital.

Pero en este caso la versión reducida al infinitivo *no* es impersonal, sino que se refiere al mismo sujeto que el verbo principal (v. §35.4):

Lamentamos **vender** drogas en la capital. ('We regret selling drugs... = *we're* doing that ourselves')

La posibilidad de evaluación (aprobar, rechazar, deplorar) es la ventaja principal de las cláusulas sustantivas en la argumentación. Se suponen tres elementos: el "evaluador" (el que tiene la opinión), la reacción (evaluación) y la proposición (lo que provoca la reacción):

evaluador	**reacción**	**proposición**
Para el lector,	es incomprensible	que el autor insulte así a sus contrincantes.

Pero a veces es más eficaz dejar "tácito" al evaluador, o sea hacerlo IMPERSONAL:

Es incomprensible		que este autor insulte así a sus contrincantes.

A continuación repasamos estas opciones con varios tipos de verbos:

1. VERBO COPULATIVO + ADJETIVO/SUSTANTIVO

(evaluador)	**reacción**	**proposición = sujeto pospuesto**
(Para mí,)	es/parece lógico	que el gobierno no haga nada.

(También: *es/parece increíble, estúpido, ridículo, sorprendente, una lástima, un escándalo,* etc.)

2. VERBOS DE CREENCIA/DUDA

(evaluador)	**reacción**	**proposición = objeto**
(Yo)	creo	que la crisis se resolverá.

Otros verbos semejantes: *dudar, estar convencido de, estar de acuerdo (con), estar a favor/en contra de, opinar,* etc. Para "desenfatizar" al evaluador, usamos el *se* o *uno* impersonal (v.§33.2.2), o un sujeto partitivo como *algunos, muchos,* etc.:

Se cree (uno cree, algunos creen) que Platón no defendía esta teoría en serio.

Otra fórmula es *dar + por +* adjetivo (*supuesto, evidente, improbable, concluido, entendido,* etc.), que significa 'considerar' y puede ser personal o (con *se*) impersonal:

Doy (Se da) por supuesto que existe este derecho: 'I take it as a matter of course that this right exists'

3. VERBOS TRANSITIVOS

Estos expresan una reacción directamente en sí mismos en estructura transitiva: *detestar, abominar, celebrar, lamentar, no soportar, deplorar,* etc. Otra vez, se hacen impersonales con *se* o *uno*.

(evaluador)	**reacción**	**proposición = objeto**
(Yo)	lamento (no soporto...)	que sigan subiendo los impuestos sin parar.
Se/uno	lamenta	que el autor insulte así a sus contrincantes.

4. VERBOS INTRANSITIVOS

Estos también expresan la reacción directamente, pero en estructuras intransitivas en las que la proposición es el *sujeto* del verbo: *gustar* (el prototipo), *importar, dar rabia/miedo,* etc. (v. §9.3.2-3).

(evaluador)	**reacción**	**proposición = sujeto pospuesto**
(A mí me...)	importa (gusta)	que el poeta abandone la rima.

La impersonalidad se expresa con *a uno le...* o sin objeto indirecto: *Importa mucho que..., A uno le importa mucho que...*

Pero hay numerosos verbos de reacción como *sorprenderse, preocupar(se), alegrar(se), enfadarse* que tienen un potencial doble: se usan como *gustar,* o se hacen reflexivos para un sujeto personal (el evaluador).

(*sorprender* como *gustar*): **A** todos **les** sorprende que el poeta abandone la rima.
(→ versión reflexiva + *de*): Todos **se** sorprenden **de** que el poeta abandone la rima.

La mayoría de estos verbos se asocian con adjetivos (*sorprendente* 'surprising') y sustantivos (*sorpresa*), como se ve en la siguente lista de referencia:

como *gustar* (+ objeto indirecto)	**como verbo reflexivo**	**adjetivo**	**sustantivo**
aburrir 'bore'	aburrirse de 'be bored'	aburrido	aburrimiento
asombrar 'astonish, astound'	asombrase de 'be astonished'	asombroso	asombro
asustar, aterrar, espantar 'scare'	asustarse de 'be scared'	espantoso	espanto
conmover (ue) 'move, touch'	conmoverse por 'be touched, moved'	conmovedor	conmoción
deprimir 'depress'	deprimirse por 'be depressed'	deprimente	depresión
decepcionar 'disappoint'	llevarse una decepción/un chasco	decepcionante	decepción
enfadar, enojar 'anger, make mad'	enfadarse/enojarse de/con 'be/get mad'	enfadoso	enfado, enojo
extrañar 'seem strange'	extrañarse de 'find it strange'	extraño	extrañeza
fastidiar 'annoy, irk'	fastidiarse con 'be annoyed with'	fastidioso	fastidio
inquietar 'upset, disturb'	inquietarse de 'be upset by, disturbed'	inquietante	inquietud
interesar 'interest'	interesarse por 'be interested in'	interesante	interés
molestar 'bother'	molestarse de 'be bothered by'	molesto	molestia
ofender 'offend'	ofenderse por 'take offense'	ofensivo	ofensa

pasmar 'flabbergast, shock'	pasmarse de 'be flabbergasted, shocked'	pasmoso	pasmo
preocupar 'worry'	preocuparse por 'be worried'	preocupante	preocupación
sorprender 'surprise'	sorprenderse de 'be surprised'	sorprendente	sorpresa

etcétera: escandalizar(se) 'scandalize, shock', entusiasmar(se) 'excite, enthuse', desanimar(se) 'discourage', divertir(se) 'amuse', emocionar(se) 'thrill, excite', entristecer(se) 'sadden', etc.

Resulta, pues, una rica variedad expresiva para evaluaciones en español. Por ejemplo, para expresar una reacción de *sorpresa:*

A todos les sorprende que el autor no concluya su cuento.
Los lectores se sorprenden de que el autor no concluya su cuento.
Es (parece, resulta) sorprendente que el autor no concluya su cuento.
El autor nos deja sorprendidos al no concluir su cuento.
El lector reacciona con sorpresa cuando el autor no concluye su cuento.

34.7. La nominalización. La última manera de combinar oraciones consiste en NOMINALIZACIÓN, un tipo de "compresión": una de las oraciones se convierte en un *sustantivo* que mencionamos en la otra. El efecto es presentar una acción como *cosa o concepto abstracto,* sin tiempo ni modo:

Se venden (vendieron, venderán...) drogas en la capital. → la ***venta*** de drogas en la capital.
'Drugs are (were, will be) sold in the capital. → the *sale* of drugs in the capital'

Como la subordinación con cláusula, este proceso puede servir para dar una evaluación:

Se venden drogas en la capital. + Esto es intolerable. → *La venta de drogas en la capital* es intolerable. (+ posposición: → Es intolerable *la venta de drogas en la capital.*)

El sustantivo que resulta de la nominalización (*vender → la venta,* inglés *sell → the sale*) se llama un SUSTANTIVO DEVERBAL porque deriva de un verbo. Su ventaja está en que podemos tratarlo como cualquier otro sustantivo, con el plural y con modificadores: *las ventas, aquellas ventas, tantas ventas, el crecimiento de ventas, estas perjudiciales ventas,* etc. Por eso, los deverbales abundan en la exposición y la argumentación para el sentido de 'el acto de..., el concepto de...':

Producen petróleo en México. → la **producción** de petróleo en México (*produce → the production*)
Pierden millones de dólares. → la **pérdida** de millones de dólares (*lose → the loss*)
Se aceptó la premisa. → la **aceptación** de la premisa (*accepted → the acceptance*)
Enseñan a los niños. → la **enseñanza** a los niños (*teach → the teaching*)
Lo encarcelaron. → su **encarcelamiento** (*imprison → his imprisonment*)

Pero estos ejemplos demuestran lo irregular de la nominalización en ambas lenguas, y siempre es buena idea consultar el diccionario para averiguar la formación apropiada.

Al convertirse el verbo en sustantivo, su objeto o sujeto se señala con ***de*** (*Tania Gómez actúa → la actuación de Tania Gómez*) o con posesivo si es pronombre (*nosotros actuamos → nuestra actuación*). Si hay ambigüedad, ***por*** puede indicar el sujeto o agente (como en una pasiva) y ***a*** el objeto.

(Ellos) vacilaron en contestar la pregunta. → ***su** vacilación* en contestar la pregunta
La Unión Soviética cayó en 1991. → la *caída* ***de*** la Unión Soviética en 1991
Los guerrilleros destruyeron el puente. → la *destrucción* ***del*** puente ***por*** los guerrilleros
El parlamento rechazará el plan de paz. → el *rechazo* ***del*** parlamento ***al*** plan de paz

Los adverbios del verbo se convierten en adjetivos del sustantivo deverbal:

(Nosotros) Analizamos *cuidadosamente* los datos. → nuestro *cuidadoso* análisis de los datos

Con la nominalización condensamos ideas cuyos detalles no necesitamos elaborar: *nos referimos* a ellas como a información conocida en vez de presentarlas por primera vez. Siguen tres ejemplos de las típicas "megafrases" nominalizadas que se producen en los periódicos; entre paréntesis, analizamos las proposiciones individuales para que se vea cuánto se valora esta manera de conectar ideas en español.

1. (*Se aplicarían los principios éticos rigurosamente a todas las esferas de la vida. + Por consiguiente, el mercado se alteraría brutalmente.*) →
   "La aplicación rigurosa de los principios éticos a todas las esferas de la vida llevaría a una brutal alteración del mercado". (*El País* internacional, 31/5/1993, pág. 10.)
2. (*Alguien quiere reformar el anfiteatro. + Eso es ilegal. + Lo declaró así el Tribunal Superior de Justicia de Valencia el martes 4. + A esta decisión se han opuesto más de cien arquitectos, etc.*)

→ "La declaración de ilegalidad de la reforma del anfiteatro por el Tribunal Superior de Justicia de Valencia el martes 4 ha encontrado la oposición de más de un centenar de arquitectos, intelectuales y artistas".
(*ibid*, 10/5/1993, pág. 16.)

3. (*El Ejército chileno compró una empresa durante el último año de la dictadura.* + *Se presume que cometió así un delito.* + *Defraudó al fisco.* + *Pero el Consejo de Defensa del Estado renunció recientemente ante la justicia.*)
→ "Aylwin se refirió así a la reciente renuncia del Consejo de Defensa del Estado ante la justicia, por el presunto delito de fraude al fisco, a través de la compra de una empresa que efectuó el Ejército en 1989, durante el último año de la dictadura". (*ibid*, 31/5/1993, pág. 3).

34.8. Resumen. Esta lección, como las anteriores, ha presentado más *opciones* para el escritor cuando escribe sobre ideas. Primero, hay varias maneras de evaluar una proposición en la argumentación:

Es ilógico (*ridículo, increíble,* etc.) que los EE. UU. sea la policía mundial.
Yo no creo que (*Uno no cree que, Muchos no creen que*) los EE. UU. sea la policía mundial.
A todos les preocupa (*Todos se preocupan por*) que los EE. UU. sea la policía mundial.

Y segundo, hay muchas maneras de relacionar las ideas y mejorar el discurso. Sigue otro ejemplo en el que relacionamos las ideas cada vez más estrechamente:

transición ilativa: Esta teoría se contradice. *Por tanto,* debemos desconfiar de sus pronósticos sociales.
conjunción coordinante: Esta teoría se contradice, *y* debemos desconfiar de sus pronósticos sociales.
conjunción subordinante: Puesto que esta teoría se contradice, debemos desconfiar de sus pronósticos sociales.
relativo explicativo: Esta teoría se contradice, *lo cual* nos hace desconfiar de sus pronósticos sociales.
gerundio: Contradiciéndose esta teoría, debemos desconfiar de sus pronósticos sociales.
cláusula sustantiva: El que esta teoría se contradiga nos hace desconfiar de sus pronósticos sociales.
nominalización: Las contradicciones de esta teoría nos hacen desconfiar de sus pronósticos sociales.

¿Hasta qué punto se debe unir las ideas, y con qué tipos de conectores? Por un lado, la falta de conectores y transiciones produce un discurso incoherente y fragmentado; por otro lado, ¡sería igualmente erróneo fusionar todas las ideas en una sola super-oración! Además, los gustos literarios varían: el típico estilo del español prefiere más subordinación que el inglés y hace varios siglos los prosistas de ambos idiomas producían larguísimas oraciones complejas que hoy nos parecen excesivas. El truco está en buscar un equilibrio entre conectores explícitos e implícitos en oraciones que aporten un tono sofisticado, pero que al mismo tiempo *fluyan* bien para el lector.

APLICACIÓN

Actividad

A. La sociedad de los raros. Siguen observaciones sobre una nueva asociación de estudiantes. Reaccionen ustedes con una evaluación apropiada.

Modelo: Conducen coches anaranjados. → *Es extraño que* (*Me asombra que...*) *conduzcan coches anaranjados.*

1. Tiran a sus nuevos miembros a un lago.
2. Se niegan a comer productos lácteos.
3. Hacen imprimir su acta en latín.
4. Desfilaron desnudos con un acordeón.
5. Discriminan contra los solicitantes de ojos verdes.
6. Rechazan las computadoras y promueven el ábaco.
7. Han protestado contra los astronautas.
8. (*Inventen ustedes otro procedimiento excéntrico*)

Ejercicios

B. Cambie los sustantivos deverbales a cláusulas sustantivas completas para poder añadir más detalles informativos sobre el evento (¿quién?, ¿cuándo?, ¿cómo?, etc.).

Modelo: Nos sorprendemos de su *llegada* (*llegar*) → Nos sorprendemos de *que Tomás llegue tan temprano*. (o: ... *que Tomás haya llegado sin su esposa*.)

1. Me asusta su *comportamiento*. (*comportarse*)
2. Nos parece ilógica su *discrepancia* (*discrepar*)
3. Estamos contentos de su *obediencia* (*obedecer*)
4. Nos conmueve su *compasión* (*compadecer*)
5. A uno le fastidia su *abstinencia* (*abstenerse*)
6. Nos escandaliza su *preferencia* (*preferir*)
7. Algunos se pasman de su *rechazo* (*rechazar*)
8. Son extraños sus *sentimientos* (*sentir(se)*)

C. Una (Conecte) cada par de oraciones con relativos "explicativos" (no restrictivos).

Modelo: Hablé con el jefe. Él prometió ascenderme. → *Hablé con el jefe, el cual (quien) prometió ascenderme.*

1. Muchos economistas se preocupan por la inflación. Esta ha vuelto a subir.
2. Los indios adoraban un panteón de dioses. Esto les molestaba a los misioneros.
3. Se planeó un concierto de música folklórica. Después de él iba a haber un concurso de poesía.
4. Skinner sostiene que los padres usan refuerzos positivos o negativos. Mediante estos refuerzos el niño adquiere o evita cierta conducta, según el caso.
5. Para incrementar la producción alimenticia, los agricultores dependen cada vez más de los abonos químicos. Gran cantidad de estos abonos van a parar a los ríos y lagos.
6. El sexismo supone que la mujer no puede trabajar como el hombre. Muchos no están de acuerdo con esto.

D. Termine las oraciones siguientes de manera lógica, pero original.

1. Los músicos actuales del "rocanrol" les tienen ciertas ventajas a los anteriores, puesto que...
2. El territorio de Estados Unidos abarca siete zonas de horas distintas, de modo que...
3. El típico hombre moderno sabe que la mujer ya no aguanta el tratamiento sexista de antaño. No obstante,...
4. Hay que controlar el "efecto invernadero" que resulta de las crecientes emisiones de CO_2. De lo contrario,...
5. Muchos se preocupan por lo violentos que son los programas televisivos, lo cual...
6. La vida universitaria proporciona la formación profesional que se necesita para las carreras. Además,...
7. Nuestro país se ve cada vez más comprometido al comercio internacional. Por tanto,...
8. Algunos estudiantes flojos se dedican a escoger las clases más fáciles, tomando por ejemplo...
9. Los hongos carecen de clorofila que les permita producir su propio nutrimento, así que...

E. Cambie la conjunción o adverbial **en negrilla** a un sinónimo y luego sustituya la oración o cláusula (*en cursiva*) por otra que refleje su opinión.

Modelo: Los padres tienen menos tiempo que pasar con sus hijos **puesto que** *ambos trabajan fuera de casa.* → Los padres tienen menos tiempo que pasar con sus hijos **ya que** *encaran más responsabilidades.*

1. **Aunque** *no hay confirmación científica*, la existencia de la mente se da por supuesta.
2. El deporte suele considerarse como una forma de recreo. Pero **también** *se ha convertido en un negocio.*
3. El programa espacial tiene que seguir adelante. **Si no,** *perderemos nuestra iniciativa.*
4. Podrían mencionarse otros defectos del actual sistema bancario también. **En todo caso,** *se ve que los bancos necesitan más supervisión gubernamental.*
5. La natalidad de la India sigue muy alta. **En contraste,** *China ha logrado limitar su crecimiento demográfico.*

6. El niño medio ve 20 horas de tele cada semana. **Por eso,** *es probable que la televisión influya en él más que los familiares o amigos.*
7. Se ha criticado a España por su tratamiento de los indios. **Sin embargo,** *estos tampoco eran modelos de nobleza y tolerancia.*
8. Cada generación se ve obligada a definirse a sí misma, **de ahí que** *se rebela contra la de sus padres.*

F. En grupos pequeños, piensen en evaluaciones de cada proposición que utilicen los siguientes tipos de conexión. (Para un ejemplo, repase §34.8):

a. transición ilativa
b. conjunción subordinante
c. relativo explicativo
d. gerundio
e. cláusula sustantiva
f. nominalización

1. Más estudiantes se especializan en los negocios.
2. Se producen más automóviles híbridos.
3. Un grupo de terroristas destruyó la infraestructura.
4. Las pensiones han perdido el valor.
5. La economía china ha crecido rápidamente.
6. Las empresas farmacéuticas ganan cada vez más.
7. El congreso discute restricciones sobre las importaciones.

Ejercicios textuales

G. La reunión de estudiantes. Un grupo de estudiantes se reúne para discutir los problemas universitarios. Todos reaccionan fuertemente en el diálogo que sigue. Usted es el secretario y *reporta* los sentimientos a base de este modelo: persona + verbo de reacción + cláusula sustantiva.

Modelo: Sara (con fastidio): —La librería sigue cobrando demasiado. → A Sara le fastidia que la librería siga cobrando demasiado. (o: Para Sara, es fastidioso que..., Sara se fastidia con que...)

Trate de variar su modo de expresión utilizando los patrones diversos de esta lección.

1. Sofía (con preocupación): —Los estudiantes son apáticos y no votan.
2. Alicia (con fascinación): —Los de otras universidades han salido de clases para protestar.
3. David (con depresión): —De hacer lo mismo aquí, no nos graduamos.
4. Marta (con asombro): —Además, ¡hay ratones en la cafetería!
5. Pablo (con extrañeza): —Ja, a ver si los bichos encuentran allí algo que les apetezca.
6. Marta (con molestia): —¡Nunca tomas en serio lo que digo!
7. Pablo (con sorpresa): —¿Por qué las chicas le tienen tanto miedo a un ratoncito?
8. Marta (con ofensa): —¡Eres sexista!
9. Ana (con disgusto): —Cállense; ustedes siempre riñen y no nos dejan resolver nada.

H. El siguiente ensayo argumentativo utiliza demasiados puntos y comas y las conjunciones débiles *y, pero*. Mejore su expresión de dos maneras (1) use los otros tipos de conexión indicados entre paréntesis; y (2) al ver un subrayado _______, inserte una expresión de transición apropiada. Preste atención a las relaciones lógicas del contexto.

EL ORIGEN DEL LENGUAJE

1. El origen del lenguaje es difícil de resolver *y* faltan datos fiables. (CONJUNCIÓN SUBORDINANTE/ILATIVA)
2. Mucha gente ha especulado. Esto ha producido una variedad de teorías. (NOMINALIZACIÓN)
3. ________ algunos opinan que el lenguaje se originó con onomatopeyas, o sea imitaciones de sonidos naturales; la palabra primitiva para 'perro' habría sido "guau". (CONJUNCIÓN SUBORDINANTE/ILATIVA)
4. Otros creen esto: el primer vocabulario consistía en gritos naturales como "¡ay!", ¡oh!". (SUBORDINACIÓN CON CLÁUSULA SUSTANTIVA)
5. Estos se asociaron con los sentimientos y se convirtieron en palabras de idiomas distintos. (GERUNDIO)

6. *Pero* ambas teorías ignoran algo: la mayoría de las palabras no son imitativas ni "naturales". (SUBORDINACIÓN CON CLÁUSULA SUSTANTIVA)
7. ______, el lenguaje no es solamente palabras; requiere una sintaxis para combinarlas. (CONJUNCIONES SUBORDINANTES/ILATIVAS)
8. Ninguna de estas teorías explica cómo los gritos o las palabras imitativas llegaron a unirse para formar frases. Esto ha producido mucho escepticismo. (RELATIVO EXPLICATIVO NO RESTRICTIVO)
9. Una tercera teoría deriva nuestra comunicación de la de los primates; hay muchas semejanzas biológicas entre los seres humanos y los simios. (CONJUNCIÓN SUBORDINANTE/ILATIVA)
10. *Pero* la comunicación humana no radica en los centros instintivos como la de los animales. Se localiza en la corteza cerebral. (CONJUNCIONES SUBORDINANTES/ILATIVAS)
11. Nuestro lenguaje saltó de una parte del cerebro a otra. Esto es dudoso. (SUBORDINACIÓN CON CLÁUSULA SUSTANTIVA)
12. Una cuarta teoría supone que nuestros antepasados usaban gestos manuales. Estos habrían sido el primer lenguaje. (RELATIVO EXPLICATIVO NO RESTRICTIVO)
13. Según esta teoría, el hombre primitivo resolvió el dilema de expresarse mientras empleaba las manos para cargar otra cosa. Transfirió sus gestos a otro órgano flexible, la lengua. (GERUNDIO)
14. Esta teoría tiene ciertos atractivos, *pero* también falla: no explica el origen de este lenguaje gestual. (CONJUNCIONES SUBORDINANTES/ILATIVAS).
15. ________, las teorías han abundado, *pero* cada una tiene graves defectos. (CONJUNCIÓN SUBORDINANTE/ILATIVA)

Adaptación de texto

I. Sigue un ensayito cuyo estilo parece cortado, fragmentado. Mejórelo uniendo algunas oraciones, no sólo con conjunciones sino también con relativos y gerundios, variando así su expresión. Trate de *no* usar *y*.

EL JARDÍN: UNA OBSESIÓN

Para la familia típica de los "suburbios", la horticultura se ha convertido en una verdadera ciencia. Tomemos por ejemplo a dos esposos que dedican el sábado al cuidado de su jardín.

La señora comienza sembrando flores anuales. Esto requiere concentración. Prepara la tierra con un conjunto de herramientas. Mete cada semilla en la hilera con precisión científica conforme a su plan. Ha diseñado su plan con cuidado. Riega la tierra con un rocío fino. Se sonríe con satisfacción. De repente, se fija en algunos rastros viscosos. Estos le dan asco y prometen ruina. Exclama pasmada, "¡Tenemos babosas!" Corre deprisa a la furgoneta. Se va a la tienda. Allí consigue un remedio anti-babosas. Acaba por comprar varios otros productos: plantas, herramientas, semillas, abono, insecticidas, etc.

El señor se ha encargado del césped. Tarda varios minutos en preparar el cortacésped. Este ha de limpiarse y llenarse de una mezcla precisa de gasolina y aceite. El hombre comienza a cortar la hierba. Ve unas ramas caídas. Tiene que detenerse para quitarlas. Termina al cabo de una hora y media. Recoge la hierba cortada. La lleva a un montón especial para hacer "compost". Ha visto malezas y daños de insectos. Estos echan a perder el hermoso verdor de su reino. Sigue al garaje. Allí tiene construida una estantería dedicada a las sustancias químicas horticulturales. Como un farmacéutico, selecciona los medicamentos apropiados. Los reparte en la hierba. Por fin, el hombre mira su reloj: ¿es hora de parar? No, todavía queda el huerto...

Ensayo

J. Conforme a lo que vimos en §34.3, la conjunción *si* se emplea en la argumentación para unir la *causa* (condición) y el *efecto* (la consecuencia). Para cada condición, contraste la consecuencia que otros suponen (=improbable) con la que predice usted (=¡la verdad!), produciendo así **dos tipos** de oraciones condicionales (v. Tipos A y B, §21.3.1–2), y luego justifique su propia postura con una razón. Conecte las ideas con conjunciones y transiciones apropiadas.

Modelo: (condición: *subir los impuestos*) → Muchos creen que si subieran (*o* se subiera(n)) los impuestos, la economía sufriría. Pero eso no es verdad. Si los suben, el gobierno podrá crear más empleos porque tendrá más fondos.

Trate de variar su expresión con alternativas como: *Algunos afirman..., Se ha dicho..., Ciertos expertos...* etc.; *eso no es probable, es improbable, es un equívoco (error), es absurdo,* etc.

1. (condición: cambiar la edad legal para consumir bebidas alcohólicas)
2. (condición: controlar más la posesión de armas y explosivos)
3. (condición: crear un plan médico nacional)
4. (condición: dedicar más recursos federales al programa espacial)
5. (condición: reciclar toda la basura)
6. (condición: limitar las importaciones)
7. (condición: legalizar el consumo de drogas)
8. (condición: aumentarles la ayuda a otros países)

LECCIÓN 35 La cláusula sustantiva y su reducción infinitiva

Como dice el refrán:

- El dar es honor y el pedir dolor.

PRESENTACIÓN

35.1. La cláusula sustantiva y el infinitivo. En la composición, una de las señales de un estilo maduro es el grado de subordinación de una idea a otra, o sea de sintaxis compleja. En los estilos coloquiales es usual comentar con una oración simple:

Los costos médicos siguen subiendo.

o con dos, añadiendo una evaluación:

Los costos médicos siguen subiendo. ¡Esto es intolerable!

Pero al escribir lo mismo en un ensayo de argumentación, conviene unir y subordinar las ideas así:

Muchos ciudadanos creen que es intolerable que los costos médicos sigan subiendo.

Esta oración es COMPLEJA: una proposición (*los costos siguen subiendo*) está subordinada a otra, (*Esto*) *es intolerable...*, que está subordinada a su vez a una tercera, *Muchos ciudadanos creen...* Cada oración así subordinada es una CLÁUSULA SUSTANTIVA (v. §11.1, 34.6), que funciona como sustantivo en otra oración MATRIZ ('main clause'). Comienza con la CONJUNCIÓN COMPLEMENTANTE ***that*** en inglés, ***que*** en español.

Entonces, cuando subordinamos "tenemos razón" a "todos creemos (esto)" como su objeto directo (cf. "Todos creemos *esta opinión*"), resulta la siguiente oración compleja:

Todos creemos	**que** (nosotros) tenemos razón.
oración matriz	*oración subordinada: cláusula*
(cláusula principal)	*sustantiva (obj. directo de* creemos*)*

Pero los infinitivos también se usan como sustantivos puesto que son REDUCCIONES o formas simplificadas de cláusulas (v. §21.4, 26.4.2). El ejemplo que sigue significa lo mismo que el anterior, pero hemos reducido su cláusula, eliminando el sujeto (*nosotros*) y la conjugación (tiempo y modo) del verbo subordinado *tener:*

Todos creemos	**tener** razón.
oración matriz	*cláusula sustantiva reducida al*
(cláusula principal)	*infinitivo*

En sus opciones para la reducción el inglés y el español discrepan un poco (en inglés no se dice **Everyone believes to be right*). Pero se puede comprender el sistema español si se tiene en cuenta *tres factores:*

1. la función de la cláusula: sujeto del verbo matriz (***Tener razón*** *no es lo más importante*) vs. objeto (*Todos creemos* ***tener razón***);
2. el tipo de verbo matriz: *creer, decir, querer, mandar,* etc.
3. la identidad del sujeto de la cláusula: ¿es impersonal?, ¿igual al de la cláusula matriz?, ¿diferente?

■¡OJO! Cuando no se reduce al infinitivo, el verbo de la cláusula subordinada puede ser indicativo o subjuntivo, según el sentido (¿real o irreal?, ¿afirmación o reacción/evaluación?). Antes de continuar con esta lección, **se recomienda un repaso del uso de los dos modos** (v. §11.2–11.4) **y sus tiempos** (v. §15.3, 23.5).

35.2. **Las cláusulas empleadas como sujeto.** Supongamos que queremos argumentar en inglés a favor de la proposición "the government supports art". Si la usamos como sujeto del comentario "...is essential", disponemos de cinco opciones:

1. cláusula completa: *That the government supports art* is essential.
2. cláusula reducida a infinitivo, con sujeto: *For the government* ***to*** *support art* is essential.
3. cláusula reducida a infinitivo, sin sujeto: *To support art* is essential.
4. cláusula reducida a gerundio, con sujeto: *The government's* ***supporting*** *art* is essential.
5. cláusula reducida a gerundio, sin sujeto: *Supporting* art is essential.

El español difiere en que no tiene la opción 2 con *for...to...* (***for*** *the government* ***to*** *support art*) y *nunca* emplea su gerundio (*-ndo,* v. §22.1) como sustantivo, como en las opciones 4 y 5. Pero muchas veces pone su artículo ***el*** delante de la cláusula completa o infinitiva cuando usamos el gerundio inglés. Resultan las correspondencias que damos en la figura 35.a.

INGLÉS	ESPAÑOL
1. CLÁUSULA COMPLETA CON *THAT* **That the goverment supports art is essential.**	1. CLÁUSULA COMPLETA CON *QUE* **Que el gobierno apoye el arte es esencial.**
2. INFINITIVO CON SUJETO, *FOR...TO...* **For the government to support art is essential.**	(2. *¡no hay equivalente en español! la primera opción*)
3. INFINITIVO SIN SUJETO **To support art is essential.**	3. IGUAL: INFINITIVO SIN SUJETO **Apoyar el arte es esencial.**
4. GERUNDIO CON SUJETO **The government's supporting art is essential.**	4. CLÁUSULA COMPLETA CON *EL QUE* **El que el gobierno apoye el arte es esencial.**
5. GERUNDIO SIN SUJETO **Supporting art is essential.**	5. *EL* + INFINITIVO SIN SUJETO. **El apoyar el arte es esencial.**

Figura 35.a Cláusulas que se usan como sujeto de otro verbo

Además, en ambos idiomas:

- Un infinitivo *sin sujeto (apoyar el arte...)* que sirve de sujeto (... *es esencial*) suele interpretarse como *impersonal.* Así, en las opciones 3 y 5, no nos referimos al gobierno en particular, sino a cualquier persona o institución.
- La cláusula sustantiva (completa o reducida) puede invertirse o posponerse, aunque sigue sirviendo de sujeto. En este caso, el inglés inserta un *it* en la posición original de la cláusula:

INVERSIÓN: *It* is essential *that the government support art.*
It is essential *for the government to support art.*
It is essential *to support art.*

El español no inserta ningún pronombre, y como hemos visto antes (v. §32.3.1), permite que cualquier tipo de sujeto se invierta (o se posponga) según su valor informativo:

Tu contribución es esencial.	→ Es esencial *tu contribución*.
Apoyar el arte es esencial.	→ Es esencial *apoyar el arte*.
Que el gobierno apoye el arte es esencial.	→ Es esencial *que el gobierno apoye el arte*.

35.3. Las cláusulas con *el hecho de...* y otros sustantivos abstractos. Otra manera de subordinar una cláusula es como objeto o complemento de un SUSTANTIVO ABSTRACTO, como en inglés *the **fact** that...*, *the **allegation** that...* El equivalente español usa la preposición ***de***, y cuando sirve para plantear una proposición para evaluación o reacción, su verbo suele estar en el subjuntivo (v. §11.3):

El hecho de que *el gobierno apoye el arte* les molesta a algunos ciudadanos.

Otro ejemplo:

La noticia (idea, posibilidad) ***de que*** *el país se prepare para una guerra* no debe sorprender a nadie.

La versión reducida se interpreta como impersonal (sin sujeto explícito), y tiene que ser un infinitivo, *nunca gerundio* (cf. inglés, *the **idea** of preparing for war...*):

La idea **de prepararse** para una guerra no debe sorprender a nadie.

Otros ejemplos de esta reducción tras SUSTANTIVO ABSTRACTO + *DE*:

el *peligro* de hacerse daño 'the danger of getting hurt'
una *manera* de cuidarse 'a way to take care of oneself, a way of taking care of oneself'
el *deseo* de quedarse en un lugar 'the desire to stay in one place'
el *proceso* de enamorarse 'the process of falling in love'
la *oportunidad/necesidad* de servir 'the opportunity/necessity to serve'

35.4. Las cláusulas empleadas como objeto. El objeto de un verbo puede ser sustantivo, pronombre o cláusula (completa o reducida):

Espero... {
un resultado feliz. ('I hope for a happy outcome')
que José tome estadística. ('I hope that Joe takes statistics')
tomar estadística. ('I hope to take statistics')
}

Cuando el verbo requiere una preposición especial para un objeto OBLICUO, p. ej. *oponerse **a*** (v. §31.5, 31.7); esta preposición sigue usándose con una cláusula:

Me opongo **a**... {
los nuevos impuestos. ('I'm opposed to the new taxes')
que usted acepte el cargo. ('I'm opposed to your accepting the position')
aceptar el cargo. ('I'm opposed to accepting the position')
}

Ahora bien: cuando la cláusula sirve así de objeto, vemos dos diferencias entre el español y el inglés. Primero, *that* puede omitirse en inglés, pero *que* sigue siendo obligatoria en español:

I doubt (that) it'll rain. Dudo **que** llueva.

Segundo, las opciones **dependen del verbo principal.** Por ejemplo, en inglés *prefer* admite tres opciones:

I prefer *that* the government support (*for* the government *to* support, the government support*ing*) art.

Pero *say* y *tell* tienen opciones diferentes que corresponden al contraste de modos en español:

cláusula completa: I say (tell everyone) that the government supports art (una realidad, un hecho). = Digo que el gobierno **apoya** el arte.

cláusula reducida: I say (tell everyone) to support art. (algo que deseo, que mando) = Digo que todos **apoyen** el arte.

Want acepta solamente el infinitivo, mientras que otros verbos ingleses requieren un gerundio:

I *want* the government *to support* art. Tax laws *keep* people *from supporting* art.

Con tanta irregularidad, ¡es fácil imaginarse la pesadilla de los extranjeros que estudian inglés!

En cambio, los verbos españoles se comportan más sistemáticamente, clasificándose en cuatro grupos según dos criterios:

- ¿la reducción es *opcional* (se permite), *obligatoria* (se requiere) o *imposible* (se prohíbe)?
- ¿bajo qué condiciones?, ¿cuando hay identidad de sujetos (sujeto = sujeto), o no?

35.4.1. El primer grupo: *creer, esperar, decir,* etc. La mayoría de los verbos (v. lista, §35.7) que introducen una cláusula permiten una reducción **opcional** (facultativa) si las dos cláusulas tienen el mismo sujeto. Resulta, pues, que la cláusula completa siempre es posible. Hay tres subtipos.

(A) LOS VERBOS DE CREENCIA Y DUDA: *creer, dudar, negar,* etc.

Estos van seguidos del indicativo o el subjuntivo según la postura del hablante sobre la realidad de lo dicho; la reducción es posible cuando hay identidad de sujetos.

Creo que el gobierno apoya el arte lo suficiente. (*yo ≠ el gobierno*; reducción imposible)
Creo que (yo) apoyo el arte lo suficiente (*yo* = *yo*) = Creo *apoyar* el arte lo suficiente.
Eva niega que (Eva) haya apoyado el fascismo. (*Eva* = *Eva*) = Eva niega *haber apoyado* el fascismo.
Eva niega que yo haya apoyado el fascismo. (*Eva ≠ yo*; reducción imposible)

(B) LOS VERBOS DE REACCIÓN: *esperar, sorprenderse de, estar contento de,* etc.

El mismo criterio: una reducción opcional (y frecuente) si hay identidad de sujetos. La cláusula completa tiene el subjuntivo porque representa algo que se desea o que causa una reacción (v. §11.3).

Espero que el gobierno *apoye* el arte más. (*yo ≠ el gobierno*)
Espero que (yo) apoye el arte más. (*yo* = *yo*) = Espero *apoyar* el arte más.

(C) LOS VERBOS DE COMUNICACIÓN: *decir, gritar, sugerir, insistir en,* etc.

La mayoría de estos puede expresar un hecho (indicativo) o un mandato (subjuntivo):

Digo que Eva *apoya* el arte. ('I say (that) Eve supports art')
≠ Digo que Eva *apoye* el arte. ('I say for Eve to support art, tell her to support art')

Cuando introducen un hecho, algo real, ya observado, es normal una cláusula completa con el indicativo, pero esta puede reducirse (sobre todo en estilos literarios y periodísticos) con la identidad de sujetos:

Eva dice que (Eva) ha apoyado el arte. (*Eva* = *Eva*) = Eva dice *haber apoyado* el arte.

Esta reducción es **imposible** cuando el verbo introduce un mandato o deseo (es decir, un subjuntivo).

> ■¡OJO! *Digo apoyar el arte* no significa 'I say to support art' (mandato impersonal, *Digo* ***que se*** *apoye el arte*), sino que equivale a "Digo que yo apoyo el arte". Es una afirmación sobre el sujeto (*yo*).

35.4.2. El segundo grupo: *querer, pedir,* etc. Estos son principalmente verbos de voluntad (deseo): *querer, preferir, necesitar, oponerse a, negarse a*. Permiten dos opciones: cuando los sujetos son distintos, *siempre* requieren cláusulas completas con el subjuntivo:

Quiero que el gobierno apoye ciertos tipos de arte. (*yo ≠ el gobierno*)

Pero cuando los sujetos son idénticos, *siempre* requieren una reducción al infinitivo:

(**Quiero que yo apoye ciertos tipos de arte*) → *Quiero apoyar* ciertos tipos de arte.

Así resulta *verbo + verbo*, o sea *verbo + infinitivo* (v. §1.4.1): *quiero/intento/necesito/trato de apoyar.*

Pedir 'ask' y *evitar* 'avoid' se comportan de la misma manera:

Le pido que conduzca el coche. ('I ask her to drive the car', *sujetos distintos*)
Le pido conducir el coche. ('I ask permission from her (for me) to drive the car', *sujetos iguales*)

35.4.3. El tercer grupo: *mandar, obligar, hacer,* etc. Con estos VERBOS CAUSATIVOS uno trata de causar la acción: a diferencia de *querer* (tipo 2), no sólo tenemos un deseo, sino que se lo comunicamos a otro AGENTE, y le agregamos un elemento de influencia (fuerza, presión, persuasión, permiso, obligación). Permiten una reducción **opcional** aunque los sujetos *no* sean iguales.

(A Eva le) mando que Eva apoye el arte (*a Eva ≠ yo*) = **Le** mando *apoyar* el arte **a Eva**.

Más bien, el **agente** es igual porque es el sujeto de la cláusula y el objeto (*Eva*) del verbo causativo.

Los verbos causativos se clasifican en tres subgrupos según su régimen o construcción.

(1) + OBJETO INDIRECTO: *mandar, aconsejar, exigir, impedir, permitir, prohibir,* etc.
Con estos verbos, el agente se expresa como el objeto **indirecto**:

(Les) mandé que me siguieran. = **Les** mandé *seguirme.* ('I ordered them to follow me')
(Le) aconsejé que apoyara el arte. = **Le** aconsejé *apoyar* el arte. ('I advised her to support art')

(2) + OBJETO DIRECTO Y PREPOSICIÓN A: *forzar **a**, animar **a**, persuadir **a**, invitar **a**...*
Estos verbos requieren la preposición ***a*** con su cláusula o infinitivo, y el agente es su objeto **directo**.

Los animé **a** que me siguieran. = **Los** animé **a** *seguirme.* ('I encouraged them to follow me')
Invité *a Eva* **a** que contribuyera al arte = Invité *a Eva* **a** *contribuir* al arte. (**La** invité a...)

(3) + OBJETO DIRECTO, SIN PREPOSICIÓN: *hacer, dejar.*
'Con estos dos verbos, la reducción al infinitivo produce una estructura causativa de gran frecuencia (v. §1.4.2). Aunque hay variación, el agente suele interpretarse como el objeto **directo** de *hacer* o *dejar*, generalmente *sin interrumpir* la secuencia "verbo + verbo":

Hice que Eva apoyara el arte. = Hice *apoyar* el arte *a Eva.* ('I made/had Eve support art')
Dejé que Eva hiciera una donación. = Dejé *hacer* una donación *a Eva.* ('I let Eve make a donation.')

Versión pronominalizada:

La hice/dejé apoyar el arte. ('I made/let her support art')
Hice/Dejé que (ellos) me siguieran. = **Los** hice/dejé seguirme. ('I made/let them follow me')

Cuando el agente es reflexivo, hay un efecto pasivo:

Eva no habla bien el francés, pero *se hace comprender.* ('...she *makes herself understood*')
El arte *se deja controlar* por el gobierno. ('Art *lets itself be controlled* by the government')

Y cuando el agente se omite, se entiende como desconocido o impersonal:

El gobierno *hace construir* un nuevo museo. ('The government *is having* a new museum *built*')

Pero a diferencia del verbo *cause* en inglés, el verbo español *causar* no se encuentra en esta construcción causativa:

El gobierno causa más inflación. *Pero:* El arte nos *hace* pensar.

> ■¡OJO! No deben confundirse los diferentes sentidos de *dejar: dejar* + objeto directo 'leave', *dejar* + infinitivo 'let, allow', *dejar de* + infinitivo 'stop doing something' (v. §1.4.2).
>
> El gobierno anterior dejó un déficit en el presupuesto provincial.
> El gobierno nos deja contribuir. ('lets us contribute') ≠ El gobierno deja de contribuir. ('stops contributing')

35.4.4. El cuarto grupo: *ver, oír,* etc. Los verbos de percepción permiten la cláusula completa o una reducción al *infinitivo + objeto directo* (como *hacer, dejar*), pero como en inglés, estas opciones tienen sentidos un poco diferentes:

Veo que Eva pinta ('I see that Eve paints'). Veo pintar *a Eva,* Veo *a Eva* pintar, **La** veo pintar. ('I see Eve paint something')

Pero también es posible el gerundio para una observación "en medio" o "en progreso" (cf. el progresivo, §22.4.1)

Veo a Eva *pintando.* **La** veo pintando. ('I see Eve painting, in the middle of her painting')

Así que este cuarto grupo de verbos se comporta más o menos como sus equivalentes ingleses *see, hear,* etc.

35.5. El problema de *(for...) to...* Al usar un infinitivo en español, muchos estudiantes se sienten perplejos: ¿deben usar una preposición (*a, para*) como en inglés, o ninguna? En español, cuando el infinitivo funciona como **sujeto** de otro verbo, sea antepuesto o pospuesto, no se usa ninguna preposición, ya que los sujetos nunca aceptan preposiciónes.

To draw this isn't hard = It isn't hard ***to** draw this* (sujeto pospuesto)
Dibujar esto no es difícil. = No es difícil *dibujar esto.* (sujeto, sin preposición)

Es igual cuando el infinitivo o la cláusula reducida sirve de objeto **directo** de un verbo transitivo:

She prefers/needs ***to** draw this.* Prefiere/necesita *dibujar esto.*
She orders her sister ***to** draw this.* A su hermana le manda *dibujar esto.*

La preposición ***a*** se usa solamente cuando depende de un verbo o sustantivo que **requiere** la ***a:***

She starts *to draw this.*	(comenzar + **a**):	Comienza ***a** dibujar esto.*
She invited us *to draw this.*	(invitar + **a**):	Nos invitó ***a** dibujar esto.*
She forced *us to draw this.*	(forzar + **a**):	Nos forzó ***a** dibujar esto.*

■¡OJO! Recuerde que ***al*** + *infinitivo* es una fórmula diferente para la reducción de una cláusula con *cuando* (§21.4):

On drawing this, I didn't have a plan. ***Al** dibujar esto* (=cuando dibujé esto), no tenía ningún plan.

Otro problema típico se debe al empleo inglés de *for... to...* para una cláusula reducida: *for* introduce el sujeto y *to* el infinitivo. En español, esta construcción no existe; hay que usar una *cláusula completa* con *que...* (v. §35.2) cuando representa el sujeto, objeto o atributo del verbo principal:

The normal thing is ***for** everyone **to** support art.*	Lo normal es ***que** todos apoyen el arte.*
***For** you **to** support art* would be amazing.	***Que** tú apoyaras el arte* sería asombroso.
She says ***for** you **to** contribute something.*	Dice ***que** tú contribuyas algo.*

El español sólo emplea su preposición *para* cuando la frase infinitiva sirve de adverbial de **propósito** (v. §31.4), o sea cuando *for* y *to* significan 'for the purpose of, in order to...':

We practiced a lot **to** draw this.	Practicamos mucho ***para** dibujar esto.*
To draw this, you'll have to practice.	***Para** dibujar esto*, tendrás que practicar.
I wrote this check **for** you **to** donate (it).	Escribí este cheque ***para que** lo donaras.*

Cuando el infinitivo es objeto de adjetivo, solemos insertar la preposición *de* (v. §31.5):

This picture is *hard to draw.*	Este cuadro es *difícil **de** dibujar.*

Pero no hay preposición cuando la frase infinitiva representa un sujeto pospuesto:

It's hard *to draw this picture.*	Es difícil ***dibujar este cuadro**.*
('Drawing/to draw this picture is hard')	('Dibujar este cuadro es difícil.')

35.6. **Resumen.** El infinitivo se usa como forma reducida de una cláusula sustantiva que prescinde de modo (indicativo/subjuntivo) y tiempo (presente/futuro/pasado). Cuando la cláusula es el sujeto del verbo matriz (v. §35.2) u objeto de un sustantivo abstracto (§35.3), puede reducirse al infinitivo si no tiene sujeto explícito:

con sujeto explícito	**sin sujeto (impersonal)**
Que todos aprendan es importante.	*(El) aprender* es importante.
+ INVERSIÓN: Es importante *que todos aprendan.*	+ INVERSIÓN: Es importante *aprender.*

con sustantivo abstracto:
El hecho de que pocos aprendan me inquieta.
La posibilidad de aprender les interesa a todos.

Cuando la cláusula funciona como objeto, las condiciones de su reducción dependen del verbo matriz, y hemos distinguido cuatro tipos. Si bien las opciones parecen complicadas, hay algunos consejos prácticos:

- Se puede memorizar el uso de los prototipos (*decir/creer, querer, mandar, ver,* etc.) a modo de referencia general.
- Al emplear un nuevo verbo que parece muy semejante a uno de los prototipos en su significado (p. ej., *desear* como *querer, exigir* como *mandar*), es probable que se use en la misma construcción.

- Pero si uno no está seguro del verbo y su compatibilidad con el infinitivo, lo mejor es generalmente la cláusula completa. Por ejemplo, si uno quiere usar el verbo *recomendar*, pero no sabe si es posible o no la versión "Les recomiendo *a todos comprender* la ley", más vale recurrir a "Recomiendo *que todos comprendan* la ley".

Gramática visual: 'impossible to' + infinitivo

35.7. Para referencia: tipos de verbos

1. **la mayoría:** indicativo si se afirma como real, ocurrido; subjuntivo si se duda, si se evalúa con una reacción o si se reporta un mandato; reducción generalmente posible cuando *sujeto = sujeto*, pero opcional.

sujeto ≠ sujeto	Creo que aprenden bien. Espero que aprend**an** bien. Insisto que aprenden bien ≠ Insisto que aprend**an** bien. Siento que lo aprenden mal. ('sense') ≠ Siento que lo aprend**an** mal. ('am sorry')
sujeto = sujeto	Creo que aprendo bien. = Creo aprender bien. Espero que (yo) lo aprenda bien. = Espero aprenderlo bien. Siento que (yo) lo aprenda mal. = Siento aprenderlo mal.

VERBOS DE CREENCIA como *creer: confiar en* 'trust', *descartar* 'rule out', *dudar* 'doubt', *estar seguro de* 'be sure', *negar* 'deny', *opinar* 'think, believe', *sospechar* 'suspect', *suponer* 'assume, suppose'.

VERBOS DE CONOCIMIENTO como *saber: admitir* 'admit', *comprender* 'understand', *confesar* 'confess', *darse cuenta de* 'realize', *notar* 'note', *reconocer* 'recognize', *recordar* 'remember', *tener presente* 'keep in mind'

VERBOS DE REACCIÓN/EMOCIÓN/EVALUACIÓN como *esperar: alegrarse de* 'be glad', *celebrar* 'be glad', *estar triste* (*contento*, etc.) 'be sad (happy)', *lamentar* 'regret', *sentir* 'be sorry, regret', *sorprenderse de* 'be surprised', *temer* 'fear' (y muchos otros)

VERBOS DE COMUNICACIÓN como *decir: advertir* 'warn', *afirmar* 'state, assert', *asegurar* 'assure, claim', *avisar* 'let know', *dar a entender* 'imply, suggest', *decidir* 'decide', *declarar* 'declare', *escribir* 'write', *gritar* 'shout, yell',*hacer señas de* 'signal, make signs', *implicar* 'imply', *murmurar* 'mumble', *insistir en* 'insist', *prometer* 'promise', *sugerir* 'suggest', *recordar* 'remind', *señalar* 'point out', *significar/querer decir* 'mean'

2. **voluntad:** subjuntivo porque es algo deseado, pero no ocurrido; reducción obligatoria cuando sujeto = sujeto.

sujeto ≠ sujeto	Quiero que aprendan bien.
sujeto = sujeto	Quiero **aprender** bien.

VERBOS como *querer: acordar* 'agree (to)', *aprobar* 'approve of', *consentir en* 'consent to', *desear* 'want, wish', *evitar* 'avoid', *intentar* 'attempt (to get)', *lograr* 'succeed in, manage to', *necesitar* 'need', *negarse a* 'refuse to', *oponerse a* 'be opposed to', *pedir* 'ask, request', *preferir* 'prefer', *pretender* 'expect/try to get (someone to do something)', *tratar de* 'try, attempt (to get)'

3. influencia: subjuntivo porque es algo mandado o causado por otro; reducción opcional cuando el objeto se entiende como el sujeto del segundo verbo.

sujeto ≠ sujeto Mando que aprend**an** bien. = **Les** mando **aprender** bien.
Hago que aprend**an** bien. = **Los** hago **aprender** bien.

VERBOS CON OBJETO **INDIRECTO** como *mandar: aconsejar* 'advise', *exigir* 'demand', *impedir* 'prevent, stop', *ordenar* 'order', *permitir* 'permit, allow', *prohibir* 'prohibit', *recomendar* 'recommend', *rogar* 'beg, plead'

VERBOS CON OBJETO **DIRECTO** como *hacer: dejar* 'let', *forzar* ***a*** 'force', *obligar* ***a*** 'obligate to', *instar* ***a*** 'urge' *exhortar* ***a*** 'exhort', *animar* ***a*** 'encourage', *persuadir* ***a*** 'persuade', *autorizar* ***a*** 'authorize', *invitar* ***a*** 'invite'.

4. percepción: casi siempre indicativo porque es percepción de algo real; reducción opcional, el sujeto del segundo verbo = objeto del primero.

sujeto ≠ sujeto Veo que aprenden bien. = **Los** veo **aprender** bien.

VERBOS como *ver: observar* 'observe', *oír* 'hear', *sentir* 'sense', *percibir* o *percatarse de* 'perceive'

APLICACIÓN

Actividades

A. Discriminación y discusión: En grupos, decidan cuál es la mejor interpretación de cada afirmación. (Si algunos sacan una conclusión diferente, discutan lo que significa cada estructura.)

1. "Los profesores dicen saber todas las fechas relevantes".
   a. = Los profesores mismos ya las saben.
   b. = Los profesores mandan que nosotros (u otras personas) las sepamos.
2. "Los dos empresarios niegan haberse comprometido a suministrar armas".
   a. = Insisten que permitieron que otros lo hicieran.
   b. = Insisten que ellos no decidieron hacerlo.
3. "El jefe pretendía que todos le obedecieran".
   a. = El jefe dijo una ficción, una mentira.
   b. = El jefe dijo algo que deseaba.
4. "Queríamos construir un monumento, pero Ana nos lo impidió sabiendo bien lo que hacía".
   a.= Lo que Ana nos impidió fue la construcción del monumento.
   b.= Lo que Ana nos impidió fue saber lo que hacía.
5. "Es necesario para mantener la paz".
   a.= Lo que es necesario es mantener la paz.
   b = Algo que acabamos de mencionar puede impedir la guerra.
6. "Para ellos, tomar un trago es malo".
   a. = Es malo si ellos beben.
   b. = Es malo en general que cualquier persona beba.
7. "El presidente del comité sugiere que identificamos los medios, pero no los objetivos".
   a. = El presidente cree que les prestamos suficiente atención a los medios.
   b. = El presidente quiere que les prestemos más atención a los medios.

B. Tema: la vida universitaria. En parejas o en grupos pequeños, comenten los problemas estudiantiles completando las oraciones con *cláusulas sustantivas* (o reducidas, cuando convenga).

primer grupo: Muchos estudiantes opinan... y algunos se oponen...

segundo grupo: No es justo... y lo más absurdo es la necesidad...

tercer grupo: La administración duda... pero nosotros los estudiantes negamos...

cuarto grupo: Lo que más confunde es la idea... y conviene...

quinto grupo: ... es absolutamente intolerable, así que es necesario...

sexto grupo: A muchos profesores les gusta..., mientras otros prefieren...

séptimo grupo: A uno le frustra...; en cambio, parece que todos están contentos...

octavo grupo: La policía del campus pretende... y no ha considerado la posibilidad...

noveno grupo: Para nosotros, es obvio..., y esperamos...

Ejercicios

C. Escriba oraciones usando formas apropiadas de las palabras que se dan entre vírgulas. (En cualquier tiempo verbal que sea lógico). Si son posibles dos versiones, escriba ambas y explique la diferencia.

1. Rosa / hacer / sus hijos / levantarse temprano.
2. El presidente del comité / sugerir / los clientes / pagar más.
3. Marta / estar convencido / nuestro equipo ir a ganar.
4. Los invitados / ver / tú / tocar el piano.
5. Todos / esperar / no producirse más inflación.
6. Mis padres / decir / mi hermana / sacar buenas notas.
7. (Yo) necesitar / alguien ayudarme y explicarme esto.
8. ¿Quién / dejar / el gato / salir?
9. Ese artista / invitarnos / mirar / el mundo /desde otra perspectiva.

D. Las mismas instrucciones.

1. Raúl / admitir / (nosotros) advertirle / no venir.
2. Darme miedo / mis hijos / cruzar esa calle.
3. El rey / decretar / construirse otra estatua en la plaza.
4. Los sexistas / jurar / ser natural / la mujer quedarse en casa.
5. Ser una verdadera tragedia / los ciudadanos no votar.
6. El Papa / deplorar/ haber tantas guerras entre los cristianos / y suplicarle a Dios / perdonárnoslas.
7. El portavoz oficial / anunciar/ gobierno/ descartar/ negociar en secreto con los terroristas.

E. Cada una de las oraciones siguientes se ha reducido porque hay identidad de sujetos. Continúela de manera original conforme al modelo, comenzando con el mismo verbo, pero con sujetos *distintos*.

Modelo: Deseo hablar. *Y deseo que (tú) no me interrumpas.*

1. Creo haberlo hecho bien.
2. Prefiero quedarme aquí.
3. Logré recibir el cargo de tesorero.
4. Decidí plantar unas flores.
5. Evité asistir a la reunión.
6. Espero salir mañana a las 9.00.
7. Me opuse a participar en esta farsa.
8. Procuro reciclar los periódicos.
9. Tengo miedo de salir por la noche.
10. Me alegro de tener tanta suerte.

F. Expansión original: Sustituya cada frase sustantiva *en cursiva* por una cláusula sustantiva que sea más informativa (con más detalles), usando el verbo asociado (en paréntesis). Tenga cuidado con la distinción de modos.

Modelo: No permito *la contribución de Pablo.* → No permito *que Pablo contribuya $100 a la campaña electoral porque no es ético.*

1. Me opongo al *casamiento de los dos.* (*casarse*)
2. Cité en mi informe *tu conclusión.* (*concluir*)
3. No permito *la petición de Alfredo.* (*pedir*)
4. Recuerdo *el trabajo de ustedes.* (*trabajar*)

5. Es sorprendente *la respuesta.* (*responder*)
6. Les sugiero *más participación.* (*participar*)
7. Voy a impedir *la venta.* (*vender*)
8. Todos lamentan *la muerte del actor.* (*morir*)
9. Me doy cuenta de *la tendencia de Juan.* (*tender a*)
10. Es muy posible *la renuncia del gerente.* (*renunciar a*)

G. Expansión original. Las mismas instrucciones que en F, pero fíjese en el tiempo del verbo principal.

1. Lo obligaron a *una confesión.* (*confesar*)
2. El general ordenó *la retirada.* (*retirar(se)*)
3. Ustedes observaron *la salida del tren.* (*salir*)
4. Alguien prohibió *el estacionamiento.* (*estacionar*)
5. La profesora insistió en *la repetición.* (*repetir*)
6. El gerente exigió *una explicación.* (*explicar*)
7. Me enojó *tu decisión.* (*decidir*)
8. *La necesidad de buscar* nos ha frustrado a todos. (*necesitar*)

H. Revisión y corrección. Estas oraciones proceden de composiciones de argumentación sobre la educación. Todas son agramaticales (al menos en el sentido que quería el escritor), a veces con múltiples errores. Corríjalas.

1. *Si querremos nuestros hijos tienen los maestros buenos y inteligentes, necesitamos aumentar los salarios.
2. *Para esto a ocurrir, hay que hacer muchos cambios en la sistema.
3. *Esto requiere el gobierno gastar más dinero.
4. *Es importante a trabajar duro en la escuela.
5. *Sería ridiculoso para tirar todas las reglas en la basura.
6. *Porque de su semestre pasado, este chico necesita trabajar más ahora, solamente mantener una nota de C.
7. *Las drogas paran los jóvenes de aprendiendo.
8. *Otro factor es la moralidad disminuyendo en las familias.
9. *Los estudiantes aprenden que es posible a graduarse sin trabajando.

Ejercicios textuales

I. Un lío político. Complete con cláusulas sustantivas que reflejen su opinión o perspectiva. Tenga cuidado con el modo de las cláusulas: indicativo, subjuntivo o reducción al infinitivo.

1. Actualmente, nuestro gobierno encara varios problemas que impiden...
2. Otra cosa que ha frustrado al público en general es el hecho...
3. Y todos los políticos pierden su credibilidad cuando niegan...
4. a. Los dos partidos siguen riñendo: los republicanos afirman...,
   b. mientras que los demócratas sugieren...
5. Además, hay continuos conflictos entre las ramas gubernamentales, cada una de las cuales insiste...
6. a. Por ejemplo, el Tribunal Supremo prohíbe...
   b. Y el Presidente desea...
   c. Pero la legislación se atasca en el Congreso, cuyos miembros intentan...
7. También tienen la culpa los grupos de presión, o sea "lobbies", que instan...
8. Resulta un despilfarro de tiempo y de dinero, y para eliminarlo es importante...
9. Por lo tanto, muchos analistas políticos dudan..., y concluyen...
10. A mi parecer, nosotros los ciudadanos debemos exigir...

Ensayo

J. Mis ideas más distintivas: Contraste lo que usted piensa con las opiniones y perspectivas de otros de su generación. Diríjase a los puntos siguientes, tratando de usar una variedad de cláusulas sustantivas.

- sus creencias y dudas
- sus esperanzas y deseos
- sus prioridades.

LECCIÓN 36 Composición: La argumentación

Conviene recordar que los argumentos más persuasivos son fuertes, pero *concisos*. Como dice el refrán,

- Largos sermones más mueven culos que corazones.

PRESENTACIÓN

La argumentación consiste en presentar un ARGUMENTO, una serie de razones a favor de una proposición o POSTURA ('position'). En su propósito y sus técnicas, se parece a un debate, excepto en un solo aspecto importante: a diferencia de los participantes en el debate, *el escritor no tendrá la oportunidad de responder* posteriormente a la oposición, de modo que tiene que prever las preguntas y las objeciones de su lector.

36.1. **El propósito.** Desde sus orígenes en el estudio de la retórica, la argumentación siempre ha tenido un solo fin: **convencer** al auditorio de la "verdad" como la perciba el hablante o el escritor, y cuando se trata de soluciones para un problema, **persuadirle** a hacer algo (o **disuadirle** de hacerlo). Pero siempre hay posturas alternativas, así que el acto de convencer o persuadir supone *dos* procedimientos paralelos:

1. plantear y defender la postura del escritor (la TESIS)
2. rechazar y refutar (rebatir) las posturas contrarias

Es verdad que algunos ensayos proponen una tesis sin referirse a otras: así, el rechazo de alternativas queda implícito. Pero es más común refutar las posturas contrarias de manera más explícita para que la tesis resulte no sólo plausible en sí misma, sino también *preferible* a las alternativas.

La refutación es sencilla cuando la cuestión es **binaria**, con dos opciones polarizadas. Por ejemplo:

Cuestión	*Posturas*
Se debe requerir el estudio de los idiomas extranjeros:	Sí.
	No.

Pero es más compleja cuando hay varias opciones o una continuidad de opiniones, como los matices de gris entre los extremos de blanco y negro. Y así es en muchas cuestiones sociales:

Cuestión	*Posturas*
Se debe mantener el derecho al aborto:	Sí, en todos los casos.
	Sí, con tal que...
	Depende de la situación...
	No, a menos que...
	No, de ninguna manera.

Cuando no se prevén posturas alternativas e intermedias o se intenta reducir las opciones a sólo dos, "sí" vs. "no", puede que el lector rechace el argumento como simplista y tache al escritor de poco informado sobre la situación real. Por eso, es probable que este tipo de cuestión sea demasiado complejo para un ensayo de sólo dos páginas.

36.2. **El tono.** En inglés, *argue* (*argument*) ha adquirido el sentido negativo de *reñir, disputar*. En español, *argüir* (*argumento*) es neutral como *proponer*, y su tono depende del escritor. Por lo general, es mejor evitar sentimientos negativos (hostilidad, furia, sarcasmo) y mantener un tono desapasionado porque las disputas pueden *entretener* sin *convencer*. Lo que más fuerza tiene no será la indignación del escritor, ni su ataque "ad hominem" (personal), sino sus razones y evidencia. El tono, pues, debe ser objetivo, con un lenguaje cortés y refinado.

Una excepción es la IRONÍA, en la que escritor finge defender una versión exagerada de otra tesis, pero en realidad se burla de ella. Esta técnica puede tener éxito en manos de un experto, pero corre riesgos: el lector puede resentirse de la burla si cree que el escritor no ha sido justo con una postura que deba tomarse en serio.

En la argumentación, la "voz" del autor es bastante impersonal; no tiene que declarar su identidad porque el lector supone que las opiniones son las del escritor a menos que se les atribuyan a otros. Algunas opciones:

1. la primera persona singular, para ideas distintivas del autor: "creo que..., me parece que...". Por lo general, se evitan pronombres enfáticos salvo en los contrastes: "*Algunos* dicen que..., pero *yo* creo que...".
2. la primera persona plural, para afirmar consenso entre el escritor y otras personas asociadas: "En nuestra sociedad reaccionamos con asombro cuando...", "A los jóvenes nos parece que...".
3. un sustantivo plural o genérico, para atribuirle una opinión general a un grupo: "los científicos dudan que...", · a los conservadores les enfada que...", "al ciudadano medio le parece que...". El riesgo es que tal vez el lector vea aquí una generalización falsa.
4. un cuantificador o partitivo, para contrastar grupos indefinidos (v. §25.5, 28.3.1): "Muchos afirman que...", "A algunos les parece que... mientras otros confiesan que están indecisos en...".
5. un pronombre impersonal (v. §33.2.2, 33.4), para generalizar la referencia o quitarle especificidad: "Se ve que...", "Se supone que...", "Uno se preocupa por...".
6. un verbo (o una frase verbal) impersonal que no requiere sujeto ni objeto personales (v. §34.1): "Es importante (increíble, absurdo, etc.) que...", "Parece incomprensible que...", "Hay que notar que...".

36.3. **La organización.** Un ensayo de argumentación tiene tres partes: la introducción, el cuerpo y la conclusión. La introducción expone el tema general y establece la importancia del problema particular (la cuestión). El escritor anticipa o formula su tesis, pero no la desarrolla aquí en su versión completa; basta interesar al lector para que siga leyendo.

La mayor parte del ensayo (el cuerpo) la ocupa el argumento, cuya organización varía según la concepción del escritor. Hay algunos ensayos que se ciñen a una sola postura, la del escritor, sin consideración de otras. Su formato típico se ejemplifica a continuación con la cuestión del requisito de estudiar otros idiomas:

Formato I (una sola postura)

a. exposición del problema:	un país monolingüe en un mundo multicultural
b. evaluación:	esto no tiene sentido: efectos en la economía, etc.
c. tesis, la postura del escritor:	todos deberían estudiar un segundo idioma
d. justificación, apoyo:	ventajas comerciales, personales, etc.

Pero este argumento no hace caso de las alternativas. Estas deben anticiparse con preguntas como "¿qué he oído en oposición a mi tesis?" Existe al menos la postura del *statu quo*: no hay problema, así que no hagamos nada".

Por tanto, el argumento más fuerte tiene un *doble planteo* que reconoce la existencia de otras opiniones y también defiende la del escritor. Este doble planteo se ve en los demás formatos que siguen (II, III, IV).

Formato II

a. presentación de posturas X, Y:	X = requerir el estudio; Y = dejarlo como opción.
b. rechazo de Y y su argumento:	Y: algunos creen no poder aprender idiomas; dicen que todo el mundo habla inglés. Eso es falso puesto que...
c. afirmación de la tesis X:	se necesita X, es la única solución
d. justificación de X: apoyo, razones:	las ventajas que se prevén con X.

Así, se comienza con las posturas. El escritor refuta las contrarias y luego afirma y apoya la suya.

Formato III

a. descripción de evidencia relevante:	el valor de los idiomas vs. la resistencia a estudiarlos.
b. exposición de las posturas X, Y:	X = requerir el estudio; Y = dejarlo como opción.

c. evaluación: cómo tratan la situación en (a) los partidarios de X, Y.
d. afirmación de la tesis X: por tanto, X cuadra mejor con la situación.

Aquí, después de discutir la situación, se pasa a las posturas y su capacidad de acomodar la evidencia o resolver el problema. Este formato es útil cuando otras posturas también reciben apoyo hasta cierto punto.

Formato IV

a. planteo de posturas X, Y...: X = requerir el estudio; Y = dejarlo como opción.
b. contraste de las posturas en su capacidad de resolver la situación: mejorar las oportunidades profesionales: X sí, Y no; fomentar la comprensión de otras culturas: X sí, Y no (etc.)
c. resumen de posturas contrarias y rechazo de su argumento: Según Y: no es justo imponer el requisito. Pero dadas las ventajas de (b), el requisito parece justificado.
d. resumen y afirmación de la tesis: X es la única (o la mejor) solución.

Este cuarto formato es contrastivo. Se presenta la evidencia gradualmente y se evalúa la capacidad de cada postura para explicar cada dato a su vez. Así, la tesis cobra cada vez más fuerza mientras las posturas contrarias van perdiendo fuerza. Después de eliminar estas del campo de batalla, el autor resume su propia tesis.

Como la conclusión de una exposición (L.30), la de un argumento *no* suele introducir puntos nuevos. Puede resumir la tesis, pero es más eficaz ir más allá de una mera repetición. Algunas conclusiones típicas:

- concluir con un pronóstico de los resultados de adoptar (o no adoptar) una proposición.
- concluir con un juicio general sobre el contraste de posturas.
- concluir con una pregunta retórica.

Lo importante es poner fin al argumento y dejar una impresión duradera: el lector deberá estar convencido de la validez de la tesis y seguir pensando en sus consecuencias.

36.4. Estrategias: causa y efecto. La argumentación emplea varias técnicas de otros tipos de composición que hemos estudiado: la *descripción* (L.6), para representar la situación; la *sinopsis* (L.12), para resumir; la *narración* (L.18, 24), para dar la historia del problema o ilustrarlo con una anécdota; y la *exposición* (L.30), para definir, explicar, analizar y comparar posturas.

Pero la principal estrategia consiste en demostrar la CAUSALIDAD, la relación entre causa y efecto. A continuación ejemplificamos tres opciones con respecto a la cuestión del alcoholismo.

(1) dada la situación, ¿cuáles son sus causas?
CAUSAS → SITUACIÓN

Así, exponemos el problema del alcoholismo e identificamos posibles causas: la publicidad que promueve el consumo, la presión para conformarse, la falta de suficientes servicios sociales, etc. Es posible que estas causas se conviertan en posturas sobre el factor más influyente, y que el escritor defienda una de ellas como su tesis, p. ej. "La publicidad tiene el mayor impacto y por eso deberá restringirse".

(2) dada la situación, ¿cuáles son sus efectos?
SITUACIÓN → EFECTOS

En este caso, definimos el alcoholismo y luego explicamos sus consecuencias: la destrucción del individuo y su familia, el impacto en el crimen, los costos económicos, etc. La evaluación de consecuencias puede convertirse en un planteo de posturas; p. ej.: "¿Son tan severos los efectos del alcoholismo que requieran más intervención del gobierno (postura X), o hay que aguantarlos como consecuencia de vivir en una sociedad libre (postura Y)?"

(3) síntesis: ¿cuáles son las causas y también los efectos?
CAUSAS → SITUACIÓN → EFECTOS

(3) es una combinación de (1) y (2). La presentación de los efectos se emplea para reforzar la exposición de la situación (p. ej., por qué el alcoholismo es un problema social) y para justificar una tesis sobre las causas.

Pero ¿cómo se *demuestra* la causalidad? No es suficiente declarar que X causa Y; para convencer al lector escéptico, hay que *probar* la relación. De ordinario, esto implica la presentación de *apoyo* o evidencia (con documentación apropiada, claro está):

- datos sacados de artículos, informes, libros de referencia, el Web, etc.
- citas de autoridades o expertos. En un argumento informal puede bastar una referencia general (p. ej. "muchos expertos señalan que..."). Pero es posible que el lector rechace referencias sospechosas, por lo cual se debe ser tan específico como sea posible: "según dijo la Dra. Menéndez en su estudio de 1991...".
- anécdotas ilustrativas: ejemplos de casos típicos para traer un argumento abstracto al nivel concreto. La anécdota puede ser un ejemplo directo del problema, o una analogía de otra situación semejante.
- un argumento lógico. Uno de los más populares es la reductio ad absurdum, que consiste en seguir hasta el extremo cada paso del argumento contrario y demostrar todas las indeseables consecuencias que resultarían. Reducido a la absurdidad, el argumento contrario se pone en duda.

El escritor no sólo ha de producir evidencia que apoye su propia tesis; también necesita considerar la CONTRAEVIDENCIA. Los temas de argumentación suelen ser complejos, de varios aspectos; si hay datos que apoyan las posturas contrarias, más vale reconocerlos y luego argüir que no son tan significativos como la evidencia a favor de la tesis preferida. Quien ignora todo argumento menos el suyo, pierde la credibilidad.

36.5. Enfoque en el lenguaje. Puede que el problema no sea el modo de argüir, sino el lenguaje. Algunos rasgos del estilo argumentativo se han señalado en las lecciones anteriores: las preposiciones y transiciones, el énfasis y "desénfasis" de información, la evaluación de proposiciones subordinadas. Además, para relacionar las ideas y producir un discurso coherente importan los conectores, que ilustramos otra vez (v. L. 34) con una afirmación de causa y efecto:

- *conjunciones coordinantes:* La familia se ha debilitado *y* esto ha cambiado la sociedad.
- *conjunciones subordinantes: Puesto que* la familia se ha debilitado, la sociedad se ve cambiada.
- *transiciones adverbiales:* La familia se ha debilitado; *como resultado*, la sociedad ha sido cambiada.
- *relativos explicativos:* La familia se ha debilitado, *lo cual* sigue cambiando la sociedad.
- *gerundios:* La familia se ha debilitado, *cambiando* la sociedad.
- *subordinación: El hecho de que la* familia se haya debilitado ha cambiado la sociedad.
- *nominalización: La debilitación familiar* ha acarreado *varios cambios sociales.*

También cabe señalar otra vez para este tipo de composición la frecuencia de los dos tipos de oraciones condicionales con *si* (v. §21.3.1–2). Estos tipos sirven para contrastar los efectos de diferentes posturas o premisas:

Si la familia sigue debilitándose, la sociedad se desintegrará. (predicción: causa y efecto muy plausibles)

Si la familia **siguiera** debilitándose, la sociedad se desintegraría. (una condición menos probable o menos deseable)

Con tantas opciones, hay que buscar la expresión más eficaz para el contexto. La presentación de información y el desarrollo del argumento general deben tener un ritmo creciente que lleve al lector a una conclusión convincente. Y no es raro que el escritor experimente varias veces para encontrar la opción que (en una palabra) *suene* mejor para lograr el tono y el impacto que desee.

36.5.1. Descuidos de expresión. Hay que expresarse con cuidado para evitar objeciones del lector. En concreto, señalamos cinco puntos débiles.

1. La GENERALIZACIÓN FALSA es una equivocación que afirma o implica que la mayoría (o la totalidad) de un grupo hace algo, o que lo hace todo el tiempo, cuando en realidad no es así. Ejemplo:

   Las mujeres contemporáneas se creen superiores a los hombres.

   No es probable que todas las mujeres tengan esta opinión. Mejor: "algunas mujeres".
2. La LAGUNA LÓGICA ('logical gap') es un "accidente" expresivo del escritor, quien sabe lo que quiere decir, pero omite un paso en su argumento o confunde dos maneras de expresarlo. Ejemplo:

   Necesitamos algo para ayudar el déficit.

En realidad, no queremos "ayudar" un déficit. Mejor: "Necesitamos algo que ayude a *resolver* (disminuir, eliminar) el déficit".

La segunda solución cree que debemos construir más cárceles.
Una solución no "cree" nada. Mejor: "Los *partidarios* de la segunda solución *creen* que..."

3. La FALACIA DE *NON SEQUITUR* ('no se deduce') se comete al sacar una conclusión falsa de premisas incompletas. A veces se debe a omisión de otras premisas relevantes:

   Si subimos los impuestos, podemos eliminar el déficit.

   "Non sequitur": falta otra premisa importante, "...y *con tal que* el gobierno controle sus gastos...".
4. Las PALABRAS VAGAS son *globos de gas:* ocupan espacio pero tienen poca sustancia. El escritor sabe lo que quiere decir, pero ha escogido una palabra que en realidad no dice nada. Ejemplo:

   Muchos niños se crían en la pobreza, y la culpa la tiene la sociedad.

   ¿De quién y qué es la culpa cuando se atribuye a la "sociedad", a todo el mundo? Mejor: identificar causas específicas.
5. La INCONSISTENCIA ESTILÍSTICA es un salto abrupto a otro estilo del lenguaje, de ordinario a una expresión demasiado coloquial para un contexto serio y objetivo. Ejemplo:

   Muchos arguyen que la cárcel impide asesinatos. ¡Bazofia!

   Bazofia es coloquial. Mejor: "...los asesinatos. Pero este argumento *no es válido*".

36.5.2. Vocabulario. La argumentación adopta un lenguaje especializado que refuerza la autoridad del escritor. Por un lado están las SEÑALES TEXTUALES, las indicaciones que refieren al lector a otras partes del ensayo:

en el párrafo anterior	como sigue, a continuación ('as follows')
como ya indiqué antes/anteriormente	aquel..., este... ('the former..., the latter...')

Por otro lado está el amplio vocabulario que presenta y estructura los argumentos:

PARA REFERIRSE A LOS PARTIDARIOS DE LAS POSTURAS

investigadores/expertos/especialistas/estudiosos/teóricos ('researchers, experts, specialists, scholars, theoreticians'): Los peritos en el tema dicen que el agujero en la capa de ozono sigue ampliándose.
proponentes/partidarios ('proponents, advocates, supporters'): Los partidarios suponen una premisa falsa.
oponentes/adversarios, ('the opponents'): Los adversarios mantienen que esto no es justo.
según, de acuerdo con, conforme a ('according to'): Según Jung, algunos símbolos son universales.

PARA ANALIZAR LAS POSTURAS Y SU APOYO

polémico/controvertido/discutido ('controversial, debated'): Una de las cuestiones más polémicas es...
postular ('postulate'), **fundar en** ('base'): Postulan una expansión y la fundan en el efecto Doppler.
ocuparse en, dedicarse a, tener como fin (propósito), **proponerse** ('devote oneself to, propose to'): El especialista se ocupa en (se dedica a, se propone) resolver cuestiones teóricas.
plantear una postura/teoría ('pose a position, theory'): Einstein planteó una contradicción temporal.
estar de acuerdo, coincidir (con..., en...) ('agree with... in...'): Coinciden en que los costos están subiendo.
no estar de acuerdo, discrepar de ('disagree with'): En esto, los científicos discrepan de los políticos.

otros verbos de postura:

aclarar ('clarify, make clear')
admitir ('admit')
afirmar ('assert, claim')
apoyar ('support')
aprobar (ue) ('approve of')
argüir ('argue')
concluir ('conclude')
criticar ('criticize')
cuestionar ('question')
dar cuenta de ('account for')
darse cuenta de ('realize')
defender (ie) ('defend')
estar a favor de ('be in favor of')
estar en contra de ('be against')
explicar ('explain')
ignorar ('be unaware of')
negar (ie) ('deny')
objetar ('object to')
opinar ('believe, think')
oponerse a ('be opposed to')
poner en duda ('challenge')
probar (ue) ('prove')
proponer ('propose')
rechazar ('reject')
refutar ('disprove, refute')
resolver (ue) ('solve')
señalar ('point out')
sostener ('hold, maintain')
suponer ('suppose, assume')
tratar ('deal with, treat')

(v. también los verbos de comunicación §17.5.5, de exposición §30.4.2 y de evaluación, L.34).

PARA PRECISAR CAUSA Y EFECTO

basarse/radicar/estribar + en ('be in, be based on'): El problema radica en las normas sociales.

derivar de, (pro)venir de, deberse a, resultar de ('come from, be due to, result from'): La crisis económica se debe a (surge de, resulta de) una década de elevados gastos militares.

causar, ocasionar, entrañar, resultar en, dar por resultado ('cause, create an effect, result in'): Todo cambio social ocasiona (da por resultado, entraña) nuevas presiones políticas.

producir, tener como efecto, causar, acarrear ('cause, create an effect'): La inflación acarrea mucha miseria.

implicar, suponer ('imply, entail, involve'): El divorcio también supone una separación de padres e hijos.

PARA PRESENTAR UN PUNTO O CAMBIAR DE TEMA

convenir, haber (hay) **que, ser necesario, caber, deberse** ('it's necessary to') + **decir** (señalar, mencionar, etc.): Conviene (Cabe, Se debe, Hay que) señalar que hay también pecados de omisión.

holgar decir, estar de más decir ('go without saying'): Huelga (De más está) decir que eso es falso.

notar de paso ('note in passing'): De paso notamos que ahora hay un proyecto de ley destinado al problema.

en lo que se refiere a, en cuanto a, con respecto a, por lo que hace a ('as for, with regard/respect to'): En cuanto a los costos económicos, no se dispone de fondos para mantener la infraestructura.

desde el punto de vista (+ *adjetivo*) ('from the ___ point of view'): Desde el punto de vista económico... (*o* de la economía...)

PARA SACAR CONCLUSIONES

constar, estar claro, verse, ser evidente/obvio ('it's clear/obvious'): Consta (es obvio, se ve) que "El Niño" ha cambiado el clima.

36.6. **Para escribir una composición de argumentación.** Al sentarnos para escribir, se nos ocurren muchos asuntos sobre los que tenemos una opinión: las relaciones internacionales, las consecuencias del prejuicio, la crianza de los hijos, la conservación del medio ambiente y un sinfín de otras cuestiones que nos preocupan. Pero estas necesitan muchas páginas para cubrirlas bien (ni hablar de las investigaciones que suponen) y conviene **limitar el tema** (v. §30.5) para enfocar algún aspecto más específico, y que no admita demasiadas posturas contrarias (§36.1) para los límites del ensayo.

Tomemos por ejemplo la cuestión de las relaciones internacionales, limitándola con una serie de preguntas:

1. ¿cuándo?, ¿las relaciones actuales?, ¿las de otra época de la historia? → las actuales y quizás las más recientes.

2. ¿las relaciones en general?, ¿o de este país? → las de los EE. UU., de su gobierno en particular.
3. ¿con qué países o regiones? → con las repúblicas centroamericanas.
4. ¿qué aspectos?, ¿qué tipos de relaciones?, ¿en qué campos? → relaciones políticas y económicas. (✓ *la causalidad que espero demostrar: el comercio afecta la política*).
5. dentro de este campo, ¿cuál será mi tesis? → "es necesario actuar conforme a nuestros valores democráticos en vez de intereses puramente económicos".

Resulta un tema más tratable: "Los factores económicos en nuestras relaciones actuales con Centroamérica".

El ensayo requiere preparación, y cabe hacer una generación de ideas preliminar: tomando apuntes, el escritor piensa en su tema y reflexiona sobre la información que ya tiene, los datos que averiguar y la forma de su argumento. Escoge un formato apropiado (v. §36.3) y organiza sus ideas.

Luego, uno comienza a escribir según las tres etapas usuales:

1. **Composición:** escribe libremente. Pero a veces el escritor se desvía del tema, pierde el hilo de su argumento o se atasca en alguna dificultad, y tiene que pensar un rato. He aquí algunas maneras de superar el obstáculo:
   - hacer otra generación de ideas con un bosquejo más detallado, y/o limitar más el enfoque de la cuestión;
   - pasar a otras secciones y volver luego a la parte dificultosa;
   - descansar un rato y luego volver a leer lo escrito, identificando las ideas clave y la dirección del argumento;
   - investigar más, leyendo un artículo sobre el tema para inspirarse o cambiar de perspectiva;
   - discutir las ideas con un compañero que pueda servir de "abogado del diablo" de una postura contraria.
2. **Revisión del contenido:** el escritor lee su ensayo y evalúa las ideas y el impacto general. Anota secciones que deben ampliarse o reducirse, conceptos que deben refinarse, argumentos que necesitan más fuerza o apoyo. Luego, revisa el lenguaje, el tono, las transiciones, los conectores lógicos, la variedad y precisión de las palabras. Termina esta etapa leyendo otra vez su borrador: ¿es convincente?
3. **Corrección:** el escritor examina críticamente la gramática, buscando no solamente los descuidos típicos de concordancia, sino también los problemas con la maquinaria gramatical que caracteriza un ensayo de este tipo: las preposiciones y transiciones, la subordinación de cláusulas, el orden de las palabras, etc.

Como de costumbre, ofrecemos una lista de verificación para este tipo de composición.

LISTA DE VERIFICACIÓN

1. **contenido**
   - ☐ ¿La cuestión queda suficientemente definida y limitada? ¿Planteo bien el problema y la tesis?
   - ☐ ¿Hay suficiente información (evidencia, causa + efecto) para apoyar mi argumento?
   - ☐ ¿Reconozco otras posturas y perspectivas? ¿Explico por qué no resuelven el problema?
   - ☐ ¿Preveo las preguntas y objeciones del lector? ¿He respetado otras perspectivas?
2. **organización**
   - ☐ ¿Se ve claramente mi plan general?
   - ☐ ¿Qué partes deben desarrollarse más? ¿Qué puntos deben añadirse, suprimirse, reordenarse?
   - ☐ ¿Son eficaces la introducción y la conclusión? ¿Hay suficientes oraciones temáticas?
3. **expresión de las ideas**
   - ☐ ¿Hay generalizaciones falsas? ¿Lagunas lógicas? ¿Palabras vagas?
   - ☐ ¿He empleado bien el vocabulario de la argumentación? ¿Un tono apropiado?
   - ☐ ¿La información fluye bien? ¿Hay que transformar la sintaxis? ¿Poner más transiciones/conectores?
   - ☐ ¿Expreso bien los sujetos impersonales?
   - ☐ Al referirme a datos o autoridades, ¿he documentado las citas?

4. **gramática**
   - ☐ ¿He revisado la ortografía y puntuación?
   - ☐ ¿Hay errores de género, concordancia y conjugación?
   - ☐ ¿Hay problemas con las preposiciones? ¿Con cláusulas subordinadas e infinitivos?

APLICACIÓN

Ejercicios de preparación

A. Apuntes personales: Después de leer esta lección, piense en lo que ha aprendido y también en su experiencia en debates y ensayos argumentativos. Escriba algunos consejos útiles que los hagan más convincentes. Luego, para su propia composición, piense en alguna cuestión que le interese para redactar un argumento y haga un plan general de lo que debe incluir.

B. El vocabulario: Busque un sinónimo para cada expresión en cursiva.

1. Primero, es necesario *aclarar* el fondo histórico del debate.
2. Esta teoría *se basa* en una dicotomía falsa del siglo XIX.
3. La esclavitud *acarreó* un descenso en el valor del trabajo.

4–5. *En lo que se refiere al empleo, consta que* la prosperidad de los 80 tuvo efectos adversos.

6–7. *Cabe señalar*, en primer lugar, que la obesidad puede *deberse a* factores psicológicos.

Y ahora, busque un *antónimo* para cada expresión en cursiva.

8. Los datos anteriores *prueban* que hay una relación entre la calidad de la universidad y el éxito profesional.
9. Los jubilados *aprueban* una reforma de Medicare.
10. Hasta cierto punto, los jóvenes siempre *han discrepado de* sus padres en sus ideas políticas.

11–12. Los *partidarios* de la pena capital ofrecen un argumento falaz y *afirman* que es necesaria.

C. Más vocabulario: Estas oraciones proceden de composiciones de estudiantes. Busque otras maneras de expresar cada frase indicada.

1. Dicen que los jugadores son *estúpidos*, pero eso es una generalización falsa.
2. Mucha gente *cree* que nuestra forma de gobierno es la mejor del mundo.

3–4. *Es obvio* que esto *ha causado* muchos problemas en el gobierno.

5. Si *eliminamos* la venta de drogas, eliminamos también el crimen.
6. La mayoría de los embarazos *ocurren a causa de* que estas chicas creen que nunca tendrán éxito en la vida.

D. Actividad: Supongan que el presidente de su universidad está preocupado por la falta de aparcamiento y que propone que se aumente la matrícula ('tuition') en un 10% para construir un garaje para los profesores. Hagan un bosquejo del contraargumento de ustedes.

Modelo y análisis

E. Este editorial fue escrito por Andrés Krakenberger, presidente de la sección española de Amnistía Internacional, y apareció en el periódico *El País* (ed. internacional, 24/3/1997:10). Después de leerlo, conteste las preguntas. Nota: "Grandes Lagos" se refiere a los países de Ruanda, Burundi, Uganda, Tanzania y Congo.

¿Por qué se está cerrando la puerta a los refugiados?

En los últimos años, la atención de la opinión pública internacional se ha dirigido a la región africana de los Grandes Lagos, donde la violencia que se venía gestando desde hacía tiempo estalló en una guerra abierta en la que se cometieron genocidio y violaciones masivas de los derechos humanos.

A través de las crudas imágenes de personas traumatizadas y torturadas, las televisiones mostraron al mundo la terrible realidad de los refugiados. Pero el objetivo de una cámara no puede en modo alguno reflejar la magnitud de una pesadilla incomprensible que afecta actualmente a millones de hombres, mujeres y niños.

El éxodo masivo de refugiados presenciado en los Grandes Lagos no es un fenómeno nuevo. Por el contrario, se ha producido repetidas veces en diferentes zonas del mundo desde la década de los sesenta. En especial, durante la década pasada, el incremento del número de conflictos regionales —causantes de persecuciones, discriminación, violaciones masivas de los derechos humanos, como *limpieza étnica* y genocidio, y pérdida de la protección estatal— se convirtió en la principal causa de las fugas masivas.

En los últimos veinte años, el número de refugiados se ha multiplicado vertiginosamente. En 1997, el número de refugiados supera los 15 millones y hay más de 20 millones de personas desplazadas en su propio país. [...]

La Convención sobre el Estatuto de los Refugiados de 1951 se aprobó para ocuparse del problema de los refugiados, en su mayoría europeos, en la época de expansión económica que siguió a la II Guerra Mundial. Casi medio siglo después, los Gobiernos de todo el mundo están intentando rehuir sus responsabilidades. Están erigiendo altos muros alrededor de sus fronteras, individualmente y en colaboración con otros. Europa, Norteamérica y Japón se están convirtiendo en fortalezas.

Resulta irónico que Estados cuyas poblaciones se beneficiaron enormemente de la Convención sobre los Refugiados de 1951 le niegan ahora la protección a las víctimas de las persecuciones de hoy en día. Las dificultades sociales que atraviesan muchos países europeos y norteamericanos no bastan por sí solas para justificar una política tan insensible. La magnitud y la naturaleza del movimiento de personas que huyan a su territorio se presenta cada vez más como una amenaza para la seguridad nacional, la identidad cultural y la cohesión social. Sin embargo, el espejismo de la invasión no se justifica en los hechos. Sólo una proporción relativamente pequeña de refugiados —aproximadamente el 10%— solicita asilo en Europa y Norteamérica.

Por otra parte, el derrumbamiento de muchos Estados multiétnicos y multirreligiosos producido en las dos últimas décadas ha fomentado actitudes etnocéntricas y discursos demagógicos sobre la imposibilidad de que grupos diferentes puedan vivir juntos en el mismo país. Este temor aparente a la integración de personas procedentes de diferentes contornos culturales y religiosos resulta sorprendente en países que se han formado por oleadas sucesivas de inmigrantes. [...]

Los refugiados que consiguen acceder a países donde solicitan asilo afrontan procedimientos que varían enormemente de un Estado a otro y que muchas veces no cumplen las normas internacionales. En algunos países, los casos de asilo los decide un solo funcionario de inmigración, sin contar con ningún tipo de asesoramiento en cuestiones de derechos humanos o legales. En ocasiones, los procedimientos se llevan a cabo en un idioma que el solicitante de asilo no entiende. Muchas veces no se creen las afirmaciones que realiza el solicitante de asilo de ser objeto de persecución. Decisiones trascendentales para la vida de las personas se toman en un par de horas.

Hoy en día, los mares se patrullan y se impide atracar a los barcos. Es bien conocido que Estados Unidos interceptó barcos repletos de haitianos que huían de la anterior dictadura militar y los devolvieron directamente a los peligros de los que habían intentado huir. La Corte Suprema de Estados Unidos aprobó esta postura. Una de las ironías más crueles es que muchas veces se encarcela a solicitantes de asilo que huyen de la persecución, la detención y la tortura con el fin de disuadir a otros de hacer lo mismo. [...]

Esta tendencia está llevando a que Estados que tradicionalmente habían acogido a un gran número de refugiados adopten la misma política represiva. En abril de 1996, miles de refugiados huyeron de la reanudación de las matanzas en Liberia. Se marcharon en buques de carga abarrotados y con vías de agua, sin apenas agua ni alimentos, pero los países de África occidental no les permitieron desembarcar. Los Estados africanos afirman que ya no pueden permitirse el lujo de hacerlo. [...]

Si la comunidad internacional dedicara recursos y voluntad política a impedir los abusos contra los derechos humanos, al menos se podrían evitar algunas crisis de refugiados. En estos momentos, la principal responsabilidad de la comunidad internacional es procurar soluciones a largo plazo para el problema actual de los refugiados e informar a la opinión pública de que éstos no pueden volver a sus hogares hasta que no se haya resuelto la situación que provocó su huida. La comunidad internacional también tiene la obligación de compartir los costes de la protección a los refugiados y la responsabilidad de conceder asilo, independientemente del lugar al que hayan huido estas personas. ¿Por qué motivo debe esperarse que los países a los que huyen primero los refugiados acojan a todos, mientras otros países sólo dan cabida a relativamente pocos? Únicamente un organismo judicial internacional [...] puede vigilar y garantizar que los Estados cumplen por fin sus compromisos internacionales.

Análisis:

1. ¿Cuál es el tema o la cuestión que considera el autor? ¿Cuál es su tesis? ¿Qué critica, y qué recomienda?
2. ¿Qué ha citado para apoyar su argumento?
3. ¿Dónde hay argumentos de causa + efecto?
4. Krakenberger considera brevemente ciertas posturas contrarias. ¿Cuáles son? ¿Cómo las refuta?
5. Busque ejemplos en este ensayo del uso de las siguientes estructuras que hemos estudiado:
   a. nominalización (sustantivos deverbales) para abreviar proposiciones más completas;
   b. cláusulas sustantivas que representan lo que se propone o se evalúa;
   c. transiciones y conectores de discurso;
   d. anteposición de objeto;
   e. condición "contrary to fact" con *si;*
   f. maneras de indicar referencia impersonal o pasiva (¿Cuántas veces se refiere el autor a sí mismo con "yo"?);
   g. expresiones de causa + efecto.
6. Usando sus apuntes, haga una sinopsis (en un párrafo) del argumento de Krakenberger.

Revisión

F. Este ensayo de argumentación fue escrito por una estudiante de español. Prepárese para comentarlo en clase leyéndolo bien. Evalúelo según los criterios de la lista de verificación y sugiera algunas maneras de mejorarlo.

Educación en los Estados Unidos

En los Estados Unidos existe un problema en el sistema de educación. En el pasado, nuestro país ha producido los mejores científicos y técnicos. Sin embargo, durante los tres decinios pasados, nuestros científicos y técnicos se habían sobrepasado por los de países como Japón y Alemania.

Mucha gente se queja que los exportaciones de los Estados Unidos están sufriendo en el mercado mundial. Y que nadie no desea comprar los coches, las televisiones y los radios de los Estados Unidos. Pero no acepta nadie que nuestra tecnológía ya es tan avanzada como otro países. Para la mayor parte, la causa de esto es la educación mala en nuestro país.

El problema no está en los universidades, pero en las escuelas secondarias y los colegios publicos. Simplemente, muchos maestros no son buenos. Son medianos, especialmente los maestros de los ciencias y matemáticas. Por eso, cuando los estudiantes llegan a las universidades no son preparados para los clases rigurosos de los ciencias.

Un causa de la falta de maestros calificados es que no ganan dinero bastante ensenando en estas niveles de escuelas. Todos los maestros con titulos avanzados desean ensenar en los universidades o las escuelas privadas porque ganan más dinero allí.

Este problema es crítico. Especialmente en los estados pobres como Arkansas y Mississippi. Todos los años estos estados tienen los sistemas de educación los más peor. Necesitan ayuda del gobierno federal porque no pueden acumular tan mucho dinero como estados como Nueva York y California.

Sin embargo mucha gente no desean pagar más dinero al gobierno federal en los impuestos. No se dan cuenta que un sistema de educación buena es necesario para que nuestro país continue prosperar. Por eso, los maestros no se considera por la gente como muy importante. En otros países, la ensenanza se considera la más importante profesión y la gente tiene mucho respeto para los maestros. Y en estos países, ganan mucho dinero. Estos son los países que ahora están produciendo los peritos de ciencia y matemáticas.

Si Los Estados Unidos desea seguir tener buen éxito, tiene que empezar tratar sus maestros respeto como otros países. Tiene que les paga más dinero a los maestros en los colegios publicos. La profesión de ensenanza necesita ser mas atractiva a personas con títulos avanzados. Solamente en seguidad, parará el círculo de educación y empezará más buen éxito país.

Tarea: una composición de argumentación

G En un ensayo de dos páginas, defina una cuestión y arguya a favor de una tesis y en contra de alternativas. Tenga presente los consejos de esta lección y trate de usar las estructuras y el vocabulario que hemos estudiado.

Capítulo VII

Lecciones facultativas

Este séptimo capítulo ofrece lecciones adicionales sobre diversas materias. Pueden asignarse al final del curso, usarse para referencia o cubrirse junto con las otras lecciones anteriores según el juicio del instructor.

Lección 37: las abreviaturas más típicas del español.
Lección 38: el uso de los prefijos y sufijos para una expresión más concisa.
Lección 39: repaso de las formas de *vosotros.*

LECCIÓN 37 Las abreviaturas

PRESENTACIÓN

37.1. Abreviaturas comunes. Al escribir, abreviamos ciertas palabras largas y/o de uso frecuente. Algunas abreviaturas pasan a ser convencionales en cualquier tipo de escritura, mientras otras son idiosincrásicas y se limitan a la escritura personal (cartas, memorandos, apuntes) o pertenecen a tipos especializados, como catálogos comerciales, anuncios clasificados, publicaciones gubernamentales y artículos científicos.

Siguen las abreviaturas más frecuentes del mundo hispánico. Como parte de su preparación de esta lección, **averigüe usted lo que representan** y luego verifique sus respuestas con las de la clase.

títulos de personas:

Sr.	Sres.	S., Sto., Sta.	Fr.
Sra.	Dr., Dra.	Prof.	Lic.
Srta.	D., Da.	Vda.	Hnos.

puntos cardinales

N	E	S	O	NE	SE	SO	NO

números y medición *(véase también la Lección 27)*

1er, 1°, 1^{a}	2°, 2^{a}	km^2	m	t
g	cm	ha	h	*l*, L
kg	mm	c.c., cm^3	km/h	ml

abreviaturas misceláneas

PD	S.A.	v.
íd.	Cía.	p. ej.
c/u	Apdo.	cap.
Ref.	Apto.	pág.
W. C.	Avda.	q. e. p. d.
N°, núm.	pcia., prov.	

(Para las abreviaturas gramaticales que se encuentran en los diccionarios, v. L. 5.)

37.2. Siglas y acrónimos. Los ACRÓNIMOS consisten en las SIGLAS (letras iniciales) de una frase y generalmente abrevian el nombre de organizaciones y conceptos técnicos. Por ejemplo:

la OTAN (Organización del Tratado del Atlántico del Norte; *'NATO'* en inglés)
la UE (Unión Europea)
la ONU (Organización de las Naciones Unidas; *'U.N.'* en inglés)
el SIDA (Síndrome de Inmunodeficiencia Adquirida; *'AIDS'* en inglés)
el PNB (producto nacional bruto; *'GNP'* en inglés)
PEMEX (Petróleos Mexicanos)
un OVNI (objeto volador no identificado; *UFO* en inglés)
el PSOE (Partido Socialista Obrero Español)
el ADN (ácido desoxirribonucleico, *'D.N.A.'* en inglés)

Como se ve, el género del acrónimo, masculino o femenino, va determinado por el sustantivo principal:

la Organización..., **el** síndrome..., **un** objeto...

Cuando las siglas representan un sustantivo plural, hay una tendencia a escribir mayúsculas *dobles*:

los EE. UU. (Estados Unidos) los JJ. OO. (Juegos Olímpicos)
las FF. AA. (Fuerzas Armadas)

Como en inglés, muchos acrónimos llegan a pronunciarse como palabras cuando esto es posible fonéticamente:

la OTAN = "/la ótan/", la ONU = "/la ónu/", el SIDA = "/el sída/", un OVNI = "/un óbni/"

aunque a veces se inserta una vocal para facilitar la pronunciación:

el PSOE = "/el pesóe/".

Después de popularizarse, esta "palabra" acepta sufijos como otras palabras españolas:

el PRI (Partido Revolucionario Institucional) → **prísta** 'un miembro de este partido mexicano'

■¡OJO! Hay que recordar que los acrónimos en inglés son abreviaturas de frases *inglesas*, y con excepción de algunos que se han internacionalizado (p. ej. un *CD-ROM*), **no es probable que se entiendan** en otras lenguas. Por eso, siempre conviene explicarlos si uno no está seguro de su equivalente en español:

Lo difícil es mantener un "GPA", *o sea un promedio de notas* satisfactorio,
Le di "CPR", *o sea resucitación cardiopulmonar.*

APLICACIÓN

Ejercicios

A. Copie las oraciones siguientes usando numerales y abreviaturas convencionales.

1. Vivo en la avenida Cortázar, número trescientos siete, apartamento quince.
2. Mande usted su solicitud a Idiomatec, sociedad anónima, apartado nueve mil ochenta y seis.
3. En la civilización griega figuraron muchos filósofos, por ejemplo Sócrates, quien nació en el año cuatrocientos antes de Cristo.

4. La señora Ayala ha pedido dos lectores de discos; el señor Quevedo, ídem.
5. Referencia: el memorando de usted del lunes pasado sobre las exportaciones de los Estados Unidos. La fecha límite es el doce de febrero y le entregaré el informe para entonces. Posdata: con relación a los datos provisionales, véase el segundo artículo de la doctora Escobar, página veintidós.

B. Escriba medidas y dimensiones típicas para cada cosa, usando abreviaturas.
1. una agradable excursión a pie
2. el largo de su bolígrafo o lápiz
3. el contenido de una botella de leche
4. el peso y la altura de usted
5. la velocidad máxima (legal) en las autopistas norteamericanas.
6. el tamaño (tres dimensiones) de su libro de texto

Ejercicio textual

C. Mañana es sábado, y Mariluz tiene tanto que hacer que ha preparado una lista de apuntes, usando abreviaturas normales y algunas espontáneas. Vuelva a escribir sus apuntes en forma de descripción, con palabras y oraciones completas. (¡OJO! Como todos los apuntes que el escritor usa para sí mismo, el lenguaje es muy elíptico. Hay que poner artículos, preposiciones, verbos, etc., para crear oraciones completas).

- Llamar: (a) Trujillo y Hnos. ¿reparar el W. C.? (b) cancelar cita con Jorge (¿qué pretexto?)
- Escribir: Españatours S.A., ¿empleo para jun., jul., ago.? Euroviajes, íd.
- Pagar cuentas, esp. luz, antes de lun. 1 mar. (urgente!!!!).
- Comprar: 2 L leche, 2 kg azúcar, 2 kg harina, 2 paquetes espaguetis, salsa de tom.
- Escribir: Juárez, Díaz y Cía, Apdo. 89: sobre el libro que les compré en dic.
- Visitar: Da. Matilda. Ref.: pésame muerte de D. Samuel. (dos cuadras al O., doblar a la izq., 2ª calle a la dcha., luego 1 km. por Avda. Revolución, Nº 8, Apto. C) Recomendar cura, p. ej. ¿Fr. Tomás? (v. guía de tel.)
- Biblioteca: datos para mi informe (para el miérc.!!!!!). la vida romana en 200 a.C.
- Estudiar para el examen de historia: leer el cap. IX hasta la pág. 211.

LECCIÓN 38 La derivación

PRESENTACIÓN

La DERIVACIÓN es el proceso de crear palabras. Al estudiante le puede ser útil familiarizarse de modo general con los procesos derivativos a fin de conocer las opciones del español para "la palabra justa". Así, para comunicar el sentido 'hacer más largo', sabrá que es muy probable que el español tenga un verbo especial y que este se encuentre en el diccionario bajo un prefijo como ***a-*** (*alargar*).

38.1. **Las palabras compuestas.** El inglés aprovecha mucho la opción de COMPOSICIÓN ('compounding'), o sea la combinación directa de palabras para producir una palabra COMPUESTA. Por ejemplo, es frecuentísimo en inglés el patrón SUSTANTIVO + SUSTANTIVO: *control group, data banks, guitar music, CD player,* etc., pero aparte de algunas compuestas técnicas (*grupo control*), el español prefiere una frase con preposición: *bancos de datos, música de/para guitarra, lector de CD,* etc. (v. §25.2.1).

Pero el español sí forma compuestas de VERBO + SUSTANTIVO para nombrar cosas que sirven para hacer algo. El verbo está en la tercera persona singular del presente; el sustantivo, que representa su objeto, suele ser plural. La compuesta misma es generalmente masculina. Uno de los ejemplos más conocidos es *el paraguas,* que se forma de *para*(r)- más *aguas* y así significa la cosa que 'stops the waters'. Otros ejemplos típicos:

parar ('stop'): el parabrisas ('stops breezes' = windshield).
limpiar ('clean'): el limpiaparabrisas ('cleans windshield' = windshield wiper)
salvar ('save): el salvavidas ('saves lives' = life preserver)
lanzar ('launch, throw'): el lanzallamas ('launches flames' = flamethrower)
contar ('count')': el cuentagotas ('counts drops' = eyedropper)
rascar ('scratch, scrape'): el rascacielos ('scratches skies' = skyscraper)
aguar ('water down'); el aguafiestas ('waters parties' = wet blanket, party pooper)
portar ('bear, hold, carry'): el portalámparas ('bears lamps' = socket, bulb holder)

Pero unos pocos tienen un sustantivo singular: *el/la portavoz* ('carries voice' = spokesperson), *el cubrecama* ('covers bed' = bedspread).

38.2. Los afijos. Si bien el español no recurre tanto a la composición como el inglés, dispone de muchísimos AFIJOS ('affixes')–prefijos y sufijos–para derivar sus palabras. Así, las compuestas inglesas *wheat field, cornfield, rice paddy* corresponden en español a derivadas en *-al*: *trigal, maizal, arrozal*. Algunos afijos se parecen a afijos ingleses y otros no. He aquí los más comunes; se debe tratar de adivinar el significado de los ejemplos y llegar a comprender la formación general.

1. **sustantivos de verbos: el acto, proceso o suceso asociado**
   -aje: viraje, almacenaje, maquillaje, embalaje, aterrizaje
   -ada/ida (*participio femenino*): parada, ida, comida, medida, nevada, herida
   -ción/(s)ión: aceptación, discusión, contestación, inundación, medición
   -o, -e: paro, pago, comienzo, remolque, embrague, enjuague, afiche
   -ón, -zón: empujón, jalón, aguijón, cerrazón
   -dura, -tura: abreviatura, cortadura, abertura, cobertura, quemadura
   -tivo: preparativos, atractivo
   -anza: matanza, adivinanza, enseñanza, venganza
   -ncia: existencia, ignorancia, exigencia, diferencia
   -miento, -mento: pensamiento, casamiento, sentimiento, descubrimiento, razonamiento

Comentario: En general, se usa *-mento* en los sustantivos tomados del latín (típicamente con cognados ingleses del mismo origen): *complemento, departamento, momento*, etc.; pero tienen *-miento* los que se basan directamente en verbos españoles: ***descubri**miento, **movi**miento, **pensa**miento*, etc.

2. **sustantivos de verbos: el agente o el instrumento**
   -nte: cantante, desodorante, hablante, oyente, amante, dibujante, fabricante, sirviente
   -tario: destinatario, prestatario, arrendatario, mandatario
   -(d)ero: pasajero, viajero, enredadera, sudadera
   -dor, -or: empleador, ganador, escritor, pintor, computador(a)

Comentario: El sufijo *-(d)or* tiende a ser femenino, *-(d)ora*, cuando se refiere a las mujeres o a los aparatos o maquinillas: *la escritora, la computadora, la calculadora, la afeitadora, la impresora, la lavadora*, etc. Para algunos verbos, la formación es irregular: *dirigir director, leer lector, defender defensor*, etc.

3. **sustantivos de adjetivos: la calidad o condición de...**
   -ez, -eza: aridez, estupidez, hediondez, pesadez, grandeza, destreza, simpleza
   -era: ceguera, sordera, borrachera
   -ía: alegría, cuantía, cobardía
   -ura: altura, frescura, cordura, finura
   -dad, -tad, -tud: posibilidad, bondad, antigüedad, crueldad, popularidad, libertad, lentitud
   -dumbre: certidumbre, mansedumbre, pesadumbre
4. **adjetivos de sustantivos o adverbios**
   -al, -il: nacional, original, estudiantil, legal
   -ado: rosado, anaranjado, morado, alado, dentado
   -oso: orgulloso, nervioso, provechoso, mentiroso, lujoso, perezoso
   -ano: republicano, americano, cercano
   -(t)ario: universitario, bancario, minoritario
   -iento: ceniciento, grasiento, sediento
   -ino, -izo, -ivo: dañino, fronterizo, cobrizo, televisivo, deportivo
   -(t)ico, -ístico: telefónico, biológico, turístico, automovilístico, multimediático
   -udo: barbudo, peludo

5. **adjetivos de verbos**
   -nte: importante, influyente, interesante, siguiente, flotante, convincente, apremiante
   -dizo: resbaladizo, enojadizo, movedizo
   -do (*el participio*, L. 19): divertido, pesado, atrevido, aburrido
   -ble: contable, lavable, discutible, disponible, concebible
   -ón (-lón, -tón): burlón, juguetón, comilón, mandón, dormilón, respondón
   -dor, -tor: trabajador, hablador, perdedor, protector
   -tivo: derivativo, creativo, productivo
   -dero: hacedero, duradero, pagadero
6. **verbos de adjetivos o sustantivos**
   -izar: civilizar, suavizar, profundizar, tranquilizar, minimizar, responsabilizarse
   en/em- + -ar: enajenar, empeorar, envenenar, embotellar, endulzar
   -ar: pactar, perdonar, traicionar, legitimar, patinar, limpiar, perfeccionar
   a- -ar: aclarar, ablandar, arrasar, alargar
   (en/em-) -ecer: humedecer, enrojecer, empobrecer
   -ear: telefonear, trampear, hojear, tipear
   -ificar: clasificar, dosificar
7. **negación, lo contrario**
   in-, im-, i-, ir-: inútil, ininterrumpido, incoloro, incomprensible, ilegal, irresponsable, impopular
   des-: deshacer, desempleo, desarmar, desagradable, desventaja, desmentir, descolgar
8. **diminutivo/aumentativo**
   (*dim.*): -(c)ito, -ico, -illo, -ete(a), -ín: carrito, viejecito, maquinilla, huesecillo
   (*aum.*): -ón, -ote, -ucho, -azo: sillón, mujerona, hombrón, librote, casucha, perrazo

Comentario: El DIMINUTIVO denota una versión pequeña o bonita: *zapatito* 'cute little shoe'; también expresa cariño, como *amorcito*. A veces adquiere un sentido especializado, especialmente *-illo(a)*: *manteca* 'lard' *mantequilla* 'butter', *gato* 'cat' *gatillo* 'trigger', *cura* 'cure' *curita* 'bandage.' Los AUMENTATIVOS denotan una versión grande y quizás desagradable o fea (grotesca), así que algunas veces pueden expresar menosprecio: *zapatón* 'big old ugly clodhopper.' Los diminutivos y aumentativos a veces se añaden a los adjetivos y adverbios: *pequeñito, pobrecito, despacito, debilucho*...

Gramática visual: diminutivo y aumentativo

9. **grado**
   -izo, -uzco 'un poco': rojizo, negruzco
   -ísimo, re(quete)-, 'muy, extremadamente' (v. §29.1.1): grandísimo, amabilísimo, requete bueno
   sub- 'poco, insuficiente': subdesarrollado, subestimar.
10. **lugar o aparato asociado**
    -ar/al, -eda: manzanar, maizal, arrozal, alameda, arboleda, cafetal
    -(d)ero(a): embarcadero, gasolinera, bañera, maletero, videocasetera
11. **persona que lo hace o que trabaja allí**
    -ario(a): bibliotecario, empresario
    -ista: electricista, modista, oficinista, beisbolista, masajista

-ero(a): joyero, carpintero, enfermera, banquero, torero, vaquero
-(t, d)or(a): escritor, gobernador, traductor, cargador, matador, historiador

12. **profesión, oficio, tienda**
-ería: joyería, panadería, maderería, cervecería, lechería
13. **conjunto, grupo**
-ado: profesorado, teclado, electorado
-aje: moblaje (mueblaje), puntaje, andamiaje
14. **reflexividad**
auto-: autoservicio, autocrítica, autorretrato, autodestrucción, autocorrector
15. **afiliación, nacionalidad, origen, lengua**
-(i)ano: italiano, cristiano, cubano, peruano, nigeriano
-és: francés, senegalés, barcelonés, berlinés, japonés, irlandés
-o: chino, ruso, paraguayo, tanzano, búlgaro, turco
-eno, -ino: chileno, santanderino, andino, potosino
-eño: panameño, puertorriqueño, antioqueño, madrileño, salvadoreño
-(i)ense: canadiense, estadounidense, nicaragüense
-í: marroquí, israelí, paquistaní, iraní
-a: belga, maya, croata

38.3. Resumen. No es posible predecir a ciencia cierta el afijo que se unirá con una raíz particular: a veces se aceptan varias opciones, ya sean equivalentes (*papelito* = *papelico*) o diferenciadas. Por ejemplo, de entre los sufijos de origen, *Santiago* acepta varios, pero el *santiagueño* viene de Santiago del Estero (Argentina), el *santiaguero* es de Santiago de Cuba, el *santiagués* es de Santiago de Compostela (España) y el *santiaguino* viene de Santiago de Chile. Por lo tanto, siempre es buena idea averiguar la formación correcta en el diccionario. Pero para encontrarla, hay que anticipar los cambios fonéticos y/o ortográficos que resultan cuando añadimos sufijos. Por ejemplo, los diptongos ***ie, ue*** tienden a volver a las vocales simples ***e, o*** cuando el acento se desplaza de la raíz al sufijo, precisamente como en los verbos *pienso pensamos, puedo podemos*, etc. (v. §1.2.1) Ejemplos:

diestro, destreza	viejo, vejez	nuevo, novedad	muerte, mortal
fiesta, festivo	pimienta, pimental	vergüenza, vergonzoso	puerto, porteño
tierra, aterrizar	tierno, ternura	fuerza, forzoso	sueño, soñoliento

Además, son automáticos los cambios ortográficos como ***c → qu, g→ gu***, etc. (v. §0.3): *rico, riqueza; vago, vaguedad; lápiz, lapicito*, etc.

Después de estudiar la derivación, lo importante es (a) aprender palabras relacionadas para poder escribir mejor (por ejemplo para el verbo *crecer*, el adjetivo *creciente* y el sustantivo *crecimiento*), y (b) prever formas derivadas que puedan expresar un concepto directa y concisamente. Por ejemplo, con base en la palabra *zapato*, el español forma la serie que se representa en la figura 38.a.

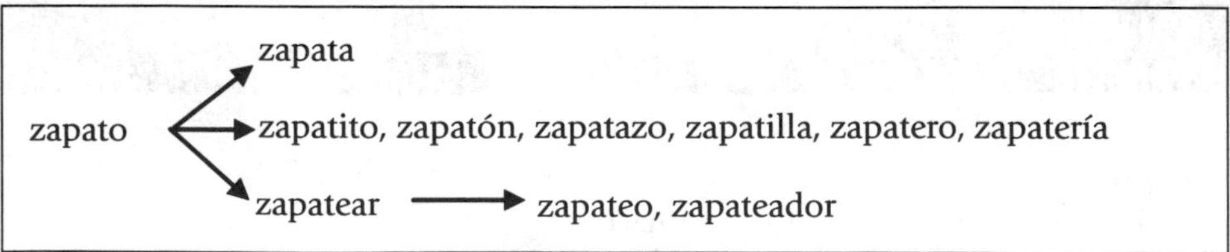

Figura 38.a Ejemplo de una familia de palabras derivadas

No es probable que el estudiante conozca todas estas formas de antemano. Pero al encontrarlas en la lectura, debe reconocerlas y adivinar su sentido en el contexto; y al escribir algo como "Era un *hombre que hacía y reparaba zapatos*" debe darse cuenta de que es probable que el español le ofrezca una palabra derivada más concisa para decir esto; en efecto, debe suponer que la forma que debe buscar en el diccionario es *zapatero*.

APLICACIÓN

Ejercicios

A. Explique (con paráfrasis) el sentido de cada palabra compuesta (en cursiva).

Modelo: Juanita necesita un *abrelatas* para darle de comer al gato. = "una máquina que abre latas"

1. Los físicos han adquirido un nuevo *rompeátomos*.
2. Las fuerzas armadas piden un *lanzacohetes* y otro *portaaviones*.
3. En el taller tuvieron que reparar el *portaequipajes* y el *cuentakilómetros* de mi coche.
4. Los recién casados recibieron regalos como *matacandelas* y un *picahielos* de plata, pero querían un *lavaplatos*.
5. El *sacamanchas* está ahí, en ese anaquel que está a la derecha del *cortacircuitos*.

B. Mejore cada oración sustituyendo la frase en cursiva por un adjetivo derivado de la palabra principal. Si es necesario buscarlo en el diccionario, recuerde que pueden afectar el orden alfabético los prefijos (*a-*, *in-*, *des-*, etc.), los cambios ortográficos (p. ej., *lago* + *-ito* = *laguito*) y las alternancias vocálicas (p. ej. ***i*** ~ ***ie***, ***o*** ~ ***ue***).

1. Todo el cuarto olía a calcetines *llenos de sudor*.
2. Es una chica *que se sonríe* mucho.
3. Es una de las películas *que más conmueven*.
4. Es difícil perdonar las palabras *que insultan*.
5. No aguanto a las personas *que tienden a llorar*.
6. No pueden adaptarse a las condiciones *que siempre cambian*.
7. Se despidieron con un gesto *lleno de cariño*.
8. Hay vuelos *de día* hasta las ciudades *de provincia*.
9. Después de la campaña *de publicidad*, la sucursal *de Caracas* resultó bastante rentable.
10. Es una jefa *que tiende a enojarse*.
11. Botaron el fregadero *cubierto de herrumbre* e instalaron otro de acero *que no es capaz de oxidarse*.

C. Las mismas indicaciones, pero en este ejercicio averigüe el sustantivo derivado.

1. Lo que impide el progreso es su *tendencia a ser terco*.
2. Ella es *una persona que gobierna bien* su distrito.
3. Déjelo en el *recipiente para la basura*.
4. A su obra le falta *la cualidad natural*.
5. No se le conoce por su *espíritu valiente* sino más bien por su *carácter cruel*.
6. Cuestionan *la posibilidad de ser rentable* del *proceso de mudarse*.
7. ¡Quita de ahí esos *zapatos feos y grandes*!
8. Dudo mucho *lo sincero* de su *acto de arrepentirse*.
9. Dame un *frasco pequeño* de esa crema.
10. Durante su *período de ser niño*, descubrió sus talentos.
11. Al paciente *que tiene artritis* le molesta *el estado hinchado* de las articulaciones.
12. Se concibe a Dios como *la persona que da* la vida.

D. Las mismas indicaciones, pero en este ejercicio busque el verbo derivado.

1. Los tornillos *se pusieron flojos*.
2. La mantequilla *se pondrá blanda* si la dejas en la mesa.
3. *Tenían la ambición de* continuar sus estudios y *lograr un título* en pedagogía.
4. El agua *surgió y fluyó a chorros*.
5. Todos *tuvieron una reacción* fuerte.
6. Para *hacer el plan* del cuadro, el artista *dibujó un bosquejo de* los objetos principales.
7. La vieja maquinaria *se había vuelto sucia* y algunas partes hasta *se habían vuelto negras*.

E. En este ejercicio, *no utilice* el diccionario. Adivine el significado de cada palabra indicada en su contexto, y explíquelo en sus propias palabras. Por ejemplo:

Este señor no quiere *engordar.* = *No quiere ponerse gordo.*
Todos los *asistentes* aplaudieron. = *Los que asistían.*

1. Con la *inesperada* muerte de su marido, Francisca *enviudó* poco después de su *casamiento.*
2. Los *futbolistas cordobeses* son *mayoritariamente* pésimos, aunque su *golero* es *prometedor.*
3. Hay una *infinidad* de *impresoras utilizables* con estas computadoras.
4. Los *gobernadores* no saben si la economía va a *mejorar* o *empeorar.*
5. Esa marca de *moblaje* tiene una tapicería *lujosa* y un poco *llamativa.*
6. Los periódicos están llenos de artículos *alarmantes* y *deprimentes.* Es raro encontrar noticias *alentadoras.*
7. La *destreza* de este artista es *increíble.* Es prolífico, casi *incansable.*
8. Los *banqueros minoritarios* se reunieron para discutir sobre la *autofinanciación.*
9. En la *mesita* había un *azucarero* y un *salero* de edad *desconocida.*
10. La *modista* tiene que *acortar* algunos pantalones y *alargar* otros.
11. Ese *negociante,* que maneja una *cervecería,* es muy *mandón* y a veces *engañoso.*
12. La *frecuencia,* o sea la *rapidez* de las vibraciones se percibe como diferencias *tonales.*
13. Los problemas *presupuestarios* han afectado el *crecimiento keniano* desde que el país *se independizó.*
14. A mi mamá se le admira la *blancura* y la *belleza* de sus manos.
15. Los estudiantes *trabajadores* sacan una A, pero los *olvidadizos, perezosos* y *dormilones* salen suspendidos.
16. Los oficiales *lugareños* aguardaban la *llegada* de los *hambrientos sobrevivientes* de la *guerrilla.*
17. Los *tailandeses* no inundan los *arrozales* con las *saladas* aguas del mar, sino con el agua de los ríos.
18. El *estudiantado boicoteó* las cafeterías *universitarias* protestando contra las *envolturas* de plástico.
19. Ciertos *programadores estadounidenses* han fabricado una computadora para los *comerciantes brasileños.*
20. El *corte* del *suministro* de combustibles conduce a *incomodidad* para los *consumidores* ricos y a verdaderos *sufrimientos* para los pobres, *agudizando* así los *venideros* conflictos sociales.

LECCIÓN 39 Repaso de *vosotros*

PRESENTACIÓN

39.1. **Formas pronominales.** El pronombre *vosotros* no se usa en Hispanoamérica, donde se sustituye por *ustedes* (v. §8.1.2). Puesto que el español (o "castellano") de las Américas tiende a dominar como modelo pedagógico en los Estados Unidos, muchos cursos no ponen énfasis en un dominio activo de este pronombre. Pero deben conocerlo los estudiantes que piensan trabajar en la literatura o lingüística peninsular; y los que se preparan para vivir en España deben aprenderlo de modo activo, porque lo oirán con frecuencia entre amigos españoles que distinguen entre *vosotros* (amigos, familiares) y *ustedes* (relaciones más formales, profesionales).

> ■¡OJO! Recuerde que *vosotros* es un pronombre **plural**; no es el mismo que el *vos* singular que equivale a *tú* en ciertos dialectos (v. §8.6.2).

Las formas pronominales de *vosotros* se parecen a las de *nosotros*: cf. *nosotros(-as)* y *vosotros(-as), nuestro* y *vuestro,* etc.

PRONOMBRE TÓNICO: **vosotros, -as** (como sujeto contrastivo/enfático, o término de preposición)

PRONOMBRE ÁTONO: **os** (clítico de objeto directo o indirecto, también reflexivo)
POSESIVO: **vuestro, -a, -os, -as**

Puede ser útil repasar el empleo y la posición de los pronombres en general, v. §8.2-4, con atención especial a los grupos de clíticos de *vosotros*: (*se + te/os + me/nos + L*) → *os la, os los, se os...*

39.2. **Formas verbales.** La mayoría de las formas verbales de *vosotros* puede formarse de la raíz que se emplea con *nosotros*, con el cambio siguiente: ***-mos*** → ***-is***:

vamos → vais, somos → sois, damos → dais, vemos → veis, comíamos → comíais, seríamos → seríais, hiciéramos → hicierais.

En el presente (indicativo y subjuntivo) y en el futuro, las formas de más de una sílaba se acentúan fonética y ortográficamente en el diptongo (*ai, ei*) de la desinencia:

trabajamos → trabajáis, trabajemos → trabajéis, hablaremos → hablaréis, podemos → podéis

Pero no se acentúan en los demás tiempos:

trabajábamos → trabajabais, trabajáramos → trabajarais, trabajásemos → trabajaseis

Y en los verbos en *-ir*, la secuencia ***-ii-*** se simplifica en *-í-*:

vivimos → (viviis →) vivís, nos divertimos → os divertís

La típica desinencia verbal *-is* de *vosotros* cambia en el pretérito y el mandato (imperativo) afirmativo. En el pretérito la desinencia de *vosotros* es ***-steis*** para todos los verbos, regulares o irregulares:

trabajamos → trabajasteis, pudimos → pudisteis, nos divertimos → os divertisteis, supimos → supisteis, fuimos → fuisteis

Para el mandato afirmativo, la ***-r*** del infinitivo cambia a ***-d***:

trabajar → trabajad, comerlo → comedlo, escribirle → escribidle, ser → sed buenos

Pero esta ***d*** se elide en los mandatos reflexivos (con ***os***), excepto el de *ir*:

sentarse → sentaos, divertirse → divertíos; irse → **idos**

Y el mandato *negativo*, como siempre, es subjuntivo:

¡No os sentéis! ¡No os vayáis!

APLICACIÓN

Ejercicios

A. Diga o escriba la pregunta parcial (con *quién, qué, dónde, cómo...*, v. §4.6) que corresponda a cada respuesta.

1. —____________________ —Estamos bien, ¿y tú?
2. —____________________ —Somos de Salamanca.
3. —____________________ —Nos dio tres billetes para el concierto.
4. —____________________ —Estudiamos francés e inglés.
5. —____________________ —Escogimos una película de ciencia-ficción.
6. —____________________ —Nos gusta mirar partidos de fútbol.
7. —____________________ —Fuimos al aeropuerto.
8. —____________________ —Vamos al cine. ¿Nos acompañas?

B. Responda con un mandato apropiado a cada pregunta u oferta de amigos españoles.

1. —¿Qué hacemos con estos papeles? —____________________
2. —¿Dónde ponemos estas maletas tuyas? —____________________
3. —¿Te prestamos unas pesetas? —____________________
4. —¿Prendemos la radio, o no? —____________________
5. —¿Nos sentamos? —____________________
6. —¿Qué le decimos a tu profesor? —____________________

Adaptación de texto

C. El siguiente discurso presidencial es del drama *Un día de éstos: fantasía impolítica en tres actos,* escrito en 1953 por el autor mexicano Rodolfo Usigli (*Teatro completo,* México: Fondo de Cultura Económica, 1966, 2° tomo, pág. 509). Suponga usted que la escena se realiza en España en vez de México: cambie el discurso de Gómez para que se dirija al auditorio con *vosotros.*

Gómez Urbina. —Buenas noches a todos, señores. No me atreveré a llamarlos colegas porque mi permanencia en este lugar es efímera, en contraste con la bien asentada de ustedes. Los llamaré tan sólo compatriotas ex presidentes. (*Murmullos de asentimiento en la asamblea.*) Ninguno de ustedes es ajeno a lo que ocurre, y quizá todos me encuentran culpable de la situación. [...] He tomado sobre mí la libertad —no digo la autoridad— de convocarlos esta noche a sus antiguos y espero que no olvidados dominios, para decirles: Ustedes saben lo que he hecho. ¿He hecho bien? ¿He hecho mal? Y, sobre todo, ¿puedo contar con su ayuda?

Apéndices

APÉNDICE A Distinciones problemáticas

Puesto que esta sección trata de sutiles distinciones de significado que confunden a estudiantes de habla inglesa, las explicaciones se les dirigen en inglés. Los ejercicios correspondientes se encuentran en **Apéndice B**: "Distinciones: Ejercicios".

About

1. **(acerca) de, sobre**: 'about, concerning (a topic).' *Acerca de* is more formal and is often shortened to just *de* after verbs of knowing or communicating:

   Hablamos (acerca) de un periodista que ha escrito un libro sobre (acerca de) los conflictos raciales.

2. **cerca de** 'near', **unos** 'some', **más o menos, aproximadamente:** 'about, approximately' with numbers.

   Madrid tiene cerca de tres millones de habitantes. (...unos tres millones..., más o menos tres millones...)

3. **a eso de**: same as #2, but only for time of day as an expansion of *a* 'at.'

   A eso de las cuatro (a las cuatro aproximadamente), se oyó una explosión.

Actual(ly), Real(ly), Effective

1. **actual**(mente): a "false cognate": does not mean 'actual(ly)', but 'current(ly), at present, nowadays.' cf. *actualidades* 'current events', *actualizar* 'update.'

   Las noticias actuales nos preocupan a todos. Actualmente, nos preocupamos por lo que oímos.

2. **real**(mente): 'real(ly)' or (in some contexts) 'royal.'

   El problema real es la familia real.

3. **verdadero, de veras:** 'actual, true, real.'

   El Sr. Castro es el gerente, pero el dueño verdadero soy yo.

4. **en realidad, en efecto, de hecho:** 'actually' = 'as a matter of fact' (transition to clarify a point).

   Sí, eso puede ser, pero en realidad lo que nos hace falta es considerar otra estrategia.

5. **efectivo:** 'actual, real, regular, in effect.' ¡OJO! 'effective' = 'getting the job done' is *eficaz.*
   Su renuncia será efectiva inmediatamente. Pero dudo que sea una solución eficaz.

Agree

1. **estar de acuerdo, estar conforme, coincidir (*en* algo, *con* alguien):** 'agree' for having the same view on an issue, sharing a position. *Coincidir* is more formal. *De acuerdo* is used by itself for 'okay' as a signal of acceptance.
   —Creo que debemos invitar a los Suárez. —No estoy de acuerdo (contigo). Son antipáticos.
   —¿Quieres acompañarme a la cafetería? —Sí, de acuerdo.
2. **ponerse de acuerdo:** 'agree,' 'reach an agreement' (the process leading to *estar de acuerdo*).
   No decidimos nada porque no pudimos ponernos de acuerdo sobre la crisis.
3. **quedar en, convenir en, consentir en, acordar:** 'agree to do something.'
   Todos quedaron en (acordaron) firmar una declaración de protesta.
4. **hacer juego (con):** 'agree, match, go with, form a set (*un juego*).'
   Tus pantalones no hacen juego con tu chaqueta.
5. **concordar** (ue) **con:** 'agree with' (grammatical agreement). Noun: *la concordancia.*
   El adjetivo concuerda con su sustantivo en género y número.

Alone → Only

Any → Too

Appear(ance)

1. **parecer:** 'look, seem, appear': in describing appearance; nouns *apariencia, aspecto.*
   La luna parecía roja, como la sangre, y tenía una apariencia (un aspecto) de ira, de amenaza.
2. **aparecer:** 'appear = come into view' (opposite: *desaparecer*); noun *aparición.*
   El cielo se despejó y apareció la luna.
3. **comparecer:** 'appear (before an authority).'
   El acusado iba a comparecer ante el juez al día siguiente.

Argue, Discuss, Fight

1. **reñir** (i): 'argue (in anger), fuss (at), quarrel, fight orally.' (Nouns: *riña, rencilla, disputa, bronca*). Partial synonyms: *regañar* 'scold, chew out'; *reprochar, reprender* 'reproach, reprimand, fuss at someone for something.'
   La madre regañó (reprendió) a los niños: —¡Dejen de reñir, o les voy a pegar!
2. **discutir** (+ indirect object): 'argue, talk back to, dispute.' Because of this meaning, *discutir* may be avoided for the more neutral meaning of 'discuss',→ *hablar, charlar, tratar, debatir, comentar, examinar.*
   ¡No me discutas! Si no te bañas, no sales.
   En la próxima sesión, vamos a examinar (tratar, discutir) las causas económicas de la guerra.
3. **argüir/argumentar:** 'argue (for/against a position), give its reasoning.' Partial synonyms: **sostener, mantener:** 'hold, maintain (a position).' Noun: *argumento* = 'logical argument behind a proposal, or the plot of a play or story.'
   El delegado sostiene (mantiene) que su país es neutral y arguye en contra de la intervención.
4. **pelear:** 'fight (general word, but usually with physical force).' Noun: *pelea.*
   La maestra contó que dos alumnos suyos habían peleado en el patio.

5. **luchar** (por): 'fight (for), struggle (for a cause).' Noun: *lucha*.

   El héroe luchó por la justicia, pero un socio suyo le traicionó.

Ask, Question

1. **pedir:** 'ask for (something), request, order.' *Pedir* uses the indirect object construction: ***pedirle** una cosa **a** una persona* (v. §9.2.1); don't express English *for* unless it introduces purpose (*para*) or 'on behalf of' (*por*).

   Le pedí un regalo *al* dependiente *para* mi esposa. ('I asked the clerk for a gift for my wife')
2. **preguntar:** 'ask a question,' **hacer una pregunta**. Same grammar as *pedir*, but its object could be paraphrased as a direct question, "¿...?"

   Yo nunca les pregunto a mis amigos su edad (...cuántos años tienen).
3. **preguntar por/sobre:** 'ask/inquire about.' (¡OJO!: this looks like 'ask for' = *pedir* but means something quite different.)

   Le pregunté por su mamá y me contestó que sigue enferma.
4. **cuestión:** 'question' as 'issue' (≠ *pregunta*); verb *cuestionar* 'question = raise an issue, challenge its validity.'

   La cuestión del aborto sigue dividiendo a los votantes. Muchos cuestionan las decisiones judiciales.

Gramática visual: 'ask'

Attend

1. **asistir** (+ **a**): 'attend, go to' (a class, activity...); noun *asistencia* 'attendance.' ¡OJO! 'Assist' = 'help' is *ayudar*.

   Sacas notas malas porque no asistes a clase.
2. **atender** (ie): 'attend to, give *atención* to, take care of (a problem, a task), wait on (a customer).' Partial synonym *cuidar* (a/de), 'take care of', implying more personal care and not just attention. Derivative: *atento* 'attentive.'

   La dependienta atiende a sus clientes con cortesía, pero no atiende el inventario.

   En esta guardería cuidamos niños minusválidos.

Back

1. as a noun (the rear part or side).
   a. **la espalda** (of a person), **el lomo** (of an animal or book), **el espaldar** (of a chair). —Me duele la espalda. —Claro, mira tu silla; el espaldar está roto.
   b. **el dorso/reverso** (of something lying flat: a page, check, piece of paper, coin, etc.). Luego, firme en el reverso.

c. **la parte de atrás, la parte posterior:** of a door, car, most other things (as a general opposite of *el frente*). (cf. *la parte superior/de arriba* 'top', *la parte inferior/de abajo* 'bottom.')
El frente ya está limpio; quiero que friegues la parte de atrás.

d. **el fondo:** 'back (of a room), bottom (of a bag or other container), background (of a picture, etc.)'; in general, the inside area farthest away from the viewer at the opening.
La maestra se enfureció porque los alumnos seguían charlando en el fondo de la sala.

2. as an adjective: **trasero, posterior, de atrás.**
Déjalo en el asiento trasero del coche azul.

3. as an adverb with verbs:

a. **atrás, hacia atrás, para atrás** (colloquially *pa'trás*): 'in the opposite direction, backwards, to the rear.'
Da un paso hacia atrás, ¿eh?

b. **de vuelta:** 'back (to original position), having returned (*volver*).'
Maripili está de vuelta de su viaje, ¿no?

c. **volver:** 'go/get back' (synonym: **regresar**), **devolver:** 'give/send/put back.'
Volví a la biblioteca para devolver el libro.

d. **volver a** + infinitive: go back and do something over.
El elefante volvió a caer en el lago.

4. as a verb: **retroceder** 'back up, go backwards'; **respaldar**: 'back, support, give backing to (an idea, person).'
El policía me hizo retroceder.
El presidente no quiso respaldar la propuesta de sus asesores.

Because → Since

Become, Get

There is no single word for 'become' in Spanish; it depends on the kind of change. Most verbs of becoming are used reflexively to show that a process which X might have done to Y (nonreflexive) happened in Y by itself; the agent ("verber") is left out of the picture.

1. **ponerse** (+ adjective): 'become, get'; a sudden change (e.g. in color, mood) expected to change back soon; similar in effect to *estar* (v. L.3).

   Lucía se pone nerviosa (luego, *está* nerviosa). *Nonreflexive*: El café *la pone* nerviosa.

2. **volverse** (+ adjective, rarely noun): 'become, turn'; not subject to control, often unexpected, but unlike *ponerse*, seen as likely to lead to a lasting result.

   Lucía se vuelve loca. *Nonreflexive*: Lucía me vuelve loco con sus excusas.

3. **hacerse** (+ noun or adjective): 'become'; unlike *volverse*, a more active, controlled change to a stable result. (a) With persons, can imply effort, will, or intent like *hacer*:

   Lucía se hace presidenta del comité. *Nonreflexive*: Los miembros del comité *la hacen* presidenta.

   (b) with things, can imply 'is made' a certain way (intransitive or passive *se*, §7.5.3, 33.2.4).

   Los sustantivos se hacen plurales con *-s* o *-es*.

4. **llegar a ser:** 'become'; like *hacerse*, but a culmination ('arrival', = *llegar*) of a prolonged development, as if implying 'finally, at last, eventually.'

   Lucía llegó a ser presidenta (abogada, médica, etc.)

5. **convertirse en** (+ noun): 'turn/change into, became'; conversion into something else, a new classification or status, whether gradually or instantly. Partial synonym: *transformarse en*.

   Japón se convirtió en una potencia mundial. *nonrefl.*: Su economía lo convirtió en una potencia mundial.

   En la fusión nuclear, el hidrógeno se convierte en helio.

verb	used with (+examples):	type of change	the result
ponerse	adjectives: *nervioso, pálido, contento, enfermo, alegre...*	sudden.	fleeting, expected to change back to the usual (like *estar*)
volverse	adjectives, *indefinite nouns: loco, agrio, egoísta, protestante, cobarde, agua...*	apparently uncontrolled switch.	seen as likely to last.
hacerse	nouns, adjectives: *médico, rico, famoso, amigos, vegetariana, inútil, socialista...*	more controlled, active, voluntary.	change to a stable, lasting state seen as new norm.
llegar a ser	nouns, adjectives: *el jefe, útil, rico...*	longer term	lasting, becomes new norm
convertirse en	nouns: *un museo, un dilema, un símbolo...*	quick or slow, according to the process	emphasis on a major change in category, status, classification.

Figura A.a Verbs of becoming

■¡OJO! The process of 'becoming' is often built into specific verbs in Spanish, usually reflexive (v. §7.5.3): *enojarse* 'get mad,' *aburrirse* 'get bored,' *emborracharse* 'get drunk,' *enfermar*(se) 'get sick,' *cansarse* 'get tired,' *atascarse* 'get stuck,' *engordar* 'become fat,' *vestirse* 'get dressed,' *casarse* 'get married,' *embarazarse* 'become/get pregnant,' etc...

Carry, Catch → Take

Come → Go

Date, Appointment

1. **fecha:** 'calendar date.'

   —¿Cuál es la fecha? —Es el dos de enero.
2. **dátil:** 'date,' the fruit from a date palm.

   Este país, que antes no exportaba más que dátiles, se ha enriquecido con el petróleo.
3. **cita, compromiso:** 'date, social engagement, appointment.' *Compromiso* is any kind of commitment or prior engagement (verb *comprometerse* 'commit oneself'). *Cita* is for business or social pleasure (cf. *citarse* 'make a date'); but *cita* and *citar* also mean 'quote.' 'To date someone' is ***salir con*** ('go out with'), but although the *event* is a *cita*, the person is one's *amigo(a)* or (with more *compromiso*) *novio(a)*, not a *cita*.

   —¿Quién es esa amiga de José? — Alicia. Hace dos semanas que sale con ella y tienen otra cita mañana.

   —Buenas tardes, tengo cita con el presidente. —Lo siento, el presidente tiene otro compromiso urgente.

Discuss → Argue

Drive → Ride

Effective → Actual

Either → Too

Enjoy, Have Fun, Have a Good Time

1. **gustar:** 'enjoy' is often expressed as a liking (pleasure) in Spanish (v. §9.3.2).
   ¿Te gustó tu viaje por la América Central?
2. **disfrutar (de):** 'enjoy, derive pleasure from.'
   ¡Disfrute Coca-Cola!
3. **gozar de:** 'enjoy, have available for use of benefit, make the most of opportunities.'
   Mi abuelo tiene 75 años, pero todavía goza de buena salud.
4. **pasarlo bien (estupendo, bomba,** etc.**):** idiom for 'have a good time' in summing up an event. Opposite: **pasarlo mal.** (The *lo* is invariable in this idiom and refers to nothing in particular.)
   La primavera fue fantástica. Todos lo pasamos bien (lo pasamos bomba).
5. **divertirse** (ie), **entretenerse:** 'have fun, enjoy oneself, have a good time'; the focus is on doing things that are fun (adjective *divertido,* noun *diversión*) or entertaining (*entretenido*). ¡OJO! *Tener buen tiempo* means 'have good *weather.*'
   Paquita se divierte mucho en las fiestas con sus amigos. Pero en casa, se entretiene leyendo.

Excite, -ed, -ing, -ment

1. **excitar:** This verb and its derivatives (*excitado, excitante, excitación*) tend to refer to *physical* 'excitement' (arousal, stimulation, agitation). Emotional excitement is conveyed by *emocionar(se)* and its synonyms.
   Un impulso eléctrico excita los nervios.
   El pueblo se excitó y con furia se rebeló contra el gobierno.
2. **emocionar(se):** This verb ('thrill, excite') and its derivatives (*emocionante, emocionado, emoción*) are the closest equivalents to Eng. *excite* as an emotional reaction. (For its use of *se,* see §7.5.3). Partial synonyms: *entusiasmar(se)* (noun *entusiasmo*): 'enthuse, get enthusiastic, show excitement'; *ilusionar(se)* (noun *ilusión*): 'get excited in anticipation, build up hopes'; *apasionar(se)* (adjective *apasionante*): 'get really excited (passionate) about, or fond (*aficionado*) of.'
   Me emocioné (me entusiasmé) al ver la Estatua de la Libertad. Fue una experiencia emocionante.

Fail → Miss

Feel, Touch, Think

1. **sentir** (ie) + NOUN: 'feel (horror, relief, etc.), sense.' Its subject is always a person or other *sentient* being, never a thing.
   Sentí mucho alivio al renunciar a este empleo. Sentí que no podía soportar más.
   This nonreflexive version of *sentir* also means 'regret, feel sorry', synonym *lamentar;* partial synonyms *tener lástima, compadecer(se de)* 'feel pity (compassion) for.'
   Siento mucho por ella (La compadezco) porque se le murió la mamá.
   Note that with a NOUN CLAUSE (with *que*), *sentir* translates as 'sense' (be aware of) with the indicative, 'regret, be sorry' (emotional reaction) with the subjunctive:
   Siento que *estás* enojado conmigo. ('I sense that...').
   Siento que *estés* enojado conmigo. ('I'm sorry that...')
2. **sentirse** (ie) + ADJECTIVE or *como, como si*: 'feel' (good, fine, sick, like..., as though...etc.).' Note that unlike plain *sentir,* this reflexive version is the one used with adjectives.
   —¿Cómo te sientes? —Me siento un poco enfermo.

3. **tocar, tentar** (ie), **palpar:** 'feel, touch (with the fingers).'
   El médico le palpó la espalda al paciente.
4. **creer:** 'feel, think, believe' (an idea, opinion); synonym *opinar*. (*Sentir* is not used in this sense.)
   Creo que en realidad no nos has tratado bien.
   Note that *creer* is also what is meant in colloquial English *feel like* with a clause:
   Creen que nadie les hace caso. ('They feel like = believe that no one is paying attention to them.')
5. **parecer**(-le a una persona): 'seem, feel'; used when a *thing* feels a certain way to the touch.
   Esta taza parece caliente. Esta tela parece demasiado áspera.
6. **encontrar** (ue): when something "feels" a certain way to a person, so that she/he "finds" it that way.
   —¿Cómo encuentras esta agua? —La encuentro fría y no quiero bañarme en ella.
7. **tener ganas de...** (+ infinitive): 'feel like doing something' (impulse, hankering).
   ¿Tienes ganas de dar un paseo conmigo?
8. **pensar** (ie): feel = think; **pensar en** 'think about, devote thought to.'
   Nunca piensas en lo que haces.

Fight → Argue

Fit

1. **cuadrar con, corresponder a:** 'fit (a description), tally with (known facts), jibe with, match.'
   Lo que nos has dicho no cuadra con (no corresponde a) los datos que tenemos.
2. **tomar medidas** (a alguien): 'fit someone' (for new clothes); **ajustar**: 'fit, adjust the size of.'
   El sastre le tomó medidas a mi amigo y le hizo un traje. Luego, tuvo que ajustarle los pantalones.
3. **encajar:** 'fit (parts together), make one thing fit into (or with) another.'
   No soy fontanero: no sé encajar estas tuberías.
4. **equipar:** 'fit out, fit up, equip.'
   Han equipado el buque para su viaje al Ártico.
5. **caber:** 'fit, for there to be room for something.' (pres. *quepo*, pret. *cupe*, fut./cond. *cabré*).
   En este salón no cabrán más muebles.
6. **quedar** (o **sentar**) **-le bien/mal** + **a alguien:** 'fit (on someone), be the size for' (+indirect object, §9.3.3).
   Ese traje no le sienta (queda) bien a usted; no es su talla. Le queda muy ancho.
7. **apto:** 'fit (as an adjective), appropriate:'
   Esta película es apta para menores.

For, By (*por, para* and synonyms) → Lección 31.

Game → Play

Get

This is a multi-use verb in English whose various senses are distinguished in Spanish.

1. **conseguir, obtener:** 'get something, obtain, actively acquire.' *Conseguir* is the more general word and includes achievement of possession or events, while *obtener* is specifically for obtaining possession.

Conseguí/obtuve un nuevo paraguas (...un regalo para ti, los boletos del concierto)
Conseguí (*not* obtuve) participar en el desfile.

2. **recibir:** 'get, receive' (the inverse of *dar;* more passive than *obtener*).

   Hoy recibí dos cartas y un regalo de mi abuela.

3. **sacar:** 'take out, pull out (as in *sacar los dientes*),' but colloquially used for *obtener, recibir.*

   Es necesario sacar (obtener) los boletos temprano. Es necesario sacar una A en este curso.

4. specific verbs of movement: for 'get' (somewhere/into position):

   No puedo... llegar allí a tiempo (get there on time = arrive)
   entrar. (get in = enter, come in)
   salir. (get out = go/come out)
   pasar. (get past/by/through = pass)
   bajar. (get down = go down)
   levantarme. (get up = rise)
   escaparme. (get away = escape)
   subir al autobús. (get on the bus = go up onto it)

5. **ponerse:** 'get + adjective, become'; see BECOME.

   Carmen se puso pálida/triste/contenta (Carmen palideció, se entristeció).

6. **captar:** 'get (the meaning, point of) something.'

   Traté de explicarle el chiste a mi amigo, pero él no lo captó (comprendió).

7. **ser:** 'get' (be) + participle in passive sentences (L. 32-33).

   El perro fue matado. (got killed = was killed)

8. *modismos* (idioms): many *get*-phrases are idioms:

   get over (a disease): reponerse (de una enfermedad)
   get together, meet: reunirse.
   get back: volver (a casa), recibir (el dinero).
   get back at (get revenge): vengarse (de).
   get out of, get rid of: librarse (de un problema, de un dilema)
   get by, manage, cope: ir tirando, arreglárselas, apañárselas (the *-las* means nothing here).
   get ahead: salir adelante (en la vida), adelantar, progresar.
   get behind: atrasarse (en el trabajo).
   get along (well, badly) with someone: llevarse (bien/mal) con alguien.

Go & Come

In English we take the listener's perspective and say 'come' for movement that's away from ourselves. Spanish speakers keep their own perspective: *ir* for movement away from self, *venir* for movement towards self. *Llevar* (away from the speaker's place) and *traer* (towards the speaker's place) work the same way.

(*on hearing doorbell*) Espere, ¡ya *voy*! (vs. *Wait, I'm* ***coming***, with listener's perspective)
(*to the dentist over the phone*) Lo siento, no puedo *ir* a esa hora. (*I can't* ***come*** *at that time.*)

English adds an adverb for direction of movement or idiomatic senses; Spanish uses a specific verb of movement.

go/come up: subir.
go/come down: bajar.
go/come forward: avanzar.
go/come back(wards): retroceder.
go/come back, return: volver, regresar.
go back, step back from, withdraw: retirarse.
go/come/get in, enter: entrar.
go/come out: salir.
go away: irse, marcharse.

go around (rotate): girar, circular; go around (dodge, skirt): dar un rodeo.
go off: (bombs) explotar, hacer explosión; (lights) apagarse.
go over: cruzar (a bridge), repasar (lesson material).
go without, do without: pasar sin, prescindir de.

Note also the special verb *acudir (a ___)*, a going/coming in response to a need or obligation:
La víctima gritó, pero no acudió nadie.

Here & There

1. **aquí:** 'here, where I am'; corresponds to the demonstrative *este*. The related *acá* is for movement towards here, or less specific location 'around here.'

   Los demás niños están aquí, pero Rosita no. ¡Rosita! Ven acá.
   Por acá no se cena hasta las nueve de la noche.

2. **ahí:** 'there, where you are'; corresponds to the demonstrative *ese*.

   Esa herramienta que tienes está rota. Déjala ahí y toma esta.

3. **allí:** 'there, over there, over yonder' (more distant, far away); corresponds to the demonstrative *aquel*. The related *allá* implies movement towards that place, or vaguer remoteness in place or time.

   Viven allí desde hace 20 años.
   Allá en la China prehistórica se había desarrollado una civilización basada en las necesidades colectivas.

■¡OJO! For the "Here!" or "Here you are" used when handing something to someone, Spanish speakers say *Aquí tiene(s)* or the command *Toma/Tome*.

Hit

1. **golpear:** 'hit, beat, strike a blow' (*dar un golpe*); **pegar:** 'hit, sock, beat up' (with the victim as indirect object; *pegar* + direct object = 'stick with adhesive'). Partial synonyms: *abofetear* (*dar una bofetada*) 'slap'; *dar un puñetazo* 'punch' (with the fist, *puño*); *apalear* 'hit, club' (with a stick, *palo*, or similar weapon).

   ¡No me pegues (golpees), bestia! (No pegues un sello doméstico en ese sobre.)
   Los delincuentes atracaron a la víctima y luego la golpearon (le pegaron).
   Los enfurecidos campesinos comenzaron a apalear al narcotraficante con sus rifles.

2. **acertar** (ie): 'hit the mark, get right.'

   El cazador disparó contra el tigre y le acertó en el cuello.

3. **dar:** 'hit' (when a flying/falling object hits something). Use *darle* (indir.obj.) for a person doing this to another or to something like a ball; use reflexive *darse* for doing it to oneself; add *en, contra,* or *con* for place of impact.

   La gente gritó "¡Dale, dale!"
   David agarró una piedra y le dio al gigante Goliat.
   Ramona tropezó con el cordón de la lámpara y acabó por darse en la cabeza contra la pared.
   El niño trató de usar el martillo, pero no dio en el clavo, sino en su pulgar.

4. **chocar (con___):** 'hit, crash into, collide (with)' (*hacer colisión, colisionar*), especially vehicles. But when a vehicle *hits* a person or animal, use *atropellar* 'hit, run over.'

   Anoche chocaron dos coches que iban en sentido contrario, y un tercero chocó con un árbol.
   Ese coche atropelló a una pobre viejecita que cruzaba la calle.

5. **alcanzar (a___):** 'reach, hit, attain.'

   El precio de la leche acaba de alcanzar a 200 pesos el litro.

Hold & Keep

1. **tener:** 'hold, have something in one's hands or arms.'

   En la mano derecha tenía un palo.
2. **agarrar:** 'hold = grab/grasp' (opposite: *soltar* 'let go, release'); reflexive *agarrarse (a__)* = 'hold on (to...).'

   Agarre usted esta cuerda; no la suelte. Agárrese bien al pasamanos.
3. **sujetar:** 'hold down, hold something/somebody to prevent movement.'

   Sujeté los papeles para que la brisa no se los llevara.
4. **contener** (like *tener*): 'hold, contain'; **caber**: 'fit.' Both refer to 'room for...', but with different grammar.

   Este cuenco contiene dos litros. En este cuenco caben dos litros.
5. **sostener** (like *tener*): 'hold something up' (so it won't fall). *Mantener* and *sostener* are also for holding an opinion. For 'hold up' = 'delay' use *detener* 'stop, detain' or *demorar* 'delay'; for 'hold up' = 'rob', use *atracar*.

   El tejado lo sostienen estas dos vigas.
   Este reportero mantiene/sostiene que la explosión no fue accidental.
   El tren fue detenido 30 minutos porque entró un hombre para atracar a los pasajeros.
6. **mantener** (conjugated like *tener*): 'hold, keep in a certain condition, maintain.'

   Tienes que escribir un artículo que mantenga el interés del lector.
   Mantén abierta esa puerta para que saquemos la alfombra.
7. **quedarse con:** 'keep' (something in one's possession for a while, 'stay with it'), 'retain.'

   Quédate con ese serrucho, que yo no lo necesito más.
   Me quedo con este suéter. ¿Dónde lo pago?
8. **guardar:** 'keep = put away for safekeeping, put up/away, keep in a special place.'

   Guardo mis apuntes en una carpeta roja; ¿la has visto?
   Guarden los libros y saquen papel: vamos a tener una prueba.
9. **retener** (like *tener*): 'hold back, retain, keep, withhold.'

   El gobierno retiene parte de tu salario mensual.
10. **ser válido/vigente, valer:** 'hold, be good/valid (for a period of time).'

    Esta fantástica oferta es válida por sólo dos días. ¡Aprovéchenla hoy!
11. **reprimir:** 'hold back/in, repress (feelings).'

    El niño trató de reprimir sus lágrimas, pero no pudo.
12. **seguir** (i): 'keep, keep on' (+ gerund, v. §22.4.2), 'continue.'

    Siguieron burlándose de su chiva expiatoria.

Hurt, Harm, Damage

1. **doler** (ue): 'hurt, be painful' (adjectives: *doloroso, penoso*); grammar like *gustar* (L. 9).
2. **lastimar(se), lesionar(se):** 'hurt, harm, do damage to a person.' Reflexive when hurting oneself or getting hurt.

   Ella me ha lastimado la espalda, pero no me duele mucho. ('She's hurt my back, but it doesn't hurt much')
   Ella se ha lastimado la espalda, pero no le duele mucho. ('She's hurt her back...')
3. **dañar, hacer(le) daño:** 'hurt, harm, damage'; more general than *lastimar*. Noun *daño*, adjective *dañino*. *Perjudicar* (noun: *perjuicio*) is a synonym for figurative (nonphysical) damage.

   Ella se hizo daño en la pierna. = Ella se lastimó la pierna.
   La tormenta ha dañado la cosecha de maíz.
   La compañía de usted ha perjudicado nuestros intereses.

4. **herir** (ie): 'hurt = wound'; especially in talking about casualties; noun = *la herida* 'wound.'
   Resultaron heridas tres personas en el accidente.
5. **estropear:** 'damage, mess up, ruin, spoil,' especially in talking about machines or plans.
   La máquina está estropeada; no la puedo usar.

Ignore

1. **ignorar:** means 'no saber' (cf. *ignor*-ance), but the Anglicism 'ignore = not pay attention to' is spreading.
   Todavía ignoramos la causa de esa guerra.
2. **no hacer caso** (*de* una cosa, *a* una persona): the most general term for 'ignore = not pay attention to'; literally 'not make a case of.' Specific kinds of ignoring:
   a. **desoír:** (literally 'un-hear'): 'disregard, not heed.'
      Le di consejos a David, pero me desoyó. (No me hizo caso).
   b. **desatender** (ie): (literally 'un-attend to'): 'neglect, not give proper attention to.' See AT-TEND = *atender.*
      La profesora ha desatendido las necesidades de sus estudiantes.
   c. **pasar por alto:** 'pass over something without paying attention, overlook, leave out.'
      Emilia dijo una estupidez, pero la pasamos por alto. (No le hicimos caso).

Involve

1. **concernir** (ie) (+ indir. obj. like *gustar*): 'involve = affect, concern, be of relevance to.'
   Ese problema no les concierne a ustedes.
2. **implicar, suponer, acarrear:** 'involve' meaning 'imply, cause, entail.'
   No creo que esta tarea implique/suponga mucho trabajo.
3. **requerir** (ie): 'involve, require, imply the use of/need for.'
   Estos experimentos requieren voluntarios humanos.
4. **comprometer**(se) **a**, **involucrar**(se) **en**, **meter**(se) **en:** 'involve someone in something'; all three are reflexive when one *gets involved* in something. *Comprometer(se)* stresses a commitment (*un compromiso*) to do something; *meter(se)* suggests undue involvement or nosiness (literally 'sticking oneself in' something).
   El senador se comprometió a la reforma de los impuestos, pero resultó involucrado en el escándalo.
   No te metas en mi vida privada.
5. **envolver:** ¡OJO! This is a false cognate; it does *not* mean 'involve', but 'wrap, wrap up.'
   El regalo está envuelto en papel blanco.
6. **complicar, enredar:** 'involve = complicate, embroil, make less straightforward.'
   La subida de los precios nos ha complicado el presupuesto más de lo que creíamos.

Job → Work

Keep → Hold

Know & Realize

1. **saber:** factual knowledge or know-how; knowledge or skill you've learned, could explain or demonstrate.

—¿Sabes cuándo se descubrió la isla? —No, no lo sé, pero sí sé que es importante.
—Usted sabe tocar el piano, ¿no? —No, no sé nada de la música.

2. **conocer:** personal acquaintance, familiarity; can be used before *a* + person but *not* before a *que* clause.

   ¿Conoces a Roberto? (cf. ¿Sabes **de** Roberto? ¿No sabes que es un monstruo?)

   contrasts: Sabemos/conocemos { el himno nacional de Colombia. / algunos poemas de Neruda. / la novena sinfonía de Beethoven. }

3. **avisar/informar de:** 'let know, inform someone of information.' (¡OJO! *Advise* is *aconsejar.*)

   Avísame cuando llegues al aeropuerto.

4. **darse cuenta** (*de* algo): 'realize, begin to know or understand, become aware of.' (cf. nonreflexive *dar cuenta de* 'account for'). Note that Spanish *realizar* means what it says, 'make real', i.e. 'attain, achieve' something desired; it doesn't convey the usual English sense of 'realize.'

   El hombre moderno se da cuenta de que no puede realizar todos sus sueños de golpe.

Language, Speech

Gramática visual: 'know'

1. **la lengua, el idioma:** 'language' as a specific human communication system. *El idioma* is not 'idiom' (*el modismo*) but a synonym of *la lengua* when referring to particular languages (ones with names).

   Las lenguas extranjeras (los idiomas extranjeros) siempre me han interesado.

2. **el lenguaje:** 'language' as (a) human language in general (not named ones), or (b) the kind of words or expression one uses (as in poets' language, street language, legal language, sign language...).

   ¡Uf! Qué lenguaje tan obsceno.

3. **el habla** (feminine like *el agua*): 'speech, talk' as opposed to *la escritura* 'writing.'

   El pretérito perfecto no se usa en el habla común.

4. **el discurso:** 'speech, discourse' as (a) a coherent passage of conversation or writing, or (b) a 'speech' as a prepared talk to an audience, also called *la alocución*. Partial synonyms: *la ponencia* 'speech, scholarly paper' (presented at a conference), *la conferencia* 'lecture' from a professor ($\neq$ *la lectura* 'reading, act of *leer*').

   La profesora va a dar un discurso (una alocución, una conferencia) en el Coloquio de Literatura.

Gramática visual: 'leave'

Leave

1. **salir (de__):** 'leave, go/get out, come out' (always emphasizes *out,* as the opposite of *entrar* or *llegar*); *partir* is a synonym for 'depart.' For both verbs, the place you go out of must have *de*.

   El tren saldrá (partirá) de la estación a las ocho y cinco en punto.

   Reflexive *salirse* describes stuff coming out improperly, as in 'leak, overflow.'

   El gas se salió por el agujero.

   ¡Socorro! El retrete se está saliendo.

2. **dejar:** transitive, 'leave (something, somebody) behind'; also, 'leave (a class), drop.'

   —¿Dónde dejo la propina? —Déjala ahí en la mesa junto al plato.

3. **irse:** 'leave, go away.' Partial synonyms: *largarse* (colloquial), *marcharse* (go away for a long time).

   —Me voy. —Espera, no te vayas.
   El antropólogo se fue para la selva y nunca regresó.

4. **quedar**: 'be left/remaining' (after items are removed); **sobrar** 'be left over' (noun *las sobras* 'left-overs'). Both verbs are intransitive (never take direct objects as *dejar* does).
   Acabamos de gastar $55; ¿cuánto dinero nos queda?

   —¡Cuánta comida has preparado! Va a quedar/sobrar mucha. —Bueno, las sobras nos las comeremos mañana.

5. **omitir:** 'leave out, omit'; **saltarse:** 'leave out, skip.'

   —Parece que has omitido una pregunta. —Sí, no la comprendí y me la salté.

Like, Love, Desire

In expressing these feelings in Spanish, you first decide whether it is a more active, willful attraction (a transitive verb with a direct object in Spanish), or merely an inactive impression of satisfaction (an intransitive verb, with an indirect object).

a. more active attraction: transitive in Spanish

1. **amar:** love as strong affection towards people around you, especially family members, God, also country; may be an abstract love, or love of that special person in one's life; related words *el amor* (noun), *enamorarse (de alguien)*, 'fall in love with', *el/la amante* 'lover.'

   Siempre te amaré, mi amor.

2. **querer:** love as liking or caring for a person, in varying degrees of attraction from friends or relatives to lovers (*te quiero, te quiero mucho,* etc.); the participle *querido* is also used for 'dear (person).' In general, "a todos los que amamos, también los queremos; pero a muchos que queremos, no los amamos." *Querer* is also used for wanting or needing something (or somebody).

   ¡Ay, querida! ¡Cuánto te quiero!
   Quiero una computadora portátil. Quiero a mi papá.

3. **desear:** literally 'desire', a less-used synonym of *querer* with an element of wishfulness, as in *Te deseo buena suerte* or *El gerente desea verlo a usted en su despacho.* Like Eng. *desire, desear* can also suggest lust in some contexts. Note the contrast between the biblical commandments "No desearás a la mujer del prójimo" ('thou shalt not covet thy neighbor's wife') and "Ama al prójimo como a ti mismo"('love thy neighbor as thyself').

b. impression of satisfaction: intransitive in Spanish.

4. **gustar, encantar, fascinar, etc.:** use *gustar*-type verbs (§9.3.2-3), with an indirect object for the affected person, to indicate inactive impressions of satisfaction. *Encantar* and *fascinar* are stronger than *gustar* and can translate as *like a lot* or *love* something. With all such verbs, what is liked (by English logic) is the subject (by Spanish logic), what is giving us pleasure. That can be a thing, as in *El chocolate me gusta/encanta,* not **Amo el chocolate;* but it can also be people when we're pleased (satisfied, fascinated) by their actions.

   Esta película me gustó/encantó.
   ¡Qué bien actuaste en el drama! Me gustaste mucho (me fascinaste).

Little → Some, (a) Little

Look, Watch

1. **mirar:** 'look at, stare, watch.' (Use *a* only for personal *a*, not for 'look *at*'). Partial synonyms: **fijarse (en ___)** adds a note of concentration to notice something; *echar un vistazo* for 'take a look at (something to check it).'

   Miré a la señorita Montero con sorpresa y luego miré (me fijé en) su equipaje.
   Oye, échale un vistazo a este informe, a ver si hay errores.

2. **buscar:** 'look for, search, seek; look up (something in a reference work).'

   Busqué mi diccionario para buscar la palabra *coyuntura.*

3. **cuidar de** + thing, **cuidar a** (personal *a*) + person: 'look after, take care of.'

   ¿Me puedes cuidar a mi hija esta tarde?

4. **vigilar:** 'watch over, keep an eye on, make sure something doesn't happen (be *vigil*ant).'

   El policía vigila a los presos.

5. **esperar:** 'look forward to.' Since *esperar* can be neutral ('await', synonym *aguardar*), one can add *con alegría* (*placer, ilusión, entusiasmo*...) to emphasize the emotion.

   Espero (con mucho placer) volver a mi país el otoño que viene.

6. **hojear:** 'look over, scan, skim through.'

   La estudiante hojeó la novela antes de leerla.

7. **ojo, (tener) cuidado:** 'look out, watch out, be careful.'

   ¡Cuidado! (¡Ojo!) Vas a tropezar.

8. **parecerse a:** 'look like, resemble.'

   Elena se parece más a su madre que a su padre.

9. **estar, parecer:** 'look' in the sense of 'seem, appear.' *Estar* just gives a subjective impression of a change, while *parecer* 'seem' suggests 'apparently.' In colloquial Spanish, alternatives are *verse, tener aspecto (de)* (for things or people) or *tener cara* (for a person's facial expression).

   Te ves (pareces, estás) muy cansado hoy; ¿qué te pasa?
   Me parece que va a llover.
   Tienes buena cara. (mala cara, cara larga, cara de no haber dormido, cara de asco)
   Esa herida tiene un aspecto grave.

10. **lucir** (zc): 'look nice' (said of things people are showing off, or of the people themselves).

    ¡Qué bien luce tu nuevo vestido! (¡Qué bien luces en tu nuevo vestido!)

Meet

Note that *encontrar(se), ver(se), reunir(se)* and *enfrentar(se)* are used in three different constructions with a different "casting" of the people:

a. a direct (nonreflexive) meeting/encounter of someone/something (direct object), for "X meets Y."
b. a reciprocal meeting, for "X and Y meet" (meet each other)
c. a reflexive + *con*, for "X meets *with* Y."

1. **encontrar**(se, con) (ue): 'meet (a person), encounter (by appointment or chance)'; also common for 'find' = *hallar*. When the meeting is for an interview, *entrevistarse con* is common, especially for reporters.

   a. ¿Sabes? Hoy encontré tu libro en mi oficina.
   b. Tu consejero y yo nos encontramos en el supermercado.
   c. Hoy me encontré con tu consejero. (Me entrevisté con el presidente.)

2. **ver**(se, con): 'see, meet (usually by plan), arrange to see.'

   a. Te veo mañana en la cafetería, ¿de acuerdo?
   b. Nos vemos mañana en la cafetería, ¿de acuerdo?
   c. Me veo con Ramón mañana en la cafetería.

3. **reunir**(se, con) (ú): 'meet, gather, (as a club, group), convene, bring together.' Noun: *la reunión* 'meeting.'

   a. El director reunió a los padres para discutir las necesidades de su escuela.
   b. Los padres se reúnen para discutir las necesidades de la escuela.
   c. Me reúno con los padres para discutir las necesidades de la escuela.

4. **enfrentar**(se, con): 'meet (in speaking of opponents, enemies, challenges, dangers, etc.), face up to, confront.'

   a. El equipo enfrentó sus problemas con valor.
   b. Los dos equipos se enfrentaron en las semifinales.
   c. Nuestro equipo se enfrentó con el de Cartagena y perdió en las semifinales.

5. **tropezar con** (ie): 'meet (accidentally), come across, bump into,' literally 'trip on, stumble across.'

   Tropecé con tu consejero en el supermercado y hablamos de ti.

6. **conocer:** 'meet (for the first time), make the acquaintance of, get to know or be familiar with.'

   Quiero conocer a ese cantante porque lo admiro tanto.

7. **satisfacer, cumplir con:** 'meet (requirements), satisfy, comply with.'
   Esta clase te la recomiendo porque satisface (cumple con) los requisitos.

Miss & Fail

1. **fracasar:** 'fail, not succeed' (opposite of *tener éxito*); for social blunders, there is the idiom *meter la pata* 'put one's foot in it, blow it.'

   Traté de entender la metafísica, pero fracasé.
   Cuando criticaste al anfitrión, metiste la pata.

2. **suspender (reprobar** in some Spanish American countries): 'fail, flunk (a course, test, etc.).' Said of a teacher flunking a student; for flunking a subject or test, use *ser/salir suspendido* or *suspenso* (*en*__) The grade of 'F' is reported as "suspenso."

   El profesor de física suspendió a la mitad de la clase. (Muchos salieron suspendidos/suspensos en física.)

3. **dejar de** + infinitive: 'fail to do something (also, stop doing something).'

   No dejes de escribirnos, ¿eh?

4. **errar** (ye-), **fallar:** 'fail (in an attempt), err, miss a shot or intended goal.' *Fallar* is common in sports (cf. the noun "¡Primer fallo!" = "Strike one!" in baseball) and also used of a mechanism or organ skipping/failing.

   Apunto con cuidado, pero siempre yerro el tiro.
   ¿Dónde has aprendido a jugar al béisbol, mentecato? Fallaste tres veces.
   Le falló el corazón y murió en el acto.

5. **perder:** 'miss a train (plane, etc.), miss (out on) a chance.' Often reflexive to intensify the loss.

   Perdiste el avión, y también te perdiste la oportunidad de mejorar tu vida.
   No nos queremos perder esa película porque dicen que es fantástica.

6. **echar de menos:** 'miss, long for someone/thing absent.' In Spanish America, *extrañar* is a common synonym. A stronger synonym is *añorar* 'long for.'

   No sabes cuánto te hemos echado de menos. (...te hemos extrañado)

7. **faltar** (**a**____): 'miss, be absent' (opposite of *asistir a*). With things = 'to be missing, lacking' (+ indir. obj. construction, v. L. 9):

   Si sigues faltando a clase, no vas a aprobar.
   Faltan dos botones. A Rubén le faltan dos botones.

8. **omitir, saltarse:** 'miss (an item in covering a series), skip, leave out.'

   Omitiste (te saltaste) dos preguntas; ¿por qué?

9. **equivocar** (+ direct object) or more often **equivocarse de/en:** 'miss, get wrong, make a mistake with/in.'

   Te equivocaste en la tercera respuesta.

10. **defraudar, decepcionar:** 'fail (a person), let someone down, not live up to their expectations.'

    Nunca te voy a defraudar.

11. **no** + *verb of succeeding*: many "missings" are just failures to hit (*no dar en, no acertar*), to catch (*no atrapar/agarrar*), or to find (*no encontrar*), and that's a typical rendering in Spanish.

    No atrapaste la pelota. ¿Qué demonios estás haciendo ahí?
    Pasé por mi amiga, pero no la encontré en su hotel.

Next

1. **junto a:** 'next to, close to, beside' (as a preposition of location).

   Nos sentamos junto a la señora para animarla.

2. **próximo:** 'next (as adjective) = upcoming, coming in the future.' Synonyms: ***entrante, que viene.***

   Los López van a volver el mes próximo (el mes entrante, el mes que viene).
   No te aflijas tanto. La próxima vez todo saldrá mejor.

3. **siguiente:** 'next, following.' Use this adjective, not *próximo* or *que viene*, when speaking of past time.

   La semana siguiente comenzó con una sorpresa: llegó la tía Inés.

4. **luego:** 'next (as adverb), then, just afterwards' (used in narrating or sequencing, §16.4.1; do not use *próximo* in that context).

   Pon los ingredientes en una botella. Luego, agítalos bien.

No, None → Too

Only, Just, Lonely, Alone

1. **único:** 'only, unique' (as an adjective). Often *único* and *solo* pair off with definite and indefinite determiners, respectively: *la única casa,* but *una sola casa* (§25.5.1).

   El único problema que queda por resolver es el número de invitados.
   Geraldo es hijo único.

2. **solamente, sólo:** 'only, just, merely.' Synonyms: *no más que, tan sólo, únicamente, nomás.*

   Juan ha vendido sólo (solamente, no más que) tres frascos del producto. Tres frascos nomás.

3. **solo** 'alone, sole', **solitario** 'lonely', **a solas** 'alone, by oneself' (adverb). Often interchangeable.

   Es un lugar solitario.
   Si te sientes solo (solitario), será porque siempre comes a solas, sin conocer a otros estudiantes.

Pass

1. **pasar:** 'pass (in most senses), go past/through/by'; 'spend' (time); also, 'happen/occur' (to a person).'

   Han pasado tres horas desde que pasé por Luisa y no la he visto. ¿Qué le ha pasado?
   Pásame la sal, por favor.
   La señora roció el trapo con spray "Pledge" y luego lo pasó por la mesa.
   El señor Smith sabe perfectamente el español y pasa por nativo.

   In the sense of 'going in front of and then past something stationary', *pasar por delante de*:

   Pasé por delante de la catedral. (cf. ...por detrás de..., por encima de...)

2. **adelantar** (Mexico: **rebasar**): 'pass another moving object (as on the highway), overtake.'

   No adelante. (No rebase.)

3. **aprobar** (ue): 'pass ("approve") a test, a course, a student, a law.'

   —¡Aprobé el examen final! —Así que has aprobado en matemáticas, ¿no?
   El congreso todavía no ha aprobado la nueva ley contra el terrorismo.

4. **desmayarse**: 'pass out, faint.'

   Al oír la triste noticia, la señora se desmayó.

5. **pasar a mejor vida:** 'pass away (die).'

   El viejo pasó a mejor vida a los 90 años.

People, Person

1. **la gente:** 'people collectively (in general)'; usually singular (with fem. sing. agreement)

   La gente se siente descontenta con el gobierno.

2. **las personas:** 'people as individuals, persons'; can be quantified (with numbers, etc.).

   En este ascensor caben doce personas.

3. **el pueblo:** 'people as a social mass or ethnic/national group'; also, 'village.'

   Los pueblos del Tercer Mundo sufren de los duraderos resultados del colonialismo.

■¡OJO! English speakers tend to overuse *personas* in Spanish. 'People' or 'person' in English is often just an impersonal subject which Spanish renders by *se* or *uno* (§33.4.2). Plural quantifiers (words like *muchos, todos, algunos,* generally without the addition of *personas*) are also used where English often has *people*:

> Se dice que no se va a aguantar más impuestos.
> Algunos (Muchos, Todos) dicen que no es posible.

Piece

1. **el pedazo:** 'piece, fragment, shard, scrap (of something torn or broken).'
   Recogimos los pedazos e intentamos pegarlos.
2. **el trozo:** 'piece, chunk; piece (of cake, etc.)'; 'short length of something long; excerpt.'
   Dame un trozo de ese chocolate.
3. **la pieza:** 'piece/part of a mechanism; game piece; piece (composition) of music or drama.'
   Es más difícil obtener piezas de repuesto para los motores importados.
4. As a "counter" for English mass nouns, often equivalent to a singular count noun in Spanish (§2.3.2):

a piece of news: una noticia	a piece of chalk: una tiza
a piece of clothing: una prenda	a piece of candy: un dulce, un bombón, un caramelo
a piece of junk: una porquería	a piece (sheet) of paper: una hoja (de papel), un papel

Play, Game

1. **jugar** (ue): 'play a game, 'often with *al* before the game or sport. *Un juego* is a game = type of game; *un partido* is a game = an instance of playing it, a match, set. A 'play' in the sense of 'a move' in a game is *una jugada*.
   —¿Juegan (al) voleibol? —Sí, nos gusta, pero no jugamos bien.
   —¿Vas al partido de fútbol esta noche? —No, voy a jugar al póquer con mis amigos.
2. **tocar:** 'play a musical instrument' (literally 'touch' it). *Tañer* is a literary synonym.
   Es un verdadero músico: sabe tocar el piano, el violín y también la trompeta.
3. **hacer, desempeñar** (un papel, el papel de): 'play a role/part.'
   ¿Quién va a hacer (el papel) de protagonista?
4. **el drama:** 'play, drama.'
   En Broadway se ponen muchos dramas de interés general.
5. **reproducir** (a CD, a DVD): 'play back.' Un reproductor de DVDes is a DVD player.
   Los niños están felices con el reproductor de DVDes que tiene el coche que acabamos de comprar.

Question → Ask

Raise, Grow

1. **levantar, alzar:** 'raise, lift up.' A third verb, *izar*, is used for raising (hoisting) a flag.
   Ayúdame, tengo que levantar esta mesa.
   Los exploradores izaron su bandera nacional.
2. **subir:** 'carry up, bring up (to a place)'; opposite: *bajar*.
   —¿Pudiera usted subir las maletas? —No, acabo de bajarlas.

3. **criar:** 'raise (rear) children or animals'; reflexive *criarse* 'be brought up, grow up, be raised.' *Educar* also refers to child rearing, but stresses overall upbringing. ('Book-learning', *instrucción*, is only one part of *educación* in Hispanic culture, and "Bien educado" is a compliment to parents as much as teachers.)

   Cría cuervos y te sacarán los ojos.
   Yo me crié en Nueva York. Mi mamá crió a siete y no sé cómo logró hacerlo.
   Los padres deben educar bien a sus hijos.
4. **cultivar:** 'raise (grow, cultivate) crops, plants.'

   En Europa se cultivan maíz y trigo, mientras en Japón se cultiva arroz.
5. **crecer** (zc): 'grow, get larger;' **dejarse crecer** 'grow (a beard, etc.), let grow.'

   El maíz creció despacio por falta de lluvia.
   Me dejé crecer la barba; ¿te gusta?
6. **aumentar:** 'raise, increase'; opposite: *disminuir, menguar*.

   Van a aumentar la producción de cereales.

Realize → Know

Return

1. **volver** (ue), **regresar:** 'return, go back, come back,' referring to the movement of the subject.

   ¿Vuelves a la biblioteca? (¿Regresas...?)
2. **devolver** (ue): 'return, give back (take back, hand back)': transitive, always done to something.

   ¡Tienes mi bolígrafo! Devuélvemelo.

■¡OJO! *Revolver* (which some learners adopt as a cross between *regresar* and *volver*) does not mean 'return,' but 'scramble, mix, toss around, stir up': *huevos revueltos* 'scrambled eggs.'

Ride & Drive

1. **ir, viajar, pasear:** There is no special word for 'ride' or 'drive' in the sense of 'go in a vehicle'; Spanish speakers just use the appropriate verb of movement, specifying a vehicle when it's not clear from context.

   Fuimos (viajamos) en coche/carro/automóvil. (...en taxi, autobús, camión, tren)
2. **manejar, conducir:** 'drive (a vehicle).' *Manejar* is preferred in Hispanic America, *conducir* in Spain, but neither is specifically 'drive': *manejar* = 'operate' (machinery), 'manage' (people, affairs, resources...), and *conducir* = 'lead, direct' (*guiar*). If the special sense of 'driving' isn't clear from context, add a vehicle as direct object.

   Gustavo acaba de conseguir su permiso de manejar (conducir).
   Rosa se fue manejando su carro.

■¡OJO! English speakers tend to overemphasize driving and riding in their expression, e.g. "We *drove* to the beach." Especially for this intransitive sense of merely 'going in a vehicle' (i.e. as a verb of movement), Spanish speakers say just *ir, viajar*, etc. and reserve *conducir, manejar* for the transitive sense of 'control a vehicle.' See §5.5.

3. **montar:** 'ride a horse (*montar a caballo*) or bicycle (*montar* **en** *bicicleta*).'

   Montamos en bicicleta (a caballo).
4. **llevar:** 'drive = give a ride to a person, take (someone somewhere),' with optional specification of the vehicle.

   Llevé a mi novia al centro comercial (en coche/moto).

5. **el paseo, el viaje, el trayecto:** 'a ride, drive, or walk' (as nouns), again with mode optionally specified. *Paseo* implies for pleasure, *viaje* is longer.
6. idioms: 'drive in' (a nail) **clavar**; 'drive off/away, scare away' **ahuyentar**; 'drive crazy' **volver loco**.

Right & Wrong

1. **bien/mal** (as adverbs), **el bien/el mal** (as nouns), **bueno/malo** (as adjectives): as judgments of behavior, ethics, morality, condition, or skill.

   Las cosas marchan muy bien/mal.
   Los niños tienen que aprender a escoger entre el bien y el mal para ser ciudadanos buenos.
2. referring to things (situations, answers...): several near-synonyms:
   a. **correcto/incorrecto:** following right/wrong rules or procedures, 'proper/improper, correct/ incorrect.'

   Es correcto/incorrecto escribir una mayúscula aquí (...comer con las manos)

   b. **cierto/falso:** emphasizes truth/falsity of facts.

   Su ensayo sobre el control de la natalidad está lleno de datos ciertos/falsos.

   c. **exacto (acertado)/inexacto (erróneo, equivocado):** referring to results of calculation, reasoning.

   Creo que esta cuenta es exacta/inexacta (errónea, equivocada)

   d. **justo/injusto**: referring to fairness.

   ¿Es justo o injusto aplicar el castigo corporal?

   e. **apropiado (oportuno, conveniente)** (opposites: ***in-***): referring to convenience, timeliness, appropriateness.

   Has escogido un momento (in)apropiado para visitarme.
3. referring to people (to confirm/disconfirm what they've said or done): **tener razón/estar equivocado**.

   —La capital es Santiago. —Sí, tienes razón. (No, estás equivocado)

   For 'get the right/wrong + NOUN,' you can use *acertar con* vs. *equivocarse de/en.*

   Acertaste con la dirección de Pilar. (Te equivocaste de dirección).
4. as a direction: **derecho** (opposite: **izquierdo** 'left'); also, 'right-handed' (opposite: **zurdo**).

   Me quebré la mano derecha. Y ¿qué será de mí? Soy derecho, y tengo un examen mañana.
   A la derecha/izquierda se ve un pintoresco puente de la Edad Media.
5. **el derecho** (a...): 'a political/civil right' (to do...); also 'law' as a field of study, ≠ *una ley*, 'a law.'

   Todos los ciudadanos tienen el derecho a expresarse públicamente si respetan la ley.

Same, Like

1. **el mismo:** adjective, 'the same'; tends to refer to the very same entity/individual.

   Tu profesora es la misma que la mía. Es la misma persona que encabezó la manifestación.
2. **igual:** adjective, 'same, equal'; compares different individuals sharing a characteristic; used with *que* or *a*. Special expression *al igual que* 'just like, in the same way as' (opposite: *a diferencia de* 'unlike').

   Tu profesora es igual que la mía: las dos insisten en tareas diarias.
   Al igual que la profesora tuya, la mía insiste en tareas diarias.
   La raíz cuadrada de 144 es igual a 12.
3. **parecido, semejante, similar:** adjectives, 'like, alike, similar.' (The first two are more common.)

   Nuestros profesores son parecidos, pero tienen sus diferencias también.

4. **como:** 'like' (as a preposition), 'as'; **como si** (+ past subjunctive, §21.3.4) 'like, as if.'
   Hablas como la profesora: demasiado rápido. Hablas *como si fueras* un locutor de la tele.

Save & Spend

1. **salvar:** 'save, rescue' (from danger).
   Estaba a punto de ahogarse cuando lo salvé.
2. **guardar:** 'save, set aside or put away for later use;' also 'save a document on a computer.'
   Te he guardado este asiento.
   Guarden los libros: vamos a tener una prueba.
   ¿Cómo se guarda una tabla en este procesador de textos?
3. **ahorrar:** 'save up, save money/gas/effort,' etc. Partial synonym: *conservar*.
   Hay que ahorrar agua porque hay una sequía. Así se ahorrará dinero también.
4. **gastar:** 'spend money (or effort)'; opposite of *ahorrar*. (cf. noun *gastos* 'expenditures, expenses'). *Gastar* tends to be reflexive when used for spending on one's own needs or pleasures.
   ¿Te gastas todo el dinero, o ahorras un poco en el banco?
5. **pasar:** 'spend time.' (cf. *el pasatiempo*, 'pastime, hobby').
   —Vamos a pasar ocho días en la playa. —Y ¿dónde piensan pasar el resto del verano?

School, Student, Teacher, Degree, Grade

Exact equivalents of these notions vary because of different educational systems in Hispanic countries.

1. **escuela:** 'elementary school'; adjective *escolar*. The teachers are *maestros, -as*. 'Preschool' = *escuela de párvulos*, 'kindergarten' = *jardín de infancia*. There is generally no separate middle school, although *escuela intermedia* would convey the American concept.
   Los García van a mandar a sus hijos a una escuela privada durante el próximo año escolar.
2. **colegio** (adj. *colegial*), **escuela secundaria, instituto de segunda enseñanza:** 'high school'; *liceo* is also used in Latin America. Teachers = *profesores*.
   Mi colegio no me preparó bien en las matemáticas.
3. **universidad** (adj. *universitario*): 'college, university.' Teachers = *profesores* or *catedráticos*, students = *estudiantes de primer año, segundo año*, etc. The campus is *la ciudad universitaria* as a distinct zone, *el recinto* (or *campus*) as a layout of quads, buildings, landscaping, etc. Never use *escuela* or *colegio* for a university or for "going to school" (*cursar estudios*) there.
   Al llegar a esta universidad, me encantó el recinto.
   Asistimos a clases (cursamos estudios) en una universidad privada.
4. **facultad:** 'school' as a branch or division of a university, as in *la facultad de medicina*. ('Faculty' as a group of teachers is *el profesorado*.) Many say *ir a la facultad* for 'go to college', since in Hispanic countries one normally takes classes just in one's own division.
   En nuestra facultad de posgrado ingresan muchos estudiantes extranjeros.
5. **instituto, academia:** general words applicable to 'schools' outside the general education system.
   Su hijo piensa ir a una academia militar.
6. **título:** 'degree' earned on graduation. For *el colegio, el bachillerato* (more advanced than the U.S. high school degree); for *la universidad, el licenciado* (corresponding to bachellor's, sometimes master's = *la maestría*) and *el doctorado* (Ph.D., M.D., etc.). Reflexive verbs for getting degrees: *graduarse, titularse, licenciarse, doctorarse*.
   Al graduarse, Carlos obtendrá un título en derecho (se licenciará/se titulará en derecho).

7. **grado:** 'grade' = level of schooling (more often, just called *año*); also 'degree' (of extent, angles, temperature).

   El cuarto grado (año) de la escuela parece más difícil que el tercero.
   El agua tiene una temperatura de 40 grados (40°).

8. **nota:** 'grade, mark evaluating academic work' (≠ *apuntes* 'notes'). Verb 'grade, assign a grade to' = *calificar*.

   Califiqué el ensayo con cuidado y le puse una nota de "sobresaliente".

Season → Time

Sign

1. **la señal:** 'sign, signal, indication, token' (generally not a lettered sign).

   Hay que aprender todas las señales de tránsito.
   Te lo regalé en señal de nuestra amistad.
   Esta es la señal internacional que significa 'no estacionarse.'

2. **el letrero:** 'written sign,' public announcement written with *letras*. (The verb *rezar* is used for what it says.) Related words: *el aviso* 'public notice', *el tablón de anuncios* 'bulletin board', *la valla publicitaria* 'billboard', *el cartel* (or *póster*) 'poster', *la etiqueta* 'tag, label', *la pegatina* (or *la calcomanía*) 'sticker':

   —Se me olvidaron las gafas. ¿Me quieres leer ese letrero? —Sí, reza "Hernández e Hijos, Arquitectos".

3. **el signo:** 'punctuation or mathematical sign, written symbol.'

   El signo + representa la suma (la adición).

4. **la seña:** 'manual signs or gestures (*gestos*); or a characteristic indication, descriptive marking.'

   Hizo señas de que no dijéramos nada.
   Describa al criminal que vio: ¿qué señas tenía?

5. **firmar:** 'sign, write one's signature (*la firma*).'

   Firme aquí, señora.

Since, Because (of)

Since has two meanings: TIME, 'from that point on' (*Since = ever since Thursday, I've felt better*) and REASON, 'because' (*Since they write fast, they make mistakes*). Spanish distinguishes the two, and also PREPOSITION (introducing a noun, pronoun, infinitive) vs. CONJUNCTION (introducing a clause with a conjugated verb, v. L. 16).

1a. **desde que:** 'since, ever since' as an adverbial conjunction.

   Desde que consulté al Dr. Vargas, me he sentido mejor.

1b. **desde:** 'since, ever since' as a preposition (partial synonym: *a partir de*).

   Desde el jueves, me he sentido mejor.

2a. **porque, puesto que, ya que, pues:** 'since = because' as a conjunction. Note: *porque* 'because' ≠ *por qué* 'why.'

   Escriben mal porque/puesto que/ya que no prestan atención.
   —¿Por qué escriben mal? —Porque no prestan atención.

2b. **por, a causa de:** 'because of' as a preposition. (¡OJO! Don't ever attempt to use **porque de* on the basis of 'because of'; it's just not Spanish.)

   Fue elegido por (a causa de) su gran experiencia con el Senado.

So, Thus

1. **tan:** 'so (+ adjective/adverb), this/that (+ adjective/adverb)'; 'so much' = *tanto* (§29.2.1).

   Están tan cansados que se duermen en clase. Son flojos, pero no tan flojos.

2. **así:** 'so, thus(ly), this/that way.' (Refers to manner, way of doing something).

   Tienes la boca llena de chicle. No puedes hablar así.

3. **por (lo) tanto, por consiguiente, así que, de ahí que:** these refer to logical conclusion: 'so, therefore, consequently.' The first two are adverbials, and the second two (with *que*) are conjunctions (§36.2.1).

   El país sufrió de hiperinflación, así que los precios subieron. Por tanto, la gente no podía comprar nada.

4. **para que, a fin de que:** these refer to purpose, goal, intention (what one hopes or hoped might be the outcome), and therefore take the subjunctive: 'so, so that, to, for...to, in order to/that':

   En el pluriempleo, el obrero consigue dos empleos para que su familia tenga lo necesario.

5. **de modo/manera que:** refers to manner and introduces result: 'so, so that, in such a way that' (+ indicative). If the result is intentional, what one is trying to accomplish, *de modo/manera que* (+ subjunctive) overlaps with *para que*.

   El obrero corta las tablas con cuidado de modo que todas salen (*purpose*: salgan) iguales.

Some, (a) Little, (a) Few

With an indefinite object, *some* (when pronounced "s'm") has little meaning and may not be expressed in Spanish:

De paso, compré gasolina. ('On the way I bought some gas = bought gas')
¿Quieres azúcar con tu café? ('Do you want (some) sugar with your coffee?')

But to specify a small amount, Spanish offers several quantifiers:

1. **un poco:** 'some, a little, a little bit'; can modify a verb or adjective to indicate extent, or with the partitive *de*, a mass noun, but it is invariable (does not agree). Partial synonym of *un poco de*: *algo de* (opposite: *nada de*).

   Estudian un poco. Estudian un poco de la información.

2. **poco:** 'little, few, not much/many', opposite of *muy* and *mucho;* can modify a verb or adjective to indicate extent, or a noun (with which it agrees). Unlike *un poco, poco* implies 'not enough, insufficient, virtually none.'

   Susana estudia poco; es poco diligente con su trabajo.
   Susana tiene poca comida (pocas bebidas, pocos condimentos) en su refrigerador.

3. **unos, unos pocos, unos cuantos:** 'some, a few, a couple, several,' used with a plural noun (with which they agree). They suggest an indefinite small number, but unlike *poco(s),* not necessarily insufficiency.

   He invitado a unos (unos pocos) amigos a cenar con nosotros.

4. **alguno:** like *unos,* but more emphatic with a selective sense, 'certain ones, some but not all.' Like its opposite *ninguno* 'no, none, not any,' *alguno* agrees with its noun and apocopates (§2.5.3) to *algún* before a masculine singular.

   Algunos políticos son fiables, mientras otros no lo son.
   Hay que buscar algún método para controlar la violencia.

5. **pequeño:** 'little (in size), small'; opposite of *grande. Chico* is a synonym; cf. also the diminutive *chiquito*.

   Había allí dos perros, uno grande y el otro pequeño (chiquito).

Stick, (Get) Stuck

1. **el palo:** 'a stick' (of wood); also of a lollipop or in hockey, or a golf club; **la barra** = 'stick' (of dynamite, etc.), 'bar.'
2. **clavar:** 'stick something in, drive it in, thrust into'; talking about pins, nails (*los clavos*), daggers, etc.

   Clavé el alfiler en el cojín.
3. **pinchar:** 'stick something sharp into the outer layer of, puncture'; **pincharse** is for a tire getting flat (*un pinchazo*).

   ¡Ay! Me pinché con este maldito alfiler. (Se me pinchó la llanta delantera.)
4. **pegar:** 'stick' (with glue); *pegamento* or *cola de pegar* = 'glue,' *pegajoso* = 'sticky.' (Used with an indirect object, *pegar* instead means 'hit, punch.')

   No pegaste un sello en el sobre.
5. **poner, colocar:** 'stick, place, put, set (something in a place)'; **meter** is specifically 'stick in, put in', opposite of *sacar.*

   Han colocado antigüedades por toda la habitación.
   La señora se metió la carta en el bolsillo sin leerla.
6. **atenerse a** 'stick to, abide by'; **ceñirse** (i) **a** 'stick to, conform to'; **aferrarse a** 'stick to.' These are near-synonyms, but *aferrarse a* implies ironlike (*férreo*) stubbornness, close-mindedness.

   Se va a expulsar a estos estudiantes porque no se ciñen a los reglamentos universitarios.
   En vez de atenerse al plan acordado, Carmen se aferra a sus propias ideas.
7. **asomar:** 'stick out, protrude, project, peer out of.' (*asomarse* 'lean out of')

   A Jorge le asoma la billetera del bolsillo.
   ¡No se asome usted por la ventana!
8. **fijar:** 'stick something up (e.g. poster), fasten it, secure it.'

   Prohibido fijar carteles.
9. **atascarse, atrancarse:** 'get stuck', for different kinds of immobility. *Atascarse* describes getting stuck in mud, bogged down in a problem, or clogged up (plumbing); noun = *atasco* 'obstruction' (also 'traffic jam'). *Atrancarse* refers to movement (of a lever, machinery, window, etc.) being jammed by something in the way.

   Nuestro coche se ha atascado en el lodo.
   Se atrancó la palanca; no pude moverla.

Stop

1. **parar, detener(se):** 'stop, cease movement, come to a halt; stop at (a place to stay).' *Detener* is reflexive when X stops by itself, and it is more common with people than things. On stop signs, you see the international-English "STOP", Spanish PARE, or ALTO (cognate of "halt"). *Una parada* is a stopping place (e.g. a bus-stop).

   María entró en el vestíbulo, donde yo la paré. (...yo la detuve)
   ¡Pare ese coche!
   Detengámonos un ratito en este bar.
2. **parar, dejar, cesar,** all three with **de** + infinitive: 'stop or cease doing something.' *Cesar* 'cease' is more literary. ¡OJO! Outside of this construction (___ *de* + inf.), *dejar* means 'let' or 'leave.'

   Diego ha dejado (parado, cesado) de fumar cigarrillos y ahora prefiere cigarros.
3. **impedir (i):** 'stop (impede, keep, prevent) someone from doing something.' Note the construction (without *de*):

   El policía le impidió continuar a Leonora. (...impidió que Leonora continuara)
4. **obstruir** (-y-): 'stop, obstruct, be in the way.' Near-synonym: *obstaculizar.*

   El accidente obstruyó el tránsito por tres horas.

5. **tapar:** 'stop up a hole; stop up (cover) one's ears' (*taparse los oídos*); cf. the noun *la tapa* 'lid, stopper.'

   Es necesario tapar ese hueco con hormigón.

Subject & Topic

1. **sujeto:** 'subject (to)'; 'subject (of sentence/verb, grammatical sense)'; 'subject of an experiment.' Never use this word for *el tema* or *la asignatura*.

   Los trámites siempre están sujetos a la interpretación del Tribunal.
   Los sujetos de mi experimento fueron voluntarios.
2. **la asignatura:** '(school) subject, course subject, field of study or knowledge.'

   Saca buenas notas en todas las asignaturas, pero su asignatura preferida es la sociología.
3. **el tema:** 'subject, topic'(of a book, essay, conversation, sentence), what one is talking or writing about. Partial synonym: **el tópico**, though many use this to mean 'a commonplace, trite subject, cliché (*el clisé*).'

   Cambiemos de tema; estoy harto de oír rumores y tópicos.
4. **el súbdito:** 'subject (of king or queen)', a citizen (*ciudadano*) in a monarchy.

   El señor Smith es un súbdito británico, mientras que su esposa es una ciudadana estadounidense.
5. **someter(se)** a: 'submit or subject (oneself) to.'

   En la sociedad medieval, cada uno se sometía a su superior.

Support

1. **sostener:** 'support, hold up, carry the weight of.'

   No quites esa viga, pues sostiene el tejado.
2. **apoyar** (noun: *el apoyo*): 'lean on; support an idea or its originator.' Similar: *respaldar* (*el respaldo*), 'back.'

   Voy a apoyar (respaldar) tu teoría, aunque recomiendo que busques más apoyo estadístico.
   Apoyé los codos en la mesa. Me apoyé en la mesa.
3. **mantener:** 'keep, support dependents or oneself financially.'

   ¡Apenas puedes mantenerte a ti mismo! Y ¿ahora piensas casarte y mantener a una familia?
4. **soportar, aguantar:** 'stand, bear, bear the weight of, tolerate (*tolerar*), put up with.'

   Dudo que ese puente pueda soportar/aguantar los camiones.
   No soporto la discriminación ('I can't bear/abide it', *not* 'I don't support it' = *No la apoyo*)
5. **el soporte:** 'support, thing that supports, holder.'

   El alambre se ha roto porque su soporte está torcido.

Take, Catch, Carry

1. **tomar:** 'take (to oneself, for one's benefit)' food, drink, medicine; 'take hold of'; 'take a train, course,' etc.

   Tome usted dos aspirinas, pero no tome bebidas alcohólicas.
   ¿Qué tren debo tomar?
   —No tomes mi chiste como insulto. —¿Me tomas por idiota?

   Also for acceptance of something offered; the imperative is used where we say "Here (you are)."

Gramática visual: 'take'

Me ofreció su dinero pero no lo tomé.
—Señor, tengo aquí su composición. Tome. —Gracias.

2. **llevar:** 'take (a thing or person somewhere), carry'; unlike *tomar*, generally in a direction away from the speaker.

   Te llevo al zoológico mañana, hijito.
   Lleve usted este paquete a la oficina número 30.

   Reflexive **llevarse** is for taking along something (carrying it away) and keeping it for oneself; also, 'get along with.'

   Jorge se llevó todo el dinero.
   Te llevas bien con tus padres.

3. **quitar:** 'take off, take away, remove'; opposite of *poner* and *dar*; used in indirect object construction (L. 9).

   Le quité el videojuego a la niña porque era violento.
   Yo puse la vasija en la mesa; ahora, ¡quítala tú!

   Like *poner*, *quitar* is reflexive when a person removes something from himself/herself:

   Quítate ese sombrero y ponte este, que es más bonito.

4. **sacar:** 'take out, pull out' (opposite of *meter* 'put in').

   El portero sacó una llave del bolsillo y nos abrió la puerta.
   Tenía una muela que me dolía mucho, y el dentista me la sacó.

5. **requerir** (ie): 'take, require'; **hacer falta** is also possible for necessities.

   Estas reparaciones requieren una semana. = Hace falta una semana para estas reparaciones.
   Solicitar empleo con el gobierno requiere muchísima paciencia.

6. **desarmar, desmontar:** 'take apart, disassemble'; opposite of *armar, montar, ensamblar* 'put together, assemble.'

   Los niños desarman sus juguetes para ver qué hay adentro, pero no saben volver a armarlos.

7. **aguantar, soportar:** 'take, (can) stand or bear a difficult situation.'

   No vamos a la Florida porque mi esposa no aguanta/soporta el calor.

8. **arrancar, despegar:** 'take off' (speaking of vehicles); *arrancar* for ground vehicles, *despegar* for planes.

   El coche arrancó a una velocidad increíble. El avión despegó con dificultad.

9. **coger/agarrar:** 'grab, take, catch'(something thrown). *Coger* is common in Spain and the Caribbean, but in many other countries it is a synonym of the obscene *joder* and people substitute *agarrar* 'grab', *atrapar* 'catch', *tomar* (e.g. bus, train).

10. **pillar:** 'catch (someone doing something).'

    ¡Te pillé desprevenido!

11. special idioms:

    take a trip: *hacer* un viaje
    take a picture/photo: *sacar* (or *tomar*) una foto
    take a bath/shower: use the reflexive verbs *bañarse, ducharse*

take care of: *cuidar*
take a look: *echar* una mirada (un vistazo)
take a step/a walk (or ride): *dar* un paso, un paseo (a pie, en automóvil, a caballo)
take on (a responsibility), take charge of: *encargarse de*
take (a magazine by subscription): *estar suscrito a* (from *subscribirse a*)
catch a disease: *contraer* (or *contagiarse de,* or *coger* where permitted) una enfermedad.
catch up on (the news, work, etc.): *ponerse al día en* (*ponerse al tanto de*)
catch up with a person: *alcanzar* a alguien
catch someone's attention: *llamar*le la atención a alguien
carry out/through, complete: *llevar a cabo, realizar.*

There → Here

Think → Feel

Time, Occasion, Chance, Season

1. **tiempo:** general word for 'time' as duration; also, 'weather' and '(verb) tense.'

   —El tiempo vuela. —Es verdad. Nunca tenemos suficiente tiempo.
   —¿Cuánto tiempo hace que estudias aquí? —Hace tres años.
2. **vez:** 'time, occasion, countable instance or repetition': (cf. *una vez, muchas veces, otra vez,* etc.: §16.3)

   —¿Cuántas veces al día te llama tu novio? —Me llama dos o tres veces.
3. **hora:** (literally) 'hour': 'clock time, moment in the day for an event.'

   —¿Qué hora es? —No sé, pero tengo hambre; ¡es hora de comer!
4. **época:** 'epoch, period, time(s).'

   Zaragoza se fundó en la época de los romanos
5. **oportunidad, ocasión:** 'chance, opportunity.' But *by chance* (accidentally) is *por casualidad.*

   Quería hablar con el señor Ramírez, pero nunca tuve la oportunidad.
6. **temporada:** 'season, period when some entertainment (sports, theater...) is available.'

   Nos quedamos pegados al televisor durante toda la temporada de fútbol.
7. **estación**: 'season of the year, the four seasons (or in tropical countries, two):'

   —¿Cuál es tu estación favorita? —El otoño.

Too, Neither, Either, None, Any

1. **demasiado:** 'too (much/many), excessive(ly)'; noun **demasía**, 'excess.'

   Hablas demasiado, cometes demasiados errores y eres demasiado feo. ¡No te aguanto más!
2. **pasarse de** + adjective: 'be too... for one's own good.'

   Mateo se pasó de listo. ('...was too smart for his own good')
3. **también:** 'too, also, in addition.' Opposite: *tampoco* 'neither.'

   —Tomo vino tinto. —Yo también. (—No tomo vino blanco. —Yo tampoco.)
   —Me gusta el vino tinto. —A mí también. (—No me gusta el vino blanco. —A mí tampoco.)
4. **ninguno** (generally singular; *ningún* before a masculine singular noun): 'no, none, not one, neither one.'

   Ninguno de los ministros propuso una solución. (Ningún ministro propuso una solución.)
5. **cualquiera** (*cualquier* before a noun): 'any (at all), either,' = whichever ("cual-") you may wish ("-quiera").

   Cualquier persona podría gobernar mejor que ese incompetente.

■¡OJO!: English *any* and *either* in negative sentences are often just ways to get around the prohibition against "double negatives"; Spanish has no such prohibition (§4.3.1-2), so use words for 'no, none, neither' there:

> Yo no veo nada (a nadie). ('I don't see *anything = nothing, anybody = nobody*').
> Yo no veo ninguna dificultad. ('I don't see *any = no* problem')
> Yo no veo las montañas.—Yo no las veo tampoco. ('I don't see them *either = neither*')

Likewise, in comparatives and after words like *sin* 'without' implying negativity:

Te amo más que a nadie, pero me has dejado sin nada. ('more than *anybody = nobody*, without *anything = nothing*')

Topic → Subject

Touch → Feel

Try

1. **probar** (ue): 'try (something), try out; test, put to the test, prove.'
   Prueba ese paraguas, a ver si se abre fácilmente.
2. **probarse** (ue): 'try on (clothes, on oneself).'
   Pruébate esa camisa, a ver si te queda bien.
3. **intentar, procurar:** 'try (to do something), attempt'; with an infinitive, **tratar de** is also possible. Partial synonym: *esforzarse* (ue) *por*, 'try (hard), make an effort, exert oneself to, etc.'

¡OJO! *Atentar* is a false cognate of *attempt* and actually means 'try to attack a government or person' (like an *attempt* on one's life).

> —Trate de motivarlo de otra manera.—Ya intenté motivarlo, pero no tuve éxito.

4. **ensayar(se)**: 'try out (for), audition, rehearse.'
   La cantante se ensayó para el papel de Doña Matilde.
5. **juzgar, procesar, poner en juicio:** 'try (a suspect, court case), judge.'
   El tribunal procesará a los reos el lunes que viene.

Turn

1. **volver** (ue): 'turn something over/around so it faces a different direction'; reflexive *volverse* means to do this to oneself. *Voltear* is a synonym for 'turn over'. (As an intransitive verb, *volver* = *regresar*, 'return.')
   Vuelvan la página, por favor. Vuelva esa estatua hacia atrás.
   Ella se volvió hacia mí. Ella volvió (regresó) a casa.
2. **doblar:** 'turn a corner' (at an intersection); 'also double, turn a corner of a page down (over, back).'
   Doblen ustedes el papel así.
3. **virar:** 'turn to the right/left (*doblar*), around a curve, in a U-turn', etc.; originally nautical, but used of vehicles in Spanish America. Partial synonym *girar*, which is also used of rotation, revolution, gyration. But for a *road* turning, Spanish uses *torcer* (ue) 'twist.'
   No, no vire en U. Vire a la derecha (Doble/Gire a la derecha) y siga adelante hasta la próxima esquina.

El camino tuerce a la derecha.
La luna gira alrededor de la Tierra.

6. **dar (la) vuelta a:** 'turn or flip something around/over, give it a turn, turn (a crank or lever).'

   Metió la llave en la cerradura y le dio la vuelta. (media vuelta, una vuelta, dos vueltas)
   Después de tostar un lado del sandwich, dale vuelta.

7. **volcar(se) (ue):** 'turn over, overturn, knock over.'

   La leche se volcó.

8. **bajar/subir:** 'turn the volume (of a radio, etc.) down/up, i.e. lower/raise it.'

   ¡Baja esa radio, que quiero silencio! —Al contrario, la subo; me gusta esta canción.

9. **encender (ie)/apagar:** 'turn an appliance on/off (out).' *Prender* and *poner* are also used for 'turn on' lights or appliances. These words originally referred to fire and light and were then extended to electricity, *but not to water*; for 'turn on/off a spigot (faucet)', use *abrir/cerrar el grifo* (or *la llave*).

   El televisor está apagado; préndelo (enciéndelo, ponlo), por favor.

10. **rechazar:** 'turn down' = 'decline, refuse, reject.'

    Pablo va a rechazar esa oferta de la compañía.

11. **resultar:** 'turn out (when speaking of results).'

    El examen resultó más difícil de lo que creíamos.

12. **convertirse en** (+ noun), **volverse:** 'turn into, change into'; see BECOME.

    El vino se volvió ácido: se convirtió en vinagre. (nonreflexive: *Yo lo convertí en vinagre*)

13. **turno:** 'a turn' (as in taking turns; verb: **turnarse**)

    En la conversación es necesario turnarse.

14. **tocar(le a una persona):** 'be someone's (indir. object) turn.'

    Bueno, ahora te toca a ti darle a la pelota. (Le toca a usted.)

15. **cumplir** (+ *los* + número): 'turn a certain age.'

    Ayer mi hija cumplió los dieciséis.

Way, Road, Manner

1. **el camino:** 'way, road.' Specific words: *la carretera* 'highway,' *la calle* 'street,' *la autopista* 'expressway, superhighway,' *el sendero* 'path,' *la acera (vereda)* 'sidewalk, walkway;' *el paso* 'the way (through),' *la bajada* 'the way down,' *la subida* 'the way up,' *la salida* 'the way out, exit,' *la entrada* 'the way in, entrance.'

   Nos hemos equivocado de camino.

2. **la dirección:** 'way, direction; address.'

   —¿En qué dirección se fue? —Hacia el norte, por el camino nacional.

3. **el trecho:** '(a little) ways, stretch, an indefinite distance.'

   Tenemos que recorrer un gran trecho para llegar a la capital.

4. **el modo, la manera:** 'way (to do something), manner of doing something' (typically associates with *de:* la *manera de* hacer algo, hacerlo *de una manera extraña*)

   No hay ninguna manera de reparar este aparato sin las herramientas apropiadas.

5. **los modales:** '(good) manners (in the courtesy sense).'

   Tienes que mostrar buenos modales.

6. idioms:

   in every way: *en todos los aspectos*
   this way (in this manner): *así, de esta manera*
   be in the way: *estorbar, obstruir el paso*
   give way, yield: *ceder el paso*
   in a way, to some degree: *hasta cierto punto*
   this way (in this direction): *por acá*
   get out of the way: *quitarse (de en medio)*
   a way with people: *el don de gentes*

lose one's way: *extraviarse*
make one's way through: *abrirse paso entre*
on the way, in passing: *de paso*
on the way to: *camino de*

Work, Job

1. **trabajar:** '(for a person to) work, labor, be employed' (+ *en* = work on something, + *para* = employer). Opposites: *descansar* 'rest, relax,' *divertirse/entretenerse* 'have fun.' Nouns: *el trabajo* 'work' in general; *el empleo/puesto* 'job, employment;' *trabajador*(a) 'worker' (*obrero*) or 'hard-working' (opposite: *perezoso*). For *homework* (school work at home), use *la tarea* ('task') or *el deber*; chores are *quehaceres* ('what-to-do's').

   Trabajo para el gobierno, pero paso los sábados trabajando en un carro viejo que estoy restaurando.
2. **funcionar:** '(for a machine or an idea to) work, function.' For cars and other mechanisms, *andar* is also used. (Opposite: *estar descompuesto*.)

   —Esta maldita computadora no funciona. —Lo sé. Está descompuesta.
3. **tener éxito, salir bien (perfectamente**, etc.**):** 'work, succeed' for the outcome of ideas, proposals etc.

   Bah. Esa idea tuya no saldrá bien.
4. **tener efecto:** (speaking of remedies) 'work, have a desired effect.'

   Tome usted esta medicina; tendrá efecto dentro de dos horas.
5. **obrar:** 'work, carry out effort in a certain way, proceed according to procedures.'

   Hay que obrar de acuerdo con este método (con la conciencia...)
6. **manejar:** 'manage, work/operate a machine' (including driving a car).

   No sé manejar este tipo de carro (motor, sierra mecánica, cortacésped, tractor, etc.)
7. **practicar:** 'work on, practice.'

   Tenemos un examen la semana que viene y debemos practicar el vocabulario.
8. **una obra (***de arte*, etc.**):** 'a work of art, literature, science, music;' (good) 'works, deeds.'

   He comprado las obras de Cervantes (de Mozart, etc.)

Wrong → Right

Yet, Still

1. **ya:** 'already, yet.' Often for an urgent 'now, right now;' idiomatically 'That's enough' ("say when").

   —¿Has escrito tu poema? —Sí, ya lo he escrito.

   Cuando el cliente diga "Ya", no le sirva más.
2. **ya no:** 'no longer, not anymore, at this point (*ya*) no more' (negative counterpart of *todavía*, §4.3.1)

   Ya no escribo poemas; me cansé de ellos.
3. **todavía:** 'still;' **todavía no:** 'not yet, still not' (negative counterpart of *ya*).

   —¿Todavía escribes poemas? —No, ya no. (Ya no escribo poemas).

   —¿Ya has escrito tu poema? —No, todavía no. (Todavía no lo he escrito).
4. **aun así:** 'yet, still, even so;' like *sin embargo*, concedes a point but then introduces a stronger one.

   —La empresa no puede costear guarderías. —Aun así (sin embargo), hacen falta.
5. **quieto:** (adjective) 'still, motionless.' ¡OJO! 'quiet' = 'soundless' is *callado* or *silencioso*.

   El conejo se quedó quieto y silencioso para que el gato no lo viera.

APÉNDICE B Ejercicios sobre "Distinciones"

Instrucciones: haga cada ejercicio después de estudiar la explicación correspondiente en el Apéndice A. Las respuestas deberán comentarse en clase, puesto que en algunos casos hay más de una posibilidad.

About

1. Los viajeros desembarcaron del avión ______________ 14:00.
2. Hay ______________ tres litros en un "galón" estadounidense.
3. García Márquez escribió ______________ una época violenta de la sociedad colombiana.
4. Esta empresa perdió ______________ dos millones de dólares el año pasado.

Actual(ly), Real(ly)

1. Es una dictadura: el jefe ________ es un general de las fuerzas militares.
2. Ustedes han debatido sobre las causas aparentes, pero no han descubierto los motivos ______.
3. Muchos dicen que San Pablo era sexista. __________, reconoció el aporte de las mujeres a la Iglesia.
4. Las clases sociales importaban en el pasado, pero ____________ las diferencias van desapareciendo.

Agree

1. Esas cortinas no ____________ la tapicería del sofá.
2. El congreso se reunió para considerar un alza de impuestos. No ____________, pero sí ______ aplazar la decisión hasta el año siguiente.
3. Los adjetivos ____________ los sustantivos en género y número.
4. Cristina cree que queda mucho racismo en nuestra sociedad. ¿Y tú, Manuel? ¿____________?

Appear(ance)

1. Los testigos han de ______________ ante un comité del congreso.
2. El cálculo ______________ más difícil de lo que es.
3. Los chicos de esa chabola tienen ______ ____________ triste, sin esperanza.
4. El arco iris ______________ estar sobre la iglesia.
5. El arco iris ______________ en el cielo después de un aguacero.

Argue, Discuss, Fight

1. Algunos ________ que el auge del crimen se debe a la pobreza, pero yo ______ que la causa es la droga.
2. El misionero español Bartolomé de las Casas ____________ por los derechos de los indios.
3. Los estudiantes leyeron el brillante ____________ del filósofo y siguió una ____________ que pronto se convirtió en una ____________.
4. Aquella profesora no soporta la oposición; no deja que sus estudiantes le ____________.

Ask

1. Mi mamá ____________ ti: quiere saber si te has repuesto.
2. Es imposible decidir. Debemos ____________ más información.
3. Queríamos saber el precio del coche, pero no tuvimos la oportunidad de ____________.
4. En el restaurante, Raúl le ____________ una cerveza al camarero.

Attend

1. Si los dependientes y supervisores no _____________ a sus clientes, estos no volverán.
2. La profesora Chaves no _____________ las reuniones del profesorado porque le aburren.
3. Discúlpame: hay otros invitados a quienes debo _____________ ahora.

Back

1. Sus ideas son disparates, pero todos lo _____________ por miedo al público.
2. El gobierno detiene a los inmigrantes ilegales e intenta mandarlos _____________ a su país.
3. En _____________ de la puerta, fijamos un bonitísimo cartel de turismo.
4. Me lastimé _____________ el año pasado cuando me incliné _____________ para alcanzar algo.
5. Cambié de silla porque el _____________ de la otra era incómodo.
6. Fallaron los frenos, y el camión comenzó a moverse _____________.
7. No escriban en el _____________ del papel; déjenlo en blanco.
8. Las patas _____________ del gato corresponden a nuestras piernas.
9. No, hija, no toques esa lámpara porque se rompe. _____________ colocarla en la mesa.
10. De prisa, arrancó su carro sin mirar _____________, y cuando _____________ atropelló el triciclo.
11. El número del tomo se encuentra en el _____________ del libro.
12. ¿Hay otras preguntas? Ah, sí, ahí en el _____________.

Become

1. Al ver el fantasma, mi amiga y yo _____________ pálidos.
2. La inflación _____________ el mayor problema económico.
3. a. Las plantas verdes _____________ el dióxido de carbono en oxígeno.
   b. El dióxido de carbono _____________ oxígeno por medio de la fotosíntesis.
4. a. La comida contaminada _____________ enfermos a los pasajeros.
   b. Los viajeros _____________ enfermos.
5. a. Yo _____________ ayudante de un famoso congresista.
   b. El congresista me _____________ su ayudante.
6. El vino _____________ agrio porque lo dejaste destapado.
7. Después de largos años de trabajo, Beatriz _____________ doctora veterinaria.
8. Siempre has tenido una sola ambición: _____________ rico.

Date, Appointment

1. Buenos días. Quisiera pedir _____________ con el Dr. Vásquez para _____________ del 3/8.
2. De entremeses, recomiendo _____________ rellenos.
3. Esta noche, tengo _____________ mi novia.
4. Disculpe usted, por favor, no puedo ir. Tengo _____________.
5. El _____________ de Carmen se llama Miguel.

Enjoy, Have Fun/a Good Time

1. Los ricos _____________ ciertos privilegios especiales.
2. Siempre nos _____________ la música folklórica.
3. Creo que ustedes van a _____________ mucho en la fiesta.
4. —¿Qué tal el fin de semana? —Ah, fantástico. _____________.
5. Yo _____________ mucho los vinos españoles.

Excite, -ed, -ing, -ment

1. ¡Este fue el viaje más ___________ de mi vida!
2. El auditorio esperaba con _________ mientras el famoso violinista afinaba su instrumento.
3. Es mejor no ___________ al paciente porque todavía está débil.
4. Los espectadores ___________ cuando su equipo marcó un gol en el último minuto.

Feel, Touch, Think

1. Los agricultores ____________ que sus subsidios deben continuar.
2. ¿Tú ____________ nadar hoy?
3. El cura _____________ el ladrón arrepentido.
4. Debes ____________ esta tela; _____________ muy suave, muy fina.
5. ¿Qué te _____________ esos zapatos?
6. La mujer quiere despedirse porque _____________ mareada.
7. Antes del terremoto, algunos _____________ vibraciones en el suelo.
8. El médico me _____________ la cavidad torácica, buscando costillas rotas.
9. Uno ______________ mal después de ver este tipo de película.

Fit

1. ¿Cómo te _________ esa chaqueta? ¿Es necesario __________la?
2. No, lo siento, ese baúl tuyo no _____________ en nuestro armario.
3. En este ascensor _____________ 10 personas como máximo.
4. Parece que los sentimientos que expresa el autor ___________ bien ______ lo que sabemos de su vida.
5. Detesto estos juguetes porque hay que pasar toda una noche _____________ sus piezas.

Get

1. Nosotros siempre _____________ temprano a clase.
2. Rosa va a _____________ muy colorada al oír ese chiste.
3. Quiero _____________ que ellos nos acompañen.
4. Los estudiantes no pudieron _____________ la idea principal de la lectura.
5. El peatón _____________ atropellado por el camión.
6. Nosotros _____________ muy bien con los ancianos.
7. ¿Cuándo van a _____________ otro ventilador?
8. Si no escribes cartas, tampoco las vas a _____________.
9. Los empleados quieren _____________ una impresora láser.
10. Juanito _____________ muy contento cuando le dije que ganó.

Go & Come

1. Aló, ¿Susana? Habla Roberto. ¿Qué tal si estudiamos juntos para el examen? Bueno, puedo _____________ a tu apartamento o tú puedes _____________ al mío.
2. —¿Dónde está Regina? —Supongo que _____________ porque ya no la veo en su pupitre.
3. —¡Felipe! —Sí, mamá. —_____________ acá. —Sí, ya _____________.

Here & There

1. _____________ vienen miles de turistas cada verano.
2. Ese cassette que tienes _____________ es de mejor calidad que este que tengo _____________.
3. _____________ en las montañas llueve cada día.
4. ¿Qué tipo de calefacción tienen ustedes _____________ en su casa?

Hit

1. Cuando el ladrón entró en la sala, Andrés le arrojó el florero y ____________ la cabeza.
2. Disparé contra el tigre que se acercaba y le ____________ la cabeza.
3. Cristina se desmayó y ____________ la pared.
4. El misil extraviado cayó rápidamente y ____________ una montaña.
5. La joven ____________ la puerta con los puños, sollozando de frustración.
6. El autobús ____________ nuestro auto y luego ____________ a una viejecita que cruzaba la calle.
7. ¡Mamá! ¡ Pablo me ____________!

Hold & Keep

1. —¿Cuál camisa prefiere comprar, señora? —____________ esta; la otra no me quedó bien.
2. —¿Qué ____________ tú ahí en las manos? —Es un álbum nuevo para ____________ nuestras fotos.
3. ¿Por cuánto tiempo ____________ esta garantía?
4. Es necesario ____________ cerradas las ventanas porque el aire acondicionado está puesto.
5. Este frasco ____________ 500 ml de aceite de oliva.
6. El niño le ____________ la tabla a su papá mientras la cortaba con el serrucho.
7. Esta piedra ____________ los ladrillos de arriba; más vale no quitarla.
8. La agencia nos manda el 70% de las contribuciones, pero ____________ el 30% por la administración.
9. Desesperado, el hombre ____________ una soga y soltó la otra.
10. Lanzados al mar por las olas, los pasajeros ____________ cualquier cosa flotante.

Hurt, Damage

1. Teresa ____________ la pierna jugando al tenis. Ahora le ____________ mucho.
2. Enloquecido, el hombre disparó contra la muchedumbre; ____________ a diez personas y mató a otras dos.
3. Los obreros tuvieron cuidado para no ____________ la frágil mercancía.
4. Las víctimas de la explosión sufrieron varios ____________ graves.

Ignore

1. Los niños se burlaron del mendigo, pero él ____________.
2. Si los empleados ____________ a los clientes, estos no volverán a la tienda.
3. Si no sabes la respuesta, más vale no ____________; adivina y escoge al azar.

Involve

1. La actriz ____________ cuestiones humanitarias.
2. El congresista atacó el proyecto por ____________ grandes gastos en un año electoral.
3. Este problema es demasiado ____________.
4. Los asuntos nuestros no te ____________, así que no debes ____________ en ellos.
5. Se detuvo a dos extranjeros sospechosos de estar ____________ en espionaje.

Know & Realize

1. Pedro ____________ programar en BASIC.
2. ¿____________ usted la canción "Cielito lindo"?
3. Yo ____________ bien la ciudad y te puedo recomendar un hotel excelente.

4. Maripili ______________ a su vecino, pero no ______________ mucho de él.
5. Todos ______________ que las tasas de interés van a subir.
6. Hágame el favor de ______________ de la fecha límite.
7. Carmen se propone ______________ sus sueños y hacerse una cantante de ópera.
8. El gobierno se ha visto obligado a ______________ la gravedad del déficit.

Language, Speech

1. El ______________ burocrático siempre me ha confundido.
2. ______________ principal del este de África es el suahili.
3. A mi parecer, es imposible estudiar la literatura aparte de ______________.
4. La pasiva se usa más en la escritura que en ______________.
5. El que dio ______________ inaugural fue el Dr. Ramírez.

Leave, Left

1. ¿Quiere usted ______________ un recado?
2. El vuelo número 212 ______________ dentro de 4 minutos.
3. Organizando la fiesta, se me olvidó un amigo y ______________ su nombre.
4. Antes de ______________, debes ______________ apagadas todas las luces.
5. Bien hecho, hijo. Ahora, te ______________ dos preguntas más para terminar.
6. Si tenemos cuidado con los gastos, va a ______________ dinero y podremos dar otra fiesta en el futuro.
7. El niño hacía mucho ruido con su tambor; nos ______________ en paz cuando le pedí que ______________.

Like, Love, Desire

1. (Yo) ______________ un celular con cámara fotográfica.
2. Me ______________ el helado de chocolate.
3. Mi papá ______________ que renovemos la cocina, pero mi mamá ______________ que vayamos de vacaciones a Europa.
4. ¡No sabes cuánto te ______________!
5. Claro que ______________ a mi familia, pero a veces ¡me vuelve loco!
6. A mi papá y a mí nos ______________ el béisbol.
7. Mi mamá preparó un plato nuevo anoche y a todos ______________.
8. El protagonista le dijo a la hermosa joven que estaba enamorado y que la ______________.
9. Nos ______________ ir a la playa con los amigos.
10. A casi todo el mundo ______________ el flan, un postre de origen caribeño.

Look

1. ¡Qué bonita ______________ tu hermana!
2. ¡______________! Viene un camión.
3. Saqué un libro de la estantería y lo ______________ para ver si tenía la información que buscaba.
4. ______________ que el televisor está descompuesto.
5. Martita ______________ triste y traté de alentarla.
6. Los niños ______________ recibir muchos regalos de los Reyes.
7. Han contratado a una mujer que va a ______________ a los niños.
8. Es necesario ______________ bien el líquido para ver la reacción química.
9. —¿Qué ______________ usted? —Una videocasetera, pero ______________ que no hay, y me hace falta para mi clase.
10. ¿A quién ______________ más esa nena? ¿A su padre o a su madre?

Meet

1. Los enfurecidos delegados van a ____________ en la ONU para debatir la agresión.
2. Lo siento, sus proyectos no ____________ las especificaciones que les di.
3. Es un barrio poco amigable: cada día, los vecinos ____________ en la calle, pero no se saludan.
4. ¿Quién es ese estudiante nuevo? Vamos a ____________lo.
5. Oye, ¿sabes con quién (yo) ____________ hoy? Con tu primo Martín.
6. Estudiemos juntos esta noche, ¿de acuerdo? ____________ a la entrada de la biblioteca.
7. Propongo que aplacemos la discusión y que volvamos a ____________ la semana que viene.

Miss & Fail

1. Traté de hacerlo, pero todos mis esfuerzos ____________.
2. El profesor ____________ al estudiante por ____________ clase repetidas veces.
3. ¡No ____________ ustedes de visitar El Prado, porque vale la pena!
4. El representante de ventas ____________ su tren, de modo que ____________ la reunión.
5. Tú ____________ dos preguntas.
6. Yo ____________ la dirección de tu casa.
7. Lancé el balón al cesto, pero ____________.
8. La inmigrante ha tenido éxito en su nuevo país, pero sigue ____________ su patria.
9. Si tú ____________ la pelota, no le eches la culpa al bate.

Next

1. Inclínese hacia adelante; ____________, tóquese los pies con las manos.
2. ¿Quién es ese tipo que está sentado ____________ Dolores?
3. Me desvelé estudiando toda la noche, pero al día ____________ se me olvidó todo.
4. Insisto en que terminen su composición para la ____________ semana.

Only, Just, Lonely

1. Gasté $50 y ahora me quedan ____________ $20.
2. La ____________ base industrial de Venezuela era el petróleo.
3. ¿Por qué te espantas tanto? Es ____________ una culebrita, y no es venenosa.
4. Los ancianos que viven ____________ quisieran tener visitas; se sienten muy ____________.

Pass

1. Cuando el médico sacó la jeringuilla para ponerle una inyección, mi tío ____________.
2. Alfredo y yo ____________ por ustedes a eso de las 9:00, ¿de acuerdo?
3. El auto ____________ por el área a 100 km/h y ____________ ilegalmente otro vehículo.
4. ¿Quieres ____________me ese diccionario? A ver, qué significa "adrede".
5. Salí suspendido en química, pero ____________ los demás cursos.
6. El tiempo ____________ rápidamente cuando nos entretenemos.

People

1. Los revolucionarios proclamaron su solidaridad con ____________.
2. ¿Cuántas ____________ acudieron a ayudar a las víctimas?
3. Gracias a los cajeros automáticos, ____________ saca dinero en efectivo sin entrar en el banco.
4. Cuando hablas en público, siempre debes mirar a ____________.
5. _____ que poseen barcos tienen que pagar impuestos adicionales.

Piece

1. Creo que han colocado demasiados ________ muebles en este salón.
2. El carpintero agarró ________ de madera y lo convirtió en una casita para muñecas.
3. Conchita acaba de aprender ________ de Scarlatti.
4. La pelota dio contra la ventana, lanzando ________ de vidrio a todas partes.
5. Cada ________ del mecanismo desempeña una función importante.
6. El niñito se compró cinco ________ bombones.

Play, Game

1. Yo ________ bastante bien el tambor.
2. Yo ________ bastante bien al ajedrez, pero no es mi ________ preferido.
3. Fuimos a un ________ de fútbol por la tarde, y por la noche fuimos a ver un ________ de Sartre en el que mi novia ________ de narradora.

Raise

1. Al jubilarse, el viejo se dedicó a ________ orquídeas.
2. Nací en un barrio pobre y allí ________ también.
3. Es costumbre ________ la bandera en las fiestas nacionales.
4. Necesito barrer por debajo de esa silla. ¿Me la puedes ________?
5. Si los padres no ________ bien a los hijos, las escuelas sufren.
6. El gobierno piensa volver a ________ los impuestos.

Return

1. Acabamos de ________ las llaves.
2. Acabamos de ________ de Málaga.
3. Acabamos de ________ a casa.
4. La tenista le dio a la pelota con tanta fuerza que la otra jugadora no la pudo ________.

Ride, Drive

1. El 11 de junio (nosotros) ________ autobús a las pirámides mayas.
2. No quiero ________ tu coche porque no ________ con cuidado.
3. De aquí a la playa hay ________ de unas dos horas.
4. (Yo) ________ a mi tía al aeropuerto porque no le gusta ________ taxi.
5. Los Ponce nos ________ locos jactándose de sus vacaciones en los Alpes.
6. En el parque de atracciones mi sobrino siempre insiste en ________ en el tiovivo y la noria.

Right

1. Siga usted a ________; no doble a la izquierda.
2. Tú no ________; no has tenido en cuenta los datos más recientes.
3. No es ________ poner una tilde en estos pretéritos fuertes.
4. No es ________ masticar con la boca abierta.
5. No es ________ castigar a los menores como si fueran adultos.
6. No es ________ la solución que me diste porque restaste en vez de sumar.
7. Uno de los temas fundamentales de la religión es el conflicto entre ________ y ________.
8. Todos los ciudadanos tienen ________ a votar.

Same, Like

1. Las dos fórmulas son ___________, pero también hay discrepancias.
2. Las dos líneas son ___________: miden 14 cm.
3. Silvia y su mamá tienen ___________ manera de reírse a carcajadas, y eso me molesta.
4. Su médico es ___________ el mío: el Dr. Sáenz.
5. Su médico es ___________ el mío: en cada caso, le da por poner inyecciones.

Save & Spend

1. Alejandro prefiere ___________ el dinero, pero yo lo ___________ en el banco.
2. Acaban de ___________ dos meses en el extranjero.
3. La campesina cree que Guadalupe la ___________.
4. Hemos ___________ más de lo que teníamos previsto en el presupuesto.

School, Degree, Grade

1. Lucinda acaba de sacar su bachillerato después de varios años de _______.
2. Ese país requiere que todos los niños de edad _______ asistan a la _______, al menos hasta el octavo _______.
3. Esta ________ me gusta porque tiene una ___________ de derecho muy famosa.
4. Para aprender el inglés, la señora Domínguez ingresó en la ___________ Berlitz de idiomas.

Sign

1. "x" es ___________ de la multiplicación.
2. ___________ reza "HOSPITAL".
3. Es ___________ internacional que significa 'no doble a la izquierda'.
4. Tienes que ___________ el cheque en el dorso.
5. Gracias a su laringitis, la pobre tuvo que comunicarse por ___________.

Since, Because

1. Estudiaron el español _________ su interés en México.
2. El país ha incrementado sus gastos sociales ___________ hubo manifestaciones contra la pobreza.
3. ________ les gustaba la comida española, les hice una paella.
4. Les hice una paella ________ les gustaba la comida española.
5. ________ el comienzo del año, el déficit ha vuelto a subir.
6. Elena se quedaba en casa ___________ su mamá, quien tenía la enfermedad de Alzheimer.

So, Thus

1. Quitaron los muebles del cuarto ___________ sus invitados tuvieran un sitio para bailar.
2. ¿Viste cómo di en el clavo? Si tú usas ___________ el martillo, no te lastimarás el pulgar.
3. Por favor, no hables ___________ rápido.
4. El huracán arrasó el pueblo; ___________ todos los sobrevivientes quedaron sin vivienda.
5. Arreglo las plantas ___________ todas reciban suficiente luz.

Some, (a) Little, (a) Few

1. A nuestro perro le damos _____ huesos casi cada día.
2. A nuestro perro le damos _____ huesos, pero no demasiados.

3. A nuestro perro le damos _____ huesos, los de res, por ejemplo, pero ninguno de pollo.
4. A nuestro perro le damos _____ huesos porque el veterinario dice que no los debe comer con frecuencia.
5. A nuestro perro le damos _____ de la carne que sobra de la cena.
6. Queda muy ____________ tiempo. Apresurémonos.
7. Hay ____________ tiza en la sala de clase, y las ticitas que sí hay son ____________.

Stick, Stuck

1. ¡Ay! Se me ____________ la llanta de la bicicleta y ahora está desinflada.
2. Ahora, chicos: después de recortar vuestro dibujo, ____________ lo en la otra hoja y coloreadlo.
3. Los entusiastas seguidores del candidato ____________ carteles en todos los muros.
4. No pude abrir la puerta porque ____________.
5. Aprovechando la oportunidad, Tarzán le ____________ su puñal al tigre en el cuello.
6. Debes ____________ esos libros en los estantes en orden alfabético.
7. Carmen siempre ____________ su cámara en la maleta con cuidado de modo que no se rompa.
8. Allí, la leña es tan escasa que las mujeres pasan horas recogiendo ____________ para cocinar.
9. El tráfico ____________ porque las calles no se habían diseñado para tantos coches.
10. Cayó un tornillo entre las ruedas dentadas, que ____________ en seguida.
11. Al escribir una composición, cuídese de ____________ al tema principal y de ____________ al plan.

Stop

1. Conchita decidió ____________ comer carne.
2. Tú me ____________ el paso; quítate de ahí.
3. Mientras paseaban por las calles, decidieron ____________ un momentito para mirar los escaparates.
4. El policía ____________ su coche en la bocacalle e hizo señas para ____________ el tráfico.
5. El dictador quiere ____________ que los ciudadanos se expresen libremente.
6. ¿Dónde queda ____________ del autobús?
7. Siempre debes volver a ____________ la botella para que el jugo no pierda su sabor.

Subject, Topic

1. La mujer moderna rehúsa ____________ al hombre.
2. ____________ de que hablábamos no debe mencionarse fuera de este comité.
3. ____________ de su composición fue la sobrevivencia de las ballenas.
4. ____________ del verbo puede moverse o suprimirse en español.
5. ____________ favorita de mi hija es la biología.

Support

1. La señora Jiménez no ____________ los veranos de esta región y quiere mudarse cuanto antes.
2. El niño se ____________ en la mesa y así logra ponerse de pie.
3. El sueldo mínimo del gobierno no basta para ____________ a una familia.
4. Necesitas ____________ tu argumento con más datos.
5. La pared está un poco combada, pero todavía ____________ el techo.

Take, Catch, Carry

1. __________ este bolígrafo; es de usted.
2. __________ este bolígrafo; a ver qué hay adentro.
3. __________ el bolígrafo de la gaveta.
4. __________ este bolígrafo a la oficina central.
5. __________ sus zapatos de la mesa.
6. El proyecto __________ mucho tiempo y mucho dinero también.
7. El avión __________ sin problema y alcanzó una altura de 5.000 m.
8. Lo que yo no __________ es su tendencia a echarles la culpa a otros.
9. Natalia y yo __________ un viaje a Sevilla, donde __________ muchas fotos.
10. Oye, __________ una mirada a este líquido; ¿qué te parece? Me __________ la atención su olor.
11. Juanito le daba la respuesta a su amigo cuando la maestra los __________.
12. Te voy a arrojar la pelota; __________la bien en tu guante.
13. Nuestra hija __________ su primer paso a los 10 meses.
14. Después de nuestro veraneo, pasé un día leyendo los periódicos para __________ las noticias actuales.

Time, Occasion, Chance, Season

1. Disculpe usted. Ya es __________ de salir. Gracias por invitarnos; lo pasamos muy bien.
2. Pasaron por el mercado much-__________.
3. Pasaron much-__________en la playa.
4. —¿Cuál es tu __________ predilecta? —Es el otoño.
5. El Real Madrid terminó su __________ anoche venciendo al equipo de Sevilla.
6. No sé a qué __________ empieza el espectáculo.
7. La __________ de la Reconquista fue un __________ decisivo para la historia ibérica.
8. Fuimos a Segovia un-__________, pero nos gustaría tener otra __________ de visitarla.

Too, Neither, Either, None, Any

1. Los chinos comen bastante arroz, pero usan trigo __________.
2. Los norteamericanos consumen __________ proteína, más de la necesaria.
3. —Puedes escoger __________ de los dos. —Pero no quiero __________.
4. No me gusta el ceviche; __________ me gusta el calamar
5. No tengo __________ problema con eso.

Try

1. No te des por vencido; __________ otra vez.
2. La señora __________ el vestido, pero le quedó demasiado ajustado.
3. Queremos __________ esa sopa.
4. A pesar del interés público en el pleito, el gobierno tardó mucho en __________ a Manuel Noriega.

Turn

1. Manuel __________ los 20 años ayer.
2. El coche __________ a la izquierda.
3. Cuidado: allí adelante el camino __________ a la izquierda.
4. Le grité a Mercedes y ella __________ y me preguntó "¿Qué pasa?"
5. Raúl __________ el grifo, pero no salió agua. Lo __________ y luego recordó no haber pagado la cuenta.
6. Hojeando el libro, Andrea __________ la página y vio la tabla que buscaba.

7. José ______ la tele. Fui y la ______, diciéndole que fuera a otro sitio para ver su telenovela.
8. La tierra ______ una vez cada 24 horas.
9. La vela ______ y ocasionó un incendio.
10. Meta la comida en el horno de microondas. ______ este a 100% y cocínela por 3 minutos. Luego, ______ al plato y déjelo calentar otros 20 segundos.
11. ¿Cómo ______ tu experimento?
12. Los rehenes ______ locos esperando su libertad.
13. Ya tuve mi ______; ahora te ______ a ti.
14. No aceptaron la invitación, sino que la ______.
15. Nuestras vacaciones ______ pesadilla.

Way, Road, Manner

1. Queda ______ para llegar, cosa de 10 km.
2. Explícame ______ de cocinar esto.
3. ______ son un componente indispensable de la educación.
4. Disculpe usted, ¿dónde llego a ______ la carretera para Querétaro?
5. El campus tiene ______ pavimentadas para peatones, y también hay ______ por el bosque.

Work, Job

1. Después de dos semanas, el boicoteo comenzó a ______.
2. Julia ______ en una fábrica. Solicitó este ______ hace dos años y ya está harta porque su ______ consiste en ______ maquinaria.
3. El lavaplatos no ______ bien.
4. Bach escribió muchísimas ______ corales.

Yet, Still

1. —Hay muchos argumentos a favor del comercio libre. —______, algunas industrias necesitan protección.
2. —Cuando nos vimos el verano pasado, salías con Antonio. ¿______ sales con él? —No, ______ lo veo, pues rompí con él.
3. —¿______ has dibujado tu mapa de Sudamérica? —No, no lo he hecho ______.

APÉNDICE C Resumen de la conjugación del verbo

Terminología. En la descripción y clasificación de los tiempos verbales, hay algunos términos tradicionales (*infinitivo, participio, gerundio, modo subjuntivo, tiempo presente,* etc.) que parecen uniformes en el mundo hispano. Pero en otros casos, varios intentos de crear términos más adecuados han producido discrepancias. Por ejemplo, la forma *he amado* que suele llamarse "presente perfecto" la llamó Andrés Bello el "antepresente" mientras que en la tradición de la Real Academia Española se conoce como "pretérito perfecto", un término que sugiere otra forma: *hube amado.* Reconocemos aquí que algunos usuarios de este libro estarán acostumbrados a otros sistemas de terminología y clasificación, pero nos hemos atenido a los términos más conocidos en la pedagogía del español en los EE.UU. para evitar confusión.

A. PRESENTE DE INDICATIVO Y SUBJUNTIVO

	trabajar		*correr*		*recibir*	
pres. indic.	trabajo	trabajamos	corro	corremos	recibo	recibimos
	trabajas	trabajáis	corres	corréis	recibes	recibís
	trabaja	trabajan	corre	corren	recibe	reciben
pres. subjun.	trabaje	trabajemos	corra	corramos	reciba	recibamos
	trabajes	trabajéis	corras	corráis	recibas	recibáis
	trabaje	trabajen	corra	corran	reciba	reciban

1. **Cambios ortográficos.** El deletreo de los sonidos /k θ s g gw x/ cambia regularmente: *c* → *qu*, *g* → *gu*, etc., v. §0.3; por ejemplo,

   tocar pres. subjun. *toque...* *vencer*: pres. indic.: *venzo, vences...*
   pagar pres. subjun. *pague...* *escoger*: pres. indic.: *escojo, escoges...*

2. **Cambios radicales.** En muchos verbos la raíz cambia según la acentuación o la vocal siguiente.

   (a) Tipo *í/ú*: (§1.2.1) Cuando la raíz se acentúa, la *-i/u-* de estos verbos recibe el acento y lleva una tilde. Este cambio *no* se aplica a otros verbos como *estudiar* y *averiguar*; v. lista §1.6.

   enviar: pres. indic.: envío, envías, envía, enviamos, enviáis, envían
   pres. subjun.: envíe, envíes, envíe, enviemos, enviéis, envíen
   continuar: pres. indic.: continúo, continúas, continúa, continuamos, continuáis, continúan.
   pres. subjun.: continúe, continúes, continúe, continuemos, continuéis, continúen.

   (b) Tipos *ie, ue*: (§1.2.1) Cuando la raíz se acentúa, muchos verbos en *-ar, -er* cambian ***e*** → ***ie, o*** → ***ue*** (y *jugar* ***u*** → ***ue***). Estos diptongos ***ie*** y ***ue*** se escriben ***ye-*** y ***hue-*** al principio de la palabra. (v. lista §1.6)

   pensar: pres. indic.: **pie**nso, **pie**nsas, **pie**nsas, pensamos, pensáis, **pie**nsan
   pres. subjun.: **pie**nse, **pie**nses, **pie**nses, pensemos, penséis, **pie**nsen
   errar: pres. indic.: **ye**rro, **ye**rras, **ye**rra, erramos, erráis, **ye**rran
   pres. subjun.: **ye**rre, **ye**rres, **ye**rre, erremos, erréis, **ye**rren
   contar: pres. indic.: **cue**nto, **cue**ntas, **cue**nta, contamos, contáis, **cue**ntan
   pres. subjun.: **cue**nte, **cue**ntes, **cue**nte, contemos, contéis, **cue**nten
   oler: pres. indic.: **hue**lo, **hue**les, **hue**le, olemos, oléis, **hue**len
   pres. subjun.: **hue**la, **hue**las, **hue**la, olamos, oláis, **hue**lan

   (c) Tipo *ie, ue, i, o*: (§1.2.1, 10.1.2) Cuando su raíz se acentúa, muchos verbos en *-ir* cambian ***e*** → ***ie*** (***i*** → ***ie*** en *adquirir*), ***e*** → ***i***, ***o*** → ***ue***. Pero en las formas *nosotros, vosotros* del presente de subjuntivo (y también en su pretérito y gerundio), tienen un segundo cambio especial: ***e*** → ***i***, ***o*** → ***u***. (v. lista §1.6)

   dormir (ue): pres. indic.: d**ue**rmo, d**ue**rmes, d**ue**rme, dormimos, dormís, d**ue**rmen
   pres. subjun.: d**ue**rma, d**ue**rma, d**ue**rma, d**u**rmamos, d**u**rmáis, d**ue**rman
   sugerir (ie): pres. indic.: sug**ie**ro, sug**ie**res, sug**ie**re, sugerimos, sugerís, sug**ie**ren
   pres. subjun.: sug**ie**ra, sug**ie**ras, sug**ie**ra, sug**i**ramos, sug**i**ráis, sug**ie**ran

seguir (i): pres. indic.: sigo, sigues, sigue, seguimos, seguís, siguen
pres. subjun.: siga, sigas, siga, sigamos, sigáis, sigan

(d) Tipo *uy* (§1.2.2) En los verbos en *-uir* pronunciados /-uir, -wir/ (*construir*, pero no *seguir*), la ***u → uy*** cuando *no* la sigue una *i*: es decir, delante de *-o, -e,- a*. (v. lista §1.6)

construir:
pres. indic.: construyo, construyes, construye, construimos, construís, construyen
pres. subjun.: construya, construyas, construya, construyamos, construyáis, construyan

(e) Tipos *zc, g, ig*: (§1.2.2, 10.1.2) Algunos verbos tienen una raíz especial en *zc, g* o *ig* delante de las vocales ***-o, -a***. ***c → zc*** es casi general para los infinitivos en -vocal + *cer/cir* (por eso, *-ocer, -ecer, -ucir*, etc., pero *no vencer*, que acaba en *consonante* + *cer/cir*). Excepciones: *cocer* (cuezo), *mecer* (mezo), *hacer* (hago), *decir* (digo). (v. lista §1.6)

conocer: pres.indic.: cono**zc**o, conoces, conoce, conocemos, conocéis, conocen
pres. subjun.: cono**zc**a, cono**zc**as, cono**zc**a, cono**zc**amos, cono**zc**áis, cono**zc**an
caer: pres. indic. ca**ig**o, caes, cae, caemos, caéis, caen
pres. subjun.: ca**ig**a, ca**ig**as, ca**ig**a, ca**ig**amos, ca**ig**áis, ca**ig**an
oír: pres. indic. o**ig**o, oyes, oye, oímos, oís, oyen
pres. subun.: o**ig**a, o**ig**as, o**ig**a, o**ig**amos, o**ig**áis, o**ig**an
salir: pres. indic.: sa**lg**o, sales, sale, salimos, salís, salen
pres. subjun.: sa**lg**a, sa**lg**as, sa**lg**a, sa**lg**amos, sa**lg**áis, sa**lg**an
tener: pres. indic.: te**ng**o, **tie**nes, **tie**ne, tenemos, tenéis, **tie**nen
pres. subjun.: te**ng**a, te**ng**as, te**ng**a, te**ng**amos, te**ng**áis, te**ng**an
hacer: pres. indic.: ha**g**o, haces, hace, hacemos, hacéis, hacen
pres. subjun.: ha**g**a, ha**g**as, ha**g**a, ha**g**amos, ha**g**áis, ha**g**an
decir (i): pres. indic.: **dig**o, **di**ces, **di**ce, decimos, decís, **di**cen
pres. subjun.: **dig**a, **dig**as, **dig**a, **dig**amos, **dig**áis, **dig**an

(f) Cambios idiosincrásicos

Los siguientes cambios en el presente son irregulares:

dar: pres. indic.: doy, das, da, damos, dais, dan
pres. subjun.: dé, des, dé, demos, deis, den
estar: pres. indic.: estoy, est**á**s, est**á**, estamos, estáis, están
pres. subjun.: esté, estés, esté, estemos, estéis, estén
ir: pres. indic.: **voy**, vas, va, vamos, vais, van
pres. subjun.: **vaya**, **vayas**, **vaya**, **vayamos**, **vayáis**, **vayan**
haber: pres. indic.: **hay** ('there is/are'); he, has ha, hemos, habéis, han
pres. subjun.: **haya**, **hayas**, **haya**, hayamos, hayáis, hayan
ver: pres. indic.: veo, ves, ve...; pres. subjun.:. vea, veas, vea, veamos, veáis, vean
saber: pres. indic.: **sé**, sabes, sabe, sabemos, sabéis, saben
pres. subjun.: **sep**a, **sep**as, **sep**a, sepamos, **sep**áis, **sep**an
caber: pres. indic.: **quep**o, cabes, cabe, cabemos, cabéis, caben
pres. subjun.: **quep**a, **quep**as, **quep**a, **quep**amos, **quep**áis, **quep**an
ser: pres. indic.: **soy**, **eres**, **es**, **somos**, **sois**, **son**
pres. subjun.: **sea**, **seas**, **sea**, **seamos**, **seáis**, **sean**

B. IMPERATIVO (MANDATO)

(tú, vosotros)	trabaja	trabajad	corre	corred	recibe	recibid

El mandato de *tú* tiene los cambios usuales (ie, ue, i, uy): *piensa, recuerda, pide, construye*. Formas irregulares: *decir* ***di****; hacer* ***haz****; ir* ***ve****; poner* ***pon****; salir* ***sal****; ser* ***sé****; tener* ***ten****; venir* ***ven****.*

Los demás imperativos (*usted, ustedes, nosotros*) y los *negativos* de *tú* y *vosotros*, son subjuntivos (v. §10.1–10.2.2).

C. FUTURO Y CONDICIONAL DEL INDICATIVO

futuro	trabajaré	trabajaremos	correré	correremos	recibiré	recibiremos
	trabajarás	trabajaréis	correrás	correréis	recibirás	recibiréis
	trabajará	trabajarán	correrá	correrán	recibirá	recibirán
condicional	trabajaría	trabajaríamos	correría	correríamos	recibiría	recibiríamos
	trabajarías	trabajaríais	correrías	correríais	recibirías	recibiríais
	trabajaría	trabajarían	correría	correrían	recibiría	recibirían

Cambios radicales en el futuro/condicional: *haber* ***habr-***, *tener* ***tendr-***, *hacer* ***har-***, etc. (v. lista §20.1–2)

D. IMPERFECTO DE INDICATIVO

trabajaba	trabajábamos	corría	corríamos	recibía	recibíamos
trabajabas	trabajabais	corrías	corríais	recibías	recibíais
trabajaba	trabajaban	corría	corrían	recibía	recibían

irregulares (v. §13.2)*: ir* (iba, ibas, etc.); *ser* (era, eras, etc.) *ver* (veía, veías, etc.).

E. PRETÉRITO DE INDICATIVO, PASADO DE SUBJUNTIVO, GERUNDIO

pretérito	trabajé	trabajamos	corrí	corrimos	recibí	recibimos
	trabajaste	trabajasteis	corriste	corristeis	recibiste	recibisteis
	trabajó	trabajaron	corrió	corrieron	recibió	recibieron
pasado subjun.	trabajara	trabajáramos	corriera	corriéramos	recibiera	recibiéramos
	trabajaras	trabajarais	corrieras	corrierais	recibieras	recibierais
	trabajara	trabajaran	corriera	corrieran	recibiera	recibieran
o:	trabajase	trabajásemos	corriese	corriésemos	recibiese	recibiésemos
	trabajases	trabajaseis	corrieses	corrieseis	recibieses	recibieseis
	trabajase	trabajasen	corriese	corriesen	recibiese	recibiesen
gerundio	trabajando		corriendo	recibiendo		

1. **Cambios ortográficos** (v. §13.3.2)
   - **a.** En los verbos en *-ar*, la desinencia del pretérito *yo*, ***-é***, ocasiona los mismos cambios ortográficos que la ***-e*** del presente de subjuntivo: *pagar* ***pagué****, tocar* ***toqué****, empezar* ***empecé****, averiguar* ***averigüé****,* etc.
   - **b.** Tras las vocales ***e-****,* ***a-****,* ***o-****,* la ***-i-*** de las desinencias *-iste, -imos, -isteis* lleva tilde:
     leer: leí, leíste, leyó, leímos, leísteis, leyeron (también: *oír, proveer, caer,* etc.)
   - **c.** La ***i*** de las desinencias *-ió, -ieron, -iera, -iese, -iendo* (pretérito, pasado de subjuntivo, gerundio) representa el sonido /y/ (*comió* = /ko-*myo*/), y así se escribe **tras vocal**:
     leer: leyó, leyeron, leyera, leyese, leyendo (también: *oír, construir, proveer, caer,* etc.)

Esta misma ***i*** = /y/ desaparece tras ***ñ, ll, ch***: *reñir*: riñó, riñeron, riñera, riñendo.

2. **Cambios radicales** (v. §13.3.3)
   - **a.** Los cambios (í), (ú), (ie), (ue), (i) *no* se dan en el pretérito, el pasado de subjuntivo y el gerundio porque la raíz no está acentuada (no es tónica). Pero los verbos en *-ir* tienen ***e*** → ***i*** y ***o*** → ***u*** en la tercera persona del pretérito, y por eso en todo el pasado de subjuntivo, y también en el gerundio:
     seguir (i): seguí, seguiste, s**i**guió, seguimos, seguisteis, s**i**guieron; s**i**guiera (etc.); s**i**guiendo
     dormir (ue): dormí, dormiste, d**u**rmió, dormimos, dormisteis, d**u**rmieron; d**u**rmiera (etc.); d**u**rmiendo
   - **b.** Los verbos en *-eír* (*reír, sonreír, freír, etc.*) tienen el mismo cambio, ***e*** → ***i***, con simplificación de ***-ii-***:
     reír (i): reí, reíste, (riió →) **ri**ó, reímos, reísteis, (riieron →) **ri**eron; **ri**era (etc.); **ri**endo.

3. Pretéritos "fuertes" o irregulares (v. §13.3.4-5)

Ciertos verbos "fuertes" tienen una raíz diferente en el pretérito y pasado de subjuntivo (pero *no* en el gerundio), con las desinencias *-e*, *-o* (sin tilde) para *yo* y *él/ella/usted*. Los fuertes en *-j* (*decir, traer, -ducir*) tienen ***-eron*** en vez de ***-ieron***. Las formas de *ser* e *ir* (que son idénticas) son más irregulares.

estar: *pret.* estuv**e**, estuviste, estuv**o**, estuvimos, estuvisteis, estuvieron; *pasado de subjun.* estuviera (estuviese)...
hacer: *pret.* hic**e**, hiciste, hiz**o**, hicimos, hicisteis, hicieron; *pasado de subjun.* hiciera (hiciese)...
decir: *pret.* dij**e**, dijiste, dij**o**, dijimos, dijisteis, dij**eron**; *pasado de subjun.* dijera (dijese)...
ser/ir: *pret.* fu**i**, fuiste, fu**e**, fuimos, fuisteis, fu**eron**; *pasado de subjun.* fuera (fuese)...

F. EL PARTICIPIO Y LOS TIEMPOS PERFECTOS (*HABER* + PARTICIPIO)

participios regulares: *trabaj**ado**, corr**ido**, recib**ido***
participios irregulares: *abrir* ***abierto***, *decir* ***dicho***, *hacer* ***hecho***, etc. (v. §19.1).

presente perfecto indic. (v. §19.3.2): he, has, ha, hemos, habéis, han + trabajado, corrido, dicho
presente perfecto subjun. (v. §19.3.2): haya, hayas, haya, hayamos, hayáis, hayan + trabajado, corrido, dicho
futuro perfecto indic. (v. §20.3): habré, habrás, habrá, habremos, habréis, habrán + trabajado, corrido, dicho
condicional perfecto indic. (v. §20.3): habría, habrías, habría, habríamos, habríais, habrían + trabajado, corrido, dicho
pluscuamperfecto indic. (v. §19.3.3): había, habías, había, habíamos, habíais, habían + trabajado, corrido, dicho
pluscuamperfecto subjun. (v. §19.3.3): hubiera, hubieras, hubiera, hubiéramos, hubierais, hubieran + trabajado, corrido, dicho (o: hubiese, hubieses,...)

APÉNDICE D Glosario bilingüe e índice de materias

Este apéndice combina un diccionario español-inglés de terminología gramatical con un índice de explicaciones en este libro. Cada número se refiere a la lección ("9") o sección ("9.1.1") donde el concepto se explica. Se indica el género (*m, f*) de un sustantivo cuando no se conforma con las tendencias generales (v. L. 2).

A

a: preposition 'to, at' with many functions: for direct object ("*a* personal") 7.3; indirect object 9.1-2, or oblique object 31.5; vs. *para* (*A/Para Ramón...*) 9.5; vs. *en* (*a/en casa*) 4.5; with infinitives (in verb + verb) 1.4.1, 35.5; after certain verbs (*asistir a...*) 31.7; *al* for reducing *cuando* clauses (*cuando llegué → al llegar*) 21.4.

abreviatura (abreviar): abbreviation; Spanish abbreviations 37.

acción, interacción, reacción: kinds of events to portray in a story (and their effect on narrative pace) 12.1.6, 18.4; action vs. state (*se sentaba* vs. *estaba sentado, había lavado* vs. *tenía lavado*) 19.2.3

acento (acentuarse, acentuación): accent, stress, loudness of a syllable. General patterns 0.4, 0.6; in present tense 1.1.1; in preterite 13.3.1, 13.3.4; *acento ortográfico = tilde*: accent mark 0.4.

acotaciones: stage directions. Treatment in narration 17.5.3.

acusativo: accusative, a form specialized for direct objects 8.1.1.

adjetivo: adjective, word describing a noun 5.2.1; forms 2.5; for describing 2.1.2, for specifying noun reference (which, what kind) 25.6.2–3; position (before/after the noun) 25.6; with *ser/estar* 3.2.2; as adverb (*hablar fuerte*) 16.2.1; derived from noun (*universidad → universitario*) 25.2.2, 38.2; derived from verb (*seguir → siguiente, trabajar → trabajador*) 22.1.3.

adverbio: adverb, a word describing a verb or sentence, 4.5; *-mente* 16.2.1. For types, see **adverbial**.

adverbial: adverbial, a word or phrase acting like an adverb 16.1; of location 4.5, 4.7; of manner 16.2; of time and reason 16.3; of sequence and ordering 16.4; referring to the future 20.5.1; narrative time changes 17.4 (*mañana → al día siguiente*); distinction of adverb, preposition, conjunction 16.4.1; functions in narration 16.1, list of common adverbials 16.2.2–4; for linking the sentences of a discourse (*por eso, sin embargo, etc.*) 34.3.

afirmación (afirmar): affirmation, assertion. With emphatic *sí* (*yo sí lo tengo* 'I *do* have it') 4.4.

afijo: affix (prefix, suffix). Affixes for deriving new words (*trampa, tramposo, trampear*) 38.2.

análisis (m) (analizar, analítico): analysis; as a technique in expository writing 30.3.2.

agramatical: ungrammatical, impossible in the language (symbolized by asterisk, *) *Intro. to Student.*

anglohablante, angloparlante (de habla inglesa): English speaker, English-speaking.

antecedente (m): antecedent, the noun that a relative pronoun refers to (*el **avión** que aterrizó*) 26.1

anteponer (antepuesto, anteposición): prepose, to place in front: adjectives in front of nouns (*el* buen *hijo*) 25.6; objects at the beginning of the sentence (***Esa película** ya la vi.*) 32.3.2, 32.7–8.

apócope (f) (apocoparse): apocope, shortening of a modifier before its noun (*uno → un, grande → gran*) 2.5.3.

argumentación (argumento, argüir): argumentation, a composition arguing for/against a point 36.

argumento: argument 36; plot, (=*trama*)18.3; argumento secundario: secondary plot, subplot 24.3.

artículo: article, *el la..., un una...* Forms: 2.4; use/omission in specifying reference 25.3.

aseverativo: declarative, a sentence that is not a question or command.

asíndeton: asyndeton, the choice not to use any explicit link (e.g. conjunction) between sentences 35.2.

átono: unstressed, not pronounced with stress 0.4. Unstressed pronouns: see **clítico**.

atributo (atributivo): attribute, predicate noun/adjective, one following a copula verb (*Es **Luisa**, Es **estupendo***) 3.1.1.

auxiliar: helping or auxiliary verb (*poder, deber, tener que*, etc.) 1.4.1.

B

bosquejo, -ar: outline, sketch; an outline in preparation for writing 6.3, 6.6, 18.6, 30.5.

C

cadena de referencia: referential chain, a series of references to the same person or thing 33.1.

cambio ortográfico: spelling change (*c* → *qu*, etc.) 0.3; in present subjunctive 10.1.2, in preterites 13.3.2.
cambio radical: stem change (*e* → *ie*, etc.): in present indicative 1.2, reference list of verbs 1.6; in present subjunctive 10.1.2; in preterite 13.3.3; in related words 38.3.
causalidad (causa, causar): causality, the relation of cause and effect; for supporting an argument 36.4.
causativo: causative, structure expressing 'cause X to do Y' (e.g. *El profe nos hace repasar*) 1.4.2, 35.4.3.
clasificación (clasificar, clasificatorio): classification; as a technique in exposition 30.3.2.
cláusula: clause, a sentence used inside another sentence 11.1; see following types.
cláusula adverbial: adverbial clause, one introduced by an adverbial conjunction (*antes que*, etc.) 16.4.2, mood (indic./subjunc.) 21.1–2; reduction to preposition + infinitive (*después que me fui* → *después de irme*) 21.4.
cláusula relativa: relative (or "adjectival") clause, one modifying a noun (*el perro* ***que ladra***): formation 26.1; choice of relative pronoun 26.2, 26.5; nonrestrictive ("explicativa": *Gloria,* ***quien no estaba de acuerdo***...) 26.5, for linking ideas 34.4; nominalized or "independent" (*quien/el que trabaja*) 28.3.1–2.
cláusula sustantiva: noun clause, one used like a noun (*Quiero* ***que vayas***). To report direct speech as indirect 11; to express a reaction (evaluation) 11.3, 34.6; reduction to infinitive (*creo que lo he hecho bien* → *creo haberlo hecho bien*) 35; as subject of a verb 35.2; as object 35.4; after noun phrases like *el hecho de*... 35.3.
clítico: clitic, an unstressed pronoun (*lo, me, se*...) that can only be used next to a verb 8.3; placement 8.4.
cognados: cognates, words in two languages that are similar in form and meaning 30.4.1.
comodín (m): ordinary word that is 'comfortable' in writing but is not very expressive 6.5.2.
comparación (comparar): comparison; as a technique in exposition 30.3.3; see also **comparativo**.
comparativo: comparative. Comparative words (*más, mejor, tanto como*...) and constructions 29.2-3.
complementante (f): complementizer, word like *que* or *si* introducing a noun clause 11.1; see **que**.
complemento: complement, object (of a verb), word or phrase that "completes" the verb phrase, 7.2. See **objeto**.
complejo: complex. Complex verbs (idioms, e.g. *take care of*) 5.4.2.
composición: composition; as a process and as types of writing 6.6, 18.6, 24.6, 36.6; also 'compounding' 38.1.
compuesto: compound, composed of two or more major parts. Compound tenses (perfects, *he hablado*) 19.3; compound prepositions (*detrás de, en lugar de*) 4.7, 31.2; compound words (*el abrelatas, paraguas, tocacassettes*) 38.1.
concordancia (concordar): agreement, correspondence in features such as gender, number, and person between grammatically linked words. Of noun modifiers (*las maestras simpáticas*) 2.5.2; of verb with subject 1.1.2; of *ser/estar* 3.1.2; "agreement of tenses" (*concordancia de tiempos*) in clauses with subjunctive 15.3.
condicional: conditional tense (*hablaría*) 20.2; how conveyed in the subjunctive system 20.4, correspondence 23.5; for speculation in the past 20.5.2; conditional sentences (with *if* = *si*) 21.3, alternate tenses 21.5.
condicional perfecto: conditional perfect tense (*habría hablado*) 20.3; in contrary-to-fact conditions 21.3.2.
conector (nexo, enlace): any conjunction, transition word, or grammatical form that joins shorter sentences to form larger ones 34.1.
conjugar (-ación): conjugate, inflect a verb (change its form) to show tense, mood, person, number.
conjunción: conjunction, word that conjoins or connects 4.1-2; simple (*o*) vs. correlative (*o...o*...) 4.2; changes (*y*→*e*, etc.) and distinctions 4.2; adverbial conjunctions (*antes que*, etc.) 16.4.1–2, list 21.1, mood (subjunctive vs. indicative) 21.2; general list classified according to effect on discourse linkage 34.3.
contable: count (noun), a noun that can be pluralized. Differences (*furniture* vs. *mueble(s)*, etc.) 2.3.2.
contexto: context. Recreating the original context of a conversation in narration 17.5.4.
contraer, contracción: contract, contraction: *a el* → *al, de el* → *del* 2.4.
contrarreferencia: cross-reference, a "renaming" of a previously introduced noun 17.3, 33.1.
contraste (m) (contrastar): contrast; as a technique in exposition 30.3.3; contrastive pronouns 8.2, 8.3.1, 33.2.1.

copulativo: linking verb, copula (*ser, estar*) 3.1, (*quedar(se), parecer,* etc.) 3.5; with indirect object (*me es grato*) 9.3.1.
corrección de pruebas (corregir): proofreading; for sample proofreading marks, *Intro. to Student.*
criterio: criterion, a feature used in classifying 30.3.2.
cuantificador (cuantificar): quantifier, a word that specifies quantity (*mucho, poco...*); used with noun (*pocas razones*) 25.5, 25.5.1; used by itself for impersonal reference 28.1.3, 28.3.1; used with verb (*hablas poco*) or other modifier (*poco inteligente*) 29.1.2; numbers 27.

D

dativo: dative, a pronoun form (*le, les*) for the indirect object 8.1.1.
de: preposition 'of, from' with several functions: to reduce conditional clauses (*de ser tú, no lo haría*) 21.4; in superlatives (*el más grande de...*) 29.2.3; to join nouns (*libro de biología*) 25.2.1; in partitives (*algunos de los coches* vs. *todos los coches*) 25.5.1–2, and numbers (*un millón de...*) 27.1.2; in measuring (*3 m. de ancho*) 27.4.3; after verbs (*acordarse de*) 31.5, list 31.7; after adjectives (*fácil de recordar*) 31.5.
definición (definir): definition. Techniques of defining 30.3.1.
definido: definite (article), see **determinado**.
demostrativo (demostrar): demonstrative or "pointing" word (*este, ese, aquel*), forms 2.4, for reference 25.4; nominalized ("pronoun") versions 28.1.3; neuter forms (*esto, eso, aquello*) 28.2.
derivación (derivar): derivation, creating new words from a stem (*silla, sillita, sillón,* etc.) 38.
descripción (describir): description, as a kind of composition 6; role in narration 24.4.
desénfasis: downplaying or deemphasis of old (already mentioned) or irrelevant information 33.
desenlace (m): the wind-down or "dénouement" of a story 12.1.1, 18.3.
desinencia: ending, inflectional suffix 1.1. (See also **adjetivo, sustantivo,** particular tense names.)
desnudo: 'naked,' a plain noun with no modifiers (*Quiero* ***agua***) 25.3.2; tendency to appear after the verb 32.4.3.
determinado, artículo determinado (definido): definite article, *el*: forms 2.4, special uses 25.3.1.
determinante (m): determiner, a word that specifies noun reference (articles, demonstratives, etc.) 25.1.
deverbal: deverbal, a noun formed from a verb (*producir* → *producción*) 34.7, 38.2.
diccionario: dictionary. General advice, *Intro.* "To the Student"; common problems with, 5.
diptongo: diphthong, two vowels pronounced together as one syllable 0.4.
discurso: speech; discourse, any structured piece of speech or writing 34.1. Discourse links 34.1–5.
discurso directo/indirecto: direct (*"I'm going"*) vs. indirect (*She says she's going*) discourse 11.1–6; changes in tense 15.4, in person, adverbials, contextual information, etc. 17.2–17.5.4.; effect on narrative pace 12.1.6.
distinción: distinction. Anticipating in a dictionary 5.3; problematic distinctions ('know' = *saber/ conocer,* etc.) Apéndice A.
duplicante: "doubling," referring to an extra clitic pronoun added to the verb even when the object is already expressed by a noun (*Mateo* les *dio la llave a sus amigos.*) 9.1.2.

E

elidir (elisión): elide, drop, delete (a sound, word, etc.); elision of a known subject (*Ana lo sabe* → *Lo sabe*) 33.2.1.
elipsis (elíptico): ellipsis, the common dropping of words in conversation that are understood in context (*–¿Quién lo tiene? –Yo.*), normally "corrected" or restored in writing (*Le respondí que* ***lo tenía yo.***) 17.5.4.
énfasis (m) (enfático, enfatizar): emphasis. Emphatic pronouns 8.2.1, 8.3.1, 33.2.1; emphasizing contrasted information with "clefting" (*lo que quiero es...*) 28.3.2; emphasizing new information in the sentence 32.
enfoque (m) (enfocar): (informational) focus; see **información**. Focusing or narrowing down a broad topic 30.5.
ensayo: essay; of argumentation 36.
escena: scene; *escena retrospectiva*: flashback (in a story) 24.3.
especificativo: specifying, restrictive (said of modifiers that specify 'which one'): adjectives (*el médico viejo*) 25.6.2–3; relative clauses 26.1, 26.5.

estar: vs. *ser* 3.2, vs. *haber* (*hay*) 3.4.2; in progressives (*está perdiendo*) 22.4.1; with participle (*está perdida*) 19.2.1, 32.6.
estrategia: strategy. For giving commands 10.2, 10.5; for stating time, date, measurements, etc. 27.4; for exposition (*defining, comparing, analyzing*) 20.3.
etimología (etimológico): etymology, the history or origin of a word; as a technique for defining 30.3.1.
evaluación: see **reacción**.
explicativo: explanatory, nonrestrictive (said of modifiers that just add a parenthetical comment): adjectives (*el* ***buen*** *médico*) 25.6.2; relative clauses (*Sara,* ***quien se quedó en casa,*** *miraba la tele*) 26.5, 34.4.
exposición (exponer): exposition, type of composition that expounds or explains something 30.

F

flexión: inflection, changes in form for tense, number, gender, etc. 5.2. See also **adjetivo, sustantivo, verbo**.
frase (f): phrase, group of words (sometimes called *el sintagma* since *frase* can also mean 'sentence').
frase absoluta: absolute phrase, one headed by a gerund or participle to give a background event (***Sacando una novela,*** *el pasajero comenzó a leer*) 22.5; for joining ideas in discourse 34.5.
frase preposicional (f): prepositional phrase, one introduced by a preposition (*en la casa*) 16.1; idioms 16.2.2.
frase sustantiva: noun phrase, the noun with its adjacent modifiers (*el hermano mayor de Samuel*) 2.1; structure and word order 25; function in specifying reference 25.1.
futuro: future tense (*hablaré*) 20.1; equivalent in subjunctive system 20.4; contrasted with alternatives (*ir a*, etc.) 20.5.1; future tense used for speculating about the present 20.5.2.
futuro perfecto: future perfect tense (*habré hablado*) 20.3; for speculation 20.5.2.

G

gancho: literally 'hook', an attention-getter at the beginning of a composition 18.3, 30.2.
generación de ideas: brainstorming (as preparation for writing) 6.3, 6.6, 36.6.
generalización falsa: false generalization; as a problem in writing 36.5.1.
genérico: generic, reference to whole category (***El perro*** *es carnívoro:* ***le*** *gusta* ***la carne***) 25.3.1.
género: gender, masculine/feminine: nouns 2.2, 2.7, treatment of humans and animals 2.2.2; adjectives 2.5.1.
gerundio: gerund (*hablando*), formation 22.1.1; used like an adverb to modify the main verb 22.1.2; differences from Eng. *-ing* form 22.2; in absolute phrases 22.5; for joining sentences 34.5; in progressives (*estoy jugando, sigo jugando*) 22.3.
gramático (m/f): grammarian; *gramática* (f): grammar; *gramatical*: grammatical.
gustar: construction and general usage 9.3.2; verbs used like *gustar* 9.3.3.

H

haber: *hay* 'there is/are' (for existence), vs. *estar* 3.4.2; in perfect tenses (*he hablado*) 19.3.1, vs. *tener* 19.2.3.
hacer: for weather 3.4.3.; *hace...que* for time 23.2; causative (Magda *hizo traer* un café) 1.4.2, 35.4.3.
hendido (hendir): cleft, split; see **oración hendida**.
hispanohablante, hispanoparlante: Spanish speaker, Spanish-speaking.

I

ilativa: illative, a conjunction-like adverbial phrase used as a transition (*sin embargo, en cambio, por eso...*) 34.3.
imperativo: imperative, the mood for giving direct commands 10.2; see also **mandato**.
imperfecto: imperfect aspect (*hablaba*), also called "imperfect tense" for convenience. Formation 13.2; meaning 14.1.1; function in narration 14.4–5.
impersonal: impersonal, reference to a nonspecific person or people generically; *se* and *uno* 33.2.2; impersonal *se* vs. passive 33.2.5; summary of impersonal reference 33.4.

indeterminado, artículo indeterminado (indefinido): the indefinite article, *un*: forms 2.4; use/non-use 25.3.2; tendency to invert or postpose indefinite subjects (*llegó un **tren***) 32.4.3.
indicativo: indicative mood: basic meaning in contrast with subjunctive 11.2–3; overall summary 23.5.
infinitivo: infinitive (form in *-ar, -er, -ir*). As a kind of noun 1.4; in verb + verb 1.4.1–2; instead of gerund 22.1.3; as impersonal command 10.5; after a preposition (as a reduced clause, *antes de escribir*) 1.4, 16.4.3, 21.4; when to use *a* or *para* 35.5; as a reduced relative clause (*algo que hacer*) 26.4.2; as a reduced noun clause (***comer esa basura** me da asco*) 35; verb + infinitive vs. verb + clause (*mandar*, etc.) 15.2.3, 35.4, 35.6–7.
información (informar): information. Changing the informational focus in the sentence by clefting (*lo que...es*) 28.3.2, by moving subjects and objects or using the passive and its substitutes 32.4–5, 33.4.1.
intensificador: intensifier, a word like *muy* or *más* that indicates degree of modification 29.1.
interjección: interjection (*ay, uf, oye, caramba*, etc.) 5.2.1; interpretation in narrating a dialog 17.5.2.
interrogativo: interrogative, question word or structure. General types 4.6; interrogatives (*qué, cuál*..) 4.6.1–2.
intransitivo: intransitive verb, one that does not take a direct object 5.4.1, 7.2; use of *se* to "intransitivize" a transitive verb (*derretir* 'melt (something)' → *derretirse* 'melt, get melted') 7.5.3.
invertir(se), inversión: invert, flip over (also 'invest'). Subject/verb inversion (*Juan llegó → Llegó Juan*) 7.2, 32.3.1, effect of inversion 32.4; with *gustar* in particular 9.3.2.
-ísimo: 29.1.1.

L
laguna lógica: logical gap; as a problem for the reader 36.5.1.
lector (leer, lectura): reader.
leísmo: use of *le* instead of *lo* for male human direct objects (*le vi, lo vi*) 8.6.1.
llevar: alternative to *hace...que* (*llevan 2 años estudiando = hace 2 años que estudian)* 23.3.
locativo: locative, expressing location. Locative adverbs, prepositions, adjectives 4.5, list 4.7.
locución: set expression, fixed phrase 5.4.2.

M
mandato (mandar): command, order. Direct commands (*hazlo*) 10.2; commands or desires with *que* (*Que lo haga ella.*) 10.4; other strategies for requesting 10.3, 10.5; reporting commands in indirect discourse 11.1, 11.2.1, 11.5, (in past) 15.4; commands as instructions in compositions of procedure 12.3.2.
matriz (f), **cláusula matriz:** main clause (independent clause, joined to a subordinated one) 16.4.2, 35.1.
mayúscula: capital letter 0.2.
medida (medir, medición): measurement; units of measurement 27.4, 27.6; as a strategy in description 6.4.
minúscula: lowercase letter 0.2.
mismo: '-self' vs. 'same' 8.2.3; *el mismo que* (contrasted with *igual que*) 'same as' 29.3.
mitigación: mitigation, softening a statement to make it more polite. With past subjunctive (*quiero → quisiera*) 15.5; mitigated alternatives to direct commands (*hazlo → mejor lo haces*, etc.) 10.5.
modificar, -ación, -ador: modify, modification, modifier; see **adjetivo, adverbio, intensificador,** etc.
modismo: idiom, a set phrase with a special meaning 5.3.2; adverbial, 16. 3; with *tener* 3.3, 9.2.2.
modo: mood (indicative, subjunctive, imperative, infinitive) 10.1, 11; see also **subjuntivo**.
muletilla: literally a 'little crutch,' an overused word or phrasing to be replaced during editing 6.5.2.

N
narración (narrar, narrativo): narration, telling a story in the past; as a composition 18, 24; its grammar 17.
negación (negar, negativo): negation. Negative sentences (*no*...) 4.3; negative words (*nada, ninguno*...) 4.3.1; after comparatives (*más que nunca*) 29.2.1.
neutro: neuter, a special form used when one has no particular gender-marked noun in mind: *lo/ello* 8.3.1; *lo, esto, eso, aquello* 28.2; vs. nominalization (*lo bueno* vs. *el bueno*) 28.2.1; *lo* for degree of

modification (*lo rápido que anda*) 28.2.2; in "clefting" (*lo que quiero es...*) 28.3.2; *lo que* vs. *qué* 28.4.
nominalización: nominalization, changing a verb to a noun (*venden boletos → la venta de boletos*) 34.7.
nominativo: nominative, the pronoun form used as a subject (*yo, tú,* etc.) 8.1.1, 8.2.1, or after *ser (soy yo)* 3.1.2.
núcleo verbal: nucleus of a sentence, verb form + clitics (*se lo dará, no me las ha dado*) 32.2.
número: number = singular vs. plural. In nouns 2.3; adjectives 2.5.1–2; articles 2.4.
número: number = word for counting or quantifying ('1, 2, 3, etc.'): types, list, forms, usage 27.1–27.1.3.

O

objeto: object (of a verb), the noun, pronoun, or noun phrase that completes the verb. See following types.
objeto directo: direct object 7.2; with "personal *a*" 7.3; pronouns (*lo, la, me, etc.*) 8.1.1, 8.3.
objeto indirecto: indirect object. Pronoun forms 8.1.1, 8.6.1; construction with "duplicating" *le(s)* 9.1.1–2; contrast with direct object 9.4, with reflexive 9.4; not passivized 32.5.2. Function: as involved entity (verbee) with transitive verbs (*dar, pedir...*) 9.2, and with intransitives (*pasar, ser*) 9.3.1, *gustar*-type 9.3.2.
objeto oblicuo: oblique object, one preceded by a verb-specified preposition (*depender* ***de****, influir* ***en****, referirse* ***a****...*) 31.5, reference list 31.7; not passivized 32.5.2.
oferta: offer. To invite commands ('Shall I/we sit down?' *¿Me siento? ¿Nos sentamos?*) 10.3.
oración: sentence (also means 'prayer'). For structure and word order, see **sintaxis**.
oración hendida: cleft sentence (*quiero leche → lo que quiero es leche*) to focus on information 28.3.2.
oración temática: topic sentence 30.2.
ortografía (ortográfico): orthography (orthographic), spelling; spelling changes 0.3.
oyente (m/f) (oír): hearer, the person listening.

P

para: contrasted with *por* 31.4; use/nonuse before infinitives 35.5.
paradigma (m): paradigm, the full set of inflectional forms of a word.
paráfrasis (f) (parafrasear): paraphrase; as a way of varying expression 6.5.2.
parte de la oración (f): part of speech (noun, verb, adjective, etc.) 5.2.1.
participio: participle (*hablado, comido, hecho*) 19.1; as adjective 19.2; in passives (*fue destruido*) 32.5; with *estar* for result (*estaba destruido*) 19.2.1, vs. passive 32.6; with *tener, mantener* 19.2.2-3; in perfect tenses (*he hablado*) 19.3.
partitivo: partitive, a phrase with *de* indicating 'part of' 25.6.2; partitive numbers (*un millón de...*) 27.1.2.
pasado de subjuntivo: past subjunctive. Forms (*-ra, -se*) 15.1; time reference 15.2.2; functions (indirect discourse, etc.) 15.2.2; in mitigation 15.5; "contrary-to-fact" conditionals (*si yo fuera tú...*) 21.3.2, with *ojalá* 15.2.4.
pasivo (pasivizar): passive (*La casa fue quemada por un terrorista*) 32.5; incomplete passive (without an agent, *La casa fue quemada*) 33.2.3; "passive *se*" (**pasiva refleja**, *La casa se quemó*) 33.2.4, vs. impersonal *se* 33.2.5.
patrón (m): pattern.
perfecto: perfect (tenses), *haber* + participle ('have gone, had gone', etc.) 19.3; see **presente perfecto, pluscuamperfecto**, etc.
perífrasis (f) (perifrástico): a structure that expresses a meaning with helping words instead of inflectional endings, as with periphrastic conjugation = "verb + verb" (*voy a ir* instead of the future *iré*) 1.4; "perífrasis con *ser*" (cleft sentence) 28.3.2.
persona: person, 8.1.1-8.1.2. *Primera persona* = 'I, we' forms of a pronoun or verb; *segunda persona* = 'you;' *tercera persona* = 'she, he, it, they.'
plano: plane; *primer plano*: foreground (of a story or scene) 18.4; *segundo plano*: background, the less prominent events, gerund for 22.5.
plantear (planteo): pose (put forward) a question, thesis, or hypothesis for discussion 36.1.
plural (pluralizar): plural. Of nouns 2.3; adjectives 2.5.1; of personal pronouns 8.1.1–2.
pluscuamperfecto: past perfect = pluperfect (*había hablado*) 19.3.3; function in narration 19.3.4.

por vs. ***para*** 31.4.

posesivo (poseer, posesión, poseedor): possessive word (*mi/mío, su/suyo,* etc.) 8.5; in questions 4.6; replacement by article when possession is clear from context (*Levanten **la** mano*) 25.3.1; with *de* 25.2.

posponer (posposición, pospuesto): postpose, put after: putting adjectives after their noun (*el hijo **bueno***) 25.6; putting subjects at the end of the sentence (*Entró en la sala **un visitante perdido***) 32.3.1, 32.4.1–3.

postura: position, the approach or stance one takes on an issue 36.1; *postura contraria,* opposing position.

pregunta (preguntar): question. *pregunta general* (yes/no question, *¿Lo tienes?*), *pregunta dubitativa* (tag question, *Lo tienes, ¿no?*), *pregunta parcial* (information question, *¿Qué tienes?*) 4.6; *pregunta indirecta* (indirect or reported question, *Pregunté si lo tenías*) 11, 15; questioning dimensions ('how big,' etc.) 27.4.3.

preposición: preposition, word like *a* or *de* introducing a noun phrase or pronoun 16.1, or infinitive (reduced adverbial clause) 21.4; joining nouns (*libro de texto, el libro de José*) 25.2.1; contrast with adverbs and conjunctions 16.4.1, 31.3; types, functions, list 31.2; of location 4.5, list 4.7; with certain verbs 31.7; with certain adjectives (*fácil* de *hacer*) 31.5; effect on relative pronouns 26.2–3.

presente (m): present tense. Uses 1.3; present indicative (*hablo*) 1.1–1.2; present subjunctive (*hable*) 10.1.

presente perfecto: present perfect tense (*he hablado*) 19.3.1-2; contrasted with preterite 19.3.2, 19.5.

pretérito: preterite aspect or tense (*hablé*). Formation 13.3, "strong" (using a special stem like *hice*) 13.3.4; meaning 14.1.2; vs. imperfect 14.2, verbs of state/reaction in particular 14.3; function in narration 14.4-5.

procedimiento, proceso (proceder): procedure, process; as a type of composition for giving instructions 12.2.

progresivos: progressives (*estoy/sigo/voy + hablando*) 22.4.

pronombre (m): pronoun. Functions 8.1; forms of personal pronouns 8.1.1; stressed (emphatic) vs. unstressed 8.2, 8.8; with prepositions 8.2.2; clitics (*me, lo, le, se...*) 8.3, placement (*se + te + me +* L-) 8.4; "doubling" (*duplicante*) *le* with indirect object 9.1.2; "doubling" *lo(s), la(s)* for a moved direct object (*Este dinero **lo** voy a dejar*) 32.3.2; neuter (*lo, ello*) 28.2, with *ser/estar* (*¿Bonitas? Sí,* lo *son*) 3.1.2; relative pronouns 26.2, 26.5, 28.3.1.

pronominal, verbo pronominal: a reflexive verb, one that takes a reflexive pronoun 7.4.

pronominalización (pronominalizar): pronominalization, using a pronoun for a noun that has already been mentioned 33.1.

propósito: purpose; of each composition type 6.1, 12.1.4, 12.2.3, 18.1, 24.1, 30.1, 36.1.

punto de vista: point of view 18.2; options in narrating 24.2.

puntuación (puntuarse): punctuation in general 0.5; of numbers 27.3; of clauses joined with conjunctions 34.3.

Q

qué: vs. *cuál* 4.6.2; vs. *lo que,* 28.4; in exclamations (*¡qué bueno!*) 29.1.2.

que: (a) complementizer meaning 'that' which introduces noun clauses (*Digo **que** te vayas*) 11.1, 17.2, 35.1–2; introducing desires (*¡Que lo haga ella!*) 10.4; (b) 'than' in comparatives 29.2–3, *más que* vs. *más de* 29.4; (c) relative pronoun (*la mujer **que** ganó*) 26.2; (d) equivalent to *porque* 21.1.

R

raíz (f): stem (of verb, etc.), the part of the word minus its inflectional endings, e.g. the *trabaj-* of *trabajar* 1.1.

rasgo: feature, characteristic; choosing and organizing features for a description 6.3.

reacción (reaccionar): reaction. With subjunctive mood (*es una lástima que no vengan*) 11.3; meaning of preterite in verbs of reaction (*me alegré*) 14.3.2; verbs/structures of reaction and evaluation 34.6, list 34.9.

Real Academia Española de la Lengua (RAE): the Royal Spanish Academy of the Language, the traditional authority on Spanish usage.

recíproco: reciprocal (*Se ven,* emphatic *Se ven el uno al otro* 'they see each other') 7.4.2.

redactar (redacción): compose, write a paper 6.6.

reducción (reducir): reduction, reducing a full clause (with a conjugated verb) to a shorter infinitive version. In adverbial clauses (*después que nos duchamos → después de ducharnos*) 16.4.3, 21.4; relative clauses (*algo que pueda leer → algo que leer*) 26.4.2; noun clauses (*mando que me sigan → les mando seguirme*) 35.1–4.
reflejo: reflexive (*reflejo* is preferred over *reflexivo* for constructions like *Se habla español* which are not truly reflexive); reflexive passive, *pasiva refleja* (*se perdieron las llaves*) 33.2.4–5.
reflexivo: reflexive, an object referring to the subject (*Yo me veo*) 7.4; emphasis with *a sí mismo* 7.4.2; reflexive vs. nonreflexive (*Se ven* vs. *lo ven*) 7.4.1, 8.3.2; vs. indirect object 9.4; obligatory reflexives (*quejarse*) 7.5.1; idiomatic reflexives (*irse*) 7.5.2; intransitive reflexives (*abro la puerta → la puerta se abre*) 7.5.3; impersonal *se* (*Se habla español*) 33.2.2; passive *se* (*pasiva refleja*) vs. impersonal *se* 33.2.4–5, 33.5; *se* + *le* for so-called "accidental events" 33.3; with verbs of reaction/evaluation (*sorprenderse* vs. *sorprenderle*) 34.6, list 34.7.
régimen (m) (regir): government, the kinds of objects a verb takes or "governs" 9.3.2, 31.5.
relativo, pronombre relativo: relative pronoun, one beginning a relative clause (*el libro* ***que*** *leíste*) 26; for linking sentences (*el general fue asesinado,* ***lo cual*** *provocó una rebelión*) 34.4.
reportaje (m) (reportar): reporting, retelling a story 12.1.
reseña: review, a critical summary of a work 12.1.2.
resumen (m) (resumir): summary; as a type of composition (synopsis of a story or play) 12.1.1.
ritmo narrativo: narrative pace, how quickly a story unfolds: ways to control and vary it 18.4, 24.4.

S

se: see **reflexivo** and **impersonal**.
semivocal (f): semivowel, the sounds /y/ and /w/, respectively the *i* of *pierde* and the *u* of *puede* 0.4.
señal textual (f): textual signal, indication to the reader to refer to another part of an essay 36.5.2.
ser/estar: with adjectives, location, etc. 3.2; with participles (*fue destruido* vs. *estaba destruido*) 32.6.
seudopasiva: pseudopassive, *estar* + participle (*La ropa está lavada*) for resulting conditions 32.6.
si: 'if' in indirect questions (*Preguntó si llovía*) 11.5, 15.4; in conditional sentences (*si yo fuera tú...*) 21.3.
sigla: initial, first letter (for abbreviation) 35.
sinónimo: synonym. Looking for more precise or expressive synonyms 6.5.2.
sinopsis (f): synopsis, summary of the story or plot of a work 12.1.1.
sintaxis (f): syntax, word order and sentence construction 5.2. In attributive sentences (*es gerente*) 3.1.1; negatives 4.3; questions 4.6; indirect object construction 9.1.1–2; verb + clause (*Digo que te vayas*) 11.1–4, 35.; noun phrase (ordering of modifiers) 25; relative clauses 26, 28; neutral order = subject + verb + object 7.1, 32.2; transformed (→ verb + subject, object + verb + subject) 32.3; passives 32.5; role of word order in presenting old/new information 32.1, 32.4.3.
subjuntivo: subjunctive mood 10.1; present 10.1.1; past 15; future (semiobsolete) 20.6; general meaning 11.2-3; use in noun clauses (*quiero que lo hagas*) 11.1, in the past 15.2.3; in adverbial clauses (*antes que, cuando...*) 16.4.2, 21.2; in relative clauses (*un libro que explica/explique...*) 26.4; in 'whatever' constructions (*sea lo que sea*) 28.4; correspondence of indicative and subjunctive tense systems 15.2.1, 23.5.
subordinar: subordinate, put one sentence inside another as a dependent clause 35.1, 34.6; see also **cláusula.**
suceso (suceder): an event, happening.
sufijo: suffix; see **desinencia**, **afijo**.
sujeto: subject (of verb or sentence) 7.2.; deletion and inversion 7.2, 32.3.1, 33.2.1 (with *gustar* in particular 9.3.2); pronominalizing 8.2.1, 33.2.1; what verbs of reaction take as subject 34.6.
superlativo: superlative (the 'most, -est' construction) 29.2.3.
suprimir(se) (supresión): drop, leave out/off, delete. Subject deletion 7.2, 33.2.1.
sustantivación (sustantivarse): nominalization, dropping an understood noun (*el coche bueno → el bueno*) 28.1; of relative clauses (*el que, quien, cuanto*) 28.3; difference from neuter (*lo bueno*) 28.2.1.
sustantivo, substantivo: noun. Noun vs. adjective (*médico, optimista,* etc.) 2.1, 5.2.1; function in description 2.1.2; gender 2.2; number 2.3; noun + (*de*) + noun 25.2; as a "deverbal" derivative of a verb 34.7.

T

tema (m): subject, topic, what one is talking or writing about 32.4.3; narrowing down a subject 30.5.
tener: idioms for description 3.3; *tener* and *mantener* + participle (*La tengo/mantengo abierta*) 19.2.2–3.
término de preposición: object of a preposition (e.g., *de* ***Panamá***) 16.1.
tesauro: thesaurus; use for finding synonyms 6.5.2.
tesis (f): thesis, the proposition one is advocating in an essay 36.
tiempo: time, tense. Overall tense system 23.5; tense changes in narration 14.5, 17.4; time measurements and grammar 27.4.1; adverbials of time 16.3-4, 20.5.1. See also names of particular tenses: **presente**, etc.
tiempo: weather; expressions (*hace frío, está nublado,* etc.) 3.4.3.
tilde (f): accent mark (*acento ortográfico*). General use 0.4; optional use on demonstratives (*ése, ese*) 28.1.3.
tónico: stressed, pronounced louder than other syllables 0.4.; stressed pronouns (*yo, tú, ella,* etc.) 8.2.
tono: tone of writing in various composition types, 6.2, 12.1.4, 18.1, 24.1, 30.1, 36.2.
trama: plot (of a story) 18.3; types 24.6; rearrangements (e.g. flashback technique) 24.3.
transcurso del tiempo (transcurrir): passage of time; ways to indicate it (*hace...que,* etc.) 23.1.
transformar (transformación): transform, change sentence structure 32-33. See also **sintaxis, reducción.**
transitivo: transitive verb, one that takes a direct object 5.4.1, 7.2.
trasfondo: background (as an element of a narrative) 18.3.
tratamiento (tratar): treatment, especially of the second person ('you'), 8. See **tú/usted, vos, vosotros.**
tú/usted 8.1.2.

U

ubicar(se): locate, give the location of.
unipersonal: single-person (verbs like *llover* normally conjugated in just one form, 3rd. person singular) 3.4.

V

vago: vague (word or phrase), as a problem for reader comprehension 36.5.1.
verbador, verbado, verbatario: "the verber, the verbed, the verbee," one way of looking at the subject and objects of a verb 7.2, 9.2.1.
verbo (verbal): verb, 5.2.1. "Pronominal verb" (reflexive) 7.4; verbs of communication (*decir*-type for reporting discourse) 17.5.5, 35.4.1, of argumentation 36.5.2, of movement (*rush out* vs. *salir de prisa*) 5.5; classification of verbs according to their noun clauses and infinitives (*decir, querer, mandar...*) 35.4; verb + verb (*tengo que ir, empiezo a ducharme,* etc.) 1.4.1; verb + preposition (*depender* de) 31.5, list 31.7; the overall tense and mood system 23.5. See also names of tenses and moods: **presente, subjuntivo**, etc.
vocabulario (vocablo = palabra): vocabulary; ways of varying vocabulary 6.5.2.
vocal (vocálico) (f): vowel (*a, e, i, o, u*); vocal.
vos (el voseo): dialectal use of *vos* for *tú* 8.6.2.
vosotros: 8.1.1–2, 39.
voz (f): voice; grammatical voice, i.e. active (*Laura vio el vídeo*) vs. passive (*el vídeo fue visto por Laura*) 32.5; "voice" as the personal or impersonal way an author speaks to the reader 36.2.

Y

yuxtaposición (f): juxtaposition, putting sentences next to each other with no explicit link 34.2.

Bibliografía

Sería imposible citar aquí una bibliografía completa de la gramática, la adquisición de la lengua y la pedagogía del español. Pero sigue una lista de las obras que más han influido en la concepción y presentación de la materia de este libro.

GRAMÁTICA EN GENERAL

Agard, Frederick B. 1984. *A course in Romance linguistics. Vol I: A synchronic view*. Washington, D.C.: Georgetown University Press.

Alarcos Llorach, Emilio. 1999. *Gramática de la lengua española*. Real Academia Española. Madrid: Espasa Calpe.

Batchelor, R.E. & C.J. Pountain. 1992. *Using Spanish: a guide to contemporary usage*. Cambridge: Cambridge University Press.

Bello, Andrés (& Rufino Cuervo). 1847, 1958. *Gramática de la lengua castellana*, ed. Alcalá-Zamora y Torres. Buenos Aires: Editorial Sopena Argentina.

Bosque, Ignacio & Violeta Demonte, eds. 1999. *Gramática descriptiva de la lengua española*. 3 vols. Madrid: Espasa Calpe S.A.

Bull, William. 1965. *Spanish for teachers: Applied linguistics*. New York: The Ronald Press.

Butt, John & Carmen Benjamin. 1988. *A new reference grammar of modern Spanish*. London: Edward Arnold.

Carratalá, Ernesto. 1980. *Morfosintaxis del castellano actual*. Barcelona: Editorial Labor.

de Valdés, Juan. 1946 (originalmente escrito en 1533, publicado unos años más tarde). *Diálogo de la lengua*. Madrid: Espasa-Calpe.

Ducrot, Oswald & Tzvetan Todorov, 1979 (originalmente 1972). *Encyclopedic dictionary of the sciences of language*, traducido por Catherine Porter. Baltimore: The Johns Hopkins University Press.

Espinosa, Aurelio y John Wonder. 1976. *Gramática analítica*. Lexington, Mass.: D.C. Heath.

Ramsey, Marathon M. 1957 (originalmente 1894). *A textbook of modern Spanish* (revisado por Robert K. Spaulding). New York: Holt, Rinehart & Winston.

Real Academia Española. 1979. *Esbozo de una nueva gramática de la lengua española*. Madrid: Espasa-Calpe.

Sallese, Nicholas & Oscar Fernández de la Vega. 1968. *Repaso: gramática moderna*. New York: Van Nostrand.

Steel, Brian. 1985. *A textbook of colloquial Spanish*. Madrid: Sociedad General Española de Librería.

Stockwell, Robert, J. Donald Bowen, John Martin. 1965. *The grammatical structures of English and Spanish*. Chicago: University of Chicago.

Teschner, Richard V. 2000. *CUBRE: Curso breve de gramática española*. 3rd ed. Boston: McGraw-Hill.

Whitley, M. Stanley. 2002. *Spanish/English contrasts: A course in Spanish linguistics*, 2nd edition. Washington, D.C.: Georgetown University Press.

Zamora Vicente, Alonso. 1969. *Dialectología española*. Madrid: Editorial Gredos.

MORFOLOGÍA

Bell, Anthony. 1980. Mood in Spanish: A discussion of some recent proposals. *Hispania* 63:377-89.

Bergen, John. 1978. A simplified approach for teaching the gender of Spanish nouns. *Hispania* 61:865-76.

Bolinger, Dwight. 1974. One subjunctive or two? *Hispania* 57:462-71.

Bull, William. 1947. Modern Spanish verb-form frequencies. *Hispania* 30:451-66.

Champion, James. 1979. Derivatives of irregular verbs. *Hispania* 62:317-20.

Devney, Dorothy M. 1992. *Guide to Spanish suffixes*. Chicago: Passport Books, NTC Publishing Group.

Fernández-Ordóñez, Inés. 1999. Leísmo, laísmo y loísmo. *Gramática descriptiva de la lengua española,* ed. Ignacio Bosque y Violeta Demonte, 1317-97. Madrid: Espasa Calpe S.A.

Garcés, María Pilar. 1997. *Las formas verbales en español: valores y usos*. Madrid: Editorial Verbum.

García, Erica & Ricardo Otheguy. 1971. Dialect differences in *leísmo*: A semantic approach. *Studies in language variation*, ed. Ralph Fasold & Roger Shuy. Washington, D.C.: Georgetown University Press.

González, Luis. 2005. On the difference between washing machines and waiting lists. *Hispania* 88:190-200.

Guitart, Jorge. 1978. Aspects of Spanish aspect: A new look at the preterite/imperfect distinction. *Contemporary studies in Romance linguistics*, ed. Margarita Suñer. Washington, D.C.: Georgetown University Press.

Harris, James. 1969. *Spanish phonology*. Cambridge, Mass.: MIT Press.

Lantolf, James. 1978. The variable constraints on mood in Puerto-Rican American Spanish. *Contemporary studies in Romance linguistics*, ed. Margarita Suñer. Washington, D.C.: Georgetown University Press.

Moreno de Alba, José. 1978. *Valores de las formas verbales en el español de México*. México: Universidad Autónoma de México.

Ozete, Oscar. 1981. Current usage of relative pronouns in Spanish. *Hispania* 64:85-91.

Prieto, Pilar. 1992. Morphophonology of the Spanish diminutive formation: A case for prosodic sensitivity. *Hispanic Linguistics* 5:1-2:169-205.

Resnick, Melvyn. 1984. Spanish verb tenses: Their names and meanings. *Hispania* 67:92-99.

Salaberry, M. Rafael. 1999. The development of past tense verbal morphology in classroom L2 Spanish. *Applied Linguistics* 20/2:151-78.

Spann, Susan. 1984. To translate the English gerund into Spanish, don't use the infinitive. *Hispania* 67:232-39.

Varela Ortega, Soledad. 1990. *Fundamentos de la morfología*. Madrid: Editorial Síntesis.

Whitley, M. Stanley. 1990. Pronombres que no lo son: aspectos descriptivos y pedagógicos. *Hispania* 73:1106-17.

———. 2004. Lexical errors and the acquisition of derivational morphology in Spanish. *Hispania* 87: 163-72.

SEMÁNTICA Y PRAGMÁTICA

Aid, Frances. 1973. *Semantic structures in Spanish: A proposal for instructional materials*. Washington, D.C.: Georgetown University Press.

Alsina, Alex. 1996. *The role of argument structure in grammar*. Stanford: CSLI Publications.

Batchelor, R.E. 1994. *Using Spanish synonyms*. Cambridge: Cambridge University Press.

Bergen, John. 1980. The semantics of gender contrasts in Spanish. *Hispania* 63:48-57.

Frantzen, Diana. 1995. Preterite/imperfect half-truths: Problems with Spanish textbook rules for usage. *Hispania* 78:145-58.

Croft, William.1993. Case marking and the semantics of mental verbs. *Semantics and the lexicon*, ed. James Pustejovsky, 55-72. Dordrecht: Kluwer.

García, Erica. 1975. *The role of theory in linguistic analysis: The Spanish pronoun system*. Amsterdam: North-Holland.

Givón, Talmy. 1979. *On understanding grammar*. New York: Academic Press.

Goldin, Mark. 1974. A psychological perspective of the Spanish subjunctive. *Hispania* 57:295-301.

Halliday, M. A. K. & Hasan, R. 1976. *Cohesion in English*. London: Longman.

Kaplan, Robert. 1966. Cultural thought patterns in inter-cultural education. *Language Learning* 16:1-20.

King, Larry. 1992. *The Semantic Structure of Spanish*. Philadelphia: John Benjamins Publishing Company.

King, Larry & Margarita Suñer. 1980. The meaning of the progressive in Spanish and Portuguese. *Bilingual Review* 7:222-38.

Klein, Philip. 1984. Apparent correspondences in Spanish to English infinitival *to*. *Hispania* 67:416-19.

Lambert, W.E. & G. Richard Tucker. 1976. *Tú, Vous, Usted: A social psychological study of address patterns*. Rawley, Mass: Newbury House.

Liskin-Gasparro, Judith. 2000. The use of tense-aspect morphology in Spanish oral narratives: Exploring the perceptions of advanced learners. *Hispania* 83: 829-44.

López Ortega, Nuria. 2000. Tense, aspect, and narrative structure in Spanish as a second language. *Hispania* 83: 488-502.

Lozano, Anthony. 1997. Spanish reflexives: A critique of pedagogical descriptions. *Hispania* 80:549-55.

Mejías-Bikandi, Errapel. 1998. Pragmatic presupposition and old information in the use of the subjunctive mood in Spanish. *Hispania* 81:941-48.

Navas Ruiz, Ricardo. 1963. *Ser y estar: estudio sobre el sistema atributivo del español*. Salamanca: Talleres Gráficos Cervantes, Acta Salmanticensia.

Olbertz, Hella. 1998. *Verbal periphrases in a functional grammar of Spanish*. Berlin: Mouton de Gruyter.

Otheguy, Ricardo. 1978. A semantic analysis of the difference between *el/la* and *lo*. *Contemporary studies in Romance linguistics*, ed. Margarita Suñer. Washington, D.C.: Georgetown University Press.

Prado, Marcial. 1982. El género español y la teoría de la marcadez. *Hispania* 65:258-66.

Silva-Corvalán, Carmen. 1982. Subject expression and placement in Mexican-American Spanish. *Spanish in the United States: Sociolinguistic aspects*, ed. Joan Amastae & Lucía Elías-Olivares. Cambridge, UK: Cambridge University Press.

Studerus, Lenard. 1979. A model of temporal reference for Spanish verbs. *Hispania* 62:332-36.

Terrell, Tracy & Joan Hooper. 1974. A semantically based analysis of mood in Spanish. *Hispania* 57:484-94.

Vásquez-Ayora, Gerardo. 1977. *Introducción a la traductología*. Washington, D.C.: Georgetown University Press.

SINTAXIS

Babcock, Sandra. 1970. *The syntax of Spanish reflexive verbs*. The Hague: Mouton.

Bolinger, Dwight. 1972. Adjective position again. *Hispania* 55:91-94.

Bordelois, Ivonne, Heles Contreras y Karen Zagona (eds.). 1986. *Generative Studies in Spanish Syntax*. Dordrecht: Foris Publications.

Campos, Héctor. 1999. Transitividad e intransitividad. *Gramática descriptiva de la lengua española*, ed. Ignacio Bosque y Violeta Demonte, 1519-74. Madrid: Espasa Calpe S.A.

Contreras, Heles. 1974. *Indeterminate subject sentences in Spanish*. Bloomington, IN: Indiana University Linguistics Club.

———. 1979. Clause reduction, the saturation constraint, and clitic promotion in Spanish. *Linguistic Analysis* 5:161-82.

Cressey, William. 1969. Teaching the position of Spanish adjectives: A transformational approach. *Hispania* 52:878-81.

Davies, Mark. 1995. Analyzing syntactic variation with computer-based corpora: The case of Modern Spanish clitic climbing. *Hispania* 78:370-80.

Davis, Anthony R. 2001. *Linking by Types in the Hierarchical Lexicon*. Stanford: CSLI Publications.

Delbecque, Nicole & Béatrice Lamiroy. 1996. Towards a typology of the Spanish dative. *The dative. Vol. 1. Descriptive studies*, ed. William Van Belle & Willy van Langendonck, 71-117. Amsterdam: John Benjamins.

D'Introno, Francesco. 1990. *Sintaxis transformacional del español*. (3rd ed.) Madrid: Ediciones Cátedra.

Dowty, David. 1991. Thematic proto-roles and argument selection. *Language* 67:547-619.

Drake, Dana, Manuel Ascarza, Oralia Preble. 1982. The use and non-use of a preposition or other word between a noun and the following infinitive. *Hispania* 65:79-85.

Fish, Gorden. 1961. Adjectives fore and aft: Position and function in Spanish. *Hispania* 44:700-708.

———. 1967. *A* with a Spanish direct object. *Hispania* 50:80-5.

García-Miguel, José María. 1995. *Transitividad y complementación preposicional en español*. Verba (Anuario Galego de Filoloxía, Anexo 40). Santiago de Compostela: Universidade de Santiago.

Gili Gaya, Samuel. 1973. *Vox curso superior de sintaxis española*. Barcelona: Bibliograf.

González, Luis. 1997. *Transitivity and structural case marking in psych verbs: A fragment of an HPSG grammar of Spanish*. Unpublished Ph.D. dissertation. University of California at Davis.

———. 1998. Accusative/dative alternations in *gustar*-type verbs. *Studies in Applied Linguistics* 2:2, 137-67.

Gutiérrez Ordóñez, Salvador. 1999. Los dativos. *Gramática descriptiva de la lengua española*, ed. Ignacio Bosque y Violeta Demonte, 1855-930. Madrid: Espasa Calpe S.A.

Hadlich, Roger. 1971. *A transformational grammar of Spanish*. Englewood Cliffs, NJ: Prentice-Hall.

Holton, James. 1960. Placement of object pronouns. *Hispania* 43:584-85.

Kany, Charles. 1951. *American-Spanish syntax*, 2 ed. Chicago: University of Chicago Press.

Keniston, Hayward. 1937. *Spanish syntax list: A statistical study of grammatical usage*. New York: Holt.

Kliffer, Michael D. 1995. El *a* personal, la kínesis, y la individuación. *El complemento directo preposicional*, ed. Carmen Pensado, 93-112. Madrid: Visor Libros.

Laca, Brenda. 1995. Sobre el uso del acusativo preposicional en español. *El complemento directo preposicional*, ed. Carmen Pensado, 61-91. Madrid: Visor Libros.

Lamiroy, Béatrice & Nicole Delbecque. 1998. The possessive dative in Romance and Germanic languages. *The Dative. Vol. 2. Theoretical and contrastive studies.*, ed. William van Langendonck & William van Belle, 29-74. Amsterdam: John Benjamins.

Levin, Beth, and Malka Rappaport Hovav. 1999 (originally 1995). *Unaccusativity. At the syntax-lexical semantics interface*. Cambridge: MIT Press.

Liceras, J. M., B. Soloaga, A. Carbello. 1992. Los conceptos de tema y rema: problemas sintácticos y estilísticos de la adquisición del español. *Hispanic Linguistics* 5:43-85.

Lozano, Anthony. 1970. Nonreflexivity of the indefinite "se" in Spanish. *Hispania* 53:452-57.

Meyer, Paula. 1972. Some observations on constituent order in Spanish. *Generative studies in Romance linguistics*, ed. Jean Casagrande & Bohdan Saciuk. Rowley, Mass.: Newbury House.

Moody, Raymond. 1971. More on teaching Spanish adjective position. *Hispania* 54:315-21.

Moore, John C. 1996. *Reduced constructions in Spanish*. New York: Garland Publishing.

Pensado, Carmen, ed. 1995. *El complemento directo preposicional*. Madrid: Visor Libros.

Perlmutter, David M. 1978. Impersonal passives and the unaccusative hypothesis. *Proceedings of the Fourth Annual Meeting of the Berkeley Linguistics Society*, 157-89. Berkeley: University of California.

Pesetsky, David. 1987. Binding problems with Experiencer verbs. *Linguistic Inquiry* 18:126-40.

———. 1995. *Zero Syntax. Experiencers and cascades*. Cambridge: MIT Press.

Portero Muñoz, Carmen. 2003. Derived nominalizations in *-ee*: a role and reference grammar based semantic analysis. *English language and linguistics* 7,1:129-59.

Reider, Michael. 1989. Clitic promotion, the evaluated proposition constraint, and mood in Spanish verbal complements. *Hispania* 72:283-94.

———. 1993. On *tough* movement in Spanish. *Hispania* 76:160-70.

Roldán, Mercedes. 1974. Constraints on clitic insertion in Spanish. *Linguistic studies in Romance languages*, ed. Joe Campbell, Mark Goldin, Mary Wang. Washington, D.C.: Georgetown University Press.

Ryder, Mary Ellen. 1999. Bankers and blue-chippers: an account of *-er* formations in present-day English. *English language and linguistics* 3.2: 269-97.

Solé, Yolanda & Carlos Solé. 1977. *Modern Spanish syntax*. Lexington, Mass.: D.C. Heath.

Sorace, Anthonella. 2000. Gradients in auxiliary selection with intransitive verbs. *Language* 76, 4:859-90.

Suñer, Margarita. 1982. *Syntax and semantics of Spanish presentational sentence-types*. Washington, D.C.: Georgetown University Press.

———. 1989. Spanish syntax and semantics in the eighties: The principles-and-parameters approach. *Hispania* 72:832-47.

———. 1991. Indirect questions and the structure of CP: Some consequences. *Current studies in Spanish linguistics*. ed. Héctor Campos & Fernando Martínez-Gil. Washington, D.C.: Georgetown University Press.

———. 2000. Some thoughts on *que*: Description, theory, and L2. *Hispania* 83:867-76.

Takagaki, Toshihiro. 1984. Subjunctive as the marker of subordination. *Hispania* 67:248-56.

Terrell, Tracy & Maruxa Salgués de Cargill. 1979, *Lingüística aplicada a la enseñanza del español a anglohablantes*. New York: Wiley.

Terker, Andrew. 1985. On Spanish adjective position. *Hispania* 68:502-9.

Teschner, Richard & Jennifer Flemming. 1995. Special report: Conflicting data on Spanish intransitive verbs in two leading dictionaries. *Hispania* 1995:477-90.

Torrego, Esther. 1999. El complemento directo preposicional. *Gramática descriptiva de la lengua española*, ed. Ignacio Bosque y Violeta Demonte, 1779-805. Madrid: Espasa Calpe S.A.

Van Belle, William, and Willy van Langendonck, eds. 1996. *The Dative.* Vol. 1. *Descriptive studies*. Amsterdam: John Benjamins.

Van Hoecke, Willy. 1996. The Latin dative. *The dative. Vol. 1. Descriptive studies*, ed. William van Belle & Willy van Langendonck, 3-37. Amsterdam: John Benjamins.

Van Langendonck, Willy & William van Belle, eds. 1998. *The Dative.* Vol. 2. *Theoretical and contrastive studies*. Amsterdam: John Benjamins.

Verdín Díaz, Guillermo. 1970. *Introducción al estilo indirecto libre en español.* Madrid: C.S.I.C.

Vogel, Carl & Begoña Villada. 2000. Spanish psychological predicates. *Grammatical Interfaces in HPSG*, ed. Ronnie Cann et al., 251-66. Stanford: CSLI Publications.

Weissenrieder, Maureen. 1985. Exceptional uses of the accusative *a*. *Hispania* 68: 393-98.

———.1991. A functional approach to the accusative *a*. *Hispania* 74: 147-56.

———. 1995. Indirect object doubling: Saying things twice in Spanish. *Hispania* 78:169-77.

Whitley, M. Stanley. 1986a. Cláusula e infinitivo tras verbos y preposiciones. *Hispania* 69:669-76.

———. 1986b. *How*—the missing interrogative in Spanish. *Hispania* 69:82-96.

———. 1995. *Gustar* and other psych verbs: A problem in transitivity. *Hispania* 78: 573-85.

———. 1999 Psych verbs: transitivity adrift. *Hispanic Linguistics* 10:115-53.

Wonder, John. 1981. The determiner + adjective phrase in Spanish. *Hispania* 69:348-59.

REDACCIÓN Y ENSEÑANZA/ADQUISICIÓN DE LENGUAS

Allen, Edward & Rebecca Valette. 1977. *Classroom techniques: Foreign languages and English as a second language*. San Diego: Harcourt Brace Jovanovich.

Allen, J. P. B. & H. G. Widdowson. 1974. *Teaching the communicative use of English*. IRAL 12:1-21.

Aski, Janice M. 2003. Foreign language textbook activities: Keeping pace with second language acquisition research. *Foreign Language Annals* 36:57-65.

Birkbichler, Diane. 1981. Developing writing and composition skills in advanced classes. *Filling and fulfilling the advanced foreign language class*, ed. Diana Sutton & John Purcell. Boston, Mass.: Heinle & Heinle.

Busch, Hans. 1994. El uso de escritos ensayísticos en clases de lengua española a nivel intermedio y superior. *Hispania* 77:512-16.

Byrne, Donna. 1979. *Teaching writing skills*. Singapore: Longman.

Canale, Michael, Normand Frenette, Monique Bélanger. 1988. Evaluation of minority student writing in first and second languages. *Second language discourse: A textbook of current research*, ed. Jonathan Fine. Norwood, NJ: Ablex.

Carson, Joan & Phyllis Kuehn. 1992. Evidence of transfer and loss in developing second language writers. *Language Learning* 42:157-82.

Chan, Alice. 2006. An algorithmic approach to error correction: An empirical study. *Foreign Language Annals* 39:131-47.

Collentine, Joseph. 1998. Processing instruction and the subjunctive. *Hispania* 81: 576-87.

Colombi, M. Cecilia. 1997. Perfil del discurso escrito en textos de hispanohablantes: Teoría y práctica. *La enseñanza del español a hispanohablantes: Praxis y teoría*. ed. M. Cecilia Colombi & Francisco Alarcón. 1997. Boston: Houghton-Mifflin.

Connor, Ulla. 1996. *Contrastive rhetoric: Cross-cultural aspects of second-language writing*. Cambridge: Cambridge University Press.

Cooper, Thomas. 1977. A strategy for teaching writing. *Modern Language Journal* 61:251-56.

De Graaft, Rick. 1997. The eXperanto experiment: Effects of explicit instruction on second language acquisition. *Studies in Second Language Acquisition* 19:249-75.

DeKeyser, Rober. 1995. Learning second language grammar rules: An experiment with a miniature linguistic system. *Studies in Second Language Acquisition* 17:379-410.

Doughty, Catherine & Jessica Williams. 1998. Pedagogical implications of focus on form. *Focus on form in classroom second language acquisition*. ed. Doughty & Williams. Cambridge: Cambridge University Press.

Dulay, Heidi, Marina Burt & Stephen Krashen. 1982. *Language two*. New York: Oxford University Press.

Educational Testing Service. 1982. *ETS Oral Proficiency Testing Manual*. Princeton, NJ: Educational Testing Service.

Ellis, Rod. 1997. *SLA research and language teaching*. Oxford: Oxford University Press.

———. 2002. Does form-focused instruction affect the acquisition of implicit knowledge? A review of the research. *Studies in Second Language Acquisition* 24:223-36.

Finneman, Michael & Lynn Carbón Gorell. 1991. *De lector a escritor*. Boston: Heinle & Heinle.

Frantzen, Diana & Dorothy Rissel. 1987. Learner self-correction of written compositions: What does it show us? *Foreign language learning: A research perspective*, ed. Bill VanPatten, Trisha Dvorak & James Lee. New York: Newbury House.

Gass, Susan & Sally Sieloff Magnan. 1993. Second-language production: SLA research in speaking and writing. *Research in language learning: Principles, processes, and prospects*, ed. Alice Omaggio Hadley. Lincolnwood, Il: NTC & ACTFL.

Gaudiani, Claire. 1981. *Teaching writing in the foreign language curriculum*. Washington, D.C.: Center for Applied Linguistics.

Greenia, George. 1992. Why Johnny can't *escribir*: Composition and the foreign language curriculum. *ADFL Bulletin*, 24:30-37.

Gregerson, Tammy S. 2003. To err is human: A reminder to teachers of language-anxious students. *Foreign Language Annals* 36:25-32.

Harvey, T. Edward. 1991. *Estrategias para redactar con un microcomputador*. Lanham, Md.: University Press of America.

Kepner, Christine. 1991. An experiment in the relationship of types of written feedback to the development of second language writing skills. *Modern Language Journal* 75:305-13.

Krashen, Stephen. 1984. *Writing: Research, theory and applications*. Oxford: Pergamon Institute of English.

Krashen, Stephen & Tracy Terrell. 1983. *The Natural Approach. Language acquisition in the classroom*. Oxford: Pergamon Press.

Laufer, Batia & Stig Eliasson. 1993. What causes avoidance in L2 learning: L1-L2 difference, L1-L2 similarity, or L2 complexity? *Studies in Second Language Acquisition* 15:35-48.

Leki, Ilona. 1991. The Preferences of ESL students for error correction in college-level writing classes. *Foreign Language Annals* 24:203-18.

Long, Donna Reseigh. 1999. Methodology and the teaching of Spanish in the twentieth century: A retrospective and bibliography (1900-99). *Hispania* 83: 711-32.

Magnan, Sally. 1985. Teaching and testing proficiency in writing: Skills to transcend the second language classroom. *Proficiency, curriculum, articulation: The ties that bind*, ed. Alice Omaggio. Middlebury, VT: Northeast Conference.

Manley, Joan & Linda Calk. 1997. Grammar instruction for writing skills: Do students perceive grammar as useful? *Foreign Language Annals* 30:73-83.

Melles, Gavin. 1997. Enfocando la competencia lingüística: concienciación gramatical. *Hispania* 80:848-58.

Montaño-Harmon, María Rosario. 1991. Discourse features of written Mexican Spanish: Research in contrastive rhetoric and its implications. *Hispania* 74:417-25.

Omaggio, Alice C. 1993. *Teaching language in context*, 2ed. Boston Mass.: Heinle & Heinle.

Parisi, Gino. 1984. *Design for grammar*. Lexington, Mass.: D.C. Heath.

Reichelt, Melinda. 2001. A critical review of foreign language writing research on pedagogical approaches. *Modern Language Journal* 85:578-98.

Rivers, Wilga. 1981. *Teaching foreign language skills*, 2ed. Chicago: University of Chicago Press.

Rivers, Wilga, Milton Azevedo, William Heflin Jr. 1988. *Teaching Spanish: A practical guide*, 2ed. Chicago: National Textbook.

Robinson, Peter. 1996. Learning simple and complex second language rules under implicit, incidental, rule-search, and instructed conditions. *Studies in Second Language Acquisition* 18:27-67.

Schulz, Renate. 1996. Focus on form in the foreign language classroom: Students' and teachers' views on error correction and the role of grammar. *Foreign Language Annals* 29:343-64.

Semke, Harriet. 1984. Effects of the red pen. *Foreign Language Annals* 17:195-202.

Silva, Tony & Melinda Reichelt. 1993-4. Selected bibliography of recent scholarship in second language writing. *Journal of Second Language Writing* 2:119-29, 3:69-80, 165-73, 219-300.

Silva, Tony & Colleen Brice. 1996. Selected bibliography of recent scholarship in second language writing. *Journal of Second Language Writing* 5:295-309.

Swender, Elvira. 2003. Oral proficiency testing in the real world: Answers to frequently asked questions. *Foreign Language Annals* 36:520-26.

Terrell, Tracy. 1991. The role of grammar instruction in a communicative approach. *Modern Language Journal* 75:52-63.

Valdés, Guadalupe, Trisha Dvorak, Thomasina Hannum. 1989. *Composición: proceso y síntesis*. New York: Random House.

VanPatten, Bill. 1986. Second language acquisition research and the learning/teaching of Spanish: Some research findings and implications. *Hispania* 69:202-16.

———. 1987. On babies and bathwater: Input in foreign language learning. *Modern Language Journal* 71:156-64.

Whitley, M. Stanley. 1993. Communicative language teaching: An incomplete revolution. *Foreign Language Annals* 26: 137-54.

———. 1997. Grammar is not a four-letter word. *Perspectives in foreign language teaching: Twentieth Annual Conference on the Teaching of Foreign Languages and Literatures*, ed. John Sarkissian. 23-60.

Créditos

Les agradecemos aquí a los siguientes agentes o editoriales su amabilidad por el permiso que nos han dado para usar obras o selecciones en *Gramática para la composición*. Al final de las lecciones (L) indicadas se dan referencias más completas.

Grupo Santillana: Víctor Ruiz Iriarte, *La muchacha del sombrerito rosa*, de *Teatro español 1966–1987*. (L. 14, 15, 17).
Mercedes Casanovas Agencia literaria, y Alianza editorial: Mario Benedetti, *Compensaciones*, de *Cuentos completos*. (L. 24).
El País: Manuel Délano, "Patricio Aylwin" (L. 6); Andrés Krakenberger Larsson, "¿Por qué se está cerrando la puerta a los refugiados? (L. 36).
Enciclopedia hispánica (Encyclopaedia Britannica) "Afectividad" y "Cuásar" (L. 30).
Fondo de Cultura Económica: Mario Benedetti, *Ida y vuelta* (L. 10); Egon Wolff, *Los invasores* (L. 17); Sebastián Salazar Bondy, *El fabricante de deudas* (L. 20; René Marqués, *La muerte no entrará en Palacio* (L. 23).
Girol: Osvaldo Dragún, *El Amasijo* (L. 13, 19).
Reseña: Francisco Benavent, *El señor de las moscas: Fidelidad excesiva*. (L. 12).
U.S. Department of Education, y Office of Intellectual Property Administration, Universidad de California en Los Ángeles: *Visual Grammar of Spanish*, por William Bull (una obra que las dos agencias patrocinaron juntas en 1961); las imágenes que hemos usado se han citado en el texto como *Gramática visual*.

Hemos citado también breves fragmentos de las obras siguientes, publicadas originalmente por Talleres Gráficos Escelicer, pero a pesar de nuestros esfuerzos (por carta, correo electrónico, teléfono, fax y contactos por la Internet), ni nosotros ni la editorial Georgetown University Press hemos podido recibir contestación alguna: Víctor Ruiz Iriarte, *Juego de niños* (L. 9); Antonio Buero Vallejo, *Historia de una escalera* (L. 20); Jaime Salom, *Espejo para dos mujeres* (L. 21); Alejandro Casona, *La barca sin pescador*. (L. 22). Esperamos que no haya infracción de derechos dado lo breve de cada selección y su uso limitado en una obra de pedagogía.

Por último, les agradecemos a los estudiantes anónimos que nos dieron su permiso para usar sus borradores en los ejercicios de "Revisión" en las lecciones de composición.